क्रिकेट का कॉमनवेल्थ

विश्व के सबसे शिष्ट खेल के साथ मेरा आजीवन प्रेम सम्बन्ध

क्रिकेट का कॉमनवेल्थ

विश्व के सबसे शिष्ट खेल के साथ मेरा आजीवन प्रेम सम्बन्ध

रामचन्द्र गुहा

अनुवाद

केतन मिश्रा

हार्पर
हिन्दी

हार्पर हिन्दी
(हार्परकॉलिंस पब्लिशर्स इंडिया) द्वारा 2022 में प्रकाशित
4th फ्लोर, टावर A, बिल्डिंग नं. 10, फेज II,
डीएलएफ साइबर सिटी, गुरुग्राम,122002, भारत
www.harpercollins.co.in

P-ISBN: 9789354894862
E-ISBN: 9789354894909

कवर डिजाइन © : हार्पर कॉलिन्स पब्लिशर्स इंडिया
टाइपसेटिंग : निओ साफ़्टवेयर कन्सलटैंट्स, प्रयागराज (इलाहाबाद)
मुद्रक : थॉम्सन प्रेस (इंडिया) लि.

मेरे पिता की याद में,

जिन्होंने मुझे मेरी क्रिकेट की पहली किताबें उपलब्ध करायीं।

और मेरे बेटे के लिए, जो इस पुस्तक का पहला पाठक बना।

मैं जितना अधिक जीवित रहूँगा, मुझे यह कहते हुए प्रसन्नता हो रही है कि मैं उतना ही कम राष्ट्रवादी होता जाऊँगा। एक मैच का नतीजा दिलचस्प होता है, लेकिन समय के पैमाने पर, किसी भी महान क्षण में नहीं। महत्वपूर्ण यह है कि क्या कोई विशेष प्रतियोगिता भावी पीढ़ी को एक चुनौती देती है जिसे स्वीकार किया जाता है और जीता जाता है, या शास्त्रीय तकनीक में एक पारी या गेंदबाजी का प्रयास, जो खेल को समृद्ध बनाता है, ताकि समर्थक वर्षों बाद अपनी आवाज में खुशी के साथ कह सकें, 'मैंने वह प्रदर्शन देखा था।'

—जैक फिंगलटन

विषय-सूची

1.

स्वर्ग में क्रिकेट

I

अपने जीवन में जो सबसे पहला क्रिकेट मैच मैंने देखा था, मुझे उसके बारे में कुछ भी याद नहीं है। लेकिन हाँ, उस मैच के बारे में इतना कुछ सुन रखा है कि मैं उसके बारे में यूँ लिख सकता हूँ, मानो मुझे सब कुछ याद हो। देहरादून के इन्डियन फ़ॉरेस्ट कॉलेज (IFC) के मैदान में ये मैच खेला गया था। मैदान का दक्षिणी और पश्चिमी हिस्सा शीशम के विशाल पेड़ों से घिरा था। पूरब में लाल रंग की ईंटें जड़े हुए कई हॉस्टल थे, जो नये परीक्षार्थियों के लिए बने थे। मैदान के उत्तरी हिस्से की ओर एक सड़क थी, जिसके बाद अफ़सरों के बंगले बने हुए थे जो देखने में लुटियन्स दिल्ली की याद दिलाते थे। अगर आप दक्षिणी सिरे से बॉलिंग करने के लिए आते थे या अम्पायरिंग कर रहे होते थे (जो बाद के वर्षों में मैंने ख़ूब की) तो आपको 7 हज़ार फ़ीट से ऊँची मसूरी की पहाड़ियों का शानदार नज़ारा देखने को मिलता था।

देहरादून, उत्तराखंड की वर्तमान राजधानी है और यहाँ रहने वालों की संख्या में लाखों की बढ़ोत्तरी हुई है। साल 1958 में, जो कि मेरी पैदाइश का साल भी है, ये उत्तर प्रदेश का एक छोटा-सा ज़िला था जो अपनी ख़ूबसूरती के लिए मशहूर था। ये शहर एक घाटी के रूप में था जिसके दक्षिण में शिवालिक के पहाड़ थे और उत्तर में हिमालय था। पश्चिमी छोर को यमुना नदी ने बाँधा हुआ था और पूर्वी हिस्से में गंगा थी। सैकड़ों किलोमीटर आगे चलकर, मैदानी इलाके में, यमुना इसी गंगा में मिल भी जाती थी। इस ज़िले के पास साल के जंगलों के रूप में एक और खज़ाना है जहाँ जंगली जीवों और पक्षियों की बहुतायत है। बीच-बीच में धान के खेत, लीची के बाग़ और सरकारी संस्थानों

का एक बड़ा जत्था मिलता चलेगा। इन संस्थानों में सर्वे ऑफ़ इंडिया, भारतीय सैन्य अकादमी और वन अनुसंधान संस्थान शामिल हैं।

जब मैंने अपना पहला क्रिकेट मैच देखा था, मेरे पिता वन अनुसंधान संस्थान में बतौर वैज्ञानिक काम करते थे। इंडियन फ़ॉरेस्ट कॉलेज इसी संस्थान का एक हिस्सा था। मेरे नाना जी भी FRI में काम कर चुके थे। उनके बेटे—मेरे मामा—बहुत बड़े लोकल क्रिकेटर थे, जिनका नाम था एन दुरईस्वामी। 10 साल के दुरई एक दफ़ा IFC के मैदान में अकेले क्रिकेट मैच देख रहे थे और दीवार से गिर पड़े। उनका दाहिना हाथ टूट गया। जो डॉक्टर था, वो या तो नीम हकीम था या शराब के नशे में था, या दोनों एक साथ था। उसने प्लास्टर इतना कस के बाँधा कि दुरई के हाथ में खून का बहाव ही रुक गया। इस घटना के बाद से वो हाथ शरीर से लटका हुआ ही दिखाई पड़ता था। वो हाथ मिलाने के सिवाय बहुत कम कामों के लिए ही उसका इस्तेमाल कर सकते थे।

मेरे नाना भारत में लकड़ियों के वैज्ञानिकों में एक बड़ा नाम थे। अपने पिता के उलट, दुरई पढ़ाई-लिखाई में बहुत आगे नहीं थे लेकिन कमाल के खिलाड़ी थे। उन्होंने अच्छे लेवल तक फ़ुटबॉल, हॉकी, टेनिस और स्क्वाश खेला। लेकिन उन्हें क्रिकेट से कुछ अतिरिक्त प्रेम था। उस घटना के बाद से दुरई ने बायें हाथ से गेंदबाज़ी सीखी और बेहतरीन फ़िंगर-स्पिनर बने। वो एक अच्छे निचले क्रम के बल्लेबाज़ बने और एक हाथ ख़राब होने के बावजूद बेहतरीन फ़ील्डर थे।

मैंने जो पहला मैच देखा था, वो 1962 में खेला गया था। मैं उस वक़्त 4 साल का था। ये वन अनुसन्धान संस्थान और इंडियन फ़ॉरेस्ट कॉलेज के बीच होने वाला सालाना मैच था। FRI की टीम की कप्तानी मेरे मामा, दुरई कर रहे थे। एक अफ़सर का बेटे होने के नाते वो खेल सकते थे। दुरई ने उस वक़्त तक दिल्ली के सेंट स्टीफ़ेंस में 3 साल पूरे कर लिये थे। वहाँ उनके क्रिकेट खेलने वाले साथियों में के.एस. इन्द्रजीत सिंह जी शामिल थे, जो आगे चलकर इंडिया के लिए खेलने वाले विकेटकीपर बने। इसके अलावा प्रेम भाटिया, रमेश दीवान और भरत अवस्थी* भी उनके साथ थे। इन सभी नामों को काफ़ी लम्बे और सफ़ल रणजी करियर के लिए जाना जाता है। 1961-62 के कॉलेज क्रिकेट के सीज़न में दुरई ने अपनी टीम के लिए सबसे ज़्यादा विकेट्स लिये थे। इस

---

* इस चैप्टर और आगे आने वाले चैप्टर्स में कई ऐसे टेस्ट खिलाड़ियों का ज़िक्र आएगा जिन्हें मैंने देखा, जिनके साथ मैं खेला या जिनके बारे में मैंने सुना। इन सभी के करियर रेकॉर्ड्स ऑनलाइन मिल जायेंगे जहां आप इन्हें देख सकते हैं।

सीज़न का अन्त इंटर-कॉलेज चैम्पियनशिप के उस मैच से हुआ जिसमें सेंट स्टीफ़ेंस और यूनिवर्सिटी के लॉ कॉलेज आमने सामने थे। लॉ कॉलेज की टीम में मनमोहन सूद भी थे जो कि अभी-अभी अपनी पहली (और जो आख़री भी साबित हुई) टेस्ट इनिंग्स खेलकर आये थे। इसके अलावा उस टीम में हनुमन्त सिंह भी थे, जो दायें हाथ के शानदार बल्लेबाज़ थे और फ़र्स्ट क्लास में विशाल स्कोर बना चुके थे और कुछ साल बाद अपने पहले ही टेस्ट मैच में सेंचुरी मारने वाले थे। इस इंटर-कॉलेज फ़ाइनल मैच का रुख उस वक़्त बदला, जब अपने ठीक काम कर रहे हाथ से दुरई ने डीप मिड-विकेट पर मनमोहन सूद का कैच पकड़ा।

दिल्ली इस देश की राजधानी थी वहीं क्रिकेट और राजनीति, दोनों मामलों में देहरादून एक पिछड़ी हुई जगह थी। दुरई अपने शहर के खेलने-कूदने वालों के बीच प्रतिष्ठित थे। इसकी वजह थी कि उन्होंने अपने एक ठीक हाथ के दम पर कमाल किया था और हाल ही में वो देश के कई नामी युवा खिलाड़ियों के साथ खेलकर आये थे। (वो बेहद ख़ूबसूरत भी दिखते थे और इसने भी उनका काफ़ी साथ दिया।)

1962 की गर्मियों में फ़ाइनल परीक्षाओं में फ़ेल हो जाने पर दुरई को सेंट स्टीफ़ेंस से निकाल दिया गया। लेकिन घर पर मिलने वाली इज़्ज़त क्रिकेट के मैदान पर दोबारा कमाई जा सकती थी। इसी साल नवम्बर में उन्होंने देहरादून को पहली बार भारत के सबसे बड़े राज्य उत्तर प्रदेश का इंटर-डिस्ट्रिक्ट टूर्नामेंट जितवाने में अहम भूमिका अदा की। देहरादून ने मेरठ, अलीगढ़ और लखनऊ ज़िलों की नामी टीमों को हराया और इस दौरान दुरई ने जिन्दो नाम के एक दुबले-पतले फ़ास्ट बॉलर के साथ सारे विकेट्स लिये और शील वोहरा नाम के एक हट्टे-कट्टे ओपनिंग बैट्समैन के साथ सारे रन भी बनाये।

दिसम्बर 1962 में मेरे नाना 58 साल के हुए। इस उम्र में आने पर सरकारी नौकर रिटायर होते हैं। साल के अन्त होने पर वो देहरादून से बैंगलोर चले आये, जहाँ उन्हें प्लाईवुड इंडस्ट्री द्वारा फंड किया गया एक नया रिसर्च इंस्टिट्यूट शुरू करना था। दुरई को अभी उस शहर में एक और क्रिकेट मैच खेलना था जो कि FRI और IFC के बीच होना था। मेरे मामा FRI की कप्तानी कर रहे थे, वहीं IFC की कमान प्रसाद नाम के एक फ़ास्ट बॉलर के हाथ में थी, जो देहरादून, इंडियन फ़ॉरेस्ट सर्विस में आने से पहले अपने राज्य मध्य प्रदेश के लिए रणजी ट्रॉफी के मैच खेल चुके थे।

मेरे देखे पहले क्रिकेट मैच में FRI की तरफ़ से दुरई के साथ मेरे पिता डॉक्टर सुब्रमनियम राम दास गुहा भी खेल रहे थे। टीम के कप्तान की वो आखिरी पसन्द थे। उन्हें FRI के फ़ोटोग्राफ़र के बेटे मनोज शर्मा से ऊपर तरजीह दी गयी। मनोज एक अच्छा फ़ास्ट बॉलर था जिससे सभी को बहुत उम्मीदें थीं। ये फ़ैसला विवादास्पद था। बीते सालों में राम दास गुहा ने भले ही लम्बे हत्थे से बैटिंग करते हुए ठीक-ठाक खेला हो लेकिन अब वो उम्र के मामले में 40 का आंकड़ा छू रहे थे और मैदान में बाकियों के मुक़ाबले उतने चपल भी नहीं थे। क्या दुरई ने उन्हें मनोज शर्मा की जगह इसलिए लिया था कि टीम की बैटिंग और मज़बूत करनी थी? या इसलिए कि डॉक्टर गुहा उनके रिश्तेदार थे?

पहाड़ियों की छाँव में वो एक खुशनुमा सर्दी का चटख दिन था। बादलों की मौजूदगी न के बराबर थी। दुरई ने टॉस जीतकर फ़ील्डिंग चुनी और मैं मिड-विकेट की दिशा में बनी लकड़ी की पवेलियन में बैठा सब कुछ देख रहा था। IFC की टीम 132 रनों पर सिमट गयी और दुरई ने 6 विकेट्स लिए। छोटे शहरों के मैचों में ये कोई छोटा-मोटा स्कोर नहीं होता। दुरई के आधे शिकार स्टम्प आउट हुए जो उसकी लालच दिलाने वाली फ़्लाइट के चक्कर में क्रीज़ से बाहर आ जाते थे। गिल्लियाँ उड़ाने का काम विकेट्स के पीछे खड़े राम नाथ गिदोन कर देते जो पेशे से इंस्टिट्यूट में मेडिकल ऑफ़िसर थे। राम नाथ के बारे में मज़ेदार बात ये भी थी कि वो एक दफ़ा आदमखोर बाघों के मशहूर शिकारी जिम कॉर्बेट के साथ कुमाऊँ के जंगलों में शिकार पर जा चुके थे।

जब FRI की टीम बैटिंग करने के लिए आई, IFC के प्रसाद ने नयी गेंद के साथ बल्लेबाज़ों को सिर्फ़ परेशान ही नहीं किया बल्कि उन्हें वापस भी भेजना शुरू किया। दुरई चौथे नम्बर पर बैटिंग करने के लिए आये और मामले को सँभाला। सेंट स्टीफ़ेंस के लिए वो इतनी जल्दी बैटिंग करने के लिए नहीं आते थे। लेग साइड में गेंदें धकेलते हुए और कुछ कवर ड्राइव्स के साथ वो आगे बढ़ रहे थे लेकिन उनके साथी लगातार आउट हो रहे थे। टीम का स्कोर 100 के पार हुआ और वो ख़ुद 50 पर खेल रहे थे। एक मौके पर जीतने के लिए सिर्फ़ 20 रन चाहिए थे। ये अन्तर 10 हुआ और अब मात्र 5 रन बचे थे। FRI का स्कोर अब 130 रन पर 8 विकेट था। दुरई ने IFC के ऑफ़ स्पिनर को खेलने के लिए ख़ुद को आगे धकेला। गेंद सीधी निकली और बल्ले के बाहरी किनारे को छूती हुई स्लिप में पकड़ी गयी।

आख़री बल्लेबाज़ के रूप में डॉक्टर एस.आर.डी. गुहा आये जो कि अमूमन सेल्यूलोज़ और पेपर ब्रांच के ऑफ़िसर-इन-चार्ज के रूप में देखे जाते थे। उन्हें अलग-अलग लकड़ियों पर अलग-अलग केमिकल्स के असर का ख़ूब ज्ञान था और न जाने कितने पेपर्स पब्लिश करवा चुके थे। लेकिन क्या वो एक क्रिकेट मैच जिता सकते थे?

ओवर में चार गेंदें बाकी थीं। जीतने के लिए 3 रन चाहिए थे। FRI के 11 नम्बर पर खेलने के लिए उतरे बल्लेबाज़ ने काम तमाम करने की चाहत में मिड-ऑन की ओर गेंद उठा दी। पवेलियन में अभी भी पैड्स पहने बैठे दुरई उस गेंद को हवा में नीचे गिरते देख रहे थे। टीम का बारहवाँ खिलाड़ी, मनोज शर्मा भी ये देख रहा था। उसके लिए, सामने दिख रही हार के दुख में ख़ुशी की मिलावट थी, क्यूँकि उसकी जगह आया खिलाड़ी ही विफल होता दिख रहा था। क्या नेपोटिज़्म के चलते लिये गये फ़ैसले की वजह से मैच सामने वाले खेमे के हाथ में जा रहा था?

मिड ऑन पर IFC का कप्तान प्रसाद खड़ा था जो कि इस मैच में खेलने वाला एकमात्र फ़र्स्ट-क्लास क्रिकेटर था। ये तय था कि वो कैच ले लेगा। लेकिन ऐसा नहीं हुआ और गेंद उसके हाथ में जाकर निकल आई और नीचे गिर गयी। डॉक्टर गुहा ने अगली गेंद पर फिर बल्ला चलाया और इस बार गेंद और बल्ले का मिलन अच्छा रहा। गेंद हवा में ऊपर उठी और प्रसाद के सर के ऊपर से होती हुई बाउंड्री पर पहुँच गयी। मैच जीता जा चुका था। 11 नम्बर पर आये बल्लेबाज़ ने अपनी टीम और अपने परिवार की साख बचा ली। हवा में बल्ला लहराते हुए मेरे पिता पवेलियन की ओर दौड़ रहे थे जहाँ हम बैठे हुए थे। मैं और मेरे मामा खड़े होकर तालियाँ बजा रहे थे और जैसा कि मुझे बताया गया है, 12वाँ खिलाड़ी भी ऐसा ही कर रहा था।*

देहरादून में दुरई का क्रिकेट करियर जीत के साथ पूर्ण विराम पर पहुँचा और वो अपने पिता के साथ बैंगलोर आ गये। मैं देहरादून में ही रुका क्यूँकि मेरे पिता की फ़ॉरेस्ट रीसर्च इंस्टिट्यूट में कई वर्षों की नौकरी बची हुई थी।

---

* प्रसाद के मामले में पिछले फ़ुटनोट वाली बात सच नहीं है। मुझे उसका पूरा नाम याद नहीं आ रहा है इसलिए पाठक उसके फ़र्स्ट-क्लास रिकॉर्ड नहीं ढूंढ पायेंगे। मेरे पिता नहीं रहे और मैं दुरई से पूछना नहीं चाहता हूं। क्यूंकि दुरई को नहीं मालूम है कि मैं एक किताब लिख रहा हूं।

II

फ़ॉरेस्ट रीसर्च इंस्टिट्यूट 1,500 एकड़ में फैला हुआ था जिसमें घर, दफ़्तर के साथ छोटे जंगल भी थे जहाँ देश भर के पेड़ मौजूद थे। इंस्टिट्यूट के वैज्ञानिक इन पेड़ों पर प्रयोग किया करते थे। कैम्पस में 3 फ़ुल-साइज़ के क्रिकेट ग्राउंड थे। एक IFC का था, दूसरा उत्तरी फ़ॉरेस्ट रेंजर्स कॉलेज का और तीसरा इंस्टिट्यूट के स्टाफ़ और बच्चों के लिए खुला रहता था। इस तीसरे मैदान पर, जिसे हर कोई FRI ग्राउंड कहता था, मैंने पहला क्रिकेट मैच देखा जो मुझे पूरी तरह से याद है। सहारनपुर की टीम FRI के ख़िलाफ़ खेलने के लिए आई हुई थी। सहारनपुर शिवालिक की पहाड़ियों के दूसरी ओर पड़ता था और कहा जाता था कि यहाँ देहरादून से भी अच्छी लीची होती थीं। मेरे पिता, जो कि अब टीम में बतौर खिलाड़ी मौजूद नहीं थे, मुझे ये मैच दिखाने के लिए ले गये थे। दौरे पर आई टीम में कई सिख खिलाड़ी थे। टीम का कप्तान भी सिख था जो कि टीम का ओपनिंग बैट्समैन भी था। वैज्ञानिकों के परिवार से आने वाले एक छोटे तमिल बच्चे के लिए सिख मज़बूती का प्रतीक थे और ये खिलाड़ी, बगैर शक, बेहद मज़बूत था। उसने पहले ही ओवर में ज़ोरदार हुक शॉट खेला और गेंद मैदान के बगल वाली सड़क के दूसरे छोर पर गिरी और टप्पा खा के किसी के गार्डन में चली गयी। इसके कुछ ही देर बाद ज़ोर की बारिश होने लगी। इसके बाद उस पूरे दिन खेल नहीं हो सका। यानी, मुझे जो पहला क्रिकेट मैच याद है, वो महज़ पाँच या दस मिनट चला। लेकिन वो हुक शॉट आज भी आंखों के सामने तैर जाया करता है।

मेरे मामा मेरे पहले क्रिकेट हीरो थे। लेकिन मेरे पिता वो पहले शख़्स थे जिन्होंने मुझे क्रिकेट से जुड़ी कहानियाँ सुनानी शुरू कीं। जब वो छोटे थे, तो वो समन्दर के किनारे बसे शहर मैंगलोर में रहते थे जो की उस वक़्त मद्रास के राजकीय प्रान्त में आता था। उस वक़्त मद्रास शहर से एक टीम आई थी जिसमें भारत के लिए टेस्ट मैच और डेविस कप खेलने वाले कोटा रामास्वामी भी शामिल थे। रामस्वामी गेंद को तेज़ मारने वाले बायें हाथ के बल्लेबाज़ के रूप में जाने जाते थे जो बैटिंग करते वक़्त बल्ले को हवा में अपने कंधे से भी ऊपर उठाये रहते थे। वो तस्वीर मेरे पिता के दिमाग में घर कर गयी और इसीलिए जब 1962 में FRI वर्सेज़ IFC मैच का मौका आया तो मेरे पिता ने दोनों गेंदों पर हवा में शॉट खेला। उन्हें असल में यही शॉट मारना आता था, हालांकि रामास्वामी ने उनके सामने कई और शॉट्स भी खेले थे।

जब उनकी उम्र 12 वर्ष की थी, मेरे पिता परिवार के साथ बैंगलोर आ बसे। उस वक़्त वो शहर एक औसत छावनी शहर जितना बड़ा था। आज के वैश्विक केन्द्र बन चुके बैंगलोर शहर से काफ़ी छोटा। यहाँ का स्टार क्रिकेटर हुआ करता था वर्किंग-क्लास से आने वाला तमिल लड़का बेंजामिन फ्रैंक, जो लोकल क्रिकेट में शतक पर शतक बनाते हुए बंगाल और मैसूर के साथ एक शानदार रणजी ट्रॉफ़ी के करियर की ओर अपने कदम बढ़ा रहा था। रामास्वामी की ही तरह, फ्रैंक भी चौकों और छक्कों में ख़ासा यक़ीन रखता था। उसे खेलता देखते हुए ही मेरे पिता और उनके भाई को एक क्रिकेट क्लब शुरू करने की सूझी जिसकी प्रैक्टिस कब्बन पार्क में होने लगी। स्कूल और कॉलेज ख़त्म करने के बाद मेरे पिता ने भारतीय विज्ञान संस्थान से केमिस्ट्री में पीएचडी की। उनकी लैब में जो असिस्टेंट के तौर पर मौजूद थे वो बेंजामिन फ्रैंक के पिता थे। जब फ्रैंक सीनियर को मालूम चला कि उनकी लैब में आने वाले एक स्टूडेंट की क्रिकेट में इस कदर रुचि है तो उन्होंने अपने बेटे का एक पुराना बैट मेरे पिता को दे दिया। कई वर्षों बाद, जब मिड-ऑन के ऊपर से गेंद उड़ती हुई जा रही थी तो 1962 के उस ऐतिहासिक FRI बनाम IFC मैच की वो आख़री चोट इसी बल्ले की देन थी।

मेरे पिता अक्सर मुझसे सी. रामास्वामी और बेंजामिन फ्रैंक के बारे में बात करते थे। इनसे भी ज़्यादा बात होती थी लाला अमरनाथ की, जो इन दोनों की तरह किसी प्रदेश तक महदूद नहीं थे बल्कि राष्ट्रीय स्तर पर क्रिकेट के नायक थे। अमरनाथ पहले खिलाड़ी थे जिन्होंने भारत की तरफ़ से टेस्ट मैचों में शतक मारा था। उन्होंने ये शतक इंग्लैंड के ख़िलाफ़ मारा था जिसकी अगुवाई कोई और नहीं बल्कि डगलस जार्डाइन कर रहे थे। लाला अमरनाथ स्वाधीन भारत की पहली क्रिकेट टीम के कप्तान थे जो कि 1947 में ऑस्ट्रेलिया के ख़िलाफ़ खेल रही थी। इस ऑस्ट्रेलियाई टीम की कमान डॉन ब्रैडमैन के हाथ में थी। वो आकर्षक व्यक्तित्व वाले खिलाड़ी थी जो संस्थाओं को चुनौती देने के लिए सिर्फ़ जाने ही नहीं बल्कि इज़्ज़त से नवाज़े भी जाते थे। उस समय में क्रिकेट पर राज करने वाले महाराजाओं और सिविल सर्वेंट्स से उन्होंने कई लड़ाइयाँ लड़ीं।

1941 में मेरे पिता ने मेट्रिक पास की और अपनी क्लास में अव्वल आये। ईनाम के तौर पर उन्हें बॉम्बे में एक हफ़्ते छुट्टी मनाने का मौका मिला। बॉम्बे, इस देश का सबसे ग्लैमरस शहर था और उस वक़्त ये क्रिकेट की राजधानी भी था। मेरे पिता की ख़ुशनसीबी ये थी कि उसी दौरान बॉम्बे में रणजी ट्रॉफ़ी

विजेता (उस वर्ष महाराष्ट्र ने ये ख़िताब जीता था) और रेस्ट ऑफ़ इंडिया का मैच हुआ। वो ये मैच देखने गये और इसी दौरान उन्होंने लाला अमरनाथ को बैटिंग, बॉलिंग, फ़ील्डिंग और विकेट कीपिंग करते हुए, और कुछ देर के लिए टीम की कप्तानी करते हुए देखा।

इस मैच में सीके नायडू, वीनू मांकड, सैयद मुश्ताक़ अली और विजय हज़ारे, जो कि इस खेल के महान खिलाड़ी थे, के अलावा और भी टेस्ट खिलाड़ी खेल रहे थे। लेकिन मेरे पिता को अगर कोई याद रहा था तो वो थे सिर्फ़ लाला। ब्रेबोर्न स्टेडियम में अपनी आंखों के सामने घटे लाला अमरनाथ के उस हरफ़नमौला खेल को याद करते हुए वो अक्सर मुझसे बातें करते थे। और इसी वजह से, जब भी मौका मिलता, फ्रेंडली मैचों में सेल्युलोज़ और पेपर ब्रांच की कप्तानी करते हुए बचपन में देखे उस मंज़र को वो दोबारा जीने की कोशिश करते। वो बैटिंग, बॉलिंग (हलुआ लेग-ब्रेक्स), स्लिप्स में फ़ील्डिंग, कप्तानी और यहाँ तक कि कुछ ओवर्स के लिए विकेट कीपिंग भी करते। अपनी बेहद शिष्ट दुनिया में मेरे पिता वो सब कुछ कर जाना चाहते थे जो उन्होंने बरसों पहले, खेल के सबसे बड़े लेवल पर, लाला अमरनाथ को करते देखा था।

मेरी एक बड़ी बहन भी थी जिसे मेरे पिता ने बाधा दौड़ और लम्बी-कूद सिखाई थी। लेकिन मेरे लिये, उनके एकमात्र बेटे के लिए, खेलों में उनकी एकमात्र पसन्द थी—क्रिकेट। FRI में हमारे बंगले में एक बड़ी-सी लॉन थी जहाँ मैंने अपने पिता के साथ प्लास्टिक के बैट और बॉल के साथ क्रिकेट खेलना शुरू किया। धीरे-धीरे ये खेल टेनिस बॉल पर पहुँचा और फिर हम उस लेवल पर पहुँचे जिसके लिए क्रिकेट का खेल बना था। एक बार सर्दियों में, जब मैं 6 या 7 साल का था, मेरे मामा दुरई बैंगलोर से आये थे। उन्होंने मुझे अपने पिता के बल्ले के बाहरी किनारे को लेग-ब्रेक से बीट करते हुए देखा। अगली गेंद हवा में और भी ज़्यादा उछाली गयी थी। मेरे पिता उसे मिड-ऑफ़ के ऊपर मारने के लिए गये लेकिन वो गेंद गुगली थी और उनके विकेट्स उड़ गये।

इसे देखते हुए दुरई ने मेरे भविष्य के लिए रास्तों का चुनाव कर लिया था। मैं लेग ब्रेक फेंक सकता था, साथ ही गुगली भी। मेरे दो हाथ और दो पैर थे। मैं वो टेस्ट क्रिकेटर बन सकता था जो वो उस एक बुरी घटना से पैदा हुई अक्षमता के चलते नहीं बन सकते थे।

भारत में, खासकर दक्षिण भारत में, मामा के साथ बच्चों के रिश्ते काफ़ी गाढ़े होते हैं। मैं दुरई का पहला और सबसे पसन्दीदा भाँजा था जो कि उनकी

एकमात्र बहन का बेटा था (दुरई उस वक़्त शादीशुदा नहीं थे और आगे चलकर उन्हें कोई सन्तान भी नहीं हुई)। इसके चलते मैं उनकी फ़ंतासियों का केन्द्र बन गया और ये कोई आश्चर्यचकित करने वाले बात नहीं थी। मैं वैसे भी क्रिकेट को लेकर पागल हुआ करता था। मैं इस खेल को खेलता था, इसे देखता था, इसे सुनता था (रेडियो पर), और मैंने इस खेल के बारे में पढ़ना भी शुरू कर दिया था। 1965 में मुझे मेरी पहली *विज़डन क्रिकेटर्स एल्मेनैक* मिली जिसमें बीते वर्ष की ऐशेज़ सीरीज़ के बारे में लिखा हुआ था (*विज़्डन* मेरे पड़ोसी के बेटे कैप्टन अनूप सिंह रावत ने मुझे तोहफ़े में दी थी। वो हाल ही में सेना में भर्ती हुए थे और उन्हें मेरे क्रिकेट प्रेम के बारे में बखूबी मालूम था)। मैं चाव के साथ *एल्मेनैक* पढ़ता था लेकिन सभी आर्टिकल्स मुझे समझ में नहीं आते थे (सर लियरी कांस्टेंटीन के लिखे एक आर्टिकल का शीर्षक था—क्रिकेट: कला या विज्ञान? ('Cricket: An Art or a Science')।

जब मैं 8 साल का हुआ, मैं FRI के मैचों में उनके लिए स्कोरिंग का काम कर रहा था। सर्दियों की धूप में मैं पवेलियन के बाहर बेंच पर बैठता और सामने मेरे काम से जुड़ा सारा साज-ओ-सामान फैला होता था—स्कोरिंग बुक, कई पेन और एक क्विंक की रॉयल ब्लू स्याही की शीशी।

III

मेरा शहर, देहरादून, ब्रिटिश उपनिवेशवादियों को अच्छी जलवायु, दर्शनीय जगहों, जीव-जन्तुओं से भरे जंगल और मछलियों से भरी नदियों की वजह से आकर्षित करता था। FRI उन संस्थानों में से एक था जिसकी नींव ब्रिटिश हुकूमत ने घाटी में डाली थी। हर संस्थान का अपना क्रिकेट ग्राउंड था (और जैसा कि FRI के साथ था, वहाँ कई मैदान थे), और सभी एक से बढ़कर एक थे। हाथी-बड़कला (वो जगह जहाँ कभी हाथी घूमा करते थे) में सर्वे ऑफ़ इंडिया का क्रिकेट का मैदान था जिसके उत्तर और पश्चिम में मसूरी की पहाड़ियाँ थीं और बाकी दोनों ओर साल के जंगल थे। राष्ट्रीय (पहले राजकीय) इंडियन मिलिट्री कॉलेज के किनारे एक नहर बहती थी जिसमें बर्फ़ पिघलने पर बनने वाला पानी बहा करता था और जिसके पास आंखों में घर कर जाने वाली पवेलियन थी। इस पवेलियन में लगी लकड़ी पर बेहद ख़ूबसूरत नक्काशी का काम हुआ था।

मैं लॉर्ड्स के मैदान पर भी गया हूँ और एडिलेड के ओवल भी, ऑक्सफ़ोर्ड के पार्क्स में भी घूमा हूँ और वॉरचेस्टर के काउंटी मैदानों पर भी

गया हूँ। देहरादून का कोई भी एक मैदान इन जैसा ख़ूबसूरत नहीं है लेकिन यहाँ मौजूद चीज़ें इकट्ठा होकर इन मैदानों को सबसे अलग कर देती हैं। ऑस्ट्रेलिया, इंग्लैंड या साउथ अफ्रीका के किसी भी शहर में ऐसा प्यारा खेल का मैदान नहीं है जैसा देहरादून में है। और इन सभी मैदानों में मैंने क्रिकेट देखा भी है और खेला भी।

दून का जो मैदान लोगों को सबसे ज़्यादा भाता था, वो भारतीय सैन्य अकादमी (IMA) के कैम्पस में था जहाँ देश की थलसेना के अफ़सरों को ट्रेनिंग दी जाती है। भारत में, हर दूसरे देश की तरह, सशस्त्र सेना की काफ़ी प्रतिष्ठा है। इस क्रिकेट के मैदान का ओहदा भी इसी के चलते काफ़ी बड़ा था। इसके अलावा, पूरे ज़िले में सिर्फ़ यहीं टर्फ़ की पिच भी थी। ये मैदान इतना बड़ा था कि इसे तीन हिस्से में बाँटा गया था जिसमें से बाक़ी के दो हिस्से फ़ुटबॉल और हॉकी के लिए उपलब्ध थे। मैदान का विस्तार इतनी दूर तक था कि एक बगैर धुँध वाले दिन आप शिवालिक की पहाड़ियों को भी देख सकते थे जो कि घाटी का दक्षिणी छोर बनाती थीं।

IMA और FRI के कैम्पस एक दूसरे से जुड़े हुए थे। 'जेंटलमेन कैडेट्स' हर रोज़ FRI की शानदार बिल्डिंग के चारों ओर दौड़ लगाते थे (पीठ पर भारी बस्ते टाँगे हुए)। लगभग हर सुबह सेना के बैंड की बैगपाइप की आवाज़ से आंख खुलती थी। ये आतंकवाद के बड़े असर से पहले का वक़्त था और इस वक़्त तक आप एक कैम्पस से दूसरे में बगैर रोक-टोक या तलाशी के साइकिल चलाते हुए या पैदल आ-जा सकते थे। इन दोनों कैम्पस के बीच एक 9 होल वाला गोल्फ़ कोर्स था जिसे नाम मिला था—'FRIMA'। कागज़ पर तो ये दोनों ही संस्थानों के पास था लेकिन इसका इस्तेमाल मिलिट्री के अधिकारी ही किया करते थे।

देहरादून में अपने दिनों के दौरान दुरई ने अपना ज़्यादातर क्रिकेट IMA में ही खेला या देखा। 1951 में उन्होंने दौरे पर आई कॉमनवेल्थ टीम के लिए फ्रैंक वॉरेल को इसी मैदान पर बैटिंग करते हुए देखा। जब वॉरेल एक छोटे स्कोर पर आउट हो गये तो दुरई ने देखा कि वो अपने पैड्स और जूतों को पॉलिश कर रहे थे। अपने क्रिकेट के सामान से प्यार करने का ये ऐसा सबक दुरई को मिला था जो उन्हें ताउम्र याद रहा। करीब एक दशक बाद दुरई IMA के मैदान पर देहरादून एकादश के लिए खेल रहे थे जिसके सामने सर्विसेज़ की टीम खड़ी थी। इस मैच में शुरुआती 2-3 विकेट्स निकालने के बाद वह मेजर राय सिंह के हत्थे चढ़ गया। मेजर राय सिंह एक फ़ास्ट बॉलिंग ऑल राउन्डर

थे जिन्होंने जनवरी 1948 में अपने एकमात्र टेस्ट मैच में ऐसा छक्का मारा था जो कि मेलबर्न क्रिकेट ग्राउंड से बाहर जाकर गिरा था। मगर उस रोज़ उन्होंने एक ऐसी ड्राइव मारी थी कि गेंद बाउंड्री पर मौजूद दीवार से टकरा कर मैदान में कई गज अन्दर आ गयी। एक और ड्राइव इससे भी कड़ाके की थी। इतनी कि बाउंड्री तक पहुँचने के रास्ते में वो कवर पॉइंट पर खड़े फ़ील्डर के जूतों से टकराई और जूते फट गये।

हालांकि दुरई की IMA मैदान की सबसे पसन्दीदा याद क्रिकेट नहीं बल्कि हॉकी से जुड़ी थी। भारत इस खेल में महारत हासिल कर चुका था। इस खेल में हमने लगातार 5 ओलम्पिक गोल्ड मेडल जीते थे। मेलबर्न में आयोजित हुए 1956 के ओलम्पिक खेलों से ठीक पहले भारतीय टीम का पूर्व-टूर्नामेंट कैम्प IMA में ही लगा। ट्रेनिंग के दौरान उन्होंने एक लोकल टीम के साथ मैच खेला जिसकी कप्तानी चतुर्वेदी नाम के एक शख़्स को मिली जो कि इंडिया के लिए 1930 में हॉकी खेल चुके थे। अब वो दुरई के स्कूल सेंट जोसेफ़ एकेडमी में स्पोर्ट्स मास्टर थे और इन्होंने ही अपनी टीम की ओर से मेरे मामा को खेलने का मौका दिया।

हॉकी के खेल में दुरई अमूमन राइट-हाफ़ में खेलते थे और चतुर्वेदी लेफ़्ट-हाफ़ में। इस मैच में गुरु ने चेले से जगह की अदला बदली कर ली। वो नहीं चाहते थे कि एक नौसिखिये का पाला इस देश के लिए फ़ॉरवर्ड पोज़ीशन पर खेलने वाली सबसे आक्रामक तिकड़ी से पड़े—सेंटर फ़ॉरवर्ड पर खेलने वाले बलबीर सिंह, इनसाइड लेफ़्ट पर खेलने वाले ऊधम सिंह और आउटसाइड लेफ़्ट पर मौजूद रघुबीर सिंह भोला। हालांकि, इस कदम से कोई बहुत बड़ा बदलाव नहीं हुआ। बुढ़ापे की ओर बढ़ चले स्कूल मास्टर की हॉकी स्टिक ने गेंद को छूने की तमाम असफ़ल कोशिशें कीं और गेंद बलबीर, ऊधम और भोला के बीच ही नाचती दिखी।

हाफ़ टाइम पर 10-0 के साथ स्कोर ओलम्पिक की तैयारी कर रही टीम के पक्ष में था। चतुर्वेदी साहब ने अब अपने शिष्य से कहा कि वो अपनी ओरिजिनल जगह से खेले। अब डिफ़ेन्स में कुछ मुस्तैदी दिख रही थी और खेल के दूसरे हाफ़ में देहरादून एकादश ने मात्र 6 गोल खाये।

इस अनोखे एकतरफ़ा हॉकी के मैच के कुछ पचास बरस बाद मैं वैनकूवर में था जहाँ मुझे यूनिवर्सिटी ऑफ़ ब्रिटिश कोलम्बिया में गाँधी पर एक लेक्चर देना था। लेक्चर की शुरुआत होने से पहले मुझे एक वृद्ध मगर बेहद तने हुए खड़े दिखने वाले सिख से मिलवाया गया जो मुझे सुनने आये थे। उनका परिचय

3 बार ओलम्पिक गोल्ड मेडलिस्ट बलबीर सिंह के रूप में करवाया गया जो उस वक़्त कनाडा में अपने रिश्तेदारों से मिलने आये थे। मैं अपने और अपने मामा, दोनों के श्रद्धाभाव व्यक्त करने के लिए उनके पैर छूने के लिए नीचे झुका। उन्होंने अपने पैर कुछ कदम पीछे खींच लिये क्यूँकि हिन्दुओं में बड़प्पन का बेहद आदर-सत्कार किया जाता है और सिख सभी को समान बताते हुए पैर छूने जैसी बातों से इत्तेफ़ाक नहीं रखते हैं।

IV

FRI में बड़े होते हुए दुरई का, मैदान और मैदान से बाहर, जो सबसे अच्छा दोस्त बना वो था राम बहादुर छेत्री। उसके पिता संस्थान में चपरासी थे। जैसा कि उनके सर-नेम से मालूम चलता है, राम बहादुर (जिसे रामू भी कहा जाता था) की जड़ें नेपाल में बसती थीं। उनके पुरखे ब्रिटिश आर्मी में काम करते हुए घाटी में आकर बस गये। दुरई और रामू ने मिलकर स्पोर्टिंग यंगस्टर नाम की एक क्रिकेट टीम बनायी जो FRIMA गोल्फ़ कोर्स में ट्रेनिंग करती थी। अक्सर प्रैक्टिस के बाद सभी लोग दुरई के घर चाय-नाश्ते के लिए आते थे। एक दिन रामू की नज़र गॉर्डन्स ड्राई जिन की बोतल पर पड़ी। मेरे नाना जी शराब को हाथ भी नहीं लगाते थे। वो जिन स्विस और जर्मन साइंटिस्ट्स के लिए रखी हुई थी जो अक्सर उनसे मिलने आया करते थे। रामू को वो बोतल और उसकी गंध काफ़ी अच्छी लगी। और वैसे भी पहाड़ी लोग शराब को लेकर खासे उत्साहित भी रहते हैं। वो आते-जाते एक-एक घूँट मारता जाता और फिर उस शराब के मालिक का बेटा उसमें पानी मिला देता। जब अगली दफ़ा कोई मेहमान मिलने आया, दुरई वहाँ से खिसक चुके थे।

राम बहादुर मेरे मामा से भी बेहतर ऑल-राउंड खिलाड़ी थे। उन्हें फ़ुटबॉल सबसे ज़्यादा पसन्द था। उनके खेल के चर्चे कलकत्ता के मैदानों तक पहुँचे जहाँ से टैलेंट स्काउट्स को घाटी में भेजा गया ताकि उन्हें टीम में रखा जा सके। 1956 में या उसके आस-पास वो कलकत्ता में जाने-माने ईस्ट बंगाल क्लब में शामिल हो गये। बतौर मिडफ़ील्डर, वो इस टीम के लिए 11 साल खेले जिस दौरान टीम ने कई चैम्पियनशिप ट्रॉफ़ीज़ जीतीं। रामू ने 1960 के रोम ओलम्पिक्स में और 1962 के जकार्ता एशियन गेम्स में अपने देश का प्रतिनिधित्व किया। जकार्ता एशियन गेम्स में भारत ने फ़ुटबॉल में गोल्ड मेडल जीता। बाकी जाने-माने फ़ुटबॉल खिलाड़ियों के उलट रामू ने अपना क्लब कभी नहीं बदला। चूँकि जब वो कुछ भी नहीं थे, ईस्ट बंगाल ने उन्हें चुना था,

लिहाज़ा उन्होंने अन्त तक क्लब का साथ नहीं छोड़ा। रिटायर होने के कई साल बाद, ईस्ट बंगाल क्लब ने उन्हें 'सदी का मिडफ़ील्डर' क़रार दिया।

'*राम बहादुर : देहरादून का डायनामाइट*' शीर्षक वाले एक ऑनलाइन आर्टिकल में मेरे मामा के सबसे ख़ास दोस्त की फ़ुटबॉल खेलने की कला के बारे में कई शानदार पैराग्राफ़ लिखे हैं। उनमें से एक यहाँ प्रस्तुत है:

> लाल और सुनहरी जर्सी में (ईस्ट बंगाल की जर्सी) राम बहादुर की सबसे ख़ास परफ़ॉरमेंस देखने को मिली 1957 में मोहम्मडन स्पोर्टिंग के ख़िलाफ़। मोहम्मडन टीम के खिलाड़ी सलीम के साथ हुई टक्कर में सर पार चोट खाने के बावजूद बहादुर ने पूरा मैच खेला और आधा दर्ज़न मौकों पर गोल लाइन क्लियर की। ईस्ट बंगाल ने ये मैच 3-0 से जीता जिसमें तपश बोस और मूसा के गोल शामिल थे। मैच ख़त्म होने पर राम बहादुर मैदान पर अचेत पड़े थे और उनका सर खून से पूरी तरह सना हुआ था। राम बहादुर के हिम्मत से भरे इस प्रदर्शन को देखते हुए फ़ुटबॉल से जुड़ी कलकत्ता की जानी-मानी शख़्सियत और ईस्ट बंगाल के लिए रिक्रूटिंग करने वाले जीबन चक्रबर्ती ने कहा था, 'मैंने क्लब के लिए 11 सालों में राम बहादुर को एक भी मौके पर ख़राब खेलते हुए नहीं देखा। वो इतने सधे हुए और टैलेंटेड थे कि मिडफ़ील्ड में वो एक दीवार का काम करते थे।'

सर्दियों में, जब फ़ुटबॉल का सीज़न ख़त्म हो जाता था, राम बहादुर अपने शहर आ जाते और यहाँ स्पोर्टिंग यंगस्टर्स के लिए क्रिकेट खेलते। एक दिन, प्रैक्टिस के दौरान, रामू अपने साथियों को रोम के ओलम्पिक विलेज की कहानियाँ सुना रहे थे। वो बता रहे थे कि अमरीकी कैसे बोलते थे और जापानी कैसे कपड़े पहनते थे। इस दौरान, हँसी-ठट्ठे की आवाज़ इतनी ऊँची हो गयीं कि दुरई ने रामू को सज़ा के तौर पर मैदान का एक चक्कर लगाने का आदेश दिया। सज़ायाफ़्ता ने तुरन्त ही मैदान में दौड़ लगानी शुरू कर दी। जब वो चक्कर मार के नेट्स के पास आये तो उन्होंने देखा कि उनके टीम के सभी साथी दुरई के आस-पास खड़े हैं जो फूट-फूट कर रो रहे थे। उन्हें इस बात का पश्चाताप हो रहा था कि उन्होंने इस देश के एक मशहूर खिलाड़ी को अपमानित किया। इसके बाद खुद रामू ने उन्हें शान्त करवाया और कहा कि वो भले ही एक ओलम्पिक खिलाड़ी हैं और कलकत्ता के मैदान पर खेलने वाले

सबसे शानदार खिलाड़ी हैं लेकिन अपने शहर में वो हमेशा दुरई की कप्तानी में खेलने वाले एक खिलाड़ी ही रहेंगे।

V

1966 में मैं अपने माता-पिता के साथ गर्मी की छुट्टियाँ मनाने बैंगलोर गया। हम वहाँ मेरे नाना-नानी के घर पर रहे थे जो कि उस वक़्त शहर के पश्चिम में, मल्लेश्वरम में रहते थे। पास ही में इंडियन इंस्टिट्यूट ऑफ़ साइंस भी था। मेरे मामा दुरई भी इसी घर में रहते थे। फ़िलहाल वो अविवाहित थे। इस शहर में रहते हुए अब उन्हें 4 साल से भी ज़्यादा हो चुके थे और यहाँ की क्रिकेट की दुनिया में उन्हें ख़ासी पहचान मिल चुकी थी। बैंगलोर के दूसरे सबसे पुराने क्लब फ्रेंड्स यूनियन क्रिकेट क्लब की कप्तानी इन्हीं के पास थी। इस क्लब की एक टीम फ़र्स्ट-डिवीज़न में थी और एक तीसरे डिवीज़न में।

देहरादून का क्रिकेट बचकाना था, जहाँ ये खेल मौज-मनोरंजन के लिए खेला जाता था। ज़्यादातर मैच फ्रेंडली होते थे लेकिन हर दूसरे साल एक रैंडम नॉकआउट टूर्नामेंट खेला जाता था जिसमें 6 या बहुत से बहुत 8 टीमें होती थीं। वहीं दूसरी तरफ़, बैंगलोर की आबादी देहरादून से 10 गुनी ज़्यादा थी। मैसूर (जिसे अभी तक कर्नाटक नहीं कहा गया था) देश के सबसे बड़े टूर्नामेंट, रणजी ट्रॉफ़ी की सबसे बड़ी टीम में से एक थी। इसका ज़्यादातर क्रिकेट यहाँ की राजधानी के इर्द-गिर्द ही घूमता था। मैसूर स्टेट क्रिकेट असोसिएशन (बाद में कर्नाटक स्टेट क्रिकेट असोसिएशन हो गया) के पास एक 5-टियर की क्रिकेट लीग थी जिसमें हर डिवीज़न में दर्जनों टीमें खेलती थीं। हर मुक़ाबला टक्कर का होता था। अगर टॉप टीमें ट्रॉफ़ी पर नज़र जमाये होती थीं तो बीच की टीमें अपनी पोज़ीशन से नीचे न खिसकने के लिए लड़ रही होती थीं। इस लीग के अलावा वाई.एस. रामास्वामी ट्रॉफ़ी के लिए हर साल खेला जाने वाला नॉकआउट टूर्नामेंट भी था जिसमें कुछ 60 क्लब हिस्सा लेते थे।

बैंगलोर में क्रिकेट क्लबों की आपसी रंजिश बेहद गाढ़ी होती थी और यही हाल इन टीमों से खेलने वाले खिलाड़ियों की आकांक्षाओं का था। दून में कोई बल्लेबाज़ पचास रनों तक पहुँचता था तो दर्जनों दर्शक उनकी हौसलाअफ़जाई किया करते। वहीं, बैंगलोर में कोई 100 रन मारता था या 5 विकेट लेता था तो ये कामना जागती थी कि अब वो दूसरी डिवीज़न से पहली में पहुँच सकेगा। जो पहली डिवीज़न में था वो मैसूर की रणजी टीम में पहुँचने के लिए सेलेक्टर्स की लिस्ट तक पहुँचना चाहता था।

1966 की गर्मियों में मैं FUCC का सबसे छोटी उम्र का सदस्य बन गया। ये क्लब उस वक़्त तक मल्लेश्वरम हाई स्कूल के मैदान में प्रैक्टिस करता था। हर दोपहर में दुरई के साथ उनके स्कूटर पर बैठ कर जाता था। हम स्कूल के स्टोर से मैटिंग निकालते, उसे नेट्स की तरफ़ खोलते और फिर मैट को स्थापित करने के लिए किनारों पर कीले गाड़ते। यहाँ 'हम' बेहद सांकेतिक है। असल में मैं दूर से देख रहा होता था और 'बड़े लोग' ये सारे काम कर रहे होते थे।

FUCC में मेरे क्रिकेट के आराध्यों की लिस्ट में तेज़ी से बढ़ोत्तरी हुई। अब इसमें दुरई के टीम के साथी भी जुड़ रहे थे। यहाँ एक पी.एन. सतीश (चिट्टी) थे जो यूनिवर्सिटी ऑफ़ मैसूर से एक भूवैज्ञानिक थे। वे एक फ़ास्ट बॉलर थे, यह बात उनकी बॉडी और जूतों से साफ़ पता चलती थी। इन जूतों को हर रोज़ प्रैक्टिस से पहले वो बड़े करीने से बाँधते थे। चिट्टी मेरे मामा की तरह ही रूपवान थे।* इसके अलावा वहाँ कुछ और भी बेहतर खिलाड़ी थे। कहा ये भी जाता है कि मेरे नाना दक्षिण में आकर बस गये थे और इसी वजह से दुरई उत्तर प्रदेश की रणजी टीम के लिए ट्रायल्स में शामिल नहीं हो सके थे। मगर ये एक किंवदन्ती मात्र थी और कुछ भी नहीं। बैंगलोर में रहते हुए 1966 में जो खालिस तथ्य मुझे मालूम चला था, वो ये था कि FUCC टीम के 4 सदस्य रणजी ट्रॉफ़ी में मैसूर की तरफ़ से एक बार खेल चुके थे।

मेरे क्लब में ये चार फ़र्स्ट-क्लास खिलाड़ी के.एल. महेश, के.एम. रामप्रसाद, पी.एस. विश्वनाथ, और एम. नवीनचन्द्रा। महेश फ्रंट फ़ुट और बैक फ़ुट, दोनों पर ही बेहतरीन ड्राइव्स लगाते थे और साथ ही एक अच्छे मीडिया पेसर भी थे। अपने चोटी के दिनों में प्रसाद गोली की तेज़ी से गेंद फेंकते थे और अपने आख़री रणजी मैच के बाद अब वो एक मध्यम गति के अच्छे स्विंग बॉलर हो चुके थे जहाँ अपने 6 कदम के रन-अप के साथ वो गेंद को हवा में दोनों दिशाओं में तैराने में माहिर हो चुके थे। विशु एक बेहतरीन मिडल आर्डर बल्लेबाज़ थे जो अपनी स्टाइल के मामले में बेहद किताबी थे। वो धीमी शुरुआत के पक्षधर थे लेकिन एक बार सेट हो जाने के बाद घंटों बैटिंग करते। नवीन पेशे से डॉक्टर होने के साथ ही अच्छे विकेटकीपर बल्लेबाज़ थे जो हुक और पुल का शौक़ीन था।

---

* 'P.N. Satish, Geology' गूगल करने पर मुझे मालूम चला कि मेरे बचपन के इस हीरो ने आगे चलकर एक पेपर लिखा जिसका टाइटल था 'Effect of Paper Mill Effluents on Accumulation of Heavy Metals in Coconut Trees near Nanjangud, Mysore District, Karnataka, India'। ये 1991 में Environmental Geology and Water Sciences नाम के जर्नल में छपा था।

मैं इन चारों को बेहद पसन्द करता था लेकिन FUCC का मेरा सबसे पसन्दीदा क्रिकेटर था वी. रामदास। रामदास ख़तरनाक ढंग से घूमने वाली ऑफ़ ब्रेक्स फेंकते थे, बल्लेबाज़ के इर्द-गिर्द अच्छी फ़ील्डिंग करते थे और इस सब के साथ कमाल के बल्लेबाज़ थे। हाल ही में ख़त्म हुए सीज़न में उन्होंने इंडियन टेलिफ़ोन इंडस्ट्रीज़ के ख़िलाफ़ सेंचुरी मारी थी जिसके दौरान उन्होंने इरापल्ली प्रसन्ना को चार (या शायद पाँच) छक्के मारे थे। कहा जाता है कि उस वक़्त तक रामदास ने रणजी इसलिए नहीं खेली थी क्यूँकि मैसूर के कप्तान, टेस्ट खिलाड़ी वी. सुब्रमन्या थे जो उनके भाई ही थे। इस कहानी के कई संस्करण थे। एक के अनुसार वो नहीं चाहते थे कि उनपर भाई-भतीजावाद के आरोप लगें और दूसरे के अनुसार कप्तान साहब को लगता था कि अगर उनका छोटा भाई मैसूर के लिए खेलने लगा तो वो बहुत ही जल्द अपने बड़े भाई से आगे निकल जायेगा।

इन दोनों में से किसी भी कहानी के बारे में रामदास ने कभी भी बात नहीं की। मुझे प्रसन्ना को मारे गये उन छक्कों के बारे में दुरई ने बताया था और रामदास के प्रति उनके बड़े भाई के ईर्ष्याभाव के बारे में चिट्टी से मालूम चला था। चिट्टी इस क्रिकेट क्लब के एकमात्र ऐसे सदस्य थे जो किताब पढ़ते थे, इसलिए उन्हें शायद इसके बारे में पीजी वोडहाउस की क्रिकेट की कहानियाँ पढ़ने से मालूम चला होगा। रामदास ख़ुद एक सौम्य, बेहद विनम्र और दयाभाव से भरे शख़्स से। प्रैक्टिस के लिए उन्होंने 22 गज की बजाय 12 गज की एक लाइन खींची हुई थी जिससे FUCC का सबसे छोटा, 8 साल का मेम्बर भी नेट्स में गेंदबाज़ी कर सके।

मैं उस गर्मी की छुट्टी के बाद जब लौटा तो बतौर FUCC मेम्बर और मैसूर का क्रिकेट फ़ैन बनकर लौटा। मैं ये पूरी तरह से जान चुका था कि मेरे शहर के खिलाड़ियों के सामने मैसूर के क्रिकेटर कई गुना बेहतर थे। देहरादून अपने प्रदेश, उत्तर प्रदेश के क्रिकेट में काफ़ी पिछड़ा हुआ था जबकि बैंगलोर मैसूर के क्रिकेट का केन्द्र था। उत्तर प्रदेश रणजी ट्रॉफ़ी में सबसे कमज़ोर टीम में थी जबकि मैसूर के पास ऐसे कई खिलाड़ी थे जो इंडिया के लिए खेल चुके थे। मैंने एक क्लब को सपोर्ट करने का फैसला लिया था और अब एक प्रदेश को भी सपोर्ट करने जा रहा था। मैं इस आशा से भरा हुआ था कि जल्द ही FUCC को फर्स्ट डिवीज़न जीतते हुए देखूँगा और मैसूर को रणजी ट्रॉफ़ी जीतते हुए भी।

1967-68 की सर्दियों में भारतीय टीम ऑस्ट्रेलिया के दौरे पर गयी हुई थी। वी. सुब्रमन्या इस टीम में थे और शायद इसीलिए उनके भाई रामदास को अन्ततोगत्वा मैसूर की तरफ़ से रणजी ट्रॉफ़ी में आन्ध्र प्रदेश के ख़िलाफ़ खेलने को मिला। उन्होंने 33 रन बनाये जबकि अपना पहला मैच खेल रहे एक और खिलाड़ी जी.आर. विश्वनाथ ने 230 रन बनाये। इसके कुछ वक़्त बाद ही रामदास ने इंडियन टोबैको कम्पनी में नौकरी करनी शुरू कर दी जहाँ उन्हें तेलुगु राज्य में सुदूर चिराला में पोस्टिंग मिली। उनका पहला फ़र्स्ट-क्लास मैच ही उनका आख़री फ़र्स्ट क्लास मैच बना।

VI

दुरई ने 1962 में देहरादून छोड़ दिया था लेकिन वो जब भी यहाँ आते, राम बहादुर भी हमसे मिलने आते। राम बहादुर ने मेरे पिता के साथ भी थोड़ा-बहुत क्रिकेट खेला था और वो दुरई की बहन को अपनी बहन मानते थे। मैंने ख़ुद कभी भी रामू को फ़ुटबॉल खेलते नहीं देखा लेकिन क्रिकेट की सफ़ेद किट में उन्हें देखा था और वो बखूबी याद है। एक बचकानी देहरादून की टीम, जिसमें रामू खेल रहे थे, इंडियन मिलिट्री अकेडमी के साथ खेलने उतरी थी और ये पहला मौका था जब मैं IMA के मैदान पर गया था। जब कैडेट्स बैटिंग कर रहे थे, रामू ने शानदार फ़ील्डिंग की। कवर पॉइंट पर वो इधर से उधर उछलते दिख रहे थे। बाद में, बैटिंग करते हुए, उन्होंने तेज़ी से हाफ सेंचुरी बनाई। उनके हर कट और हुक शॉट पर आर्मी के अफ़सर 'वेल प्लेड, सर!' कहते हुए उन्हें शाबाशी दे रहे थे। ये अफ़सर एक नेपाली चपरासी के बेटे के साथ कभी साथ बैठकर खाना नहीं खा सकते थे, जिन नहीं पी सकते थे, लेकिन उसके खेल की तारीफ़ करते नहीं थक रहे थे।

ये बात शायद 1966 या 1967 की रही होगी और मुझे याद है कि मेरे पिता मुझे स्कूटर पर बिठा कर मैदान ले गये थे। अगली दफ़ा जब मैं IMA गया तो अकेला अपनी साइकिल पर गया। साल था 1970। FUCC से दुरई का एक नया शिष्य इंडियन मिलिट्री एकेडेमी में अभी-अभी भर्ती हुआ था। उसका नाम अशोक कुमार था और वो एक विकेट-कीपर बैट्समैन था। वो खाने पर हमारे घर आया और उसने अगले वीकेंड पर मुझे कैडेट्स और अफ़सरों के बीच होने वाले मैच के लिए न्योता दिया।

कैडेट्स ने पहले बैटिंग की और 200 के आस-पास का स्कोर खड़ा किया जिसमें अशोक ने सबसे ज़्यादा रन बनाये। ये आईपीएल से बहुत पहले

का वक़्त था। यहाँ तक कि पहले क्रिकेट वर्ल्ड कप से भी पाँच साल पहले का वक़्त था। ये वो समय था जब वन-डे मैच की कोई परिभाषा नहीं बनी थी और खेल को ओवरों में बाँध के नहीं रखा जाता था। अगर दूसरी इनिंग्स में बैटिंग करने वाली टीम के दसों विकेट नहीं गिरे या उसने ज़रूरी रन नहीं बना लिये तो दिन का खेल ख़त्म होने पर मैच ड्रॉ माना जाता था। कई बार ऐसा ही होता था कि अगर पहले बैटिंग करने वाली टीम ने काफ़ी बड़ा स्कोर बना लिया हो तो ड्रॉ की सम्भावनाएँ काफ़ी ज़्यादा होती थीं।

उस रोज़ ऐसा ही कुछ हाल एकेडमी के अफ़सरों का था। वो 200 रन बनाने के बारे में तो नहीं सोच रहे थे लेकिन जब तक उनके कप्तान क्रीज़ पर मौजूद थे, उनके दस विकेट गिरना भी मुश्किल ही जान पड़ रहा था। उस टीम के कप्तान का नाम था कर्नल सी.वी. (चन्दू) गडकरी। उन्होंने इंडिया के लिए 6 टेस्ट मैच खेले थे। 1952-53 में, वेस्ट-इंडीज़ के टूर पर, गडकरी और पॉली उमरीगर को कवर्स में उनकी फ़ील्डिंग के लिए जाना जाने लगा। इन दोनों से पहले और बहुत वक़्त बाद तक कोई भी भारतीय खिलाड़ी इस कदर फुर्तीला और सटीक निशाने वाला नहीं देखा गया।

ये 50 के दशक की शुरुआत की बात थी। मगर मैं जिस वक़्त की बात कर रहा हूँ, कुछ दो दशक बाद, चन्दू गडकरी की कमर की माप में कई इंचों का इजाफ़ा हो चुका था। अब वो सुस्ती के मूड में स्लिप या मिड-ऑन पर खड़े होकर फ़ील्डिंग करते थे और बॉलिंग कतई नहीं करते थे। लेकिन वो अब भी एक अच्छे बल्लेबाज़ थे। वो ओवर की आख़री गेंद को बल्ले से एक हल्की टक्कर देकर उसे स्कवेयर लेग के बगल से निकाल देते या पॉइंट से कुछ पहले पहुँचाते और एक रन लेकर स्ट्राइक अपने पास रखते। इस कला में वो पारंगत थे। इसके साथ ही उन्होंने अटैक करना अभी भुलाया नहीं था। मुझे आज भी पचास से कुछ ज़्यादा साल पहले, पवेलियन की ओर खेली गयी ड्राइव, पेड़ों के झुरमुट की दिशा में मारा गया हुक शॉट बाकायदे याद हैं। ये उस रोज़ मारे गये कई चौकों में से दो शॉट थे।

विकेट्स यहाँ-वहाँ गिर रहे थे लेकिन पूर्व टेस्ट खिलाड़ी का विकेट उस लिस्ट में नहीं था। खेल के पूरे दौरान गडकरी आस-पास खड़े फ़ील्डिंग कर रहे नौजवान खिलाड़ियों से लगातार बात भी कर रहे थे। जब दिन का खेल ख़त्म हुआ, सिर्फ़ 8 ही विकेट्स गिरे थे और गडकरी 90 के आस-पास खेल रहे थे। मैं अशोक कुमार से तब मिला जब वो मैदान से बाहर निकल रहे थे और हताशा में अपना सर हिला रहे थे। उन्होंने कहा कि कर्नल शुरुआत में

ही विकेट्स के पीछे कैच आउट हो चुके थे लेकिन अम्पायर 'भें... गौतम' ने उन्हें आउट दिया ही नहीं। गौतम (जो ख़ुद भी बैंगलोर से ही था) को कैडेट्स की टीम में उस रोज़ जगह नहीं मिली थी। अशोक को ऐसा लग रहा था कि वो कर्नल का पिछलग्गू बनकर टीम में जगह बनाने की कोशिश कर रहा था।

मैं अपने क्लब के साथी जैसे गुस्साया नहीं। मैं गौतम की गलती से खुश था। 1966 में बैंगलोर में मैंने FUCC के स्टार खिलाड़ियों को देखकर ये समझा था कि क्लब के खिलाड़ियों और रणजी ट्रॉफ़ी के खिलाड़ियों में क्या अन्तर होता है। अब चार साल बाद, मैं रणजी और इंटरनेशनल खिलाड़ियों के बीच के अन्तर को बखूबी देख और समझ रहा था।

VII

साल 1970 मेरी क्रिकेट की समझ के लिए बेहद अहम् था। चन्दू गडकरी को बैटिंग करते देखने से कुछ वक़्त पहले ही मैंने अपना पहला रणजी मैच देखा था जो दून स्कूल ग्राउंड पर खेला जा रहा था। उत्तर प्रदेश और मध्य प्रदेश की रणजी टीमें आमने सामने थीं। ये मैदान भी चारों ओर से पेड़ों से घिरा हुआ था। ये पेड़ इतने ऊँचे और मैदान के इतने करीब थे कि पीछे पहाड़ों को छिपा देते थे। मध्य प्रदेश की टीम 1940 के दशक की होलकर की टीम की उत्तराधिकारी थी और उसकी रगों में वही खून बह रहा था। टीम की कप्तानी विजय नायडू के हाथों में थी जो कि भारतीय क्रिकेट में अमर हो चुके सी.के. नायडू के पोते थे। ऑल राउंडर गुलरेज़ खान विदेशी ज़मीन पर पहली सेंचुरी मारने वाले भारतीय बैट्समैन सैयद मुश्ताक़ अली के बेटे थे। विजय के पास अपने दादा की निडरता थी। वो सिली मिड-ऑफ़ पर बल्लेबाज़ के बेहद करीब खड़े होकर फ़ील्डिंग करते। जबकि गुलरेज़ के पास अपने पिता की धाकड़ बल्लेबाज़ी थी जिसमें वो ऑफ़ साइड को छेदते हुए हर मिनट रन बनाते रहते थे। इस सबके बावजूद पहली इनिंग्स की बढ़त के चलते उत्तर प्रदेश वो मैच जीत गया। इसमें अब्दुल कासिम नाम के लेफ्ट आर्म पेस बॉलर के ख़तरनाक स्पेल का बहुत बड़ा हाथ था।

मैंने 1970 की गर्मियाँ बैंगलोर में बिताई थीं। मेरा ज़्यादातर वक़्त फ्रेंड्स यूनिटी क्रिकेट क्लब के नेट्स में बीता। अब मैं 12 साल का हो चुका था और 22 गज से बॉलिंग करने लगा था। अब मैं स्पिनर नहीं बल्कि नयी बॉल से बॉलिंग करने लगा था। ये सब इसलिए था क्यूँकि हाल ही में मैंने राल्फ़ बार्कर की किताब 'टेन ग्रेट बॉलर्स' पढ़ी थी और इसके पहले चैप्टर से मैं

बहुत प्रभावित हुआ था। ये था फ्रेड स्पॉफ़र्थ के बारे में। जब 1882 के ओवल टेस्ट में इंग्लैंड को चौथी इनिंग्स में जीत के लिए मात्र 85 रनों का टार्गेट मिला था, फ्रेड आये और ड्रेसिंग रूम में बोले, "ये काम हो सकता है और ये काम होगा।" इसके बाद फ्रेड ने 44 रन देकर 7 विकेट्स लिये (जिसमें 5 क्लीन बोल्ड थे) और ऑस्ट्रेलिया 7 रनों से ये मैच जीत गया। ये वही मौका था जिसके बाद द *स्पोर्टिंग टाइम्स* ने इंग्लिश क्रिकेट की मौत की घोषणा की और ऐशेज़ का जन्म हुआ।

पिछली बार जब मैं बैंगलोर में था, तबके बाद से, मेरे मामा और मेरे क्लब में कई नये लोग जुड़े। नये आये लोगों में 20 साल के आस-पास के चार लड़के थे—ओपनिंग बैट्समेन सत्येन्द्र और नारायण राजू जिनमें एक परम्परिक बल्लेबाज़ था तो दूसरा क्रॉस बैट चलाने का आदी था, गुगली फेंकने वाला एक ऑल राउंडर के.जी. पड़की भी था और इसके साथ ही मिडल आर्डर का बल्लेबाज़ और एक अच्छे फ़ील्डर के रूप में सुधाकर राव था। इसके साथ ही के.जी. शशिधर नाम का एक नया विकेटकीपर भी था जिसे मैसूर के लिए सैयद किरमानी की जगह सेलेक्ट किया जा सकता था। लेकिन ख़ामी बस इतनी-सी थी कि वो एक बेहतर बल्लेबाज़ नहीं था और साथ ही उसे अभी अपनी इंजीनियरिंग की डिग्री भी ख़त्म करनी थी।

मेरे बैंगलोर से लौटने के बाद से दुरई को अपनी कम्पनी में प्रमोशन मिल चुका था और इस वजह से स्कूटर की जगह अब एक कार ने ले ली थी। इसी बीच, FUCC ने अपने नेट्स मल्लेश्वरम हाई स्कूल से हटाकर सेंट जोसेफ इंडियन हाई स्कूल में कर लिये थे। ये बैंगलोर कैंटोनमेंट के केन्द्र में था (हम वहाँ खेलते थे जहाँ आज माल्या हॉस्पिटल खड़ा हुआ है)। हर रोज़, शुरुआत के लगभग एक घंटे मैं पिच से दूर खड़ा होता था और सुधाकर की कवर्स में मारी गयी गेंदें वापस फेंक रहा होता था। लेकिन मुख्य बल्लेबाज़ की पारी ख़त्म होने के बाद मुझे बॉलिंग करने का मौका मिलता था। एक मौके पर मेरी गेंद कुछ लेट स्विंग हुई और मैंने दुरई को बोल्ड कर दिया। उस वक़्त ये मेरे लिये क्रिकेट की सबसे बड़ी सफ़लता थी और विकेट्स के पीछे शशिधर ख़ुशी में चीख रहे थे।

हमारे प्रैक्टिस ग्राउंड की एक दीवार इंडियन टोबैको कम्पनी (ITC) के स्टाफ़ क्वार्टर्स से जुड़ी हुई थी। पहले ITC के I का मतलब Imperial हुआ करता था और इस तरह ब्रिटिश राज के अवशेष उस वक़्त भी बरकरार थे। एक रोज़ बैंगलोर की तम्बाकू फ़ैक्ट्री के मैनेजर क्रिस हार्डिंग हमारे पास आये और

पूछा कि क्या वो हमारे क्लब का हिस्सा बन सकते थे। दुरई को ये आईडिया अच्छा लगा क्यूँकि क्रिस यॉर्कशायर से थे जो लेन ह्यूटन की ज़मीन थी। 50 के दशक के शुरुआती सालों में बड़े होने वाले मेरे मामा के लिए वे एक आदर्श कप्तान थे। लेन ह्यूटन ख़ुद को गेंदबाज़ी के मौके कम और फ्रैंक टायसन और ब्रायन स्टेथेम को ज़्यादा देते थे क्यूँकि उन्हें ऐसा लगता था कि फ़ास्ट बॉलर्स ही मैच जिताते हैं और 1954-55 की ऐशेज़ सीरीज़ इस बात का सबूत भी थी। बैंगलोर में रहने वाला वो यॉर्कशायर का शख़्स एक ठीक-ठाक ऑल राउंडर था लेकिन दुरई के सिवा अंग्रेजी न बोल सकने वाले टीम के बाकी साथियों को कुछ खटकता था। ए.जी. मणि, जिन्होंने एक बार मैसूर स्कूल की तरफ़ से खेलते हुए सीलोन स्कूल्स के ख़िलाफ़ नंगे पैर गेंदबाज़ी की थी, हार्डिंग के पीछे हाथ धो के पड़े थे। वो उसकी तुलना उस बन्दर से करते थे जिसके पिछवाड़े ज़्यादा ही लाल होते हैं। लेकिन फिर एक एक रोज़ FUCC ने अपने पारम्परिक दुश्मन बैंगलोर यूनाइटेड क्रिकेट क्लब को हराया और ये सब कुछ बदल गया। उस मैच में जीत के रन यॉर्कशायर के उस अंग्रेज़ी बोलने वाले शख़्स के बल्ले से आये थे जब उसने स्क्वायर लेग के ऊपर छक्का जड़ा था।

हर दिन, प्रैक्टिस ख़त्म होने के बाद हम सभी पास ही में मौजूद कोशी के परेड कैफ़े में कॉफ़ी पीते और मैं लाइम जूस। फिर मैं और दुरई घर वापस आते और नहाने के लिए गरम पानी की बाल्टियाँ हमारा इन्तज़ार कर रही होती थीं (ये वो समय था जब इंडिया में शॉवर एक दुर्लभ शय हुआ करती थी), और फिर हमारा खाना खाने का वक़्त हो जाता था। इसके बाद जब मेरे पेरेंट्स और नाना-नानी सोने चले जाते, दुरई और मैं लिविंग रूम में गद्दे बिछाते। सोने से पहले भी क्रिकेट की कहानियाँ सुननी होती थीं। कई कहानियाँ मेरे मामा के सबसे चहेते वीनू मांकड़ के बारे में होती थीं जो उनकी ही तरह बायें हाथ से धीमी गेंदबाज़ी करते थे और दायें हाथ के अटैकिंग बैट्समैन थे।

जनवरी 1952 में, जब दुरई लगभग मेरी वर्तमान उम्र के ही थे, मांकड़ ने अपनी बॉलिंग से इंडिया को टेस्ट की जीत का स्वाद चखाया। मांकड़ ने पहली इनिंग्स में 8 और दूसरी में 4 विकेट्स लिये थे। ये मैच मद्रास में हो रहा था जो कि देहरादून से देखें तो उपमहाद्वीप का दूसरा ध्रुव था। मैं ये तो नहीं कह सकता कि उन्होंने इन विकेट्स के बारे में रेडियो पर लाइव सुना या कुछ वक़्त बाद उनके किसी भाई ने उन्हें बताया जो कि ग्राउंड पर मौजूद था लेकिन दुरई को वो सारे विकेट्स याद थे। तो अब मैं ये सुन चुका था कि मांकड़ ने कैसे इंग्लैंड के दो सबसे बेहतरीन बल्लेबाज़ों को आउट किया था। कैसे उन्होंने

गेंद के ऐंगल को बदल कर टॉम ग्रेवेनी को क्रीज़ के बाहर खींचा और स्टम्प आउट करवाया और कैसे उन्होंने गेंद को डिप करवा कर जैक रॉबर्टसन की ड्राइव की टाइमिंग ख़राब करवाई और ख़ुद ही कैच पकड़ा।

मेरे मामा दुरई बीते वक़्त के और अपने वक़्त के बड़े टेस्ट खिलाड़ियों के प्रति श्रद्धा का भाव रखते थे। एक इतवार जब कोई प्रैक्टिस नहीं थी और FUCC का कोई मैच भी नहीं था, वो मुझे YMCA ग्राउंड लेकर गये जहाँ सिटी क्रिकेटर्स का भारतीय एयरफ़ोर्स के साथ मैच चल रहा था। ये वाई.एस. रामास्वामी ट्रॉफ़ी टूर्नामेंट का शुरुआती दौर था। सिटी क्रिकेटर्स की कप्तानी इरापल्ली प्रसन्ना के हाथों में थी जिन्होंने 1962 में पहली बार इंडिया के लिए खेलना शुरू किया था। इसके बाद उन्होंने अपनी इंजीनियरिंग ख़त्म करने के लिए कुछ वक़्त लिया और फिर 1966-67 की सर्दियों में फिर से भारतीय टेस्ट टीम में आ गये। अगले ही साल प्रसन्ना ने ऑस्ट्रेलिया और न्यूज़ीलैंड में ख़ूबसूरत गेंदबाज़ी की और 8 टेस्ट मैचों में 50 के करीब विकेट्स लिए।

1969 के आख़री महीनों में इंडिया और ऑस्ट्रेलिया ने टेस्ट सीरीज़ खेली थी जिसे मैंने रेडियो और न्यूज़पेपर के ज़रिये फ़ॉलो किया। ऑस्ट्रेलिया ने बॉम्बे में पहला मैच बड़ी आसानी से जीता, कानपुर में दूसरा मैच ड्रॉ हुआ (गुंडप्पा विश्वनाथ के शानदार शतक की बदौलत), इंडिया ने दिल्ली में तीसरा मैच जीता जिसमें बिशन बेदी और प्रसन्ना ने आपस में 18 विकेट्स लिये, फिर कलकत्ता में ऑस्ट्रेलिया ने वापसी की और इयान चैपल के बल्ले और ग्रैहम मैकेंज़ी की बॉलिंग की बदौलत दस विकेट से मैच जीता।

ये मेरे जीवनकाल की सबसे रोमांचक टेस्ट सीरीज़ थी। घरेलू साइड आख़री टेस्ट के लिए मद्रास आई और सीरीज़ बराबरी पर रोकने के बारे में सोच रही थी। ऑस्ट्रेलिया ने पहले बैटिंग की और डगलस वॉल्टर्स की असाधारण सेंचुरी की बदौलत टीम 258 तक पहुँची। जब इंडिया 163 पर ऑल आउट हो गयी तो ये स्कोर और भी बड़ा मालूम दिखाई दे रहा था। लेकिन फिर अपना पहला मैच खेल रहे मोहिन्दर अमरनाथ ने दिन का खेल ख़त्म होने से कुछ देर पहले तगड़ी इनस्विंग से कीथ स्टिकपोल और इयान चैपल को बोल्ड किया और ऑस्ट्रेलिया 12 रन पर 2 विकेट्स के साथ अगले दिन की तैयारी कर रही थी।

1969 का मद्रास टेस्ट 24 दिसम्बर को शुरू हुआ था। क्रिसमस का दिन रेस्ट डे था। देहरादून में मेरे माता-पिता भी छुट्टी के मूड में थे। 27 दिसम्बर को, मैच के तीसरे दिन, हमारा नदी के किनारे पिकनिक मनाने का प्लान था। मैं

अपने साथ एक ट्रांज़िस्टर ले गया था। दिन के पहले ही घंटे में प्रसन्ना ने बिल लॉरी को बोल्ड किया, शानदार बल्लेबाज़ वॉल्टर्स को शोर्ट लेग पर एकनाथ सोलकर के हाथों कैच करवाया और पॉल शीहन को स्टम्प आउट किया। जब ब्रायन टेबर को पैरों के पास ज़ीरो रन पर कैच आउट किया गया, इस बार भी प्रसन्ना की ही बॉल पर, ऑस्ट्रेलिया 24 रनों में 6 विकेट्स खो चुकी थी और उसका कुल स्कोर था 119 रन पर 6 विकेट।

अब स्थापित बल्लेबाज़ों में सिर्फ़ इयान रेडपैथ ही बचे थे। मैच रोमांचक हो चुका था और सीरीज़ बैलेंस में आ चुकी थी। प्रसन्ना के अगले ओवर के लिए मैंने ट्रांज़िस्टर को अपने करीब खींचा और ये सुनने लगा कि कैसे रेडपैथ विकेट्स पर आगे बढ़े और फ़्लाइट में बीट हो गये और उनकी क्रीज़ में वापस सकुशल पहुँचने की सभी आशाएँ समाप्त हो चुकी थीं। बॉल स्टम्प्स के बेहद करीब से निकली, विकेटकीपर के दस्तानों को चकमा देते हुए पीछे निकल गयी और 4 एक्स्ट्रा रन ऑस्ट्रेलिया के खाते में जुड़े। रेडपैथ ने 63 रन बनाये और वो अपनी टीम को 153 के स्कोर तक ले गये। इस वक़्त तक पिच मिट्टी के टीले में तब्दील हो चुकी थी और इंडिया 77 रनों से मैच हार गयी।

दौरे पर आई टीम के खिलाड़ियों में इयान चैपल ऐसे एक खिलाड़ी थे जो अपनी बात को बेहद स्पष्ट तरीके से रखते थे। वो इंडिया से जाते वक़्त ये कहकर गये कि प्रसन्ना अपनी पीढ़ी के सबसे शानदार स्पिन बॉलर थे। दुरई इस बात से पूरी तरह सहमत थे। और अब 1970 की गर्मियों में मैं अपने मामा के साथ बैंगलोर में था और एक क्लब मैच में प्रसन्ना को गेंदबाज़ी करते हुए देखने जा रहा था। मैं और दुरई, हम मैदान जल्दी पहुँचने के लिए सुबह जल्दी उठे। हम अपने साथ खाने के लिए लंच भी पैक करवाकर ले जा रहे थे जो मेरी नानी ने बनाया था। YMCA के बाहर एक नीले रंग की बड़ी गाड़ी खड़ी थी जो जलाहल्ली से आई हुई थी। उस वक़्त जलाहल्ली बैंगलोर से कटा हुआ था और बीच में मीलों लम्बे खेत हुआ करते थे। इसी गाड़ी में इंडियन एयर फ़ोर्स के अफसर-क्रिकेटर आये थे।

YMCA का मैदान कब्बन पार्क के बगल में, न्रुपाथुंगा रोड पर था। मुझे याद तो नहीं आ रहा है कि वहाँ साइटस्क्रीन्स होती थीं या नहीं। हम वहाँ बैठे जहाँ साइटस्क्रीन्स होनी चाहिए। हमें खेल का सबसे अच्छा व्यू मिल रहा था। एयर फ़ोर्स ने टॉस जीता और बैटिंग चुनी। डी.डी. देशपांडे टीम के कप्तान और सबसे बड़े बल्लेबाज़ थे जो विदर्भ, सर्विसेज़, नॉर्थ और सेंट्रल ज़ोन के लिए खेल चुके थे। और तो और, *विज्डन* से मुझे ये भी मालूम पड़ा कि उस वक़्त

देशपांडे उन चन्द खिलाड़ियों में से एक थे जो फ़र्स्ट-क्लास मैच में हैन्डल्ड द बॉल आउट दिये गये थे।

मुझे उस दिन की 3 गेंदें कभी भी नहीं भूलेंगी। ये तीनों गेंदें प्रसन्ना ने देशपांडे को फेंकी थीं। पहली दोनों गेंदें थोड़ी छोटी फेंकी गयी थीं और दोनों पर ही पुल शॉट मारकर देशपांडे ने चौके लगाये। तीसरी गेंद उसी लेंथ पर गिरी लेकिन गेंद घूमने की बजाय तेज़ी से सीधी निकल गयी और विकेट्स के ठीक सामने बैट्समैन के पैड पर जाकर लगी। सबसे बड़े ख़तरे को निष्क्रिय किया जा सकता था और इसके बाद सिटी क्रिकेटर्स एक धीमी गति का मैच अन्त में जीत गये।

कई सालों बाद मैं ख़ुद डी.डी. देशपांडे के ख़िलाफ़ खेला। लंच के दौरान मैं उनके पास ये बताने के लिए पहुँचा कि मैंने उन्हें पहली बार बैटिंग करते हुए कब और कहाँ देखा था। वो कोई भी और क्लब मैच हो सकता था लेकिन एक काबिल गेंदबाज़ को न मुझ जैसा छोटा प्रशंसक भूल सका और न ही वो अनुभवी फ़र्स्ट-क्लास क्रिकेटर। मैंने जैसे ही अपना मुँह खोला, देशपांडे मेरी बात पूरी होने से पहले ही बोल उठे—"अरे हाँ, प्रसन्ना। उसने उस रोज़ मुझे उल्लू बना दिया।"

1970 वो साल था जब मैंने पहली बार किसी टेस्ट क्रिकेटर से हाथ मिलाया था। एक सुबह मेरे मामा और मैं उनकी फ़िएट में नृपाथुंगा रोड पर चल रहे थे जब उन्होंने एक स्कूटर पर एक छोटे से दिख रहे शख़्स को पहचान लिया। दुरई ने उन्हें बायें से ओवरटेक किया और चिल्लाने लगे 'विशी! विशी!' इसके साथ ही वो अपने लगभग न काम करने वाले दाहिने हाथ से उन्हें रुकने का इशारा करने लगे। वो रुके। हम गाड़ी से बाहर निकले और मेरे मामा ने मेरी मुलाक़ात गुंडप्पा विश्वनाथ से करवाई जो पिछली सर्दियों में ही कानपुर में अपने पहले ही मैच में ऑस्ट्रेलिया के ख़िलाफ़ शानदार सेंचुरी मार चुके थे। वो घटना उस वक़्त के बारे में बहुत कुछ कहती है—कौन-सा टेस्ट क्रिकेटर स्कूटर पर चलेगा आज के वक़्त? इसके साथ ही उस शख़्स के बारे में भी बहुत कुछ जानने को मिला। वो एक मामूली से क्लब क्रिकेटर के कहने पर राह चलते रुक गया जिसका कौतूहल से भरा भाँजा उन्हें बस देखे ही जा रहा था।

VIII

आज के वक़्त की ही तरह, उस वक़्त भी बैंगलोर 2 हिस्सों में बँटा हुआ था—शहर और छावनी। ये अलगाव न केवल सामाजिक बल्कि भौगोलिक भी था। शहर में दो बड़े क्लब थे। बेहद ख़ास क्लब सिटी क्रिकेटर्स जिसके लिए प्रसन्ना और महान गुगली फेंकने वाले बॉलर बी.एस. चन्द्रशेखर खेलते थे। दूसरा क्लब था बैंगलोर क्रिकेटर्स जिसमें थे गुंडप्पा विश्वनाथ। दोनों क्लब्स में सभी कन्नडा बोलने वाले खिलाड़ी हुआ करते थे।

छावनी के मुख्य क्लब थे स्वास्तिक यूनियन और बैंगलोर यूनाइटेड क्रिकेट क्लब। स्वास्तिक क्लब को एक ही परिवार कंट्रोल करता था—पटेल परिवार, जो गुजरात से आने वाले व्यापारी थे। वहीं BUCC में बड़े सितारे थे। इनमें पारसी कोच केकी तारापोरे थे, अंग्रेज़ी बोलने वाले डॉक्टर के. थिम्मापईया भी थे जिन्होंने मैसूर की तरफ़ से रणजी ट्रॉफ़ी में पहली सेंचुरी मारी थी।

दुरई वैसे तो छावनी के इन क्लब्स के कई खिलाड़ियों को पसन्द करते थे लेकिन वो हमेशा इन क्लब्स को हल्के तौर पर मापते थे। ये क्लब्स मैसूर क्रिकेट असोसिएशन पर अतिरिक्त दबाव डालते थे जिससे उनके खिलाड़ियों को स्टेट की अंडर-16 टीम से लेकर रणजी ट्रॉफ़ी तक हर लेवल पर प्रमोट किया जाता था। दुरई कहते थे (और मैं इस दावे पर विश्वास करता था) कि दूसरे क्लब्स के खिलाड़ियों को नज़रन्दाज़ कर दिया जाता था। महेश और रामदास, दोनों इसी वजहों से एक ही टेस्ट मैच खेल पाये। रामप्रसाद और नवीनचन्द्रा सिर्फ़ 4 रणजी मैच खेल सके। वजह सिर्फ़ यही थी कि वो हमारे क्लब से जुड़े हुए थे। अगर वो BUCC या स्वास्तिक से होते तो वो मैसूर के लिए दर्जनों बार खेल सकते थे। इस सब के अलावा वो शायद साउथ ज़ोन के लिए भी खेल सकते थे।

इस सब के बावजूद BUCC और स्वास्तिक एक जगह हमारी टीम से पीछे रह जाते थे। मैसूर/कर्नाटक से इंडिया के लिए आधिकारिक टेस्ट खेलने वाला पहला खिलाड़ी फ्रेंड्स यूनियन क्रिकेट क्लब से था। वो वी.एम. मुद्दिया थे जो कि एक ऑफ़-ब्रेक बॉलर थे। FUCC और मैसूर से शुरुआत करने के बाद मुद्दिया ने भारतीय वायु सेना जॉइन कर ली और इसीलिए अपने 61 फ़र्स्ट क्लास मैचों में ज़्यादातर सर्विसेज़ के लिए खेले। वो 1959 में भारतीय टीम के साथ इंग्लैंड के टूर पर गये थे। लेकिन उनके हिस्से में आये दोनों टेस्ट मैच घरेलू पिच पर खेले गये। पहला मैच 1959-60 में ऑस्ट्रेलिया के खिलाफ़

दिल्ली में खेला गया था, और दूसरा अगली सर्दियों में कानपुर में पाकिस्तान के ख़िलाफ़। पाकिस्तान के ख़िलाफ़ मैच में उनके 3 विकेटों में से एक हनीफ़ मोहम्मद का भी था।

मुझे नहीं याद है कि वी.एम. मुद्दिया देहरादून में सर्विसेज़ के उस मैच में खेले थे या नहीं जहाँ राय सिंह ने दुरई को पूरे मैदान में मारा था। मुझे ये मालूम है कि वो और मेरे मामा 1960 के दशक के अन्त में, जब मुद्दिया की बैंगलोर में पोस्टिंग थी, काफ़ी करीबी हो गये थे। उस वक़्त तक उनका क्रिकेट करियर समय से जल्दी ही ख़त्म हो गया और शराब इसकी मुख्य वजह बना। वो अक्सर FUCC क्लब आते थे लेकिन क्लब के लिए खेलते नहीं थे।

अगर दुरई के दोनों हाथ सही होते तो वो ज़रूर इंडिया के लिए क्रिकेट खेल सकते थे। और आर्मी या एयर फ़ोर्स भी जॉइन कर सकते थे। उनकी देह और स्वभाव, दोनों ही सेना के अफ़सर जैसे थे। मुद्दिया सेना की यूनिफ़ॉर्म और टेस्ट टीम, दोनों में ही रह चुके थे, इस बात की वजह से दुरई को मुद्दिया कुछ ज़्यादा ही प्रिय थे। दुरई और 'मुदी' के बीच क्रिकेट से जुड़ी लम्बी बातें होती थीं जो बाद में मुझ तक पहुँचती थीं।

वी.एम. मुद्दिया ख़ुद लम्बे समय तक सर्विसेज़ के कप्तान रहे एच.आर. (हेमू) अधिकारी को अपना हीरो मानते थे। हेमू ने अपने करियर में इंडिया के लिए 21 टेस्ट मैच खेले और इस दौरान एक मैच में इंडिया की कप्तानी भी की। अधिकारी मिडल ऑर्डर के अच्छे बल्लेबाज़ थे और कवर्स में शानदार फ़ील्डिंग करते थे। इस सब के बीच उनकी सबसे बड़ी खासियत ये थी कि उन्होंने शारीरिक फ़िटनेस को केन्द्र में हमेशा रखा। मुद्दिया ने ज़रूर ही इसके बारे में दुरई से कई बार बात की होगी और इसीलिए दुरई की बातों में बार-बार 'मुदी ने बताया कि एक बार हेमू ने कहा था...' और 'मुदी ने एक बार बताया' आने लगा था। जब FUCC की बी टीम के एक ऑफ़-स्पिनर ने 4-5 की फ़ील्ड के साथ बॉलिंग की तो बाद में कप्तान को दुरई ने ख़ूब झाड़ लगाई। ऐसा इसलिए हुआ क्यूँकि हेमू ने मुदी को बताया था कि मैटिंग विकेट पर, जहाँ गेंद बेहद तेज़ी से टर्न होती है, कोई भी स्पिन बॉलर 6 खिलाड़ियों को ऑफ़ साइड में रखे बगैर बॉलिंग नहीं करता। हेमू ने बताया था कि लेफ़्ट आर्म स्पिनर के लिए 6-3 या 7-2 की फ़ील्ड होती है और ऑफ़ ब्रेक बॉलर के लिए 3-6 और 2-7 की।

1970-71 में दुरई अपनी बहन से मिलने और मेरे क्रिकेट के हाल-चाल लेने देहरादून आये थे। वो मेरी बॉलिंग से काफ़ी खुश थे, बैटिंग से उतना ज़्यादा

नहीं। एक चीज़ जो उन्हें बिल्कुल भी नहीं पसन्द आई, वो थी मेरी फ़ील्डिंग। उन्होंने इसमें सुधार लाने की कोशिशें शुरू कर दीं। वो उसी हिसाब से सब कुछ बता रहे थे जो उनके हिसाब से हेमू ऐसे हालातों में एक 12 साल के तेज़ गेंद से डरने वाले लड़के से करने को कहते।

FRI में हमारे बंगले के आगे एक बरामदा था और फिर एक दीवार थी। इस दीवार से टिका के दुरई ने अपने भाँजे को खड़ा कर दिया था। मेरे इर्द-गिर्द उन्होंने गमले रख दिये। चार गमले आगे, और चार मेरे दोनों तरफ़। हाथ में बल्ला लिये मेरे मामा ने मेरी तरफ़ गेंदें मारनी शुरू कर दीं। ये गेंदें तेज़ स्पीड से आ रही थीं और मामा सिर्फ़ 6 यार्ड की दूरी पर खड़े थे। दीवार से टिक कर खड़ा मैं गमलों की वजह से कहीं छुप भी नहीं सकता था और न कहीं जा सकता था। मुझे गेंदों को दोनों हाथों से पकड़ना ही था।

न ही मैं और न ही दुरई हेमू अधिकारी से कभी भी मिले थे। और ये हेमू अधिकारी को हमारे बीच और भी बड़ी हस्ती बना चुका था और उनकी बातों को और भी वजन मिल चुका था। वी.एम. मुद्दिया और मेरे मामा के ज़रिये पूर्व सर्विसेज़ और इंडिया के कप्तान मुझ तक पहुँच कर क्रिकेट बॉल के मेरे डर को भगा चुके थे। हालांकि अब भी मुझपर इतना विश्वास नहीं किया जा सकता था कि मैं कैच कर ही लूँगा।

IX

देहरादून में सबसे मशहूर संस्थान था दून स्कूल जो कि ईटन और हैरो का भारतीय वर्ज़न था और जिसकी स्थापना साल 1935 में हुई थी। मेरे नाना के पाँच बेटे थे और वो सभी को यहाँ पढ़ने के लिए नहीं भेज सकते थे। इसलिए दुरई का एडमीशन सेंट जोसेफ़ एकेडमी में करवाया गया और वो क्रिकेट (और बाकी खेल) यहीं खेलते थे।

मेरे केस में, मैं अकेला बेटा था और मेरे पिता किसी भी हाल में मुझे दून स्कूल ही भेजना चाहते थे। मैंने यहाँ 1970 में कदम रखा और मालूम पड़ा कि पुराने स्कूल के मुकाबले इस स्कूल में क्रिकेट की सुविधाएँ कई गुना बेहतर थीं। यहाँ सीनियर और जूनियर स्टूडेंट्स के लिए रेगुलर नेट्स होते थे और 4 अलग-अलग क्रिकेट के मैदान थे।

एस.के. (शील) वोहरा को यहाँ क्रिकेट की ज़िम्मेदारी दी गयी थी। वो मैथ्स भी पढ़ाते थे और बच्चों ने उनका नाम रखा था बॉन्ड। सीक्रेट एजेंट

जेम्स बॉन्ड के नाम पर उन्हें ये नाम इसलिए मिला था क्यूँकि वो हर उस बच्चे को पकड़ लेते थे जिसने अपने बगल वाले साथी का आंसर कॉपी किया होता था। क्रिकेट के मैदान में वो क्रीज़ पर टिके रहने वाले ओपनिंग बल्लेबाज़ होते थे और मैंने जितने लोगों के साथ या ख़िलाफ़ खेला, उनमें सबसे बेहतरीन विकेटकीपर्स में से एक थे। बॉन्ड लम्बे-चौड़े, 6 फ़ीट से लम्बे थे और कम से कम 120 किलो के थे। लेकिन उनका फ़ुटवर्क एकदम ठोस और कीपिंग बेदाग़ थी। उनकी स्पिन के खिलाफ़ या लेग साइड पर कीपिंग आज के इंडियन टीम के कीपर्स के टक्कर की थी।

बतौर क्रिकेट के मास्टर, बॉन्ड की ज़िम्मेदारी बहुत सारी थीं। वो मैदान की देखभाल करने वाले लोगों पर नज़र रखते, आठ साल से 16 साल तक के तमाम तरह के हुनरमन्द बच्चों की नेट प्रैक्टिस को मैनेज करते और साथ ही एक इंटर-हाउस टूर्नामेंट भी आयोजित करवाते (हर हाउस में 6 टीमें होती थीं जो अलग-अलग आयु-वर्ग के हिसाब से बँटी हुई थीं)। उन्हें सबसे ज़्यादा मज़ा आता था प्लेइंग इलेवन में जगह बनाने वाले सेलेक्शन और ट्रेनिंग में। वो इसके सभी मैचों की अम्पायरिंग करते। उनसे पहले जो क्रिकेट मास्टर के पद पर थे वो एक अंग्रेज़ था और अपने बच्चों के पक्ष में फ़ैसले देता था जबकि बॉन्ड बेहद निष्पक्षता के साथ अपनी ज़िम्मेदारी निभाने के लिए जाने जाते थे।

बॉन्ड ने उत्तर प्रदेश के लिए एक रणजी मैच भी खेला था। उनके स्टाफ़ में मौजूद एक और मास्टर, राजिन्दर पाल देवगन भी एक रणजी मैच में अपना नाम शामिल करवा चुके थे। आरपी देखने लायक अटैकिंग बैट्समैन थे जिनके पास क्रिकेट की किताब में मौजूद हर शॉट मौजूद होता था। वो मीडियम पेस भी फेंकते और कलाई से स्पिन गेंदबाज़ी भी करते थे। इसके साथ ही वो फ़ील्डिंग में भी अच्छे थे।

बॉन्ड ने दुरई के साथ क्रिकेट खेला हुआ था और आरपी दुरई को क्रिकेट खेलते देख बड़े हुए थे। वी रामदास, जो कि मेरे दूसरे गुरु थे और एक फ़र्स्ट क्लास मैच भी खेल चुके थे, उन्होंने भी आरपी की तरह मेरी मदद की क्योंकि मैं दुरई का भाँजा था। लेकिन वो इसलिए भी मुझे पसन्द करते थे क्यूँकि दुरई का भाँजा होने के अलावा मैं क्रिकेट को लेकर जुनूनी था। इन दोनों स्कूल के क्रिकेट मास्टरों के संरक्षण में मैंने फ़ास्ट बॉलिंग को पूरी तरह से किनारे रख दिया और ऑफ़-ब्रेक्स पर ध्यान देने लगा। अपने स्कूल की आधिकारिक टीम में मैं 2 साल खेला और स्कूल में सबसे ज़्यादा विकेट्स मुझे ही मिले।

एक बार स्टाफ़ वर्सेज़ स्टूडेंट्स के मैच में मैंने आरपी को फ़्लाइट में बीट कर दिया और वो पिच पर वैसे ही खड़े हुए दिख रहे थे जैसे चेपॉक में प्रसन्ना की गेंद पर 1969 में रेडपैथ। ये समानता सिर्फ़ यहीं तक नहीं थी। इस मौके पर भी विकेटकीपर ने गेंद मिस कर दी और बाई के चार रन बैटिंग टीम को मिले। आरपी धीरे से मुस्कुराये, क्रीज़ पर दो बार बल्ला ठोंका और मेरी अगली गेंद मिड-ऑफ़ पर चौके के लिए मार दी। इससे अगली गेंद मिड-विकेट और उसके बाद वाली पॉइंट के बायें से चौके के लिए। आरपी ने ताबड़तोड़ सेंचुरी मारी और मैं भले ही मार खाने वाले खेमे में शामिल था लेकिन मुझे मज़ा आ रहा था।

जब भी आधिकारिक टीम संडे को खेलती, मैं हमेशा ध्यान देता कि हर बार बॉन्ड ही अम्पायरिंग कर रहे होते थे। उनकी एकाग्रता कमाल की होगी क्यूँकि उन्हें एक-एक गेंद, एक-एक रन याद रहता था। हम क्रिकेटर्स मैच का इन्तज़ार करते थे लेकिन उससे भी ज़्यादा इन्तज़ार रहता था उन रिपोर्ट्स का जो बॉन्ड उन मैचों के बारे में लिखते थे। ये रिपोर्ट्स दून स्कूल की *वीकली* मैगज़ीन में दो पन्नों में छपतीं। हर मंगलवार, बॉन्ड पवेलियन की सीढ़ियों पर बैठे अपनी रिपोर्ट को आख़री रूप दे रहे होते थे। गुरूवार को, लंच के बाद लड़कों को इस मैगज़ीन की प्रतियाँ बाँटी जाती थीं।

हम स्कूल की टीम में खेलने वाले क्रिकेटर्स फ़ौरन अपने मास्टर और कोच के हमारे बारे में लिखे शब्द पढ़ डालते थे। इस मौके का बेसब्री से इन्तज़ार किया जाता था। अच्छे दिनों में कुछ ऐसा पढ़ने को मिलता था—'गुहा की शुरुआत बेहद अच्छी रही। अपने दूसरे ही ओवर में उन्होंने सीधी रहती गेंद पर क्लिफ़र्ड को विकेट्स के पीछे कैच करवाया (47-2)। उनके चौथे ओवर में मिस्टर प्रसाद बुरी तरह से चकमा खा गये और बोल्ड हुए (58-3)' या ऐसा कुछ भी लिखा होता था—'गुहा बैटिंग पर आये और आते ही एक ख़ूबसूरत कवर ड्राइव लगायी और गेंद सीधे बाउंड्री पर जाकर रुकी।'

ऊपर वाला पैराग्राफ़ लिखने के बाद मैंने स्कूल के आर्काइव का ज़िम्मा सँभालने वाले को एक ईमेल भेजा और बॉन्ड की आधिकारिक टीम के बारे में लिखी गयी रिपोर्ट्स माँगीं। सन्डे, 23 अप्रैल 1972 को, जब मैं अपने चौदहवें जन्मदिन से मात्र 6 दिन दूर था, हमने पटियाला के यादवेन्द्र पब्लिक स्कूल से मैच खेला। ये उस साल का सबसे बड़ा मैच था। बॉन्ड की रिपोर्ट कुछ यूँ शुरू हुई थी—

> इस बार यादवेन्द्र पब्लिक स्कूल के ख़िलाफ़ होने वाले सालाना मैच की मेजबानी हमें करनी थी। बीते कई हफ़्तों की तरह इतवार की इस सुबह भी बादलों के दर्शन हुए। अन्तर सिर्फ़ इतना था कि इस दिन बारिश नहीं हुई और क्रिकेट के लिए मुफ़ीद मौसम बरक़रार रहा। खेल बेहद तनाव से भरा था और इसका अन्त बेहद रोमांचक रहा जिसमें हम 2 विकेटों से विजयी रहे। यादवेन्द्र पब्लिक स्कूल की टीम 91 रनों के साधारण स्कोर पर आउट हो गयी। हम 3 विकेट खोकर 83 रनों तक पहुँच गये थे और किसी भी तरह का ख़तरा महसूस नहीं हो रहा था लेकिन फिर हड़बड़ी में लगातार 5 विकेट्स गिरे। अन्त में मुखोपाध्या और गुहा ने विजयी रन बनाये।

जो इस रिपोर्ट को आगे पढ़ेगा उसे मालूम चलेगा कि मैंने असल में बल्ले से नहीं बल्कि गेंद से कमाल दिखाया था। यादवेन्द्र पब्लिक स्कूल की शुरुआत अच्छी हुई थी और 1 विकेट के नुकसान पर 32 रन बना चुके थे। इसके बाद—

> गुहा को दूसरे एंड से बुलाया गया और उसने अपनी तीसरी ही गेंद पर हरिन्दर को चबलानी के हाथों कैच आउट करवाया। वहीं रीतमोहिन्दर उसे पूरी ताकत से पुल और ड्राइव मार रहा था। चयल गेंद को अच्छे से डिफेंड कर रहा था और उसने अपने कप्तान का बखूबी साथ निभाया। इन दोनों ने मिलकर स्कोर को 70 रनों तक पहुँचाया और फिर गुहा ने राउंड द विकेट्स गेंदबाज़ी करने का फ़ैसला किया। ये दाँव काम आया और इसी ने बल्लेबाज़ों की हालत ख़राब कर दी। चयल और डांग दोनों बैक-फुट पर बीट हुए और एलबीडब्लू आउट हुए जबकि पाठक को चबलानी ने स्लिप्स में कैच किया और फिर लाम्बा ने मिड-ऑन पर खड़े अरुण को बेहद आसान कैच दिया। रीतमोहिन्दर किस्मती थे और उनका कैच मिड-ऑन से कुछ पीछे खड़े सेनापति ने टपका दिया। ... कुछ वक़्त के बाद रीतमोहिन्दर ने एक बड़ा शॉट लगाने की कोशिश की और पिच के बीचों-बीच गेंद को हवा में टाँग दिया। इस मौके पर रंजन ने कोई गलती नहीं की। आखिरी जोड़ी ने 6 रन जोड़े और फिर गुहा ने अपनी तेज़ गति से फेंकी गयी गेंद पर जसपाल को बोल्ड कर दिया।

इस रिपोर्ट में हमारी बैटिंग के बारे में भी लिखा हुआ था। अच्छी और सधी हुई शुरुआत के बाद आई विकेट्स की आंधी और फिर हमारी जीत। बॉन्ड की रिपोर्ट इस तरह ख़त्म हुई—

> यादवेन्द्र पब्लिक स्कूल को अच्छी प्रतिस्पर्धा का श्रेय ज़रूर मिलना चाहिए। उन्होंने फ़ील्डिंग में आक्रामकता दिखाई और कोई भी मौका नहीं छोड़ा। बॉलिंग साधारण ही थी और ख़राब बल्लेबाज़ी पूरी तरह से हमारे टॉप ऑर्डर के धराशायी होने का कारण थी। मुझे नहीं समझ आया कि हमारे बल्लेबाज़ किस जल्दबाज़ी में थे और इस दौरान मुखोपाध्या ने मुसीबत के समय पर दृढ़ता दिखाई और और टीम को जीत तक ले गये। सुबह गुहा ने शानदार बॉलिंग की और ढेरों विकेट्स चटकाये। उसने बेहद सटीक गेंदबाज़ी की और अपनी गति और फ़्लाइट को अच्छे से उतार-चढ़ाव दिया। ... इस मैच ने एक बार फिर इस खेल की तमाम अनिश्चितताओं को उजागर किया और मुझे लगता है कि इस दिन हम अपने विरोधियों से कुछ आगे ही रहे।*

वीकली मैगज़ीन की अपनी रिपोर्ट्स में बॉन्ड ने कभी भी किसी को अपना पसन्दीदा नहीं बताया। ऐसा करना एक स्कूल के मास्टर के उसूलों के ख़िलाफ़ होता। हालांकि कुछ विशेष प्रकार के क्रिकेटर्स उनके पसन्दीदा रहते थे। वो उन बल्लेबाज़ों को काफ़ी पसन्द करते थे जो आगे आकर डिफेंसिव शॉट्स खेलने में पारंगत हो जाते थे (जो ऐसा नहीं कर पाते, उनसे वो कहते, 'स्मेल द बॉल, बॉय, स्मेल इट!')। इसके साथ ही वो लेफ़्ट-आर्म स्पिनर्स को भी पसन्द करते थे और आधिकारिक टीम में वो कम से कम ऐसे दो खिलाड़ी ज़रूर रखते थे जिसमें से एक अक्सर कप्तान भी होता था। आड़ा बल्ला चलाने वाला और ऑफ़-स्पिनर मैं इन मापदंड पर कतई खरा नहीं उतरता था। लेकिन फिर भी बॉन्ड मुझपर मेहरबान रहते थे। दुरई से मेरा रिश्ता इसके पीछे एक छोटी वजह थी लेकिन बड़ा कारण ये था कि क्रोनिक अस्थमा का मरीज़ होने के बावजूद मैं क्रिकेट खेलने के बारे में सोच भी रहा था।

---

* मेरे दो साथियों के बारे में कुछ बातें, जो इस मैच रिपोर्ट का हिस्सा थे। मैं सेनापति को उस ड्रॉप कैच के लिए माफ़ कर चुका हूं क्यूंकि उसका मुख्य खेल क्रिकेट नहीं बल्कि स्क्वाश था। वो स्क्वाश का नेशनल चैम्पियन बना। वहीं मुखोपाध्या आगे चलकर सीरिया, अफ़ग़ानिस्तान और म्यामांर में बतौर भारतीय राजदूत अपनी कुशलता और अहम फ़ैसलों के लिए जाने गए।

X

1972-73 की सर्दियों की छुट्टियों में मेरे मामा देहरादून आये। वो हर साल 2 बार आते ही थे। इस बार जब वो आये तो अपनी सफ़ेद किट लेकर आये थे। वो लगभग एक दशक पहले बैंगलोर चले जाने के बाद पहली बार देहरादून में क्रिकेट खेलने वाले थे। उनके स्पोर्टिंग यंगस्टर्स के कई पुराने साथी वहाँ मौजूद थे। इन सभी को एक बार फिर से रेस्ट ऑफ़ देहरादून इलेवन के ख़िलाफ़ खेलना था जिसके कप्तान मेरे स्कूल-मास्टर एस.के. वोहरा, 'बॉन्ड' थे। वो एक दूसरे क्लब के लिए खेला करते थे।

दुरई के देहरादून वाले क्रिकेट क्लब में तीन राम थे—राम बहादुर, जिनसे हमारी पहले ही मुलाक़ात हो चुकी है; राम किशन नाम के एक ऑल राउंडर; और राम मनोहर मिश्रा नाम के एक ओपनिंग बल्लेबाज़। आख़री के दोनों राम अभी भी देहरादून में ही थे। मगर इन तीनों में जो सबसे ज़्यादा हुनरमन्द थे, जो फ़ुटबॉल और क्रिकेट के शानदार खिलाड़ी थे, वो हाल ही में असम में ऑइल एंड नेचुरल गैस कमीशन में बतौर सिक्योरिटी ऑफ़िसर नियुक्त किये जा चुके थे। मेरे मामा ने अपने साथियों से चिन्ता न करने को कहा। उन्होंने बताया कि टीम के सबसे बड़े खिलाड़ी की जगह वो एक और राम को लेकर आये थे जो उनका भाँजा था और जो हाल ही में दून स्कूल की आधिकारिक टीम के लिए विकेट्स पर विकेट्स ले रहा था।

यानी दुरई और मैं पहली बार (बदकिस्मती से आख़री बार भी) साथ में क्रिकेट मैच खेल रहे थे। ये बेहद वाजिब बात थी कि मुझे आज तक सब कुछ याद है। मेरे साथ खेल रहे सभी लोगों के नाम और वो किस संस्थान से जुड़े हैं, सब याद है। एक बार फिर से जुटाई गयी इस स्पोर्टिंग यंगस्टर्स के तीन खिलाड़ी ONGC के देहरादून हेडक्वार्टर में काम करते थे। ये लोग थे राम किशन, फ़ास्ट बॉलर जिन्दो और ठीक-ठाक क्रिकेट खेल लेने वाले लछमन सिंह बिष्ट जो हॉकी के बढ़िया खिलाड़ी थे। राम मनोहर मिश्रा, बल्लेबाज़ विजय सिंह, और प्रमोद राणा और विकेट कीपर मिंटू भट्टाचार्या FRI में काम करते थे। ऑफ़ स्पिनर पीके बोस सर्वे ऑफ़ इंडिया के साथ जुड़े हुए थे। इन सभी लोगों के अलावा मैं और मेरे मामा कुल दस लोग होते हैं। ग्यारहवें खिलाड़ी का नाम याद नहीं कर पा रहा हूँ।

हालांकि उस मैच से जुड़ी लगभग सभी बातें मुझे याद हैं, तारीख के लिए मुझे इन्टरनेट की मदद लेनी पड़ी। मेरे मामा क्रिसमस की छुट्टियों में देहरादून

आये थे और इसलिए ये मैच 31 दिसम्बर 1972 को इतवार के दिन खेला गया था। बॉन्ड ने इस मैच के लिए दून स्कूल ग्राउंड लिया हुआ था। सामने वाली टीम में मेरे दूसरे क्रिकेट मास्टर आरपी देवगन, बॉन्ड के क्लब आर्यन के कुछ खिलाड़ी (उनमें से एक जगत कुमार शर्मा नाम का शानदार बल्लेबाज़ था जो वेल्हम बॉयज़ स्कूल में पढ़ाते थे), और घाटी में मौजूद सबसे अच्छी कॉलेज की टीम डीएवी के खिलाड़ी थे।

बैंगलोर में तो दुरई FUCC के नेट्स में सर्वे-सर्वा हुआ करते थे। मगर यहाँ, मैच के पहले इस पुनर्निर्मित टीम की प्रैक्टिस का सवाल ही नहीं उठता था। कप्तान इस भरोसे था कि उसके पुराने साथियों की कुशलता में इतने सालों में इस कदर भी कमी नहीं आई होगी। लेकिन इन सभी के बीच वो टीम के सबसे छोटे सदस्य, यानी मैं, को लेकर चिन्तित थे। इसलिए मैच शुरू होने के एक हफ़्ते पहले से ही उन्होंने गार्डन में एक स्टम्प लगाकर मुझे उसपर हर रोज़ एक घंटे बॉलिंग प्रैक्टिस करवानी शुरू कर दी। मुझे पूरी एकाग्रता के साथ ये अकेले करना था और इस दौरान वो बीच-बीच में औचक निरीक्षण के लिए आते रहते। मुझे अब ऐसा लगता है कि वो पर्दे के पीछे से छिपकर मुझे देख भी रहे थे।

मैच के दिन दुरई मुझे मेरे पापा की नयी पुराने मॉडल वाली फ़िएट गाड़ी में लेकर दून स्कूल पहुँचे। ये फ़िएट उस वक़्त इंडिया में प्रीमियर पद्मिनी के स्वदेशी नाम से आती थी। हम मैदान मैच शुरू होने से एक घंटे पहले पहुँच गये। असल में, मेरे मामा ने मेरी बॉलिंग देखते हुए इस बात पे गौर किया था कि मैं ऑफ़-ब्रेक के दौरान गेंद को काफ़ी घुमा सकता था लेकिन सीधी रहने वाली गेंद फेंकने में मुझे दिक्कत होती थी। मैच शुरू होने से पहले उनके पुराने साथी पीके बोस ने मुझे ऑफ़-स्पिनर के तरकश का एक ज़रूरी तीर दिया। यानी, जिस दौरान दुरई और बाकी लोग बीते हुए सालों की ख़बर ले रहे थे, बोस मुझे मैदान के एक किनारे ले गये जहाँ उन्होंने मुझे ये गुर सिखाया कि कैसे गेंद फेंकने की स्थिति में आते वक़्त, उससे पहले कतई नहीं, गेंद की सीम के साथ उँगली लगाकर उसे सीधा जाने के लिए फेंक सकते हैं। जब मेरी ये क्लास ख़त्म हुई और हम वापस टीम के साथ जुड़ने के लिए जाने लगे, बोस ने मुझसे कहा कि मुझे इस मैच में ये गेंद फेंकने की कोशिश नहीं करनी चाहिए बल्कि स्कूल शुरू होने के बाद नेट्स में इसपर काम करना चाहिए।

दुरई टॉस हार गये और बॉन्ड की टीम ने पहले बैटिंग की। उनकी इनिंग्स की रीढ़ रही आरपी देवगन की शानदार सेंचुरी। उनकी कवर ड्राइव बेहद

ख़ूबसूरत थीं। आरपी और भी खेलते लेकिन उन्हें बोस की सीधी रहती गेंद ने आउट किया और इस पूरे वाकये को आश्चर्य से भरा मैं मिड-ऑन से खड़ा देख रहा था। उस अनुभवी ऑफ़-स्पिनर ने 3 विकेट लिये जबकि दुरई को 5 विकेट्स मिले। पुछल्ले बल्लेबाज़ों के लिए मुझे बॉलिंग पर लगाया गया और मैंने अपने कप्तान और गुरु को निराश न करते हुए आख़री के 2 विकेट्स लिए।

रेस्ट ऑफ़ देहरादून 120 के आस-पास के स्कोर पर आउट हो गयी। स्पोर्टिंग यंगस्टर्स के लगातार विकेट्स गिरते रहे। सभी खिलाड़ी लगभग 40 की उम्र के थे और उनमें प्रैक्टिस की ख़ासी कमी थी। और हर छोटे शहर के खिलाड़ी की तरह इन्हें भी ऑफ़ स्टम्प के बाहर जाती गेंद पर बल्ला लगाने या आड़ा खेलने की उतावली थी। विजय, मिंटू, राम किशन, ये सभी अच्छे शॉट्स लगाकर या तो विकेट्स के पीछे या मिड-ऑन पर कैच देकर आउट हो गये। मुझे ये तो नहीं याद है कि दुरई ने कितने रन बनाये या वो कैसे आउट हुए लेकिन मुझे ये ज़रूर याद है कि नौंवे विकेट के गिरने पर जब मैं बैटिंग करने के लिए जा रहा था तो नर्वस होने और गहराती शाम के वक्त की ठण्ड से मेरे दांत आपस में कटकटा रहे थे। अभी भी जीत के लिए 14 रन और चाहिए थे। 1962 में मेरे पिता को अपनी पत्नी के भाई के सम्मान की रक्षा करने के लिए मात्र 1 चौका मारना पड़ा था। उन्होंने कैसे भी वो काम कर लिया था लेकिन 10 साल बाद मेरे मामा का सम्मान एक बार फिर दांव पर लगा था और 3 बाउंड्री से कुछ ज़्यादा रन बनाना मेरे लिये एक बड़ा काम था। बंसल नाम के एक लम्बे ऑफ़-स्पिनर के हाथ में गेंद थी। पहली गेंद पर मुझे कुछ भी समझ में नहीं आया और अगली गेंद पर मैं मिडल स्टम्प पर बोल्ड हो गया।

जब तक 'सम्मान समारोह' और हमदर्दी जताने की रस्म ख़त्म होती, अंधेरा हो चुका था। दुरई और मैं चुपचाप FRI की ओर चल पड़े थे और हम दोनों रोने की कगार पर थे। जैसे ही हम सागौन के जंगल से गुज़रे और अंधेरा काफ़ी ज़्यादा बढ़ गया, मेरे दिमाग में सिर्फ़ एक ही बात चल रही थी—अगर हम में से सबसे बढ़िया राम, राम बहादुर खेलने के लिए आया होता तो स्पोर्टिंग यंगस्टर किसी भी हालत में वो मैच नहीं हारता। मुझे लगता है कि दुरई के दिमाग में भी यही बात चल रही थी।

XI

स्कूल के आख़री साल मेरा मैच मसूरी की एक टीम के ख़िलाफ़ था जिसमें वुडस्टॉक के मिशन सेटलमेंट के कई सदस्य थे। हमने दूसरी इनिंग्स में बॉलिंग

की और मैंने 6 विकेट्स लिए। लेकिन एक दाढ़ी वाले गोरे ने मेरी सारी अच्छी गेंदें ब्लॉक कर-कर के मैच ड्रॉ करवा दिया। जब हम ड्रॉ हो चुके मैच के बाद वापस लौट रहे थे, मैंने उससे कहा, "एक अमरीकी होते हुए सीधे बल्ले से खेलते हो।" उसने हिन्दी भाषा में जवाब दिया, "आखिर यार, क्रिकेट में और ज़िन्दगी में भी स्ट्रेट बैट के साथ ही खेलना पड़ता है।" हमारे इर्द-गिर्द सभी लोग इस बात से सहमत थे और हम सभी हँस रहे थे। मुझे बाद में मालूम पड़ा कि ये अच्छा डिफ़ेंड करने वाला बल्लेबाज़ फिल्म एंड टेलिविज़न इंस्टिट्यूट ऑफ़ इंडिया, पुणे में पढ़ रहा था और उसका नाम टॉम ऑल्टर था।*

देहरादून में मॉनसून हमेशा तगड़ा ही रहता है और उस साल कुछ ज़्यादा ही बरसात हुई। मुझे लगातार अस्थमा के कई अटैक पड़े जो इतने भयावह थे की मुझे बोर्डिंग से निकाल कर घर पर रखा गया जहाँ मेरी देखभाल की जा सके। स्कूल के आख़री टर्म में मैं एक भी क्लास नहीं अटेंड कर सका। मेरी माँ, जो ख़ुद एक स्कूलटीचर थीं, मुझे लेकर बेहद परेशान थीं उन्हें लगता था कि मैं ख़राब तबीयत के कारण आख़री साल में ठीक से तैयारी न कर पाने के कारण इम्तेहान में अच्छा नहीं कर पाऊँगा और फिर मुझे दिल्ली में अच्छा कॉलेज नहीं मिलेगा। उन्हें मेरे क्रिकेट मास्टर एस.के. वोहरा 'बॉन्ड' ने समझाया और कहा, 'चिंता न करें मिसेज़ गुहा, खिलाड़ी हमेशा इम्तहानों में अपेक्षा से ज़्यादा बेहतर प्रदर्शन करते हैं।' मुझे ये तो नहीं मालूम कि सभी खिलाड़ियों के साथ ऐसा होता है या नहीं, लेकिन किस्मत से मेरे केस में बॉन्ड ने एकदम सटीक भविष्यवाणी की थी।

मैं 1973 में दून स्कूल से निकल आया लेकिन अगले लगभग एक दशक तक मेरे पिता FRI में काम करते रहे और इसी वजह से मैं वहाँ वापस जाता रहा। सर्दियों और गर्मियों में मैं फ़ैल्कंस नाम की एक टीम के साथ खेलता था जिसकी कमान मेरे दोनों स्कूलमास्टर्स के हाथ में थी। इस टीम में अफ़ग़ानिस्तान के असलम खान थे जो शानदार ऑल राउंडर थे और आगे चलकर राजनेता

---

* टॉम ऑल्टर आगे चलकर स्टेज और सिनेमा में एक मशहूर नाम बने लेकिन क्रिकेट उनका पहला प्यार था। उन्होंने क्रिकेट पर एक किताब और तमाम आर्टिकल लिखे। 40 की उम्र में भी उन्होंने क्लब क्रिकेट खेला और सबसे ज़रूरी बात - उन्होंने सचिन तेंदुलकर का सबसे पहला टीवी इंटरव्यू लिया (जब सचिन मात्र चौदह साल के थे)। आप उसे यहां देख सकते हैं: https://www.youtube.com/watch?v=oez4TSdZvJI

टॉम की कैंसर से 2017 में मृत्यु हो गयी। 67 साल के टॉम ने हमेशा सीधे बल्ले से क्रिकेट खेला और अपना पूरा जीवन जिया।

बने, पटियाला के राजकुमार रणधीर सिंह थे जो ओलम्पिक शूटर थे और ठीक-ठाक क्रिकेट खेल सकते थे, और दुरई के बुरे सपनों के कारक मेजर राय सिंह भी थे (अब कर्नल होकर रिटायर हो चुके थे) जिनकी उम्र और कमज़ोर हो चुकी एक आंख के चलते बैटिंग उतनी अच्छी तो नहीं रही थी लेकिन वो अब भी नयी या पुरानी गेंद के साथ अच्छी लेंथ पर गेंदें फेंक सकते थे।

मैंने बॉन्ड और आरपी की फ़ैल्कंस टीम के साथ घाटी भर में क्रिकेट खेला। मैंने सर्वे ऑफ़ इंडिया के मैदान में, अपने स्कूल के मुख्य मैदान में, FRI के तीनों मैदानों में और IMA के बेहद ख़ूबसूरत मैदान में क्रिकेट खेला। एक बार बॉन्ड और मैंने मिलकर देहरादून की ONGC के ख़िलाफ़ एक टक्कर का मैच जिताया। बॉन्ड ने शुरू से लेकर आख़री गेंद तक बैटिंग की और मैं, जो 10वें नम्बर पर बैटिंग करने के लिए आया था, ने आख़री 15 में 10 रन बनाये। विकेट्स के पीछे राम बहादुर कीपिंग कर रहे थे जो अब ONGC के हेड ऑफ़िस में काम किया करते थे। मुझे लगता है कि रामू मेरे स्कूलमास्टर को कैच या स्टम्प आउट करने में बेहद ख़ुश होते लेकिन मुझे नहीं लगता कि अगर मैं उन्हें कोई मौका देता तो वो उसे टपका नहीं देते।

मैंने सेंट जोसेफ़्स एकेडमी के मैदान पर भी एक मैच खेला। ये वही मैदान था जहाँ दुरई स्टार खिलाड़ी थे। जालंधर की एक बल्ला बनाने वाली कम्पनी ने हाल ही में FRI की लैब में एक सैम्पल भेजा था जिसे टेस्ट किया जाना था। सेंट जोसेफ़्स पर खेले जा रहे इस मैच के लिए मेरे पिता ने मुझे वो बल्ला ले जाने को कहा। इसी बल्ले से मैंने अपने जीवन का सबसे करारा और बेहद आसान छक्का मारा। गेंद बॉलर के सर के ऊपर से होते हुए, पेड़ों के ऊपर से उस गली में जाकर गिरी जो राजपूत रोड को परेड ग्राउंड से जोड़ती थी। कुछ ही देर में मैंने एक पुल शॉट भी मारा और बल्ले का हत्था उखड़ गया। मेरी रिपोर्ट बल्ले बनाने वालों को भेजी जा चुकी थी—बल्ला बीच से अच्छा है, हत्था बकवास है।

1982 में मेरे पिता भारतीय वानिकी संस्थान से रिटायर हुए और हम सभी लोग दक्षिण में चले गये। देहरादून छोड़ते हुए मैं जिन लोगों से मिलने के लिए गया उसमें राम बहादुर भी थे। वो पंडितवाड़ी में रहते थे जो FRI के ठीक बाहर हिन्दू पुजारियों की एक पुरानी बस्ती थी। रामू दुरई के इस भाँजे को देखकर बेहद ख़ुश हो गये थे। वो बेहद उत्साहित भी थे क्यूँकि उन्हें मुझे कुछ दिखाना था। मेरा दोस्त जो ओलम्पिक का खिलाड़ी था और एशियन गेम्स में गोल्ड-मेडलिस्ट था, अब एक 46 बरस का मोटा आदमी हो चुका था। मगर

वो अभी भी खेलता था। अन्दर के कमरे में ले जाकर रामू ने एक नया क्रिकेट का बल्ला निकाला। बल्ले से अलसी के तेल की तेज़ गंध आ रही थी। उन्होंने धीरे से कहा, 'बल्ला उठाओ, राम। देखो कितना प्यारा लगता है।' मैंने बल्ला उठाया और उनसे कहा कि उसका बैलेंस एकदम सटीक था। रामू ने कहा, 'मैंने इसके एक सौ पचहत्तर दिये।' इसके ठीक बाद उन्होंने ये भी जोड़ा—'लेकिन बीवी को मैंने कहा है कि ऑफ़िस से गिफ़्ट मिला है।' मैं समझ गया था और मैंने सर हिला दिया क्यूँकि क्रिकेट के प्रति इस जूनून में किसी की पत्नी से झूठ बोला जाना हर तरह से नैतिक ही जान पड़ रहा था।

रामू की पत्नी ने हमें चाय पिलाई और मैंने बदले में मैंने उनके पति की जीती दर्ज़नों ट्रॉफ़ी की तारीफ़ में पुल बाँध दिये। रामू मुझे FRI के गेट तक छोड़ने गये। लेकिन इस मौके पर भी हमने एक दूसरा रास्ता लिया। उन्होंने जिस ख़ुशी और गर्व के साथ मुझे वो बल्ला दिखाया था, उसी भाव के साथ उन्होंने मुझे अपनी बहनों के लिए बनाये घर दिखाये। जैसा मुझे याद आ रहा है, वहाँ तीन अलग-अलग घर थे। इन घरों को एक भाई ने बड़े प्यार से बनाया था। इन्हीं घरों ने एक चपरासी के बच्चों को भारतीय मिडल क्लास का सदस्य बना दिया था।

राम बहादुर ने अपने परिवार के बारे में इससे पहले कभी बात नहीं की थी। मुझे नहीं मालूम था कि उनके कितने भाई-बहन थे। मैंने अब उनसे पूछा कि क्या उनका कोई भाई भी है। हम बातें करते-करते पंडितवाड़ी से अब मेन रोड पर आ गये थे। रामबहादुर रुके, सीधे खड़े हुए, मेरी ओर देखा और कहा, 'राम, मेरा एक ही भाई है। उसका नाम दुरईस्वामी है।'

2.

मेरी अपनी टीम

I

विशुद्ध क्रिकेटीय शब्दों में कहा जाये तो दून स्कूल में बिताये गये मेरे दिन न केवल मेरे लिये बल्कि इस देश के लिए भी काफ़ी महत्वपूर्ण दिन थे। अगर बॉम्बे के लेखक राजू भारतन की किताब का टाइटल उधार लूँ तो ये वक़्त 'भारतीय क्रिकेट का महत्वपूर्ण दौर (Indian Cricket's Vital Phase)' कहलायेगा। 1971 के पहले कुछ महीनों में भारत ने कैरिबियन ज़मीन पर वेस्ट-इंडीज़ को टेस्ट सीरीज़ में हराया। मैंने इस दौरान सभी मैच *टाइम्स ऑफ़ इंडिया* में के.एन. प्रभु की रिपोर्ट्स के ज़रिये फ़ॉलो किये। इस अख़बार की प्रतियाँ देर से ही सही लेकिन डाक के रास्ते मेरे स्कूल की लाइब्रेरी पहुँच जाती थीं। उसी साल के दूसरे हिस्से में भारतीय टीम इंग्लैंड के दौरे पर थी। 40 साल की मशक्कत में हम एक बार भी इंग्लैंड में टेस्ट मैच नहीं जीत सके थे। पहला टेस्ट स्कूल की छुट्टियों के दौरान पड़ा। इसलिए बीबीसी की बदौलत मैं हर गेंद का आंखों देखा हाल रेडियो पर सुन पा रहा था।

रोमांचक स्थिति में ये मैच ड्रॉ हुआ। लेकिन फिर मेरे स्कूल शुरू हो गये और मैं वापस बोर्डिंग में पहुँच गया। सिर्फ़ सबसे सीनियर बच्चों को ही कॉमन रूम और उसमें रखे रेडियो तक पहुँचने की इजाज़त थी। लिहाज़ा दूसरा टेस्ट (जिसमें इंडिया को बारिश ने बचाया था) और तीसरा टेस्ट (जिसमें बैंगलोर के सिटी क्रिकेटर्स के बी.एस. चन्द्रशेखर ने 6 विकेट्स लेकर भारतीय जीत की नींव रखी थी) मैंने मेरे हाउस कैप्टन विवेक बामी के ज़रिये इन मैचों का हाल सुना। वो बीच-बीच में हमें मैच का हाल बताते रहते। इसके अलावा अगले दिन के.एन. प्रभु और *टाइम्स ऑफ़ इंडिया* से मुझे ख़बरें मिला करती थीं।

इसके अलावा मेरी क्रिकेट की तालीम उन किताबों के ज़रिये भी आगे बढ़ रही थी जो मेरे पिता ने मेरे लिये खरीदी थीं। दिल्ली की रामकृष्ण एंड संस नाम की एक दुकान में उन्हें ए.ए. थॉमसन नाम के एक लेखक की कई किताबें मिलीं। मैंने उन किताबों को कई दफ़ा पढ़ डाला। थॉमसन से जब पूछा गया था कि वो दस सर्वश्रेष्ठ क्रिकेट की किताबें बतायें तो उन्होंने जॉन नायरन की 'द यंग क्रिकेट्स ट्यूटर', एच.एस. एल्थम और ईडब्ल्यू स्वेंटन की 'अ हिस्ट्री ऑफ़ क्रिकेट' का नाम लिया। इसके बाद उन्होंने कहा कि कार्डस की कोई भी आठ किताबें उठा ली जायें।

ज़ाहिर है कि मैंने नेविल कार्डस के बारे में सुना था लेकिन कभी भी उनका लिखा नहीं पढ़ा था। मेरे पिता रामकृष्ण एंड संस अक्सर जाया करते थे लेकिन वहाँ कार्डस की कोई भी किताब नहीं हुआ करती थी। लेकिन थॉमसन उसकी कमी महसूस नहीं होने देते थे। उनकी एक बेहद आकर्षक, मस्ती में बहते हुए लिखने की स्टाइल होती थी जिसमें कई सारे किस्सों को जगह मिली होती थी। उनके भी एक मामा थे जिन्होंने उन्हें क्रिकेट के बारे में सब कुछ सिखाया था। हालांकि इन मामा ने क्रिकेट खेला नहीं बल्कि सिर्फ़ और सिर्फ़ देखा था। उनकी किताबें उन कहानियों से भरी हुई होती थीं जो उनके वॉल्टर मामा ने उन्हें सुनाई थीं। अगर वॉल्टर की मैं अपने मामा दुरई से तुलना करूँ तो दोनों भले ही एक-दूसरे जितने क्रिकेट के दीवाने थे लेकिन वॉल्टर ज़्यादा धैर्यवान और संवेदनापूर्ण थे।

ए.ए. थॉमसन की लिखी जिस किताब का मैंने सबसे ज़्यादा लुत्फ़ उठाया वो थी 'क्रिकेट बुके'। इस किताब में इंग्लैंड की सभी 17 काउंटीज़ पर एक-एक चैप्टर था (इस वक़्त तक डरहम 18वीं काउंटी नहीं बना था)। इन सभी के इतिहास पर नज़र डाली गयी थी और इसके साथ ही इसके बड़े खिलाड़ियों की पूरी कहानी मिलती थी। हर चैप्टर का अन्त उस काउंटी के सर्वकालिक एकादश के साथ होता था।

1972-73 की सर्दियों में इंडिया ने इंग्लैंड के ख़िलाफ़ अपनी ज़मीन पर पाँच टेस्ट मैचों की सीरीज़ खेली। नयी दिल्ली के फ़िरोज़ शाह कोटला में खेला गया पहला टेस्ट मैच मेरी स्कूल की छुट्टियों में पड़ा। मेरे एक मामा (दुरई नहीं) मेरे लिये पाँचों दिन के टिकट लेकर आये। मैं एक दिन पहले ही नयी दिल्ली पहुँच गया और मालूम पड़ा कि इंग्लैंड की टीम ओबेरॉय होटल में रुकी हुई थी। उस वक़्त ये दिल्ली का सबसे नया और सबसे बड़ा होटल था। ए.ए. थॉमसन के ज़रिये ही मुझे केंट के विकेटकीपर्स की खेप के बारे

में मालूम पड़ा था जिसमें फ्रेड हुइश और जैक हबल से लेकर लेस अमेस और गॉडफ्रे इवांस तक शामिल थे। मुझे इसी क्रम में शामिल हुए सबसे नये और सबसे बड़े विकेटकीपर एलेन फ़िलिप एरिक नॉट से मिलना ही था। मैंने ऑपरेटर से उनके कमरे का नम्बर हासिल किया और नम्बर डायल कर दिया। नॉट ने फ़ोन उठाया और मैंने केंट क्रिकेट और उसके विकेटकीपर्स के बारे में एक टिप्पणी की। साथ ही मैंने ये भी फ़रमाया कि मैं उनसे एक बार मिलना चाहूँगा और ये ज़रूरी था। इस बात पर मैंने कुछ ज़्यादा ही ज़ोर भी दिया। नॉट झल्लाते हुए बोले, "यहाँ हर कोई यही कहता है कि मिलना बेहद ज़रूरी है।" इसके बाद उन्होंने फ़ोन रख दिया।

मेरा टिकट वेस्टर्न स्टैंड में था जो ज्यॉफ़ अर्नाल्ड की स्विंग या भगवत चन्द्रशेखर की स्पिन देखने के लिए सबसे मुफ़ीद जगह नहीं थी। लेकिन ये जगह बिशन सिंह बेदी की गेंदों की फ़्लाइट का पूरा रास्ता देखने के लिए सबसे अच्छी जगह थी। सरदार उस वक़्त दुबला-पतला हुआ करता था और हर रोज़ अलग-अलग रंग का पटका पहन कर आता था। हर गेंद से पहले वो अपने दाहिने हाथ में मौजूद कड़े को पीछे धकेलते और अपने तीन कदम के रन-अप पर निकल पड़ते। उनका एक्शन बेहद शान्त और बगैर किसी रुकावट का दिखता था। वो साइड-ऑन होकर गेंद फेंकते थे और उनका फ़ॉलो थ्रू बेहद तगड़ा था। हालांकि ये सब देखने के लिए मैंने बहुत देर कर दी थी लेकिन मैं उनका बहुत बड़ा फ़ैन बन चुका था। मैच के दूसरे दिन बेदी को अपना सौंवा टेस्ट विकेट मिला। जैसे ही विकेट गिरा, मेरे ठीक सामने वाले स्टैंड में एक लाल रंग का बैनर लहराने लगा। उसपर लिखा था—सौ बार और स्पिन करो (SPIN ONE HUNDRED MORE)।

ये 9/11, 26/11 से पहले का समय था। इस समय ग्राउंड में घुसते वक़्त आज के जैसी सिक्योरिटी नहीं होती थी। इसलिए उस रोज़ दर्शक अपने साथ सिर्फ़ बैनर्स ही नहीं लाये थे। मेरे स्टैंड में एक बंदा इधर से उधर दौड़ लगाते हुए पटाखे फोड़ने लगा, दूसरे ने अपना पूरा दिन चटख रंगों के गुब्बारे फुलाने और उन्हें हवा में छोड़ने में गुज़ार दिया। उसके गुब्बारे इधर-उधर गिर रहे थे। कभी हमारे बीच तो कभी मैदान के बीच जहाँ खेल चल रहा था। मैदान का रंग और शोर अपने चरम पर था लेकिन सारे हल्ले के बीच मैं क्रिकेट पर नज़र बनाये रखने में कामयाब रहा।

दौरे पर आई टीम के दो खिलाड़ियों ने मुझपर गहरी छाप छोड़ी। एक थे एलेन नॉट, जो लेग साइड में ऐसे छलाँग लगा रहे थे कि मैंने उन्हें मैच के

पहले की बे-अदबी के लिए माफ़ कर दिया था। दूसरा खिलाड़ी था सफ़ेद बालों वाला एंथनी विलियम ग्रेग, जिसके उस वक़्त पूरे सर पर बाल थे। बेदी और चन्द्रशेखर की स्पिन का काट निकालने के लिए उसने बल्ले को हवा में रखकर बैटिंग करनी शुरू की। ये तरीका आज के क्रिकेट के लिए कोई नयी बात नहीं है लेकिन उस वक़्त ये चर्चा का विषय था। उसने दोनों इनिंग्स में रन बनाये और बॉलिंग भी की। इस सब के बीच मैं उसकी फ़ील्डिंग से सबसे ज़्यादा प्रभावित हुआ था।

तेज़ गेंदबाज़ी के दौरान वो स्लिप में खड़े होते और स्पिनर्स के आने पर आप उन्हें सिली पॉइंट पर देख सकते थे। ये फ़ील्डिंग पोज़ीशन मेरे लिये नयी थी। क्यूँकि स्कूल में मेरे लिये कोच सिर्फ़ सिली मिड-ऑफ़ पर एक फ़ील्डर देते थे जो कि काफ़ी सिधाई में खड़ा होता था। ये पोज़ीशन स्कूल के मैचों के लिए, जहाँ खिलाड़ी गेंद को हवा में उठा देते थे, एकदम मुफ़ीद थी। ऐसा फ़र्स्ट-क्लास खिलाड़ी नहीं करते थे। उनके लिए बल्ले और पैड से लगकर आने वाली गेंदों के लिए बल्ले की सिधाई में नहीं बल्कि स्क्वायर में पास खड़े फ़ील्डर को चौकन्ना रहना होता था। उस रोज़ ग्रेग ने सरदेसाई और गावस्कर के दिये ऐसे मौकों को भुनाया। दोनों ही बार डेरेकवुड की गेंद पर। सिली पॉइंट पर मौजूद रहने के दौरान उनकी आंखें बल्ले पर जमी हुई थीं। लेकिन उनके कान बाकी जगहों से आने वाली आवाज़ों को लेकर भी सजग थे। जब भी भीड़ में कोई पटाखा फूटता, वो ज़मीन पर यूँ गिरते मानो उन्हें गोली लग गयी हो। इस पूरे दौरान टेस्ट मैच बैलेंस में रहा।

इंग्लैंड ने ये मैच 6 विकेट्स से जीता। इसके बाद मैं अपनी मामी के घर पैदल चलकर गया। मेरी मामी भारतीय सेना में नर्सिंग ऑफ़िसर थीं और मौलाना आज़ाद मेस में रहती थीं। जिन सड़कों पर मैं चल रहा था उनके नाम हमारी आज़ादी के नायकों के नाम पर रखे गये थे—बाल गंगाधर तिलक, राजेन्द्र प्रसाद, कस्तूरबा गाँधी, मोतीलाल नेहरु। 14 बरस की उम्र में क्रिकेट के मामले में मैं भीषण तरह राष्ट्रभक्त था। ऐसे में, अपने देश की हार के बारे में सोचते हुए जब इन सभी नामों को अपने सामने देख रहा था तो मेरा दुख और भी बढ़ रहा था।

हाल ही में मैं अलमारी की सफ़ाई कर रहा था और इसी दौरान मुझे एक ख़त मिला जो *विज़डन* के सम्पादक ने मुझे भेजा था। ये असल में 1972 के दिल्ली टेस्ट के कुछ वक़्त बाद ही मेरे भेजे गये ख़त के जवाब में आया था।

इसपर कोई भी तारीख नहीं लिखी थी लेकिन डाकघर के ठप्पे से मालूम पड़ता है कि ये फ़रवरी 1973 में लंदन से भेजा गया था। पूरा ख़त ये रहा :

विज़्डन क्रिकेटर्स अल्मनैक
स्पोर्टिंग हैण्डबुक्स लिमिटेड
13, बेडफ़ोर्ड स्क्वायर, लंदन, डब्लू.सी. 1।

प्रिय मिस्टर गुहा,
आपके हाल ही में भेजे गये ख़त के लिए शुक्रिया। जवाब भेजने में कुछ देर हुई क्यूँकि मैं कुछ ही दिनों में छपने वाली 1973 की विज़्डन के आख़री कुछ पन्ने देखने में बेहद व्यस्त था।

ऊपर आप एमसीसी द्वारा इस्तेमाल किया गया मोनोग्राम देख सकते हैं।

सुनकर ख़ुशी हुई कि आपने दिल्ली के पहले टेस्ट का आनन्द उठाया। ग्रेग ने उस मैच में वाकई अच्छा प्रदर्शन किया और आगे चलकर वो बेशक बेहतरीन ऑल-राउंडर बन सकते हैं, लेकिन अभी वो उस मुक़ाम पर नहीं पहुँचे हैं।

आपके पास चन्द्रा, बेदी, वेंकट और प्रसन्ना के रूप में शानदार स्पिन बॉलर्स हैं और मुझे इसी बात का डर है कि हमारे कई बल्लेबाज़ इनसे परेशान हो चुके हैं।

जब तक आपके पास ये ख़त पहुँचेगा, सम्भव है कि इंडिया ये सीरीज़ 3-1 से जीत चुका होगा और ये शानदार प्रदर्शन होगा।

शुभकामनाओं सहित,
आपका शुभेच्छु,
नॉर्मन प्रेस्टन

सम्पादक महोदय ने जो अन्तर बताया था, वो असलियत से बेहद करीब ही था। इंडिया ने 3-1 से नहीं बल्कि 2-1 से सीरीज़ जीती। और चूँकि हमने

कलकत्ता और मद्रास में मैच जीते थे, दिल्ली में मेरी देशभक्ति पर लगी चोट पर मरहम भी लग गया था।*

II

जब तक मैं हाईस्कूल से निकला, मैं ये समझ चुका था कि मैं इंडिया के क्रिकेट नहीं खेल पाऊँगा। मैं ठीक-ठाक बॉलर था जो मैटिंग विकेट पर गेंद को ख़ूब घुमा सकता था और गेंद पर अच्छा कंट्रोल भी रखता था। लेकिन एक बल्लेबाज़ के रूप में मेरे पास शॉट्स की उतनी ही रेंज थी जितनी शायद मेरे पिता के पास थी और इसपर ये भी कि फ़ील्डिंग के मामले में मैं थोड़ा ढीला था। इसके साथ ही मेरे क्रोनिक अस्थमा की वजह से, कई बार मुझे ब्रोंकायल अटैक पड़ते और मुझे एक हफ़्ते प्रैक्टिस से दूर रहना पड़ता।

रणजी ट्रॉफ़ी तक में मुझे अपना करियर मुश्किल ही दिखाई पड़ रहा था। लेकिन अपने मामा दुरई की तरह मैं सेंट स्टीफ़ेंस के लिए क्रिकेट खेलने का सपना अभी भी संजोये बैठा हुआ था। स्कूल में आख़री परीक्षा दिसम्बर 1973 में हुईं। दिल्ली यूनिवर्सिटी ग्रेजुएशन के छात्रों को जुलाई में बुलाती थी। ये देखते हुए मैंने अपने माँ-पिता से ये 6 महीने बैंगलोर में गुज़ारने देने की गुज़ारिश की जहाँ मैं FUCC के साथ प्रैक्टिस करना चाहता था।

बैंगलोर जाने से 1 या 2 हफ़्ते पहले मुझे घाटी में क्रिकेट खेलना था। लाला अमरनाथ ने, जो एक वक़्त भारतीय टीम के कप्तान थे, राष्ट्रीय इंडियन मिलिट्री कॉलेज में युवा खिलाड़ियों के लिए एक कैम्प लगाया था। मेरे टीचर, एस.के. वोहरा 'बॉन्ड', को उनका असिस्टेंट नियुक्त किया गया था। जैसा कि मैंने बताया है, मेरे पिता ने जब अपना स्कूल ख़त्म कर लिया था, ब्रेबोर्न स्टेडियम में 1941 में उन्होंने अमरनाथ को बैटिंग, बॉलिंग और विकेटकीपिंग करते हुए देखा था और उसके बाद आजीवन अमरनाथ को एक मुक़म्मल क्रिकेटर माना। अब, 30 साल बाद बॉन्ड मुझे उस महान शख़्सियत के सानिध्य में 2 दिन बिताने के लिए ले जा रहे थे। मैंने अमरनाथ को बताया कि मैंने उन्हें कब और कहाँ देखा था। उन्होंने पूरी विनम्रता से कहा, 'मैं देश में दूसरे नम्बर का सबसे अच्छा विकेटकीपर, तीसरे नम्बर का सीम बॉलर (मोहम्मद निसार और अमर सिंह के बाद) और सबसे अच्छा बैट्समैन था।'

* मैं सोचता हूँ कि किया क्या अब भी 14 साल के भारतीय बच्चे *विज़्डन* के सम्पादक को ख़त लिखते हैं? और क्या वो उन ख़तों के जवाब देते हैं? शायद ऐसा नहीं होता होगा क्यूँकि अब इंग्लैंड नहीं बल्कि इंडिया विश्व क्रिकेट का केन्द्र है।

जब मैं उनसे (बेहद कम समय के लिए) मिला था तो लाला अमरनाथ उम्र में अपना छठा दशक शुरू कर रहे थे। उस वक़्त भी वो हर रोज़ नेट्स में अपने सर के बल खड़े हो जाते और हमें वैसा कर के दिखाने की चुनौती देते। उन्होंने एक ऐसी टिप्पणी की थी कि आज जब सोचता हूँ तो लगता है कि वो कितने दूरदर्शी इंसान थे। उन्होंने कहा था कि इस दुनिया में कोई भी ऐसी गेंद नहीं है जिसपर रन नहीं बनाया जा सकता। शॉर्ट गेंद को पुल किया जा सकता है, ओवरपिच गेंदों को बाउंड्री के लिए ड्राइव किया जा सकता है। मगर एकदम सही लेंथ पर फेंकी गयी गेंदों को भी पैरों के पास रोककर या ऑन या ऑफ़ साइड में धकेलकर एक रन के लिए भागा जा सकता है। आज के वक़्त में ये विचार सभी बड़ी टीमें अपने खिलाड़ियों के दिमाग में जमाने की जुगत भिड़ाती रहती हैं लेकिन 1973 में ऐसी बातें कोई विद्वान् ही कर सकता था।

मैंने लाला अमरनाथ के सामने नेट्स में बॉलिंग की और जब वो दिल्ली चले गये तो इंडियन मिलिट्री एकेडमी में एक मैच में बॉलिंग की। बॉन्ड एक ऐसी टीम की कप्तानी कर रहे थे जिसमें ज़्यादातर स्कूलटीचर्स खेल रहे थे और इक्का-दुक्का लोकल क्रिकेटर थे। वाजिब-सी बात थी कि इस टीम में आरपी भी खेल रहे थे। इसके अलावा वो दो नये टीचर्स भी थे जिन्होंने हाल ही में दून स्कूल ज्वाइन किया था। इसमें से एक थे गिटार प्रेमी मलयाली—कृष्ण कुमार। दूसरे का नाम था योगी दुर्लभजी, जो जयपुर के प्रख्यात जौहरी परिवार से आते थे। उन्होंने सेंट स्टीफ़ेंस कॉलेज के लिए स्क्वॉश खेला था और फैमिली बिजनेस से भागने के लिए स्कूलटीचर बन गये थे।

मेरे लिये IMA की क्रिकेट फ़ील्ड एक तीर्थस्थल के समान थी। ये वही ज़मीन का टुकड़ा था जिसपर कभी फ्रैंक वॉरेल और सीके नायडू खेले थे। मेरे ख़ुद के लोकल हीरो दुरईस्वामी और राम बहादुर भी यहाँ अपनी कला का प्रदर्शन कर चुके थे। यहीं पर चन्दू गडकरी की बैटिंग देखते हुए मुझे समझ में आया था कि एक खिलाड़ी और खिलन्दड़ों में क्या फ़र्क होता है। इसके अलावा एक मुद्दा ये भी था कि यहाँ लंच में मिलने वाली सैंडविच और टी टाइम में मिलने वाली मिलिट्री डेरी फ़ार्म के ताज़े दूध की बनी बर्फ़ी बहुत ही स्वादिष्ट होती थीं।

घरेलू टीम ने पहले बैटिंग की। मुझे जल्दी ही बॉलिंग पर लाया गया और पहले ही ओवर में मुझे बल्ले का किनारा मिला जिसे बॉन्ड ने विकेट्स के पीछे अपने बायीं ओर गिरते हुए लपका। मैंने एक बल्लेबाज़ को शॉर्ट लेग पर कैच आउट करवाया और एक को क्लीन बोल्ड किया। जिस विकेट की

मुझे सबसे ज़्यादा ख़ुशी हुई वो था एकेडमी का स्टार बल्लेबाज़ जगताप नाम का एक कैडेट। उसके अफ़सर यही कहते थे कि वो एकेडमी से निकलने से पहले ही सर्विसेज़ के लिए खेलने लगेगा। वो मुझे मिड-ऑन के ऊपर मारने गया। ऑस्ट्रेलिया के क्रिकेट प्रेमी प्रधानमन्त्री सर रॉबर्ट मेन्ज़ीस कहते थे कि ये पोज़ीशन इंसानी सभ्यता का आख़री शरणस्थल है। अमूमन इस जगह पर टीम का सबसे कच्चा फ़ील्डर मौजूद होता था। मगर इस रोज़ हमारी टीम के बेस्ट फ़ील्डर, आरपी वहाँ 15 साल के बच्चे को उसके पहले बड़े मैच में हौंसला देने के लिए मुस्तैद थे। बाउंड्री के उस पार जाने की हसरत के साथ उठाकर मारी गयी जगताप की ऑन ड्राइव मेरे टीचर ने बखूबी पीछे की ओर कूदते हुए पकड़ ली।

मुझे कुल 6 विकेट मिले और मलयाली संगीत प्रेमी को 3। इसके बाद एकेडमी में ये कहा जाने लगा कि उनकी पूरी टीम को विष्णु के 2 अवतार राम और कृष्ण की जुगलबन्दी ने तहस-नहस कर दिया। जब हम मैदान से बाहर निकल रहे थे, मेरे टीचर्स बॉन्ड और आरपी ने योगी दुर्लभजी से पूछा, "राम कॉलेज से खेलने के लिए ठीक है?" योगी ने बगैर हामी भरे जवाब दिया, 'बॉलिंग तो ठीक है, देखते हैं बैटिंग और फ़ील्डिंग कैसी है।'

III

जब मैं बड़ा हो रहा था, टेस्ट मैचों की संख्या कम होती थी और वो नियमित अन्तराल पर भी नहीं होते थे। क्रिकेट फ़ैन्स ख़ुद को अपने राज्य और देश की टीमों के बेहद करीब पाते थे। मैंने ऑस्ट्रेलियाई लेखकों की किताबें पढ़ रखी थीं जिनमें वो शेफ़ील्ड शील्ड में पनपने वाली रंजिशों का उल्लेख किया करते थे। विक्टोरिया के फ़ैन्स ने कभी भी कीथ मिलर को माफ़ नहीं किया क्यूँकि वो न्यू साउथ वेल्स चले गये थे और इसी तरह न्यू साउथ वेल्स के लोग हमेशा डॉन ब्रैडमैन को साउथ ऑस्ट्रेलिया चले जाने के लिए कोसते थे।

खिलाड़ियों के इलाके की जड़ों की गहराई के बारे में मुझे जहाँ से सबसे ज़्यादा ज्ञान मिला वो थी ए.ए. थॉमसन की किताबों से। हालांकि वो बाकी काउंटियों के खिलाड़ियों के बारे में उतने ही प्रेम से लिखते थे लेकिन यॉर्कशायर के खिलाड़ियों के लिए उनकी आत्मीयता कुछ अलग से ही झलकती थी। कीथ मिलर आकर जा चुके थे, गैरी सोबर्स टेस्ट मैच और सीरीज़ कमोबेश अपने ही दम पर जितवा रहे थे, थॉमसन के लिए क्रिकेट के इतिहास का महानतम ऑल-राउंडर यॉर्कशायर के किर्खीटन नाम के गाँव में पैदा हुआ एक लेफ़्ट हैंड

बॉलर और राइट हैंड बैट्समैन रहा। बस वो ये पक्के से नहीं कह पाते थे कि उस खिलाड़ी का नाम जॉर्ज हर्स्ट था या विल्फ्रेड होंड्स? वो ये भी कहते थे कि संकट के समय में मॉरिस लीलैंड से अच्छा बल्लेबाज़ कोई भी नहीं था, स्लिप में जॉन ट्यूनिक्लिफ़ से ज़्यादा भरोसेमन्द कोई नहीं था। उनके हिसाब से गीले विकेट पर खेलने के लिए सबसे अच्छा खिलाड़ी कौन था? एड्गर ओल्डरॉय्ड।

1960 के दशक में भी क्रिकेट प्रेमियों के लिए ओल्डरॉय्ड और ट्यूनिक्लिफ़ बेहद अनजाने नाम थे। क्रिकेट में रमे हुए इक्का-दुक्का भारतीय फ़ैन्स को ही हर्स्ट या लीलैंड के बारे में मालूम होगा (हाँ, होंड्स के बारे में उन्होंने शायद सुना हो)। लेकिन देहरादून के इस लड़के के दिमाग में थॉमसन ने यॉर्कशायर की क्रिकेट की परम्परा के सन्दर्भ में बातें करते हुए ये नाम ग्लैमर और रहस्य के साथ छाप दिये थे।

ए.ए. थॉमसन को पढ़ते हुए मैं भी एक ऐसी स्टेट टीम ढूँढने लगा जिसे मैं फ़ॉलो करना चाहता था। वो टीम कौन-सी होगी? बेहद वाजिब वजहों से मैंने मैसूर की टीम चुनी। मेरा क्लब इस राज्य की राजधानी में था और मेरे मामा और नाना-नानी इसी शहर में रहते थे। इसके साथ ही एक वजह ये भी हो सकती थी कि इस राज्य से कई खिलाड़ी भारत के लिए खेलते थे। FUCC का एक खिलाड़ी जो फ़िलहाल मैसूर के लिए खेल रहा था, एक वजह तो था ही।

ये खिलाड़ी था सुधाकर राव। 1970 में हमारे क्लब में शामिल होने वाली चौकड़ी का सबसे प्रतिभावान हिस्सा। उसे सुधा के नाम से बुलाया जाता था। उसने लीग क्रिकेट में कई पचासे और सैकड़े मारे हुए थे। वो इतना निपुण और लगातार अच्छा प्रदर्शन करने वाला था कि स्वास्तिक और BUCC के लोग, जो स्टेट क्रिकेट असोसिएशन चलाते थे, उससे नज़रें नहीं फेर पाये। इस सब के साथ ही वो एक अच्छा फ़ील्डर भी था।

1972-73 की सर्दियों में सुधाकर राव ने मैसूर के लिए पहला फर्स्ट क्लास मैच खेला। दुरई ख़ुश तो हुए लेकिन उन्हें चैन नहीं मिला। अब अगला पड़ाव था उनका साउथ ज़ोन के लिए खेलना और फिर इंडिया के लिए। मैं अपने मामा की इस आस और सपने का बराबरी का हिस्सेदार था। मैं कभी देश के लिए क्रिकेट नहीं खेलने वाला था लेकिन मेरे पास एक क्लब का साथी था जो खेलने वाला था।

1973 में मैसूर राज्य का नाम बदल कर कर्नाटक कर दिया गया। अगले साल की शुरुआत में मैं अपने स्कूल और कॉलेज के बीच वाले 6 महीने के ब्रेक के लिए बैंगलोर गया। मुझे 1974 की फ़रवरी के बारे में कुछ नहीं याद।

मैंने उस वक़्त शायद कुछ किताबें पढ़ी होंगी और नेट्स में गया होऊँगा। लेकिन मार्च के आठ दिन मुझे पूरे के पूरे, वैसे के वैसे याद हैं। इन दिनों मैंने अपने राज्य की रणजी ट्रॉफ़ी टीम को टूर्नामेंट के क्वार्टर-फ़ाइनल और सेमी-फ़ाइनल मैच खेलते और जीतते देखा।

अपने शुरुआती वर्षों में मैसूर क्रिकेट असोसिएशन ने अपने रणजी मैच राजेन्द्र सिंहजी इंस्टिट्यूट (RSI) में खेले थे। RSI की क्रिकेट फ़ील्ड बेहद ही ख़ूबसूरत थी और महात्मा गाँधी रोड पर स्थित थी। लेकिन 1950 के दशक में एक अक्खड़ सेक्रेटरी ने वहाँ मैच खेलने की मंज़ूरी देने से इनकार कर दिया। अब सारे मैच बैंगलोर के दूसरे बचे टर्फ़ विकेट पर खेले जाने लगे। ये था सेन्ट्रल कॉलेज का विकेट जो कि शहर में कैम्पिगौड़ा रोड पर था।

आज के वक़्त में ऐसा सोचना थोड़ा मुश्किल है लेकिन उस वक़्त मैसूर क्रिकेट असोसिएशन की बागडोर एक ऐसे इंसान के हाथ में थी जो पढ़ा-लिखा, सीधा-सादा और खेल के भविष्य के बारे में सोचने वाला था। उसका नाम था एम चिन्नास्वामी। महात्मा गाँधी रोड के दूसरी ओर, सेंट मार्क्स केथेड्रल के उल्टी तरफ़ एक बड़ा खाली प्लॉट था। उसका मालिकाना हक़ सेना के पास था। चिन्नास्वामी ने बैंगलोर और दिल्ली में अपनी पहुँच का इस्तेमाल करते हुए वो ज़मीन का टुकड़ा लम्बे समय की लीज़ पर क्रिकेट असोसिएशन को दिलवा दिया।

एक बार जब ये ज़मीन हाथ में आयी, चिन्नास्वामी ने ख़ुद कॉन्ट्रैक्टर्स चुने, डिज़ाइन अप्रूव की, कॉन्ट्रैक्ट आवंटित किये और ख़ुद रात-रात भर खड़े होकर निर्माण कार्य का निरीक्षण किया। दुरई उनका बहुत सम्मान करते थे और इसके पीछे की वजहें एकदम वाजिब भी थीं। चिन्नास्वामी मेरे मामा की ही तरह क्रिकेट के प्रति निष्ठावान और सिद्धान्तवादी थे। चूँकि वो सिर्फ़ एक क्लब नहीं बल्कि पूरा क्रिकेट असोसिएशन चलाते थे, वो बड़े काम कर सकते थे। उनमें एक ऐब ज़रूर था जो कि पुरुषों और ख़ासकर भारतीयों में पाया जाता है—अपने नाम को देखने की आदत। इसी के चलते उन्होंने इस स्टेडियम का नाम ख़ुद के नाम पर रखवाया।

IV

मार्च 1974 में एम चिन्नास्वामी स्टेडियम बन ही रहा था। सब जगह ईंट और गारा ही दिख रहा था। लेकिन खेलने का पूरा इन्तज़ाम हो चुका था। मैदान

तैयार था, पवेलियन तैयार थी और स्टैंड्स के ग्राउंड फ़्लोर भी तैयार थे। बीते सीज़न में रणजी के कुछ मैच भी यहाँ खेले जा चुके थे।

ये वो वक़्त था जब इंडिया का सबसे बड़ा फ़र्स्ट-क्लास टूर्नामेंट ज़ोन के आधार पर खेला जाता था। कर्नाटक साउथ ज़ोन में था और उसके साथ हैदराबाद, आंध्र प्रदेश, तमिलनाडु और केरल थे। इससे पहले ऐसा होता था कि हर ज़ोन से सिर्फ़ एक ही टीम नॉकआउट स्टेज तक पहुँचती थी। कुछ वर्ष पहले ही इस संख्या को बढ़ाकर दो कर दिया गया था। टूर्नामेंट में प्रतिस्पर्धा टक्कर की होती थी। ज़ोन की आपसी लड़ाइयों में पूर्वी ज़ोन के लिए बिहार बनाम बंगाल और उत्तरी ज़ोन में सर्विसेज़ बनाम दिल्ली की लड़ाई मशहूर थी। सबसे काँटे की लड़ाई मेरे ज़ोन में होती थी। यहाँ हैदराबाद, मद्रास (जिसे बाद में तमिलनाडु नाम मिला) और मैसूर (बाद में जिसका नाम कर्नाटक कर दिया गया) पहले स्थान के लिए आपस में जूझते थे। एक ऐसे समय में जब टेस्ट मैच कम खेले जाते थे, टीवी पर लाइव क्रिकेट नहीं आता था और आईपीएल आने में कई दशक बाक़ी थे, रणजी ट्रॉफ़ी के मैचों में 20 से 30 हज़ार दर्शक आते थे।

1940 और 50 के दशक में नॉकआउट राउंड भी टक्कर का होता था। लेकिन अब ऐसा माहौल नहीं था क्यूँकि ऊपरी टीमों के बीच मैच हमेशा एकतरफ़ा होने लगे थे। आख़री बार बॉम्बे के अलावा जिस साल किसी और टीम ने रणजी ट्रॉफ़ी जीती थी, वो था 1957-58। मैं तब पैदा भी नहीं हुआ था।

60 के दशक में बॉम्बे को अपने नज़दीकी राजस्थान से टक्कर मिल रही थी। उनके कप्तान, उदयपुर के महाराज भगवतसिंहजी ने रणजी ट्रॉफ़ी जीतने की मंशा से अपनी टीम में कई टेस्ट खिलाड़ियों को रखा (जिसमें कुछ बॉम्बे के खिलाड़ी भी थे)। महाराणा ने कहा कि जब वो जीतेंगे तो वो बनारस जाकर गंगा में डुबकी लगायेंगे। अगर ऐसा होता तो, इसमें कोई शक नहीं है कि वो मंज़र देखने के लिए भारी भीड़ आई होती। इसलिए नहीं कि एक महाराजा नदी में डुबकी लगाने वाला था बल्कि इसलिए कि राजा साहब का वज़न 200 किलो था।

वो गंगा-स्नान कभी भी सम्भव नहीं हो सका। 1961 से 1970 के बीच राजस्थान ने बॉम्बे के खिलाफ़ 6 बार रणजी फ़ाइनल खेला। हर बार उन्हें हार ही नसीब हुई। इस दौरान बाकी टीमें अपनी चुनौतियों की तैयारी में थीं। क्रिकेट के मामले में देश का सबसे अच्छा दिमाग़ हैदराबाद का नेतृत्व कर रहा था। एम.एल. जयसिम्हा की कप्तानी में भारत के कप्तान मंसूर अली खान पटौदी ख़ुशी-ख़ुशी खेल रहे थे।

मेरे गृह प्रदेश को भी ऐसा लगने लगा कि वो बॉम्बे को हरा सकता है। 1960 के दशक में लम्बे अरसे तक कप्तान वी सुब्रमन्या, जो कि मेरे क्लब के साथी रामदास के बड़े भाई थे, यही मानते थे कि उनकी टीम कैसे भी 300 रन के पार पहुँच जाये, फिर प्रसन्ना और चन्द्रशेखर की जोड़ी बॉम्बे को पटक देगी। 1966-67 की सर्दियों में ये थ्योरी भी परखी गयी और इसपर विराम लग गया। इस मौके पर सेमी-फ़ाइनल के लिए ये दोनों टीमें आमने-सामने थीं। सुब्रमन्या ने टॉस जीता और शतक मारते हुए टीम को 350 के स्कोर के पार पहुँचा दिया। इसके बाद जब बॉम्बे जवाब देने उतरी तो टीम के खब्बू बल्लेबाज़ अजीत वाडेकर ने अकेले 323 रन मार दिये। मैच ड्रॉ हो गया और पहली इनिंग्स में भारी अन्तर के चलते बॉम्बे की टीम फ़ाइनल में जा पहुँची।

जब यॉर्कशायर मज़बूत होता है, इंग्लैंड मज़बूत होता है—ये कहना था ए.ए. थॉमसन का। यही हाल बॉम्बे और इंडिया का था। जब हम 1971 में पहली बार इंग्लैंड में जीते थे, विजेता टीम के 11 में से 6 खिलाड़ी इसी शहर के थे। बचे हुए खिलाड़ियों में बैंगलोर के 2 थे। रिज़र्व खिलाड़ियों में भी 2 खिलाड़ी बैंगलोर के ही थे। मेरी नज़रों में बॉम्बे के लिए कर्नाटक वही था जो इंग्लैंड के लिए इंडिया था। मेरे देश की टीम ने हम पर राज करने वाली टीम को उन्हीं के घर में हरा दिया था। अब मैं अपने राज्य की टीम द्वारा रणजी के बेताज बादशाह को हराने का इन्तज़ार कर रहा था।

1973-74 के सीज़न में कर्नाटक ने साउथ ज़ोन से क्वालिफ़ाई किया। क्वार्टर फ़ाइनल में उनका सामना दिल्ली से तय हुआ। यहाँ उनकी जीत एक बार फिर उन्हें बॉम्बे के सामने लाने वाली थी। वी सुब्रमन्या ऑस्ट्रेलिया जा चुके थे और उनकी जगह प्रसन्ना कप्तानी कर रहे थे। अपने साथ उन्होंने 2 और इंटरनेशनल सितारे रख रखे थे—चद्रशेखर और गुंडप्पा विश्वनाथ। सैयद किरमानी भी लाइन में लगे हुए थे जो चौथे भारतीय टेस्ट प्लेयर होने वाले थे। टीम के बाकी सदस्यों में ऑल-राउंडर वी.एस. विजयकुमार, बी. विजयकृष्णा और ए.वी. जयप्रकाश थे। इसके अलावा स्वास्तिक यूनियन से बल्लेबाज़ संजय देसाई और बृजेश पटेल और FUCC से सुधाकर राव थे।

दिल्ली की कप्तानी महान स्पिनर बिशन सिंह बेदी के हाथ में थी। उन्होंने अपनी टीम में यूनिवर्सिटी के कुछ उभरते हुए चेहरे लिये थे और बाकी खिलाड़ियों के पास रणजी ट्रॉफ़ी का अच्छा-ख़ासा अनुभव था। दिल्ली की टीम में सिर्फ़ बिशन सिंह बेदी के पास इंटरनेशनल क्रिकेट का तजुर्बा था जबकि हमारी टीम में 4 ऐसे खिलाड़ी थे।

ये अपेक्षित था कि हम आराम से दिल्ली को हरा देंगे। ऐसा हुआ भी। हालांकि, तीसरे दिन एक ऐसा मौका आया जब हम सकते में आ गये थे। पहली इनिंग्स में 100 रन से ज़्यादा की लीड देने के बाद दिल्ली ने अचानक खेल में वापसी की। बेदी ने इस दौरान 4 विकेट्स लिये जिसमें विश्वनाथ को आर्म बॉल से क्लीन बोल्ड किया और मिडल स्टम्प गिरा दिया। कर्नाटक की टीम 100 रन पर 4 विकेट्स खोकर गड़बड़ स्थिति में दिख रही थी। लेकिन फिर सुधाकर राव ने अपने क्लब के कप्तान की लेफ़्ट-आर्म स्पिन बॉलिंग पर की गयी प्रैक्टिस के चलते बिशन सिंह बेदी को आड़े हाथों लेना शुरू किया और उन्हें कवर में और कवर के ऊपर से ड्राइव मारनी शुरू कीं। सुधा ने कुल 65 रन बनाये। किरमानी ने बग़ैर आउट हुए 38 रन बनाये और दिल्ली के सामने आखिरी इनिंग्स में 400 से ऊपर का लक्ष्य रखा गया।

दिल्ली की टीम के मैनेजर का नाम था गुलशन राय। गुलशन ने दिल्ली में दुरई के साथ इंटर-कॉलेज क्रिकेट खेला था। मैच के दूसरे दिन मेरे मामा ने उनसे गुज़ारिश की कि वो रात के खाने पर हमारे घर आयें और साथ में टीम के कप्तान को ज़रूर लायें। अपने अपार्टमेंट में दुरई ने ऐसे ख़ास मौके के लिए स्कॉच व्हिस्की रख रखी थी। किस्मत से FUCC का कोई भी खिलाड़ी शराब प्रेमी नहीं था। अगर होता भी तो वो शख़्स वो काम नहीं कर पाता जो रामबहादुर ने मेरे नाना की जिन के साथ किया था। क्यूँकि इस मामले में शराब के रंग में कुछ फ़र्क था।

उस डिनर में 4 लोग शामिल थे। दुरई, गुलशन राय, बेदी और मैं। ज़्यादातर बातें सरदार ने कीं। ज़्यादातर शराब भी उन्होंने ही पी। शाम ख़त्म होते-होते बोतल भी ख़त्म हो चुकी थी। जब हम मेहमानों को उनकी गाड़ी तक छोड़ने के लिए जा रहे थे, मैंने बड़ी हिम्मत कर के बेदी से बॉलिंग के लिए कुछ टिप्स माँगीं। उन्होंने अपने बायें हाथ की उँगलियों को तेज़ी से घुमाते हुए मुझसे कहा, "गेंद को स्पिन कराओ। स्पिन कराओ!"

भारतीय क्रिकेटर अपनी कंजूसी के लिए कुख्यात हैं। जो जितना मशहूर और अमीर होता है, वो ख़ुद के लिए उतने ही फ़ायदे तलाशता रहता है। टाइगर पटौदी ने एक दफ़े कहा था कि उनके साथ का एक खिलाड़ी जो ऐसा कतई नहीं था, वो था बिशन सिंह बेदी। मैं ख़ुद इस बात का गवाह हूँ। उस दौरे पर जब बेदी बैंगलोर से वापस दिल्ली जा रहे थे, उन्होंने टीम के मैनेजर से मेरे मामा का पता माँगा और अपने ख़र्चे से ख़रीदे गन एंड मोर के बल्ले पर साइन

कर के मेरे मामा के लिए भेजा। दुरई काम पर गये हुए थे, घर पर उसे लेने के लिए मैं मौजूद था।

कर्नाटक और दिल्ली के बीच 1 से 4 मार्च 1974 के बीच मैच खेला जा रहा था। इन्हीं तारीखों में दूसरे क्वार्टर फ़ाइनल में बॉम्बे और बिहार के बीच मैच चल रहा था। ये मैच जमशेदपुर के कीनन स्टेडियम में हो रहा था। मैदान का नाम एक अमरीकी इंजीनियर के नाम पर पड़ा था जिसका ज़िक्र सुजीत मुखर्जी की किताब *ऑटोबायोग्रफी ऑफ़ एन अननोन क्रिकेटर* में मिलता है। अभी तक झारखंड नाम के प्रदेश का जन्म नहीं हुआ था और बिहार के पास एक अच्छी रणजी टीम हुआ करती थी जिसके कई खिलाड़ी टाटा आयरन एंड स्टील कम्पनी (टिस्को) में काम करते थे। इसी टिस्को के लिए कभी जॉन कीनन भी काम करते थे।

ऐसा माना जा रहा था कि बॉम्बे बड़ी आसानी से बिहार को हरा देगा। लेकिन ऐसा होता हुआ नहीं दिखा। सुनील गावस्कर और उनके साथ ओपनिंग पर आये रामनाथ पारकर, दोनों शून्य पर वापस लौट गये। बॉम्बे पहली इनिंग्स में बड़ी मुश्किल से 200 रन पर पहुँचा। बिहार के सबसे ज़्यादा अनुभवी बल्लेबाज़ तिलक राज और रमेश सक्सेना (दोनों दिल्ली से निकले थे) ने क्रमशः शतक और पचासा जड़ा। बिहार के पास 100 रनों से ज़्यादा की लीड थी। दुरई और मैं, ये सब कुछ रेडियो पर सुना करते थे और अपनी ख़ुशी को रोक नहीं पा रहे थे। क्यूँकि अगर बिहार ने मुम्बई को हरा दिया तो कर्नाटक के लिए सब कुछ काफ़ी आसान होने वाला था।

अब मैच का तीसरा दिन शुरू हो चुका था और बिहार के पास शुक्ला भाइयों, राकेश और आनन्द, के रूप में दो शानदार स्पिनर्स थे। लेकिन मैं और दुरई दोनों जानते थे कि बॉम्बे की टीम संकट के समय में सबसे करारा प्रहार करती थी। पारकर और मिलिन्द रेगे ने पचासे मारे। गावस्कर और अशोक मांकड़ और वाडेकर ने अच्छे रन बनाये। सभी ने मिलकर टीम का स्कोर 283 तक पहुँचाया।

बिहार को जीत के लिए मात्र 182 रन चाहिए थे। लेकिन बॉम्बे के सामने ये लक्ष्य बड़ा मालूम दे रहा था। वो टीम जो शेरों की तरह बॉलिंग और फ़ील्डिंग करती थी। फिर सवाल उठता था आत्मविश्वास का। एक टीम ट्रॉफ़ी जीतने की आदी थी और दूसरी अपने ज़ोन में कभी-कभी ही सबसे बड़ी टीम बनकर निकल पाती थी। कमाल की लेफ़्ट-आर्म बॉलिंग करने वाले पद्माकर शिवलकर को 4 विकेट मिले। लेग स्पिनर राकेश टंडन ने तीन विकेट्स निकाले। पारकर

और सोलकर, जो इंडिया के दो सबसे शानदार फ़ील्डर थे, ने 2-2 कैच लिए। बिहार लक्ष्य से 59 रन पहले ही ढेर हो गया। एक और टीम बॉम्बे के विजय रथ को रोकने में नाकामयाब रही थी और इसका मतलब ये था कि एक बार फिर कर्नाटक के सामने विजेताओं की टोली आकर खड़ी थी।

V

सेमी फ़ाइनल से पहले 10 दिनों का ब्रेक था। मैंने उन दिनों में से कुछ FUCC के नेट्स में बिताये और कुछ दिन चिन्नास्वामी स्टेडियम में कर्नाटक के खिलाड़ियों की प्रैक्टिस देखते हुए बिताये। नेट्स में गुंडप्पा विश्वनाथ को देखा तो एकदम अनोखी चीज़ें देखने को मिलीं। किताबी क्रिकेट खेलने के 10 मिनट बाद उन्होंने मज़े करने शुरू किये। प्रसन्ना और चद्रशेखर को उन्होंने उनके सर के ऊपर मारा। उनके कई शॉट्स तो स्टेडियम के सबसे ऊपरी हिस्से में जाकर गिरे। मुझे मालूम पड़ गया था कि उनके आकार के हिसाब से ऐसा दिखता नहीं था लेकिन उस शख़्स की टाइमिंग कमाल की थी। लेकिन इस सब के सामने उनकी उठा कर मारी गयी ड्राइव्स आपको कभी भी चौंका सकती थीं। मज़े की बात ये है कि उन्हें मैच में ये शॉट्स खेलने के लिए जाना नहीं जाता था।

चिन्नास्वामी स्टेडियम में पहला रणजी ट्रॉफ़ी सेमी-फ़ाइनल 15 मार्च 1974 को खेला गया था। मैं उस मैच को देखने आये 30 हज़ार लोगों में से एक था। कर्नाटक ने टॉस जीता और पहले बैटिंग करने का फ़ैसला किया। विजयकुमार ने बाहर जाती हुई पहली ही गेंद पर बल्ला भाँजा और किनारा लग के गेंद स्लिप में खड़े सुनील गावस्कर के हाथों में समा गयी। इसके बाद विश्वनाथ बैटिंग करने आये। उस वक़्त वो टीम में सबसे छोटे कद के खिलाड़ी थे लेकिन अपने शहर में उनका कद बहुत ऊँचा था। उनके आने के साथ ही हम सभी खड़े हुए। हमारी तालियों और चीखों की गूँज आधे मील दूर स्थित विधान सभा तक पहुँची होगी।

विश्वनाथ ने क्रीज़ पर अपना गार्ड लिया। उनके सामने अब्दुल इस्माइल गेंद लेकर खड़े हुए थे जिन्होंने अभी-अभी लेट मूवमेंट के साथ गेंद बाहर निकाली थी। इस मौके पर उन्होंने गेंद को अन्दर की ओर भेजा जो जाकर सीधे उनके दाहिने पैर पर लगी। जहाँ मैं बैठा था, वहाँ से साफ़ नज़र आ रहा था कि वो एलबीडब्लू आउट हैं। लेकिन अम्पायर को ऐसा नहीं लगा। शायद इसलिए क्यूँकि वो टेस्ट खिलाड़ियों को पहली ही गेंद पर आउट न देने की

थ्योरी में विश्वास रखते थे। या शायद, मैदान में मौजूद हर दर्शक की तरह वो भी विश्वनाथ को बैटिंग करते हुए देखना चाहते थे।

उसके बाद हम सबने विश्वनाथ को बैटिंग करते हुए देखा। वो अम्पायर उस बैटिंग को सबसे अच्छी जगह से देख भी रहा था। विश्वनाथ ने पूरे दिन और अगले दिन भी कुछ समय के लिए बैटिंग की। जहाँ तक मुझे याद है, विश्वनाथ ने हर ओवर में कम से कम एक बाउंड्री तो मारी ही थी। इनमें से कुछ पॉइंट के बगल से और कुछ मिड-ऑफ़ के बायें या मिड-ऑन के दायें से निकलीं। इसके अलावा जो बाकी शॉट्स थे वो बेहद करीने से मारे गये थे। उस दिन उन्होंने एक भी बार गेंद हवा में नहीं मारी। लेकिन हाँ, अब मुझे ऐसा लगता है कि मुझे रन बनाने की गति ठीक से नहीं याद है। क्यूँकि उस मैच के आंकड़े ये बताते हैं कि कर्नाटक की टीम तीन रन प्रति ओवर से भी कम की दर से रन बना रही थी।

विशी राकेश टंडन की गेंद पर स्लिप में गावस्कर के हाथों 162 रनों पर कैच आउट हुए। इसके अलावा टीम में बृजेश पटेल ने भी 106 रनों के साथ बढ़िया योगदान दिया। बृजेश पटेल विशी की तरह ख़ूबसूरत बल्लेबाज़ी तो नहीं कर पाते थे और हवा में तैरती या उछलती गेंदों के ख़िलाफ़ बहुत सहज नहीं थे। लेकिन चूँकि वो मैटिंग विकेट्स पर खेलते आये थे इसलिए स्पिन के ख़िलाफ़ पूरी हनक के साथ बैटिंग करते थे। कट और पुल उनके मुख्य शॉट्स थे जिनसे वो रन बनाते थे।

कर्नाटक ने कुल 385 रन बनाये। इससे पहले हमने कभी भी बॉम्बे के ख़िलाफ़ इतने रन नहीं बनाये थे। लेकिन क्या ये रन काफ़ी होंगे? बॉम्बे की टीम के पहले 6 बल्लेबाजों में से 5 ने इंडिया के लिए खेला हुआ था और छठा साल ख़त्म होते-होते खेलने वाला था। हमें मुख्यतः दो लोगों से डर लग रहा था—गावस्कर, हमारे देश के महानतम बल्लेबाज़, और अजीत वाडेकर, जिनका प्रसन्ना और चन्द्रशेखर के ख़िलाफ़ काफ़ी अच्छा रिकॉर्ड था।

सबसे पहले आउट होने वाले बल्लेबाज़ थे रामनाथ पारकर जिन्होंने 49 रन बनाये। मुझे ठीक से तो नहीं याद है कि वो कैसे आउट हुए थे (स्कोरकार्ड कहता है कि उन्हें प्रसन्ना की गेंद पर विजयकृष्णा ने कैच लिया था, शायद शॉर्ट-लेग पर), लेकिन गावस्कर का विकेट बखूबी याद है। वो मिड-विकेट पर प्रसन्ना को ड्राइव मारने के लिए आगे बढ़े। लेकिन उन्होंने जिसे ऑफ़-ब्रेक समझा वो ड्रिफ़्टर निकली और आखिरी मौके पर बाहर निकलकर ऑफ़ स्टम्प

उड़ाते हुए ले गयी। गावस्कर ने जाते हुए प्रसन्ना को शाबाशी दी। एक माहिर खिलाड़ी दूसरे को सलाम कर रहा था।

अब अजीत वाडेकर का साथ देने रणजी ट्रॉफ़ी के एक और पुरोधा अशोक मांकड आये। दुरई के दिल में इनके लिए ख़ास जगह थी क्यूँकि ये वीनू मांकड के बेटे थे। अशोक और अजीत, दोनों ही बेहद शान्त रहकर और बगैर हड़बड़ी के खेलने वालों में से एक थे। इन दोनों ने आराम से बैटिंग करनी शुरू की और स्कोर को आगे बढ़ाना शुरू किया। मुझे याद है कि मांकड ने कुछ अच्छी स्क्वायर ड्राइव्स मारी थीं, वाडेकर ने बड़े अच्छे स्वीप शॉट्स लगाये और इन दोनों को प्रसन्ना और चन्द्रशेखर को खेलने में कोई दिक्कत होती हुई नहीं दिख रही थी।

वाडेकर और मांकड के बीच की पार्टनरशिप पहले पचास के पार पहुँची और फिर सौ रनों के। अब बॉम्बे का स्कोर 2 विकेट के नुकसान पर 198 रन था। विकेट कहाँ से आता? रन रुके रहने की वजह से। मांकड ने एक गेंद ऑफ़ साइड में खेली और अपने साथी को रन के लिए बुलाया। इसके बाद जब उन्होंने देखा कि पॉइंट का फ़ील्डर बेहद तेज़ी से बॉल पर आ रहा था तो उन्होंने वाडेकर को वापस भेज दिया। वाडेकर रुके, वापस पलटे और इस क्रम में वो गिर गये। थ्रो बेहद सटीक था और प्रसन्ना ने गिल्लियाँ उड़ा दीं।

जिस खिलाड़ी के तेज़ थ्रो की बदौलत मांकड ने रन लेने का मन बदला था, उसका नाम था सुधाकर राव। वो FUCC का खिलाड़ी था जहाँ दुरई की देख-रेख में उसे इस कला की दीक्षा मिली थी। वो बाँह, जिसके कमाल ने मैच का रुख मोड़ दिया था, हमारे क्लब से जुड़ी हुई थी। कई मायनों में मुझे वो मुझसे जुड़ी मालूम दे रही थी।

गावस्कर और वाडेकर के विकेट्स की तस्वीरें मेरे दिमाग में हमेशा के लिए छपी रहीं। बाकियों के लिए मुझे स्कोरकार्ड की मदद लेनी पड़ी। वहीं से मुझे ये भी मालूम पड़ा कि बॉम्बे 307 रनों पर ऑल आउट हो गयी थी जिसमें प्रसन्ना को 5 और चन्द्रशेखर को 4 विकेट्स मिले थे। उनकी इनिंग्स तीसरे दिन की चाय से कुछ वक़्त पहले ही ख़त्म हुई। बॉम्बे के मैच में वापस आने का अगर कोई मौका था भी तो उसे बृजेश पटेल और सुधाकर राव के पचासों ने ख़त्म कर दिया। मैच ड्रॉ रहा और कर्नाटक पहली इनिंग्स की बढ़त की बदौलत मैच जीत गया। इस दुनिया में मेरे आने के बाद ये पहला मौका था जब बॉम्बे रणजी ट्रॉफ़ी नहीं जीतने वाली थी।

एक बार फिर, दुरई और मैं, अपने कानों को रेडियो से चिपकाये, मैच का हाल जान रहे थे। ये मैच था दूसरा सेमी-फ़ाइनल जो कि खेला जा रहा था राजस्थान और हैदराबाद के बीच। जयसिम्हा की टीम का ये मैच जीतना लगभग तय माना जा रहा था। उनकी टीम में बॉम्बे से भी ज़्यादा, 6 टेस्ट खिलाड़ी थे। 7वाँ कुछ ही वक़्त में इंडिया खेलने वाला था। पहले 2 दिन तो ऐसा लगा कि हैदराबाद जीत जायेगी। उन्होंने राजस्थान को 196 रनों पर आउट कर दिया और फिर ख़ुद 276 रन बनाये। राजस्थान ने दूसरी इनिंग्स में अपने प्रदर्शन को सुधारा और ऑल आउट होने से पहले 246 रन बनाये।

हैदराबाद को अब जीतने और फ़ाइनल में पहुँचने के लिए कुल 168 रन चाहिए थे। उनकी बैटिंग लाइन-अप में पटौदी, जयसिम्हा और अब्बास अली बेग थे जिन्होंने इससे भी कठिन बॉलिंग अटैक के सामने और इससे भी विकट परिस्थितियों में टेस्ट शतक जमाये हुए थे। लेकिन क्रिकेट में हर दिन बीते हुए दिनों से काफ़ी अलग होता है। वो बल्लेबाज़ जिन्होंने कभी फ्रेड ट्रूमैन, स्टेथम, ग्राहम मैकेंज़ी और वेस हॉल को पानी पिलाया था, उस दिन जीएस शक्तावत के अजीब एक्शन वाली ऑफ़-स्पिन गेंदबाज़ी के सामने घुटने टेकते हुए दिख रहे थे। हैदराबाद का किला 155 रनों पर ढह गया।

दुरई और मेरी ख़ुशी का ठिकाना ही नहीं था। जयसिम्हा की हैदराबाद इससे कहीं कठिन विपक्षी टीम होती। वो बेहद नज़दीकी से हमारा खेल जानते थे। इस पूरे क्रम में हमने फ़ाइनल मैच में राजस्थान को बड़े आराम से 185 रनों के अन्तर से हरा दिया। चूँकि ये मैच जयपुर में हो रहा था, मुझे रेडियो पर ही सुनकर सन्तोष करना पड़ा।

जब मैंने जीवन में पहली बार कोई टेस्ट मैच देखा था, उस बात को आज पचास से भी ऊपर वर्ष हो चुके हैं। उसके बाद से अब तक मैं लगभग 40 और टेस्ट मैच और इतने ही वन-डे इंटरनेशनल मैच भी देख चुका हूँ। इनमें 2 शानदार इंडिया-पाकिस्तान के वर्ल्ड कप के मैच भी शामिल हैं। लेकिन फिर भी मार्च 1974 में चिन्नास्वामी स्टेडियम में वो 8 दिनों का क्रिकेट मेरे क्रिकेट के प्रेम से भरे जीवन की एक बहुत बड़ी याद है। इस याद का अन्त मैं एक किस्से और कुछ आंकड़ों से करना चाहूँगा। उन दिनों ऑल इंडिया रेडियो पर कमेंट्री करने वालों में वी.एम. मुदैया शामिल थे। एक मौके पर दुरई मुझे उनसे मिलवाने ले गये जहाँ उन्होंने अपने भाँजे का परिचय बतौर ऑफ़-स्पिनर करवाया जो कि कुछ सलाह की तलाश में था। हमारे राज्य से इंडिया के लिए खेलने वाले पहले खिलाड़ी मुदैया ने सीधे फ़ील्ड में खड़े कर्नाटक

के कप्तान की ओर इशारा किया और कहा, "बेटा, वो खड़ा है सबसे बड़ा ऑफ़ स्पिनर। तुम उसे देखकर इतना कुछ सीख जाओगे जितना मुझे सुनकर नहीं सीख पाओगे।"

जिन आंकड़ों की मैं बात कर रहा हूँ वो दोनों मैचों में घरेलू टीम की मैच की पहली इनिंग्स की गेंदबाज़ी से जुड़े हैं। ये ऐसा अनोखा मौका था जिसमें टीम का सबसे उम्रदराज़ खिलाड़ी इस लेवल पर सबसे कम अनुभवी खिलाड़ी था। के. लक्ष्मण 40 साल के थे और रणजी ट्रॉफ़ी में पहली बार खेल रहे थे। वो लेफ़्ट आर्म स्पिन फ़ेंकते थे और उनकी गेंद की गति कुछ तेज़ हुआ करती थी। उनकी गेंदें ज़्यादा घूमती नहीं थीं लेकिन वो सटीक जगह पर गेंद फेंकने वालों में से थे। लीग क्रिकेट में प्रसन्ना काफ़ी वक़्त तक उनकी टीम में रहे। लिहाज़ा, उन्हें मालूम था कि मैच में जब भी चन्द्रशेखर या उन्हें ब्रेक लेना होगा तो एक छोर से ये बॉलर बल्लेबाज़ों को थाम सकता था। और मैच से निकली संख्याएँ ऐसा ही कुछ कहती थीं:

कर्नाटक की गेंदबाज़ी के आंकड़े, सिर्फ़ पहली इनिंग्स :

दिल्ली के ख़िलाफ़ :

इरापल्ली प्रसन्ना	29/3/74/3
भगवत चन्द्रशेखर	26.2/3/76/7
के. लक्ष्मण	12/6/11/0

बॉम्बे के ख़िलाफ़ :

इरापल्ली प्रसन्ना	63/21/117/5
भगवत चन्द्रशेखर	44/6/145/4
के. लक्ष्मण	17/9/20/0

चिन्नास्वामी स्टेडियम के दर्शक लक्ष्मण को बेहद चाहते थे। हम उन्हें ताता (दादा) बुलाते थे। जब वो अम्पायर को अपनी टोपी पकड़ाते और अपने बगैर बालों के सर को पोछते तो स्टैंड्स में ज़ोर का शोर उठता। और जब वो बैटिंग करने आते और अगले पैरों पर एक डिफ़ेंसिव शॉट खेलते तो और भी ज़्यादा शोर सुनने को मिलता। हमारे टीम के तत्कालीन और भूतपूर्व सितारों के

बीच वो टीम के लिए जान लगा देने वाला खिलाड़ी था जिसके बारे में बहुत ज़्यादा बात नहीं होती थी। ये उनका पहला और आख़री रणजी मैच था। लेकिन कर्नाटक के फ़ैन्स उनके कितने बड़े ऋणी हैं, इसका उन्हें कोई अन्दाज़ा ही नहीं है।

VI

बाद के वर्षों में मैंने कई बार 1974 के उस सेमी-फ़ाइनल के बारे में मुम्बई क्रिकेट के प्रेमी, पत्रकार और लेखक राजदीप सरदेसाई से बात की। मेरी जीत की ख़ुशी से खिलवाड़ करते हुए वो मुझे ये याद दिलाते हैं कि उनकी टीम ने अगले तीन बार रणजी ट्रॉफ़ी जीती और उसके बाद भी कितनी ही बार विजेता रह चुकी है। जिस वक़्त मैं ये लिख रहा हूँ, बॉम्बे/मुम्बई के पास 41 बार ये ख़िताब आया है। कर्नाटक भले ही दूसरे नम्बर पर है लेकिन वो महज़ आठ बार ही विजेता रहा है।

राजदीप के पिता, दिलीप सरदेसाई ने 1958 में पहली बार रणजी ट्रॉफ़ी का कोई मैच खेला था। वो फ़र्स्ट-क्लास क्रिकेट से 1973 में रिटायर हुए। सीनियर सरदेसाई 1971 में वेस्ट-इंडीज़ और इंग्लैंड में टेस्ट सीरीज़ जीतकर आने वाली भारतीय टीम के अहम सदस्य थे। वो कभी भी ट्रॉफ़ी हारने वाली बॉम्बे टीम का हिस्सा नहीं रहे। ये एक ऐसा तथ्य है जिसपर उनके बेटे को भी उतना ही गर्व था। मैं जब भी 1974 के उस सेमी-फ़ाइनल की बात करता जिसमें कर्नाटक जीत गयी थी, वो उन मैचों के बारे में बात करने लगते हैं जिसमें हम उनकी टीम से हारे थे। एक मैच जिसके बारे में वो चटखारे लेकर बात करते हैं, वो उस रोज़ की बात है जब हमने पहले दिन बैटिंग करते हुए 350 रन बना डाले थे और उनके दावे के मुताबिक़ चिन्नास्वामी ने मैसूर क्रिकेट असोसिएशन की पूरी मैनेजिंग कमिटी को अगली सुबह बॉम्बे भेज दिया था और अगले पूरे दिन जब दिलीप सरदेसाई और वाडेकर बैटिंग करते रहे तो कर्नाटक के सारे सपने धराशाई हो गये। (मैं बैंगलोर में आज तक किसी भी ऐसे शख़्स से नहीं मिला जिसे इस कहानी में रत्ती भर भी विश्वास हुआ हो।)

मैं राजदीप सरदेसाई से पहली बार 1992 में मिला था। सालों साल, बातचीत, लेख के ज़रिये और ट्विटर पर हमारी बहस चलती रही है। राजदीप ने एक दफ़ा ये भी लिखा—'गुहा के कर्नाटक खिलाड़ियों को लेकर अतिरिक्त प्रेम की वजह से एक और कावेरी विवाद हो सकता है।' (उन्हें पढ़ कर मालूम

चल रहा था कि वो शायद नफ़रत की हद तक त्रस्त हो चुके थे और ये मुझे ख़ुश कर रहा था।)

मैं इस पक्षपात को नकारता नहीं हूँ। असल में, नकार सकता भी नहीं हूँ। लेकिन मैं ये ज़रूर कहना चाहूँगा कि 1974 में बॉम्बे पर वो जीत बेहद ज़रूरी थी। सिर्फ़ मेरे या मेरी टीम के लिए ही नहीं बल्कि पूरी भारतीय टीम के लिए भी। क्यूँकि यही वो घटना थी जहाँ से देश में क्रिकेट का विकेन्द्रीकरण होना शुरू हुआ। बॉम्बे उस वक़्त तक लगातार 15 बार रणजी ट्रॉफ़ी जीत चुका था। अगले 15 सालों में बॉम्बे ने ये ट्रॉफ़ी 3 बार जीती। कर्नाटक ने भी। बिशन सिंह बेदी की दिल्ली की टीम, जिसमें अब अमरनाथ भाई और चेतन चौहान भी आ गये थे, ने इससे भी बेहतर प्रदर्शन करते हुए 4 बार टूर्नामेंट जीता। इसके अलावा हैदराबाद और तमिलनाडु ने भी एक-एक बार विजेता का ख़िताब हासिल किया।

अगले 15 सालों में चीज़ें और भी व्यापक हुईं। बंगाल, हरियाणा, पंजाब, बड़ौदा और रेलवेज़ ने भी ट्रॉफ़ी जीती। नज़दीकी दिनों में उत्तर प्रदेश, गुजरात, विदर्भ और सौराष्ट्र भी ये टूर्नामेंट जीत चुके हैं। भारतीय क्रिकेट पर एक ही शहर का दबदबा ख़त्म होने से, गिनी चुनी टीमों के टूर्नामेंट जीतने का क्रम टूटने से भारतीय क्रिकेट और भी ज़्यादा भारतीय बन सका।

हालांकि किसी भी हाल में इस विकेन्द्रीकरण का होना तय तो था ही मगर 2 ग़लत फ़ैसलों ने इसे तेज़ी प्रदान की—पहला, जब गुंडप्पा विश्वनाथ एलबीडब्लू आउट थे मगर उन्हें नॉट आउट दिया गया था, और दूसरा, जब अजीत वाडेकर रन आउट हुए थे। गांगुली नाम के एक अम्पायर की बदौलत पहला काम हुआ था। बताया जाता है कि वो अम्पायर अपने शहर कलकत्ता गया और फिर बंगाल की रणजी टीम के सदस्यों से मिला और बोला, 'मैं वो कर के आया हूँ जो तुम लोग इतने सालों से नहीं कर पा रहे थे—अब बॉम्बे रणजी ट्रॉफ़ी नहीं जीत सकेगी।'

दूसरे ग़लत फ़ैसले के बारे में—कई सालों बाद मैं अजीत वाडेकर से मिला और फिर पूरी शरारत के साथ उन्हें वो रन आउट याद दिलाया जिसके चलते उनकी टीम की हार सुनिश्चित हो सकी। वाडेकर के बारे में जाना जाता था कि वो बेहद कम बोलते थे। इस मौके पर उन्होंने ख़ुद को बस दो शब्दों तक सीमित रखा। उन्होंने कंधे उचकाते हुए कहा, 'नये जूते।' उस रोज़ अगर अजीत वाडेकर ने अपने पुराने जूते पहने होते तो बॉम्बे की रणजी जीतने की रवायत 15 नहीं बल्कि 55 साल और चलती।

3.

महानता को कनखियों से देखा

I

मैंने जुलाई 1974 के दूसरे हफ़्ते में सेंट स्टीफ़ेंस कॉलेज में कदम रखा। हमारा कॉलेज नॉर्थ डेल्ही के यूनिवर्सिटी कैम्पस में था लेकिन क्रिकेट का मैदान मोरी गेट पर था जो कॉलेज से डेढ़ मील की दूरी पर था। दुरई ने मुझे बता दिया था की जैसे ही कॉलेज शुरू होगा, प्रैक्टिस शुरू हो जायेगी। इसलिए पहले ही दिन, सफ़ेद किट पहन कर, अपने जूते कंधे पर लटकाकर मैं मोरी गेट के लिए निकल पड़ा। मैं जैसे ही एलनट कोर्ट से बाहर निकला और कॉलेज के पश्चिमी गेट की तरफ़ बढ़ा, मुझे लम्बे बालों और कटी बाँह की टीशर्ट पहने एक स्टूडेंट ने रोका।

उसने कहा, "फ्रेशर! कहाँ जा रहा है?"

मैंने जवाब दिया, "प्रैक्टिस के लिए, सर।"

उन्होंने कहा, "दिखता नहीं सुबह से कितनी बारिश हुई है?" ये कहते हुए उन्होंने गीली ज़मीन की ओर देखने को इशारा भी किया। फिर बोले, "आज कोई प्रैक्टिस नहीं होगी।"

ये सीनियर, जिसने मुझे सच्चाई से रूबरू करवाया था, इनका नाम था अरुण लाल। वो हमारी कॉलेज टीम का हिस्सा थे और यूनिवर्सिटी के लिए भी खेल चुके थे। चेहरे पर चकत्तों की वजह से उन्हें 'पिगी' कहा जाता था (आज भी यही नाम है)।

पिगी लाल मुझसे 2 साल पहले सेंट स्टीफ़ेंस आये थे। वो इससे पहले जिस स्कूल में थे उसे दून का दुश्मन माना जाता था—अजमेर का मायो स्कूल।

उन्हें उनकी बल्लेबाज़ी के लिए जाना जाता था। उन्होंने बीते इंटर-कॉलेज चैम्पियनशिप फ़ाइनल में 2 पचासे मारे थे और कट्टर प्रतिद्वन्दी हिन्दू कॉलेज पर जीत हासिल की थी। इसके साथ ही बल्लेबाज़ के पास फ़ील्डिंग करने में भी उनका कोई सानी नहीं था। जिस तरह से वो सभी से मिलते-जुलते रहते थे, देर रात तक ताश खेलते थे, किसी तरह से उन्हें इकॉनमिक्स में भी फ़र्स्ट-क्लास डिग्री मिल गयी।

पिगी लाल कॉलेज के हॉस्टल के स्टार क्रिकेटर थे। सेंट स्टीफ़ेंस में हॉस्टल को रेज़िडेंस कहा जाता था। कुछ क्रिकेटर्स डे-स्कॉलर थे और उनके नाम और भी बेहतरीन आंकड़े थे। बीती मार्च में मैंने जो दिल्ली बनाम कर्नाटक का रणजी क्वार्टर-फ़ाइनल मैच देखा था, उसमें स्टीफ़ेंस के दो खिलाड़ी खेल रहे थे। उनके नाम थे राजेश्वर वत्स और प्रवीण ओबेरॉय। पिगी या मेरे उलट वत्स बेहद ज़मीनी पृष्ठभूमि से आया हुआ था। वो हिन्दी या पंजाबी में बात करता और उसकी पढ़ाई वेस्ट डेल्ही के सरकारी स्कूल में हुई थी। वो कॉलेज के लिए बैटिंग और बॉलिंग, दोनों की शुरुआत करता था। प्रवीण एक धनाढ्य घर से था जिनका ख़ुद का व्यवसाय था। वो तेज़ लेफ़्ट-आर्म स्पिन बॉलिंग करता और यूनिवर्सिटी में आने से पहले इंडियन स्कूलबॉय्ज़ की कप्तानी कर चुका था।

पिगी की ही तरह राजेश्वर वत्स भी बीए के फ़ाइनल इयर में था। प्रवीण एक साल आगे था और मास्टर्स की डिग्री के लिए पढ़ रहा था। पीयूष पांडे उस वक़्त बीए सेकंड इयर में थे। आज वो एडवर्टाइज़िंग के गुरु माने जाते हैं, उस वक़्त कॉलेज के विकेटकीपर थे। पांडे विकेटकीपिंग में ठीक थे लेकिन उससे पहले वो एक बढ़िया बल्लेबाज़ थे। उनकी ऑन-ड्राइव तो देखने लायक हुआ करती थी। इस सब के बीच मेरे साल में जो सबसे अच्छा क्रिकेटर था उसका नाम था राजिन्दर अमरनाथ। वो लाला अमरनाथ के सबसे छोटे बेटे थे और उन्हें जॉनी के नाम से जाना जाता था (ये पंजाबी नाम जानी का अंग्रेज़ीदां रूप था और उनकी माँ उन्हें इसी नाम से बुलाती थीं जिसका मतलब था 'सबसे प्रिय')। अमरनाथ ने अपना खेल अपने बड़े भाई, टेस्ट क्रिकेटर मोहिन्दर अमरनाथ के खेल के ढाँचे पर खड़ा किया था। अपने बड़े भाई की तरह वो भी मिडल ऑर्डर में बैटिंग करते और मीडियम पेस फेंकते हुए गेंद को हवा में दोनों ओर तैराने की क्षमता रखते थे। वो भी इंडियन स्कूलबॉय्ज़ के लिए खेल चुके थे और उनके नाम के आगे इस देश की क्रिकेट की दुनिया का सबसे मशहूर सरनेम लगा हुआ था।

एक या दो दिन में बारिश रुकी और प्रैक्टिस चालू हो गयी। हर दिन, लंच के बाद हम नये नवेले क्रिकेटर्स एलनट गेट से बाहर निकलते और मोरी गेट के पास तक लिफ़्ट लेकर पहुँच जाते। स्कूटर या मोटरसाइकिल से जाने वाले पुरुष हम में से किसी एक को आगे तक छोड़ने के लिए राज़ी हो जाते थे। सभी साथ में कभी गये हों, ऐसा बहुत ही कम हुआ था। हालांकि मुझे एक मौका याद है जब एक पुलिस की जीप रुकी और हम चार-पाँच लोग ग्राउंड तक एक साथ पहुँचे। असल में ड्राइवर को उनकी बॉस ने रुकने के लिए कहा था जो कि आगे की सीट पर बैठी हुई थीं। वो नॉर्थ डेल्ही की डिप्टी कमिश्नर थीं और उनका नाम था किरण बेदी। उन्होंने देश की पहली महिला पुलिस अफ़सर बनने से पहले देश के लिए टेनिस भी खेला हुआ था।

कॉलेज की हॉकी और फ़ुटबॉल फ़ील्ड क्रिकेट के मैदान से जुड़ी हुई थीं। इसका मतलब ये था कि खिलाड़ी अलग-अलग मैदान तक साथ आते-जाते थे और इसने कई दोस्तियों को जन्म दिया। एक दोपहर मैंने ख़ुद को उसी रिक्शा में पाया जिसमें हमारी फ़ुटबॉल टीम के कप्तान नोवी कपाड़िया थे। वो एक बेहद सौम्य पारसी खिलाड़ी थे। जब उन्हें मालूम चला कि मैं कहाँ से हूँ तो उन्होंने मुझे बताया कि राम बहादुर उनके बचपन के हीरो थे। उन्होंने 60 की दशक की शुरुआत में रामू को डूरंड कप में खेलते हुए देखा था। उन्हें उस वक़्त भी याद था कि रामू के क़दम कितने सटीक होते थे और वो मैदान भर में बगैर थके लगातार दौड़ते रहते थे।

मॉनसून में हमने सीमेंट के विकेट पर प्रैक्टिस की और साल के बाकी दिन टर्फ़ पर। शाम को 3 से 6 नेट्स चलते थे और हर सीज़न में हमें कुछ 21 'फ़्रेंडली' मैच खेलने होते थे और फिर जनवरी में शुरू होती थी 3 दिन चलने वाली इंटर-कॉलेज चैम्पियनशिप। चूँकि ट्रॉफ़ी हमारे ही पास थी, इसलिए हमें सीधे सेमी-फ़ाइनल में जगह मिल गयी थी। सेमी-फ़ाइनल 4 दिनों का होता था और फ़ाइनल मैच एक टेस्ट मैच की तरह 5 दिनों का होता था।

प्रैक्टिस के बाद हर दिन हम पैदल या लिफ़्ट लेकर वापस कॉलेज पहुँचते थे जहाँ के कैफ़े में एक बड़ी टेबल क्रिकेट टीम के लिए रिज़र्व रहती थी। खिलाड़ियों के लिए अंडे की भुर्जी और टोस्ट के पैसे खेल के बजट से सीधे कैफ़े में पहुँच जाते थे। कैफ़े वाले लोग दुरई के दिनों से ही यहाँ पर थे। कॉलेज में मेरे पहले महीने की एक शाम, कैफ़े में काम करने वाले डॉली(पूरा नाम दौलत सिंह) ने मेरे कप में चाय डालते हुए मुझसे कहा, 'जो तेरा मामा एक हाथ से करता था न, तू दो हाथ से भी नहीं कर पायेगा।'

II

दून स्कूल में क्रिकेट फरवरी से अप्रैल, यानी, मात्र 3 महीनों के लिए खेला जाता था। उससे पहले फ़ुटबॉल का सीज़न होता था और उसके बाद हॉकी का। सेंट स्टीफ़ेंस में पूरे अकादमिक सत्र भर हम खेलते थे और गर्मी में परीक्षाओं से सिर्फ़ 6 हफ़्ते पहले सीज़न ख़त्म होता था। कॉलेज में कम्पटीशन काफ़ी ज़्यादा था भी। स्कूल के मेरे मास्टरों, बॉन्ड और आरपी, ने उत्तर प्रदेश के लिए 1-1 रणजी मैच खेला था और फिर वो लोग सन्तुष्ट मन के साथ क्लब क्रिकेट की ओर लौट आये। यहाँ, सेंट स्टीफ़ेंस में, मेरे कई साथी दिल्ली के लिए खेल रहे थे और लगातार इस कोशिश में थे कि वो नॉर्थ ज़ोन और फिर इंडिया के लिए खेलें।

रणजी सीज़न नवम्बर में शुरू होता था। हमारे कॉलेज के नेट्स जुलाई से ही शुरू हो जाते थे। चूँकि हमारे यहाँ संसाधन अच्छे थे इसलिए वहाँ मौजूदा और पूर्व टेस्ट प्लेयर्स भी हमारे साथ प्रैक्टिस करने आते थे। हमारे रणजी खिलाड़ी उन्हें लेकर आते थे। मैंने एक रोज़ नेट्स में मोहिन्दर अमरनाथ के सामने गेंदबाज़ी की। कुछ दिन बाद चेतन चौहान के सामने। मोहिन्दर पंजाब से दिल्ली की टीम में आ गये थे और चेतन चौहान महाराष्ट्र जा चुके थे। इन दोनों ने ऐसा टीम इंडिया में वापसी की आस में किया था।

मोरी गेट पर एक और शख़्स प्रैक्टिस के लिए आता रहता था। 1960 के दशक में सेंट स्टीफ़ेंस की कप्तानी करने वाले और फिर देश के लिए 2 टेस्ट मैच खेलने वाले अशोक गंडोत्रा। बंगाल के लिए रणजी ट्रॉफ़ी खेलने के लिए वो दिल्ली से चले गये थे और अब वापस आ गये थे। उन्होंने हमें मुख्य पिच पर बॉलिंग करवाई और फ़ील्डर्स वहीं लगाये जहाँ मैच में होते थे। गंडोत्रा के पास बायें हाथ के बल्लेबाज़ वाली वो ख़ूबी तो थी जिसमें वो ऑफ़ साइड पर ख़ूबसूरत ड्राइव्स मारते थे। लेकिन वो हमारे जैसे कॉलेज स्टूडेंट्स के ख़िलाफ़ भी अक्सर बल्ला भाँजते और शॉट मिस कर देते थे। वहीं मोहिन्दर अमरनाथ और चेतन चौहान पूरे कंट्रोल में दिख रहे थे। हमारा आंकलन सही था—गंडोत्रा की सभी उपलब्धियाँ बीते दिनों की बातें थीं जबकि बाकी के दोनों खिलाड़ियों के लम्बे इंटरनेशनल करियर रहे।

जहाँ तक मुझे याद है, दिल्ली का एक क्रिकेटर जो मोरी गेट कभी नहीं आया, वो थे बिशन सिंह बेदी। ऐसा शायद उनकी इच्छा नहीं बल्कि स्थितियों की वजह से हुआ। अगर बेदी इंडिया के लिए नहीं खेल रहे होते थे तो वो

जुलाई से सितम्बर के बीच इंग्लिश काउंटी नॉर्थेम्पटनशायर के लिए खेलते थे। जब तक वो वापस आते, रणजी सीज़न के लिए फ़िरोज़ शाह कोटला में नेट्स लगने शुरू हो जाते थे।

1974 की गर्मियाँ भारतीय क्रिकेट के लिए बेहद बुरी रहीं। 3 सीरीज़ लगातार जीतने के बाद हमारी टीम इंग्लैंड में बेहद बुरी तरह से हार कर वापस लौट रही थी। हमने तीनों टेस्ट गंवाये और लॉर्ड्स में हम महज़ 42 रनों पर सिमट गये। मगर पूरी सीरीज़ में बेदी ने अच्छी गेंदबाज़ी की थी। उनकी साख में किसी भी तरह का बट्टा नहीं लगा था। उनके तेज में कैसी भी कमी नहीं आई थी।

कम से कम मोरी गेट पर सेंट स्टीफ़ेंस के मैदान तक तो ऐसा नहीं ही हुआ था। बेदी भले ही हमारे साथ ट्रेनिंग करने के लिए नहीं आते थे, हमारे बीच मौजूद सबसे अच्छे खिलाड़ी उनसे तालीम हासिल करने कोटला जाते थे और वहाँ से उनकी कहानियाँ हम तक पहुँचती थीं।

राजेश्वर वत्स स्टीफ़ेंस के ऐसे क्रिकेटर थे जिन्होंने बेदी की कप्तानी में दिल्ली के लिए खेला। वो तगड़ी देह के खिलाड़ी थे जिन्हें उत्तर भारत में दादा के नाम से जाना जाता था। दादा यानी वो इंसान जिससे आप पंगे नहीं लेना चाहते हैं। यूनिवर्सिटी क्रिकेट के दौरान सामने वाली टीमों में राजेश्वर वत्स का खौफ़ हुआ करता था। वो गेंदबाज़ों को बेहद करारी ड्राइव मारते थे और बल्लेबाज़ों को आउटस्विंग और बाउंसर से डराकर रखते थे। लेकिन उनके बारे में कॉलेज के नये लड़कों से ज़्यादा खौफ़ किसी और के भीतर नहीं था। प्रैक्टिस ख़त्म होने के बाद वो हम में से किसी एक को बुलाते और उससे रुकने को कहते। पंजाबी में उससे बोलते, 'इधर आयीं, चंगी खिलायीं।' ये एक वाक्य हमारे लिये मनों भारी होता। इसका मतलब होता था कि हमें अंधेरा होने तक रुकना होगा और फिर वापस पैदल कॉलेज पहुँचना होगा। इसका ये भी मतलब होता था कि अगर उन्होंने लम्बे शॉट्स मारे, जो कि वो अक्सर मारते ही थे, तो हमें जाकर गेंद उठानी पड़ती थी और थोड़ी ही देर में ये कवायद दोबारा करनी पड़ती थी।

मोरी गेट पर हमारे उस मैदान में टीन का एक गुमटीनुमा कमरा हमारी पवेलियन का काम करता था। उसमें चारपाई पड़ी रहती थी जिसपर हम मैच के दौरान बैठते थे और रात में मैदान का कोई कर्मचारी उसपर सोता था। इस कमरे के पीछे एक लैट्रीन भी थी। प्रैक्टिस ख़त्म होने के बाद अगर किसी को राजेश्वर वत्स दिखाई दे जाते तो उनसे बचने का एक ही उपाय था—पाखाना जाने का नाटक करते हुए उस 'पवेलियन' के पीछे जाते और कंटीले तारों के

नीचे से होते हुए बाहर सड़क पर पहुँच जाते। अगर कोई पवेलियन में वापस पहुँचता या मेन गेट से निकलने की कोशिश करता तो उसे उस दैत्य को नेट्स में बॉलिंग करनी पड़ती जो किसी भयानक श्राप से कम नहीं हुआ करता था।

वत्स की यूनिवर्सिटी में जो पहचान बनी हुई थी, उसकी ख़बर बिशन बेदी तक पहुँच गयी जिसके बाद उन्होंने वत्स को पहलवान कहना शुरू कर दिया।

एक दिन, जब राजेश्वर वत्स वहाँ मौजूद नहीं थे, प्रवीण ओबेरॉय ने हमें एक मज़ेदार कहानी सुनाई। पिछली दोपहर, कोटला में दिल्ली के नेट्स में बेदी ने वत्स को 19 गज की दूरी से गेंदबाज़ी करते हुए पकड़ लिया। वत्स शायद बल्लेबाज़ को (और ज़ाहिर है कप्तान को भी) इम्प्रेस करना चाहते थे। बेदी ने उन्हें चेताया कि अगर मैच में ऐसा किया, तो नो-बॉल क़रार दी जायेगी। इसके बाद फ़ील्डिंग प्रैक्टिस के दौरान वत्स ने कई आसान कैच भी छोड़ दिये। उनके कप्तान ने अब उनसे कहा कि वो भाग कर जायें और मैदान के किनारे पड़े ईंटों के ढेर से 2 ईंट उठा लायें राजेश्वर वत्स को इस बात का कोई इल्म नहीं था कि आगे उनके साथ क्या घटने वाला था। वो जब 2 ईंट ले आये तो बेदी ने उनसे कहा कि दोनों हाथों में ईंट पकड़ कर वो कोटला का एक चक्कर लगायें। चक्कर लगाने के लिए भेजते हुए बेदी ने कहा, 'भाग पहलवान, भाग।' वत्स ने बड़ी दिलेरी से ये चुनौती और दंड स्वीकार किया और दौड़ने लगे। लेकिन 50 कदम दौड़ने के बाद ही वो दर्द और थकान से ज़मीन पर गिर पड़े। आप भी चाहें तो कभी इसकी कोशिश करें। ओलम्पिक में खेलने वाला पहलवान भी अपने दोनों हाथों में ईंट लेकर उसका चक्कर नहीं लगा पायेगा।

बेदी कोई भी भेदभाव नहीं करते थे। वो नये-नवेले आत्ममुग्ध खिलाड़ियों की बड़े करीने से छंटाई करते थे। हिन्दू कॉलेज के लड़के उनके कोप का उतना ही शिकार बनते जितना सेंट स्टीफ़ेंस वाले। उन दिनों की एक और कहानी इस बात की गवाही देती है। हिन्दू कॉलेज का एक बल्लेबाज़ होता था हरि गिडवानी। एक अच्छा दायें हाथ का बल्लेबाज़ जो दिल्ली की टीम का हिस्सा बन चुका था और हम जानते थे कि वो एक दिन इंडिया के लिए ज़रूर खेलेगा।

रणजी ट्रॉफ़ी में ज़ोनल मैच 3 दिन के खेले जाते थे। आउटराइट जीत बेहद कम मिला करती थीं लेकिन कई दफ़ा टीमों के क्वालिफ़ाय करने के लिए ज़रूरी होती थीं। एक साल, कोटला में दिल्ली और पंजाब का मैच हुआ। दिल्ली ये मैच एक पारी के अन्तर से जीतने की फ़िराक में थी। बेदी ने टॉस जीता और चेतन चौहान के तेज़ शतक की बदौलत दिल्ली पहले दिन का खेल ख़त्म होने तक 1 विकेट के नुकसान पर 327 रनों तक पहुँच गयी थी।

अब उन्हें दूसरे दिन और भी तेज़ी से रन बनाने थे और फिर पंजाब को 2 बार आउट करना था। तीसरे नम्बर पर बैटिंग करने आये हरि गिडवानी अपने पचासे पर बड़े आराम से पहुँचे लेकिन उसके बाद धीरे खेलने लगे। वो शतक बनाना चाहते थे। दूसरे दिन जब खेल शुरू हुआ था, वो 59 रनों पर खेल रहे थे लेकिन पहले ड्रिंक्स ब्रेक तक वो 80 रन तक ही पहुँचे। बेदी ने सन्देसा भिजवाया कि वो थोड़ा तेज़ खेलें लेकिन उन्होंने इसे अनसुना कर दिया। लंच के वक़्त वो 99 रनों पर नाबाद थे। यहीं पर बिशन सिंह बेदी ने पारी घोषित कर दी। 2004 में पाकिस्तान के मुल्तान में जब राहुल द्रविड़ ने यही बात भारत के सबसे बड़े बल्लेबाज़ को समझाने की कोशिश की थी, उससे कई साल पहले बेदी ने कॉलेज के क्रिकेटर्स को ये समझाया हुआ था कि टीम का स्थान किसी भी खिलाड़ी से हमेशा ऊपर ही रहेगा।*

कॉलेज के मेरे पहले साल में दिल्ली और कर्नाटक का रणजी ट्रॉफ़ी के सेमी-फ़ाइनल में मुक़ाबला हुआ। मैच कोटला में था और FUCC के मेरे साथी सुधाकर राव की बदौलत मुझे चारों दिन के पास मिल गये। राव उस मैच में खेल रहे थे। इस बार मेरी निष्ठा कुछ बँटी हुई थी क्यूँकि पिगी लाल दिल्ली के लिए अपना पहला मैच खेलने जा रहे थे। फ़र्स्ट-क्लास में पिगी लाल ने जब पहली गेंद खेली तो भगवत चन्द्रशेखर ने एक तेज़ गुगली फेंकी जो बैट और पैड पर लगने के बाद ज़मीन पर गिर गयी। दूसरी गेंद हवा में छोड़ी गयी और थोड़ी आगे फेंकी गयी थी। पिगी ड्राइव के लिए गये लेकिन बॉल हवा में ही अन्दर की ओर आ गयी और फिर टप्पा खाकर बाहर की ओर निकली और अपने साथ ऑफ़ स्टम्प की गिल्ली भी उड़ा ले गयी। पिगी ने दूसरी इनिंग्स में कुछ बेहतर प्रदर्शन किया और 12 रन बनाये। कर्नाटक ने बड़े आराम से 7 विकेट से ये मैच जीता।

ये राजदीप सरदेसाई से मिलने से कई साल पहले की बात थी लेकिन कर्नाटक के खिलाड़ियों के प्रति मेरे अतिरेक प्रेम की छींटें मेरे आस-पास मौजूद लोगों पर पड़ने लगी थीं। इस मैच में सुधाकर राव ने पचासा तो मारा लेकिन इस दौरान वो कई बार बीट भी हुए। यूनिवर्सिटी वापस जाते हुए बस में पीयूष पांडे ने मुझे चिढ़ाते हुए कहा, 'तो तुम्हारे क्लब के दोस्त ने 54 रन बनाये और 54 बार वो बीट हुआ।'

---

* उस रोज़ बिशन का फ़ैसला एकदम सही साबित हुआ। दिल्ली ने पंजाब को 2 बार आउट किया और कप्तान साहब को सबसे ज़्यादा विकेट्स भी मिले।

III

मेरे सेंट स्टीफ़ेंस आने के बाद वेस्ट इंडीज़ की टीम 5 टेस्ट मैच की सीरीज़ खेलने के लिए इंडिया आई। इन सालों में, जब मैं बड़ा हो रहा था, वेस्ट इंडीज़ की टीम विश्व क्रिकेट की सबसे करिश्माई टीम थी। मेरे मामा दुरई इंग्लैंड या ऑस्ट्रेलिया की टीम से ज़्यादा इस टीम के बारे में ही बात करते थे। उनके पास इस टीम से जुड़ी एक बुरी याद है जो उनके साथ हमेशा रही। उनके भी सेंट स्टीफ़ेंस के पहले ही साल में वेस्ट इंडीज़ की टीम एक टेस्ट मैच खेलने के लिए दिल्ली आई थी। मेरे मामा के हीरो, 41 साल के वरिष्ठ खिलाड़ी वीनू मांकड़, इंडिया के लिए खेल रहे थे। उस मैच में एक वक़्त पर बेहद सफ़ल रहे उस बायें हाथ के गेंदबाज़ को रोहन कन्हाई, सोबर्स, कोली स्मिथ और उनके साथियों ने बहुत धोया। उन्होंने 55 ओवर में 12 मेडेन फेंके और 167 रन दिये। एक भी विकेट हाथ नहीं लगा। करेले पर नीम चढ़े की कहावत को चरितार्थ करते हुए इंडिया वो मैच एक पारी से हारा। मांकड़ दूसरी इनिंग्स में डक पर आउट हुए और उन्होंने उसके बाद इंडिया के लिए कभी नहीं खेला। दुरई ने मुझे ये कहानी कई बार सुनाई थी।

1966 में इंग्लैंड में खेली गयी सीरीज़ वो पहली टेस्ट सीरीज़ थी जो मैंने फ़ॉलो की थी और मेरी याद्दाश्त में दर्ज है। वेस्ट इंडीज़ ये सीरीज़ 3-1 से जीती थी। उस साल लॉर्ड्स में हुआ मैच वो पहला मैच था जो मैंने रेडियो पर सुना था। इस मैच में कप्तान गारफ़ील्ड सोबर्स और उनके भाई डेविड होलफ़ोर्ड ने शतक बनाये और मैच को ड्रॉ की ओर ले गये। उसके सात साल बाद, मुझे डिनर के बाद अपने स्कूल के कॉमन रूम में जाने की परमिशन मिल चुकी थी क्यूँकि अब मैं सीनियर हो चुका था, मैंने सोबर्स और बर्नार्ड जूलियन को शतक मारते हुए और वेस्ट इंडीज़ को लॉर्ड्स टेस्ट जीतते हुए रेडियो पर सुना।

गैरी सोबर्स 1974 की शुरुआत में ही रिटायर हो गये। लेकिन भारतीय क्रिकेट फ़ैन्स वेस्ट इंडीज़ के आभा-मंडल से अभी भी बाहर नहीं निकले थे। भारतीय उपमहाद्वीप में आई इस टीम की कप्तानी क्लाइव लॉयड के हाथों में थी। टीम को पाँच टेस्ट मैच खेलने थे। इन मैचों से पहले सभी विश्वविद्यालयों की एक मिली-जुली टीम से वॉर्म-अप मैच भी था।

इस विश्वविद्यालय वाली टीम में खेलने के लिए हमारे कॉलेज से प्रवीण ओबेरॉय और राजेश्वर वत्स को चुना गया। हिन्दू कॉलेज के हरि गिडवानी को भी जगह मिली। प्रवीण और हरि और इन दोनों के शुभचिन्तकों को ये लग रहा

था कि उनकी ये यात्रा उन्हें क्रिकेटर के तौर पर ऊँचे मुकाम तक ले जायेगी। वो नाम जो यूनिवर्सिटी की इस टीम से निकल कर टेस्ट टीम तक पहुँचे थे, बेहद बड़े नाम बने। इनमें हेमू अधिकारी, पंकज रॉय, पॉली उमरीगर, अजीत वाडेकर और यहाँ तक कि सुनील गावस्कर शामिल थे। हरि का एक शतक या प्रवीण के पाँच विकेट उन्हें इस शानदार लीग का हिस्सा बना सकते थे। दोनों के, या शायद एक के भाग्य खुलने वाले थे। मगर किसके?

प्रवीण ओबेरॉय एक हफ़्ते बाद वापस लौट आये। उनके सपनों का किला ध्वस्त हो चुका था। चौंकाने वाले बात ये थी कि उन्हें बतौर 12वाँ खिलाड़ी टीम में रखा गया। नेट्स में पंजाब के बायें हाथ के स्लो बॉलर दीपक चोपड़ा ने ज़्यादा प्रभावित किया और 11 में उनके जैसे दो-दो खिलाड़ियों की ज़रूरत नहीं थी। हरि गिडवानी को जगह मिली और उन्होंने 39 और 42 के स्कोर के साथ सम्मान बचाये रखा। लेकिन शतक निकला किसी और के बल्ले से। सीज़न से पहले टीम से बाहर होने वाले अंशुमान गायकवाड़ ने वेस्ट इंडीज़ के खिलाफ़ टीम इंडिया में जगह बनायी।

प्रवीण काफ़ी वक़्त तक कॉलेज में नहीं दिखे लेकिन राजेश्वर वत्स ट्रेन पकड़कर सीधे वापस आ गये। उन्होंने इन्दौर में बैटिंग की शुरुआत की थी और अब उन्हें अपना हाल सुनाना था। पहली इनिंग्स में वो जल्दी वापस आ गये लेकिन दूसरी बार वो घंटे भर खड़े रहे। अपनी मज़ेदार पंजाबी में उन्होंने बताया कि कैसे उन्होंने नयी गेंद से पार पायी। कैसे वो कूद कर बाउंसर के रास्ते से हटे और बाहर निकलती गेंद पर बल्ला छुआकर गली के बगल से चौका जुटाया। जब उनका अपना स्कोर 24 था, रॉय फ्रेड्रिक अपनी चाइनामैन गेंदबाज़ी के लिए आये। पहली गेंद धीमी थी और मारने के लिए मुफ़ीद थी। इसके बाद जो हुआ उसे मैं समय की मुट्ठी से निकालकर, अपनी सीमित हिन्दी में आपके सामने रखने की कोशिश कर रहा हूँ—'मैं बाहर निकला और पूरी ताक़त से मारा। मुझे लगा कि कवर के बगल से निकलकर चौका मिलेगा लेकिन सिली मिड-ऑफ़ पर खड़े उस ब... चो... ने अपनी दाहिनी हथेली पर पहले फूँक मारी और फिर हाथ नीचे कर के गेंद वहीं के वहीं रोक ली। ऐसा लग रहा था जैसे हॉकी में शॉर्ट कॉर्नर पुश को गोल होने से पहले रोक लिया गया।' पहलवान इस बात से इतना पगलाया कि अगली गेंद पर बाहर निकल गया। पूरी ताक़त से फिर बल्ला भाँजा, गेंद बल्ले पर नहीं आई और स्टम्प आउट हो गया।

कुछ घंटे पहले, जब वेस्ट इंडीज़ बल्लेबाज़ी कर रही थी, वत्स की गेंदबाज़ी की बारी थी। ओपनर्स रन बना रहे थे और गायकवाड ने बल्लेबाज़ों को शान्त रखने के बेहद सख़्त निर्देश जारी किये हुए थे। बड़ौदा से आये कप्तान ने कहा था कि ऑफ़ स्टम्प के बाहर गेंदें फेंकनी हैं। वत्स की पहली गेंद ठीक-ठाक स्पीड से फेंकी गयी थी और कुछ फ़ीट बाहर थी। लेकिन बल्लेबाज़ ने बाहर की ओर चहलकदमी की और पॉइंट के पास से चौका मार दिया।

गायकवाड वत्स के पास आये और फुसफुसाते हुए बोले, 'थोड़ा और बाहर। थोड़ा और बाहर।' वत्स ने दिशानिर्देशों का पालन किया और अगली गेंद और भी बाहर फेंकी। लेकिन वत्स के शब्दों में, 'वो मा... चो... आगे बढ़ा और मुझे लाइन से बाहर मिड-विकेट पर छक्का मार दिया।' वत्स को 2 ओवर में 19 रन देने के बाद बॉलिंग से हटा लिया गया। हालांकि उनके ये आंकड़े बाकी गेंदबाज़ों के सामने फिर भी सम्मानित मालूम दे रहे थे।

अभिषेक रॉय : 18-0-95-0
आर चड्ढा : 14-1-61-1
ए. ज़रापकर : 29-3-113-1
डी. चोपड़ा : 30-0-125-1

अब ये बताया जा सकता है कि सिली मिड-ऑफ़ पर वो ब...चो... विवियन रिचर्ड्स थे और वो मा...चो... बैट्समैन गॉर्डन ग्रीनिज थे। ये उनका और शानदार गेदबाज़ ऐंडी रोबर्ट्स का पहला विदेशी टूर था। जिन्हें अनुभव था, उनमें गुयाना की तिकड़ी—रॉय फ्रेड्रिक्स, एल्विन कालीचरण और क्लाइव लॉयड शामिल थे। इसके अलावा गेंदबाज़ों में वेनबर्न होल्डर, बर्नार्ड जूलियन, कीथ बॉयस और वरिष्ठ ऑफ़ स्पिनर लांस गिब्स थे। डेरिक मरे, बचपन से ही प्रतिभावान माने जाने वाला खिलाड़ी जो केम्ब्रिज के लिए खेल चुका था, विकेट-कीपिंग कर रहा था।

रिचर्ड्स, लॉयड, कालीचरण, रॉबर्ट्स, ग्रीनिज, गिब्स—ये 6 महान खिलाड़ी थे जिनके नाम किसी भी भाषा में, किसी भी क्रम में लिखे जायें, महानता की गाथा ही सुनने को मिलेगी। ये अपने से छोटे खिलाड़ियों के साथ 1974-75 की सर्दियों में क्रिकेट खेलने के लिए इंडिया आये थे और वो सीरीज़ भारतीय ज़मीन पर खेली जाने वाली अब तक की सबसे ज़्यादा मज़ेदार और मन में उत्साह पैदा करने वाली सीरीज़ थी। कम से कम मुझे तो ऐसा ही लगता है। क्यूँकि मैं उस वक़्त साढ़े सोलह साल का एक लड़का था जो पूरे वक़्त क्रिकेट को जीता था। मैं एक कॉलेज स्टूडेंट था जो महानता को अपनी

कनखियों से देख रहा था क्यूँकि मैं उन लोगों साथ खेलता था जो क्रिकेट के भगवान् के साथ खेल रहे थे। मेरे, अरुण लाल, बिशन सिंह बेदी (दिल्ली के कप्तान) और क्लाइव लॉयड के बीच महज़ ढाई क़दमों का ही फ़ासला था।

IV

उन दिनों, जब भारत में 5 दिनों की टेस्ट सीरीज़ खेली जाती थी, मैच दिल्ली, बॉम्बे, मद्रास, कलकत्ता और कानपुर में खेले जाते थे। इससे होता ये था कि हर ज़ोन के पास एक मैच आता था। मगर वेस्ट इंडीज़ के खिलाफ़ इस सीरीज़ के लिए एम चिन्नास्वामी ने भारतीय क्रिकेट कंट्रोल बोर्ड से दरख़्वास्त की और कानपुर का मैच बैंगलोर की झोली में आ गया।

और इस तरह से चिन्नास्वामी स्टेडियम ने इंडिया और वेस्टइंडीज़ के बीच खेले जाने वाले पहले टेस्ट की मेज़बानी की। इंडिया की तरफ़ से एक ऐसा खिलाड़ी नहीं खेल रहा था जो बीते 8 सालों से टीम में होता ही होता था—बिशन सिंह बेदी। उन्हें क्रिकेटीय वजहों से नहीं हटाया गया था बल्कि उन्हें इसलिए बाहर बैठना पड़ा था क्यूँकि उन्होंने एक टेलीविज़न इंटरव्यू में भारतीय क्रिकेट के कुछ नामों की आलोचना कर दी थी। उनकी जगह हरियाणा के बाएँ हाथ के स्पिनर राजिन्दर गोयल को लिया गया था लेकिन वो अन्तिम ग्यारह में जगह नहीं बना पाये।

वेस्ट इंडीज़ ने ग्रीनिज, कालीचरण और लॉयड की बैटिंग की बदौलत पहला टेस्ट मैच जीत लिया। इसके साथ ही उन्हें ऐंडी रॉबर्ट्स की गेंदबाज़ी का भी बेहतरीन साथ मिला। रॉबर्ट्स के एंटीगुआ के साथी विवियन रिचर्ड बल्ले से सफल नहीं रहे। वो पहली इनिंग्स में 4 और दूसरी में 3 पर आउट हुए। दोनों ही मौकों पर भगवत चन्द्रशेखर ने उन्हें वापस भेजा।

दूसरा टेस्ट दिल्ली में होना था। मैं बेसब्री से इसका इन्तज़ार कर रहा था लेकिन इसका टिकट कहाँ से आता? मैंने अपने परिवार के कनेक्शन का जुगाड़ लगाकर भारतीय टीम के रिज़र्व विकेटकीपर सैयद किरमानी से सम्पर्क किया। वो उसी जगह रहते थे जहाँ मेरे नाना-नानी रहते थे और उसी कॉलेज में पढ़ते थे जिसमें मेरे सबसे छोटे मामा शंकर पढ़ते थे। मैच से एक शाम पहले मैं किरमानी से मिलने मेडेन्स होटल पहुँचा जहाँ भारतीय टीम रुकी हुई थी। उन्होंने मुझसे कहा कि उनके पास अगले दिन के टिकट नहीं थे लेकिन उन्होंने मुझसे अगले दिन फिर आने को कहा।

इस मैच में बेदी खेल रहे थे लेकिन कप्तान पटौदी और उपकप्तान गावस्कर, दोनों को चोट की वजह से बाहर बैठना पड़ा। टीम में वरिष्ठता के आधार पर विकेटकीपर फ़ारुख इंजीनियर को कप्तान होना था। मैच शुरू होने से एक रोज़ पहले, एक रिसेप्शन के दौरान बोर्ड के उप-अध्यक्ष आरपी मेहरा ने इंजीनियर को बता भी दिया था कि वो ही अगले रोज़ इंडिया की कप्तानी करने वाले थे। लेकिन रात भर में ही ये आदेश बदल दिया गया क्यूँकि मद्रास के एम.ए. चिदम्बरम ने उनके फ़ैसले को बदलवा दिया। तमिलनाडु से आने वाले चिदम्बरम चाहते थे कि उनकी ही ज़मीन के एस वेंकटराघवन इंडिया की कमान सँभालें। चूँकि टीम में प्रसन्ना और बेदी को तो होना ही होना था, वेंकटराघवन को टीम में जगह देने के लिए विव रिचर्ड्स के लिए बुरा सपना बन चुके चन्द्रशेखर को प्लेयिंग इलेवन से हटाना पड़ा।

मैंने पहले दिन का खेल टीवी पर देखा। इंडिया 220 रनों पर आउट हो चुकी थी और दिन का खेल ख़त्म होने पर वेस्ट इंडीज़ 1 विकेट खोकर 10 रन बना चुकी थी। उस शाम मैं एक बार फिर मेडेन्स होटल गया जहाँ किरमानी ने मुझसे कहा कि उनके पास फिर टिकट नहीं था और मैं अगले दिन फिर जाकर तीसरे, चौथे और पाँचवें दिन के टिकट के बारे में जान सकता हूँ। मैं बेहद दुखी मन से वापस कॉलेज लौटा। लेकिन यहाँ मुझे ख़ुशी तब मिली जब मेरी क्लास के एक लड़के ने मुझे बताया कि उसके पास एक एक्स्ट्रा टिकट था जो उसके दोस्त के पापा ने दिलवाया था। उसके दोस्त के पापा एजुकेशन मिनिस्ट्री में सेक्रेटरी थे।

ये टिकट नये-नये बने आरपी मेहरा ब्लॉक का था (जीते-जागते क्रिकेट अधिकारियों के नाम पर भवनों का नाम रखने की रवायत सिर्फ़ बैंगलोर तक ही सीमित नहीं थी। चेपॉक के मद्रास स्टेडियम का नाम एम.ए. चिदम्बरम के नाम पर रखा जा चुका था)। ये स्टैंड साइट-स्क्रीन के ठीक ऊपर था जहाँ से मैदान का सबसे अच्छा व्यू मिल रहा था। मैं खेल शुरू होने से एक घंटा पहले ही आ गया था। मैं जहाँ बैठा था, उसके ठीक नीचे इस मैच के कप्तान एस वेंकटराघवन फ़ील्डिंग प्रैक्टिस कर रहे थे। एक ग्राउंड बॉय रोलर पर काफ़ी ज़ोर से गेंदें फेंक रहा था और वेंकट उससे उछलकर आती गेंदों को लपक रहे थे। वो दाहिने, बायें, ऊपर, नीचे कूद रहे थे और गेंद उनके किसी एक हाथ में आकर थम रही थी। ये एक शानदार प्रदर्शन था जो शायद मेरे ही मुनाफ़े के लिए पेश किया जा रहा था।

जब खेल शुरू हुआ तो बेदी एक छोर से आये और सैयद आबिद अली की मीडियम पेस दूसरे छोर से। आबिद ने बड़ी आशा के साथ ग्रीनिज के सामने गेंद पटकी और ग्रीनिज ने उन्हें स्क्वायर लेग के ऊपर हुक मार दिया। मैंने ऐसा कातिलाना हुक शॉट इससे पहले कभी नहीं देखा था। जैसे कॉलेज में होता था, उससे उलट, गेंद हवा में ऊपर की ओर नहीं बल्कि मैदान के समानान्तर मारी गयी थी। गेंद ज़मीन से 8 फ़ीट से ऊपर उठी ही नहीं। सीमा-रेखा के पार जाते हुए भी गेंद बेहद नीचे ही थी और जाकर सीमेंट की सीढ़ियों पर जा टकराई।

ग्रीनिज के साथ नाइटवॉचमैन बैटिंग कर रहा था। ये हज़रत थे बायें हाथ से धीमी गेंदें फेंकने वाले सेंट कीट्स के एलेक्वेमेडो टोनितो विले। प्रसन्ना ने इन दोनों को खेल के पहले ही घंटे में निपटाया और फिर कालीचरण और रिचर्ड्स क्रीज़ पर आ गये। कालीचरण जहाँ शॉट्स पर शॉट्स मार रहे थे वहीं रिचर्ड्स ने शुरुआत बेहद आराम से की। रिचर्ड्स ख़ुश थे कि चन्द्रशेखर नहीं खेल रहे थे लेकिन फिर भी वो हड़बड़ी नहीं थे। अगले दिन अख़बारों ने दावा किया कि रिचर्ड्स ने 5 रनों के स्कोर पर वेंकट की गेंद पर कीपर को कैच दे दिया था लेकिन उन्हें आउट नहीं दिया गया। मुझे ये कतई याद नहीं है लेकिन हाँ, मैं कालीचरण के वो ख़ूबसूरत लेट कट और लेग साइड में खेली गयी तमाम ग्लाइड नहीं भूला हूँ।

जब कालीचरण 44 रनों पर थे, उन्होंने बेदी को मिड विकेट के ऊपर से मारना चाहा। बल्ले का ऊपरी किनारा लेकर गेंद हवा में उठ गयी। सरदार चिल्लाया—"बृजेश!" उनकी आवाज़ स्टैंड्स में हम तक पहुँच गयी। पटेल ने वो कैच पकड़ा और वेस्ट इंडीज़ 4 विकेट खोकर 123 रनों पर पहुँच गयी। दरवाज़े तो खुल चुके थे लेकिन उन्हें दौरे पर आई टीम के कप्तान ने आकर बन्द कर दिया। लॉयड अपनी उस विशाल देह के साथ साक्षात् मैदान पर उतरे। उनकी मूँछ और चश्मे ने उनके सभी इरादों को पर्दे में रखा हुआ था। दिसम्बर 1974 में और उसके आस-पास वो दुनिया के सबसे ख़तरनाक बल्लेबाज़ थे। (ऑस्ट्रेलिया के बॉलर गैरी गिलमोर से पूछा गया था कि वो लॉयड को कैसे बॉलिंग करने की सोचते हैं तो उन्होंने कहा था—'हेलमेट लगा के।') घंटे भरे में ही उन्होंने गेम पलट के रख दिया। वेंकट को पहले पुल मारा और फिर मिड-विकेट के ऊपर छक्का जड़ा। बेदी को करारे स्क्वायर कट मारे गये, लेकिन सबसे ख़तरनाक शॉट था प्रसन्ना को मारी गयी बैक-फ़ुट ड्राइव। गेंद घास के नतमस्तक तिनकों को रौंदते हुए, बाउंड्री पर पहुँची।

ओवरों के बीच लॉयड रिचर्ड्स से बात कर रहे थे। वो उस नये लड़के में हिम्मत भर रहे थे। इसके बाद रिचर्ड्स के भी हाथ खुले। उनके शॉट्स में अलग ही क्लास था। वेंकट ने आबिद को अटैक पर लगाया लेकिन रिचर्ड्स ने उन्हें ऑफ़-साइड में 2 बार बाउंड्री पहुँचाया। अम्पायर के एक बेहद बकवास फैसले पर लॉयड आउट हुए। और जब तक वो गये, पाँसा पलट चुका था। बेदी को छक्के के लिए ऑफ़ ड्राइव मारने के बाद एक चौके की मदद से रिचर्ड्स अपने शतक तक पहुँचे। उन्हें पहले तो अच्छी ड्राइव मारने वाले बर्नार्ड जूलियन का साथ मिला और फिर स्वीप मारने वाले कीथ बॉयस का। दिन का खेल ख़त्म होने तक वेस्ट इंडीज़ ने 6 विकेट के नुकसान पर 378 रन बना लिये थे और मैच उनकी मुट्ठी में था।

जैसा कि मैंने कहा है, मुझे 1974 में दिल्ली में खेले गये उस मैच के पहले दिन का खेल ज़्यादा कुछ याद नहीं है। मैंने वो टीवी पर देखा था। लेकिन दूसरे दिन का एक-एक मिनट मेरे ज़हन में छपा हुआ है। एक-एक कर के ग्रीनिज, लॉयड, रिचर्ड्स, बॉयस और जूलियन के मारे कुल पाँच छक्के। प्रसन्ना और बेदी की कलात्मक गेंदबाज़ी। दिन भर हुई कमाल की फ़ील्डिंग और वेंकट का कैचिंग प्रैक्टिस के दौरान किया वो प्रदर्शन जिसके गवाह 2 लड़के और एक कौव्वा था। इस सब के अलावा एक और बात है जो मैं कभी भी नहीं भूल पाउंगा। ये वाकया चायकाल के दौरान का था। मैं सूसू करने के लिए नीचे उतर रहा था और कीथ बॉयस के बगल से गुज़रा। वो विलिंग्डन पवेलियन की सीढ़ियों पर खड़े बीड़ी पी रहे थे। मैंने ऊपर से नीचे तक उन्हें देखा। उन्होंने चटक सफ़ेद रंग टिप-टॉप किट पहनी हुई थी, शर्ट के बटन खुले थे, फ़ास्ट बॉलर वाले बड़े जूते पहने हुए थे और फ़ास्ट बॉलर वाला ही शरीर भी था। और वो बेहद सलीके से पकड़ी गयी बीड़ी उनपर पूरी फ़ब रही थी।*

V

उस शाम मुझे किरमानी से मिलने जाना था लेकिन मैं नहीं गया क्यूँकि मुझे मालूम था कि वहाँ कोई सफ़लता हाथ नहीं लगने वाली थी। कई और विकल्पों को टटोला गया और माथापच्ची के बाद तीस रुपये वाले स्टैंड का टिकट ख़रीदा

* कीथ बॉयस की मृत्यु वर्ष 1996 में हार्ट अटैक से हुई। उस समय उनकी उम्र महज पचास साल थी। जो बीड़ी उस दिन मैंने देखी, वो यकीनन उनके द्वारा पी गई हज़ारों बीड़ियों में से एक थी। यकीनन ये संख्या भयानक है, लेकिन देखने में प्रलोभन जरूर था!

जिसके लिए मुझे कुल 60 रुपये देने पड़े। जब तक डील पक्की होती और पैसों का इन्तज़ाम होता, साढ़े 9 बज चुके थे। मैं खेल शुरू होने के बस कुछ ही देर में कोटला पहुँच गया। जिस जगह लोग सुबह के 4 बजे से लाइन लगा के खड़े हो गये थे, मैं वहाँ घुसने वाला शायद आख़री इंसान था। मुझे मैदान में बैठने की एक छोटी-सी जगह मिली। सामने लगे तारों में मेरी नाक चिपकी हुई थी। पहले ओवर के बाद मैं उठा और अंगड़ाई ले ही रहा था कि पीछे से एक आवाज़ आई—"अबे साले गुहा! इधर आ जा।" मैंने नज़र दौड़ाई तो देखा कि मेरे कॉलेज में साथ में क्रिकेट खेलने वाला पीयूष पांडे मुझे पन्द्रहवीं लाइन में बैठने के लिए आवाज़ दे रहा था। मैं उठा और जाकर उस भीड़ में पीयूष और चन्दन मित्रा के बीच में बैठ गया। आज जब मैं ये लिख रहा हूँ, चन्दन पीले पन्नों पर केसरिया छींटों वाले अख़बार द *पायनियर* के सम्पादक-प्रिंटर-पब्लिशर हैं।

खेल देखने के लिए वो बहुत अच्छी जगह तो नहीं थी लेकिन कम से कम मेरे पास एक अच्छी सीट तो थी। जैसे जैसे सूरज डूब रहा था, विव रिचड्र्स आप खोते जा रहे थे। बेदी को एक छक्का मारा गया, फिर प्रसन्ना को दो मारे। वेंकट ख़ुद बॉलिंग करने के लिए आये, रिचड्र्स ने उन्हें सीधी ड्राइव मारी और दूसरे छोर के स्टम्प्स छितरा गये। कप्तान साहब ने, टीम के सबसे काबिल फ़ील्डर, अपना हाथ उस गेंद के रास्ते में डालने के बारे में सोचा भी नहीं। इसके बाद पीयूष पांडे ने भविष्यवाणी की। उसने कहा कि अगली गेंद साइटस्क्रीन के दायें लगी विल्स फ़िल्टर की होर्डिंग के ऊपर जायेगी। रिचड्र्स पिच पर चहलकदमी करते हुए आये और लॉन्ग-ऑफ़ को निशाना बनाया। बॉल हवा में उठती ही रही और उस विल्स की होर्डिंग से काफ़ी ऊपर होते हुए बगल में आंबेडकर फ़ुटबॉल स्टेडियम में जाकर गिरी। मज़ेदार बात ये थी कि इस पूरे प्रकरण में गेंद नयी दिल्ली से चलकर पुरानी दिल्ली पहुँच गयी थी। बादशाहों के एक शहर में, एक नया बादशाह दस्तक दे चुका था।

रिचड्र्स ने बगैर आउट हुए 192 रन बनाये और टीम आसानी से मैच जीत गयी। कलकत्ता में खेले गये तीसरे टेस्ट के लिए पटौदी की इंडियन टीम में वापसी हुई। इसके साथ ही भगवत चन्द्रशेखर भी वापस आये। एक बेहद टक्कर वाले मैच में इंडिया विजेता बनकर उभरा। इस जीत के नायक थे गुंडप्पा विश्वनाथ (52 और 139), बेदी (पहली इनिंग्स में 4 विकेट) और चन्द्रा (दूसरी इनिंग्स में 3 विकेट)। मद्रास में खेले गये चौथे टेस्ट मैच में विशी ने फिर से

शानदार बैटिंग की (97 नाबाद और 46 रन), और उनके कर्नाटक के कप्तान प्रसन्ना ने 9 विकेट्स निकाले।

अब दोनों टीमें बॉम्बे पहुँच चुकी थीं। क्या इंडिया ब्रैडमैन की टीम का 1936-37 का पहले दो टेस्ट हारने के बाद 3-2 से सीरीज़ जीतने वाला कारनामा दोहरा पायेगी? ये वानखेडे स्टेडियम में खेला जाने वाला पहला टेस्ट मैच था और यहाँ पटौदी वो टॉस हार गये जो मैच के लिहाज़ से बेहद ज़रूरी माना जा रहा था। क्लाइव लॉयड ने बगैर आउट हुए 242 रन बनाये और 608 रनों पर 8 विकेट के स्कोर पर पारी डिक्लेयर की गयी। एकनाथ सोलकर और विश्वनाथ ने अच्छी लड़ाई लड़ी लेकिन इंडिया मैच के आख़री दिन हार गया।

1974-75 की वेस्ट-इंडीज़ की टीम की एक याद मेरे मन में बसी हुई है जिसे मैंने टीवी पर देखा था। पाँचवें टेस्ट की तीसरी शाम, हम कॉलेज के कॉमन रूम में बैठ कर दूसरे दिन की एडिट की हुई रिकॉर्डिंग देख रहे थे। इसे दिल्ली तक पहुँचने में 24 घंटे लग गये थे। लॉयड 64 के स्कोर पर दिन ख़त्म कर चुके थे और वेस्ट-इंडीज़ 309 पर तीन विकेट खो चुका था। पटौदी ने अगले दिन का खेल शुरू होते ही नयी गेंद ले ली और जितनी तेज़ दौड़े उतनी ही तेज़ गेंद भी फेंकी। वो गेंद लेग स्टम्प पर बल्ले के नज़दीक पड़ी। लॉयड ने अपना चिर-परिचित गेंद को हवा में उठाने वाला शॉट मारा और गेंद स्टैंड्स में जा गिरी। अम्पायर ने छक्के का इशारा किया लेकिन बल्लेबाज़ ने अपना मुँह अपनी हथेली से ढंक लिया। वो जम्हाई छिपाना चाह रहे थे। लॉयड पिछली रात की पार्टी से अभी भी थके हुए थे। हालांकि वो थकान से ज़्यादा बोरियत का शिकार थे क्यूँकि उन्हें बेहद औसत तेज़ गेंदबाज़ी का सामना करना पड़ रहा था। मैं आज भी उस समूची क्रिकेट की गेंद निगलने का माद्दा रखने वाले खुले मुँह को देख सकता हूँ।

VI

1974 से 1979 के बीच, जब मैं दिल्ली में कॉलेज में था, मैंने कोटला में काफ़ी क्रिकेट देखा। दिसम्बर 1976 में इंग्लैंड के ख़िलाफ़ खेले गये टेस्ट के एक नहीं बल्कि पाँचों दिनों के टिकट मेरे पास थे। ये मेरी एक महिला मित्र की बदौलत सम्भव हुआ था जिसके पिता इंडिया के पूर्व स्पिनर गुलाम मोहम्मद को जानते थे। गुलाम मोहम्मद उस वक़्त भारतीय क्रिकेट बोर्ड के सेक्रेटरी हुआ करते थे। मैदान की सबसे अच्छी सीटों में से एक पर बैठ कर मैंने जॉन लीवर को बायें हाथ की स्विंग गेंदबाज़ी के परमघातक स्पेल से इंडिया की बैटिंग को

छीछालेदर करते हुए देखा। वैसलीन का इस्तेमाल किया गया था या नहीं, कुछ कहा नहीं जा सकता।

जो विकेट मुझे याद है, वो था एस वेंकटराघवन का। तमिल लोगों का दावा था कि उनके राज्य का कप्तान ऑल-राउंडर था। उन्होंने ये ख़ुद ही कहना शुरू कर दिया था। वो रणजी ट्रॉफ़ी के मैचों में 5 नम्बर तक बैटिंग करने आ जाते थे। हम कर्नाटक के लोग इस दावे पर हँस दिया करते थे क्यूँकि हमें ऐसा लगता था कि ये हमारे प्रसन्ना को भारतीय टीम से बाहर रखने के लिए किया जा रहा था। ये बता दूँ कि इंडिया के लिए खेलते हुए वेंकट ने कभी भी पूछ का साथ नहीं छोड़ा। वो कभी भी 8 नम्बर से पहले बैटिंग करने के लिए नहीं आये। अब, इस दिल्ली टेस्ट में, बिशन सिंह बेदी ने दूसरा दिन ख़त्म होने से पहले उन्हें नाइटवॉचमैन के रूप में भेजा। जल्दी-जल्दी दो विकेट्स गिर गये थे और कप्तान साहब चाहते थे कि कैसे भी दिन ख़त्म हो और मिडल ऑर्डर सलामत रहे। बल्लेबाज़ के अहम् पर चोट करते हुए इंग्लैंड के कप्तान टोनी ग्रेग ने सामान्य स्लिप और लेग स्लिप के अलावा सिली मिड-ऑफ़ और सिली मिड-ऑन भी लगाया। वेंकट को ये इतना खला कि गेंद को रोक कर वहीं निष्क्रिय करने की बजाय उन्होंने उसे ऑफ़ साइड में पीटना चाहा। बॉल फ़ुल थी और लेट स्विंग हुई। बल्लेबाज़ अभी भी शॉट खेल ही रहा था और जो बात ऊँची बैकलिफ़्ट से शुरू हुई थी वो एक बढ़िया फ़ॉलो थ्रू के साथ ख़त्म हुई। लेकिन इस बीच गेंद विकेटों में जा घुसी थी।

इंग्लैंड ने बड़ी आसानी से वो मैच जीत लिया। दो साल बाद मैंने वेस्ट इंडीज़ की टीम देखी जिसे कैरी पेकर की चेकबुक ने छरहरा कर दिया था और कोटला पर बारिश ने उसे बचाया। मेरी दोस्त, जिसके पिता बोर्ड के सेक्रेटरी को जानते थे, अब मेरी दोस्त नहीं रही थी। इसलिए अब मैं एक बार फिर अलग-अलग दिनों के पास का जुगाड़ करने में लग गया था। कभी मिड विकेट से मैच देखता, कभी मिड-ऑफ़ के बगल से। मैंने मिड-ऑफ़ के बाजू से ही कपिल देव का पहला शतक बनते हुए देखा। मेरे बगल में दिल्ली स्कूल ऑफ़ इकॉनमिक्स का पीएचडी का एक स्टूडेंट और उसकी पत्नी बैठे हुए थे। उनके नाम बताना बेहद ज़रूरी है। वो दोनों आगे चलकर टीवी की दुनिया में बड़ा नाम बने—प्रनोय और राधिका रॉय।

मैंने कोटला में रणजी के कई मैच भी देखे। इनमें से एक था कर्नाटक और दिल्ली के बीच मार्च 1978 में खेला गया मैच। वाजिब-सी बात है कि मेरे राज्य ने ही जीत दर्ज की थी। भगवत चन्द्रशेखर ने सबसे ज़्यादा विकेट्स

लिये थे और गुंडप्पा विश्वनाथ ने कभी न भूल सकने वाला शतक मारा। अपने शतक के दौरान उन्होंने मेरे कॉलेज के साथी प्रवीण ओबेरॉय को एक्स्ट्रा-कवर के ऊपर से लम्बा छक्का जड़ा। वो ये सब शॉट्स नेट्स में ही लगाते थे लेकिन उस रोज़ हमें मैच में ये देखने को मिला। ये शॉट एक तमाचे की तरह मारा गया था क्यूँकि अपने पिछले ओवर में ही बॉलर ने उनके पैड्स पर गेंद मारी थी। बॉल लेग स्टम्प से बाहर जा रही थी लेकिन प्रवीण की अपील न केवल तेज़ और लम्बी थी बल्कि नॉट-आउट के फैसले पर उनकी जताई गयी नाराज़गी विश्वनाथ को उस नये खिलाड़ी को अपने बल्ले से सबक सिखाने के लिए आमन्त्रित कर रही थी।*

मैंने कोटला पर एक मैच भी खेला है जिसमें मैं सेंट स्टीफ़ेंस की ओर से दिल्ली की अंडर-22 टीम के ख़िलाफ़ शामिल था। मैंने कुछ ओवर फेंके लेकिन मुझे कोई सफ़लता हाथ नहीं लगी। लेकिन (नम्बर 11 पर) बैटिंग करते हुए बाएँ हाथ के स्पिनर आर.एस. हंस (मेरे ही कॉलेज का पूर्व छात्र और कुछ ही साल में इंडिया के लिए रिज़र्व खिलाड़ी बनने वाले) को मिड विकेट के ऊपर करार चौका मारा। उस दिन के बारे में जो बात मुझे अब भी याद है, वो है दिल्ली के कीपर के. राज। डील-डौल से वो शख़्स विजय अमृतराज की कार्बन कॉपी लगता था और अपनी ख़ूबसूरत विकेट कीपिंग के दौरान लगातार हँसी-मज़ाक करता रहता था। मेरी टीम की बैटिंग के दौरान मैं अम्पायरिंग कर रहा था और इतने करीब से ऐसी शानदार विकेट कीपिंग मैंने इससे पहले कहीं नहीं देखी थी। आज भी मुझे ये बात नहीं समझ में आती है कि आखिर उसने अपने जीवन में मात्र 2 ही फ़र्स्ट-क्लास मैच कैसे खेले।

उन वर्षों में कोटला पर जिसका राज चलता था, वो खिलाड़ी था बिशन सिंह बेदी। ग्राउंड में बेदी की मौजूदगी के बारे में उनकी गाड़ी, नीले रंग की वोक्सवैगन बीटल से पता चलता था। उस वक़्त, उदारीकरण से पहले के दौर

* मैंने जब ये लिखा था, उसके कुछ ही दिन बाद मेरे एक मित्र ने मुझे कुमार संगाकारा के आख़री फ़र्स्ट-क्लास शतक की रिपोर्ट भेजी जो उन्होंने सोमरसेट के ख़िलाफ़ सरे के लिए खेलते हुए मारा था। ये रिपोर्ट शायद किसी ब्रिटिश पत्रकार की थी। मैंने ऊपर जो विशी के लिए लिखा, उसकी तुलना उस रिपोर्ट में लिखे इस पैरा से करिए—"हमारे संवाददाता के लिए सबसे अच्छा पल सोमरसेट के युवा ऑफ़-स्पिनर डॉन बेस की भयंकर टर्न लेने वाली गेंद के बाद आया। ऐसा लग रहा था जैसे संगाकारा को बीट होने के बाद किसी ने उकसा दिया हो। वो अगली गेंद के लिए पिच पर आगे बढ़े और बेस को सिधाई में एक लम्बा छक्का जड़ दिया। इस शॉट ने बेहद सहजता के साथ सन्देश पहुँचाया : "संगाकारा ही इंचार्ज हैं।"

में, जब सड़कों पर इतनी गाड़ियाँ नहीं हुआ करती थीं, स्पिन का सरदार दिल्ली में हमारी जानकारी में पायी जाने वाली 2 बीटल गाड़ियों में से एक चलाता था। दूसरी बीटल हुआ करती थी दिल्ली स्कूल ऑफ़ इकॉनमिक्स के प्रोफ़ेसर मृणाल दत्ता चौधरी के पास। अपने प्रोफेशन में वो भी वैसा ही भौकाल रखते थे जो इंडिया के इस प्रमुख स्पिन गेंदबाज़ का हुआ करता था।

जब भी हम कोटला में घुसते, वो चाहे रणजी का मैच हो या टेस्ट मैच या दिल्ली की टीम को नेट में प्रैक्टिस करते देखना हो, हम सबसे पहले यही चेक करते थे कि बिशन सिंह की बीटल कहाँ खड़ी है। फिर मैदान के अन्दर दाखिल होते ही हमारी आंखें उस गाड़ी के मालिक को ढूँढतीं। जब हम उनसे बहुत दूर भी खड़े होते थे, तब भी उनके हाव-भाव से ये समझ में आ जाता था कि वो क्या कह रहे थे। ऐसा तब भी हुआ था जब उन्होंने जल्दी-जल्दी दो बार सैकड़े के नज़दीक रेंग रहे हरि गिडवानी को तेज़ खेलने को बोलने के लिए बारहवाँ खिलाड़ी मैदान में भेजा था। दो मौकों पर मैं उनसे हाथ भर की दूरी पर आ पाया था। पहली बार विलिंग्डन पवेलियन में, जब वो पिगी लाल से बात कर रहे थे। दूसरी बार मेडेन्स होटल में, जब मैं सैयद किरमानी को ढूँढ़ रहा था। लेकिन मुझमें इतनी हिम्मत नहीं थी कि मैं अपने बारे में उनसे कुछ कह पाता या उन्हें ये बता पाता कि हम एक दफ़ा और कहाँ मिले थे। मेरे लिये, कम से कम उस वक़्त, बिशन सिंह बेदी तक पहुँचना नामुमकिन था। असल में छोटी उम्र के दौरान हमने जिन्हें अपना हीरो बनाया होता है, उन्हें हमारी पहुँच से यूँ ही दूर रहना ही चाहिए।

VII

सेंट स्टीफ़ेंस में बिताये दिनों ने मेरे क्रिकेट के ज्ञान में और क्रिकेट की किताबों में काफ़ी इज़ाफ़ा किया। कॉलेज की लाइब्रेरी में स्पोर्ट्स की किताबों का एक अच्छा कलेक्शन था। सेंट स्टीफ़ेंस में ही मैंने पहली बार रे रॉबिनसन और जे.एच. फिंगलटन का नाम सुना। थॉमसन और कार्डस की बजाय मैं इन दोनों ऑस्ट्रेलियाई लेखकों का कायल हो चुका था। इनकी लेखनी भले ही उस कदर लयबद्ध नहीं थी लेकिन इन्हें क्रिकेट के खेल और तकनीक की बेहद महीन समझ थी। मैनर रॉबिनसन की *बिटवीन विकेट्स* और फिंगलटन की *मास्टर्स ऑफ़ क्रिकेट* कई-कई दफ़ा पढ़ी।

मैं इस खेल के भारतीय लेखकों को भी पढ़ रहा था। 6 रुपये के महंगे दाम में मैंने सुजीत मुखर्जी की द *रोमांस ऑफ़ इंडियन क्रिकेट* ख़रीदी। इसके

लगभग दुगने दाम में उन्हीं की *प्लेयिंग फ़ॉर इंडिया* भी ख़रीदी। मुखर्जी मेरे मामा दुरई से बस कुछ साल ही बड़े थे और बिहार के लिए फ़र्स्ट-क्लास क्रिकेट भी खेल चुके थे। इससे पहले वो इंग्लिश लिटरेचर के प्रोफ़ेसर थे (एक बड़े अमरीकी कॉलेज से उन्होंने पीएचडी की हुई थी) और फिर अब वो प्रकाशक और अनुवादक बन गये थे। उनकी पहली क्रिकेट की किताब उनके बचपन के नायकों पर थीं—सीके नायडू, अमर सिंह, वीनू मांकड सरीखे क्रिकेटर्स। उनकी दूसरी किताब भारत के लिए टेस्ट क्रिकेट खेलने वाले सभी क्रिकेटर्स के रिकॉर्ड रखने वाली थी। पहली किताब पर कार्डस का तो दूसरी पर फिंगलटन का साया दिख रहा था। ऐसा नक़ल उतारने के मकसद से नहीं बल्कि बेहद सहज तरीके से हो गया था। बतौर क्रिकेट लेखक, मुखर्जी का अपना एक बेहद अलग चरित्र बन चुका था।

1977 में मुखर्जी की बेटी रुक्मिनी सेंट स्टीफ़ेंस आई। हमारी दोस्ती हो गयी और 1978 में वो मुझे अपने पिता से मिलवाने प्रगति मैदान ले गयी जहाँ विश्व पुस्तक मेला लगा हुआ था। मुखर्जी ओरियेंट लॉन्गमैन के स्टाल पर बैठे हुए थे। वो लम्बी-चौड़ी कद काठी के थे और पाइप पी रहे थे। लगभग 15 दिनों बाद मैं उनके बगल में बैठा हुआ था और गुंडप्पा विश्वनाथ को दिल्ली के ख़िलाफ़ वो मैच जिताऊ शतक मारते हुए देख रहा था जिसके बारे में कुछ देर पहले मैंने बात की थी। जब एक आख़री दाँव के रूप में बेदी ने नयी गेंद ले ली और विशी ने मोहिन्दर अमरनाथ को कट और ड्राइव शॉट्स मारे, मुखर्जी अपने मुँह से पाइप निकालकर चीखे—"हज़ारे! सिर्फ़ हज़ारे ऐसी ड्राइव मार सकता था!"

कोटला पर बीता वो दिन मेरे जीवन के सबसे ख़ुशनुमा दिनों में से एक था। ये विशी की बल्लेबाज़ी की बदौलत तो हुआ ही था लेकिन इस ख़ुशी के पीछे सुजीत मुखर्जी की सुनाई कहानियों का भी बहुत बड़ा हाथ था। 50 के दशक की शुरुआत में जब मुखर्जी होलकर के ख़िलाफ़ बंगाल की टीम से खेल रहे थे, वो टीम के सबसे छोटे सदस्य थे। इसके साथ ही वो इतिहास को भी ध्यान में रखकर मैदान पर उतरे थे। वो आने वाली पीढ़ियों के लिए कुछ लेकर जाना चाहते थे। इसलिए वो विपक्षी खेमे में अपना बैट ले गये और वहाँ एक-एक कर के सभी से उसपर हस्ताक्षर करवाये। उनके बल्ले पर सबसे पहले नाम लिखा सीके नायडू ने। उसके बाद उनके भाई और कमाल की गुगली फेंकने वाले ऑल-राउंडर सीएस नायडू ने अगला साइन किया और फिर मुश्ताक़ अली ने। दो और टेस्ट खिलाड़ियों चन्दू सरवटे और खाँडू रंगनेकर ने भी उस नये

नवेले खिलाड़ी की हसरत पूरी की। सीनियर खिलाड़ियों को देखकर होलकर के बाकी खिलाड़ियों ने भी वैसा ही किया।

लेकिन एक होलकर खिलाड़ी ने बेहद अदब के साथ बिहार के उस खिलाड़ी के बैट पर साइन करने से इंकार कर दिया। ये थे लेफ़्ट-आर्म मीडियम पेस गेंदबाज़ एचजी (घासू) गायकवाड। दशकों बाद वो वाकया याद करते हुए सुजीत मुखर्जी कहते हैं कि पहले उन्हें लगा था कि वो प्रेमपूर्वक साइन करने से मना कर रहे हैं लेकिन फिर उन्हें लगा कि शायद उन्होंने ऐसा इसलिए किया हो क्यूँकि वो अनपढ़ थे।

सुजीत मुखर्जी का दूसरा कारण ज़्यादा सही मालूम देता है। घासू गायकवाड बायें हाथ के मीडियम पेसर थे जो गेंद को स्विंग कम और कट ज़्यादा करते थे। आज-कल के खिलाड़ियों में बांग्लादेश के मुस्ताफीजुर रहमान ऐसा करते हुए दिख जाते हैं। दुरई ने गायकवाड को गेंदबाजी करते हुए देखा था और उनकी कहानियाँ सुनी हुई थीं। उन्होंने मुझे बताया कि घासू टर्फ़ से ज़्यादा असरकारक मैटिंग विकेट पर हुआ करते थे और साथ ही उन्हें हमेशा मिड ऑफ़ पर अपना कप्तान सीके नायडू चाहिए होता था जो उन्हें लगातार बताते रहते थे कि कहाँ और कैसे गेंद फेंकनी है। एक अच्छे रणजी सीज़न के फलस्वरूप गायकवाड को 1952 के इंग्लैंड के दौरे के लिए चुना गया। हालांकि होलकर के कप्तान भारतीय टीम के सेलेक्टर्स के चेयरमैन थे, इस बात का भी उनके टीम में सेलेक्ट होने के पीछे हाथ हो सकता है। इंग्लैंड में उन्हें विकेट्स ही नहीं मिले। वो एक नमी से भरी गर्मी का मौसम था, वहाँ मैटिंग नहीं बल्कि टर्फ़ विकेट था और मिड-ऑफ़ पर सीके नायडू भी नहीं मौजूद थे। वो मैदान पर, होटल या रेलवे स्टेशन पर निशान या बोर्ड्स वगैरह पढ़ नहीं पाते थे। इस वजह से भी खेल पर उनका पूरा ध्यान नहीं था।

1978 का विश्व पुस्तक मेला मुझे हमेशा याद रहेगा क्यूँकि वहाँ मैं सुजीत मुखर्जी से मिला था और वहीं मैंने पहली बार सीएलआर जेम्स की *बियॉन्ड अ बाउंड्री* की प्रति उठायी थी। मुझे ठीक से तो याद नहीं है लेकिन शायद मैंने कॉलेज की लाइब्रेरी से लेकर वो किताब पहले भी पढ़ रखी थी। लेकिन मुझे सेकण्ड-हैण्ड किताबों की एक दुकान पर किताबें उलटने-पलटने का वो पल ज़रूर याद है जब मेरे कानों में पीछे से बिस्मिल्लाह खान की शहनाई की आवाज़ पड़ रही थी। ये स्टॉल खुले में था और किताबें बेतरतीबी से फैली हुई थीं। मेरे ठीक सामने कृष्ण कुमार खड़े थे जिन्होंने बस अभी-अभी ही दून स्कूल की अपनी नौकरी छोड़ी थी और अब यूएस जा रहे थे। केके ने उस ओर से

मेरी ओर एक किताब हवा में उछालते हुए कहा, "ये लो, ये तुम्हारे लिए।" ये *बियॉन्ड द बाउंड्री* का पेपरबैक संस्करण था। मैंने उसके 4 रुपये दिये। मेरे पास आज भी वो किताब मौजूद है। चमड़े की ज़िल्द पर मैंने सुनहरे अक्षरों से उसका नाम गुदवाया है।

VIII

सेंट स्टीफ़ेंस के उन वर्षों में क्रिकेट देखना और पढ़ना, हमेशा क्रिकेट खेलने के बाद ही आता था। हालांकि इस बात से मैं पूरी तरह से वाक़िफ़ था कि देखना और पढ़ना भी बेहद ज़रूरी ही था। दिन के चार से पाँच घंटे, सीज़न के बीस से तीस मैच तो तय हुआ करते थे। और इस खेल के बारे में बहुत सारा ज्ञान मैंने यहीं से अर्जित किया।

सेंट स्टीफ़ेंस और हिन्दू कॉलेज के बीच प्रतिस्पर्धा रंजिश का रूप ले चुकी थी। ये दोनों कॉलेज हर साल इंटर-कॉलेज टूर्नामेंट के फ़ाइनल में एक-दूसरे के सामने होते थे। मेरे पहले साल में मैंने वॉर्म-अप मैच खेले लेकिन मुझे फ़ाइनल मैच के लिए अन्तिम एकादश के लायक नहीं समझा गया। क़रीब बीस हज़ार लोगों की भीड़ वो मैच देखने के लिए आई हुई थी। मैच का आंखों देखा हाल ऑल इंडिया रेडियो पर सुनाया जा रहा था।

वो मैच आख़री मौके तक रोमांचक रहा। हिन्दू कॉलेज को आख़री इनिंग्स में जीतने के लिए 300 के आस-पास रन चाहिए थे। वो लगभग 30 रनों तक बगैर कोई विकेट खोये खेलते रहे जिसके बाद राजेश्वर वत्स ने अपनी आउटस्विंग तज के बाउंसर्स को याद किया। एक छोटी पटकी गयी गेंद जाकर हिन्दू कॉलेज के बल्लेबाज़ सुरिन्दर खन्ना के सर पर चटाक की आवाज़ के साथ लगी (उस वक़्त हेलमेट नहीं हुआ करते थे)। वो गिर पड़े और उनके सर से काफ़ी खून बह रहा था। उन्हें उठाकर मैदान से बाहर ले जाया गया। उनकी जगह बैटिंग करने के लिए आये हरि गिडवानी। राजेश्वर वत्स ने अगली गेंद फिर से बाउंसर फेंकी और हरि ने हुक मारते हुए गेंद को स्क्वायर लेग और फ़ाइन-लेग के बीच चौके के लिए पहुँचाया।

चौथे दिन की उस दोपहर के बाद से लेकर लगभग पूरे पाँचवें दिन, हरि गिडवानी ने कमाल की बैटिंग की। वो यूनिवर्सिटी के आख़री साल में था और उसके पिछले चार सालों में हर बार हिन्दू कॉलेज सेंट स्टीफ़ेंस से हारा ही था। गिडवानी जाते-जाते इस कहानी को एक अच्छा अन्त देने के बारे में

सोच रहा था। लेकिन सामने वाली टीम में भी एक ऐसा ही खिलाड़ी था जो कभी भी नहीं हारा था और आख़री बार यूनिवर्सिटी की तरफ़ से खेल रहा था। प्रवीण ओबेरॉय यूनिवर्सिटी के अपने इस आख़री मैच में हारना नहीं चाहते थे। ये रंजिश सिर्फ़ संस्थाओं की ही नहीं बल्कि व्यक्तिगत भी हो चली थी। सोलह साल का मैं सब कुछ अपनी आंखों के सामने घटता देख रहा था और जो भी हो रहा था, अव्वल दर्ज़े का था।

प्रवीण और वत्स को लगातार विकेट्स मिले लेकिन गिडवानी अभी भी खूँटा गाड़े हुए था। पूरे मैदान पर उसने शॉट्स लगाये। हालांकि हर कोई बस उसके कट्स और ड्राइव्स की ही बात कर रहा था। सातवें विकेट के बाद, सुरिंदर खन्ना अपनी चोट पर टाँका जड़वा के, पूरे सर पर पट्टी बंधवा के बैटिंग करने आये। वत्स ने एक बार फिर गेंद को पटका और खन्ना ने हुक मार के चार रन कमाये। इसके कुछ ही देर बाद हरि कैच आउट हो गये। देखकर ही लग रहा था कि वो एक थके हुए बल्लेबाज़ का शॉट था जिसकी टाइमिंग गड़बड़ हुई और कवर पर उसे कैच कर लिया गया। उन्होंने 180 रन बनाये थे। सेंट स्टीफ़ेंस 21 रनों से वो मैच जीता। मैंने हारने वाली टीम की ओर से खेली गयी इनिंग्स में गिडवानी की उस इनिंग्स से बेहतर कुछ नहीं देखा।

इसके बाद मैंने अगले दो साल सेंट स्टीफ़ेंस की तरफ़ से इंटर-कॉलेज क्रिकेट फ़ाइनल खेला। फिर मेरे एमए के पहले साल में टीम के कप्तान से मेरा झगड़ा हो गया और मैं हिन्दू कॉलेज के ख़िलाफ़ फ़ाइनल मैच से पहले टीम से निकल गया। हिन्दू कॉलेज ने सुनील वेल्सन की जादुई लेफ़्ट-आर्म स्पिन बॉलिंग के चलते ये मैच जीत लिया। चौथी इनिंग्स में सेंट स्टीफ़ेंस को जीतने के लिए 200 से कुछ कम रनों का लक्ष्य मिला था। 'वाली' ने ओवर द विकेट गेंदबाज़ी शुरू की लेकिन बहुत ही जल्द वो गेंदों का ऐंगल बदलने के लिए राउंड-द-विकेट आ गया। तेज़ गति के साथ वो करारी इन-स्विनिंग गेंदें फेंक रहा था। उसने 6 या 7 विकेट लिए। उसमें से 2 तो मेरे ज़हन में अभी ही आ रहे हैं, जब मैं उसके बारे में लिख रहा हूँ। वो दोनों हमारे सबसे अच्छे बल्लेबाज़ थे। अरुण लाल बैक फ़ुट पर थे और गेंद उनके पैड पर जाकर लगी। वो गेंद एकदम आख़री मौके पर अन्दर की ओर घुस आई और नीचे रह गयी थी। कीर्ति आज़ाद के साथ उल्टा हुआ। उनके सामने गेंद उठ खड़ी हुई और दस्तानों से टकराकर गली में लपक ली गयी।

हम यही सोचते थे कि हिन्दू कॉलेज के हरि गिडवानी और सुनील वेल्सन को इंडिया के लिए खेलने का मौका मिलना चाहिए था। मगर इन दोनों में कोई

भी ऐसा नहीं कर सका। हरि के साथ समस्या ये होती थी कि जब भी उनकी ज़रूरत हुई, वो रन नहीं बना पाये। फिर चाहे कोई दौरे पर आई टीम हो या रणजी या दिलीप ट्रॉफ़ी का फ़ाइनल हो। वेल्सन को 1979 में इंडिया के साथ इंग्लैंड के दौरे पर जाना चाहिए था। लेकिन वेल्सन को बेदी का घनिष्ठ माना जाता था और बेदी की टक्कर में खड़े रहने वाले गावस्कर अब टीम के कप्तान थे। तो हुआ ये कि वेल्सन की जगह बॉम्बे का एक औसत खिलाड़ी सुरु नायक गया। वाली को कुछ राहत तब मिली जब उन्हें 1983 के वर्ल्ड कप मैच के लिए टीम में जगह मिली। इंडिया ने वर्ल्ड कप तो जीता लेकिन वाली को एक भी मैच में खेलने का मौका नहीं मिला। (हिन्दू कॉलेज के एक और खिलाड़ी सुरिन्दर खन्ना ने पिछले विश्व कैप में विकेटकीपिंग की थी।)

हरि गिडवानी और सुनील वेल्सन ने इंडिया के लिए कभी भी टेस्ट क्रिकेट नहीं खेला लेकिन मेरे स्टीफ़ेंस के दो साथियों ने टीम में जगह पायी। ये थे अरुण लाल और कीर्ति आज़ाद। अपने यूनिवर्सिटी के दिनों में पिगी लाल पूरी लय में बल्ला चलाने के लिए जाने जाते थे और ऑफ़-साइड पर खेलने में उन्हें महारत हासिल थी। बाद में उन्होंने क्रीज़ पर अपनी देह स्क्वायर की ओर खोलकर खड़े होना और गेंद को ऑन साइड में पीटना शुरू कर दिया। अपना एमए ख़त्म कर के उन्होंने कलकत्ता में नौकरी करनी शुरू कर दी जहाँ वो ईडेन गार्डन्स के जाने-पहचाने चेहरों में शुमार हो गये। रणजी फ़ाइनल में जब उन्होंने अपनी बल्लेबाज़ी से मैच जिताया, उसके बाद उनके हर एक शॉट पर दर्शक चिल्लाते—'लाल सलाम!' (उस वक़्त प्रदेश में कम्युनिस्ट्स की सरकार थी)

पिगी लाल को इंडियन टीम के लिए 1979 में बुलाया गया। सामने किम ह्यूज़ की ऑस्ट्रेलिया टीम खड़ी थी। बैंगलोर टेस्ट में मैंने उन्हें बतौर सब्स्टिट्यूट फ़ील्डिंग करते और डीप स्क्वायर लेग पर एक बेहतरीन तरीके से भाँपा हुआ कैच लेते देखा (टीम में जब वो खेलते थे स्लिप के फ़ील्डर होते थे)। अगले एक दशक में उन्होंने 16 टेस्ट मैच खेले। मेरा सौभाग्य था कि उनका एक मैच मैंने कोटला में 1998 में देखा। उस मैच में वेस्ट-इंडीज़ के एक तगड़े पेस अटैक के सामने उन्होंने दोनों इनिंग्स में बढ़िया बैटिंग की। हालांकि अपने एक जल्दबाज़ी में खेले गये शॉट के चलते वो दूसरी इनिंग्स में शतक से चूक गये।

आख़री बार मैंने पिगी को 1991 में रेस्ट-ऑफ़-इंडिया के लिए रणजी विजेता (उस साल हरियाणा) टीम के ख़िलाफ़ बैटिंग करते हुए देखा था। ये कई मायनों में सेलेक्शन के लिए ट्रायल था क्यूँकि कुछ ही दिनों में इंडिया को ऑस्ट्रेलिया के दौरे पर निकलना था। मैं सुजीत मुखर्जी के साथ मैच का पहला

दिन देखने फ़रीदाबाद गया था। रेस्ट ऑफ़ इंडिया ने पहले बैटिंग की और पिगी लाल जल्दी आउट हो गये। एक मीडियम पेसर की गेंद पर उन्हें विकेट के पीछे लपका गया। इसके कुछ देर बाद मैं पवेलियन में अपने पुराने कप्तान से मिलने गया। मैंने देखा कि वो ड्रेसिंग रूम में अकेले बैठे हुए हैं और अपने प्रदर्शन से खासे दुखी भी हैं। उन्हें ये मालूम चल चुका था कि वो शायद इंडिया के लिए दोबारा नहीं खेल सकेंगे। वो कुछ ऑटोग्राफ़ माँगने वालों को भगाने की कोशिश कर रहे थे लेकिन हमें देखते ही बड़ी गर्माहट के साथ मिले। हम अपने कॉलेज के पुराने दिनों की बात कर रहे थे और उनका मूड अच्छा होता दिख रहा था। इसके बाद कुछ बंगाली जर्नलिस्ट्स आये और पिगी ने उन्हें बताया कि उनके बल्ले से गेंद लगी ही नहीं थी और उन्हें आउट दे दिया गया था। कोलकाता की प्रेस को उस दिन ख़ूब मसाला मिल चुका था। वो ये बताने में लग गये कि कैसे एक बार फिर बंगाल और बंगालियों (दत्तक बंगाली भी) के साथ धोखा किया है।

भविष्य के एक और टेस्ट क्रिकेटर कीर्ति आज़ाद कॉलेज में मुझसे तीन साल जूनियर थे। उन्होंने इंडियन स्कूलबॉयज़ के लिए क्रिकेट खेला हुआ था और उनके पिता जवाहरलाल नेहरू के अधीन एक कैबिनेट मिनिस्टर भी रह चुके थे। कीर्ति में एक चिंगारी थी जो सेंट स्टीफ़ेंस ने निगल ली। अपने पहले साल, कीर्ति आज़ाद की एक नागालैंड के लड़के से झड़प हो गयी और एक कराटे चॉप ने उन्हें धराशायी कर दिया। कीर्ति ने बदला लेने की कसम उठाई और कहा कि अगले इतवार वो मामला बराबर कर देंगे। बात यूनिवर्सिटी भर में फैली और इतवार की सुबह कई कैम्पसों से कुछ 200 नागा छात्र कॉलेज के एलनट कोर्ट में इकट्ठा हो गये। ठीक ग्यारह बजे कीर्ति एलनट गेट से अन्दर दाख़िल हुए। उनके साथ एक शख़्स और था—हरियाणा का रणजी खिलाड़ी कुलतार डोगरा। डोगरा खुद को छोटा-मोटा पहलवान मानता था। वहाँ 200 की भीड़ देखकर उन्होंने रास्ता बदला, बायें मुड़े, कॉलेज के कैफ़े में घुसे, चाय पी और टोस्ट खाया और घर वापस हो लिए।

कीर्ति आज़ाद को न ही कराटे आता था और न ही नागाओं के बारे में कोई ख़ास जानकारी थी। वो एक ऐसे खिलाड़ी के रूप में कॉलेज आये थे जो बहुत ज़ोर से गेंद मारता था और नयी गेंद से बॉलिंग भी करता था। उनके बल्ले से गेंदें और भी आगे जाने लगी थीं लेकिन गेंदबाज़ी में वो ऑफ़-ब्रेक पर आ चुके थे। जिस साल मैंने कॉलेज छोड़ा, मैं ऑल इंडिया रेडियो पर सेंट स्टीफ़ेंस बनाम हिन्दू कॉलेज के मैच की कमेंट्री कर रहा था और सामने कीर्ति आज़ाद

बेहद तेज़ी से शतक जड़ रहे थे। उन्होंने 9 या 10 छक्के मारे। कई बार तो गेंद वहाँ ऊपर आकर गिरी जहाँ खुले में हम बैठे हुए थे। इसके कुछ ही वक़्त बाद कीर्ति ने अपना पहला रणजी शतक मारा। इस शतक तक वो लगातार तीन छक्कों के साथ पहुँचे। जिस गेंदबाज़ को उन्होंने ये तीन छक्के लगाये थे वो कोई और नहीं बल्कि बेहद अनुभवी बम्बैया गेंदबाज़ पद्‌माकर शिवलकर था।

करोड़ों लोगों के साथ उस वक़्त मैं भी टीवी देख रहा था जब 1983 के वर्ल्ड कप के सेमी-फ़ाइनल में उन्होंने इयान बॉथम को आउट किया और भारत को जीत के दरवाज़े तक पहुँचाया। उन्हें फ़ाइनल मैच में भी जगह मिली और इस तरह से मेरे कॉलेज का वो साथी इतिहास के पन्नों में दर्ज हो गया। इसके कुछ वक़्त बाद ही मैंने कीर्ति को रेलवे के ख़िलाफ़ करनैल सिंह स्टेडियम में एक रणजी मैच के दौरान देखा। बेहद कम वक़्त में मारे गये पचासे के दौरान कई आक्रामक शॉट्स देखने को मिले। जब कीर्ति आउट हुए तो उनसे मिलने मैं खिलाड़ियों के टेंट में पहुँचा तो देखा कि कीर्ति एक पहलवान की तरह नीचे लेटे हुए हैं और उन्हें तेल की मालिश दी जा रही थी। मुझे देखते ही वो उठ खड़े हुए और पूछा, 'राम, कैसा लगा?' मैंने पूरी ईमानदारी से जवाब दिया कि मैंने उनकी बैटिंग का पूरा लुत्फ़ उठाया था जिसमें विकेट की सिधाई में मारी गयी वो स्ट्रेट ड्राइव बेहद ख़ास थी जो बाउंड्री से ठीक पहले गिरी और फिर गेंद झाड़ियों में चली गयी थी।

बाद के सालों में मैं पिगी लाल से कई बार मिला और हमने युवा खिलाड़ियों की सम्भावनाओं के बारे में, उनके जंगली जीवों से प्रेम के बारे में और उनके कैंसर के ख़िलाफ़ एक अहम और सफ़ल लड़ाई के बारे में लम्बी बातचीत की। कीर्ति आज़ाद से मैं एक बार एयरपोर्ट पर टकराया लेकिन उसके अलावा हम कभी भी नहीं मिले। बिहार के दरभंगा से चुने जाने के बाद उन्होंने बतौर सांसद 3 टर्म्स ख़त्म किये। हालांकि बिना लाग-लपेट के, साफ़ शब्दों में बात रखने की अपनी आदत के चलते उन्हें कभी भी कोई बड़ा पद नहीं दिया गया। इसके पीछे और भी कारण हो सकते हैं। मसलन वो अपनी ही पार्टी के वरिष्ठ नेता अरुण जेटली के ख़िलाफ़ लामबन्द हो गये। कीर्ति दिल्ली के क्रिकेट बोर्ड DDCA में चल रहे भ्रष्टाचार को लेकर लगातार बोल रहे थे और जेटली इस असोसिएशन के लम्बे वक़्त से अध्यक्ष थे।

पिगी और कीर्ति ने देश के लिए टेस्ट क्रिकेट खेला। मेरे कॉलेज के एक और साथी राजिन्दर अमरनाथ ने भी हरियाणा के लिए कुछ 30 मैच खेले जिसमें कर्नाटक के ख़िलाफ़ एक क्वार्टर-फ़ाइनल में मारे गये दो पचासे भी शामिल

हैं। उस मैच में कर्नाटक की टीम में भगवत चन्द्रशेखर भी थे। दीपक शर्मा, जो कॉलेज में मुझसे 2 साल जूनियर था, ने भी हरियाणा के लिए कई सीज़न खेले। एक दफ़ा उसने बॉम्बे के ख़िलाफ़ रणजी फ़ाइनल में 199 रन मारे। ये फ़ाइनल हरियाणा ने ही जीता था।

दीपक शर्मा ने सेंट स्टीफ़ेंस में जब कदम रखा, उनके साथ 2 समस्याएँ थीं—अंग्रेज़ी में उनका हाथ तंग था और पैसे कद के हिसाब से वो किसी बड़े परिवार में पैदा नहीं हुए थे। अच्छा कर सकने वाले नये खिलाड़ी जब कॉलेज में आये तो उनके साथ उनकी पृष्ठभूमि भी उद्घोष करती थी। वो या तो एलीट बोर्डिंग स्कूलों, जैसे मायो कॉलेज से आये थे (जैसे अरुण लाल) या दिल्ली के प्रसिद्ध इंग्लिश मीडियम स्कूलों, जैसे मॉडर्न स्कूल से आये थे (जैसे कीर्ति आज़ाद)।

ये शर्मीला नया लड़का पश्चिमी दिल्ली के एक अनजान स्कूल से आया था और बताता था कि उसने सॉनेट क्लब के लिए खेला हुआ था। हम स्टीफ़ेंस के बाशिन्दों ने इससे पहले ये नाम कभी भी नहीं सुना था। दिल्ली के जिन क्रिकेट क्लब्स के बारे में हमने सुना था वो थे मद्रास क्लब (जिसकी कप्तानी ओपनिंग बल्लेबाज़ वेंकट सुन्दरम करते थे), सलवान क्लब (जिसके लिए प्रवीण ओबेरॉय खेलते थे) और रोहतक रोड जिमखाना (राजेश्वर वत्स का क्लब)। हम सॉनेट से आये इस नये लड़के की पृष्ठभूमि और उसके रहन-सहन से इतने चकित हुए कि स्टीफेंस के सीनियर खिलाड़ियों ने उसका नाम 'बॉनेट' रख दिया।

बाद के सीज़नों में सॉनेट क्लब के बारे में हमने और भी ज़्यादा जाना। और ये जैसे-जैसे हुआ, हमारा इस क्लब को लेकर मज़ाकिया लहज़ा गायब होता रहा। उस वक़्त तक हमारी दुश्मनी मात्र एक कॉलेज से थी—हिन्दू कॉलेज। यूँ तो हम इंटर-कॉलेज चैम्पियनशिप के शुरुआती राउंड के मैच एक पारी के अन्तर से जीतते थे और फिर हिन्दू कॉलेज के ख़िलाफ़ पाँच दिन चलने वाला मुक़ाबला आता था। लेकिन जिस साल दीपक शर्मा हमारे नेट्स में आया, हमें क्वार्टर-फ़ाइनल में खेलने के लाले पड़ गये। क्यूँकि पन्नालाल गिरिधरलाल दयानानद एंग्लो-वैदिक (PGDAV) कॉलेज, जिसकी ओपनिंग बल्लेबाज़ी रमण लाम्बा करता था और ओपनिंग बॉलिंग रणधीर सिंह करता था, हमसे बहुत बेहतर था। हमारी ताक़त थी ऑल राउंड खेल की परम्परा और इसी की बदौलत हम टिके रहे और सफ़ल हो पाये।

रमन लाम्बा और रणधीर सिंह, ये दोनों ही सॉनेट क्लब से आये थे जहाँ इन्हें कोच तारक सिन्हा का साथ मिला हुआ था। तारक सिन्हा ने हाल ही में PGDAV के कोच का पद भी हासिल किया था। इंटरनेट पर मिलने वाला एक किस्सा बताता है कि सॉनेट की शुरुआत कैसे हुई थी—'सब कुछ 1969 में शुरू हुआ था जब तारक सिन्हा ने कमला नगर के सरकारी स्कूल में विकेटकीपर-बैट्समैन के रूप में खेलना शुरू किया था और उन्हें दिल्ली की सीके नायडू टीम के 16 खिलाड़ियों में जगह नहीं मिली। उस वक़्त ये क्लब सलमान खुर्शीद के नेतृत्व में चल रहा था। सलमान खुर्शीद आज कांग्रेस नेता के रूप में ज़्यादा जाने जाते हैं। यही वो मौका था जब सिन्हा के दिमाग में ये बात आई कि एक ऐसा ट्रेनिंग सेंटर होना चाहिए जहाँ मिडल-क्लास के निचले हिस्से से आने वाले बच्चे खेल की बारीकियाँ समझ सकें। तारक सिन्हा ने बताया, "मुझे इस बात का अहसास हुआ कि सरकारी स्कूल के बच्चों को वो मौका नहीं मिलता जिससे वो बेसिक कोचिंग पा सकें और आगे बढ़ सकें। मैंने कसम खायी कि मैं सरकारी स्कूल के बच्चों को सबसे अच्छी सुविधायें देने की हर सम्भव कोशिश करूँगा।"'

इत्तेफ़ाकन, कांग्रेस का नेता और केन्द्रीय मन्त्री बनने से पहले सलमान खुर्शीद ने सेंट स्टीफ़ेंस और ऑक्सफ़ोर्ड में पढ़ाई की (दोनों ही जगहों पर वो क्रिकेट नहीं खेल पाये)। इसलिए सॉनेट क्रिकेट क्लब की यात्रा एलीट 'व्यवस्था' पर मातहतों की जीत की तस्वीर पेश करती है। इस क्लब ने तबसे कई दर्ज़न टेस्ट खिलाड़ी और सैकड़ों रणजी खिलाड़ियों को खाद-पानी दिया है। मैं इस बात पर गर्व महसूस करता हूँ कि मैंने इस क्लब के खिलाड़ियों की पहली खेप के सामने क्रिकेट खेला है और उन्हें मैदान पर झेला भी है। ऐसे ही एक प्रैक्टिस मैच में हमारे ख़िलाफ़ खेलते हुए भावी टेस्ट खिलाड़ी रमन लाम्बा ने लंच से पहले ही शतक मार दिया। उसमें से कम-से-कम 60 रन मेरी गेंदबाज़ी पर बने थे। हालांकि जब क्वार्टर फ़ाइनल आया तो मैंने रमन को बोल्ड कर दिया। वो गेंद उठी ही नहीं और ज़मीन पर लुढ़कती हुई विकेटों में जा लगी। अगर वो गेंद उठी होती तो निश्चित था कि पुल शॉट मारके रमन चार रन और कमाता और एक शतक और मारता। अगले साल, जब अपने कप्तान से हुए झगड़े के चलते मैंने टीम से अपना नाम वापस ले लिया था, मेरी जगह सॉनेट के ही खिलाड़ी दीपक शर्मा को खिलाया गया था। उस मैच में उसने 13 विकेट लिये थे और मुझसे कहीं बेहतर बैटिंग की थी।

जब अगला क्रिकेट सीज़न शुरू हुआ, मैंने कप्तान के साथ मामला सुलझाया और नेट्स में जाना शुरू किया। इस साल, जो कि कॉलेज में मेरा आख़री साल था, हम एक बार फिर PGDAV के ख़िलाफ़ क्वार्टर फ़ाइनल खेल रहे थे। पिछली बार इन्होंने हमें डरा दिया था और इस बार तो लोग उनकी जीत की अपेक्षा कर रहे थे। अरुण लाल के चले जाने से हम कुछ कमज़ोर भी हो चुके थे और वो राजेश पीटर की आमद से मज़बूत हो चुके थे। तेज़ गेंदबाज़ी करने वाले ऑलराउंडर पीटर को अगला कपिल देव कहा जाता था।

PGDAV के छात्र अपनी टीम की जीत को लेकर इस कदर आश्वस्त थे कि वो भारी संख्या में मैच देखने दिल्ली आये। मैच के पहले दिन मैं वॉर्म-अप कर रहा था और मैंने मैदान पर कई बसों को आते देखा। बस में से सैकड़ों की संख्या में युवा (और शोर मचाने वाले) लड़के उतरे जो शहर के दक्षिणी हिस्से से यहाँ अपनी टीम के लिए आये थे। मैदान के एक हिस्से में जाकर वो बैठ गये और अपनी टीम की हौसलाअफ़जाई करने लगे।

पिछली रात बारिश हुई थी इसलिए सेंट स्टीफ़ेंस ने टॉस जीतकर सामने वाली टीम को बल्लेबाज़ी करने के लिए कहा। चूँकि मैं टीम के दूसरे (और बेहतर) स्पिनर के मुक़ाबले 6 इंच लम्बा था और पिच से मुझे ज़्यादा उछाल मिल सकता था, इसलिए पहले बदलाव पर बॉलिंग करने के लिए मुझे मौका मिला। दीपक शर्मा, जिनकी पहले बात हुई है, दूसरा स्पिनर था। ये सोच एकदम सही साबित हुई। शुरुआती खेल के दौरान ही मैंने गेंद को एक गीले हिस्से में टप्पा खिलाया और मुझे टर्न और उछाल मिला। वो गेंद लाम्बा के ग्लव्स पर लगी और शॉर्ट-लेग को एक आसान कैच मिला। ये उस दिन लिये गये मेरे चार विकेट्स में से एक था। ज़ाहिर-सी बात है कि मुझे वो सारे विकेट्स याद हैं। इसके साथ ही मुझे डीप मिड-विकेट पर लिया गया वो कैच भी याद है जिसकी बदौलत राजेश पीटर को हम वापस भेज सके थे।

180 रनों पर PGDAV की पूरी टीम सिमट चुकी थी। अगले दिन, पीयूष पांडे की बढ़िया बैटिंग की बदौलत सेंट स्टीफ़ेंस चार विकेट खोकर 120 रन बना चुकी थी। इस वक़्त पर PGDAV के निराश दर्शक मैदान पर दौड़ आये और अम्पायर अपनी सुरक्षा को ध्यान में रखते हुए पवेलियन की ओर दौड़ पड़े। मैच वहीं रद्द हो गया और इसी के चलते पूरा टूर्नामेंट भी रद्द हुआ। क्यूँकि कोई भी अम्पायर इन दोनों टीमों के बीच होने वाले मैच में खड़े होने को राज़ी नहीं था। उस सीज़न का अन्त एक 'नकली फ़ाइनल' से हुआ जिसमें हम और हिंदो कॉलेज की टीम खेले।

IX

सेंट स्टीफ़ेंस में कुल तीन प्रकार के क्रिकेटर होते थे। तीसरे या सबसे निचले हिस्से में वो लड़के होते थे जो अपनी स्कूल टीम के लिए खेल चुके थे लेकिन कॉलेज की अन्तिम एकादश में कभी भी जगह नहीं बना पाये थे। लेकिन फिर भी वो हर रोज़ प्रैक्टिस के लिए आते, थोड़ी बॉलिंग करते और बैटिंग और भी कम करते। उनका ज़्यादातर वक़्त नेट्स के पीछे से या मैदान के बाकी हिस्सों से गेंद उठाकर लाने में निकलता। समय-समय पर उन्हें किसी लोकल क्लब से होने वाले फ्रेंडली मैचों में खेलने का मौका मिलता जहाँ उन्हें आठवें या नौवें नम्बर बैटिंग मिलती और बीच में एक-आध ओवर भी मिलता। इस सब के लिए कम से कम एक पूरे साल, और कभी-कभी दो साल, की प्रैक्टिस करनी होती थी और तब ये समझ में आ जाता था कि अमुक खिलाड़ी कभी भी इंटर-कॉलेज मैच में सेंट स्टीफ़ेंस के लिए नहीं खेल पायेगा।

खिलाड़ियों की सबसे ऊपर वाली क्लास में वो लड़के होते थे जिनके लिए कॉलेज की टीम से खेलना एक सीढ़ी का एक पायदान होता था जिसपर चढ़कर वो और बड़ी दुनिया में घुसना चाहते थे। वो इंटर-कॉलेज मैचों के लिए न केवल उत्साहित रहते थे बल्कि पूरी तरह से प्रतिबद्ध भी होते थे। इसके साथ ही अपने टैलेंट के दम पर उनमें ऐसा आत्मविश्वास होता था कि वो दूसरे ही साल में दिल्ली यूनिवर्सिटी की टीम से और तीसरे साल या मास्टर्स के पहले साल में दिल्ली की रणजी टीम में खेलने के सपने देखते थे। इनमें से कुछ खिलाड़ी इंडिया के लिए खेलने के सपने देखने का भी साहस करते और अरुण लाल, कीर्ति आज़ाद ने वही किया।

मैं ख़ुद खिलाड़ियों की दूसरी क्लास में था जिसमें वो लड़के होते थे जो किस्मत से कॉलेज की प्लेयिंग इलेवन में जगह पा जाते थे लेकिन इससे आगे बढ़ने में उनकी किस्मत कैसी भी कोई मदद नहीं करती थी। नेट्स में पहले हफ़्ते के बाद ही मुझे समझ में आ गया था कि अगर सब कुछ ठीक रहा तो मैं सेंट स्टीफ़ेंस के लिए खेल सकूँगा। और मुझे ये भी समझ में आ गया था कि मैं इतना अच्छा नहीं हूँ कि रणजी ट्रॉफ़ी में खेल सकूँ। इस लीग में मुझे दो लोगों का साथ हमेशा मिला—कपिल भल्ला और अरुण (घोड़ी) खन्ना। मैंने एक दफ़ा उनके साथ हैदराबाद हाउस के लिए खेला था और फिर दून स्कूल प्रथम एकादश से। अब मैं उनके साथ सेंट स्टीफ़ेंस में खेल रहा था।

मेरे से उलट कपिल और घोड़ी नेचुरल एथलीट थे। दोनों ने क्रिकेट के अलावा स्कूल से ही फ़ुटबॉल और हॉकी खेला हुआ था। दोनों मुख्यत: बल्लेबाज़ी ही करते थे और दोनों कमाल के फ़ील्डर थे जो अपनी ओर आती हर गेंद को रोक सकते थे। जब मैं गेंदबाज़ी करता था तो चाहता था कि वो शॉर्ट लेग और स्लिप में खड़े हों लेकिन उनके साथ बैटिंग करना नापसन्द था। मैं न ही तेज़ी से एक रन चुरा पाता था और न ही एक रन को दो में बदल पाता था।

मैं बेहद कमज़ोर काया वाला तमिल शाकाहारी लड़का था जबकि कपिल और घोड़ी मांस खाने वाले पंजाबी थे। मैं लैब में काम करने वाले एक वैज्ञानिक का बेटा था जबकि कपिल के पिता जंगल के ठेकेदार थे और घोड़ी के पिता सेना में थे। हमारे शरीर से हमारी पृष्ठभूमि का अन्तर साफ़ मालूम चलता था। हम जैसे भागते थे, जैसे फ़ील्डिंग करते थे, वो अन्तर साफ़ दिखता था। जूनियर क्रिकेट के हमारे दिनों से ही मैं कपिल और घोड़ी के लिए मज़ाक का पात्र हुआ करता था। प्रैक्टिस के दौरान अगर मेरे पैरों के बीच से गेंद निकल जाती या मैं आसान-सा कॉट-एंड-बोल्ड छोड़ देता तो ये दोनों एक दूसरे को देखकर मन्द-मन्द मुस्कुराते।

लेकिन बात जब वास्तविक मैचों की आती, और ख़ासकर इंटर-कॉलेज मैचों की, तो ये दोनों मेरे लिए हर एक विकेट पर ख़ूब खुश होते। मैं भी उनके बनाये हर रन और उनके लिए हर कैच पर तालियाँ पीटता। हम शरीर की बनावट, रहन-सहन आदि में बेहद अलग थे लेकिन इस खेल के प्रति हमारे प्रेम ने और हमारे अनुभवों ने हमें एक कर के रखा हुआ था।

मेरे पूरे बचपन के दौरान घोड़ी और कपिल मेरे सबसे करीबी क्रिकेट के साथी रहे। स्कूल में हम एक ही हाउस में थे, कॉलेज में हम नेट्स और मैचों के लिए साथ ही जाते थे। मैदान पर दो यादें ऐसी हैं जो हमेशा साथ रहीं। एक थी 1975-76 के इंटर-कॉलेज फ़ाइनल की जिसमें सेंट स्टीफ़ेंस 120 रन पर आठ विकेट खो चुका था और हिन्दू कॉलेज ने 145 रन बनाये हुए थे। कपिल और घोड़ी ने नौवें विकेट के लिए कुछ चालीस रन जुटाये और फिर कपिल ने मेरे साथ बीस के आस-पास रन बनाये जिसमें ज़्यादातर स्ट्राइक उसके पास ही रही। उस शाम जैसे ही कपिल और मैं कॉलेज के डाइनिंग रूम में घुसे (कपिल डे-स्कॉलर था), पूरा हॉल तालियों से गूँजने लगा। कुछ दिनों बाद, जब सेंट स्टीफ़ेंस वो मैच और ट्रॉफ़ी जीत चुका था, हम तीनों को हमारे स्कूल मास्टर शील वोहरा 'बॉन्ड' की तरफ़ से अलग-अलग ख़त मिले जिसमें

उन्होंने हमें शाबाशी के शब्द लिख भेजे थे। वो देहरादून में बैठकर सब कुछ अख़बार में पढ़ रहे थे।

दूसरी याद थोड़ी पुरानी है। स्कूल में एक सीज़न के दौरान मुझे अस्थमा ने बहुत परेशान किया। मैं जो दवाईयाँ ले रहा था, वो मुझे सुस्त बना रही थीं और मैं उनके नशे में रहने लगा था। भले ही मैं गेंदबाज़ी करने के लिए फ़िट था लेकिन दौड़ने और फ़ील्डिंग करने के क़ाबिल कतई नहीं था। जयपुर हाउस के ख़िलाफ़ एक अहम मैच आ रहा था। कपिल और घोड़ी ने रिस्क लिया और मुझे टीम में रखा। जब जयपुर की टीम बैटिंग कर रही थी, उन्होंने मुझे विकेटकीपर के दस कदम पीछे खड़ा किया। उन्होंने सोचा कि यहाँ मुझे हिलने-डुलने की भी ज़हमत नहीं उठानी पड़ेगी। लेकिन किस्मत को कुछ और ही मंज़ूर था। डॉगी (शायद डोगरा का शॉर्ट फ़ॉर्म) नाम के एक बल्लेबाज़ के बल्ले के ऊपरी किनारे को चूमती हुई गेंद मेरे पास आई और मैंने कैच छोड़ दिया। उसने पचास रन बनाये। अन्त में हम मैच और इन्टर-हाउस चैम्पियनशिप, दोनों जीते। कपिल और घोड़ी, दोनों ने पचास-पचास रन बनाये। मुझे याद नहीं कि मैंने एक भी विकेट लिया था लेकिन वो कैच छोड़ना वैसे का वैसा ही याद है। मुझे यकीन है कि वो दोनों भी नहीं भूले होंगे।

X

सेंट स्टीफ़ेंस में बिताये अपने पाँचों सालों में मैं क्रिकेट के लिए ही जिया और अगर मुझसे ऐसा कहा जाता तो क्रिकेट के लिए ही मर भी जाता। उससे पहले या उसके बाद, मैंने इतनी शिद्दत से किसी भी और चीज़ के लिए काम नहीं किया है। मैं हर रोज़ देश के सबसे अच्छे कॉलेज के खिलाड़ियों के साथ खेलता था और इसने मुझे क्रिकेट की किताबों या वीडियो क्लिप्स से कहीं ज़्यादा ज्ञान दिया है। कोटला में महान भारतीय और अन्तर्राष्ट्रीय खिलाड़ियों को खेलते देख मैं ख़ुशी से भर जाता था और ऐसे ही मैं क्रिकेट में और भी घुसता चला गया।

जिन मैदानों में सेंट स्टीफ़ेंस के खिलाड़ी खेल रहे थे, वो दून जैसे ख़ूबसूरत तो नहीं थे लेकिन उनकी अपनी ही खासियत होती थी। मोरी गेट पर हमारे कॉलेज का जो मैदान था, जहाँ हम अपने प्रैक्टिस मैच खेलते थे, दो ऐतिहासिक ईमारतों के बीच मौजूद था। एक तरफ़ था कश्मीरी गेट, जो पुराने शहर के लिए उत्तरी छोर का प्रवेश द्वार था और दूसरी तरफ़ कुदसिया बाग था जहाँ कभी शाही लोग टहलने निकलते और बातचीत करते थे। इंटर-कॉलेज मैच यूनिवर्सिटी के मैदान पर होते थे जिसमें एक अच्छी दो मंज़िला पवेलियन होती

थी। दक्षिणी छोर को छोड़ दें तो पूरा मैदान पेड़ों से घिरा हुआ था। उस दक्षिणी छोर पर 'सिडनी हिल' का हमारा अपना संस्करण था जिसमें साइटस्क्रीन के एक तरफ़ हिन्दू कॉलेज बैठता था और दूसरी तरफ़ हम।

क्रिकेट सीज़न सर्दियों से हाथ मिलाता हुआ चलता था। 70 के दशक का दिल्ली इस मौसम में बेहद ख़ूबसूरत दिखता था। उस वक़्त हवा काफ़ी साफ़ हुआ करती थी और नीले आसमान के नीचे चलती मद्धम हवा के साथ क्रिकेट खेलने के लिए सबसे अच्छा माहौल बनकर तैयार होता। मेरे लिये ये बचपन के किसी सपने के साकार होने से कम नहीं था कि मैं उसी मैदान पर, उसी टूर्नामेंट में, उसी टीम के ख़िलाफ़ खेल रहा था जिसके ख़िलाफ़ मेरे मामा दुरई खेलते थे।

मगर क्रिकेट में मेरी जो सफलताएँ थीं, वो बहुत ख़ास नहीं थीं। मैं कॉलेज की टीम में बॉलिंग के मामले में चौथा या पाँचवाँ सबसे अच्छा बॉलर था और ख़राब बैटिंग के मामले में पहले या दूसरे नम्बर पर। इस बात पर तो कोई सवाल ही नहीं उठा सकता था कि मुझसे घटिया फ़ील्डिंग कोई भी नहीं करता था। प्रैक्टिस मैचों में और इंटर-कॉलेज चैम्पियनशिप में (जब प्रवीण ओबेरॉय दिल्ली के लिए रणजी खेल रहे होते थे), मैंने कुछ मौकों पर एक पारी में चार या पाँच विकेट लिये थे। लेकिन जिन दो इंटर-कॉलेज फ़ाइनल मैचों में मैंने हिन्दू कॉलेज के ख़िलाफ़ खेला, मेरा योगदान शून्य के बराबर था। एक फ़ाइनल मैच में शॉर्ट मिड-विकेट पर मैंने नीचे रहती हुई गेंद बेहद फुर्ती के साथ पकड़ी थी। उस कैच को देखकर बल्लेबाज़ देशपाल सिंह क्रीज़ पर भौंचक्की हालत में खड़ा रह गया क्यूँकि मैं जिस तरह की फ़ील्डिंग कर रहा था, किसी ने भी मुझसे ऐसी कोई अपेक्षा नहीं रखी थी। एक और मैच में, दीपक रैना नाम का बल्लेबाज़ ऐसे बैटिंग कर रहा था मानो अपनी टीम को जिता देगा, कप्तान ने मुझे गेंद पकड़ाई। मैंने लेग-कटर फेंकी और गेंद उसके बल्ले से लगकर विकेटकीपर पीयूष पांडे के दस्तानों में जा पहुँची। इसके बाद प्रवीण ओबेरॉय आये और उन्होंने सामने वाली टीम की पूँछ को साफ़ किया और एक बार फिर चैम्पियनशिप हमारे नाम ही रही।

इस फ़ाइनल के एक हफ़्ते बाद मैं मुद्रिका में बैठा। ये दिल्ली ट्रांसपोर्ट कॉर्पोरेशन की एकमात्र ऐसी ईकाई थी जिसे किसी नम्बर नहीं बल्कि उसके नाम से जाना जाता था और ये उस वक़्त नयी बनी रिंग रोड का पूरा चक्कर लगाती थी। मैं शहर के इस छोर से उस छोर, यूनिवर्सिटी के पास मॉल रोड से AIIMS के पास मेरे भाई के घर जा रहा था। ये यात्रा 1 घंटे की थी और

इस पूरे सफर के दौरान एक लड़का मुस्कुराते चेहरे के साथ मेरे सामने खड़ा, मुझे देख रहा था। हम पुरानी सेक्रेटेरियेट, कश्मीरी गेट, लाल क़िला, राजघाट और आईटीओ को पीछे छोड़ चुके थे। वो मुस्कान उसके चेहरे पर बनी हुई थी लेकिन उसने एक शब्द नहीं बोला। आश्रम, लाजपत नगर, मूलचन्द और साउथ एक्सटेंशन निकल जाने पर भी उसने मुझे घूरना बन्द नहीं किया। फिर, अन्त में जब मैं AIIMs उतरने के लिए बढ़ा तो उसने कहा, 'पाँच दिन धूप में आगे-पीछे भागे, फिर भी एक ही विकेट मिला।'

कॉलेज के कैफ़े में वेटर डॉली के शब्दों ने मुझे जैसे घाव दिये थे, ये भी वैसा ही कुछ था। आप पिगी लाल और सुनील वेल्सन, हरि गिडवानी और कीर्ति आज़ाद को छोड़ दें, मेरे मामा दुरई की बनिस्बत भी मैं एक बेहद साधारण क्रिकेटर था। अपनी ईमानदार ज़िद और किस्मत के चलते मैं सेंट स्टीफ़ेंस की टीम में था। तमाम अच्छे प्रदर्शनों की भीड़ में मैं किसी तरह से चार साल टीम में अपनी जगह बचाये रखने में सफ़ल रहा था। इसके साथ ही एक ये भी सत्य था कि ये कोई ऐसी-वैसी 'कॉलेज टीम' नहीं थी बल्कि देश की सबसे अच्छी कॉलेज की टीम थी। मैं हर दिन उन लोगों को साथ खेल रहा था जो दिल्ली के लिए या इंडिया के लिए खेल रहे थे। मैं उस वक़्त के सबसे अच्छे खिलाड़ियों के साथ या उनके ख़िलाफ़ खेल रहा था। इस खेल के बारे में जो भी थोड़ा-बहुत मैं जानता और समझता हूँ, वो सब मोरी गेट पर कॉलेज के मैदान में बिताये उन वर्षों की बदौलत ही है जहाँ मैं पूरे उत्साह के साथ इस खेल में रमा हुआ था।

4.

जीवन दो बार मिलता है

I

सेंट स्टीफ़ेंस से निकलकर मैंने वो काम किया जिसे आज गैप-इयर के नाम से जाना जाता है। इस एक साल के दौरान मैंने भविष्य को लेकर, करियर को लेकर कई योजनाएँ बनायीं। मैंने पहले तो प्रकाशन का काम सोचा, फिर पत्रकारिता और फिर लोकसेवा के बारे में सोचा लेकिन फिर मैंने सब कुछ किनारे रखकर कलकत्ता से समाज शास्त्र में पीएचडी करने का मन बनाया। मैं रीसर्च में पूरी तरह से घुस गया था और क्रिकेट में मेरी दिलचस्पी अब उतनी नहीं रह गयी थी। इस सब के दौरान एक मार्क्सवादी टीचर के मोहपाश में मैंने खुद को फंसा पाया। वो कहता था कि क्रिकेट हमारा ध्यान वर्ग संघर्ष से हटाने के लिए बुर्जुआ ताकतों का हथियार है। मैं (खुद को) ये दिखाने के दृढ निश्चय कर चुका था कि मेरे अन्दर के विद्वान् ने मेरे अन्दर के क्रिकेटप्रेमी को पछाड़ दिया है और इस चक्कर में मैंने अपनी क्रिकेट की सभी किताबें कलकत्ता के एक युवा पत्रकार को दे दीं। मेरी अलमारी में जो जगह बनी उसमें बहुत ही जल्दी समाजशास्त्रियों और इतिहासकारों द्वारा लिखी गयी किताबें बस गयीं। मैक्स वेबर और ईपी थॉमसन ने अब जैक फिंगलटन और ए.ए. थॉमसन की जगह ले ली थी।

हालांकि मैं क्रिकेट को पूरी तरह अपने भीतर से नहीं निकाल पाया। एक बंगाली दोस्त ने मुझे कई बार ईडेन गार्डेन्स की राह पर धकेला। इसमें से एक बार तो हम बंगाल क्रिकेट असोसिएशन की स्वर्ण जयन्ती के मौके पर वेटरन खिलाड़ियों का मैच देखने गये थे। इंडियन वेटरन्स के लिए सैयद मुश्ताक़ अली खेल रहे थे जो अपनी उम्र के सातवें दशक में पिच पर आगे आकर यूँ

गेंद को मारने की कोशिश कर रहे थे जैसे बीस की उम्र में करते थे। वर्ल्ड वेटरन्स के लिए फ्रेडी ट्रूमैन खेल रहे थे जो अभी भी बल्लेबाज़ों से उतनी ही नफ़रत करते थे। पैड पर लगने के बाद उनकी एलबीडब्लू की अपील हावड़ा में हुगली तक सुनाई देती थी।

1985 के अन्त में मेरी पत्नी सुजाता पढ़ने के लिए यूनाइटेड स्टेट्स गयीं और कुछ ही वक़्त में मैं भी वहाँ पढ़ाने के एक काम के लिए चला गया। मैं वहाँ घनी जनवरी में पहुँचा जब वहाँ एक-एक फ़ुट की बर्फ़ पड़ी हुई थी। उन गर्मियों में 1971 के बाद पहली बार इंडिया ने इंग्लैंड को इंग्लैंड में हराया था। उस सितम्बर में इंडिया और ऑस्ट्रेलिया ने चेपॉक में एक टेस्ट मैच खेला जो टाई हो गया। इन सभी घटनाओं की जानकारी मुझे एक हफ़्ते देरी से मिलती थी क्यूँकि मैं द *हिन्दू* का एयरमेल एडीशन पढ़ता था। मेरे अन्दर का क्रिकेट फ़ैन एक बार फिर कुलबुला रहा था।

क्रिकेट की कमी के चलते मैं बेसबॉल की तरफ़ मुड़ गया। टीवी पर मैंने न्यू यॉर्क मेट्स और बॉस्टन रेड सॉक्स के बीच 1986 वर्ल्ड सीरीज़ के सभी मैच देखे। ये दोनों टीम जिस शहर से आती थीं, न्यू हेवेन उनके बीच में बसता था। मैं न्यू हेवेन में ही रहता था और ये इन दोनों शहरों के बीच मौजूद ट्रेन लाइन पर था। मुझे एक टीम चुननी थी। मगर कौन सी? मेट्स के कीथ हर्नेंडेज़ मुझे मेरे मामा दुरई की याद दिलाते थे। वो भी बायें हाथ से खेलते थे और नेतृत्व करने के लिए जाने जाते थे। मुझे डेरिल स्ट्रॉबेरी की मारने की क्षमता और ड्वाइट गुडेन की पिचिंग बड़ी कमाल की लगती थी। मूकी विल्सन के व्यक्तिव का मैं कायल था। तो मैं न्यू यॉर्क मेट्स के साथ हो लिया। उन्होंने कड़ी टक्कर मिलने के बाद 4-3 के महीन अन्तर से सीरीज़ जीती। उन्हें ये जीत एक मज़ेदार और यादगार फ़ील्डिंग में हुई ग़लती की वजह से मिली थी। वो मुझे आज भी याद है। गलती करने वाला खिलाड़ी उस एक मौके के चलते बेसबॉल के इतिहास में अमर हो चुका है। उस एक ग़लती के चलते खेल के सबसे बड़े लेवल पर उसके करियर पर एक दाग लगा और वहाँ से वो लौटती सीढ़ियों पर चल पड़ा।

इस आकर्षक नाम वाले टूर्नामेंट 'वर्ल्ड सीरीज़' को देखना बेहद मज़ेदार और मनोरंजन से भरा हुआ था। लेकिन इसमें वो मज़ा नहीं था। क्यूँकि बेसबॉल क्रिकेट नहीं था। वो खेल पिचर पर निर्भर करता था और अगर वो चाहे तो पूरी 9 इनिंग्स पिच कर सकता था। जब भी कोई पिचर अपनी लय में होता था, उसकी टीम ही जीतती थी। क्रिकेट में बल्ले और गेंद के बीच टक्कर कुछ

ज़्यादा ही बराबरी की होती थी। ऐसा शायद इसलिए भी था कि छक्का (या कहें कि होम रन) मारने के बाद खिलाड़ी को पवेलियन/डग-आउट में वापस नहीं लौटना होता था। क्रिकेट में शॉट्स ज़्यादा प्रकार के हो सकते हैं (क्यूँकि मैदान और खेलने का क्षेत्र पूरे 360 डिग्री में फैला हुआ होता है)। देखने के हिसाब से देखें तो गेंदबाज़ के पास भी काफ़ी सहूलियत होती है। वो हवा में भी काफ़ी कुछ कर सकता था और गेंद को टप्पा खिलाकर भी। और जब इस खेल में दिखने वाली रनिंग और गेंद फेंकने की कला कमाल की थी, मुझे कैचिंग ने काफ़ी निराश किया। क्यूँकि क्रिकेट में स्लिप में बगैर पलक झपकाये गेंदें पकड़ी जाती हैं और शॉर्ट लेग पर बगैर किसी सुरक्षा कवच के। जिस तरह के खिलाड़ी मेरे सबसे पसन्दीदा थे, वो थे सिनकर-बॉल-पिचर जो आठवीं या नौवी इनिंग्स में मैच बचाने आते थे। अपनी बनावट में वो मेरे बचपन के हीरो इरापल्ली प्रसन्ना की तरह गोल-मटोल और बालों की समस्या से जूझते लगते थे। लेकिन डिलीवरी के तरीके में वो प्रसन्ना के समय के ही सैयद आबिद अली की याद दिलाते थे।

न्यू इंग्लैंड की 1986-87 की सर्दियाँ कातिलाना थीं। मैं अपने अपार्टमेन्ट में कैद था और हर पल गर्म मौसम और उसमें खेले जाने वाले खेल के बारे में सोचता था। मैं अपने कमरे में ऑफ़-ब्रेक गेंदबाज़ी करता था और गेंद फ़र्श पर टप्पा खाकर दीवार से टकराती और मेरे पास आ जाती। शोध कर रहे एक स्टूडेंट ने एक रोज़ आकर मेरे दरवाज़े पर दस्तक दी और पूरी विनम्रता से उसने मुझे बताया कि नीचे उसकी पत्नी मेरी इस गेंदबाज़ी के चलते सो नहीं पा रही थी। मैंने टेनिस बॉल एक किनारे रख दी और काग़ज़-कलम उठाया। अगले कुछ रोज़ में मैंने रणजी टीमों की सर्वकालीन एकादश टीम बनायी और साथ में कुछ चीज़ें भी लिखीं। ये मेरी क्रिकेट पर पहली किताब 'विकेट्स इन द ईस्ट' का पहला कदम था। इस किताब में थॉम्पसन की माफ़िक भारतीय राज्यों के क्रिकेट के इतिहास के बारे में बात की गयी थी। साथ ही थॉम्पसन सरीखे सामाजिक विषयों को ध्यान में रखते हुए इस खेल का विश्लेषण भी किया गया था।

1987 के पतझड़ में मैं और सुजाता बैंगलोर वापस लौट आये। हम उसके ननिहाल में रह रहे थे। वो घर शहर के बीचों-बीच एमजी रोड पर था। मुझे भारतीय विज्ञान संस्थान में काम मिल गया था जो वहाँ से कुछ 4 मील पश्चिम में था। मैं एक मोपेड से काम पर जाता था। दुरई की कम्पनी ने उनका ट्रांसफ़र मद्रास कर दिया था लेकिन FUCC कर्नाटक स्टेट क्रिकेट असोसिएशन के

फ़र्स्ट डिवीज़न अभी भी बरकरार था। मैंने उसके कप्तान राजन्ना से सम्पर्क किया। हम उसे 'केन' कहते थे क्यूँकि वो केन बैरिंग्टन नाम के अंग्रेज़ खिलाड़ी की ही तरह मिडल ऑर्डर में बैटिंग करते थे और लेग ब्रेक्स फेंकते थे। मैंने उनसे कहा कि मैं नेट्स के लिए आऊँगा।

मैंने इससे पहले अपने क्लब के नेट्स में 1966, 1970 और 1974 में प्रैक्टिस की थी। अब मैं न ही स्कूल का स्टूडेंट था और न ही कॉलेज का। अब मैं असिस्टेंट प्रोफ़ेसर था जिसके अपने स्टूडेंट्स बन चुके थे। इसलिए अपने FUCC की चौथी पारी के पहले दिन मैं काम पर जल्दी पहुँचा जिससे जल्दी फ्री होकर मैं प्रैक्टिस के लिए ज़्यादा समय निकाल सकूँ। हवा अच्छी थी और आसमान में बादलों का नाम-ओ-निशान भी नहीं था। शहर भर में जकरन्दस फूले हुए थे। शहर की सड़कें आने वाले दिनों की अपेक्षा में बेहद कम भीड़-भाड़ वाली थीं। मेरे दिमाग में नोबेल प्राइज़ जीतने वाले सीवी रमन की एक बात याद आई—'मेरी सबसे बड़ी खोज तो बैंगलोर का मौसम था।'

मैं मन ही मन प्रसन्न हो रहा था लेकिन इसमें एक रुकावट आन पड़ी। एक स्टैण्डर्ड हेरल्ड (कार) सड़क के किनारे से अचानक सामने आ गयी। मैंने ब्रेक लगाया और सामने वाली कार के ड्राइवर ने भी। उसका खिड़की का काँच नीचे था और मैंने गाड़ी के अन्दर इरापल्ली प्रसन्ना को देखा। मैंने ख़ुद को सँभाला और हाथ के इशारे से, पंजे को घुमाते हुए उनसे पूछा कि वो अभी भी ऑफ़-ब्रेक बॉलिंग करते हैं। उन्होंने अपना सिर हिलाया और तेज़ी से गाड़ी निकाल ली।

हालांकि दोनों पक्षों ने आपस में एक शब्द भी नहीं कहा था लेकिन मैंने इस मुलाक़ात के कुछ मायने निकाल लिए। क्यूँकि मैं भी ऑफ़ ब्रेक्स फेंकता था। लिहाज़ा कला के महारथी के साथ ये इत्तेफ़ाक वाली मुलाकात मेरे क्रिकेट करियर के इस नये अध्याय के लिए अच्छा संकेत थी? लेकिन फिर जब मैं काम से निकलकर FUCC के नेट्स में पहुँचा तो मुझे इस बात का अहसास हुआ कि ये कला मुझे छोड़कर जा चुकी है। मैं अभी भी गेंद टर्न करा सकता था लेकिन मैं गेंद पर कंट्रोल खो चुका था। मैं अब तीस बरस का हो चुका था और मैंने 21 साल की उम्र के बाद से किसी भी तरह का सीरियस क्रिकेट नहीं खेला था। वो मांसपेशियाँ जो गेंद को आगे की ओर धकेलती थीं, काफ़ी समय से शिथिल पड़ी हुई थीं। नेट्स में कुछ हफ़्ते बिताने के बाद गेंद पर कंट्रोल तो बेहतर हुआ लेकिन विकेट से मुझे जो मदद मिलती थी वो ग़ायब थी। अब मुझे कुछ शर्म के साथ इस बात का अहसास हुआ कि क्रिकेट के भगवान ने मुझे

जो सन्देश दिया था वो उससे उलट ही था जो मैं सोच रहा था। अगर प्रसन्ना जैसे बड़े गेंदबाज़ ने ये कह दिया था कि वो अपनी आख़री ऑफ़-ब्रेक फेंक चुके थे तो ये कहने वाला मैं कौन था कि मैं अभी भी ऐसा कुछ कर सकता था। मैंने इसके बाद कभी भी सफ़ेद किट नहीं पहनी लेकिन ऐसी सफ़ेद किट्स पहने हुए नये लड़कों को देखना जारी रखा जो मेरे क्लब, प्रदेश और देश के लिए खेल रहे थे।

II

बैंगलोर में एक साल गुज़ारने के बाद मैं और मेरी पत्नी दिल्ली आ गये जहाँ मैं आर्थिक विकास संस्थान में काम करने लगा था। ये संस्थान यूनिवर्सिटी कैम्पस के एकदम किनारे पर स्थित था। मुझे जो ऑफिस मिला था वो कोने पर था और यहाँ से मुझे हिन्दू कॉलेज का मैदान दिखता था जहाँ मैं कभी खेला करता था। एक दिन मैं वहाँ चल रहा मैच देख रहा था। मैं तुरन्त ही उस गेंदबाज़ को पहचान गया। टेढ़े होकर लिया गया रन-अप, पवनचक्की जैसा एक्शन और बड़े नितम्ब इस बात की निशानी थे कि वहाँ कर्नाटक और इंडिया के लिए खेलने वाला रॉजर माइकल हम्फ्री बिन्नी गेंदबाज़ी कर रहा था।

बिन्नी ने कर्नाटक के लिए दिल्ली के ख़िलाफ़ 1978 में खेला था। ये वही मैच था जिसमें गुंडप्पा विश्वनाथ ने शतक मारा था। कुछ साल बाद मैं राजधानी एक्सप्रेस में कलकत्ता से नयी दिल्ली का सफ़र कर रहा था। मेरे बगल वाली सीट पर आंग्ल-भारतीय समुदाय का एक ओ'ब्रायन परिवार बैठा हुआ था। उस परिवार के मुखिया नील ने एक क्विज़ का आयोजन किया था जिसमें मैंने हिस्सा लिया था। मिस्टर और मिसेज़ ओ'ब्रायन के साथ मिस्टर ओ'ब्रायन के भाई भी सफ़र कर रहे थे। इसके अलावा उनका बेटा डेरेक भी था जो अभी स्कूल जाता था।

उन दिनों राजधानी में ऑल इंडिया रेडियो की 9 बजे की ख़बर सुनाई जाती थी। 9 बजते ही युवा डेरेक शरीर को कुछ हरकत देने के मकसद से उठकर बाहर की ओर गया। ख़बरों में जो मुख्य बातें बतायी गयीं, उसमें से एक दिलीप ट्रॉफ़ी का फ़ाइनल भी था। जब वो लड़का अपनी सीट पर वापस आया, उसके चाचा ने उसे बेहद ख़ुशी के साथ बताया 'रॉजर ने हंड्रेड मारा। उसने अपना ऑस्ट्रेलिया का टिकट पक्का कर लिया है।' (इंडिया कुछ ही दिनों में ऑस्ट्रेलिया के दौरे पर जाने वाली थी)। मैं भी उनके उस गर्व करने के पलों में भागीदार था। वो शतकवीर उनके समुदाय का था, मेरे प्रदेश का था।

और इससे पहले कि अरनब गोस्वामी की टीम का कोई शख़्स इस किताब को पढ़कर मुझे और डेरेक को देशद्रोही घोषित कर दे, मैं ये भी कह दूँ कि वो हमारे ही देश का भी था।

जिन वर्षों में मैं बैंगलोर में रहते हुए भारतीय विज्ञान संस्थान में काम कर रहा था, मैंने बिन्नी को FUCC के ख़िलाफ़ BUCC के लिए सैकड़ा मारते हुए 'लाइव' देखा था। वो क्रिकेट की गेंद को बड़े ही आकर्षक तरीके से मारते थे और उनकी ड्राइव बेहद कमाल की होती थीं। वो एक अच्छे बॉलर भी थे जो अच्छी गति के साथ गेंद को बाहर निकालने के लिए जाते थे। अब, जब मैं उनको अपने दफ़्तर की खिड़की से देख रहा हूँ, मैंने अपनी किताबें किनारे रख दीं और हिन्दू कॉलेज की ओर चल पड़ा। वो एक स्टेट बैंक ऑफ़ इंडिया का टूर्नामेंट था और बिन्नी बैंगलोर ब्रांच का प्रतिनिधित्व कर रहे थे क्यूँकि वो वहीं काम करते थे। लंच के दौरान जब सभी खिलाड़ी इधर-उधर हुए, मैंने बिन्नी को किसी खिलाड़ी से बड़ी तल्लीनता से बात करते हुए देखा। वो एक और शानदार ऑल-राउंडर मदन लाल थे। वर्ल्ड कप जीतने के 6 साल बाद, उस टूर्नामेंट के दो सितारे अब ऑफ़िस टूर्नामेंट खेल रहे थे।

युवावस्था में मेरे जीवन में सिर्फ़ और सिर्फ़ क्रिकेट था। 20 की उम्र के बाद सिर्फ़ विद्यार्जन रहा। अब, 30 के बाद मैं काम और जीवन के बीच तालमेल बिठाने की कोशिश में लगा हुआ था। 'जीवन' तीन हिस्सों में बँट चुका था जिसमें से दो, परिवार और संगीत, इस किताब में जगह नहीं पाते हैं। हाँ, क्रिकेट के बारे में मैं ज़रूर लिखूँगा। दिल्ली में बतौर स्कॉलर बिताये उन दिनों में मैं कई दफ़ा फ़िरोज़ शाह कोटला गया। एक बार मैंने वहाँ दिल्ली और तमिलनाडु के बीच रणजी फ़ाइनल के पाँचों दिन का मैच देखा। अजय शर्मा (जिसका नाम बाद में मैच फ़िक्सिंग स्कैंडल में भी आया)* ने बगैर किसी ख़ामी के दोहरा शतक मारा। उसकी उस इनिंग्स में मारी गयी कवर ड्राइव्स बेहद कमाल की थीं। क्रिकेट तो अच्छा था ही, क्रिकेट के आस-पास हो रही बातें भी मज़ेदार थीं क्यूँकि प्रेस बॉक्स में मौजूद दिग्गजों ने अमरनाथ और मांकड से लेकर सोबर्स और हार्वी को उस मैदान पर खेलते हुए देखा था।

1989 में भारतीय क्रिकेट बोर्ड ने देश के पहले प्रधानमन्त्री की जन्मशती पर नेहरू कप का आयोजन किया। मैंने कोटला में टूर्नामेंट के शुरुआती दौर में इंडिया और वेस्ट इंडीज़ का मैच देखा। वो कम रनों वाला मैच था। दौरे पर

* https://sportstar.thehindu.com/cricket/indian/ajay-sharma-calls-it-quits/article19475888.ece

आई टीम ने पहले बैटिंग की और फ़ास्ट बॉलर मैल्कम मार्शल की एक छोटी-सी इनिंग्स मुझे आज भी याद है। अरशद अयूब को स्वीप मारने के चक्कर में उन्होंने अपना बैलेंस खो दिया। जब वो उठ रहे थे तो उन्होंने देखा कि उनके साथी गसलॉजी उनकी तरफ़ आ रहे थे। उनका बायाँ घुटना अभी भी ज़मीन पर ही था, उनका दायाँ पैर आगे फैला हुआ था और ऐसा लग रहा था कि वो योग कर रहे थे। वो जहाँ थे, उसी हालत में मार्शल ने अपना बायाँ दस्ताना लॉजी के दाएँ दस्ताने से मिलाया। ये कैरिबियन में शुरू की गयी विजय और एकता की निशानी थी लेकिन अब दुनिया भर के क्रिकेटर्स ऐसा करते हैं।

जब इंडिया की बैटिंग आई तो सबसे बड़ी चोट मार्शल या कर्टनी वॉल्श की बजाय विव रिचर्ड्स ने दी। 1974 में मैंने रिचर्ड्स को कोटला पर अपना पहला शतक लगाते हुए देखा था। अब 15 साल बाद मैंने उन्हें अपनी ऑफ़-ब्रेक्स से अन्तर्राष्ट्रीय क्रिकेट में सर्वश्रेठ बॉलिंग प्रदर्शन करते हुए देख रहा था। उन्होंने कुल 6 विकेट लिये लेकिन इसमें से किरण मोरे के विकेट पर उन्होंने सबसे ज़्यादा जश्न मनाया। मोरे एक निचली रहती तेज़ फेंकी गयी गेंद पर बैक-फ़ुट पर ही रह गये और गेंद उनके पैड पर आकर लगी। जब मोरे को एलबीडब्लू आउट दिया गया, रिचर्ड्स ने मोरे को पवेलियन का रास्ता दिखाते हुए अपना दाहिना हाथ ज़ोर से ऊपर-नीचे करते हुए बेहद अश्लील लगने वाले इशारे किये। विस्मय और सन्त्रास के साथ देखते हुए मुझे ये समझ में आया कि रिचर्ड्स कुछ बॉलर्स को पसन्द नहीं करते थे लेकिन किन्हीं कारणों से, जो शायद रिचर्ड्स और मोरे को ही मालूम थे, वो मोरे को बेहद नापसन्द करते थे।*

वेस्ट इंडीज़ से जुड़ी एक और बात मुझे यहाँ बतानी चाहिए। अक्टूबर 1990 में हमारे बेटे केशव का जन्म हुआ था। एक रात, मेरी पत्नी अस्पताल में थीं, मैं घर वापस आया। मैंने अपनी किताबों की अलमारी से *बियॉन्ड अ बाउंड्री* किताब निकाली और वो चैप्टर पढ़ने लगा जो त्रिनिदाद के बल्लेबाज़

---

* जब मैंने ये लिख लिया था, उसके बाद मैंने संजय मांजरेकर की किताब *इम्पर्फेक्ट* पढ़ी जिसमें रिचर्ड्स की मोरे को लेकर नापसन्दगी के बारे में तस्वीर साफ़ होती है। 1989 की शुरुआत में, जब दोनों टीमें वेस्ट इंडीज़ में आमने-सामने थीं, विकेटकीपर ने अपील कर के रिचर्ड्स को आउट करवा दिया था जबकि गेंद बल्ले को छुई भी नहीं थी। ये मैच रिचर्ड्स के देश अंटीगा में ही खेला जा रहा था और वो फ़ॉर्म में नहीं चल रहे थे। अब, जब वो अपनी लय में वापस आ रहे थे, एक विकेटकीपर ने उन्हें ग़लत आउट करवा दिया और वो अपना शतक नहीं पूरा कर पाये। दिल्ली में, मेरी आंखों के सामने, रिचर्ड्स ने बदला लिया और मोरे को न केवल सही तरीके से आउट किया बल्कि उन्हें इसका बखूबी अहसास भी करवाया।

विल्टन सेंट हिल के पूरे न हुए वादे के बारे में था। मैंने ऐसा क्यूँ किया, ये फ्रॉयड में या युन्गियन में या रामदेव में विश्वास रखने वाले बता सकते हैं। मैं सिर्फ़ तथ्यों को सामने रख सकता हूँ—जब मेरा पहला बच्चा पैदा होने वाला था और मुझे पिता होने के बारे में कोई भी अनुभव नहीं था, मैंने इसके बारे में जानने के लिए अपनी सबसे पसन्दीदा क्रिकेट की किताब उठायी।

दिल्ली में शिक्षा से जुड़े काम के दौरान बिताये गये मेरे समय में फ़िरोज़ शाह कोटला में मात्र एक ही टेस्ट मैच खेला गया। ये मार्च 1993 में हुआ था। 20 साल का टेस्ट क्रिकेट देखने के दौरान मैंने एक भी बार इंडिया को जीतते हुए नहीं देखा था। यहाँ मेरे पास एक मौका था क्यूँकि हम ज़िम्बाब्वे जैसी एक छोटी टीम के साथ खेल रहे थे। घरेलू टीम ने टॉस जीता और विनोद काम्बली ने दोहरे शतक की मदद से टीम को 500 के पार पहुँचाया। मुझे अब ये लगने लगा था कि मैं इंडिया को जीतते हुए देख सकूँगा। ऐसा हुआ भी। लेकिन उसके पहले दोनों फ़्लॉवर बंधुओं, ऐंडी और ग्रांट ने अच्छा प्रतिरोध किया। ज़िम्बाब्वे को डेढ़ सेशन में ही धराशायी कर दिया गया था और फ़ॉलो-ऑन खेलते हुए उन्हें मैच बचाने के लिए 2 दिन बैटिंग करनी थी। केविन अरनॉट और सुन्दरता से भरपूर बैटिंग करने वाले एलिस्टर कैम्पबेल के जल्दी ही आउट हो जाने के बाद फ़्लॉवर बंधु खेलने आये और एक मज़बूत साझेदारी बनानी शुरू की। ये दोनों एक दूसरे के पूरक थे। दाएँ हाथ से खेलने वाले ग्रांट गेंद की लाइन में आकर खेल रहे थे और ऐसा लग रहा था कि वो अन्त तक खेलने का मन बनाकर आये थे। वहीं बाएँ हाथ से खेलने वाले ऐंडी काफ़ी ज़ोखिम उठाकर विकेट के दोनों ओर शॉट मारते हुए खेल रहे थे। दोनों भाइयों ने काफ़ी देर, लगभग 4 घंटे बैटिंग की। अज़हरुद्दीन ने अपने तीनों स्पिनर्स को एक-एक कर के लगाया, फिर कपिल देव और मनोज प्रभाकर को अटैक पर लाये। यहाँ तक कि सचिन तेंदुलकर की एक-दो ओवर की हवा में हिलती गेंदें किसी काम नहीं आयीं। दोनों बल्लेबाज़ों को अन्दर से आक्रामकता के साथ खेलने की आवाज़ तो आ रही होगी, लेकिन इस सब के बीच वो बैटिंग एकाग्रता की मिसाल थी। अन्त में इंसानी फ़ितरत ने अपना काम दिखाया। मनिन्दर सिंह ने एक गेंद हवा में छोड़ी और एंडी फ़्लॉवर पिच पर चलकर आगे आ गये। गेंद बल्ले पर नहीं लगी और वो स्टम्प हो गये। फिर अनिल कुंबले की वापसी हुई और उन्होंने दूसरे भाई को वापस भेजा। कुंबले ने ही अन्त में 5 घंटे में धीरज भरे 97 रन कमाने वाले ग्रांट फ़्लॉवर को आउट किया।

इस टेस्ट मैच के चार महीने पहले ही, 6 दिसम्बर 1992 को बाबरी मस्जिद ढहा दी गयी थी। इस विध्वंस और उसके बाद भड़के दंगों ने मुझे अवसाद में धकेल दिया था। मैं कई दिनों तक बिस्तर पर पड़ा रहा। फिर तभी उठा जब 10 जनवरी 1993 को मेरी बेटी इरा का जन्म हुआ। उसके बाद भी मैं पढ़ाई से जुड़े कामों में अपना ध्यान नहीं लगा पा रहा था। मुझे रीसर्च पेपर्स लिखने थे लेकिन शब्द नहीं मिल रहे थे। इससे मैं तभी निकल पाया जब मैंने क्रिकेट के बारे में लिखना शुरू किया। मैंने 1970 के क्रिकेट खिलाड़ियों के बारे में लिखना शुरू किया। उन गुस्से से भरे फ़रवरी के कुछ हफ़्तों में मैंने गावस्कर और विश्वनाथ की बैटिंग, बेदी, प्रसन्ना और चन्द्रशेखर की बॉलिंग और सैयद किरमानी की विकेटकीपिंग से जुड़ी अपनी यादों को काग़ज़ पर लाकर रख दिया। इसमें मैंने कपिल देव पर एक चैप्टर और जोड़ा और यहाँ से मेरी दूसरी किताब *स्पिन एंड अदर टर्न्स* ने आकार लेना शुरू किया।*

क्रिकेट के बारे में लिखना एक थेरपी से कम नहीं था। क्रिकेट देखना भी कुछ ऐसा ही था। इंडिया-ज़िम्बाब्वे के बीच मार्च 1993 का वो टेस्ट, जो मैंने लेखक सुरेश मेनन के साथ देखा था, मेरी देश से प्रेम करने वाली आत्मा के लिए मरहम का काम कर रहा था। अब मैं अपने काम पर दोबारा ध्यान लगा सकता था जो अयोध्या पहुँची हिंसक भीड़ ने भटका दिया था।

III

साल 1995 में मैं दिल्ली से बैंगलोर वापस लौट आया। एक साल बाद ही दुरई भी मद्रास से लौट आये और एक FUCC को अपने हाथों में ले लिया। मैं अक्सर नेट्स में (सिर्फ़ देखने के लिए) और मैचों के बीच आ जाता था।

दुरई ने अपने काम से जल्दी रिटायरमेंट ले लिया था। इसके पीछे FUCC भी एक कारण था और विधवा माँ दूसरा बड़ा कारण थीं जिनका वो ख़याल

* इस किताब की वजह से विज़्डन एल्मेनेक में पहली बार मेरा नाम आया था। एलेन रॉस ने साल की क्रिकेट की किताबों के बारे में बात करते हुए मेरा नाम लिया था। रॉस, जो बिटिश उदारवादियों में बड़ा नाम थे, ने लिखा था 'भारतीय क्रिकेट के अलावा भी गुहा कई मामलों पर पकड़ रखते हैं और उनकी लिखावट में वो गर्माहट और दृष्टिकोण है जो मार्क्सवादी नज़रिए के साथ शुरुआती तालीम पाने वालों में पायी जाती है।' बीस साल पहले, जब मैंने मार्क्स और मार्क्सवाद के बारे में कुछ पढ़ा भी नहीं था, मैंने एल्मेनेक के सम्पादक को एक ख़त लिखा था। और अब मार्क्स और मार्क्सवाद के दौर में आकर इस खेल की बाइबल में मेरा नाम आना इस बात की गवाही दे चुका था कि क्रिकेट में मेरी वापसी हो चुकी थी।

रखना चाहते थे। उन्होंने जयमहल एक्सटेंशन में उनके अपार्टमेंट के ऊपर अपने लिये घर बनाया। एक दिन 1996 या 1997 में मैं अपनी नानी से मिलने गया। थोड़ी देर बात करने के बाद मैंने उनसे पूछा कि मेरे 60 साल के मामा कहाँ थे। उन्होंने कहा, 'वो अपने कमरे में लेटे हुए हैं। उसकी टीम आज एक मैच हार गयी। मुझे लग रहा है कि वो रो रहे होंगे। जैसे देहरादून में रोये थे जब वो 16 साल के थे।'

1960 और 70 के दशक में, जब दुरई खुद एक खिलाड़ी थे, मेरे क्लब ने कभी भी फ़र्स्ट-डिवीज़न चैम्पियनशिप नहीं जीती थी। उस रोज़, 1990 के दशक में वो एक बेहद नज़दीकी मैच हार गये थे जिससे उस सीज़न में उनके आगे बढ़ने के सभी रास्ते बन्द हो गये थे। इसलिए वो इतने दुखी और निराश थे। किस्मत से चीज़ें सुधरती दिख रही थीं। अगले दशक में FUCC ने तीन मौकों पर चैम्पियनशिप जीती। उन्होंने प्रदेश का सबसे बड़ा नॉकआउट टूर्नामेंट चार बार जीता। इसके साथ ही कई टी-20 टूर्नामेंट भी उनकी झोली में आये।

FUCC अगर बैंगलोर का सबसे अच्छा क्रिकेट क्लब नहीं था तो कम से कम उसे सबसे अच्छी तरीके से चलाया तो जा ही रहा था। हर सदस्य अपनी फ़ीस टाइम पर भरता था। क्लब ने कभी भी न ही बेईमानी से खेला और न ही कोई भी मैच फ़िक्स करने की कोई कोशिश की। ये ऐसी चीज़ें थीं जो इस शहर की और देश की कई टीमों में आम थीं।

साठ, सत्तर और यहाँ तक की अस्सी की उम्र के बाद भी दुरई FUCC के नेट्स में दिन के कई घंटे बिताते थे। वो हर मैच के दौरान मौजूद रहते थे। उन मैचों में भी वो आते थे जो शहर से बीस-तीस मील दूर खेले जा रहे होते थे। क्लब तीन टीम चलाता था; क्रमश: पहले, तीसरे और पाँचवें डिवीजन में। दुरई नए लड़कों को अपने हाथों में ही रखते। उनकी बल्लेबाजी या गेंदबाज़ी या दोनों पर ध्यान देते (फ़ील्डिंग पर तो ज़रूर)। उन्हें डिवीज़न फ़ाइव में खेलते देखते और अगर कोई लड़का अच्छा प्रदर्शन करता और आगे बढ़ने की इच्छा जताता तो वो उसे डिवीज़न थ्री और यहाँ तक कि डिवीज़न वन तक पहुँचाते। इस देश के सैकड़ों लड़के दुरई के संरक्षण में बेहतर खिलाड़ी और बेहतर इंसान बने हैं।

दुरई के पथ प्रदर्शन में FUCC ने रणजी खिलाड़ियों की भी एक नयी खेप निकाली। इनमें सबसे बेहतरीन खिलाड़ी था बालाचन्द्रा अखिल, जिसने कर्नाटक के लिए चालीस मैच खेले थे। जब मैं ये लिख रहा हूँ, अखिल 42 साल का है और अभी भी क्लब के लिए खेलता है। वो क्रिकेट बॉल को पूरी

ताक़त से पीटने वाले बल्लेबाज़ों में से एक था और अब भी है। इसके साथ ही वो एक अच्छा मीडियम पेस बॉलर भी था और साथ ही कहीं भी रखा जा सकने वाला बढ़िया फ़ील्डर भी। लम्बा और छरहरे बदन का अखिल हर नज़रिए से खिलाड़ी ही दिखता है और उसके चेहरे पर हमेशा मुस्कान काबिज़ रहती है।

मेरे क्लब के और भी सदस्य हैं जिन्होंने कर्नाटक के लिए बीते कुछ सालों में खेला है। इनमें ऑफ़ स्पिनर एच सुरेन्द्र, बल्लेबाज़ श्याम पोनप्पा और एआर महेश, ऑल राउंडर सुनील राजू हैं जो नारायण के बेटे हैं। फिर एक खिलाड़ी है जिसका नाम है कुनाल कपूर। वो मिडल ऑर्डर का बल्लेबाज़ है जिसने 2012 में हरियाणा के ख़िलाफ़ एक रणजी मैच की दोनों इनिंग्स में शतक मारा। कर्नाटक की ओर से ऐसा करने वाला वो पहला खिलाड़ी था। अगर इसे दूसरे शब्दों में कहूँ तो जो काम गुंडप्पा विश्वनाथ और राहुल द्रविड़ नहीं कर सके, वो एक FUCC के खिलाड़ी ने कर दिखाया था।

मेरे मामा का एक दुःख था। बतौर FUCC के कप्तान या कोच, वो अपने क्लब से कोई टेस्ट क्रिकेटर नहीं निकाल सके। सुधाकर राव इसके बेहद करीब आये थे जब उन्हें 1975-76 की सर्दियों में न्यूज़ीलैंड के दौरे के लिए चुना गया था। सुधा ने कभी भी टेस्ट मैच में इंडिया का प्रतिनिधित्व तो नहीं किया लेकिन उन्होंने एक वन-डे इंटरनेशनल मैच खेला था। FUCC से एक इंटरनेशनल शख़्स और निकल चुका है—सीके नन्दन। इन्होंने कई देशों के बीच कई वन-डे और टी-20 मैचों में अम्पायरिंग की है। नन्दन अपने क्लब क्रिकेट के दिनों में बेहतरीन विकेटकीपर के रूप में जाने जाते थे। लेकिन, चूँकि उनके दिन सैयद किरमानी के दिनों के साथ चल रहे थे और फिर बाद में सदानन्द विश्नाथ आ गये, इसलिए वो कर्नाटक के लिए मात्र दो ही रणजी मैच खेल पाये। दुरई ने उन्हें दूसरे प्रदेश चले जाने को कहा लेकिन उन्होंने साफ़ इनकार कर दिया। अब, बतौर सीनियर अम्पायर, वो घरेलू टूर्नामेंटों में इस प्रदेश से उस प्रदेश जाते ही रहते हैं।

IV

दुरई क्रिकेट खेलते थे और देखते थे, और फिर उन्होंने क्रिकेटर्स को ट्रेनिंग देना और उन्हें सही रास्ते पर लाना शुरू कर दिया। वो सिखाते भी थे और चीज़ों को ख़ुद पर अपनाते भी थे। वो सिर्फ़ ज्ञान देने वालों में से नहीं थे। मगर बैंगलोर में मेरा एक दोस्त ऐसा ही था। उनका नाम था टीजी वैद्यनाथन और वो बैंगलोर यूनिवर्सिटी में अंग्रेज़ी पढ़ाते थे। हालांकि वो फ़िल्म समीक्षाओं के लिए ज़्यादा

जाने जाते थे, (सत्यजीत रे ने एक दफ़ा कहा था कि इस विषय पर वैद्यनाथ ही एक शख़्स हैं जिसका लिखा पढ़ने के लिए उनके पास वक़्त होता है) लेकिन खेलों में भी उनकी ख़ास रूचि थी। अपनी जवानी के दिनों में (वो मुझसे भी तीस साल बड़े थे) उन्होंने मद्रास के लिए फ़र्स्ट डिवीज़न क्रिकेट खेला था। उन्होंने इस खेल के बारे में काफ़ी कुछ पढ़ा हुआ था और कई बार वो इसके बारे में लिखते भी थे। बीते वक़्त के और उनके समय के खिलाड़ियों के बारे में उनके लिखे निबंध *डेकन हेरल्ड* और *इलस्ट्रेटेड वीकली ऑफ़ इंडिया* में छपते थे।

मैं शहर के केन्द्र में एक बड़े और स्वाधीन घर में रहता था। वहीं वैद्यनाथ राजाजीनगर के छोटे से इलाके के एक छोटे से एक बेडरूम वाले घर में। 1990 के दशक के अन्त में मैं उनसे मिलने हर इतवार जाता था। शुरुआत में मैं मोपेड से जाता था लेकिन फिर जब मेरे पेशे ने मुझे तरक्की का रास्ता दिखाया तो मैं कार से जाने लगा। ज़ाहिर-सी बात है कि हम क्रिकेट से इतर विषयों पर बात करते थे लेकिन आदतन हमारी बातचीत में क्रिकेट आ ही जाता था। मसलन, उन्होंने एक रास्ते से भटक रहे होनहार समाजशास्त्री के बारे में बात करते हुए सचिन तेंदुलकर के प्रतिभाशाली मगर ख़ुद को नुकसान पहुँचाने वाले साथी विनोद काम्बली का उदाहरण दिया। उन्होंने कहा कि एक-आध अच्छे स्ट्रोक्स के बाद बाहर जाती गेंद पर बल्ला चलाने के चक्कर में विकेटकीपर को कैच दे बैठते हैं।

वैद्यनाथ और मैं जैसे-जैसे मैच आते थे, हम उनके बारे में बातचीत करते थे। इसके साथ ही हम पुराने वक़्त के खिलाड़ियों के बारे में भी बात करते, ख़ासकर उनके पसन्दीदा खिलाड़ियों के बारे में जिसमें लाला अमरनाथ, वीनू मांकड, मुश्ताक़ अली और विजय हज़ारे शामिल थे। वो उन विदेशी खिलाड़ियों के बारे में भी बेहद गर्मजोशी के साथ बात करते थे जिन्हें उन्होंने खेलते देखा था। वो क्लाइड वेलकॉट की स्ट्रेट ड्राइव, सिसिल पेपर की लेग-ब्रेक्स और उनके मज़ाकिया बर्ताव के बारे में बात करते थे। कई बार वो अपने खेलने के वक़्त के बारे में बात करते थे। उन्होंने अपने कॉलेज और क्लब के लिए विकेटकीपिंग की हुई थी। लेकिन (हम सभी की तरह) उन्हें अपने बल्ले के साथ अच्छे प्रदर्शन ज़्यादा याद थे। उन्होंने मुझे बताया कि कैसे 16 साल की उम्र में उन्होंने सी.आर. ('कुर्मी') रंगाचारी को खेला था। रंगाचारी बेहद आक्रामक फ़ास्ट बॉलर थे जिन्होंने भारतीय टीम की तरफ से टेस्ट मैच खेलते हुए जॉर्ज हेडली को क्लीन बोल्ड आउट किया था और जिन्हें खेलने में डॉन ब्रैडमैन को दिक्कत हो रही थी। रंगाचारी की पहली ही गेंद अचानक ऊपर उठी और जाकर

वैद्यनाथन के सीने में लगी। वैद्यनाथन कहते हैं कि दर्द पूरे शरीर में घूम रहा था। उन्हें ऐसा लग रहा था जैसे पूरा शरीर काँप रहा हो। उन्होंने कहा, 'और उसने मुझे सॉरी तक नहीं कहा। मैंने कैसे भी अगली पाँच गेंदें खेलीं लेकिन उस गेंद से लगा झटका मुझे हिला चुका था। अगले ओवर में बाएँ हाथ से धीमी गेंद फेंकने वाले को मैंने छक्का मारने की कोशिश की लेकिन मैं स्टम्प आउट हो गया।'

इस वक़्त तक वैद्यनाथ मेरे साथ चिन्नास्वामी स्टेडियम आने की उम्र पार कर चुके थे लेकिन एक बार वो मुझे अपने साथ एक क्रिकेट मैच में घसीट ले गये। उनके घर के पीछे एक मन्दिर की सूख चुकी बावड़ी में टेनिस बॉल से क्रिकेट खेला जाता था। खेल का सामान बेहद साधारण था और खेलने वाले सभी लड़के आस-पास के ही थे। लेकिन उनके अरमान साधारण नहीं थे। ये कोई छोटा मैच नहीं बल्कि चीता कप का फ़ाइनल था जो फ़्लडलाइट्स में खेला जाता था और जिसकी पुरस्कार राशि राजाजीनगर की दुकानवालों से एकत्र की जाती थी। मैच में कमेंट्री भी लगातार चलती रहती थी। मेरे मित्र का यही कहना था। वो कहते थे कि असल क्रिकेट पहले सुना जाता है, देखा नहीं। एक बात जो उन्हें बड़ी मज़ेदार लगी वो ये थी कि लड़कों ने बड़े-बड़े खिलाड़ियों के नाम उधार लिये हुए थे। इमरान खान एकादश के सामने टोनी ग्रेग एकादश खड़ी हुई थी। सबसे ज़्यादा मज़ा तो तब आया जब कमेंट्री करने की भाषा कन्नड़ से बदलकर अंग्रेज़ी हो गयी और फिर लोकल भाषा पर आ गयी जो इस नीरस मैच में कुछ रस भर रही थी।

1997 में भारतीय क्रिकेट टीम श्री लंका के दौरे पर थी। एक टेस्ट मैच में सनथ जयसूर्या ताबड़तोड़ बैटिंग कर रहे थे और चौथे दिन का खेल ख़त्म होने तक 290 रन बना चुके थे। अगली सुबह जैसे ही जयसूर्या ने 300 रन पार किये, मेरा टीवी धोखा दे गया। जयसूर्या से पहले ऐसा काम सिर्फ़ दर्ज़न भर बल्लेबाज़ कर पाये थे। मैंने वैद्यनाथ से कहा कि मुझे अपडेट देते रहें। वो हर ओवर के बाद मुझे फ़ोन करते और अपने उसी जाने-पहचाने लहजे में क्रिकेट तमिल में मुझे अपडेट देते। 'काउपर पोचे'—ये उनका पहला मैसेज था। इसका मतलब ये था कि बॉब काउपर का 307 का स्कोर पीछे किया जा चुका था। फिर जब जयसूर्या 312 पर पहुँचे, मेरे पास फिर से फोन आया। इस बार उन्होंने कहा 'सिम्पसन एड्रिच रेन्डन पोचे'। एक अंग्रेज़ और एक ऑस्ट्रेलियाई ओपनिंग बैट्समैन खेल की एक रसूखदार लिस्ट में नीचे खिसक चुका था। अगली दो फ़ोन कॉल्स यूँ ही थीं। फिर अगली कॉल पर उन्होंने कहा, 'संधम

पोचे।' दस मिनट बाद उन्होंने कहा 'गूच पोचे' और फिर जब जयसूर्या एक ही स्ट्रोक में 334 रनों से 338 रन पर पहुँचे, उन्होंने कहा, 'ब्रैडमैन, हैमंड हनीफ़ मूनोन पोचे।' एक नये नवेले श्री लंकाई खिलाड़ी ने क्रिकेट के इतिहास में 3 महान बल्लेबाज़ों को किनारे कर दिया था। और इस बात का वज़न सत्तर साल के आस-पास डोल रहे एक भारतीय की आवाज़ में मैं साफ़ समझ सकता था। जयसूर्या जब 340 पर आउट हुए, वैद्यनाथ को बड़ा दुख हुआ। मैंने उन्हें कुछ राहत देने के मकसद से बताया सनथ के आउट होने से एक फ़ायदा ये हुआ कि रोशन महानामा और सनथ उस सर्वकालीन सर्वश्रेष्ठ बैटिंग पार्टनरशिप को नहीं तोड़ पाये जिसमें उनके बचपन के हीरो विजय हज़ारे शामिल थे। वो इस बात से भी ख़ुश नहीं हो सके।

V

बैंगलोर में मैंने अपने क्रिकेट क्लब के हाल-चाल जानने की प्रक्रिया फिर शुरू कर दी। साथ ही अपने प्रदेश की भी। पहले की तरह ही, सुजाता और मैं एमजी रोड के एक तरफ़ रहते थे और दूसरी तरफ़, एक मील से भी कम दूरी पर चिन्नास्वामी स्टेडियम था।

मेरे वापस आने के बाद जो पहला रणजी मैच मैंने देखा, वो था केरल के ख़िलाफ़। ये मैच आरएसआई ग्राउंड पर जनवरी 1996 में खेला गया था क्यूँकि चिन्नास्वामी स्टेडियम में काम चल रहा था। बीते सीज़नों में कर्नाटक ने केरल को बड़ी आसानी से हरा दिया था। कई बार हार का अन्तर एक पारी से ज़्यादा का होता था। मगर इस बार सूरत कुछ बदली हुई थी। उसका एक बड़ा कारण ये भी था कि हमारे सबसे अच्छे खिलाड़ी टेस्ट मैच खेलने के लिए बाहर थे। मैच के आखिरी दिन हमें लगभग 250 रन चाहिए थे। विकेट्स कुछ जल्दी गिरे और लंच के वक़्त टीम का स्कोर था 90 रन पर चार विकेट।

मैंने ख़बर सुनी और एमजी रोड पार कर के आरएसआई आ गया। मेरे पहुँचने के कुछ ही देर में वहाँ कुछ पुराने कर्नाटक खिलाड़ी भी पहुँचे। उनकी टीम की ख़राब हालत की ख़बर उन तक भी पहुँच चुकी थी। एवी जयप्रकाश आये, फिर सुधाकर राव, रॉजर बिन्नी आये और अन्त में आये सैयद किरमानी। वो टीम के टेंट में इकट्ठा हुए और इस बात पर विचार करने लगे कि केरल, रणजी की सबसे निचले तबके की टीम, तीन बार के चैम्पियन को हारने वाली थी।

मैदान के बीच में एक बढ़िया युद्ध चल रहा था। इस लड़ाई के मुख्य किरदार थे चश्मा पहने हुए ऑफ़ स्पिनर बी रामप्रकाश और लेफ़्ट हैंड ऑल राउंडर के जेश्वन्त। रामप्रकाश ने ही टॉप ऑर्डर को तहस-नहस किया था। लेकिन 'जेशु' उनकी राह का कंटक बना हुआ था। वो लेग साइड में लम्बा पैर बढ़ाता और टर्न के ख़िलाफ़ गेंद को मिड-ऑन और मिड-विकेट के ऊपर मारता। दूसरे छोर पर टीम का सबसे अच्छा बल्लेबाज़ विजय भारद्वाज खेल रहा था। वो किताबी क्रिकेट को ध्यान में रखते हुए खेलने में ज़्यादा विश्वास रखता था। जब सीम बॉलर सुनील ओएसिस की गेंद पर भारद्वाज आउट हुआ तो कर्नाटक 111 रनों पर पाँच विकेट खो चुका था। जेशु को अब साथ मिला बाएँ हाथ के ऑल-राउंडर सुनील जोशी का। इन दोनों ने अस्सी रन जोड़े और फिर जेश्वन्त आउट हो गया। इसके बाद विकेटकीपर ए. वैद्य भी चलते बने। बाकी के बीस रन जोशी और डोड्डा गणेश ने मिलकर बनाये। कर्नाटक ने तीन विकेट से ये मैच जीता।

रामप्रकाश ने सुबह से लगातार गेंदबाज़ी की थी। 49 ओवर में उसने 102 रन दिये थे और पाँच विकेट लिए। मैच ख़त्म होने के बाद, जब बाकी खिलाड़ी मैदान से वापस जा रहे थे, वो पिच के ही पास हताशा की स्थिति में खड़ा था। कुछ फ़ैन्स पिच तक चलकर आ गये थे। रामप्रकाश उन सभी की शाबाशी चुप-चाप स्वीकार कर रहा था। उसका वक़्त भी आने वाला था। अगले साल दोनों टीमें एक बार फिर मिलीं। इस बार पलक्कड़ की भुरभुरी ज़मीन पर। रामप्रकाश ने उस मैच में 14 विकेट लिये और वो हुआ जो अकल्पनीय माना जा रहा था—केरल ने कर्नाटक को हरा दिया।

1995-96 में कर्नाटक ने फ़ाइनल में तमिलनाडु को हराकर रणजी ट्रॉफ़ी जीती। ये मैच मद्रास में खेला गया था। दो साल बाद मेरी टीम एक बार फिर फ़ाइनल में थी। इस बार उनके सामने उत्तर प्रदेश था और मैंने वो मैच देखा क्यूँकि ये नया रूप धरे चिन्नास्वामी स्टेडियम में खेला जा रहा था। मैं अपने बेटे केशव को भी साथ लाया था। उस वक़्त उसकी उम्र सात साल की थी। दुरई ने हमें पवेलियन की दो टिकटें दिलवा दी थीं। हिम मिड-ऑफ़ के ऊपर बैठे हुए थे।

इस रणजी फ़ाइनल के लिए हमारी टीम अपनी पूरी क्षमता पर नहीं थी। इंडिया दुबई में एक वन-डे टूर्नामेंट खेल रही थी और हमारे दो सबसे अच्छे गेंदबाज़ अनिल कुंबले और वेंकटेश प्रसाद राजधर्म निभा रहे थे। इस टूर्नामेंट से तीसरे गेंदबाज़, जवागल श्रीनाथ ने थकान का हवाला देते हुए नाम वापस

ले लिया था और वो शायद अपने घर पर बैठे आराम कर रहे थे। जब केशव और मैं चिन्नास्वामी स्टेडियम पर खिलाड़ियों को वॉर्म-अप करते हुए देखने पहुँचे तो श्रीनाथ नहीं दिख रहे थे। लेकिन फिर जब कर्नाटक ने टॉस हारा और टीम बॉलिंग करने उतरी तो नयी गेंद जिसके हाथ में थी वो थे जवागल श्रीनाथ। उन्होंने अपने पहले दोनों ओवरों में एक-एक विकेट लिया और उत्तर प्रदेश दो रन पर दो विकेट खो चुकी थी। इस झटके से उबारने की पूरी कोशिश की सत्रह साल के मोहम्मद कैफ़ ने। उसने बढ़िया बैटिंग की और गेंदों की लाइन के पीछे आकर लगातार रन बनाये। ये सब कुछ उसने बगैर हेलमेट पहने किया। दूसरे छोर पर विकेट्स गिरते रहे और बाएँ हाथ के गेंदबाज़ सुनील जोशी ने इनमें से चार विकेट अपने नाम किये। उत्तर प्रदेश 134 रनों पर सिमट गयी और दिन का खेल ख़त्म हुआ तो कर्नाटक 34 रनों पर बगैर किसी नुकसान के खेल रही थी।

अगले दिन केशव को स्कूल जाना था। मुझे घर पर ही काम करना था। इसलिए मैं कर्नाटक की इनिंग्स की पूरी कहानी रेडियो पर लाइव सुन रहा था। राहुल द्रविड़ (जिन्हें उस वक़्त भारतीय वन-डे टीम का हिस्सा नहीं बनाया जाता था क्यूँकि उन्हें काफ़ी किताबी माना जाता था) ने न केवल उस पूरे दिन बैटिंग की बल्कि अगले लगभग पूरे दिन भी अपना कार्यक्रम चालू रखा। उन्होंने दोहरा शतक मारा और हम 600 के ऊपर रन बना ले गये। उत्तर प्रदेश ने अगली इनिंग्स में बेहतर प्रदर्शन किया और कैफ़ उन पाँच बल्लेबाज़ों में से एक थे जिसने पचास रन पूरे किये। लेकिन फिर भी उत्तर प्रदेश एक बड़े अन्तर से वो मैच हार गया। मैच के सबसे पहले घंटे के बाद से श्रीनाथ मैदान पर नहीं दिखे। उसी पहले घंटे में उन्होंने 1 विकेट लिया था और उसी एक घंटे ने मैच का रुख भी तय कर दिया था। अख़बारों ने बताया कि श्रीनाथ ने जो भी किया, बीसीसीआई उसकी वजह से उनसे ख़फ़ा थी। मुझे नहीं मालूम है कि कर्नाटक स्टेट क्रिकेट असोसिएशन ने उन्हें क्या वजह बताई थी लेकिन मुझे ख़ुशी थी कि श्रीनाथ ने खाड़ी में जाकर वन-डे के तमाशे की बजाय रणजी ट्रॉफ़ी फ़ाइनल में खेलना चुना।

अगले साल एक बार फिर, हमारी टीम फ़ाइनल में थी। हमारे सामने मध्य प्रदेश की टीम थी। ये सीके नायडू की होलकर के वंशज थे। ये मैच चिन्नास्वामी स्टेडियम में खेला जाने वाला था। बुरी बात ये थी कि ठीक उसी वक़्त के लिए हमने पूरे परिवार की छुट्टी का प्लान बनाया हुआ था और हम कुर्ग जा रहे थे। इतने कम समय में उसे कैंसिल भी नहीं किया जा सकता था। हमने ख़ुद को यही सान्त्वना दी कि कर्नाटक बहुत आराम से मैच जीत जायेगा।

मगर हुआ इसका ठीक उल्टा। कर्नाटक ने टॉस जीता और पहली इनिंग्स में 304 रन बनाये। मध्य प्रदेश ने उससे 75 रन ज़्यादा बनाये जिसमें एस.के. साहू का शतक भी शामिल था। कर्नाटक ने इसके बाद अच्छा जवाब देना शुरू किया। दिन का खेल ख़त्म होने पर जो स्कोर होता था, पोल्लिबेत्ता के बैम्बू क्लब में हमें उसकी जानकारी अगली सुबह के बाद मिलती थी। यानी केशव और मुझे 22 अप्रैल की दोपहर में ये समझ में आया कि कर्नाटक अपनी दूसरी इनिंग्स में 209 रनों पर 2 विकेट के स्कोर पर था और 'जैक' अरुणकुमार 104 रनों पर खेल रहा था। चूँकि दो दिनों का खेल बचा हुआ था, इसलिए अभी भी आशा थी कि हम जीत जायेंगे।

मेरा बेटा और मैं, क्रिकेट को लेकर पागल हैं। वहीं मेरी बेटी और पत्नी ठीक इसके उलट हैं। हम इस पसोपेश में थे कि हम वहीं रुके रहें या शहर वापस लौटकर आख़री दिन का रोमाचंक खेल देख लें। इस पूरी बहस का निष्कर्ष हमारे पाले में आया क्यूँकि इस छुट्टी पर मेरे दो भतीजे भी आये हुए थे जो मणिपाल में पले-बढ़े थे। लिहाज़ा वो भी कर्नाटक को ही सपोर्ट करते थे। मेरी पत्नी ने बहुसंख्यकों के सामने आत्मसमर्पण किया और 6 घंटे गाड़ी चलाकर हमें बैंगलोर ले आईं। जिस वक़्त हम सड़क पर चल रहे थे, शहर में काफ़ी बारिश हुई थी। जब बारिश रुकी तो कर्नाटक ने पारी वापस शुरू की और 321 पर सात विकेट के स्कोर पर पहुँचकर पारी घोषित कर दी। मध्य प्रदेश को आउटराइट जीत के लिए 247 रन बनाने थे या फिर रणजी ट्रॉफ़ी पर कब्ज़ा करने के लिए पहली पारी के आधार पर जीतने की खातिर 10 विकेट नहीं खोने थे।

जैसा कि 90 के दशक में अक्सर होता ही था, कर्नाटक के खिलाड़ी भारत की ओर से खेलने के लिए बाहर ही होते थे। इस बार हमारे पास द्रविड़ नहीं थे। न ही हमारे तीन सबसे अच्छे बॉलर्स कुंबले, श्रीनाथ और वेंकटेश प्रसाद थे। अगर वो होते तो मध्य प्रदेश पहली ही इनिंग्स में 200 से कम रनों पर आउट हो गयी होती। अब मध्य प्रदेश को रणजी ट्रॉफ़ी जीतने के लिए ज़्यादा कुछ नहीं बस पूरे दिन बैटिंग करनी थी। हालांकि हमारे स्टार खिलाड़ी वहाँ नहीं थे लेकिन फिर भी मध्य प्रदेश को एक टूटती पिच और दो टेस्ट गेंदबाज़, डोड्डा गणेश और सुनील जोशी से लोहा लेना था।

एक घंटे के खेल के बाद मध्य प्रदेश ने तीन विकेट खो दिये। पहली इनिंग्स में शतक मारने वाले सन्तोष साहू भी वापस जा चुके थे। मगर अब देवेन्द्र बुन्देला और ग्रे टोपी और हेलमेट पहन कर खूबसूरत बल्लेबाज़ी करने

वाले अब्बास अली के बीच साझेदारी बनने लगी थी। अब्बास, गुलरेज़ के बेटे और महान मुश्ताक़ अली के पोते थे। मैंने उनके पिता को देहरादून में 1970 में बैटिंग करते हुए देखा था और उनके दादा की कहानियाँ सुनते और पढ़ते हुए बड़ा हुआ था (और उन्हें सत्तर साल की उम्र में ईडेन गार्डेन्स में वेटरन्स के मैच में खेलते हुए भी देखा)। ये लड़का अपने पिता और दादा से दो मामलों में अलग था—वो बाएँ हाथ से बैटिंग करता था और जब भी चाहे, बगैर गेंद को मारे रह सकता था। अब उसने और बुन्देला ने 2 घंटे लगातार बैटिंग की और हमारे दो टेस्ट गेंदबाज़ों को कोई मौक़ा ही नहीं दिया।

कर्नाटक के कप्तान सुनील जोशी ने विजय भारद्वाज को गेंद थमाई। विजय अच्छे बल्लेबाज़ थे जो कभी-कभी एक बेहद अजीब दिखने वाले एक्शन के साथ ऑफ़-ब्रेक गेंदबाज़ी भी करते थे। अपने दूसरे ही ओवर में उन्होंने बुन्देला को एक तेज़ गेंद से आउट कर दिया। अब्बास को अब साथ मिला चन्द्रकान्त पंडित का जिन्होंने अपने राज्य मुम्बई के लिए कई रणजी ट्रॉफ़ी जीती थीं लेकिन जिस टीम में वो अब थे और कप्तानी कर रहे थे, उसके लिए वो ऐसा एक भी बार नहीं कर सके थे। चन्द्रकान्त ने फ़ाइनल मैच से पहले ही इस बात का डंका बजवा दिया था कि ये उनका आख़री फ़र्स्ट-क्लास मैच होने वाला था। उस पुराने और नये खिलाड़ी ने अपनी टीम को चायकाल तक पहुँचाया और मध्य प्रदेश ने मात्र चार विकेट ही गंवाये थे। इस वक़्त तक हर कोई यही कह रहा था कि मध्य प्रदेश ये मैच ड्रॉ करवा लेगी और ट्रॉफ़ी उसी के पास जायेगी।

चाय के बाद जब मैच दोबारा शुरू हुआ तो चन्द्रकान्त को विजय भारद्वाज की गेंद पर लेग साइड में कैच किया गया। इसके बाद पार्ट टाइम बॉलर विजय ने ही आख़री ख़ास बल्लेबाज़ राजा अली को आउट किया। अब अब्बास ने बड़े करीने से स्ट्राइक अपने ही पास रखनी शुरू कर दी। जब आख़री घंटे के अनिवार्य पन्द्रह ओवर शुरू हुए, मध्य प्रदेश के 6 विकेट गिर चुके थे। जोशी ने नयी गेंद ली और डोड्डा गणेश को सौंप दी जिन्होंने बाहर की ओर गेंद फेंकना शुरू कर दिया। इसके बाद कप्तान साहब ख़ुद ही गेंदबाज़ी के लिए आ गये। उन्होंने एक गेंद को फ़्लाइट दिया और अब्बास ने आगे आकर डिफ़ेंसिव शॉट खेला। उन्होंने पूरे दिन यही तो किया था। लेकिन चूँकि ये नयी गेंद थी इसलिए बाँह के एक्शन के साथ ही बाहर की ओर निकली और जाते हुए रास्ते में बल्ले के किनारे से भी उसकी मुलाक़ात हुई। स्लिप में कैच पकड़ लिया गया। मुश्ताक़ का पोता धीरे-धीरे, गुस्से में तमतमाते हुए पवेलियन की ओर बढ़

रहा था। भारद्वाज ने इसके बाद बड़ी तेज़ी में बाकी विकेट्स लिये और उसके फ़िगर्स थे : 14.5-6-24-6

मुश्ताक़ अली और गुलरेज़ अली अगर पाँच घंटे बैटिंग करते तो कम से कम 150 रन तो बना ही लेते। अब्बास अली ने 204 गेंदों में मात्र 47 रन बनाये। ये लड़का अपने पुरखों की तबीयत के उलट खेलता था और अपनी टीम के लिए खेलना प्राथमिकता थी। वो कमाल की डिफ़ेंसिव पारी थी जिसे कुछ सौ कन्नड़ लोगों ने देखा था और जो चाह रहे थे कि कैसे भी अब्बास आउट हो और वहाँ से निकल जाये। दर्शकों की इस भीड़ में तीन छोटे-छोटे लड़के मेरे साथ भी थे जिन्हें एक बेहतरीन मैच देखने को मिला था। मैच के नतीजे ने भी उन्हें ख़ुश किया था। मध्य प्रदेश टीम के ड्रेसिंग रूम के बाहर उस वक़्त शायद एक मैं ही था जो अब्बास अली के मैच बचाने और मध्य प्रदेश की जीत की कामना कर रहा था।

तीस सालों में ये पहला मौका था जब मैंने अपने प्रदेश कर्नाटक को धोखा दिया था। लेकिन मुझे इसका कोई दुख नहीं था। एक लड़का जो कभी कर्नाटक को बॉम्बे को हराते हुए देख चुका था, आज फिर निचली टीम के विजेता बन कर उभरने की कामना कर रहा था। मेरे भीतर का क्रिकेट फ़ैन ये चाहता था कि अब्बास अली की बल्लेबाज़ी और चन्दू पंडित की कप्तानी को पुरस्कार के रूप में बेहतर नतीजा मिलना चाहिए था। और मेरे भीतर का शुद्धतावादी इस बात को लेकर ख़फ़ा था कि कर्नाटक को जीत एक ऐसे गेंदबाज़ के चलते मिली जिसके एक्शन में झोल था।*

VI

90 के दशक में बैंगलोर में रहने का मतलब ये था कि आप कर्नाटक क्रिकेट के दूसरे सुनहरे काल में जी रहे थे। मेरी किताब *विकेट्स इन द ईस्ट*, जो 1992 में छपी थी, में ये सर्वकालीन कर्नाटक एकादश थी—

---

* ज़ाहिर-सी बात है कि ये विजय भारद्वाज की गलती नहीं थी। वो एक अच्छा, बेहद सौम्यता से बात करने वाला लड़का था जो कमाल का बल्लेबाज़ था और आगे चलकर उसने इंडिया के लिए तीन टेस्ट और दस वन-डे इंटरनेशनल मैच खेले। और वो उस वक़्त के नियमों में रहकर ही गेंदबाज़ी कर रहा था। अगर आज जैसे बेहद कड़े और टेक्नोलॉजी से लैस नियम 1999 में होते तो उसे गेंद फेंकने की इजाज़त ही नहीं मिलती। वहीं दूसरी ओर अगर कुंबले, श्रीनाथ और प्रसाद कर्नाटक के लिए खेल रहे होते तो उससे गेंद फेंकने को कहा ही नहीं जाता।

1) बीके कुन्देरन

2) बी फ्रैंक

3) गुंडप्पा विश्वनाथ

4) वी सुब्रमन्या

5) बीपी पटेल

6) पीई पालिया

7) आरएमएच बिन्नी

8) सैयद किरमानी (विकेटकीपर)

9) वीएम मुद्दैया

10) इरापल्ली प्रसन्ना (कप्तान)

11) भगवत चन्द्रशेखर

12वाँ खिलाड़ी: सुधाकर राव

दशक ख़त्म होते-होते इस टीम में कई बड़े बदलाव हुए। राहुल द्रविड़ और अनिल कुंबले अब हमेशा (कर्नाटक छोड़िये) मेरी सर्वकालीन भारतीय एकादश में रहने लगे थे। जवागल श्रीनाथ भी ऐसी टीम में ज़रूर ही होने वाले थे जो काग़ज़ पर ज़हीर खान के साथ इस बात पर भिड़ते दिख रहे थे कि कपिल देव के साथ नयी गेंद कौन फेंकेगा।

राहुल, श्रीनाथ और अनिल कर्नाटक के दूसरे सुनहरे काल के तीन अनमोल रतन थे। लेकिन मेरी टीम में कुछ और भी बेहतरीन खिलाड़ी थे। इसमें वेंकटेश प्रसाद थे, जिनके बारे में मैंने पहली बार तब सुना था जब उन्होंने मेरे क्लब के साथी सीके नन्दन को एक फ़र्स्ट-डिवीज़न मैच में सर पर गेंद मारी थी। हमारा सलामी बल्लेबाज़ सीधे एचएएल हॉस्पिटल पहुँचा जहाँ उसके सर में टाँके लगाये गये। टीम में सुनील जोशी थे जिन्हें मैंने सबसे पहले जब देखा था, वो मेरे ही क्लब के एक और साथी बीटी सतीश को लगातार तीन गेंदों पर तीन छक्के मार रहे थे। तीसरा छक्का पवेलियन के ऊपर आकर गिरा था। वेंकटेश के पास एक ख़ूबसूरत, प्यारा-सा एक्शन था जो गेंद को दोनों ओर हवा में तैराने का हुनर जानता था। जब उसने पहली बार शारजाह में इंडिया के लिए खेला था, इमरान खान, जो हाल ही में रिटायर हुए थे और कमेंट्री करने

लगे थे, वेंकटेश के कायल हो गये थे। उस वक़्त इमरान ने कभी सोचा भी नहीं था कि वो पाकिस्तान के प्रधानमन्त्री की कुर्सी पर बैठेंगे। बिशन सिंह बेदी के बाद जोशी इस देश के सबसे क्लासिकल स्लो लेफ़्ट-आर्म स्पिनर गेंदबाज़ थे जो अच्छी बैटिंग और फ़ील्डिंग भी कर लेते थे।

इस दूसरे स्वर्ण काल की एक ख़ास बात ये भी थी कि कर्नाटक ने थोक में नयी गेंद के गेंदबाज़ पैदा किये थे। 1991 के आस-पास मेरे कॉलेज के एक दोस्त अमृत माथुर, जो उस वक़्त रेलवे स्पोर्ट्स कंट्रोल बोर्ड देख रहे थे, ने विल्स ट्रॉफ़ी का एक मैच देखने के लिए मुझे करनैल सिंह स्टेडियम बुलाया। (ये एक बड़ा डोमेस्टिक टूर्नामेंट हुए करता था जो सिगरेट के एक ब्रांड के नाम पर था। ये एक ऐसी चीज़ है जो आज सोची भी नहीं जा सकती। हालांकि आईपीएल टीमों के नाम व्हिस्की के ब्रांड पर रखे गये हैं और जिनका मालिक भगौड़ा है।) एक टीम थी, शायद बोर्ड प्रेसिडेंट XI या बोर्ड सेक्रेटरी XI या विल्स ही नाम था, उसकी तरफ़ से जिन दो लड़कों ने नयी गेंद से गेंदबाज़ी शुरू की, वो कर्नाटक से ही थे।

ये दोनों लड़के थे श्रीनाथ और वेंकटेश प्रसाद। उसी साल के अन्त में श्रीनाथ इंडियन टीम के साथ ऑस्ट्रेलिया गये और वेंकटेश को भी कुछ ही वक़्त बाद इंटरनेशनल टीम में शामिल होने का मौका मिला। इन दोनों के बाद कुछ ही वक़्त में चार और कन्नादिगा आये जिन्होंने राज्य और देश के लिए नयी गेंद से गेंदबाज़ी शुरू की—डोड्डा गणेश, डेविड जॉनसन, अभिमन्यु मिथुन और आर विनय कुमार।

भले ही मैं प्रसन्ना और चन्द्रशेखर का उपासक था लेकिन मुझे ये बदलाव रास आ रहा था। कर्नाटक एक बार फिर रणजी ट्रॉफ़ी जीत रही थी और इसमें स्पिन का जितना योगदान था, उतना ही तेज़ गेंदबाज़ी का भी। ऐसा क्यों हुआ? ऐसा इसलिए हुआ क्यूँकि अब फ़र्स्ट डिवीज़न के मैच टर्फ़ पर खेले जाते थे, मैटिंग पर नहीं। या शायद इसलिए भी कि नये लड़कों को अब बेहतर पैसा मिल रहा था, लिहाज़ा वो अपने खान-पान पर ज़्यादा ध्यान दे पा रहे थे, जिम जा रहे थे। या शायद इसलिए भी कि बड़े होते हुए उन्हें टीवी पर जो गेंदबाज़ इंडिया को मैच जीताता हुआ दिख रहा था उसका नाम कपिल देव था।

मुझे प्रसन्ना, चन्द्रशेखर और गुंडप्पा विश्वनाथ से मिलने और उनसे हाथ मिलाने का मौका मिला। सैयद किरमानी उसी इलाके में रहते थे जहाँ मेरे नाना-नानी का घर था। वो हमारे घर अक्सर आते थे। ये सभी मेरे युवाकाल के हीरो थे। मैं इनसे प्रेरणा लेता था। कर्नाटक की अगली खेप मुझसे काफ़ी

छोटी थी। इस बीच मैंने क्रिकेट पर कुछ किताबें भी लिखी थीं। कुछ किताबें और भी विषयों पर लिख चुका था। क्रिकेट के नज़रिये से मैं जितना प्रसन्ना, चन्द्रा और विशी को पसन्द करता था, उतना ही राहुल, श्रीनाथ और वेंकटेश को। ज़ाती तौर पर मैं एक काम कर सकता था जो पुरानी पीढ़ी के साथ करना सम्भव नहीं था। मैं उनसे दोस्ती कर सकता था।

इस शानदार तिकड़ी में जवागल श्रीनाथ सबसे पहले रिटायर हुए। 2003 में। तबसे लेकर अब तक मैं उनसे आधा दर्ज़न बार मिल चुका हूँ। हमारे बीच सबसे लम्बी बातचीत तब हुई जब इत्तेफ़ाक या किस्मत से बैंगलोर से दुबई की फ़्लाइट में हमें अगल-बगल सीट मिली। उन्हें इंटरनेशनल क्रिकेट काउंसिल की किसी मीटिंग में शामिल होना था और मुझे न्यू यॉर्क में होने वाली एक कांफ्रेंस के लिए दुबई से फ़्लाइट पकड़नी थी। जैसा कि इतिहासकारों की आदत में शुमार है, मैं भूतकाल में चला गया। मैंने पूछा कि कैसे मैसूर का एक इंजीनियरिंग करने वाला लड़का प्रदेश की टीम में आया जिसमें बैंगलोर के लड़के बहुसंख्यक थे। उन्होंने बताया कि असल में एक पञ्चकोणीय सीरीज़ के लिए उन्हें मैसूर ज़ोन के लिए चुना गया था। इस सीरीज़ से ही राज्य की टीम के लिए खिलाड़ियों का चयन होना था। अमूमन कोई भी कर्नाटक का सेलेक्टर ऐसे मैच देखने नहीं पहुँचता था। लेकिन इस मौके पर चीज़ें कुछ अलग हुईं। गुंडप्पा विश्वनाथ ने फ़ैसला किया कि वो मैसूर जाकर टूर्नामेंट देखेंगे। उस दिन श्रीनाथ ने एक ही स्पेल में 6 विकेट लिए। और यहीं से विश्वनाथ को ये अहसास हुआ कि श्रीनाथ को आगे बढ़ाया जाना चाहिए। श्रीनाथ ने मुझसे कहा, 'आप विश्वास नहीं करेंगे लेकिन मैसूर के पास मुझसे कहीं बेहतर खिलाड़ी थे लेकिन वो इतने किस्मती नहीं थे। जब वो विकेट्स लेते या शतक मारते, कोई उन्हें देखने के लिए वहाँ होता ही नहीं था।'

श्रीनाथ चावल खाने वाले कन्नादिगा थे और (शुरुआत में) शाकाहारी थे। लेकिन वो अच्छी फ़ास्ट-मीडियम गेंदबाज़ी करते थे और हवा में और पिच से गेंद को अन्दर लाते थे। उन्होंने कई बेहतरीन इंटरनेशनल बल्लेबाज़ों को चकमा दिया था। एलेन बॉर्डर, अर्जुन राणातुंगा कभी भी श्रीनाथ को खेलते हुए सहज नहीं हो पाये। यहाँ तक की माइक एथर्टन भी नहीं। श्रीनाथ एक वर्ल्ड क्लास खिलाड़ी थे जिन्होंने रिटायर होने के बाद भी क्रिकेट को योगदान देना जारी रखा। आईसीसी मैच रेफ़री के रूप में श्रीनाथ को काफ़ी सरहाना मिली है और कर्नाटक स्टेट क्रिकेट असोसिएशन के सेक्रेटरी के पद पर रहते हुए भी उन्होंने शानदार काम किया। उन्होंने राज्य के ज़िलों में खेल के विकास को

लेकर फ़ोकस किया। इस खेल को लेकर उनमें एक जूनून है जिसे खेल की गूढ़ बातों के ज्ञान और अनुभव से ताक़त मिलती है। यहीं से वो क्रिकेट के टैलेंट के लिए अच्छा पायदान बनाते हैं। उन्होंने एक बात मुझसे कही थी, 'अगर हम ज़िलों में KSCA की अच्छी एकेडेमी शुरू कर दें तो हर साल कर्नाटक से कई तेंदुलकर निकल सकते हैं।'

श्रीनाथ के सबसे करीबी दोस्त हैं उनके साथी इंजीनियर, साथी गेंदबाज़ और वो साथी जो कन्नड़ में बात करते हैं—अनिल कुंबले। 1998 में द *हिन्दू* में छपे एक कॉलम में मैंने लिखा था कि जब मोहम्मद अजहरुद्दीन रिटायर हों तो अनिल कुंबले को उनकी जगह भारतीय क्रिकेट टीम का कप्तान बनना चाहिए। उनके पास वो काबिलियत है, वो स्वभाव है और वो अनुभव है जो उन्हें उस पद के लिए एकदम मुफ़ीद बनाता है। लेकिन अज़हर के बाद उनका कप्तान बनना मुश्किल ही था क्यूँकि इंडिया समेत लगभग हर जगह बॉलर के कप्तान बनने को बहुत लोगों का समर्थन नहीं मिलता था। रिची बेनॉड, इमरान खान और रे इलिंगवर्थ के उदाहरण देते हुए मैंने ये बताने की कोशिश की थी कि दिमाग लगाने वाले गेंदबाज़ अच्छे कप्तान बनते हैं। बस उन्हें टीम का एकमात्र स्ट्राइक बॉलर या मुख्य बॉलर नहीं होना चाहिए (जो कपिल देव और इयान बॉथम थे)। मेरा वो कॉलम कुछ इस तरह से ख़त्म हुआ था : 'जब तक श्रीनाथ हैं और अच्छी गेंदबाज़ी कर रहे हैं, तब तक लोग अनिल कुंबले पर अकेले दूसरी टीम के विकेट्स निकालने का भार नहीं डाल रहे हैं, वक़्त आने पर कर्नाटक के इस रिस्ट-स्पिनर की दावेदारी को सही प्रतिफल मिलना चाहिए। हमें इस दावेदारी को इस भौंडी दलील के आधार पर नहीं ख़ारिज कर देना चाहिए कि गेंदबाज़ अच्छे कप्तान नहीं होते या हो नहीं सकते।'

इस वक़्त तक मैं कभी भी अनिल कुंबले से मिला नहीं था लेकिन हाँ, कई मौकों पर उन्हें गेंदबाज़ी करते हुए देखा था। मैं उनकी विकेट निकालने की आदत का प्रशंसक था और उसी वक़्त उनके ग़ैर-परम्परागत तरीक़ों से हैरान भी होता था। वैसे, हैरान होने वालों में मैं अकेला नहीं था। 1995 में, मैं हीथ्रो हवाई अड्डे के इमिग्रेशन काउंटर पर था और वहाँ के एक ऑफ़िसर को जब मालूम पड़ा कि मैं भारतीय था तो उसने कहा, 'तुम्हारे यहाँ का एक लड़का हमारे यहाँ काउंटी क्रिकेट खेल रहा है। वो गेंद को टर्न तो कराता ही नहीं है (हाथ से स्पिन गेंदबाज़ी का इशारा करते हुए) लेकिन विकेट्स ख़ूब लेता है।' उस सीज़न में नॉर्थेम्पटनशेयर के लिए खेलते हुए कुंबले ने काउंटी

चैम्पियनशिप में सौ से ज़्यादा विकेट लिए। वो ऐसा करने वाले आख़री अंग्रेज़ या ग़ैर-अंग्रेज़ गेंदबाज़ हैं।

उस इमिग्रेशन ऑफ़िसर के उलट, अनिल कुंबले को ये बात बखूबी मालूम थी कि बल्ले का किनारा लेने के लिए गेंद को महज़ दो इंच घुमाना होता था न कि दो फ़ीट। उनके गेंदों में बदलाव बेहद महीन थे न कि आक्रामक। वो गेंद की तेज़ी, लाइन और स्पिन में बदलाव करते थे। कुंबले की सबसे बड़ी ताकत उनकी गुगली थी जो सीधी रहती गेंद और लेग से टर्न होने वाली गेंद के साथ फेंकी जाती थी। अपनी लम्बी बाँह वाले एक्शन और अच्छी गति के कारण टूटते विकेट पर कुंबले किसी तबाही से कम कुछ भी नहीं थे। वो इंडिया के सबसे अच्छे टेस्ट और वन-डे बॉलर थे जो कहीं भी, कभी भी गेंदबाज़ी करने को तैयार रहता था। उनसे इनिंग्स की शुरुआत में, बीच में और अन्त में गेंदबाज़ी करवाई जा सकती थी और वो रन रोकने और विकेट्स निकालने में माहिर थे। कुंबले गेंद के साथ जो कुछ भी कर सकते थे, उसमें उनके क्रिकेट को लेकर परिपक्व दिमाग और साहस के कारण और भी निखार आता गया।

दुख तब हुआ जब अज़हरुद्दीन के बाद भारतीय क्रिकेट टीम का कप्तान ढूँढा जा रहा था और कुंबले की बजाय एक बल्लेबाज़, सचिन तेंदुलकर को कप्तान बनाया गया। इसके कुछ ही दिनों बाद मेरे ही शहर के इस बाशिन्दे से मेरी पहली मुलाक़ात हुई। इंडिया चिन्नास्वामी स्टेडियम में एक टेस्ट मैच खेल रहा था और मैच के एक रोज़ पहले ही टीवी एंकर राजदीप सरदेसाई ने हम दोनों को अपने शो में बुलाया। और ये वो मौका था जब बॉम्बे का एक शख़्स कर्नाटक के सबसे बड़े खिलाड़ी की मुलाक़ात इस राज्य के क्रिकेट के सबसे बड़े फ़ैन से करवा रहा था।

तेंदुलकर के बाद सौरव गांगुली और फिर राहुल द्रविड़ को टीम का कप्तान बनाया गया। ये दोनों बल्लेबाज़ ही थे। 2007 के सफ़ल इंग्लैंड दौरे के बाद द्रविड़ ने कप्तानी छोड़ दी जिसने सभी को चौंका दिया। इसके बाद इस पद के लिए कुंबले का नाम प्रस्तावित हुआ। हमारी अगली सीरीज़ ऑस्ट्रेलिया में थी जहाँ खिलाड़ी, परिस्थितियाँ और दर्शक किसी भी और जगह के मुक़ाबले हम पर सबसे ज़्यादा दबाव डालते हैं। इंडिया ने यहाँ इससे पहले कभी भी कोई सीरीज़ नहीं जीती थी।

2007-08 की उस सीरीज़ में इंडिया को ऑस्ट्रेलिया में चार टेस्ट खेलने थे। मेलबर्न के पहले टेस्ट में उन्हें ऑस्ट्रेलिया के हाथों बुरी तरह से हार का सामना करना पड़ा। लेकिन सिडनी में खेले गये दूसरे टेस्ट में टीम ने लज्जित

होने से बचा लिया। एक वक़्त पर तो हालत ये थी कि भारतीय गेंदबाज़ों ने ऑस्ट्रेलिया को बाँधा हुआ था लेकिन फिर अम्पायर को बल्ले के किनारे पर गेंद लगती न दिखायी दी न सुनाई दी। इस एक गलती की वजह से वो बल्लेबाज़ (एंड्रू साइमंड्स) शतक बना ले गये।

हालांकि साइमंड्स के शतक बनाने के बाद इंडिया को पूरे दिन बल्लेबाज़ी करने को मिली और ये मैच बचाने का मौका था। अगर उन्हें घटिया अम्पायरिंग का सामना न करना पड़ता तो वो ऐसा कर भी लेते। द्रविड़ को विकेट के पीछे ग़लत आउट दिया गया और गांगुली को उस फ़ील्डर के दावे के आधार पर वापस भेजा गया जिसने गेंद टप्पा खाने पर पकड़ी थी। सही तरीके से या ग़लत, जैसे भी वो विकेट्स गिरे, अनिल कुंबले ने मैच बचाने के इरादे से तीन घंटों तक पिच पर लड़ाई जारी रखी।

आख़री विकेट गिरने के बाद ऑस्ट्रेलिया ने ऐसे जश्न मनाया मानो उन्होंने विश्व युद्ध जीत लिया हो। (उनके उस वक़्त के और बाद के बर्ताव को ध्यान में रखते हुए, अमूमन शान्त रहने वाले पीटर रोबक ने उन्हें 'जंगली कुत्तों का झुण्ड' करार दिया।) हालांकि मुझे कुंबले के भार को और बढ़ाना नहीं चाहिए था लेकिन मुझे लगा कि मुझे उन्हें ख़त लिखना चाहिए और मैंने ऐसा किया :

प्रिय अनिल,

मैं टेस्ट ख़त्म होते ही तुम्हें ऑस्ट्रेलियाई गेंदबाज़ी को कड़ी टक्कर देने पर बधाई देने के लिए ये ख़त लिखना चाहता था। जितनी हिम्मत और प्रतिबद्धता आपने दिखाई, उसका एक छोटा-सा हिस्सा अगर हमारे कुछ-एक बल्लेबाज़ों ने भी दिखाया होता तो हम ऐसी अम्पायरिंग के बावजूद ये टेस्ट ड्रॉ करवा सकते थे। मैं ख़ुश हूँ कि मैंने तुरन्त ही तुम्हें ख़त नहीं लिखा लेकिन टेस्ट के बाद के दिनों में आपने शानदार आचरण दिखाया है। आपने जिस मर्यादित तरीक़े से ख़ुद को सभी के सामने रखा है और जैसे नपे-तुले शब्दों में अपनी बात कही है, ये इस कहानी में शामिल बाकी क्रिकेटर्स के ऑन-फ़ील्ड और ऑफ़-फ़ील्ड आचरण के ठीक उलट है। आपने ख़ुद के लिए, क्रिकेट के इस खेल के लिए और भारत के लिए ख़ूब गौरव कमाया है।

शुभकामनाओं के साथ

राम

इसके एक या दो दिन बाद उनका जवाब आया :

प्रिय राम

आपकी शुभकामनाओं और अटूट सहयोग के लिए आभार। मैं विश्वास करता हूँ कि बाकी के मैचों में हमारी टीम बेहतर प्रदर्शन करेगी और सीरीज़ ख़त्म होने पर 2-2 का नतीजा देखना बेहद सुखदायी होगा।

आभार

अनिल

कुंबले के इस जवाब ने उनकी हिम्मत के लिए मेरे अन्दर जो आदर था, उसकी जड़ों में एक बार फिर पानी डाल दिया था। लेकिन यहाँ मैं उनके फ़ैसले पर शक़ करने लगा था। अगला टेस्ट मैच पर्थ में खेला जाना था जो अपनी उछाल और गति के लिए जाना जाता था। यहाँ सामने वाली टीम के बल्लेबाज़ अक्सर ख़ुद को ख़तरे के बीच पाते थे और ऑस्ट्रेलिया के गेंदबाज़, बकरी का शिकार करने की फ़िराक में निकले जंगली कुत्तों के झुण्ड की माफ़िक दिखते थे। ऑस्ट्रेलिया ने 18 सालों में पर्थ पर एक भी बार मैच नहीं गंवाया था। भारतीय कप्तान इस आंकड़े को पलटने के बारे में सोच भी कैसे सकता था? सौ-सौ टेस्ट मैच खेल चुके लोगों ने, चैनल 9 की कमेंट्री टीम में बैठ कर मेरी ही तरह ये मन बना लिया था कि ऑस्ट्रेलिया इस सीरीज़ में 3-0 की बढ़त बना लेगी। लेकिन किसी तरह भारतीय टीम के कप्तान ने अपने उस आत्म-विश्वास का कुछ हिस्सा अपनी टीम के सदस्यों तक पहुँचाया। पूरी जान लगाकर बैटिंग और बॉलिंग करते हुए कुंबले के लड़कों ने ऑस्ट्रेलिया को 72 रनों के अन्तर से हरा दिया।

सिडनी में हुई बुरी हालत और पर्थ की पिच के व्यवहार को ध्यान में रखते हुए अगर देखें तो ये जीत भारतीय क्रिकेट टीम की सबसे बड़ी जीत मानी जायेगी। कुंबले की कप्तानी को अगर हटा दें तो ये किला जीत पाना बेहद मुश्किल मालूम देता है। जिस तरह से पूरी टीम ने खेला, कुंबले ही उस टीम से ऐसा नतीजा निकलवा सकते थे।

पर्थ टेस्ट में भारतीय क्रिकेट को नये सिरे से परिभाषित करने वाला एक मौका वो था जब हमने सौरव गांगुली को शॉर्ट-लेग पर फ़ील्डिंग करते हुए

देखा। भारतीय क्रिकेट टीम में तो वो जगह हमेशा ही टीम के सबसे जूनियर खिलाड़ी के लिए रिज़र्व रखी जाती थी। सुनील गावस्कर के दिनों में या उससे पहले वीनू मांकड़ के दिनों में कोई भी पूर्व कप्तान उस पोज़ीशन पर फ़ील्डिंग करता दिख ही नहीं सकता था। अगर उससे कहा भी जाये तो वो मना कर देगा। कुंबले की टीम में इज़्ज़त का ये सबसे बड़ा सबूत था कि एक इतना अनुभवी टेस्ट खिलाड़ी और पूर्व कप्तान उस जगह पर खड़ा फ़ील्डिंग कर रहा था। कुंबले की कप्तानी में चार पूर्व कप्तान खेल रहे थे (गांगुली के अलावा तेंदुलकर, द्रविड़ और धोनी बाकी तीन कप्तान थे) और सभी अपना सौ प्रतिशत दे रहे थे क्यूँकि वो कप्तान के प्रति निष्ठावान थे और काफ़ी इज़्ज़त करते थे।

अनिल कुंबले के समकालीन शेन वॉर्न ने अच्छा क्रिकेटीय दिमाग होने के और खिलाड़ियों के बीच सम्मानित होने के बावजूद ऑस्ट्रेलिया की कप्तानी नहीं की। हालांकि कुंबले के पास एक ऐसी शय भी थी जो तमाम रिस्ट-स्पिनर्स के पास नहीं थी—कुंबले ने टेस्ट में शतक भी मारा था। वॉर्न ने गेंद से ऑस्ट्रेलिया को कई मैच जिताये थे और कई बल्ले से बचाये भी थे। वो एक योग्य बल्लेबाज़ तो नहीं थे लेकिन उन्हें पुछल्ला बल्लेबाज़ भी नहीं कहा जा सकता था। उनकी स्टाइल परम्परागत नहीं थी। उनके पसन्दीदा शॉट्स में स्लिप्स के ऊपर से गेंद को भेजना और मिड विकेट के ऊपर बल्ला चलाना था। लेकिन वो गेंद को अच्छे से देखते थे और सामने खड़े रहने की हिम्मत रखते थे। वॉर्न ने टेस्ट क्रिकेट में दर्ज़न भर पचासे मारे। वो दो बार 86 पर आउट हुए, एक बार 90 तक पहुँचे और एक बार तो 99 तक भी (अगर मुझे ठीक से याद है तो वो बड़ा शॉट मारने के चक्कर में बाउंड्री पर पकड़े गये थे।)

अगर वॉर्न और कुंबले के बीच एक बॉलर को चुनने को कहा जाये तो सवाल पूछने वाले से ये सवाल किया जाना चाहिए—किस बल्लेबाज़ के ख़िलाफ़, किस देश में और कैसे विकेट पर? सचिन जैसे तेज़ कदम चलाने वाले भारतीय बल्लेबाज़ों के ख़िलाफ़ आपको वॉर्न की बजाय कुंबले को चुनना होगा। लेकिन अगर कोई पैरों के मामले में मन्द है तो आपको हर हाल में वॉर्न को ही साथ ले जाना चाहिए। उपमहाद्वीप की टूटती पिचों पर जहाँ ग़ैर-बराबर उछाल मिलता है, कुंबले वॉर्न की बनिस्बत कहीं तेज़ी से सामने वाली टीम के बल्लेबाज़ों को वापस भेजेंगे। लेकिन अगर मेलबर्न या मैनचेस्टर का पहले दिन का विकेट है वो कुंबले की बजाय वॉर्न ज़्यादा काम आयेंगे। ऐसी सतहों पर अपनी ललचाने वाली फ़्लाइट और महीन बदलावों के दम पर बल्लेबाज़ों से वॉर्न ही ज़्यादा गलतियाँ करवा सकते थे।

लेकिन अगर बल्लेबाज़ के तौर पर वॉर्न और कुंबले में से एक को चुनना हो तो हमेशा वॉर्न को तरजीह मिलेगी। टेस्ट के लेवल पर कुंबले की डिफ़ेंसिव तकनीक उतनी अच्छी नहीं थी। उनके पास रन बनाने के तरीकों में लेग साइड पर बल्ला घुमाना शामिल था। वहीं शेन वॉर्न तेज़ आती गेंदों की भी लाइन में आकर खेलते थे और उनके पास कई आक्रामक शॉट्स थे। 2007 में इंग्लैंड में चल रहे एक मैच में अनिल कुंबले निचले पायदान पर आये। टीम आरामदायक स्थिति में खेल रही थी। आते ही उन्होंने अपना बल्ला इधर-उधर घुमाना शुरू कर दिया। कुछ ही देर में वो 40 पर पहुँचे, फिर 60 पर और फिर 70 पर। इस मौके पर कमेंट्री बॉक्स में बैठे इयान चैपल ने अपना फ़ोन निकाला और शेन वॉर्न को ख़बर देने के लिए मैसेज किया। उधर से एक नर्वस जवाब आया: 'क्रिस (ट्रेमलेट, फ़ास्ट बॉलर जो हैम्पशेयर में वॉर्न की ही टीम में था) को बोलो कि उसको बाउंसर फेंके। वो पटकी हुई गेंदें नहीं खेल पाता।' या तो क्रिस तक सन्देसा नहीं पहुँचा या वो बाउंसर फेंकने के लिए काफ़ी थका हुआ था। जब कुंबले ने शतक पूरा किया, चैपल ने वॉर्न को सान्त्वना देते हुए मैसेज किया। सामने से कोई भी जवाब नहीं आया।

जैसा कुंबले के साथ हुआ था, वैसे ही मैंने राहुल द्रविड़ से मिलने से काफ़ी पहले उनके बारे में प्रशंसा करते हुए लिखा था। 1996 में लॉर्ड्स में बेहतरीन पदार्पण के बाद द्रविड़ टेस्ट टीम का हिस्सा बन गये लेकिन उनकी परम्परगत शैली और ख़तरे न मोल लेने की आदत ने उन्हें वन-डे टीम का हिस्सा बनने से रोके रखा। किसी शातिर कॉपीराइटर ने उनका नाम 'द वॉल' रख दिया। ये एक ऐसी तारीफ़ थी जो इंडिया के टेस्ट मैच खेलने पर तो बड़ी वाजिब जान पड़ती थी लेकिन 50 ओवर के खेल में इसकी जगह भी नहीं दिखती थी। अगस्त 1998 में, जब इंडिया की वन-डे मैचों की एक लम्बी सीरीज़ शुरू होने वाली थी, बैंगलोर के काफ़ी व्यस्त रहने वाले ब्रिगेड रोड और रेज़िडेंसी रोड के चौराहे पर द्रविड़ की एक बड़ी-सी होर्डिंग लगी। जब ये मालूम पड़ा कि कर्नाटक का ये बल्लेबाज़ इंडिया के वन-डे के प्लान्स का हिस्सा नहीं है तो उनकी जगह कोई दूसरी होर्डिंग लगा दी गयी। इस बाबत मेरा विरोध द *हिन्दू* के पन्नों पर कुछ यूँ दर्ज हुआ :

> भले ही आज के बाद द्रविड़ का चेहरा किसी भी प्रोडक्ट के लिए इस्तेमाल न हो लेकिन मैं उनकी बल्लेबाज़ी की जय-जयकार करना चाहूँगा। क्यूँकि ये टुक-टुक वाली बल्लेबाज़ी का कुशल कारीगर टेस्ट मैच ड्रॉ करवाने से और भी ज़्यादा कुछ कर सकता है। ये

हमें जीत भी दिलवा सकता है। डॉन ब्रैडमैन की तीस और चालीस के दशक की ऑस्ट्रेलियाई टीम में हमेशा एक ब्लॉक करने वाला कलात्मक बल्लेबाज़ होता ही होता था (पहले पॉन्सफ़ोर्ड और फिर सिड ब्राउन)। टेस्ट मैच के आधुनिक काल की सबसे बड़ी टीम, 1977-85 की वेस्ट इंडीज़ की टीम, में भले ही सारा ध्यान बल्ला चलाने वालों, ग्रीनिज, रिचर्ड्स, फ्रेडरिक, कालीचरण और लॉयड पर रहता हो लेकिन वो अपनी मर्ज़ी के मुताबिक़ बैटिंग इसलिए कर पाते थे क्यूँकि अब भुलाये जा चुके लैरी गोम्स लम्बे-लम्बे वक़्त के लिए दूसरा छोर सँभाले रखते थे।

समय में इतना पीछे जाना ही क्यों? इस साल (1998) के फ़रवरी और मार्च की याद करिए और इंडिया की स्वघोषित विश्व चैम्पियंस पर हासिल की गयी जीत याद करिए। ऑस्ट्रेलिया के ख़िलाफ़ उस सीरीज़ में इंडिया की बैटिंग लाइन-अप में सिद्धू, अज़हरुद्दीन थे और इन सबसे ऊपर थे सचिन तेंदुलकर। लेकिन अगर देखा जाये तो इनका सारा जलवा बेहद सीमित था। इन सभी स्ट्रोक लगाने वालों ने द्रविड़ की शान्त दृढ़ता को बहुत हल्के में लिया है। मार्क टेलर की टीम वापस जा चुकी है। भारतीय टीम श्री लंका से शारजाह जा चुकी है और बहुत ही जल्द कनाडा जायेगी। इस बाबत बात हो रही है कि टोरंटो जाने के लिए चौदह की टीम में द्रविड़ को जगह दी जाये। लेकिन जब इस साल के अगले हिस्से में टेस्ट क्रिकेट वापसी करेगा तभी द्रविड़ को अपनी वो जगह मिल पायेगी जिसके वो काबिल हैं। जनता एक बार फिर से उनका नाम लिखना सीखेगी। और क्या मालूम, एक बार फिर मैं ब्रिगेड रोड से लौट रहा होऊँगा और मेरी हेडलाइट्स की रोशनी उनके मुँह पर पड़ेगी।

ये पक्षतापूर्ण तरीक़े से लिखा गया था—कर्नाटक क्रिकेट के लिए और टेस्ट क्रिकेट के लिए। लेकिन इस बात का अहसास भी हुआ कि द्रविड़ की बल्लेबाज़ी की तारीफ़ करने के चक्कर में मैंने उन्हें एक खाँचे में बिठा दिया था। बगैर अपनी उस नींव से समझौता किये जिसपर उनके खेल का किला खड़ा हुआ था, द्रविड़ ने गेंद को और ज़ोर से और ऊपर मारना सीखा। द्रविड़ ने वन-डे टीम में अपनी ताक़त के दम पर जगह बनायी। उन्होंने सेलेक्टर्स (और विज्ञापन बनाने वालों को भी) ये दिखाया कि वो भी परिस्थितियों की माँग पर

आड़ा बल्ला चला सकते थे और छक्के मार सकते थे। इसके अलावा वो टीम की माँग पर विकेटकीपिंग भी कर सकते थे। जब वो छोटे थे तो अपनी स्कूल की टीम के लिए विकेटकीपिंग करते थे, जबकि उनके क्लब BUCC से ही इस देश का सबसे अच्छा विकेटकीपर सैयद किरमानी निकले थे। अब, जब टीम को ज़रूरत थी, द्रविड़ ने ग्लव्स पहने और विकेटकीपर बन गये। इस पूरे क्रम में द्रविड़ ने इंडिया के लिए तीन सौ से ज़्यादा वन-डे मैच खेले जिसमें उन्होंने बारह शतक मारे और तिरासी बार पचासा जड़ा।

अगर मेरी याद्दाश्त ठीक है तो मैंने द्रविड़ से पहली बार इंडिया और पाकिस्तान के बीच 2005 में हुए टेस्ट मैच से एक शाम पहले हाथ मिलाया था। उस वक़्त तक रिटायर हो चुके जवागल श्रीनाथ ने एक छोटी-सी स्पीच दी थी और जिसे वो 'जीता जागता लेजेंड' कहते थे, उससे उन्होंने अगले दिन अपने शहर के दर्शकों के सामने शतक मारने को कहा। द्रविड़ ऐसा नहीं कर सके। उनका चिन्नास्वामी पर रिकॉर्ड एकदम वैसा ही है जैसा सचिन का लॉर्ड्स पर है। लेकिन चूँकि उन्होंने दुनिया भर में इतने शतक मारे हैं कि वो हमेशा इस शहर के प्यारे रहे।

एक अजीब इत्तेफ़ाक के चलते, द्रविड़ से मेरी सभी मुलाक़ात हवाई अड्डों पर ही हुई हैं। एक बार, जब वो कर्नाटक और इंडिया, दोनों के कप्तान थे, मैंने एक एयरलाइन स्ट्यूवर्डेस के सामने (बेहद सौम्यता के साथ) उलाहना दिया कि फ्रेंड्स युनियन क्रिकेट क्लब के एक बेहतरीन ऑल-राउंडर पर सेलेक्टर्स ध्यान ही नहीं दे रहे थे। एक और मौके पर हम जिस दिन चेक-इन काउंटर पर मिले, एक ऐसे लेखक को पद्म भूषण मिला था जिसे हम दोनों जानते थे। द्रविड़ को इस बात का आश्चर्य हुआ कि उस लेखक को उससे पहले पद्म श्री क्यों नहीं मिला था (ये एक ऐसी चीज़ है जो शायद कोई और भारतीय क्रिकेटर नहीं पकड़ पाता)।

उस दिन हम एक ही फ़्लाइट में थे लेकिन मैं बिज़नेस क्लास में था और द्रविड़ इकॉनमी क्लास में। ऐसा इसलिए हुआ था क्यूँकि जहाँ मैं कुछ कम्पनी एग्ज़ेक्यूटिव्स को सम्बोधित करने जा रहा था वहीं द्रविड़ कर्नाटक की रणजी टीम के साथ यात्रा कर रहे थे। मुझे बड़ा ही अजीब लगा और जैसे ही जहाज़ का पेटी बाँधे रखने वाला निशान बुझा, मैं उठकर पीछे गया। मैंने देखा कि फ़ास्ट बॉलर आर विनय कुमार अपनी सीट में बैठे हुए उछल रहा था क्यूँकि उसके कानों में रॉक म्यूज़िक बज रहा था। वहीं उसके ठीक बगल में मेरे राज्य या मेरे

देश के लिए खेलने वाला सबसे अक्लमन्द खिलाड़ी बैठा हुआ नंदन नीलेकनी की हाल ही में छपी किताब *इमेजिनिंग इंडिया* के पन्नों में डूबा हुआ था।

द्रविड़ ने एक बार मेरी भी किताब पढ़ी थी जिसके बारे में मुझे बेहद मज़ेदार तरीक़े से मालूम पड़ा था। 2007 में इंडिया इंग्लैंड में एक वन-डे सीरीज़ खेल रही थी। द्रविड़ हमारे कप्तान थे लेकिन वो अब विकेटकीपिंग नहीं करते थे (धोनी करते थे)। आप द्रविड़ से स्लिप में खड़े होने की अपेक्षा रखते हैं लेकिन उन्होंने ख़ुद को मिड-ऑफ़ पर रखा हुआ था। शायद उन्हें बॉलर से बात करने में आसानी होती होती थी और मैदान पर जो चल रहा था, उसकी एकदम साफ़ तस्वीर देख सकते थे। एक ऐसे मैच के बाद, जिसमें स्लिप्स में दो या तीन कैच गिरे थे, मैंने बैंगलोर में अपने घर से भारतीय कप्तान को ख़त लिखा :

> प्रिय राहुल,
>
> आप भारतीय क्रिकेट के इतिहास में शायद सबसे कमाल के टेस्ट बैट्समैन हैं और बिना शक़ किसी भी फ़ॉरमैट में स्लिप्स में खड़े होने वाले सबसे बेहतरीन फ़ील्डर हैं। आपको वहीं फ़ील्डिंग करनी चाहिए। मुझे ये समझ में आता है कि अपनी गेंदबाज़ी में कुछ अस्थिरता के चलते आप गेंदबाज़ों के नज़दीक रहते हुए उन्हें समझाना पसन्द करते हैं। लेकिन इन सभी बातों को देखते हुए भी मुझे यही लगता है कि स्लिप ही आपके लिए सबसे अच्छी जगह है। उस पोज़ीशन पर फ़ील्डिंग करने के मामले में भारत में कोई भी आपके आस-पास भी नहीं आता है और इसीलिए शुरुआती ओवरों में इतने कैच छूटते हैं।
>
> शुभकामनाओं के साथ
> राम

दो या तीन दिन में उनका जवाब आया। जवाब मेरे अनुरोध के बारे में नहीं था बल्कि मुझे ये बताया गया था कि उन्होंने मेरी वो किताब पढ़ी है जो हाल ही में मैंने स्वाधीन भारत के इतिहास पर लिखी थी। भारतीय कप्तान ने लिखा था, 'आप एकदम ठीक कह रहे थे। हमारा इतिहास गाँधी पर रुका हुआ मालूम देता है और असल में तबसे लेकर अभी 60 साल बाद तक इतना कुछ हो चुका है जिसकी बदौलत हम जहाँ हैं, वहाँ हैं। मैंने करीब 180 पन्ने पढ़े हैं और अभी बहुत कुछ पढ़ना है। मुझे अच्छा लगेगा अगर कभी हम इसके बारे में बात करें।'

द्रविड़ को मेरा भेजा गया मेल बगैर उनकी जानकारी के, बगैर किसी ठोस वजह के भेजा गया था। क्रिकेटीय शब्दों में बात करूँ तो यूँ समझिये कि किसी मध्यम गति के गेंदबाज़ ने बाउंसर डाली हो और बल्लेबाज़ ने कलाइयों के सहारे उसे बाउंड्री की राह दिखा दी हो। उन्होंने जिस तरह से मुझे धराशायी किया था, वो लाजवाब था लेकिन इसके लिए उन्होंने बेहद नाज़ुक शब्दों का चुनाव किया था। उन्होंने मुझे बेहद सौम्य तरीके से ये बता दिया था कि मुझे क्रिकेट की रणनीति के बारे में अपना मुँह बन्द रखना चाहिए और इतिहास की किताबें लिखने की ओर लौट जाना चाहिए। (मैंने ऐसा ही किया भी।)

VII

इक्कीसवीं सदी के दूसरे दशक की शुरुआत की एक रात मुझे अस्थमा का बुरा दौरा पड़ा। दवाइयों की एक बड़ी ख़ुराक ने मुझे राहत पहुँचाई और मैं सो सका। अगली सुबह जब मैं उठा तो दवा का नशा बरकरार था। लेकिन अख़बार खोलते ही मुझे अपार सुख मिला। पहले पन्ने पर एक फ़ोटो थी जिसमें एक लम्बा, पतला और अच्छा दिखने वाला शख़्स एक छोटे कद के गोल-मटोल अधेड़ उम्र के साधारण से दिखने वाले आदमी से बात कर रहा था। तस्वीर को सरसरी निगाह से देखने पर दोनों के बीच ये अन्तर सबसे पहले दिखाई पड़ रहा था। लेकिन गौर से देखने पर कई समानताएँ दिख रही थीं। युवा दिख रहे लड़के के चेहरे पर जो भाव थे वो सामने वाले के लिए सम्मान, प्रेम और श्रद्धा के थे। दुनियावी शब्दों में कहें तो वो कम से कम एक फ़ुट नीचे देख रहा था। लेकिन अगर भावनाओं को देखा जाये तो वो ऊपर, ऊपर और ऊपर ही देख रहा था।

ये दोनों लोग थे राहुल द्रविड़ और गुंडप्पा विश्वनाथ। विशी मेरे बचपन के हीरो थे क्यूँकि वो ऐसे बैटिंग करते थे जैसे कोई सपना हो। क्यूँकि वो एक सज्जन और अच्छे शख़्स थे। क्यूँकि वो मेरे राज्य कर्नाटक से आते थे। क्यूँकि वो पहले टेस्ट खिलाड़ी थे जिससे मैंने हाथ मिलाया था। मैं बतौर फ़ैन उन्हें बहुत पसन्द करता था लेकिन यहाँ, उनके साथ एक ऐसा शख़्स खड़ा था जिसने टेस्ट मैचों में उनके दोगुने रन बनाये हुए थे और विशी के बारे में वो भी एकदम वैसा ही सोचता था।

ये दोनों एक साथ इसलिए दिख रहे थे क्यूँकि शहर में एक अंडर-पास बन रहा था जिसका नाम विश्वनाथ के नाम पर रखा जा रहा था और उद्घाटन के लिए द्रविड़ को बुलाया गया था। उस दिन कुछ समय बीतने के बाद, जब दवाईयों का नशा काफ़ूर हुआ, मैंने राहुल को मेल किया। उनके जवाब में भी

वही बात थी जो उस तस्वीर में उनके चेहरे के भाव बता रहे थे। उन्होंने लिखा, 'मुझे याद है कि जब मैं छोटा था तो रणजी मैच में हैदराबाद के ख़िलाफ़ विशी को खेलते देखने के लिए स्कूल से तेज़ी से वापस आया था।उस दिन मैदान में आराम से 20 हज़ार लोग होंगे। दु:ख की बात ये है कि वो समय अब जा चुका है।'

एक या दो साल बाद राहुल द्रविड़ ने खुद इंटरनेशनल क्रिकेट से संन्यास ले लिया। उनके पूर्व कोच ग्रेग चैपल ने एक अच्छा लेख लिखा था जिसमें कई और चीज़ों के साथ उन्होंने 2006 के उस वेस्ट इंडीज़ टूर को भी याद किया था जिसमें वो मैनेजर थे और इंडिया ने उपमहाद्वीप के बाहर बीस सालों में पहली बार कोई सीरीज़ जीती थी। चैपल ने द्रविड़ और कुंबले के योगदान को ज़ोर देकर रेखांकित किया। उन्होंने लिखा था, 'किसी भी दूसरी टीम में ऐसे दो ज़िद्दी, लचीले और प्रतिस्पर्धा से पीछे न हटने वाले खिलाड़ी नहीं हैं। और इनके लिए हमेशा टीम पहले आती है। बैंगलोर के पानी में कुछ तो है।'

कुछ तो ज़रूर ही होगा। द्रविड़ के पहले गुंडप्पा विश्वनाथ थे। कुंबले के पहले भगवत चन्द्रशेखर थे। कर्नाटक के प्रति पक्षपाती होने के तौर पर मैं ये हमेशा कहता रहूँगा कि पहली और दूसरी जोड़ी को खेलते हुए देखना और उनके बारे में जानकारी इकट्ठा करते रहना मेरी ख़ुशकिस्मती थी। जब मैं छोटी उम्र का था, मैं विशी को यूँ जानता था कि वो देश के सबसे अच्छे बल्लेबाज़ थे जो बॉम्बे से नहीं आते थे और चन्द्रा सुभाष गुप्ते के बाद सबसे बेहतरीन कलाइयों से गेंद फेंकने वाले स्पिनर थे। मेरे शहर से आने वाले ये वो लोग थे जो देश को टेस्ट मैच जिताते थे। लेकिन में इन्हें सिर्फ़ इनके खेल की वजह से ही नहीं पसन्द करता था। गुंडप्पा और चन्द्रशेखर की टीम के साथी और उनके विरोधी, सभी इस बात की तस्दीक करेंगे कि ये दोनों अपनी पीढ़ी के सबसे प्यारे क्रिकेटर थे।

जैसा विशी और चन्द्रा के साथ था, वैसे ही क्रिकेट फ़ैन्स द्रविड़ और कुंबले को उनके क्रिकेट खेलने के कौशल और उनके स्वभाव की वजह से चाहते थे। एक बात ये भी है कि समय के साथ स्वभाव की प्रशंसा करने का आधार बदलता रहा है। जब विशी के बारे में कुछ कहा जाता था तो आकर्षक, सभ्य, और यहाँ तक कि शान्तचित जैसे शब्द इस्तेमाल किये जाते थे। वहीं द्रविड़ और कुंबले के साथ साहसी और हठी शब्द इस्तेमाल होते थे जो कि ग्रेग चैपल के इस्तेमाल किये शब्दों के बेहद करीब हैं।

बदलाव के ये रंग शहर के बदलते समाजशास्त्र की तस्वीर पेश कर रहे थे। जिस बैंगलोर के लिए विशी और चन्द्रा खेलते थे वो मवाली टिफ़िन रूम्स और ख़ाली दिखने वाले कब्बन पार्क वाला बैंगलोर था। वो टाइलों से मढ़े बंगलों और हरी बारबेट के शोर वाला शहर था। उस वक़्त एमजी रोड पर कारों से ज़्यादा सिनेमा घर हुआ करते थे। मगर जिस बैंगलोर में कुंबले और द्रविड़ खेल रहे थे, वो एप्सिलोन और इन्फ़ोसिस वाला, कंक्रीट और शीशों वाला और बगैर चिड़ियों वाला शहर था। ये वो शहर बन चुका था जिसमें बसें, मोटर साइकिलें और बड़ी कारों ने इकट्ठा होकर जाम लगाना शुरू कर दिया था।

जब विशी और चन्द्रा ने अपना पहला मैच खेला था, कर्नाटक को मैसूर कहा जाता था और और इसके मैच सेन्ट्रल कॉलेज में होते थे। वहाँ मैदान के चारों ओर पेड़ हुआ करते थे और जुगाड़ से बनाये गये लकड़ी के स्टैंड्स में दर्शक होते थे। वहीं जिस जगह को द्रविड़ और कुंबले ने अपना घर कहा, चिन्नास्वामी स्टेडियम, उसे व्यवसायिक स्टेडियम के तौर पर तैयार किया गया था। 60 हज़ार दर्शक समेटने वाले इस स्टेडियम में फ्लडलाइट्स थीं और चारों ओर सिक्योरिटी गार्ड हुआ करते हैं।

ज़्यादातर क्लब क्रिकेट या रणजी मैच खेलते हुए विशी हर दूसरे साल एक टेस्ट सीरीज़ खेल रहे थे। इस दौरान उन्हें बियर का साथ पसन्द आया। और इसी बीच चन्द्रा ने किसी भी और टेस्ट क्रिकेटर से ज़्यादा बार ज़ीरो का स्कोर बनाया। वहीं दूसरी तरफ़ साल के सभी दिन, पूरे के पूरे दिन खेलते हुए, राहुल द्रविड़ ने अपने आप को यूँ बदला कि वो किसी भी दूसरे टेस्ट खिलाड़ी से ज़्यादा कैच लेने वाले बने। ये एक ऐसा रिकॉर्ड है जो उनके रिटायरमेंट के बाद इस कदर सामने नहीं रखा गया जैसे उनकी देश और ख़ासकर विदेश में खेली गयी तमाम पारियों के बारे में बात हुई। टीम में सबसे बेहतरीन बॉलर होने के बावजूद कुंबले को भी रन बनाना सीखना पड़ा।

विशी क्रिकेट के मैदान में वैसे ही रहते थे जैसे वो चामराजपेट की किसी इडली-डोसा की दुकान में होते थे। कहने का मतलब है कि वो हमेशा बेहद अनौपचारिक तरीके से रहते थे। वहीं द्रविड़ को एक ऐसा काम करना पड़ा जो विशी को इतना ज़रूरी नहीं लगा। क्यूँकि अब फ़ैन्स कहीं ज़्यादा थे और उनकी माँगें भी बड़ी हो चली थीं। अब खिलाड़ियों पर उनका ध्यान हर वक़्त रहता था और कई दफ़ा वो किसी भी चीज़ को नज़रन्दाज़ करने के मूड में नहीं रहते थे। एक बात ये भी थी कि भारतीय क्रिकेट बोर्ड, जो कभी अहंकारी और आत्म-केन्द्रित नौसिखियों द्वारा चलाया जा रहा था, अब पेशेवर तिकड़मबाज़ों

द्वारा चलाया जा रहा था। फ़ैन्स द्वारा लादे गये भार के साथ अब स्पॉन्सर्स का धंधा भी जुड़ गया था जिनका पेट सफ़लता की ओर बढ़ रहे आधुनिक क्रिकेट को ही भरना था।

इन सभी दबावों के चलते राहुल द्रविड़ को अपनी एक ऐसी तस्वीर बनानी पड़ी जिसमें बैलेंस और ख़ुद पर नियन्त्रण मालूम दे रहा था। उन्हें सभी ओर सम्माननीय दिखना था और इस क्रम में वो कभी भी स्वाभाविक नहीं हो सके। विशी को देखकर आपको चारों ओर उल्लास का माहौल दिखाई पड़ता था। द्रविड़ को देखकर आपको ज़मीनी-पन दिखता है। इसीलिए एक को हम 'सबसे ज़्यादा प्यार किया जाने वाला' क्रिकेटर बोलते हैं और दूसरे को 'सबसे ज़्यादा आदर पाने वाला'।

ये बात साफ़ कर दी जाये कि पहले और दूसरे स्वर्णकाल के बीच में और उससे पहले भी कर्नाटक ने बेहतरीन क्रिकेटर्स पैदा किये हैं। आज भी ये बदस्तूर जारी है। जब मैं ये लिख रहा हूँ, सलामी बल्लेबाज़ केएल राहुल और मयंक अग्रवाल, दोनों ने इंडिया के लिए बढ़िया बैटिंग की है। मिडल ऑर्डर में आपको करुण नायर मिलते हैं जिन्होंने वो काम किया है जो विशी और राहुल द्रविड़ अपने करियर में नहीं कर पाये—टेस्ट मैच में तिहरा शतक मारना। इसके साथ ही मनीष पांडे भी हैं जो वन-डे क्रिकेट में कमाल के फ़िनिशर हैं और अज़हर की क्लास के फ़ील्डर हैं।

जब मैंने पहली दफ़ा सर्वकालीन कर्नाटक एकादश बनायी थी, उसके पच्चीस साल बाद अब मैं अपनी दूसरी टीम आपके सामने रखना चाहता हूँ। इसके साथ ही सर्वकालीन बॉम्बे एकादश भी है—

कर्नाटक एकादश	**बॉम्बे एकादश**
1) बीके कुन्दरन	1) सुनील गावस्कर (कप्तान)
2) मयंक अग्रवाल	2) विजय मर्चेंट
3) गुंडप्पा विश्वनाथ	3) विजय मांजरेकर
4) राहुल द्रविड़	4) सचिन तेंदुलकर
5) बीपी पटेल	5) दिलीप वेंगसरकर
6) रॉजर बिन्नी	6) पॉली उमरीगर
7) सैयद किरमानी (कीपर)	7) फ़ारुख इंजीनियर (कीपर)
8) अनिल कुंबले (कप्तान)	8) रमाकान्त देसाई

9) जवागल श्रीनाथ	9) ज़हीर खान
10) इरापल्ली प्रसन्ना	10) सुभाष गुप्ते
11) भगवत चन्द्रशेखर	11) पद्माकर शिवलकर
12वाँ खिलाड़ी : सुनील जोशी	12वाँ खिलाड़ी: एकनाथ सोलकर

हमारी गेंदबाज़ी बेहतर है और शायद हमारी फ़ील्डिंग भी एक कदम आगे ही निकले। लेकिन फिर भी मुझे लगता है कि हमें टॉस जीतना ही पड़ेगा। जब द्रविड़ और विशी मिलकर हमें 350 से 400 के पार ले जायेंगे, कुंबले श्रीनाथ, प्रसन्ना और चन्द्रा इन बड़े बम्बैय्या बल्लेबाज़ों के ख़िलाफ़ चक्रव्यूह रच सकते हैं। और इस सब के दौरान कमेंट्री बॉक्स में मैं और राजदीप सरदेसाई बैठ कर बहसबाज़ी में उलझे होंगे।

VIII

1971 के पतझड़ के दौरान बर्कले में कैलिफ़ोर्निया यूनिवर्सिटी में मैं एक सत्र के लिए पढ़ाने गया हुआ था। सोमवार और मंगलवार को मेरी क्लासेज़ होती थीं। हफ़्ते के दूसरे हिस्से में मैं फ़्लाइट पकड़कर दूसरे शहरों के कैम्पस में टॉक्स के लिए जाता था। मेरा उद्देश्य था कि मैं इतने पैसे कमाँ सकूँ कि कर्नाटक स्टेट क्रिकेट असोसिएशन का सदस्य बन सकूँ। जितना मुझे याद है, एंट्री फ़ीस 3 लाख रुपये यानी उस वक़्त के लगभग 10 हज़ार डॉलर होती थी। एक टॉक के हज़ार डॉलर के हिसाब से मुझे दस बार ये काम करना था और फिर मुझे चिन्नास्वामी स्टेडियम में ताउम्र टेस्ट क्रिकेट देखने को मिलेगा।

मैं कर्नाटक स्टेट क्रिकेट असोसिएशन की सदस्यता अपने से ज़्यादा अपने बेटे के लिए चाहता था। मैं नहीं चाहता था कि वो मेरी तरह टिकट्स का जुगाड़ करते हुए बड़ा हो। मेडेन्स होटल के लिए दिसम्बर 1974 की वो पैदल यात्राएँ मेरे ज़हन में अभी भी बसी हुई हैं जो सैयद किरमानी से किसी भी एक दिन का टिकट माँगने के लिए करनी पड़ी थीं। उन्होंने मेरा काम नहीं किया, या शायद नहीं कर पाये और मुझे कहीं और से टिकट मिल गये लेकिन पहले दिन मैं स्टेडियम में जाकर मैच नहीं देख पाया था। मैं यही सोचता था कि जब मेरा बेटा बड़ा हो रहा होगा, उसका जीवन वैसे भी मुश्किल ही होगा, मैं किसी एक तरह से उसकी इस मामले में मदद तो कर ही सकता था।

मैं विदेश से पैसे कमाकर घर लाया, एंट्री फ़ीस भरी, इन्तज़ार करने का वक़्त पूरा किया (उस वक़्त एक साल का वेटिंग पीरियड होता था) और KSCA की सदस्यता ग्रहण की। इसमें मुझे एक कार्ड मिला जिससे मुझे मेम्बर्स स्टैंड में प्रवेश मिलता था और साथ ही परिवार और दोस्तों के लिए किसी और स्टैंड के चार टिकट खरीद सकता था। KSCA का सदस्य बने मुझे बाईस साल हो चुके हैं जिसमें मैंने चिन्नास्वामी स्टेडियम में कुछ दस टेस्ट मैच देखे होंगे, पन्द्रह वन-डे मैच देखे होंगे और चालीस के करीब रणजी ट्रॉफ़ी के मैच देखे होंगे।

जब मैं अकेला मैच देखता हूँ तो मेम्बर्स स्टैंड के सबसे ऊपरी हिस्से मैं बैठता हूँ। लेकिन जब मैं अपने बेटे के साथ होता हूँ तो हम टी या एन स्टैंड से देखते हैं। टी स्टैंड में हम वाइड लॉन्ग-ऑफ़ पर होते थे और एन स्टैंड में साइट स्क्रीन के ठीक ऊपर। क्रिकेट पर लिखी किताबों के चलते मुझे प्रेस बॉक्स में जाने को भी मिलने लगा। अगर कभी मैं यहाँ बैठता हूँ तो हमेशा अपने समकालीन सुरेश मेनन के साथ होता हूँ।

सुरेश मेनन बैंगलोर में रहते हैं लेकिन उनकी जड़ें केरल में हैं। वो मेरे ही शहर में क्रिकेट खेलते और देखते बड़े हुए। उन्होंने जिस क्लब को फ़ॉलो करने से शुरुआत की वो था BUCC। जिस क्लब के लिए उन्होंने सबसे पहले खेला, वो था YMCA। इसीलिए उनके पसन्दीदा खिलाड़ी मेरे भी पसन्दीदा हैं—विशी, प्रसन्ना, चन्द्रा, के लक्ष्मण आदि। जिस ग़ैर-कर्नाटक खिलाड़ी को वो सबसे ज़्यादा पसन्द करते हैं वो हैं बिशन सिंह बेदी (जिनपर उन्होंने एक पूरी किताब लिखी)। मुझसे उलट वो पेशेवर तरीके से क्रिकेट पर लिखने लगे। उन्होंने मद्रास में *इंडियन एक्सप्रेस* के स्पोर्ट्स पेज का सम्पादन किया और फिर नयी दिल्ली में द *पायनियर* का। इसके बाद उनके अन्दर का मलयाली जागा और व्यापार की बयार उन्हें खाड़ी देशों तक ले गयी। एक दशक के प्रवास के बाद वो वापस आये बैंगलोर में नये सिरे से बसे।

सुरेश मेनन को काफ़ी पढ़ा जाता है। साहित्य के रूप में भी और भाषा के लिए भी। उन्होंने जीवनयापन के लिए क्रिकेट ही चुना है। इस खेल पर उन्होंने कई किताबें लिखी हैं और कितनी ही किताबों का उन्होंने सम्पादन भी किया है (इनमें टाइगर पटौदी पर कई निबंध भी शामिल हैं)। 2002 में वैद्यनाथ की मौत के बाद क्रिकेट के बारे में बातचीत करने के लिए सुरेश मेनन मेरी पहली पसन्द बन गये। हम कोशीज़ पर मिलते थे और कई मौकों पर *क्रिकइन्फ़ो* के सम्बित बल भी होते थे जो क्रिकेट के नये लेखकों को छाँव देने का काम कर रहे थे। चूँकि सुरेश अब मैच रिपोर्ट नहीं लिखते थे इसलिए हम इधर उधर की

बातें कर सकते थे। हमारे आस-पास के लोग हर रन, विकेट, कैच का रिकॉर्ड रखते हुए उसके बारे में हड़बड़ी में टाइप कर रहे होते थे।

अगर सिर्फ़ टेस्ट मैचों की बात करें तो मैंने और सुरेश ने मिलकर सचिन का ऑस्ट्रेलिया के ख़िलाफ़ मारा गया वो ख़ूबसूरत दोहरा शतक देखा, पाकिस्तान के लम्बे ऑफ़-स्पिनर अरशद खान का अच्छा स्पेल देखा (उसका ऊँचा एक्शन इतना क्लासिकल था कि शुद्धतावाद के ध्वजवाहक बिशन सिंह बेदी बेहद ख़ुश होते), चेतेश्वर (चिंटू) पुजारा का डेब्यू देखा जिसमें पहली इनिंग्स की असफ़लता के बाद उस लड़के ने दिखाया कि वो राहुल द्रविड़ की कमी पूरी कर सकते हैं जहाँ उनके इर्द-गिर्द भारतीय स्ट्रोक प्लेयर्स की पारियाँ घूमा करेंगी। गेंदों, ओवरों और विकेटों के बीच मौका मिलते ही मैं और सुरेश प्रसन्ना और चन्द्रशेखर, हज़ारे और मांकड़, नेविल कार्डस और गिडियन हे की बात करते। ये सारी बातचीत प्रेस बॉक्स की वजह से और भी मज़ेदार हो जाती थी। हमारे पास साइट-स्क्रीन के ऊपर मैदान का सबसे अच्छा व्यू होता था और यहाँ टीवी भी होते थे जिसपर चाहने पर रीप्ले देखा जा सकता था। स्टैंड हर तरफ़ से खुला हुआ था जिससे शहर की हवा हमारी बातचीत के दौरान हमें तरोताज़ा रखती थी। (KSCA ने अब ये जगह काँच से बन्द कर दी है। ये सब कुछ लॉर्ड्स के मूर्खतापूर्ण फ़ैसले के बाद जेपी मॉर्गन मीडिया सेंटर से शुरू हुआ। अब वहाँ बल्ले पर गेंद लगने की आवाज़ नहीं आती और इसलिए मैं वहाँ बैठ ही नहीं पाता हूँ।)

मेरी सुरेश मेनन के साथ एक बातचीत है जिसे सभी के सामने रखना मैं ज़रूरी समझता हूँ। ये मार्च 2005 के आख़री हफ़्ते की बात है। हम चिन्नास्वामी स्टेडियम में थे। इंडिया और पाकिस्तान का मैच था जिसमें पाकिस्तान ने पहले बैटिंग करते हुए 570 रन बना डाले थे। इंडिया जवाब देने उतरी तो राहुल द्रविड़ मात्र 22 रन ही बना पाये और उनसे भी बड़े नाम सचिन तेंदुलकर ने मात्र 41 रन बनाये। लेकिन हमें ओपनिंग बल्लेबाज़ सहवाग की ताबड़तोड़ बल्लेबाज़ी ने अपनी सीट पर टिकाये रखा था। मोहम्मद समी तेज़ गति से गेंद फेंक रहे थे। बल्लेबाज़ तक गेंद लगभग सौ मील प्रति घंटा की रफ़्तार से पहुँच रही थी और उससे भी तेज़ी से वो वापस उधर आ रही थी जहाँ हम बैठे थे। लेग स्पिनर दानिश कनेरिया को ड्राइव और कट मारे जा रहे थे, सीम गेंदबाज़ अब्दुल रज़्ज़ाक को पुल मारा गया और ग्लांस किया गया। 1974 में विव रिचर्ड्स को देखने के बाद से अब तक एक टेस्ट मैच में बॉलिंग को इस आक्रामक तरीके

से मारते हुए मैंने किसी और को नहीं देखा था। और सुरेश ने दुनिया भर में मुझसे बहुत ज़्यादा क्रिकेट देखा हुआ था, वो भी ख़ासा प्रभावित हो चुके थे।

सहवाग अपने शतक पर पहुँचे और उसके बाद भी संहार जारी रखे हुए थे। इतने में सुरेश मेरी तरफ़ मुड़े और बोले, 'राम, उस सर्वकालीन भारतीय एकादश से अब गावस्कर या मर्चेंट में से किसी एक को जाना होगा। लेकिन किसे?' ये ऐसा चुनाव था जिसमें दुख ही दुख था। किताबी क्रिकेट फ़ैन के लिए ब्रैडमैन के बाद सीधा विजय मर्चेंट ही आते थे (और फर्स्ट क्लास के एवरेज के हिसाब से वो आते भी थे)। मेरी पीढ़ी के लोगों के लिए सुनील गावस्कर से बड़ा ओपनिंग बल्लेबाज़ कोई और हुआ ही नहीं था। लेकिन वीरेन्द्र सहवाग ने पिछले तीन या चार सालों में जो किया था, और हमारी इस बातचीत के दौरान वो जो कारनामा कर रहे थे, उसकी ये माँग थी कि मुझे किसी एक से बेवफ़ाई करनी ही थी। मुझे या तो इतिहास और परम्परा को किनारे रखना था, जिसका मतलब था कि लिस्ट से मर्चेंट का नाम हट जाता। या फिर मुझे अपने युवाकाल की यादों पर पर्दा डालना था।

मैं और सुरेश इस बात पर लगातार विमर्श कर रहे थे और किसी नतीजे पर पहुँचने से कतरा रहे थे। हमारी सारी बातचीत हमारे पीछे बैठे 70 के दशक में खेलने वाले एक पूर्व भारतीय खिलाड़ी ने सुनीं। उन्होंने ऊपर कमेंट्री बॉक्स की ओर इशारा करते हुए कहा, 'अगर सनी (गावस्कर) तुम लोगों को बात करते हुए सुन ले तो पक्का वो अपने अगले कॉलम में लिखेगा कि भारतीय टीम के लिए ये ज़रूरी है कि सहवाग ओपनिंग छोड़े और मिडल ऑर्डर में ही खेले' (जहाँ उसके करियर की शुरुआत हुई थी)।

IX

इक्कीसवीं सदी की शुरुआत में KSCA को पूर्व कर्नाटक और इंडिया प्लेयर बृजेश पटेल चला रहे थे। उन्होंने कई साल बतौर सेक्रेटरी काम किया और फिर रिटायर होने के बहुत साल बाद तक इस जगह को रिमोट से चलाना जारी रखा।

पटेल के अपने प्रशंसक थे जो मेम्बर्स के लिए बढ़ाई जाने वाली सुविधाओं, इंटरनेशनल मैचों की सफ़ल मेज़बानी और कर्नाटक के बेहतरीन रणजी रिकॉर्ड की ओर सभी का ध्यान खींचते रहते थे। इसके साथ ही उनके कई विरोधी भी थे जो लगातार सेलेक्शन, प्रबंधन और कॉन्ट्रैक्ट्स देने में ज़ाहिर तौर पर दिख रहे हितों के टकराव पर उँगलियाँ उठा रहे थे। कॉर्पोरेट बॉक्स की बढ़ती संख्या

पर सवाल उठाये जा रहे थे, जो लोग सस्ता खाना और महंगी शराब की माँग रखते थे, उनकी माँगों को अच्छा क्रिकेट देखने और पारदर्शिता की चाह रखने वालों से ज़्यादा अहमियत दी जा रही थी।

बृजेश पटेल क्रिकेटर्स के परिवार से आते थे। उनके पिता के दो भाई कर्नाटक के लिए खेल चुके थे। उनके पिता भी खेलते लेकिन उससे पहले ही उनका एक्सीडेंट हो गया और वो लकवाग्रस्त हो गये। उनके बेटे ने उनका सपना पूरा किया और सिर्फ़ कर्नाटक ही नहीं, इंडिया के लिए भी खेला। बृजेश का रणजी रिकॉर्ड बड़ा ही कमाल का था। उन्होंने अपने राज्य के लिए सत्ताईस शतक मारे और तीन बार रणजी ट्रॉफ़ी जीतने में अहम भूमिका निभाई। मैदान में भी वो एक अच्छे फ़ील्डर थे।

मैंने पटेल को टेस्ट और रणजी मैचों में और यहाँ तक कि क्लब मैचों में बैटिंग करते हुए देखा था। 80 के दशक के अन्त में, जब उनका फ़र्स्ट-क्लास क्रिकेट करियर ख़त्म हो चुका था, मैं FUCC बनाम स्वास्तिक का एक फ़र्स्ट-डिवीज़न मैच देखने गया। दुरई उस वक़्त तक मद्रास में ही काम कर रहे थे लेकिन वहाँ उनके छोटे भाई शंकर मौजूद थे। मेरे इन मामा की दोनों बाज़ुएँ और हाथ सही सलामत थे लेकिन उनकी रुची क्रिकेट खेलने में नहीं बल्कि कमेंट्री करने में थी। उनकी आवाज़ काफ़ी तेज़ थी और वो बोलचाल वाली कन्नड़ पर अच्छी पकड़ रखते थे (ये वो भाषा थी जो न उनके भाई बोलते थे न उनका भाँजा)।

मेरा और बृजेश पटेल का क्लब एक दूसरे का कट्टर दुश्मन था। उस दिन, बाकी दिनों की तरह ही, शंकर ने सोच रखा था कि वो स्वास्तिक के खिलाड़ियों को ये बताकर रहेंगे कि वो किसकी साइड हैं। स्वास्तिक की टीम 60 रन पर चार विकेट खो चुकी थी और बृजेश बैटिंग करने पहुँचे। हमारे कप्तान टीम के सबसे तेज़ गेंदबाज़ को लेकर आये। उसका नाम था दंडपाणि और वो स्टेट जूनियर टीम से खेल चुका था। उसने एक आग उगलती हुई बाउंसर फेंकी और क्रीज़ पर खड़े अनुभवी बल्लेबाज़ ने बड़ी मुश्किल से झुककर ख़ुद को सलामत रखा। ऑफ़ स्टम्प के बाहर गेंद मिस करने के बाद एक बार फिर बृजेश को बाउंसर फेंकी गयी। शंकर मेरे बगल में ही खड़े थे। उन्हें ये देख कर मज़ा आ रहा था। वो चिल्लाये, 'ये रॉबर्ट्स और होल्डिंग को देखकर भाग गया था। इसे और बाउंसर मारो दंडा!'

धीरे-धीरे बृजेश पिच और बॉलर, दोनों को समझने लगे। उन्होंने दंडपाणि को ब्लॉक करना या छोड़ना शुरू किया और दूसरे छोर से स्पिनर्स पर रन बनाने

शुरू किये। कुछ ही वक़्त में वो फ़ास्ट बॉलर थक गया और दूसरे स्पिनर को आना पड़ा। अब बृजेश आत्मविश्वास से भर चुके थे और बड़े आराम से गेंदों को ड्राइव कर रहे थे और कट मार रहे थे। जब उन्होंने अपना पचासा पूरा करने के लिए ऑफ़-स्पिनर को स्क्वायर लेग के ऊपर से छक्का मारा, शंकर अपने में ही बड़बड़ाते हुए चल पड़े, 'ये तो स्पिन हमेशा ही अच्छा खेलता था।'

बृजेश पटेल एक बेहतरीन क्रिकेटर थे लेकिन क्रिकेट के प्रभारी के तौर पर उनका रिकॉर्ड कुछ मटमैला है। हालांकि खेल से जुड़े कार्यालय सूचना के अधिकार के अन्तर्गत नहीं आते हैं लेकिन सार्वजानिक रेकॉड्र्स ये दिखाते हैं कि वो सगे सम्बन्धियों को फ़ायदा पहुँचाने वाले और खेल भावना के विरुद्ध खड़े होने वाले शख़्स थे। पहले मसले का एक उदाहरण उनके बेटे उदित के क्रिकेट करियर में देखने को मिलता है जिसने 2002-03 में 18 साल की उम्र में रणजी का पहला मैच खेला। अगले एक दशक में उदित पटेल ने बतौर ऑफ़-स्पिनर ऑल-राउंडर, पैंतीस फ़र्स्ट क्लास मैच खेले। उसके करियर के आंकड़े कुछ इस तरह हैं – 16.84 के एवरेज के साथ 657 रन और 42.67 के एवरेज के साथ 68 विकेट। अपने पिता से ठीक उलट उदित एक औसत खिलाड़ी ही था। कई मौकों पर उसे उन ऑफ़-स्पिनर्स की जगह लिया गया जो उससे कहीं बेहतर माने जाते थे। ऐसा ही एक स्पिनर, जिसकी प्रसन्ना ने भी तारीफ़ की थी, इस सब से आजिज़ आकर सिंगापुर चला गया क्यूँकि वहाँ उसे कम से कम प्रोफ़ेशनल क्रिकेट खेलने का मौका तो मिल रहा था। कई और खिलाड़ी तमाम लीग्स में गुम हो गये जबकि उन्हें अपने राज्य के लिए खेलने का मौका मिलना चाहिए था।

मैं बृजेश पटेल से महज़ एक बार मिला हूँ। एक रणजी मैच के दौरान। वो उस वक़्त KSCA के सेक्रेटरी थे। मैंने उनसे पूछा था कि उस वक़्त तक चिन्नास्वामी स्टेडियम में एक भी स्टैंड का नाम पूर्व खिलाड़ियों के नाम पर क्यूँ नहीं रखा गया था। मुम्बई में वानखेड़े स्टेडियम में मर्चेंट स्टैंड था, मांकड़ स्टैंड था, गावस्कर स्टैंड था, यहाँ तक कि तेंदुलकर स्टैंड भी है। मैंने बृजेश को सलाह दी कि भले ही कुंबले और द्रविड़ रुक सकते हैं लेकिन उन खिलाड़ियों के नाम से शुरुआत की जा सकती हैं जिन्होंने कर्नाटक को क्रिकेट के नक़्शे पर लाकर रखा। मैंने कहा कि चिन्नास्वामी में एक गुंडप्पा विश्वनाथ स्टैंड होना चाहिए, एक प्रसन्ना-चन्द्रशेखर का साथ में स्टैंड होना चाहिए। उन्होंने रूखेपन से कहा, 'फिर हर कोई अपने लिये बोलने लगेगा।' अब मैंने ज़ोर देना शुरू किया। मैंने कहा कि सैयद किरमानी भी बुरा नहीं मानेंगे अगर उनके

तीन सीनियर खिलाड़ियों को हम पहले सम्मानित करते हैं। साथ ही फ़ैन्स को भी अच्छा लगेगा और असोसिएशन और उसके सेक्रेटरी को इसका श्रेय भी दिया जायेगा।

वो इंसान टस से मस नहीं हुआ। वह इन सभी के साथ खेला हुआ था। उसने अपनी आंखों से विशी, चन्द्रा और प्रसन्ना को अपने राज्य और देश के लिए मैदान में कमाल करते हुए देखा था। लेकिन शायद उन्हें ये लगता था कि उन्हीं के साथियों के नाम पर स्टैंड्स का नामकरण करने से उनकी साख और ताक़त को कम आंका जाने लगेगा और ऐसा वो हरगिज़ नहीं होने देते। ये बातचीत मेरे लिए क्रिकेट के मैदान पर की गयी सबसे ज़्यादा निराशाजनक बातचीत है।

5.

अपने नायकों से हाथ मिलाया

I

1980 और उसके बाद से, जब मैंने क्रिकेट छोड़ कर पढ़ाई पर ध्यान लगाया, मुझे नये तरह के नायक मिले। इनमें से एक थे समाजशास्त्री आन्द्रे बेतेई। उनकी आधी जड़ें बंगाल में थी और आधी फ्रांस में (इसीलिए उनका नाम ऐसा था) लेकिन वो पूरे के पूरे हिन्दुस्तानी थे। जब मैं 80 के दशक के उत्तरार्ध में आर्थिक विकास संस्थान में काम कर रहा था तो वो पास ही में दिल्ली स्कूल ऑफ़ इकोनॉमिक्स में पढ़ाते थे। अक्सर बस स्टॉप जाते वक़्त या वहाँ से आते वक़्त मैं उनके पास बातचीत के लिए चला जाता था। आने वाले सालों में मैं यूनिवर्सिटी कैम्पस में उनके अपार्टमेन्ट पर उनसे मिलने जाने लगा। उनके रिटायर होने के बाद उनकी पत्नी के घर जो कि दिल्ली के पॉश इलाके, जोर बाग़ में था।

आन्द्रे बेतेई और मैं इतिहास, राजनीति, समाज, संस्कृति, नेहरू, गाँधी, मार्क्स, वेबर वगैरह के बारे में बात करते। खेलों में उन्हें एक पैसे की रुचि नहीं थी और वैसे भी मैं खेल से इतर विषयों पर बात करना चाहता था। लेकिन एक दिन, इक्कीसवीं सदी के बेहद शुरुआती दिनों में, जब मैं उनके जोर बाग़ वाले घर में घुसा तो उन्होंने मुस्कुराते हुए कहा कि मेरे बचपन का एक हीरो फ़ोन करेगा। मैंने पूरा मामला जानने की कोशिश की लेकिन उन्होंने कुछ भी नहीं कहा।

जब आन्द्रे यूनिवर्सिटी में पढ़ाते थे, मैं उनके दफ़्तर में बिना बताये पहुँच जाता था। लेकिन अब मुझे पहले से ही वक़्त तय करना पड़ता था। इस मौके पर मैं शाम साढ़े 4 बजे पहुँच गया था। पाँच बजते ही मेरे गुरु का फ़ोन बजा। ये सेलफ़ोन से बहुत पहले का वक़्त था। वो हॉल से चलकर फ़ोन तक पहुँचे

और मैंने उन्हें कहते हुए सुना, 'हाँ, वो यहीं है। रुको।' आन्द्रे स्टडी में मेरे पास आये और फ़ोन की तरफ़ इशारा करते हुए बोले, 'जिस फ़ोन कॉल के बारे में मैंने तुम्हें बताया था, वो ही आया है।'

मैं चलकर गया और फ़ोन का रिसीवर उठाया। मैंने अपना परिचय दिया। फ़ोन के दूसरे छोर पर जो शख़्स था उसने अपने बारे में बताया। उस शख़्स का नाम था मंसूर अली खान पटौदी। उन्हें मालूम चला था कि मैं दिल्ली में था इसलिए वो ये जानना चाहते थे कि मैं कब उनसे मिल सकता था। क्या मैं अपनी सहूलियत के हिसाब से समय निकालकर किसी निश्चित दिन और समय पर उनसे चाय पर मिल सकता था?

मैं दिल्ली में तीन हफ़्ते के काम पर था। मुझे सारा काम आर्काइव सेक्शन में करना होता था। पांडुलिपियों वाला सेक्शन तो वैसे भी शाम 5 बजे बन्द ही हो जाता था और वैसे भी टाइगर पटौदी, जो मेरे बचपन के हीरो थे, के लिए मैं किसी भी दिन, किसी भी समय फ्री हो सकता था। अगली ही शाम मैं पटौदी के घर पर था। उस वक़्त वो कामराज रोड पर, साउथ ब्लॉक के दक्षिण में लुटियंस बंगले में रहते थे।

पटौदी जिस वजह से मुझसे मिलना चाहते थे, वो ये था—बीबीसी असल में उनके साथ भारत में क्रिकेट के सामाजिक इतिहास पर एक शो करना चाहता था। बाकी भारतीय कप्तानों के उलट, टाइगर पटौदी को बीबीसी की हैसियत और उनके काम करने के तरीके के बारे में मालूम था (वो विनचेस्टर और ऑक्सफ़ोर्ड में पढ़े थे)। वो पूरी तरह से तैयार रहना चाहते थे इसलिए उन्होंने लुटियंस के अपने साथियों से एक ऐसे शख़्स के बारे में पूछा जो उनकी तैयारी करवा सकता था। एक इंसान से वो दूसरे तक पहुँचे और इस तरह से वो देश के सबसे बड़े समाजशास्त्री तक पहुँचे जिसने मेरा नाम सुझाया। (इसी वक़्त मेरी किताब 'अ कॉर्नर ऑफ़ अ फ़ॉरेन फ़ील्ड' छपी थी।)

मैं तय वक़्त पर कामराज रोड पहुँचा। एक दरबान ने मुझे बंगले के पिछले हिस्से तक पहुँचाया जहाँ पटौदी और उनकी पत्नी (अदाकारा शर्मीला टैगोर) रहते थे। उन्होंने ख़ुद मेरे लिये दरवाज़ा खोला। उन्होंने एक कड़क, धूमिल सफेद रंग का चूड़ीदार कुर्ता पहना हुआ था। ड्राइंग रूम में एक महंगा चाँदी का टी-सेट सजा हुआ था और पास में ही कुछ ताज़े कटे सैंडविच रखे हुए थे।

हम बैठे और बातें शुरू हुईं। मैंने पटौदी से अपनी किताब की अलग-अलग थीम के बारे में बात की। ब्रितानिया हुकूमत को अपने घर की याद आना, राजसी संरक्षण, क्रिकेट के मैदान पर जाति और धर्म की राजनीति, स्वाधीनता

के बाद क्रिकेट का विकास और उसका देश का सबसे मशहूर खेल बन जाना। वो मेरी बात बेहद ध्यान से सुन रहे थे और बीच-बीच में चीज़ों को विस्तार से बताने के लिए कह रहे थे।

मुझे पटौदी बहुत ही अक्लमन्द इंसान लगे। उनका आचरण बेहद संजीदा था। हमारी पूरी बातचीत के दौरान वो मुझे 'प्रोफ़ेसर गुहा' कह कर बुलाते रहे (जबकि मुझे ये टाइटल मिला भी नहीं था)। उन्होंने खाने की चीज़ें ख़ुद मुझे दीं। मैंने चाय की बजाय कॉफ़ी माँगी। ये मेरी गलती थीं। क्यूँकि ये घर न ही किसी दक्षिण भारतीय का था और न ही इटली में था।

आगे जो होने वाला था, उससे तुलना करने पर आपको भी लगेगा कि ये गलती तो बेहद छोटी थी। जब हमारी बातचीत ख़त्म हुई, पटौदी ख़ुद मुझे गेट तक छोड़ने आये। जब हमने दूसरी और आख़री बार हाथ मिलाया, उन्होंने कहा, 'आपसे मिलकर अच्छा लगा, प्रोफ़ेसर गुहा। आशा है कि हम फिर मिलेंगे।' मैंने जवाब दिया, 'असल में, हम इससे पहले मिल चुके हैं।' जब उन्होंने पूछा तो मैंने बताया। तीन दशक पहले, दिसम्बर 1974 में, दिल्ली टेस्ट के दौरान मैं सैयद किरमानी से फ्री के टिकट पाने के लिए गया हुआ था। एक सुबह मेडेन्स होटल में मैं जब किरमानी को कोटला के लिए बस पकड़ने से पहले दबोचने की फ़िराक़ में था, मैं खाने के कमरे में घुस गया। वहाँ मेरे शहर का क्रिकेटर तो नहीं था लेकिन उसके दो साथी ज़रूर थे। उनमें से एक पटौदी थे। तीन दशक बाद, मैं वो कहानी सुना रहा था और पटौदी अवाक थे। मैंने बताया कि आप आबिद अली के साथ नाश्ता कर रहे थे और मैंने पूछा कि किरी (किरमानी) कहाँ थे। आपने मुझे बताया कि वो कमरे में जा चुके थे। मैंने कहा, 'वो पहली बार था जब हम मिले थे। आप अंडे खा रहे थे, सनी साइड अप।'

ये सौ टका सच बात थी। मैं आज भी पटौदी की वो अंडे वाली प्लेट वैसी की वैसी देख सकता हूँ। लेकिन ये भले ही सच था लेकिन अपने आप में बेवकूफ़ी भरा भी लगता है। मैं अपनी उस याद की आख़री लाइन तक पहुँचा और मेरे मेज़बान के चेहरे के भाव बदल चुके थे। उनके लिए जो अभी तक प्रोफ़ेसर गुहा था, जिसका नाम स्वयं प्रोफ़ेसर बेतेई ने सुझाया था, वो असल में एक चिपकू और बड़बोला क्रिकेट फ़ैन था।

II

पटौदी से मिलने के एक साल पहले, मैंने उन्हें पहली बार (और आख़री बार भी) बैटिंग करते हुए देखा था। हालांकि वो 1974-75 की घरेलू सीरीज़ के लिए टीम के कप्तान थे लेकिन उन्हें दिल्ली टेस्ट में चोट के चक्कर में बाहर रहना पड़ा। सीरीज़ ख़त्म होने के बाद उन्होंने टेस्ट क्रिकेट से संन्यास ले लिया था। लेकिन इसके बाद उन्होंने एक रणजी मैच खेला जिसमें उन्होंने हैदराबाद को ट्रॉफ़ी जिताने की कोशिश की।

पटौदी की माँ इस देश के सबसे अमीर राजघराने से आती थीं—भोपाल। उनके पिता पटौदी नाम की एक छोटी-सी रियासत से थे जो दिल्ली से कुछ ही दूरी पर थी। उन्होंने अपना रणजी करियर दिल्ली से ही शुरू किया था लेकिन कितने ही अच्छे और ईमानदार लोगों की तरह वो भी DDCA को झेल नहीं पाये। उनकी बहन हैदराबाद में रहती थीं। क्रिकेट की दुनिया के उनके दो करीबी दोस्त एमएल जयसिन्हा और अब्बास अली बेग भी वहीं रहते थे। इसलिए वो हैदराबाद चले गये।

फ़रवरी 1976 में मैं इंटर-कॉलेज क्विज़ कम्पटीशन के चलते बम्बई में था। मेरे पास एक खाली दिन था जो मैंने वानखेड़े स्टेडियम में बॉम्बे और हैदराबाद का मैच देखते हुए बिताया। जब मैं मैदान पर पहुँचा था, दौरे पर आई टीम बैटिंग कर रही थी। मैंने बेग को एक पुल शॉट ग़लत मारने से पहले कई अच्छे स्क्वायर कट मारते देखा। इसके बाद पटौदी आये। उन्होंने गेंद खेली और शॉट मिस किया, फिर खेला और मिस किया, और फिर विकेट के पीछे शिवलकर ने आउट कर दिया। जयसिम्हा भी छोटे स्कोर पर आउट होने से पहले कुछ देर बल्ला हिलाते दिखे। अपने दौर में ये दोनों अच्छे स्ट्रोक मारने वाले बल्लेबाज़ थे लेकिन दूसरे पेशे के और भी भारतीय पुरुषों की तरह ये लोग भी अपने क्षेत्र में ज़रूरत से ज़्यादा दिन शिखर पर बैठे रहे थे।*

* ये पहला मौका था जब मैंने पटौदी को बैटिंग करते हुए देखा था। लेकिन ये दूसरा मौका था जब मैंने उन्हें किसी खेल के मैदान पर देखा था। 1967 या 68 में मैं अपने परिवार के साथ अपनी सालाना छुट्टियों के लिए बैंगलोर जा रहा था। क्रिकेट से मेरा प्रेम हर किसी को मालूम था। इस मौके पर मेरे साथ मेरे पिता के बड़े भाई एसएस कृष्णा थे, जो इंडियन एयरलाइंस से जुड़े एक इंजीनियर थे। उन्होंने किसी से बात की, जिसने किसी और से बात की और वो मुझे बॉम्बे जिमखाना लेकर गया जहाँ पटौदी एक हॉकी मैच खेल रहे थे। वो जिमखाना के लिए सेंटर फ़ॉरवर्ड खेलते थे और मुझे आज भी उनका दौड़ते हुए हॉकी स्टिक लहराना बहुत थोड़ा-सा ही मगर याद ज़रूर है।

मैंने जयसिम्हा को दोबारा कभी भी नहीं देखा। लेकिन 90 के दशक में मैं बेग से कई दफ़ा मिला। वो दिल्ली में रहते थे और इज़राइल से आये हुए सिंचाई के उपकरण बेचने के पेशे में उतर चुके थे। मेरे एक चाचा और चचेरा भाई उन्हें जानता था और उन्हीं के घर पर होने वाली दावतों में मैं उनसे मिला। बेग बेहद प्यारे व्यक्ति थे। वो सज्जन, मृदु भाषी और बेहद सभ्य थे। मैं उनसे कभी भी उनकी क्रिकेट की सफ़लताओं के बारे में बात नहीं कर पाया। कभी मैनचेस्टर में उनके पहले टेस्ट मैच में मारी सेंचुरी की बात नहीं कर पाया (जब उन्हें ऑक्सफ़ोर्ड से इंडियन टीम के लिए बुलाया गया था और कीथ मिलर ने व्हिस्की के एक विज्ञापन को संज्ञान में लेते हुए कहा था, 'डोंट बी वेग, आस्क फ़ॉर बेग।')। कभी उनसे दोनों इनिंग्स में मारे उन शतकों के बारे में बात नहीं कर पाया यॉर्कशायर की तरफ़ से फ्रेडी ट्रूमैन समेत चार तेज़ गेंदबाज़ खेल रहे थे।

लेकिन बेग उन खिलाड़ियों के बारे में बात ज़रूर करते थे जिनके साथ वो खेल चुके थे। एक बार एक बड़ी पार्टी में जब मुझे उनसे अकेले बीस मिनट बात करने का मौका मिला, मैंने उनसे विकेटकीपिंग के तौर-तरीकों पर बात की। उनके हिसाब से क्रिकेट के खेल में विकेटकीपिंग सबसे मुश्किल काम था और इसमें भी सबसे मुश्किल था अनियमित उछाल वाली पिचों पर रिस्ट-स्पिनर्स की गेंदों पर विकेटकीपिंग करना। फ़ास्ट बॉलर्स की गेंदों पर पीछे रहकर कीपिंग करने के दौरान आपके पास-देखने-समझने के लिए वक़्त होता था, उँगलियों से स्पिन होने पर आपको मालूम रहता था कि गेंद कुछ पहले से तय सीमा में ही रहेगी। लेकिन अगर बहुत अच्छी क्वालिटी का कलाई के दम पर स्पिन करवाने वाला बॉलर हो तो गेंद दाएँ भी जा सकती थी, बाएँ भी और सीधी भी रह सकती थी। गेंद में उछाल और टर्न पिच की स्थिति और गेंदबाज़ पर निर्भर करती थी। अच्छे गुगली गेंदबाज़ का हाथ पढ़ पाना बेहद मुश्किल काम था। एक विकेटकीपर के लिए उसकी गेंद को पिच पर पढ़ पाना, वो भी तब जब बल्लेबाज़ ने आपके सामने पर्दा डाला हुआ हो, और भी ज़्यादा मुश्किल था।

बेग ने उन रिस्ट-स्पिनर्स और विकेटकीपर्स के बारे में बात की जिनके साथ वो खेल चुके थे। उन्होंने बताया कि कैसे नरेन तम्हाने विकेटकीपिंग करते हुए सुभाष गुप्ते को शानदार तरीके से पढ़ लेते थे। और कैसे सैयद किरमानी भगवत चन्द्रशेखर की गेंदों पर कमाल की कीपिंग करते थे। तम्हाने और किरमानी अपने आप में कमाल के कीपर तो थे ही लेकिन यहाँ उनके साथ एक ख़ास बात ये भी थी कि इन जोड़ियों ने एक ही राज्य के लिए (और ज़ोन

भी) साथ में खेला और फिर देश के लिए भी साथ आये। बेग कहते हैं, 'मैं तो नरेन को चन्द्रा की गेंदबाज़ी पर कीपिंग करते हुए देखना चाहता था। या सुभाष की बॉलिंग पर किरी को।'

हमारी ये बातचीत 90 के दशक की शुरुआत में हुई थी। शेन वॉर्न ने बस कुछ ही वक़्त पहले अपना डेब्यू मैच खेला होगा। इसलिए मैंने और बेग ने उनके बारे में ज़्यादा बात नहीं की। वॉर्न महान बॉलर थे। गुप्ते और चन्द्रशेखर से भी बड़े। लेकिन इनकी तरह वॉर्न के पास गुगली नहीं थी। इसलिए उनके कीपर का काम थोड़ा आसान हो जाता था। मैं वॉर्न की गेंदों पर इयान हीली या गिलक्रिस्ट के कीपिंग करने के तरीके का प्रशंसक हूँ लेकिन मैं किरमानी को गुप्ते की गेंदबाज़ी पर या तम्हाने को चन्द्रा की गेंदों पर कीपिंग करते हुए देखना चाहता था।

III

पटौदी और बेग के समकालीन और उनके जैसे ही समृद्ध पृष्ठभूमि से आने वाला एक और खिलाड़ी था—हनुमन्त सिंह। वो बांसवाड़ा के महारावल के दूसरे बेटे थे। बेग की ही तरह हनुमन्त ने भी पहले टेस्ट मैच में सेंचुरी मारी थी (नयी दिल्ली में इंग्लैंड के ख़िलाफ़ 1964 में) और फिर कभी भी इंडिया के लिए दूसरा शतक नहीं लगा पाये। लेकिन उनका फ़र्स्ट क्लास करियर काफ़ी लम्बा और बेहतरीन चला था। कई सालों तक रणजी ट्रॉफ़ी में सबसे ज़्यादा रन बनाने का रिकॉर्ड इन्हीं के नाम था।

हनुमन्त ने दुरई के ख़िलाफ़ इंटर-कॉलेज क्रिकेट खेला हुआ था। ये दोनों साथी तो थे लेकिन दोस्त नहीं। लेकिन इस टेस्ट खिलाड़ी को मेरे मामा इतना तो पसन्द थे ही कि उन्होंने दुरई को क्रीम रंग की किट तोहफ़े में दी। जब मैंने सेंट स्टीफ़ेंस में कदम रखा था तो दुरई ने मुझे वो तोहफ़े में दी। मैं सामान्य मैचों में सामान्य किट ही पहनता था लेकिन इंटर-कॉलेज चैम्पियनशिप में नॉकआउट राउंड के लिए हमेशा वही पहनता था।

हनुमन्त सिंह से मेरे और भी दूसरे कनेक्शन थे। मेरे कॉलेज के तीन साथी जयपुर से थे और वो भी राजस्थान क्रिकेट से उतना ही प्रेम करते थे जितना मैं कर्नाटक से। उन्होंने बचपन से हनुमन्त सिंह को बैटिंग करते हुए और राजस्थान क्रिकेट का नेतृत्व करते हुए देखा था। वहीं हमारे कप्तान अरुण (पिगी) लाल, जो राजस्थान से नहीं थे, ने अजमेर के मायो कॉलेज में पढ़ाई की थी और

उनके आर्ट के टीचर सीजी जोशी (चन्दू) थे जो गुगली फेंकने में माहिर थे। पिगी ने हमें बताया था कि जोशी कई बार फ़र्स्ट-क्लास क्रिकेट से रिटायर हो चुके थे और हर बार उनका ये फ़ैसला हनुमन्त के एक टेलीग्राम की वजह से बदल जाता था। हनुमन्त हर बार उनसे कहते कि वो आकर एक आख़री बार राजस्थान को रणजी ट्रॉफ़ी जितवाने में मदद करें।

जिस साल मैंने कॉलेज में कदम रखा, बॉम्बे के अलावा कोई और टीम रणजी ट्रॉफ़ी जीतने में कामयाब हुई। मेरे कर्नाटक ने राजस्थान को उस साल फ़ाइनल में हरा दिया था लेकिन हारने वाली उस टीम के कप्तान ने खेलना जारी रखा। 1976 या 1977 में मैंने हनुमन्त को रेलवेज़ के ख़िलाफ़ क्रिकेट के सबसे निर्जीव मैदान पहाड़गंज के करनैल सिंह स्टेडियम में पचासा मारते हुए देखा। उन्होंने कुछ अच्छी ड्राइव्स भी मारीं। इसके बाद वो रिटायर हो गये,

कुछ बीस साल बाद मैं हनुमन्त सिंह से आमने-सामने मिला। वो बैंगलोर में नेशनल क्रिकेट एकेडमी में कोचिंग के मकसद से पहुँचे हुए थे। एकेडमी के चेयरमैन होते थे राज सिंह डूंगरपुर जो 1983 में वर्ल्ड कप जीतने वाली टीम के मैनेजर होने से कई बरस पहले लम्बे वक़्त तक राजस्थान के लिए खेले। कुछ साल बाद वो BCCI के अध्यक्ष भी बने। एक दिन हनुमन्त और राज सिंह मेरे घर रात के खाने पर आये। इनके साथ बॉम्बे के पूर्व क्रिकेटर वासू परांजपे भी थे जो NCA में ही किसी काम से आये हुए थे। इस डिनर की प्लानिंग करने वाले और सभी से बात कर के उन्हें आमन्त्रित करने वाले दुरई भी आये हुए थे।

उस रोज़ कुछ अच्छी कहानियाँ सुनने को मिलीं। ज़्यादातर राज सिंह ने सुनायीं। जब राज भाई को मालूम पड़ा कि मैं क्रिकेट के सामाजिक इतिहास पर एक किताब लिख रहा था जिसके हीरो दलित भाई पालवंकर बालू और पालवंकर विट्ठल थे, उन्होंने कहा कि उनके पिता (जो अपने वक़्त में क्रिकेट से बखूबी जुड़े हुए थे) ने बताया था कि विट्ठल उतने ही अच्छे बल्लेबाज़ थे जितने विजय हज़ारे। मुझे ये सुनकर बेहद ख़ुशी हुई क्यूँकि बालू और विट्ठल ने टेस्ट और रणजी क्रिकेट के शुरू होने से पहले ही क्रिकेट खेलना छोड़ दिया था और अब उन्हें कोई भी याद नहीं करता था। टीजी वैद्यनाथन ने ज़ोर देकर मुझसे ये बात कही थी कि हज़ारे उतने ही अच्छे बल्लेबाज़ थे जितने सुनील गावस्कर और अब मैं अपने बेटे केशव को ये बताता हूँ कि गावस्कर उतने ही अच्छे बल्लेबाज़ थे जितने सचिन तेंदुलकर। जब मुझे ये मालूम चला कि विट्ठल हज़ारे जितने ही अच्छे बल्लेबाज़ थे तो मैं क्रिकेट की तमाम पीढ़ियों के गवाहों के बयान के आधार पर ये बात सामने रख सकता हूँ कि विट्ठल

असल में सचिन तेंदुलकर जितने अच्छे बल्लेबाज़ थे। और इसी हैरान कर देने वाले लॉजिक के हिसाब से मैं अब ये भी कह सकता था कि पालवंकर बालू आज के ज़माने के वीनू मांकड़ या बिशन सिंह बेदी थे।

मैंने वासू परांजपे से भी कुछ बातें निकलवायीं। ख़ासकर उनके एक शिष्य के बारे में जिसका नाम था सुनील मोहन गावस्कर। गावस्कर ने कहीं लिखा था कि रक्षात्मक बल्लेबाज़ी के गुर सिखाते हुए वासू ने उन्हें बताया था कि जब वानखेड़े में हनीफ़ मोहम्मद आगे आकर गेंद को खेल रहे थे, गेंद के बल्ले से टकराने की ठक-ठक की आवाज़ चर्चगेट (आधा मील दूर) तक सुनाई दे रही थी। वासू ने इस कहानी को न सच बताया और न गप्प क़रार दिया लेकिन उन्होंने ये ज़रूर कहा कि जब सुनील गावस्कर ने पहली बार ऑस्ट्रेलिया का दौरा किया था (1971-72 में रेस्ट ऑफ़ द वर्ल्ड टीम के साथ) उन्होंने गावस्कर को तार भेजा था जिसमें ये लिखा हुआ था—'सर डॉन ब्रैडमैन के सामने शीश नवाए बिना घर मत आना।' (गावस्कर ने ऐसा किया भी।)

अपने डिजाइन स्टूडियो में काफी काम करने के बाद, मेरी पत्नी ने कमाल का खाना तैयार करवाने में मदद की थी। इसके बाद वो हमारी पाँच साल की बेटी के साथ ऊपर अपने बेडरूम में चली गयीं। केशव हमारे साथ नीचे ही था और कहानियाँ सुन रहा था। हनुमन्त, जो काफ़ी देर तक चुप ही थे, ने मेरे बेटे से पूछा कि क्या वो क्रिकेट खेलता था। जवाब मिलने पर उन्होंने केशव से अपना बल्ला दिखाने को कहा। बल्ला लाया गया। इसके बाद उस टेस्ट में शतक मारने वाले और रणजी में कई रिकॉर्ड बनाने वाले खिलाड़ी ने कई शैडो स्ट्रोक्स खेले। इन स्ट्रोक्स में वो ऑन ड्राइव भी थी जिसकी फ़रमाइश बल्ले के मालिक के पिता ने की थी।

IV

जयपुर से आने वाले स्टीफ़ेंस के खिलाड़ी सलीम दुरानी और हनुमन्त सिंह के बारे में वैसे ही बात करते थे जैसे मैं गुंडप्पा विश्वनाथ और इरापल्ली प्रसन्ना के बारे में बात करता था। कॉलेज के एक और साथी, जो ख़ुद क्रिकेट नहीं खेलते थे, तमिल खिलाड़ियों के प्रेमी थे जिसमें एस वेंकटराघवन को सबसे ऊँचा दर्जा मिला हुआ था। उनकी संगीत प्रेमी माँ ने उन्हें बताया था कि कैसे एक बार मद्रास की म्यूज़िक एकेडमी में होने वाले एक कॉन्सर्ट में वेंकट जल्दी आ गये थे और पूरे दौरान उन्होंने एकदम ताल बनाए रखी। हमें कई ऐसे क्रिकेट के लेखकों के बारे में तो मालूम था जो शास्त्रीय संगीत के बारे में काफ़ी ज्ञान

रखते थे (मद्रास के पास तो एनएस रामस्वामी के रूप में नेविल कार्डस था ही), मगर ये तो एक क्रिकेटर थे और उसपर भी टेस्ट कप्तान थे।

कार्डस सेकंड्री-स्कूल से निकल आये थे। हालांकि इस संगीत प्रेमी खिलाड़ी के पास मद्रास इंस्टिट्यूट ऑफ़ टेक्नोलॉजी से फ़र्स्ट-क्लास इंजीनियरिंग की डिग्री थी। मेरे उस मद्रासी दोस्त ने वेंकट से जुड़ी जो एक और कहानी सुनाई थी, वो थी उसकी कम्पनी सदर्न पेट्रोकेमिकल्स इंडस्ट्रीज़ कॉरपोरेशन (SPIC) की कप्तानी से जुड़ी हुई। वेंकट उस टीम के कप्तान थे और नम्बर चार पर बैटिंग करने जाने वाले थे। इतने में ऑफ़िस से एक सन्देसा आया। सन्देसा लाने वाले शख़्स ने उन्हें बताया कि बॉइलर फट गया था। SPIC के क्रिकेट कप्तान, जो वहाँ के चीफ़ इंजीनियर भी थे, पर ये ज़िम्मेदारी आ गयी थी कि इस समस्या को तुरन्त ही ठीक किया जाये। उन्होंने ग्राउंड स्टाफ़ से एक काग़ज़ कलम मंगवाया और अपनी याद्दाश्त के आधार पर उस मशीन का चित्र बनाने लगे। फिर उन्होंने सन्देशवाहक से कई सवाल पूछे। उन्होंने बॉइलर से आने वाली आवाज़ों के बारे में पूछा, वहाँ फैली गंध के बारे में पूछा। वो सुनते रहे और मशीन के चित्र के इर्द-गिर्द कुछ-कुछ लिखते रहे। उन्होंने उस काग़ज़ पर वो सभी चीज़ें लिख दीं जो मशीन में ख़राब हो सकती थीं। साथ ही ये भी लिखा कि उन्हें ठीक कैसे किया जायेगा।

वो ये सब कर रहे थे और दूसरी तरफ़ एक-एक करके विकेट्स गिर रहे थे। उन्होंने ख़ुद को चौथे की जगह पाँचवें, छठे, सातवें, आठवें और फिर नौंवे नम्बर तक धकेल दिया। जब तक SPIC के बॉइलर की समस्या समझ में आती-आती, उनके 8 बल्लेबाज़ आउट हो चुके थे। क्लब के मैच में ग्यारहवें नम्बर पर वेंकट के लिए बैटिंग करना लगभग असम्भव था। इसलिए जब अगला विकेट गिरा, उन्होंने पारी घोषित कर दी। इसके बाद उनकी टीम मैदान में फ़ील्डिंग करने उतरी। उन्होंने पहले ही ओवर में एक अच्छा कैच पकड़ा और दूसरे ओवर में विकेट लिया। इसके बाद उस दिन का खेल ख़त्म हो गया।

बतौर ऑफ़ स्पिनर, कर्नाटक के प्रसन्ना सर्वश्रेष्ठ थे लेकिन तमिलनाडु के वेंकटराघवन भी बेहतरीन थे। *टाइम्स ऑफ़ इंडिया* के लिए अपनी मैच रिपोर्ट्स में के.एन. प्रभु ने 1971 की दोनों विदेशी टेस्ट सीरीज़ की जीत में उनके मुख्य विकेट्स के बारे में बताया था। कुछ साल बाद, मैंने वेंकट को टूटती पिच पर रेलवेज़ को आउट करते हुए देखा। वो कभी ओवर द विकेट और कभी राउंड द विकेट आकर गेंदबाज़ी कर रहे थे। और 1974 में दिल्ली

टेस्ट के दूसरे दिन उन्होंने मेरे सामने जो फ़ील्डिंग प्रैक्टिस की थी, वो तो मैं कभी भी नहीं भूल पाऊँगा।

1993 के दिल्ली टेस्ट के दौरान (ज़िम्बाब्वे के ख़िलाफ़) वेंकट अम्पायरिंग कर रहे थे। कपिल देव की गेंदें बल्लेबाज़ के पैड पर लग रही थीं और लेग स्टम्प से बाहर जाती दिख रही थीं। कपिल देव अपील कर रहे थे और वेंकट को ये कतई रास नहीं आ रहा था। मुझे इसने बहुत प्रभावित किया। वेंकट एक मौके पर बॉलर पर चीख पड़े 'नॉट आउट!' जबकि कोई और भारतीय—जो टेस्ट अम्पायरिंग से पहले कपिल का कप्तान नहीं होता—इस देश के सबसे बड़े नयी गेंद के गेंदबाज़ की अपील ठुकराने में थोड़ा संकोच तो ज़रूर ही करता। या फिर वो किसी अपील से पसीज जाता और आउट दे देता।

उस दिल्ली टेस्ट के दौरान मुझे एक डिनर पर बुलाया गया। भारतीय टीम भी वहाँ आने वाली थी लेकिन फिर नहीं आई। मगर टीम के मैनेजर आये। वो थे अजीत वाडेकर और यहीं पर मैंने उन्हें ये बताया कि असल में उनके नये जूतों की वजह से ही 1974 में मेरी टीम रणजी ट्रॉफ़ी जीत सकी थी। वहाँ वेंकट भी आये हुए थे और मेरी उनसे कुछ लम्बी बातचीत हुई। मैंने उन्हें उन कैचों के बारे में बताया जो मैंने उन्हें मैच में या प्रैक्टिस के दौरान लेते देखे थे। उन्होंने मेरी तारीफ़ बखूबी सुनी और फिर, जब अब्बास अली बेग भी हमारी बातचीत में शामिल हो गये, उन्होंने बेग से पूछा कि क्या उन्हें 1963 या 64 के रणजी मैच में रन आउट होना याद था। उन्हें वाकई याद था। बेग और पटौदी ने ऑक्सफ़ोर्ड के दिनों में अच्छी फ़ील्डिंग देखी थी लेकिन किसी तमिल शख़्स से उन्हें ऐसी उम्मीद नहीं थी। इसलिए वो एक रन चुराने के लिए भाग निकले जहाँ एक साधारण से दिखने वाले 18 साल की उम्र में पहला मैच खेल रहे लड़के ने मिड विकेट से विकेट पर गेंद मारी और उस वक़्त बेग क्रीज़ से एक गज बाहर थे।

इस डिनर के दौरान ही मैंने पहली बार (और आख़री बार भी) वेंकट से हाथ मिलाया था। मैंने उनके बड़े हाथ पर कुछ कहा भी था और साथ ही ये भी कहा था कि मुझे उनके इतने सारे कैच लेने का राज़ मालूम चल गया था। उन्होंने जवाब में कहा, 'तुम्हें पॉली के हाथ देखने चाहिएँ। वो तो मुझसे भी बड़े थे और वो मुझसे भी कम कैच छोड़ता था।' उमरीगर के साथ टेस्ट क्रिकेट खेलने वाले बेग ने सहमति में सर हिलाया। (वेंकट ने तो बस उन्हें खेलते हुए देखा था।)

कई साल बाद मैं ख़ुद पॉली उमरीगर से मिला। वो बेंगलुरु में एक क्रिकेट की किताब का फ़ंक्शन था और वो राज सिंह डूंगरपुर के साथ आये थे। मैंने पॉली से हाथ मिलाया और मेरे ग्यारह साल के बेटे को भी ऐसा करने का मौका मिका। ये कई मायनों में बेमेल लोगों की मुलाक़ात थी। जब मेरा बेटा हाथ मिलाने के लिए अपना हाथ बढ़ा रहा था, उन्होंने उसकी उँगली पर एक प्लास्टर लगा हुआ देखा। उन्होंने पूछा 'ये कैसे हुआ मेरे बच्चे?'

बेटे ने जवाब दिया, 'क्रिकेट खेल रहा था और एक रिटर्न कैच आया।'

उन्होंने तुरन्त पूछा, 'कैच पकड़ लिया था?'

लगभग माफ़ी माँगने के अन्दाज़ में मेरे बेटे ने कहा, 'नहीं।'

इतनी देर में वहीं खड़े एक शख़्स ने बीच में कहा, 'तुम्हारा कैच नहीं छूटता,' और फिर उसने पॉली के हाथों की ओर इशारा किया और कहा, 'अगर तुम्हारे भी हाथ ऐसे होते।' वो शख़्स ग़लत था। यहाँ बात हाथों की नहीं बल्कि वंश की थी। मेरे बेटे के पिता ने भी तेज़ी से आती हुई गेंद यदा कदा ही पकड़ी थी।

V

कोटला में दिसम्बर 1972 में जो मैंने पहला मैच देखा था, उसमें चन्द्रशेखर की गेंद पर वेंकट लेग स्लिप में खड़े होते थे लेकिन बिशन सिंह बेदी की गेंदबाज़ी पर वो सिली-पॉइंट पर होते थे। मैच भर वो और विकेटकीपर फ़ारुख इंजीनियर एक दूसरे को कैचिंग प्रैक्टिस करवाते थे। फ़ारुख चटख लाल रंग के दस्ताने पहनते थे, कॉलर खड़ा रखते थे और विकेट्स के बीच में बड़े स्टाइल से चलते थे। पटौदी को छोड़ दें तो वो अपनी पीढ़ी के सबसे ग्लैमरस क्रिकेटर थे।

और वो कमाल की बैटिंग और कीपिंग कर सकते थे। इंग्लैंड के ख़िलाफ़ 1972 के टेस्ट मैच में फ़ारुख ने अर्धशतक मारा। अपनी खेली गयी ड्राइव्स और कट शॉट्स के बीच उन्होंने एक शॉट ऐसा मारा जो उस वक़्त तक देहरादून में क्लब और स्कूल क्रिकेट तक पहुँचा ही नहीं था—फ़ाइन लेग पर एक रन के लिए ग्लाइड शॉट। फ़ारुख के शुरुआती दिनों में ये शॉट बॉम्बे में भी नहीं खेला जाता था, उन्होंने ज़रूर ये शॉट काउंटी क्रिकेट से उठाया होगा।

दो साल बाद, फ़ारुख ने दिल्ली में एक और टेस्ट खेला। हर सुबह मेडेन्स होटल की मेरी सैर के दौरान मैंने उन्हें कई बार देखा। मैं उनसे मिलने में थोड़ा

संकोच करता था लेकिन मैं ये ज़रूर देखता था कि कैसे सैयद किरमानी उनके बड़े प्रशंसक थे और फ़ारुख के साथ ज़्यादा से ज़्यादा वक़्त गुज़ारना चाहते थे। किरमानी अपने सीनियर विकेटकीपर के आस-पास रहकर उनसे सीखने में ज़्यादा विश्वास रखते दिख रहे थे न कि अपने शहर के लड़कों की फ़रमाइश पूरी करने में।

मैच के चौथे दिन मैंने फ़ारुख को फिर से बैटिंग करते देखा। इंडिया के पास बनाने के लिए बहुत रन थे। इंजीनियर ने ओपनिंग की और ऐंडी रॉबर्ट की एक बाउंसर पर ख़ुद को नीचे झुका रहे थे जब गेंद उनके सर पर लगी (ये हेल्मेट के आने से पहले का दौर था) और गेंद बाउंड्री तक जा पहुँची और इंडिया को लेग बाई के रूप में चार रन मिले। फ़ारुख अपना सर पकड़ कर दौड़ते हुए पवेलियन गये। फिर जब पहला विकेट गिरा तो बैटिंग करने वापस आये और हमारे सामने काउंटर अटैक की एक साहस भरी प्रदर्शनी लगाई। रॉबेर्ट को उन्होंने पुल मारकर कई चौके लगाये और एक छक्का भी मारा। बाकी फ़ास्ट बॉलर्स को उन्होंने चौके के लिए ड्राइव मारीं। बोल्ड होने से पहले इंजीनियर ने 75 रन बनाये। लांस गिब्स को कट करने के चक्कर में उन्होंने विकेट गंवाया।

फ़ारुख को दिल्ली में बैटिंग करते हुए देखने के करीब साढ़े तीन दशक बाद मैं उनके उस शहर में था, जिसे उन्होंने अपना बना लिया था। मैनचेस्टर। केशव अभी अभी यूनिवर्सिटी से ग्रेजुएट हुआ था और मैंने उसे एक ऐसा तोहफ़ा दिया था जो असल में मेरे लिये भी था—ऐशेज़ टेस्ट मैच के पाँच दिन के टिकट। हम मैनचेस्टर यूनाइटेड मैदान के पास ही एक होटल में रुके हुए थे और हर दिन उस दूसरे स्टेडियम तक पैदल जाते थे जिसका नाम था ओल्ड ट्रेफ़र्ड।

वो मैच ड्रॉ रहा था जिसमें एक तरफ़ से माइकल क्लार्क ने शानदार शतक मारा था और दूसरी तरफ़ केविन पीटरसन ने। रायन हैरिस ने ऑस्ट्रेलिया के लिए बहुत ही अच्छी गेंदबाज़ी की थी। वहीं इंग्लैंड के लिए गेंद से हीरो रहे थे ग्रीम स्वान। दिन में क्रिकेट तो शाम को खाना अच्छा था। एक दिन हमें उसी शहर के माइकल एथर्टन ने खाने पर बुलाया। हम बाप-बेटे के अलावा उस मौके पर लेखक-क्रिकेटर गिडियन हे और क्रिकेटर-लेखक एड कोवन की ऑस्ट्रेलियाई जोड़ी भी आमन्त्रित थी।

मैच के दौरान हम एक खुले स्टैंड में बैठे हुए थे जो नयी-नयी बनी (और भव्य रूप से बदसूरत) पवेलियन के बगल में था। ये स्टैंड लेंकशायर काउंटी क्रिकेट क्लब के सदस्यों के लिए बना हुआ था। चौथे दिन के अन्त की तरफ़,

मैच ड्रॉ की ओर बढ़ रहा था, मैंने फ़ारुख इंजीनियर को बालकनी में देखा। अपने खेलने के दिनों से तुलना करें तो अब उनकी देह दोगुनी हो चली थी। लेकिन वो तुरन्त ही पहचान में आ रहे थे। उन्होंने गुलाबी धारी वाला ब्लेज़र पहना हुआ था।

हम कैसे इस हीरो से जाकर मिल सकते थे और बात कर सकते थे? एथर्टन से एक और मदद के लिए कहना थोड़ा अशिष्ट मालूम दे रहा था। वो शायद इंजीनियर को उतनी अच्छी तरह से जानते भी नहीं थे। मुझे याद आया कि एक शख़्स हमारी मदद कर सकता था—फ़ारुख के बॉम्बे और इंडियन टीम के साथी दिलीप सरदेसाई के बेटे राजदीप। होटल वापस पहुँचते ही मैंने राजदीप को मेल किया। अगली सुबह मैंने उन्हें फ़ोन भी किया। राजदीप ने कहा कि वो काफी वक़्त से उनके सम्पर्क में नहीं थे लेकिन एक क्रिकेट पत्रकार से नम्बर ले सकते थे। अगली शाम तक उन्होंने मुझे नम्बर दे दिया। मैंने फ़ारुख को फ़ोन किया और अपने परिचय में ख़ुद को राजदीप का दोस्त और उनका (फ़ारुख का) फ़ैन बताया। उन्होंने हमें अगली सुबह कॉफ़ी पर बुलाया। हमने सोचा था कि मैच के अगले दिन हम किताबें खरीदने जायेंगे लेकिन अब उससे ज़्यादा ज़रूरी काम आ गया था।

फ़ारुख अपनी अंग्रेज़ पत्नी के साथ शहर से दस-बारह मील दूर एक गाँव में रहते थे। हमें जैसा बताया गया था, उसी अनुसार हमने ट्रेन ली, फिर उनके घर के लिए टैक्सी ली। उनकी पत्नी ने हमें चाय दी और फिर हमें बातचीत करने के लिए एकान्त में छोड़ दिया। हमने एक हवादार, बड़े, आलीशान कमरे में बैठकर बातें कीं। मैंने उन्हें बताया कि मैंने उन्हें खेलते हुए कब देखा था। वो उस दिन तक इस बात पर नाराज़ थे कि जब 1974 के दिल्ली टेस्ट से पहले पटौदी ने ख़ुद को चोटिल बताया था तो उन्हें कप्तानी नहीं सौंपी गयी थी। लेकिन उनका मूड तब बढ़िया हुआ जब मैंने उन्हें याद दिलाया कि उन्होंने रॉबर्ट्स को बहुत ही अच्छे हुक शॉट्स मारे थे। इसके अलावा भी कई कहानियाँ सुनाई गयीं। मुलाक़ात जब अपने अन्त की ओर बढ़ी तो वो हमें बेसमेंट में ले गये जहाँ उनके खेलने के दिनों की तस्वीरें, बल्ले और ग्लव्स वगैरह रखे हुए थे।

फ़ारुख मुझसे बेहद दोस्ताना रवैये के साथ मिले और वो मेरे बेटे के प्रति भी बहुत दयालु रहे। इस मौके तक मेरा बीटा तेईस साल का और छह फ़ीट तीन इंच लम्बा हो चुका था। लेकिन फ़ारुख उसे 1950 के पारसी बम्बईया स्टाइल में 'सॉनी बॉय' कहकर बुलाते रहे। उन्हें मेरा बेटा इतना पसन्द आया कि उन्होंने ज़ोर देकर कहा कि वो हमें स्टेशन तक छोड़ने चलेंगे। वो हमें जिस

गाड़ी में लेकर गये वो फ़रारी ने उन्हें गिफ़्ट की थी। अपनी नयी गाड़ी का साइज़ बताने या उसकी बड़ाई करने के क्रम में उन्होंने बताया कि उन्होंने फ़रारी के लिए विज्ञापन किया था। ये बात उन्होंने जिस ह्यूमर के साथ बतायी थी वो अंग्रेज़ों में बेहद सहजता के साथ आता है लेकिन हिन्दुस्तानियों में (पारसियों को छोड़कर) उसकी काफ़ी कमी पायी जाती है।

VI

अब तक मैंने जिन क्रिकेटर्स से बात की थी वो उम्र में मुझसे बड़े थे। कपिल देव निखंज मेरे पैदा होने के कुछ नौ महीने बाद पैदा हुए थे (अगर विकीपीडिया पर दी गयी जानकारी सही है तो)। मैंने एक दफ़ा, उनके रिटायर होने के बरसों बाद, उनसे हाथ मिलाया। ये जॉली रोवर्स क्रिकेट क्लब चेन्नई की पन्द्रहवीं सालगिरह के मौके पर हुआ जहाँ मुझे और कपिल देव को हैदराबाद और साउथ ज़ोन के पूर्व ऑफ़ स्पिनर वी रामनारायण ने बुलाया था।

मैंने वहाँ कपिल से पहले वक्तव्य दिया और उन मौकों को याद किया जब मैंने उन्हें खेलते हुए देखा था। मैंने दिल्ली में 1978 में वेस्टइंडीज़ के ख़िलाफ़ उनके पहले टेस्ट शतक की एक एक गेंद लाइव देखी थी। मैंने वहाँ इकट्ठा क्रिकेट प्रेमी दर्शकों को ये बताया कि कैसे पूरे दिन तगड़ी ड्राइव्स और बेहद हलके हाथों से खेले गये लेट कट्स की बदौलत दिन का खेल ख़त्म होने पर वो 94 नॉट आउट के स्कोर पर वापस गये और इंडिया को तीसरे दिन पारी घोषित करने के लिए तब तक इन्तज़ार करना पड़ा जब तक उन्होंने अपना शतक नहीं पूरा कर लिया था। ये काम उन्होंने दिन के पहले ओवर की पहली दो गेंदों में ही कर लिया। नॉर्बर्ट फ़िलिप्स की गेंदों को पहले तो उन्होंने मिड-ऑफ़ पर चौके के लिए मारा और फिर अगली गेंद स्क्वायर लेग के ऊपर छक्के के लिए भेजी।

इसके बाद मैं गेदबाज़ कपिल देव तक पहुँचा। इसके लिए मैंने मुख्य सबूत के तौर पर मद्रास का ही एक टेस्ट मैच चुना जो 1980 के जनवरी महीने में पाकिस्तान के ख़िलाफ़ खेला गया था। मैं भी स्टेडियम में मौजूद था और मेरे सामने बैठे लोगों में कई लोग भी। पहले दिन, एक अच्छे विकेट पर कपिल ने एक अच्छी बैटिंग को अपनी स्विंग गेंदबाज़ी से तहस-नहस कर दिया। मुदस्सर नज़र, सादिक़ और ज़हीर अब्बास को किरमानी ने विकेट के पीछे पकड़ा। जावेद मिआंदाद को वेंगसकर ने स्लिप में कैच किया। मैं अब जब स्कोरबोर्ड चेक कर रहा हूँ तो अहसास हुआ कि शीर्ष पाँच बल्लेबाज़ों में सिर्फ़ माजिद

खान ही थे जिन्हें कपिल ने आउट नहीं किया था (वो रन आउट हुए थे)। लेकिन जहाँ तक मुझे याद है, कपिल ने सबसे ज़्यादा उन्हें ही परेशान किया था। वो बार-बार बल्ले के अन्दरी और बाहरी, दोनों किनारों को मिस कर रहे थे।*

कपिल की फिल्डिंग के बारे में बताने के लिए मैंने वो मैच चुना था, जिसे वहाँ मौजूद तमाम दर्शकों ने या तो लाइव या टीवी पर या उनके रीप्ले के तौर पर देखा था। ये वो कैच था, जिसे 1983 के वर्ल्ड कप के दौरान उन्होंने विव रिचर्ड्स को आउट करने के लिए पकड़ा था। मैंने कहा कि जब कपिल डीप मिड-विकेट से पीछे की तरफ भाग रहे थे, तो उनके चेहरे पर एक मुस्कान थी, वो जान गए थे कि यहाँ भारत के पास एक मौका था। मैंने ये भी कहा कि उस टीम में वो ऐसे इकलौते खिलाड़ी थे, जो ये कैच ले सकते थे।

मुझे ऐसा लग रहा था कि मैंने ठीक-ठाक भाषण दिया था। लेकिन कपिल ने और भी अच्छा बोला। उन्होंने पहले तो दर्शकों को चिढ़ाते हुए अपनी ख़राब अंग्रेज़ी के बारे में बताया और ये कहा कि मुझे सुनने के बाद अब वो अपनी अंग्रेज़ी को लेकर और भी शर्मिन्दा थे। उन्हें मालूम था कि चेन्नई के रहने वाले हिन्दी थोपे जाने के बहुत प्रशंसक नहीं थे लेकिन उन्होंने पूछा कि क्या वो प्लीज़, प्लीज़, अपनी भाषा में बात कर सकते थे? ज़रूर, दर्शकों ने शोर कर के उन्हें बताया। मैं भी उस शोर में एक छोटी-सी आवाज़ था। हमें यूँ फंसा कर कपिल ने मज़ेदार और कई कहानियों से भरपूर भाषण दिया जो अंग्रेज़ी में था। उस भाषण का लहज़ा और उत्साह इतना बेहतरीन था कि व्याकरण की गलतियाँ मायने खो चुकी थीं। उन्होंने तमाम कहानियाँ बतायीं। कुछ उनका ही मज़ाक बना रही थीं। उनमें से एक कहानी तो सीधे मेरे लिये ही थी। उन्होंने कहा कि ये गुहा कहता है कि मैं जब वर्ल्ड कप फ़ाइनल में कैच लेने के लिए पीछे की ओर दौड़ रहा था तो हँस रहा था। लेकिन असल कहानी ये है कि मेरे पास और कोई ऑप्शन नहीं था क्यूँकि मेरे दांत ही ऐसे हैं। चाहे मैं ख़ुश हूँ या उदास, सो रहा हूँ या भाग रहा हूँ, मेरे दांत बाहर ही निकले रहते हैं।

VII

1978 में अपना पहला मैच खेलने से लेकर 16 साल बाद रिटायर होने तक कपिल देव भारतीय टीम के निहायती ज़रूरी और नज़रन्दाज़ न किये जा सकने

* कपिल ने दूसरी इनिंग्स में और बेहतरीन गेंदबाज़ी की थी। उन्होंने सात विकेट्स लिए। मेरी कलकत्ता के लिए ट्रेन थी और मैं वो इनिंग्स नहीं देख सका था। इस दौरान उन्होंने इंडिया की बैटिंग के दौरान 84 रन भी बनाये थे।

वाले सदस्य रहे। उन्हें न ही कभी इस लिये हटाया गया क्यूँकि वो फ़ॉर्म में नहीं थे या चोटिल थे। हाँ, उन्हें एक बार अनुशासन तोड़ने की वजह से टेस्ट टीम से ड्रॉप किया गया था। ये मैच 1984 में ईडेन गार्डन्स में इंग्लैंड के ख़िलाफ़ हुआ था। मैं उस वक़्त कलकत्ता में ही था जहाँ मार्क्सिज़्म से मैं पीछा छुड़ा रहा था और क्रिकेट की ओर वापसी कर रहा था। मेरे एक दोस्त के पिता ने उस मैच के दो दिनों के टिकट दिलाये थे। दूसरे दिन मैंने पहला मैच खेल रहे अज़हरुद्दीन को अपना पहला शतक मारते हुए देखा। वो इनिंग्स मिड-विकेट पर मारी गयी फ्लिक्स और पॉइंट के बगल से निकाले गये कट शॉट्स से सजी हुई थी। उनकी खेलने की स्टाइल भी अनोखी ही थी और इसीलिए दूसरे छोर पर खड़े रवि शास्त्री उनके लाइन के विरुद्ध जाकर खेले गये हर शॉट के बाद उन्हें समझा रहे थे (अच्छी बात ये है कि अज़हर ने सुना नहीं)।

अज़हर को कलकत्ता में बैटिंग करते देखने के सात साल बाद मैं ऑक्सफ़ोर्ड में एक रीसर्च फ़ेलोशिप के लिए था। मैं एक पार्क से गुज़र रहा था जहाँ एक क्रिकेट मैच चल रहा था। मैं रुककर मैच देखने लगा और खिलाड़ियों में एक जानी-पहचानी काया दिखी जो कुछ अलग ही काम कर रही थी। वो अज़हर ही थे जो गेंदबाज़ी कर रहे थे। मैंने आस-पास पूछा तो मालूम पड़ा कि डर्बीशेयर और कई विश्वविद्यालयों की मिली-जुली टीम के बीच 50 ओवर का मैच चल रहा था। लंच के दौरान मैं ड्रेसिंग रूम में पहुँचा और अपने साथी भारतीय से मुलाक़ात की। हमने हाथ मिलाया और थोड़ी देर क्रिकेट के बारे में बात करने के बाद अपने देश में रह रहे अपने छोटे-छोटे बच्चों के बारे में बात की जिन्हें इंग्लैंड में रहते हुए हम याद कर रहे थे।

90 के दशक के दौरान और बाद में मैंने अज़हर को कई मौकों पर खेलते हुए देखा। मेरे पास उनकी बल्लेबाज़ी से जुड़ी कई यादें हैं। लेकिन उनकी फ़ील्डिंग की उससे भी ज़्यादा हैं। मैंने किसी मैदान पर लिये गये सबसे बेहतरीन कैचों में एक उनके द्वारा मैंचेस्टर में 1999 के इंडिया-पाकिस्तान वर्ल्ड कप मैच में लिये जाते देखा है। वो बेहद ठंडा दिन था और जिस वक़्त खुले स्टैंड्स में हमारी कुल्फ़ी जम रही थी, शानदार बाएँ हाथ के बल्लेबाज़ सईद अनवर इंडिया से मैच छीनने में व्यस्त दिख रहे थे। इसी बीच वेंकटेश प्रसाद ने एक गेंद बाहर की ओर निकाली और अनवर के बल्ले का किनारा लगा। गेंद सेकण्ड स्लिप की बायीं ओर से तेज़ी से भागती हुई दिख रही थी। अज़हर ने डाईव मारी और ऐसा कैच लिया कि दोनों टीमों का कोई भी खिलाड़ी वो

कारनामा नहीं कर सकता था। उस कैच ने हमें मैच जिताया लेकिन हम वो टूर्नामेंट नहीं जीत सके।

मैं क्रिकेटर अज़हरुद्दीन को बेहद पसन्द करता था और उस इंसान के लिए मुझे अफ़सोस होता था। वो 90 के उस अफ़सोसजनक दशक में भारत के कप्तान बने जब हिन्दू-मुस्लिम की लड़ाई और पाकिस्तान के ख़िलाफ़ ज़हर उगलने की प्रथा अपने चरम पर थी। ऐसे समय में वैज्ञानिक एपीजे अब्दुल कलाम 'अच्छे मुसलमान' की मिसाल बने हुए थे और वो ऐसे बम बनाने में कड़ी मेहनत कर रहे थे जिनके इस्तेमाल से पाकिस्तान का नाश किया जा सकता था। देश में बुरे मुसलमान की मिसाल के रूप में था माफ़िया डॉन दाऊद इब्राहिम जो पला-बढ़ा तो मुम्बई में था लेकिन कराची में अपने अड्डे से अपने ही शहर में आतंकवादी भेजा करता था। अज़हर, दोनों अच्छा और बुरा मुसलमान बना। वो अच्छा तब था जब रन बनाता था और टीम जीतती थी और बुरा तब था जब वो रन नहीं बनाता था और टीम नहीं जीतती थी।*

1991 के उस मैच के बाद मैंने अज़हर को कई बार खेलते हुए देखा और उनके और उनकी दुविधा के बारे में भी बहुत सोचा। मैंने उन्हें कई बार मैदान पर या किसी क्रिकेट फ़ंक्शन के दौरान भी देखा लेकिन कभी बात नहीं हुई। ऐसा लगा जैसे हमारी एकमात्र मुलाक़ात ही आख़री साबित होगी। फिर वो मैच-फ़िक्सिंग स्कैंडल में शामिल पाये गये और इसने मुझे बेहद परेशान किया।

2010 में राजदीप और मैं भारतीय गणतन्त्र की 60वीं वर्षगांठ पर एक प्रोग्राम की शूटिंग कर रहे थे। राजदीप को इतवार के दिन संसद भवन में शूट करने की परमीशन मिल गयी। वो एक उदास-सा लगने वाला दिन था और ठण्ड के उस धुंधलके ने उसे और नीरस बना दिया था। लगभग एक घंटा कैमरे के सामने बातचीत के बाद हमने ब्रेक लिया। इसी दौरान हमारी तरफ़ एक शख़्स आया जिसे हम दोनों जानते थे। वो अज़हरुद्दीन थे जिन्हें बीते बरस कांग्रेस का टिकट मिला था और वो लोक सभा में चुने गये थे। वो यदा कदा ही भवन में आते थे और उन्होंने शायद ही कभी वहाँ डिबेट्स के दौरान एक भी शब्द कहा हो। मुझे समझ में नहीं आता कि वो वहाँ इतवार की सुबह क्या कर रहे थे। वो राजदीप को जानते थे लेकिन साथ ही उन्होंने मुझे पहचानने की ऐक्टिंग करने की अच्छी कोशिश की। वो अभी भी कसी हुई देह वाले इंसान थे। उनका शरीर कसरत करने वाला दिख रहा था और कहीं भी ग़ैर-ज़रूरी मांस नहीं था।

---

* अज़हर की उस बुरी परिस्थिति के बारे में तफसील से जानने के लिए पढ़िए *अ कॉर्नर ऑफ़ अ फ़ॉरेन फ़ील्ड* का 16वाँ चैप्टर

लेकिन उनका मन उचाट नज़र आ रहा था और वो बेहद अकेले जान पड़ रहे थे। मैंने कभी भी किसी से हाथ मिलाने पर ख़ुद को इतना उदास नहीं पाया है।

VIII

स्कूल और कॉलेज में खेल सीखने वाले लड़के के तौर पर मैं क्रिकेट के महान लोगों से महज़ तीन कदम दूर हुआ करता था—मेरे मामा से वीएम मुदैयाह से हेमू अधिकारी से अधिकारी के गुरु विजय सैमुएल हज़ारे। मैं जैसे-जैसे बड़ा हुआ, मैं इस लिस्ट में एक-एक करके कदम बढ़ाता चला। मैं वीएम मुदैयाह से मिला और उनसे दोस्ती हुई। बैंगलोर में उनके घर पर कॉफ़ी पीते-पीते उन्होंने मुझे क्रिकेट की कई कहानियाँ सुनाईं। मेरे कहने पर ही, इनमें से कई कहानियाँ भारतीय धीमी गति के गेंदबाज़ों की उस तिकड़ी के बारे में थीं जिसके सदस्य थे मांकड़, गुप्ते और ग़ुलाम अहमद। लेकिन एक कहानी हज़ारे के बारे में भी थी।

1958-59 की सर्दियों में रणजी ट्रॉफ़ी फ़ाइनल में सर्विसेज़ और बड़ौदा का मैच हुआ। हेमू अधिकारी को मालूम था कि मैच का नतीजा इस बात पर निर्भर करेगा कि उसके गुरु कितने रन बनायेंगे। हज़ारे बयालीस साल के हो चुके थे और अभी भी अच्छी बल्लेबाज़ी कर रहे थे। वो आंख के थोड़े कमज़ोर हो चले थे लेकिन तकनीक ने उन्हें शिथिल होने नहीं दिया था। अधिकारी को याद था कि जबसे इंग्लैंड के तेज़ गेंदबाज़ फ्रैंक रिजवे ने उन्हें सर पर गेंद मारी थी, कम से कम इनिंग्स की शुरुआत में वो पटकी हुई गेंदों को लेकर बहुत सहज नहीं रहते थे। सर्विसेज़ ने टॉस जीता और बड़ौदा को पहले बैटिंग के लिए भेजा। भारतीय तेज़ गेंदबाज़ सुरेन्द्रनाथ ने दो विकेट लिये और हज़ारे 10 रन पर दो विकेट के नुकसान के स्कोर पर बैटिंग करने आये। जैसा कि उनके कप्तान ने उन्हें बताया था, सुरेन्द्रनाथ ने पहली ही गेंद पटक दी। अगले ही पर एक हुक शॉट खेला गया जो हवा में बेहद ऊपर गया और फिर फ़ाइन-लेग के हाथों में आकर गेंद नीचे गिर गयी। अधिकारी झुंझलाते हुए चीखे, 'अब ये सेंचुरी मारेगा।' असल में उन्होंने दोहरा शतक लगाया और बड़ौदा आराम से वो मैच जीत गया।

जब मुदैयाह ने मुझे ये कहानी सुनाई, उसके सालों बाद मैं हेमू अधिकारी से मिला। नयी दिल्ली की एक क्रिकेट पार्टी में वो मुख्य अतिथि थे। पार्टी में आमन्त्रित सुजीत मुखर्जी मुझे अपने साथ ले गये थे। उनकी किताब *ऑटोबायोग्राफ़ी ऑफ़ ऐन अननोन क्रिकेटर* पढ़ने वालों को मालूम होगा कि सुजीत ने बिहार के लिए रणजी ट्रॉफ़ी खेली और राष्ट्रीय रक्षा अकादमी (NDA) में फ़ैकल्टी भी

थे जहाँ उनके साथ हेमू अधिकारी भी काम करते थे। उनकी किताब में एक हिस्सा है जहाँ वो अपने स्टूडेंट्स को 1956 का बॉम्बे टेस्ट दिखाने ले गये थे और हर स्टूडेंट ने अपने मन में हेमू अधिकारी का हर डिफ़ेंसिव शॉट खेला था। हेमू अधिकारी की उस इनिंग्स ने इंडिया के लिए मैच बचाने में मदद की थी।

पार्टी एक पुराने सर्विसेज़ के खिलाड़ी के घर पर थी और इसी वजह से कई पुराने सर्विसेज़ के खिलाड़ी भी वहाँ आये हुए थे। देहरादून में मेरी शुरुआती फ़ील्डिंग की तालीम के दौरान मिले अनुभव ने मुझे एक बेहद खुर्राट इंसान के लिए तैयार कर दिया था। क्यूँकि दुरई हमेशा मुझे मुदैयाह और हेमू अधिकारी की दुहाई देकर मेरे भीतर से डर निकालने की कोशिश करते थे। लेकिन वो शख़्स मेरी सोच के एकदम उलट निकला। ज़्यादातर वक़्त वो चुप रहे। बदकिस्मती से एक टीवी कमेंटेटर भी वहाँ आ टपका था और वो लगातार बोले ही जा रहा था। जब वो एक और ड्रिंक लेने के लिए गया तो मैं तुरन्त अधिकारी से बात करने लगा। उनके भूतकाल के बारे में, ब्रैडमैन और रे लिंडवॉल और कीथ मिलर के बारे में। उसके बाद मैंने उनके गुरु के बारे में पूछा। मैंने बगैर झिझक अपने हीरो के खेल के उस पहलू के बारे में बात की जिसके बारे में सबसे कम बात होती है। मेरा सवाल था—'एक फ़ील्डर के तौर पर हज़ारे कैसे थे?' जब अधिकारी ने मेरे सवाल का जवाब नहीं दिया तो मैंने सवाल दोहराया। उन्होंने पूछा, 'तुम ये क्यूँ पूछ रहे हो? हमें तो बस उनके हाथ में एक बल्ला देना होता था और फिर मैच के नतीजे पर ख़ुश होना होता था।'

कई साल बाद मैं बड़ौदा में था और वहाँ क्रिकेट से इतर किसी विषय पर बोल रहा था। व्यास नाम के एक लोकल पत्रकार ने उस शहर के सबसे महान जीवित व्यक्ति से मेरी मुलाक़ात करवाने की मेहरबानी की। बड़ौदा के पोलो मैदान के सामने हज़ारे अपने एक साधारण से अपार्टमेन्ट में रहते थे। ये पोलो मैदान 1946-47 में गुल मोहम्मद के साथ 577 रनों की उनकी साझेदारी का साक्षी था। दरवाज़े पर एक शानदार नेमप्लेट लगी हुई थी जिसपर सुनहरे अक्षरों से नक्काशी की गयी थी। ये किसी बेहद पुराने और सधे हुए हाथों का काम लग रहा था।

जब व्यास और मैं सीढ़ियाँ चढ़ रहे थे, दो कुत्तों की आवाज़ ने हमारा स्वागत किया। उन्हें जाने के लिए कहा गया और घर की बहू ने हमें लिविंग रूम का रास्ता दिखाया। सामने दीवार पर और मेज़ पर कप और शील्ड्स रखी हुई थीं। उन महिला के पति और बेटे ने ये सब जीता था। दोनों ही रणजी खिलाड़ी थे। घर के सबसे बड़े खिलाड़ी के नाम का सिर्फ़ एक स्मृति चिन्ह

मौजूद था। ये विजय हज़ारे को उनके अट्ठारहवें जन्मदिन पर पश्चिमी रेलवे यूनियन ने दिया था। बाकी और ट्रॉफ़ी, मेरे हिसाब से, अन्दर के कमरे में, लोगों की नज़रों से दूर रखी होंगी।

एक या दो मिनट में ही वो अन्दर आये। वो संभलते हुए चल रहे थे और उनकी आंखें सब कुछ नोट कर रही थीं। उन्होंने आते ही कहा कि वो बहुत देर लगातार बात नहीं कर पायेंगे क्यूँकि पिछले दिन उन्हें एक स्कूल के टूर्नामेंट के लिए बुलाया गया था और वहाँ उन्हें कड़ी धूप में सड़क से पवेलियन तक करीब 100 गज चलना पड़ गया था। हमने करीब एक घंटा बात की और मेरे सवालों का बेहद सीधा और नपे तुले शब्दों में जवाब दिया गया। मैंने उनसे पूछा कि उन्हें अपनी सबसे अच्छी इनिंग्स कौन-सी लगती है। पञ्चकोणीय सीरीज में हिन्दूज़ के ख़िलाफ़ 387 के स्कोर में मारे गये 309 रन, जो आंकड़ों के आधार पर क्रिकेट के इतिहास में किसी टीम के एक खिलाड़ी का सबसे बेहतरीन योगदान होगा? 1958-59 के रणजी फ़ाइनल में मारा गया दोहरा शतक, जिसने ये सुनिश्चित किया कि उनके ही शिष्य और बड़ौदा के कप्तान डीके गायकवाड को 1959 के इंग्लैंड दौरे के लिए कप्तान बनाया जायेगा (उनकी जगह सर्विसेज़ के कप्तान हेमू अधिकारी को बनना था लेकिन वो मैच हार गये थे)। या 1948 के एडिलेड टेस्ट में मारे गये दो शतक?

ज़ाहिर-सी बात है, एडिलेड के शतक, हज़ारे ने कहा। भारतीय खिलाड़ी दो दिन से मैदान में थे और उधर ब्रैडमैन और उनके साथी 674 रन बना चुके थे। जब इंडिया ने बैटिंग करनी शुरू की तो हज़ारे ने 116 रन बनाये और दत्तू फडकर ने 123। एक वक़्त पर हज़ारे ने कीथ मिलर को एक ओवर की शुरुआत की तीन गेंदों पर लगातार हुक किया और 3 चौके कमाये। कीथ ने कप्तान ब्रैडमैन से ऑन-साइड में एक और फ़ील्डर की माँग की। ब्रैडमैन ने ये माँग ठुकरा दी। इसके बाद मिलर ने तीन लॉलीपॉप गेंदें फेंकी और बल्लेबाज़ ने उन्हें बड़े प्रेम से विकेट की सिधाई में धकेल दिया। ब्रैडमैन ने इसके बाद मिलर को एक भी ओवर नहीं दिया।

इंडिया उस इनिंग्स में 381 रनों तक पहुँच गयी थी लेकिन उन्हें फ़ॉलो ऑन खेलना पड़ा। इंडिया की दूसरी इनिंग्स में रे लिंडवॉल ने मांकड़ को विकेट्स के पीछे कैच करवाया और फिर अमरनाथ को बोल्ड कर दिया। हज़ारे जब खेलने पहुँचे तो स्कोर था 0 रन पर दो विकेट। अगले छह घंटे उन्होंने बैटिंग की और 145 रन के स्कोर पर वो नौंवे विकेट के रूप में आउट हुए। इंडिया ने कुल 277 रन बनाये थे। उनके अलावा बस हेमू अधिकारी ने

51 रन बनाये। हज़ारे की दूसरी पारी में स्पिनर्स इयान जॉनसन और कॉलिन मैककूल को मारी गयीं कुछ ऐसी कवर ड्राइव्स थीं जिन्हें दिव्यता की श्रेणी में रखा जायेगा। उनकी दोनों पारियाँ एक बेहतरीन गेंदबाज़ी और फ़ील्डिंग वाली टीम के ख़िलाफ़ खेली गयी थीं और दोनों ही पारियों में उन्होंने सामने वाली टीम को एक भी मौका नहीं दिया था।

अपने दूसरे शतक की शाम हज़ारे को महान स्लो बॉलर क्लेरी ग्रिमेट डिनर के लिए ले गये। कई साल पहले, 1937 में ग्रिमेट कोचिंग के लिए पश्चिमी भारत में जत रियासत आये हुए थे। हज़ारे उस वक़्त देवास के महाराज के यहाँ काम करते थे। देवास के महाराज और जत के राजा साढ़ू भाई थे। हज़ारे महाराज से आज्ञा लेकर ग्रिमेट के कैम्प पहुँचे। ऑस्ट्रेलियाई गेंदबाज़ ने हज़ारे को कुछ गेंदें फेंकी और इस नतीजे पर पहुँचे कि वो उन्हें बैटिंग में बहुत कुछ नहीं सिखा सकेंगे। हज़ारे ने पूछा कि क्या वो उन्हें गुगली फेंकना सिखा देंगे। इसपर गुरु ने जवाब दिया कि वो गुगली भी नहीं सिखायेंगे क्यूँकि वो उसे कंट्रोल नहीं कर पायेंगे। लेकिन उन्होंने उँगलियों से घुमाने वाली लेग-ब्रेक फेंकी। इसके बाद मीडियम पेसर हज़ारे के तरकश में ये गेंद एक बड़ा तीर बन गयी। हज़ारे ने कहा, 'मैंने फ़र्स्ट क्लास क्रिकेट में पाँच सौ अठहत्तर विकेट लिये हैं।' ये एक ऐसे बल्लेबाज़ के लिए बहुत बड़ा आंकड़ा था जो बॉलिंग भी कर लेता था।

मुझे चेताया गया था कि हज़ारे किसी भी तरह के विवाद में नहीं पड़ते हैं। इसकी परवाह किये बगैर मैंने उनसे अलग-अलग पीढ़ियों के खिलाड़ियों की तुलना करने को कहा। हज़ारे ने बड़ी विनम्रता से और घुमाकर सभी जवाब दिये। असल में उन्होंने अपने समकालीन खिलाड़ियों की तारीफ़ की। जब मैंने मर्चेंट और गावस्कर को एक साथ रखा तो उन्होंने विजय मर्चेंट की अनोखी तकनीक की बात की और बताया कि वो कैसे कभी गेंद हवा में नहीं उठाते थे बल्कि गेंद को दो फ़ील्डरों के बीच निकालने की कोशिश में रहते थे। जब मैंने बिशन सिंह बेदी और मांकड़ की तुलना करने को कहा तो उन्होंने फ़रवरी 1952 के चेपॉक टेस्ट की कहानी सुनाई। वीनू को पहली इनिंग्स में आठ विकेट मिले थे लेकिन दूसरी इनिंग्स में वो बेहद मामूली गेंदबाज़ी कर रहे थे। इसी दौरान जब ऑफ़ स्पिनर ग़ुलाम अहमद को लगातार दो विकेट मिले तो हज़ारे ने (जो कप्तानी कर रहे थे) वीनू के पास जाकर मराठी में कहा, 'मैंने आज से पहले ऐसा अजीब विकेट कभी नहीं देखा। सिर्फ़ एक ही छोर पर गेंद घूम

रही है।' मांकड़ जलबला गये और उन्होंने भी गेंद को घुमाना शुरू कर दिया। ग़ुलाम के साथ मिलकर उन्होंने इंडिया को टेस्ट क्रिकेट में पहली जीत दिलाई।

जिस एकमात्र क्रिकेटर की हज़ारे ने आलोचना की, वो भी बेहद शालीनता के साथ, वो थे सीनियर पटौदी। 1946 के इंग्लैंड दौरे पर हज़ारे के मना करने पर भी पटौदी ने उन्हें सरे के ख़िलाफ़ इनिंग्स की शुरुआत करने के लिए भेज दिया। उन्होंने कहा, मुझे अंडा मिला। ये कहते हुए वो हल्के से हँसे और अपने अंगूठे और तर्जनी उँगली से जितना बड़ा हो सकता है, घेरा बनाया। इसके बाद उनके कप्तान ने उन्हें अगली इनिंग्स में छठे या सातवें नम्बर पर भेजा जिसकी वजह से एक बार फिर वो मैच पर कोई बहुत बड़ा असर नहीं डाल सके। इसके बाद काउंटी चैम्पियंस यॉर्कशायर के ख़िलाफ़ पहले दिन के अन्त की ओर इंडिया को आधे घंटे के लिए बैटिंग करनी थी। दो विकेट्स जल्दी गिर जाने पर पटौदी ने उन्हें ख़ुद को और बाकी 'अच्छे' बल्लेबाज़ों को बचाने के लिए, बतौर नाइटवॉचमैन भेजा। अगले दिन हज़ारे ने बगैर आउट हुए 244 रन बनाये।

एक खिलाड़ी और कप्तान के तौर पर हज़ारे बेहद मुखर थे और ख़ुद को बहुत सफ़ाई से जानते थे। अपने रिटायरमेंट के बाद भी उन्होंने सम्मान और गौरव बनाये रखा। जब हम वहाँ से लौट रहे थे, मैंने उनकी बहू से उनका पता माँगा। इसपर उन्होंने मुझे हज़ारे का विज़िटिंग कार्ड दिया। मैं उसे बस अपने बटुए में रख ही रहा था कि पूरे अधिकार के साथ हज़ारे ने कहा, मैं इसपर साइन करूँगा। एक पेन लाया गया और उन्होंने अपने दस्तख़त किये। मेरे पास वो इकलौता ऑटोग्राफ़ था। कई वर्षों तक वो मेरे पास रहा और फिर एक मौके पर, जब घर में मरम्मत कर काम चल रहा था और सामान पैक कर के इधर-उधर किया जा रहा था, वो खो गया। मैं आज भी इस उम्मीद के साथ जी रहा हूँ कि एक दिन मुझे वो कहीं मिल जायेगा।

IX

जॉर्ज बर्नार्ड शॉ ने एक बार फ्रैंक हैरिस, जो उनकी पीढ़ी के ठीक-ठाक लेखक थे लेकिन बेहद महत्वाकांक्षी थे, के बारे में कहा था कि, 'उन्होंने इंग्लैंड के सभी बड़े घरों में एक बार खाना खाया हुआ है।' ऐसा ही कुछ टेस्ट क्रिकेटर्स के मामले में मेरे साथ भी था। मैं कपिल देव से एक बार मिला हूँ, अधिकारी से एक बार, हज़ारे से एक बार, वेंकट से एक बार, उमरीगर से एक बार, हनुमन्त से एक बार मिला हूँ। पटौदी के साथ मेरी एक ही ढंग की मुलाक़ात हुई थी। ऐसे भारतीय टेस्ट खिलाड़ी जिनसे मैं एक या दो से ज़्यादा बार हाथ

मिला चुका हूँ, उनमें से दो मेरे कॉलेज की टीम के साथी हैं और कर्नाटक की दो पीढ़ियों के खिलाड़ी हैं।

लेकिन इस सब में एक अपवाद है। वो है बिशन सिंह बेदी। इतने बड़े क्रिकेटर को मैं अपना दोस्त कह सकता हूँ। हालांकि इस दोस्ती को फूलने में बहुत वक़्त लगा। 1974 में बैंगलोर में दुरई के घर पर हुई उस मुलाक़ात के बाद मैं बेदी के सानिध्य में खेल रहे खिलाड़ियों के ज़रिये दूर-दूर से ही उन्हें फ़ॉलो करता रहा। बेदी की कमाल की प्रोत्साहित करने वाली बातों और कमाल की गेंदबाज़ी के चलते दिल्ली ने 1978-79 और 1979-80 में रणजी ट्रॉफ़ी जीती। इसके जवाब में DDCA ने उन्हें न केवल कप्तानी से हटाया बल्कि टीम में भी नहीं रखा। कुछ साल बाद उनके गृह राज्य पंजाब ने अपनी रणजी ट्रॉफ़ी की टीम को मैनेज करने और उसे कोच करने के लिए उन्हें बुलाया। इस बार कच्चा माल आ रहा था गुरु नानक देव यूनिवर्सिटी के लड़कों के रूप में, अनुभव आ रहा था नवजोत सिंह सिद्धू और गुरशरण सिंह से जो कि अच्छे मिडल-ऑर्डर के बल्लेबाज़ थे और शुरुआत में दिल्ली की ओर से ही खेलते थे।

1992-93 में, जब पंजाब की टीम रणजी ट्रॉफ़ी के नॉक-आउट चरण से गुज़र रही थी, मुझे एक दफ़ा फिर बेदी के बारे में कहानियाँ सुनने को मिलीं कि वो उन लड़कों के साथ क्या कर रहे थे जो इधर-उधर भटक जा रहे थे। जब टीम के ओपनर सपन चोपड़ा ने अम्पायर के एक फ़ैसले पर आपत्ति जताई तो उनके मैनेजर ने दिन का खेल ख़त्म होने के बाद उनसे मैदान के दस चक्कर लगवाये और अगले मैच में भी नहीं खिलाया। पंजाब फ़ाइनल में पहुँची जहाँ उन्हें जालंधर में महाराष्ट्र से भिड़ना था। दौरे पर आ रही टीम ने पुणे में उम्र का शतक लगा चुके डीबी देवधर का आशीर्वाद लेकर अपनी ज़मीन छोड़ी।

पंजाबी बनाम मराठा, ये देश के दो सबसे लड़ाकू जमात के बीच की लड़ाई थी। ये एक टक्कर का मैच था जो अन्त में घरेलू टीम ने ही जीता। जैसे ही महाराष्ट्र का आख़री विकेट गिरा, पंजाब के कप्तान गुरशरण सिंह ने स्टम्प उखाड़ा और मैदान से बाहर दौड़ पड़े। उनके पीछे बाकी टीम के लड़के दौड़ रहे थे। वो सभी बेदी के पास पहुँचे, उनके पैरों में स्टम्प्स रखे और सभी ने उन्हें सम्मानित करते हुए शुक्रिया अदा किया। इसके बाद उस सरदार ने वो स्टम्प्स अपने बगल में बैठे एक बूढ़े आदमी को दे दिये। वो बूढ़े आदमी बिशन सिंह बेदी के कोच ज्ञान प्रकाश थे जिन्हें उसी सुबह बिशन ने अमृतसर से बुलाया था। असल में वहीं से सब कुछ शुरू हुआ था। टेस्ट क्रिकेट में लिये गये 267 विकेट भी और दिल्ली और पंजाब की रणजी जीत भी।

इसी बीच 1974 के रणजी मैच के दौरान एक किनारे हुई मुलाक़ात के बाद से अब तक मेरे मामा दुरई और बेदी अच्छे दोस्त हो चुके थे। ये लोग दिल्ली और बैंगलोर में एक दूसरे से मिलते रहते थे। इन दोनों की पत्नियाँ भी आपस में अच्छी दोस्त बन गयी थीं। अब तक मैं अपनी क्रिकेट की किताबें भी छपवा चुका था, लिहाज़ा अपने ही दम पर मैं उनसे जाकर मिल सकता था। अपनी एक किताब में मैंने बेदी के पेट का ज़िक्र किया था जो शराब के चलते बड़ा हो रहा था। उसके कुछ ही दिनों बाद मैं उनसे चिन्नास्वामी स्टेडियम में इंडिया और ऑस्ट्रेलिया के टेस्ट मैच के दौरान मिला। उन्होंने मेरी उस बात का वहाँ ज़िक्र किया। ये बात सच निकली कि उनका बढ़ा हुआ वजन एकदम ज़ाहिर तौर पर दिख रहा था लेकिन वो कई वर्षों से शराब से दूरी बनाये हुए चल रहे थे।

मैंने बिशन को मैसूर कॉफ़ी का एक कप दिया और हमने साथ में शेन वॉर्न को भारतीय टीम को किनारे करते हुए देखा। जब वॉर्न सिद्धू के ख़िलाफ़ राउंड द विकेट जाकर गेंद फेंक रहे थे, बेदी परेशान हो रहे थे। वो कह रहे थे, 'ये लड़का ओवर द विकेट से गेंद क्यूँ नहीं फेंक रहा? इसे पारम्परिक तरीके से गेंद फेंकनी चाहिए। गेंद को हवा देनी चाहिए और फिर विकेट को बाकी का काम करना चाहिए। ये क्यूँ राउंड द विकेट की नौटंकी कर रहा है?इंडियन प्लेयर्स इसकी गेंद पर दिन ख़त्म होने तक पैड लगाते रहेंगे। मैं शाम को इससे बात करूँगा।' उन्होंने वॉर्न से बात की। जब मैं उनके होटल में बेदी के साथ रात का खाना खा रहा था, वॉर्न दो बार फ़ोन कर चुके थे और बेक किये हुए बीन्स के दो डब्बे ख़त्म हो चुके थे। मैं उनकी बातचीत का हिस्सा तो नहीं बन सका था लेकिन बाद में बेदी के शब्दों में जो दर्द और चिन्ता थी, उसे भूल भी नहीं सकता। वॉर्न उनकी बात को काट रहे थे और बिशन को अपनी बातों का असर होता हुआ नहीं दिखा।

अपनी किताब *बिशन: पोर्ट्रेट ऑफ़ अ क्रिकेटर* में सुरेश मेनन उस वाकये के बारे में बात करते हैं जब बेदी ने इंडिया के लिए 1975-76 में नागपुर में एक अनाधिकारिक टेस्ट मैच खेला था और फिर दिलीप ट्रॉफ़ी का मैच खेलने के लिए वो चंडीगढ़ गये थे। बीसीसीआई उनका टिकट बुक करना ही भूल गयी थी इसलिए उन्हें बिना रिज़र्वेशन के थर्ड-क्लास डिब्बे के उस हिस्से में बैठकर जाना पड़ा जिसमें सामान रखा जाता था। उस वक़्त के क्रिकेट प्रशासक इतने कंजूस हुआ करते थे कि एक टेस्ट मैच के एक खिलाड़ी को मात्र 250 रुपये

मिलते थे। जब बेदी की टीम ने न्यूज़ीलैंड के ख़िलाफ़ एक टेस्ट मैच चार ही दिन में जीत लिया तो खिलाड़ियों को 50 रुपये कम दिये गये थे।

अगर भारतीय खिलाड़ियों को आज कहीं ज़्यादा अच्छा मेहनताना मिलता है तो वो बिशन सिंह बेदी जैसे खिलाड़ियों की लड़ी लड़ाइयों की बदौलत ही सम्भव हुआ। अपनी किताब में मेनन ने बेदी के खिलाड़ियों की असोसिएशन बनाने के बारे में बात की है। असोसिएशन ने तत्कालीन और पूर्व खिलाड़ियों के लिए अच्छे पैसों और सुविधाओं की माँग रखी और इसमें वो सफ़ल भी हुए। बेदी ऐसा करने में अपने व्यक्तित्व की वजह से भी सफ़ल हुए और इसलिए भी क्यूँकि वो इस खेल के महान खिलाड़ियों में से एक थे। जब तक मैंने मेनन की किताब नहीं पढ़ी थी, मुझे इस बात का अहसास ही नहीं हुआ था कि बेदी वो एकमात्र ऐसे खिलाड़ी थे जो न्यूज़ीलैंड (डनीडन, 1968), वेस्टइंडीज़ (पोर्ट ऑफ़ स्पेन, 1971), इंग्लैंड (द ओवल, 1971) और ऑस्ट्रेलिया (मेलबर्न, 1978) में पहला टेस्ट मैच जीतने वाली टीम के सदस्य थे।

ऐसा नहीं है कि बेदी में कोई ख़ामी नहीं थी। हर आदमी की तरह उनसे भी तारीफ़ कर के कुछ भी करवाया जा सकता है। वो हर चीज़ को काले या सफ़ेद में देखते हैं (जैसे श्री लंका के ऑफ़-स्पिनर मुरलीधरन का एक्शन)। वो मुम्बई के क्रिकेट खिलाड़ियों को तीखी नज़रों से देखते हैं और सुनील गावस्कर को ख़ासकर। वो उनकी (ख़ासकर गावस्कर की) आलोचना करने का कोई मौका नहीं छोड़ते। वहीं दूसरी तरफ़ वो नये खिलाड़ियों को आगे बढ़ाने के लिए पूरी तरह से प्रतिबद्ध नज़र आते हैं। और वो जितना ख़ुद से प्रेम करते हैं, उससे कहीं ज़्यादा क्रिकेट से।

कुछ साल पहले, पूर्व ब्रिटिश प्रधानमन्त्री जॉन मेजर एक निजी यात्रा पर दिल्ली आये थे। ब्रिटिश हाई कमिश्नर ने इस मौके पर एक पार्टी दी और उसमें एक वरिष्ठ केन्द्रीय मन्त्री को और तत्कालीन चुनाव आयुक्त को बुलाया गया। चूँकि ब्रिटिश प्रधानमन्त्री क्रिकेट के शौक़ीन थे इसलिए कुछ पूर्व टेस्ट खिलाड़ियों को भी बुलाया गया। मुझे भी पार्टी में जाने का मौका मिला क्यूँकि मैं मेज़बानों को जानता था। उस पूरी शाम, जॉन मेयर ने बाकी सभी मेहमानों को नज़रन्दाज़ किया। वो पूरे वक़्त बिशन सिंह बेदी के साथ मशगूल रहे और उनके साथ क्रिकेट की न जाने कितनी कहानियाँ सुनीं और सुनायीं। कई कहानियों में यॉर्कशायर और इंग्लैंड के फ़ास्ट बॉलर फ्रेडी ट्रूमैन का ज़िक्र था जिन्हें सर जॉन बेहद पसन्द करते थे और बेदी जिनके ख़िलाफ़ खेल चुके थे। उस शाम के अन्त की ओर मुझे कुछ कहने का मौका मिला। मैंने मुख्य अतिथि से कहा

कि उन्हें एक प्रशंसक के तौर पर 'एफ़एसटी' (फ्रेडरिक्स सीवड्र्स टूमैन) के बारे में किताब लिखनी चाहिए। उनका जवाब आया, 'सिर्फ़ एफ़एसटी ही क्यूँ? मैं बीएसबी के बारे में भी कहानियाँ सुनाऊँगा।'

बीएसबी के बारे में मेरे पास तमाम और भी कहानियाँ हैं। एक कहानी जो मुझे बेहद पसन्द है, उस वक़्त की है, जब मैं काबुल गया था जहाँ हमारे राजदूत (जो क्रिकेट पसन्द करते थे) ने कहा कि वो किसी भारतीय क्रिकेटर को बुलाना चाहते हैं जो वहाँ के अफ़ग़ान लड़कों को प्रेरित भी कर सके और उन्हें खेल के बारे में कुछ सिखा भी सके। मैंने कहा कि चूँकि ऐक्टिव क्रिकेटर ऐसी जगह आना नहीं चाहेंगे जहाँ आतंकवाद की परछाईं पड़ती हो, इसलिए बेहतर होगा कि किसी रिटायर हो चुके खिलाड़ी से सम्पर्क किया जाये। कई नाम सामने आये और हमने उनपर बात की। इन नामों में एक बेदी का भी था। मैं जब भारत वापस आया तो मैंने हीरो से दोस्त बन चुके बेदी से पूछा कि क्या वो न्योता मिलने पर वहाँ जायेंगे। उन्होंने कहा, 'क्यों नहीं? क्रिकेट के लिए कहीं भी।' क्रिकेट के लिए कहीं भी—जबकि उनके वक़्त के खिलाड़ियों का ध्येय वाक्य ये बन चुका था—'पैसे के लिए कहीं (और कुछ) भी'।

X

अगर मेरे कॉलेज के समकालीन और कर्नाटक के खिलाड़ियों को हटा दिया जाये और मुझसे कहा जाये कि मैं उन खिलाड़ियों की एक टीम बनाऊँ जिनसे मैंने हाथ मिलाया है तो वो कुछ यूँ होगी :

1) फ़ारुख इंजीनियर
2) अब्बास अली बेग
3) विजय हज़ारे
4) हेमू अधिकारी
5) मोहम्मद अज़हरुद्दीन
6) मंसूर अली खान पटौदी
7) हनुमन्त सिंह
8) पॉली उमरीगर
9) कपिल देव
10) श्रीनिवासराघवन वेंकटराघवन

11) बिशन सिंह बेदी

इस टीम की बल्लेबाज़ी कमाल की है और गेंदबाजी भले ही थोड़ी हल्की लग रही हो लेकिन आप बिशन सिंह बेदी को एक छोर से और क़पिल देव को दूसरे छोर से गेंदबाज़ी करते हुए देखने के लिए कुछ भी कर गुज़रना चाहेंगे।* इसके साथ ही एक ऐसी टीम जिसमें हेमू, अज़हर, कपिल, वेंकट, पॉली और पटौदी फ़ील्डिंग कर रहे हों तो ऐसा लगेगा जैसे शेरों का झुंड सामने खड़ा है। इस टीम में टेस्ट कप्तान बहुतायत में हैं। कुल आठ। और अगर फ़ारुख को गिनें तो नौ (उनको कप्तान बनाये जाने की घोषणा हुई थी लेकिन बाद में वो फ़ैसला बदल दिया गया था)। मेरे हिसाब से बेदी आगे आकर ये कहेंगे कि विजय हज़ारे को कप्तान बनाया जाये और पटौदी भी पूरी खेल भावना के साथ इस बात पर राज़ी होंगे। इस टीम के मैनेजर, ज़ाहिर तौर पर, राज सिंह डूंगरपुर होंगे।

---

* सीएफ़ जिम लेकर: 'लॉर्ड्स में सूरज चमक रहा हो, रे लिंडवॉल एक तरफ़ से और बिशन सिंह बेदी दूसरी तरफ़ से बॉलिंग कर रहे हों, मेरे हिसाब से यही जन्नत होगी।'

इस किताब को पढ़कर इतिहासकार और क्रिकेट लेखक डेविड कायनेस्टन ने इस फ़ुटनोट के साथ ये कहा—'पाकिस्तान 1982 में इंग्लैंड में थी—इमरान खान एक छोर से और अब्दुल क़ादिर दूसरे छोर से गेंदबाजी कर रहे थे—मुझे बहुत अच्छे से याद है।'

6.

सचिन तेंदुलकर को देखा

I

हर भारतीय सचिन तेंदुलकर के साथ एक अलग ही रिश्ता रखता है। मेरा रिश्ता कुछ ये है : सचिन ने अपना पहला टेस्ट नवम्बर 1989 में खेला और उसी महीने मेरी पहली किताब छपी। सचिन के पूरे करियर भर, ये इतिहासकार किसी और काम में मशगूल रहा और उसका जीवन तेंदुलकर के क्रीज़ पर मौजूद रहने के दौरान पैदा हुए जादू से अभिभूत रहा। मैंने कई बार उसे लाइव बैटिंग करते हुए देखा और उससे कहीं ज़्यादा बार टीवी पर। मुझे उसके स्ट्रोकप्ले को देखते हुए आश्चर्य होता था। अलग-अलग तरह के विकेट्स, मैदान और बॉलिंग अटैक को मिनट भर में समझ लेने की फ़ितरत पर आश्चर्य होता था। इस सबसे ऊपर, जिस चीज़ ने मुझे सबसे ज़्यादा हैरत में डाला, वो था उसका शान्तचित होकर 25 साल तक अपने देश के करोड़ों लोगों की, कभी-कभी बेमानी से लगने वाली उम्मीद का बोझ अपने कंधों पर लेकर चलते रहना।

जब सचिन ने पाकिस्तान के ख़िलाफ़ पदार्पण किया तो मैं दिल्ली में रह रहा था। मैंने अपने कॉलेज के कॉमन रूम में बैठकर, जहाँ मेरे साथ मुझसे पन्द्रह साल छोटे स्टूडेंट्स बैठे हुए थे, सोलह साल के उस लड़के को बैटिंग करते हुए देखा। वो वक़ार यूनिस और वसीम अकरम को लगातार अच्छे से खेल रहा था और अब्दुल क़ादिर को शानदार चौके मार रहा था। मैंने आमने सामने से सचिन को विल्स ट्रॉफ़ी के एक मैच के दौरान फ़िरोज़ शाह कोटला में 1990 में देखा था जो पाकिस्तान के उस टूर के कुछ ही वक़्त बाद हुआ था। उसने उस मैच में बैटिंग नहीं की थी, लेकिन मुझे बड़े अच्छे से याद है कि जब वो फ़ील्डिंग करने के लिए जा रहा था तो उसकी तरफ़ दर्शकों की

एक भीड़ आई जो उसकी बाँह, उसकी टोपी, उसकी कमीज़ ऐसे खींच रही थी जैसे वो सब उन्हीं का हो, और इस दौरान वो डरा हुआ और नर्वस था।

तीन साल बाद, जितने वक़्त में वो टेस्ट क्रिकेट में एक स्टार खिलाड़ी के रूप में स्थापित हो चुका था, मैंने तेंदुलकर को कोटला पर ज़िम्बाब्वे के ख़िलाफ़ एक मैच में खेलते हुए देखा। वो अपने बचपन के दोस्त और स्कूल के साथी विनोद काम्बली के साथ एक लम्बी साझेदारी बना रहा था। ज़िम्बाब्वे के पास एक बहुत ही अच्छा स्पिनर था—जॉन ट्राईकोस, 40 साल की उम्र में भी जॉन के पास एक अच्छा ऊँचा एक्शन था और गेंद पर बहुत ही बेहतरीन कंट्रोल था और साथ ही वो फ़्लाइट में बड़े महीन बदलाव किया करता था। काम्बली विकेट पर चलकर आ रहे थे और ट्राईकोस को करारी ड्राइव मार रहे थे वहीं तेंदुलकर क्रीज़ में रहते हुए स्लिप के बगल से और स्क्वायर लेग के पीछे दो और तीन रनों के लिए खेल रहे थे। वो शतक के लिए मज़बूती से बढ़ते दिख रहे थे लेकिन फिर 70 रनों पर उन्होंने उजेश रनछोड़ नाम के एक अनजान गेंदबाज़ की गेंद पर ड्राइव मारी जिसकी टाइमिंग सही नहीं बैठी। एक्स्ट्रा कवर पर अपने सामने पूरी लम्बाई में कूदते हुए ट्राईकोस ने एक्स्ट्रा कवर पर कैच पकड़ा। ये रनछोड़ का पहला (और आख़री) टेस्ट विकेट था और वो शायद अभी भी बुलावायो में ये किस्सा लोगों को सुना रहा होगा। काम्बली ने उस मैच में दोहरा शतक मारा।

अगली फ़रवरी में मैं इस तरह से बैंगलोर गया जिससे मुझे इंडिया और श्रीलंका के बीच टेस्ट मैच देखने को मिल जाये। इंडिया ने पहले बैटिंग की और नवजोत सिद्धू और काम्बली ने एक बेहद औसत गेंदबाज़ी की धज्जियाँ उड़ानी शुरू कर दीं। सचिन चायकाल से ठीक पहले बैटिंग करने आये। उन्होंने धीमी शुरुआत की और फिर तेज़ी दिखाई। मुरलीधरन उस वक़्त टेस्ट क्रिकेट में नये आये थे और उनकी गेंदों के साथ मास्टर ने वैसा ही बर्ताव किया जैसा 40 साल के ट्राईकोस के साथ किया था। कट और स्वीप शॉट खेले। जब दूसरी नयी गेंद ली गयी तेंदुलकर ने सीम गेंदबाज़ी करने वाली प्रमोदया विक्रमासिंघे के एक ओवर में 18 रन बनाये जिसमें ज़्यादातर रन ऑफ़-साइड में ही बटोरे थे। दिन का खेल ख़त्म होने तक वो बगैर आउट हुए 80 रनों पर खेल रहे थे। अगली सुबह वो 96 रनों तक बहुत आराम से पहुँचे और फिर बायें हाथ के स्पिनर डॉन अनुरासिरी की एक गेंद पर अपना ऑफ़-स्टम्प गंवा बैठे।

मैंने कभी भी सुनील गावस्कर को सेंचुरी मारते हुए मैदान पर लाइव नहीं देखा था। जब उन्होंने कालीचरण की वेस्टइंडीज़ के ख़िलाफ़ 1978-79 में

शतक मारा था, वो मैच का पहला ही दिन था और उस दिन का टिकट मुझे मिल नहीं पाया था। अगली सर्दियों में मैंने गावस्कर को पाकिस्तान के ख़िलाफ़ चेपॉक में शानदार बैटिंग करते हुए देखा था। अपनी इनिंग्स में शानदार स्क्वायर कट और स्ट्रेट ड्राइव की बदौलत उन्होंने चाय के वक़्त तक 75 रन तो बना लिये थे लेकिन उसके बाद वो बेहद धीमा खेलने लगे। दिन का खेल ख़त्म हुआ और वो 92 नाबाद के स्कोर पर थे। अगले ही दिन मुझे सुबह-सुबह एक इंटरव्यू के सिलसिले में कलकत्ता के लिए ट्रेन पकड़नी थी।

जब मैंने पहली दो बार सचिन को देखा तो उन्होंने 70 और फिर 90 रन बनाये। मैं इस सोच में पड़ गया था कि क्या बॉम्बे के इस बल्लेबाज़ के साथ भी वैसा ही कुछ होगा जैसा गावस्कर के साथ हो रहा था। 1995 में मैं बैंगलोर वापस रहने आ गया और दो सालों में ही मैंने सचिन को मार्क टेलर की ऑस्ट्रेलिया के ख़िलाफ़ एक टेस्ट मैच में खेलते हुए देखा। मैं उसी सुबह सैन फ्रांसिस्को से आया था और जितनी देर में मैं कस्टम्स और जेट लैग से पीछा छुड़ाकर चिन्नास्वामी स्टेडियम पहुँचा, लंच हो चुका था। मैं सिर्फ़ चार घंटे का क्रिकेट ही देख पाने वाला था क्यूँकि अगली सुबह मुझे फिर किसी काम से कहीं जाना था।

लंच के कुछ ही देर बाद नवजोत सिद्धू आउट हो गये और सचिन बैटिंग करने आये। उन्होंने आत्मविश्वास से भरी शुरुआत की लेकिन मुझे लग नहीं रहा था कि मेरे साथ जो होता आ रहा था वो बदल जायेगा। मुझे चेपॉक में खेल रहे गावस्कर भी याद थे और ये भी मालूम था कि शेन वॉर्न न रनछोड़ थे और न अनुरासिरी। अगले तीन घंटों में, बगैर कोई मौका दिये, सचिन ने इस तरह से बैटिंग की कि वो अपने शतक पर पहुँच गये। उस दिन उनके खेले गये स्ट्रोक्स में जो मुझे आज भी याद हैं, वो हैं दो गोली की गति से मारी गयी स्ट्रेट ड्राइव्स। ये ड्राइव्स उन्होंने माइकल कैस्प्रोविच की गेंदों पर मारी थीं। इसके साथ ही उन्होंने शेन वॉर्न को कुछ बेहद अच्छे लेट कट मारे थे। हालांकि सचिन ने एक गलती भी की थी। पार्ट टाइम मीडियम पेसर ग्रेग ब्ल्यूवेट ने एक बाउंसर फेंकी और सचिन एक पल के लिए ऐसे मौके पर फंस गये जहाँ वो इस बात का फ़ैसला नहीं कर पा रहे थे कि कौन-सा शॉट मारें। ये चायकाल से ठीक पहले का ओवर था। वो गेंद पर थोड़ा लेट आये लेकिन गनीमत यही थी कि बल्ले का ऊपरी किनारा खाकर गेंद विकेटकीपर और फ़ाइन लेग पर खड़े खिलाड़ी के बीच आकर गिरी। अमूमन बहुत ज़्यादा हिलने-डुलने से कतराने वाले मार्क टेलर ने, जो स्लिप में फ़ील्डिंग कर रहे थे, ज़मीन पर बेहद गुस्से

में अपना पैर पटका। और ये अपने आप में उस खिलाड़ी के बारे में वो सब कुछ बयां कर रहा था जो इस चैप्टर में किसी भी मौके पर बताने की कोशिश की जा रही होगी।

यानी, अन्त में मैंने (गावस्कर से उलट) सचिन को टीवी पर नहीं बल्कि मैदान में लाइव शतक मारते हुए देख लिया था। एक दशक बाद मैं उन्हें बैंगलोर में ही एक और टेस्ट में ऑस्ट्रेलिया के ख़िलाफ़ इससे भी बेहतर कारनामा करते हुए देखने वाला था। रिकी पोंटिंग ने टॉस जीता और बल्लेबाज़ी करने का फ़ैसला किया। शेन वॉटसन और पोंटिंग के पचासों की बदौलत और मार्कस नॉर्थ के शतक की मदद से दौरे पर आई टीम ने 478 रनों का अच्छा स्कोर खड़ा किया। हमें तो ऐसा ही लग रहा था कि ऑस्ट्रेलिया यहाँ से वो मैच नहीं हार सकता था।

जब इंडिया ने बैटिंग शुरू की, सहवाग और द्रविड़ जल्दी आउट हो गये। अब तो ऑस्ट्रेलिया की जीत सुनिश्चित मानी जाने लगी थी। बल्लेबाज़ी के दो बड़े स्तम्भ गिर चुके थे लेकिन तीसरे के मन में कुछ और ही चल रहा था। तेंदुलकर ने बैक फ़ुट पर जाकर दो शॉट मारे और फिर एक दनदनाती हुई स्ट्रेट ड्राइव जड़ी। यहाँ से वो दबाव से बाहर निकलते और लय में आते दिखे। दिन का खेल ख़त्म होने तक नये नवेले मुरली विजय की सधी हुई बल्लेबाज़ी की मदद से इंडिया ने दो विकेट के नुकसान पर 128 रन बना लिये थे। इस दौरान सचिन ने 44 रन बनाये और वो नाबाद वापस आये।

तीसरे दिन के पहले ही ओवर में सचिन ने गेंद को देर तक देखते हुए लेट लेग ग्लांस मारे और अपने पचास रन पूरे किये। इसके बाद उन्होंने ऑस्ट्रेलिया के सबसे तेज़ गेंदबाज़, जिसने सीरीज़ से पहले ये कहने की ग़लती कर दी थी कि भारतीय खिलाड़ी छोटी पटकी गेंदों के ख़िलाफ़ सहज नहीं होते हैं, मिशेल जॉनसन को दो तगड़े पुल शॉट मारे। इन चार शॉट्स के बाद कप्तान रिकी पोंटिंग तुरन्त ही रक्षात्मक फ़ील्डिंग पर चले गये। गेंदबाज़ों को कह दिया गया था की वो ऑफ़-स्टम्प के बाहर ही गेंदें फेंकें। तेंदुलकर ने इसके बावजूद गेंद को दो बार एक्स्ट्रा कवर बाउंड्री तक पहुँचाया। अब बाउंड्री पर दो और खिलाड़ी तैनात कर दिये गये थे। इससे रन बनाने की गति कुछ कम हुई और भारतीय टीम के खाते में एक-एक, दो-दो रन आ रहे थे।

सीरीज़ को बराबरी पर लाने के लिए ऑस्ट्रेलिया को मैच जीतना था। इसके लिए रनों को रोकना काफ़ी नहीं था। विकेट्स लेना ज़रूरी मालूम दे रहा था। पोंटिंग ने अपने एकमात्र स्पिनर नेथन हॉरिट्ज़ को टूट रहे विकेट से कुछ

मदद लेने के मकसद से बुलाया। ये फ़ायदा लेने की बात तब कागज़ी साबित हुई जब सचिन ने उसे तीन शॉट मारे। चौके के लिए एक ऑफ़ ड्राइव और लॉन्ग ऑन के ऊपर दो छक्कों ने पोंटिंग के मन में बनी तस्वीर बिगाड़ दी। दूसरे छक्के के साथ सचिन ने अपना उनचासवाँ शतक पूरा किया।

हॉरिट्ज़ को दूसरा छक्का पड़ने के कुछ ही देर में लंच की घोषणा हो गयी। मैदान और प्रेस बॉक्स में (जहाँ मैं बैठा था) एक भुनभुनाहट छा चुकी थी और हर कोई अभी-अभी बने इस कीर्तिमान को आत्मसात करने की कोशिश कर रहा था। तेंदुलकर अब रिकी पोंटिंग से दस टेस्ट सेंचुरी आगे चल रहे थे, लिस्ट में अगले भारतीय सुनील गावस्कर से पन्द्रह आगे थे और खेल के इतिहास में महानतम बल्लेबाज़ कहे जाने वाले डॉन ब्रैडमैन से बीस शतक आगे थे।

उस लम्बी दोपहर, जब सचिन ऑस्ट्रेलिया के गेंदबाज़ों को तोड़ रहे थे, बातचीत ने वो मोड़ लिया जहाँ सचिन की जाने-माने पुराने खिलाड़ियों से उनकी तुलना की जाने लगी। मैंने मुम्बई के अनुभवी पत्रकार मकरन्द वैंगंकर से पूछा कि आख़िर सचिन को बम्बइया बैटिंग में कहाँ जगह दी जायेगी। वैंगंकर ने समझाया कि गावस्कर की ही तरह सचिन के क्रिकेट के टैलेंट को बहुत शुरुआती पलों में उन स्काउट्स ने परख लिया था जिन्हें बॉम्बे के सेलेक्टर्स ने स्कूल क्रिकेट छानने के लिए भेजा था। गावस्कर की ही तरह वो भी नेट्स में कई घंटे बिताना पसन्द करते थे और गावस्कर की ही तरह वो बॉम्बे के लिए रणजी ट्रॉफ़ी में उतने ही रन बना डालना चाहते थे जितने टेस्ट में इंडिया के लिए। इतिहास के हिसाब से सचिन को रखने के बाद वैंगंकर ने समझाया कि सचिन के स्ट्रोक्स और उनके बनाये कीर्तिमानों की लिस्ट इतनी लम्बी है कि वो बड़े आराम से गावस्कर और बाकी सभी बीते वक़्त के बॉम्बे के बल्लेबाज़ों (जैसे विजय मांजरेकर और विजय मर्चेंट) की उपलब्धियों को काफ़ी पीछे छोड़ चुके हैं।

ओवरों के बीच और ड्रिंक्स और टी-ब्रेक्स के बीच मैं पीटर रोबक से भी बात कर रहा था। पीटर इंग्लैंड के पूर्व फ़र्स्ट क्लास क्रिकेटर थे जिन्होंने ऑस्ट्रेलिया को अपना नया घर बना लिया था और उनके लेख दुनिया के चार देशों के अख़बारों में छपते थे। सचिन के लगभग पन्द्रह शतक अपनी आंखों से देखने वाले रोबक इस सोच में थे कि वो इस शतक के बारे में कैसे लिखेंगे। सोचते हुए उन्होंने कहा, 'हर शतक एक ही शख़्स ने मारा है, लेकिन हर शतक कितनी अलग तरीके से बना है।' इसके बाद उन्होंने इस बारे में बात की कि आख़िर सचिन का ये शतक मुरली विजय के लिए क्या मायने रखता होगा जो

दूसरे छोर से खड़ा सब कुछ देख रहा था। क्या ये एक युवा खिलाड़ी के लिए बैटिंग सीखने का सबसे बड़ा सबक नहीं होगा?

प्रेस बॉक्स में मेरे ठीक बगल में बैठे शख़्स ने भी सचिन के बारे में बहुत कुछ कहा। ये शख़्स थे सुरेश मेनन, जिन्होंने सचिन तेंदुलकर का पहला टूर, 1989 का पाकिस्तान का टूर, कवर किया था और जहाँ इन्होने सचिन को मुँह पर वक़ार की गेंद लगने के बाद भी बैटिंग करते हुए देखा था। उस टूर की एक बात जो मेनन को हमेशा याद रही, वो थी भारतीय टीम मैनेजर की एक अजीबोगरीब शिकायत। पूर्व भारतीय क्रिकेटर और भारतीय टीम के उस वक़्त के मैनेजर चन्दू बोर्डे की शिकायत ये थी कि उनका कमरा सचिन के कमरे के ठीक नीचे था और वो हर रात नींद से जागते थे क्यूँकि उनके ऊपर वाले कमरे में सचिन फ़र्श पर ही प्रैक्टिस बॉल्स से नॉकिंग कर रहा होता था।

हम ये बातें कर ही रहे थे और सचिन लयबद्ध होकर आगे बढ़े जा रहे थे। दिन का खेल ख़त्म होने को आया और वो अपने दोहरे शतक से मात्र 9 रन पीछे थे। अगले दिन के अख़बार से मुझे मालूम पड़ा कि सचिन की इस पारी के आख़री पल जो लोग टकटकी लगाकर देख रहे थे, उनमें कर्नाटक विधान सभा में नेता प्रतिपक्ष, कांग्रेस के सिद्दारमैया भी शामिल थे। उस सुबह सिद्दारमैया ये सोचकर काम पर निकले थे कि भाजपा की सरकार को वोट आउट कर दिया जायेगा और फिर वो मुख्यमन्त्री पद के लिए अपनी दावेदारी सामने रखेंगे। लेकिन मौके पर पुलिस बुलाकर स्पीकर महोदय ने विरोधी विधायकों को अयोग्य ठहरा दिया। मामला हाई कोर्ट में जा चुका था और कांग्रेस और उसके साथी सरकार बना नहीं पा रहे थे। परेशान और ऊब चुके नेता जी ने चिन्नास्वामी का रुख किया जहाँ सचिन अभी भी क्रीज़ पर थे। सिद्दारमैया को मालूम था कि उन्हें यहाँ थोड़ा चैन और सुकून मिलेगा।

अगली सुबह सचिन बोल्ड होने से पहले 214 रन पर पहुँचे। लेकिन इस मैच में उनका किरदार अभी ख़त्म नहीं हुआ था। दूसरी बार बल्लेबाज़ी करने उतरी ऑस्ट्रेलिया की टीम ने 200 के आस-पास रन बनाये और सीम गेंदबाज़ों और स्पिनर्स ने बराबर विकेट लिए। तेंदुलकर ने बगैर आउट हुए अर्धशतक जड़ा और इंडिया ने बड़े आराम से मैच अपने नाम किया।

इस मैच में तेंदुलकर ने कुल चार छक्के मारे थे। दोनों पारियों में दो-दो। सभी छक्के हॉरिट्ज़ को मारे थे और सभी लॉन्ग ऑन और वाइड मिड-विकेट के बीच ही गये थे। जब सचिन युवा थे तो विकेट पर आगे बढ़कर आते थे और स्पिनर्स को उसके सर के ऊपर मार देते थे। लेकिन अब वो अपना दायाँ

पैर किनारे करते हुए जगह बनाते थे और आड़ा मारते थे। अब्दुल क़ादिर को शुरुआती दिनों में मारे गये छक्के (जो मैंने इस मैच से दो दशक पहले टीवी पर देखे थे) कहीं ज़्यादा ख़ूबसूरती समेटे हुए थे। लेकिन इस सब के बावजूद, उनके इस नये और आक्रामक स्वरूप ने इंडिया को एक और टेस्ट मैच जितवा दिया।

II

टेस्ट मैचों में तेंदुलकर काफ़ी अच्छे थे और वन-डे मैचों में शानदार। लेकिन जब मैंने सीमित ओवरों के क्रिकेट मैच में उन्हें पहली बार खेलते हुए देखा था, वो बेहद भटके हुए जान पड़ रहे थे और उनकी लय बुरी तरह बिखरी दिख रही थी। ये 1996 में बैंगलोर में ही पाकिस्तान के ख़िलाफ़ वर्ल्ड कप क्वार्टर-फ़ाइनल मैच की बात थी। तेंदुलकर ओपनिंग करने के लिए आये हुए थे और उन्होंने क्रीज़ पर एक घंटा चालीस मिनट गुज़ार दिया था। आज जब स्कोरबोर्ड देखता हूँ, तो मालूम चलता है कि उन्होंने 59 गेंदों में 31 रन ही बनाये थे। ये सिर्फ़ उनके मानकों के हिसाब से ही नहीं, किसी भी तरह से बेहद थकी हुई पारी कही जायेगी। ऐसी अपेक्षा तो नहीं थी लेकिन इस बड़े मौके ने उनपर दबाव डाल दिया था।

तीन साल बाद, इंडिया और पाकिस्तान एक बार फिर एक वर्ल्ड कप मैच में आमने-सामने थे। इस बार मैनचेस्टर का मैदान था और मैं भी वहाँ मौजूद था। वो बेहद ठंडा दिन था। मैं सुरेश मेनन के साथ प्रेस बॉक्स में बैठा हुआ था और असल में उस जगह को ठसाठस भरा हुआ कहा जाये तो कोई अतिश्योक्ति नहीं होगी। वहाँ का नियमित प्रेस बॉक्स हर ओर से बन्द था और उसमें गर्मी की भी व्यवस्था थी लेकिन जहाँ हम थे, वहाँ ठंड कुछ ज़्यादा ही थी। लेकिन मैं और सुरेश तेंदुलकर को देखकर गर्मी पा रहे थे। वो बहुत लय में तो नहीं दिख रहे थे (शायद उन्हें भी ठंड लग रही थी) लेकिन 1996 के उस बैंगलोर में हुए मैच से कहीं ज़्यादा आत्मविश्वास में दिख रहे थे। उन्होंने 45 रन बनाये जिसमें पाँच चौके थे। इन चौकों में अज़हर महमूद को मारी एक स्ट्रेट ड्राइव भी थी जो मैं आज भी अपनी आंखों के सामने वैसी की वैसी ही देख सकता हूँ।

वो चाहे टेस्ट मैच हों या वन-डे हों, सचिन को स्ट्राइक अपने पास रखने में अपार सुख मिलता था। कई बार, जब वो स्क्वायर लेग के बगल से या पॉइंट के पीछे गेंद को धकेलते थे तो स्टम्प माइक पर या कैमरा पर उन्हें

चिल्लाते हुए सुना जा सकता था, 'टू, टू, टू'। लेकिन मुसीबत इस बात की थी कि जिन्होंने सबसे ज़्यादा देर उनके साथ बैटिंग की, वो उनके जितना तेज़ भाग नहीं सकते थे। वो सभी लोग बैटिंग में भले ही कितने अच्छे हों, लेकिन गांगुली, सहवाग, द्रविड़ और लक्ष्मण तेज़ी से भागे गये एक रन या एक का दो बनाने में उतने माहिर नहीं थे।

मार्च 2001 के आख़री हफ़्ते में, इंडिया और ऑस्ट्रेलिया के बीच एक वन-डे मैच हो रहा था और मैं अपने बेटे के साथ BEML स्टैंड में बैठा हुआ था। हमने कुछ ही वक़्त पहले एक बेहद दिलचस्प सीरीज़ जीती थी और हमारे लड़के इस फ़िराक़ में थे कि वो उसके बाद उस छोटी सीरीज़ को भी जीतें। कम से कम तेंदुलकर तो ऐसी ही प्लानिंग कर चुके थे। हमने पहले बैटिंग की और कई आक्रामक शॉट्स के साथ सचिन मात्र छब्बीस गेंदों में पैंतीस रन बना चुके थे। इस दौरान उन्होंने चार चौके और एक छक्का मारा था। वो और भी कई रन बनाने वाले ज़ोन में दिख रहे थे लेकिन ऊपर लिखे चार नामों में से एक ने उन्हें रन आउट करवा दिया। वो ओवर की पाँचवीं गेंद थी और उनके साथी ने डीप पॉइंट पर शॉट मारा। उन्हें एक नहीं बल्कि दो रन चाहिए थे। वो जल्दी से पीछे पलटे और पिच की तीन चौथाई दूरी तय कर ली। लेकिन उनका साथी पहले रन में ही सन्तुष्ट हो चुका था और वो वहीं रुक गया। सचिन वापस मुड़े लेकिन क्रीज़ में वापस नहीं पहुँच सके। असल में वो ढाई तीन रन पूरे कर चुके थे लेकिन उनके साथी (भारतीय क्रिकेट में उसके योगदान को ध्यान में रखते हुए जिसका नाम नहीं बताया जाना चाहिए) पहले रन में ही चुक गये। इंडिया वो मैच जीत गया।

दो साल आगे और चलते हैं और नवम्बर 2003 में चिन्नास्वामी में ही खेले गये एक और इंडिया-ऑस्ट्रेलिया मैच की बात करते हैं। मैं गैलरी में बैठा हुआ था जहाँ से स्टेडियम में मौजूद जनता का भाव एकदम साफ़ दिखता है। ऑस्ट्रेलिया पहले बैटिंग कर रही थी और तीन सौ से ज़्यादा रन बना चुकी थी। गिलक्रिस्ट और पोंटिंग ने सैकड़े मारे थे। इंडिया के शुरुआती विकेट्स कुछ जल्दी ही गिरे लेकिन लेकिन जब तक सचिन था, मैच हमारा था। सचिन ने कई ऐसे शॉट्स खेले जो एकदम जादुई मालूम दे रहे थे। कवर के ऊपर से इनसाइड-आउट, कीपर के पीछे पैडल स्वीप, करीने से मारे गये लेट कट्स जो दुनिया के सबसे अच्छे फ़ील्डर्स की चुस्ती और फुर्ती की कड़ी परीक्षा ले सकते थे। सचिन के हर शॉट के साथ मेरे आस-पास खड़े लोग आसमान की ओर ताकते और एक सुर में चीखते 'साचिन! सचिन!' ये लोग बेहद किस्मती

थे जो इन्हें साक्षात् सचिन दिख रहे थे और वो ऐसे कारनामे कर रहे थे जिन्हें करने के बारे में हमारे भगवान् भी सिर्फ़ सोच ही पाते थे। सचिन के सामने खड़ी ताकतें कहीं ज़्यादा शैतानी थीं। वो एक कमाल की पारी थी जिसमें दूसरे छोर पर कोई भी बहुत ज़्यादा देर तक टिककर उनका साथ दे ही नहीं पा रहा था। सचिन 89 रन पर आउट हुए और उन्होंने लगभग इतनी ही गेंदें खेली थीं। लेट कट खेलने के चक्कर में वो बोल्ड हुए।

मैंने आख़री बार किसी वन-डे मैच में सचिन को खेलते हुए 27 फ़रवरी 2011 को देखा था। उसकी पिछली शाम मैं अबू अब्राहम के बनाये कार्टून्स की प्रदर्शनी के उद्घाटन पर गया हुआ था। अबू अब्राहम एक क़ाबिल मलयाली थे जो कई वर्षों तक लंदन और नयी दिल्ली में काम करने के बाद केरल आकर बस चुके थे। प्रदर्शनी में अबू के 50 वर्षों से भी ज़्यादा का काम दिख रहा था जिसके केन्द्र में उनके 70 के दशक में बनाये गये कार्टून्स रखे हुए थे। उनका काम दूरदर्शी था। मसलन उसमें किसी राजनीतिक उम्मीदवार की 'योग्यता के सम्बन्ध में' सवाल उठाये जाने की बात होती थी तो अगला व्यक्ति उसके 'सम्बन्धियों की योग्यता' की बात करता दिखता था। एक दूसरे कार्टून में राजनेता अ राजनेता ब से कह रहा था—'पोखरण में हमने जो कमाया, लॉड्र्स में सब लुट गया'।

उस गैलरी में आये लोग मुझसे काफ़ी कम उम्र के थे और उन्हें शायद वो रेफ़रेंस न समझ में आया हो। चूँकि मैं 1974 में सोलह साल का था इसलिए मुझे वो समझ में आ गया था। सोलह बरस तक पहुँचते पहुँचते आपके भीतर देशप्रेम जागने लगता है। कई देशभक्त भारतीयों की तरह मैंने भी मई में पोखरण में हुए परमाणु परीक्षण को सलाम किया था लेकिन जून में लॉड्र्स में मिली हार ने मुझे व्यथित कर दिया था। लॉड्र्स में गावस्कर, विश्वनाथ, इंजीनियर वगैरह से सजी बढ़िया बैटिंग ढह गयी और टीम 42 रनों पर ऑल आउट हो गयी। एक महीने में ही मैं (और कई देशभक्त) उत्साह की चोटियों से अवसाद की खाई में जा गिरा था। मगर अबू ने सब कुछ एक अलग ही दृष्टिकोण से देखा और दिखाया। वो 1974 में पाठकों को बता चुके थे, और दशकों बाद मुझे बता रहे थे कि परमाणु बमों का मालिक होना या टेस्ट मैच जीतना किसी भी देश को आंकने का पैमाना नहीं हो सकता है।

अगले दिन, मुझे चिन्नास्वामी स्टेडियम में होना था जहाँ इंडिया और इंग्लैंड का वर्ल्ड कप मैच चल रहा था। अमूमन मैं इंडिया को जीतते हुए देखना चाहता हूँ लेकिन अबू के कार्टून ने मुझे संशय में डाल दिया था। मैंने प्रदर्शनी

के दौरान ही एक दोस्त को बताया था कि अब मैं ये साफ़ तौर पर देख पा रहा था कि खेल से जुड़ा राष्ट्रवाद कितना खोखला और बकवास होता है और इसलिए अगले दिन इंग्लैंड को सपोर्ट करूँगा।

मैं शुरू से ही खेल को लेकर राष्ट्रवादी हुआ करता था लेकिन आगे चलकर मेरा ये पक्षपातपूर्ण रवैया कुछ सुधर सका। मैं 1970 और 80 के दशक के वेस्टइंडीज़ के खिलाड़ियों का बहुत बड़ा प्रशंसक था, इसमें विव रिचड्र्स, गॉर्डन ग्रीनिज और मैल्कम मार्शल मेरे पसन्दीदा थे, और 90 के दशक की ऑस्ट्रेलिया टीम को भी बेहद पसन्द करता था जिसमें शेन वॉर्न, स्टीव वॉ और ग्लेन मैक्ग्रा होते थे। मैं ज़्यादातर इंडिया को ही जीतते हुए देखना चाहता था लेकिन अगर उन्हें किसी बेहतर और कुशल टीम हराती थी तो इतना निराश भी नहीं होता था। और इस सब के बीच मैं उस हल्ले-गुल्ले से सख़्त नफ़रत करता था जो इंडिया-पाकिस्तान के मैच के बारे में होता था। पचास साल क्रिकेट देखने के दौरान जो सबसे दुःख भरा पल आया, वो था बैंगलोर में खेला गया 1996 वर्ल्ड कप का क्वार्टर-फ़ाइनल। उस दिन स्टैंड्स में बस एक मैं ही था जो जावेद मिआंदाद के आउट होने पर खड़ा होकर उनके लिए तालियाँ बजा रहा था क्यूँकि बतौर अन्तर्राष्ट्रीय क्रिकेटर, वो आख़री बार मैदान से वापस जा रहे थे।

26/27 फ़रवरी 2011 की वो रात मेरे लिये बड़ी भारी थी। मैं अबू के कार्टून, भारतीय टीम को हारता न देखने की तमन्ना के बीच झूल रहा था। भावनाओं के समन्दर में मुझे नेविल कार्डस और उनकी लिखी बात याद आई कि कैसे अपने बचपन में उन्होंने इंग्लैंड की जीत की कामना के साथ विक्टर ट्रम्पर की बल्लेबाज़ी पसन्द करनी शुरू कर दी थी। ऐशेज़ टेस्ट के पहले वो भगवान् से प्रार्थना करते थे कि उनका हीरो शतक मारे लेकिन ऑस्ट्रेलिया की टीम 127 रन पर ऑल आउट हो जाये। मैंने इसी प्रार्थना को अपने हिसाब से ढाल लिया और सुबह 3 बजे ये फ़ैसला हो गया कि मैं क्या चाहता था। अब मैं चाहता था कि सचिन तेंदुलकर शतक बनायें और मुझे फ़र्क नहीं पड़ता था कि कौन जीता और कौन हारा।

मुझे वो मिला जो मैंने माँगा था। तेंदुलकर पूरी पकड़, नियंत्रण के साथ अपना समय लेते हुए खेल रहे थे, जबकि सहवाग आतिशी खेल दिखा रहे थे। सहवाग के आउट होने के बाद वो भी लय में आये और अपने हिसाब से पारी को आगे बढ़ाया। मुझे ये शतक इसलिए भी याद है क्यूँकि इसमें उन्होंने ग्रीम स्वान को बर्बाद कर दिया था (तीन छक्के मारे) और जिमी एंडरसन को उन्होंने शानदार ऑफ़ ड्राइव मारी थीं। इस इनिंग्स को जिस तरह से उन्होंने गति

दी थी, वो बेजोड़ था। और उन्हें एंड्रू स्ट्रॉस के रूप में एकदम सटीक जवाब भी मिला जिन्होंने इंग्लैंड के पीछा करने के क्रम में सचिन जितना ही ज़रूरी शतक मारा। मैच का नतीजा भी अद्भुत और दुर्लभ था—टाई।

III

सचिन की बल्लेबाज़ी के बारे में बात करते हुए सुरेश मेनन ने एक बार लिखा था: 'सचिन बल्लेबाज़ी के गुर सीखने के लिए जनरल स्टोर जैसे हैं। आप स्ट्रेट ड्राइव के लिए सहवाग को देख सकते थे, ऑन ड्राइव के लिए द्रविड़ को, स्क्वायर कट के लिए गांगुली को, स्क्वायर ड्राइव के लिए लक्ष्मण को हवा में उठाये शॉट्स के लिए धोनी को देख सकते हैं। या फिर आप इन सभी शॉट्स के लिए सचिन के पास जा सकते हैं।'

ये बात सच है कि सचिन तेंदुलकर सभी शॉट्स खेलते थे। लेकिन वो कुछ शॉट्स बाकियों से कहीं ज़्यादा रौबदार तरीके से मारते थे। सचिन के इस दीवाने को जो शॉट सबसे ज़्यादा भाता था, वो था बैक-फ़ुट पर मारा गया शॉट जिसमें वो अपने पैर की उँगलियों पर खड़े होकर कर्टली एम्ब्रोस या वॉल्श या अकरम या मैक्ग्रा को ऑफ़ साइड पर चौका मारते थे। वो जितनी तेज़ी से सचिन को गेंद फेंकते, सचिन उससे भी तेज़ गेंद को कवर पॉइंट के दाहिने या बायें से निकालते। टेस्ट हो या वन-डे क्रिकेट, ये शॉट हमेशा बताता था कि वो अपने सर्वश्रेष्ठ पर खेल रहे थे। उनकी स्ट्रेट ड्राइव बहुत ही महीन अन्तर से दूसरे नम्बर पर आती थी और उसके बाद आता था मिड विकेट और स्क्वायर लेग के बीच खेला गया ग्लाइड शॉट। जिस हलके हाथ से वो गेंद पर बस बल्ला रखते भर थे, उनका लेट कट भी कम रूमानी नहीं था। और जहाँ तक गेंद को रास्ता दिखाने की इन्तेहाँ की बात थी, आप उनके पैडल स्वीप का रुख कर सकते थे।

1989 में अपने डेब्यू के बाद एक पूरे दशक तक तेंदुलकर निहायती आक्रामक बल्लेबाज़ रहे। अगर वो 10 पर दो विकेट के स्कोर पर भी आते थे तो वो पारी को सँभालने की मंशा से नहीं बल्कि विरोधी की मुट्ठी में जा रहे मैच को उनकी पकड़ से छीनने की मंशा से बैटिंग करते थे। ये वो अक्सर करते थे और अपने स्क्वायर कट्स और पुल शॉट्स और बॉलर के ठीक बगल से मारी गयी ड्राइव्स के दम पर बखूबी करते थे। ऐसा कोई शॉट नहीं था जो वो नहीं खेलते थे। किसी भी तरह की गेंदबाज़ी उन्हें न ही परेशान करती थी और न ही रोक सकती थी।

फिर 2001 में या उसके आस-पास तेंदुलकर मन्द पड़ने लगे। अब वो छोटी पटकी गेंदों पर नीचे झुकने लगे थे (पहले वो हुक मार चुके होते थे) और स्पिन गेंदबाज़ों को क्रीज़ से ही खेलते थे। कवर में मारा गया बैक-फ़ुट पंच, जो उनका ट्रेडमार्क शॉट था, अब कम ही दिखाई पड़ता था। वो अब भी लगातार रन बना रहे थे लेकिन ज़्यादातर रन ऑन-साइड पर आ रहे थे। गेंद को धकेलते हुए, स्वीप मारते हुए, ड्राइव्स और यदा-कदा मारे गये पुल शॉट्स के ज़रिये वो ये रन कमा रहे थे।

हमें अभी मालूम है कि तेंदुलकर के खेल में ये सभी बदलाव उनकी चोट खायी कोहनी की वजह से हुए थे। लेकिन ये चोट जब तक थी, ऐसा लग रहा था कि ये चोट सचिन के साथ हमेशा रहेगी। उस वक़्त मैंने ये तक लिख दिया था कि 'जो पहले जीनियस था, अब फुस्स हो गया है' (मैं जब ये याद करता हूँ तो शर्मिन्दगी बहुत ज़्यादा इसलिए नहीं होती है क्यूँकि कई लेखकों ने तो और भी बहुत कुछ लिख दिया था।) मुम्बई के ही एक डॉक्टर के कहने पर सचिन ने अपने दाएँ हाथ को पूरी तरह से आराम दे दिया। जैसा मुझे मालूम चला, वो अपने उस हाथ से कॉफ़ी का मग तक नहीं उठाते थे। इलाज ने काम किया और जैसे-जैसे उनकी कोहनी ठीक होती गयी, वो अपनी लय में वापस आते गये। हुक शॉट और उठा कर मारी गयी ड्राइव तो कम खेली जा रही थीं लेकिन ऑफ़ साइड में एक बार फिर उन्होंने अपने करतब दिखाने शुरू कर दिये थे।

तेंदुलकर बढ़ती उम्र के साथ कम आक्रामक हो रहे थे और इस क्रम में वो और कुछ नहीं बल्कि अपने से पहले आने वाले बड़े खिलाड़ियों की बराबरी कर रहे थे। जैक हॉब्स पहले विश्व युद्ध के पहले और बाद में अलग खिलाड़ी थे। लेन ह्यूटन दूसरे विश्व युद्ध के पहले दूसरे खिलाड़ी थे और बाद में दूसरे। जैसे-जैसे हॉब्स शिथिल पड़ रहे थे, उन्होंने कट शॉट खेलने से ख़ुद को रोकना शुरू कर दिया। अपने युवाकाल में दोनों गेंदबाज़ी को पूरी तरह से तहस-नहस कर देने की मंशा रखते थे। परिपक्व हो जाने के बाद इनका ध्यान इनिंग्स को बनाने और उसे आगे ले जाने पर ज़्यादा लगने लगा।

मुझे हॉब्स और ह्यूटन के बारे में दूसरों से ही जानकारियाँ मिली हैं लेकिन दो ऐसे बल्लेबाज़, जिनका शिथिल होना मैंने अपनी आंखों से देखा, वो हैं विव रिचड्र्स और गुंडप्पा विश्वनाथ। विव चूँकि वेस्ट इंडीज़ के थे इसलिए वो आने वाले समय को बहुत गम्भीरता से नहीं ले रहे थे। वो पहले के जैसे ही अपने बिन्दास अन्दाज़ में स्ट्रोक्स खेल रहे थे। लेकिन एक वक़्त पर उनके पास वो फुर्ती और ताकत थी कि ख़राब गेंदों के साथ कुछ अच्छी गेंदों को भी बाउंड्री

पार भेज दिया करते थे, अब वो गलतियाँ करने लगे थे। लेकिन उन्होंने चीज़ों के अनुसार ख़ुद को नहीं ढाला। वो अभी भी हर ओवर में दो बाउंड्री मारना चाहते थे। जब वो अपने शबाब पर थे, वो बढ़ते रह सकते थे। लेकिन अब, जब उनकी आंखें धोखा खाने की दहलीज़ पर पहुँच चुकी थीं और शरीर उतना चपल नहीं था, वो गेंद की टाइमिंग गड़बड़ कर दे रहे थे या फिर गेंद की लेंथ पढ़ने में गलती कर रहे थे। 1975 से 1985 के बीच आप रिचर्ड्स के शतक बनाने का दावा कर सकते थे। लेकिन 1988 से 1992 के बीच, उनके करियर के आख़री दौर में हम बस 30-40 रन की पारियों के बारे में सोचने लगे थे।

गुंडप्पा विश्वनाथ ने रिचर्ड्स से बेहतर तरीके से बढ़ती उम्र को ध्यान में रखते हुए खुद को ढाला। कभी वो विकेट पर आगे बढ़कर ऑफ़-स्पिनर को मिड-ऑन से कुछ दूरी पर ड्राइव कर देते थे या फिर पैरों की उँगलियों पर खड़े होकर किसी फ़ास्ट बॉलर को कवर फ़ील्डर के बाएँ से बाउंड्री पर पहुँचा देते थे। लेकिन जैसे-जैसे उनकी उम्र और मोटापा बढ़ा, और वो धीमे होने लगे, उन्होंने वो उत्साहित करने वाले (और ख़तरा पैदा करने वाले भी) शॉट्स रोक लिए। अब वो अपने ट्रेडमार्क स्क्वायर कट (जो वो आम-तौर पर स्क्वायर के पीछे मारते थे) से और लेग-साइड में गेंद धकेल के रन बटोरते थे। अब वो स्पिनर पर क्रीज़ नहीं छोड़ते थे और न ही फ़ास्ट बॉलर को उछाल पर मारते थे। कल का बेधड़क बल्लेबाज़ अब नाप-तौल के रन बनाने वाला बन चुका था। ये दोनों परतें मद्रास में खेली गयी दो पारियों में दिख जाती हैं- जनवरी 1975 में उन्होंने बगैर आउट हुए 97 रन बनाये थे और फिर सात साल बाद उन्होंने उसी मैदान पर इंग्लैंड के खिलाफ़ दोहरा शतक जमाया था। पहली पारी आज भी देखने वालों को बाकायदे याद है, दूसरी पारी हफ़्तों में ही भुला दी गयी।

इस आम से हो चुके नियम में एक अपवाद था—गुंडप्पा विश्वनाथ की पत्नी के भाई और बल्लेबाज़ी के पुरोधा, सुनील मोहन गावस्कर। वो जैसे-जैसे उम्र में बढ़े, उनके स्ट्रोक्स की रेंज भी बढ़ती चली। अपने करियर के पहले पड़ाव में उन्होंने सिर्फ़ ज़मीनी शॉट्स लगाये। लेकिन अब वो स्पिनर्स और यहाँ तक कि मीडियम पेस गेंदबाज़ों को भी मिड-ऑन के ऊपर से मारते थे। ह्यूटन की ही तरह गावस्कर ने हुक शॉट रोक लिया था लेकिन जब 1980 के दशक में वेस्टइंडीज के पेस बॉलर्स उनके सामने आये, वो अपना ये शॉट वापस ले आये जो बेहद असरदार भी रहा। गावस्कर जिस तरह से अपने आस पास ये बदलाव कर लेते थे, उसकी एक वजह ये भी थी कि उनकी बल्लेबाज़ी की तकनीक बेहद सुलझी हुई थी। उनका फ़ुटवर्क और सन्तुलन कमाल का था।

चूँकि वो शॉट मारने की एकदम सटीक पोज़ीशन में होते थे, इसलिए उनके लिए फ़ील्डर्स के बीच से गेंद निकालना या हवा में मारकर उन्हीं फ़ील्डर्स के ऊपर से उठा देना आसान होता था। इसके अलावा, विशी और विव से उलट, गावस्कर ने अपनी बारीक चीज़ों का ख़याल रखा। उनकी फुर्ती इतनी तेज़ी से नीचे नहीं आई। उनकी तकनीक ही इस तरह की थी कि वो अपने करियर के अन्त तक अपने शॉट्स खेल सकते थे।

विश्वनाथ की ही तरह, सचिन की भी वज़न बढ़ा लेने की फ़ितरत थी। इसके साथ ही वो पीठ की समस्या से भी जूझते रहे। वो जैसे-जैसे उम्र के पड़ाव पार करते गये और उनका शरीर बूढ़ा होता गया, वो अपना खेल बदलते गये। अब वो धीमी गति के गेंदबाज़ों को खेलने के लिए पिच पर आगे न के बराबर आते थे। इसकी बजाय उन्होंने विकेट्स के पीछे खेलकर एक या दो रन निकालने शुरू कर दिये। एक वक़्त पर तगड़े पुल और हुक खेलने वाला सचिन अब लगभग हर पटकी हुई गेंद के नीचे झुकने लगा था। वो गेंद चाहे फ़ास्ट बॉलर ने फेंकी हो, मीडियम फ़ास्ट बॉलर ने या बेहद धीमे बॉलर ने। अपने स्वर्णकाल में सचिन के सबसे बेहतरीन शॉट्स उठती हुई गेंद पर, सीधी रेखा में ज़मीनी शॉट या कवर पॉइंट के दोनों ओर खेले जाते थे। अब, शायद सचिन ख़ुद पर इतना विश्वास नहीं करते थे कि वो बल्ले को उठती हुई गेंदों से सही वक़्त पर मिला सकें। इसलिए वो आगे या पीछे जाकर गेंद को अपने सामने खेलते थे।

अपने अन्तर्राष्ट्रीय करियर के दूसरे पड़ाव में भारतीय टीम के लिए सचिन एक अत्यधिक महत्वपूर्ण सदस्य बने रहे। एक तो वो अभी भी झोला भर-भर के रन बना रहे थे, भले ही वो रन उतनी आक्रामकता से नहीं आ रहे थे। दूसरा, उनका बेशकीमती अनुभव और तेज चलने वाला क्रिकेटीय दिमाग हर वक़्त टेस्ट और वन-डे मैचों में कप्तानों के लिए उपलब्ध रहता था। फिर भी, हम जैसे लोगों के लिए, जो उन्हें पहले टेस्ट से देखते आ रहे थे, वो जितना खेलते रहे, हम ख़ुद को उसके अनुरूप ढालते रहे। एक दशक से ज़्यादा वक़्त तक हमें एक जीनियस के कारनामों का साक्षी बनने का मौका मिल रहा था, उसके बाद हम सभी एक मंझे हुए कलाकार की प्रस्तुति देख रहे थे।

मैंने तेंदुलकर को न जाने कितनी बार इंडिया केलिए बैटिंग करते हुए देखा। लेकिन मैंने उन्हें कभी भी मुम्बई के लिए बैटिंग करते हुए नहीं देखा। कई और लोग भी थे जो इस बात पर दुख व्यक्त करते थे। एक बार, रिटायरमेंट के कुछ वक़्त बाद ही मैंने जवागल श्रीनाथ से पूछा कि क्या उन्हें किसी बात का

कोई पछतावा था। उन्होंने कहा कि सिर्फ़ एक बात का। वो ये था कि श्रीनाथ ने कई बार सचिन को नेट्स में तो गेंदबाज़ी की थी लेकिन कभी रणजी मैच में वो ऐसा नहीं कर पाये। इंटरनेशनल मैचों के जाल में फंसे सचिन के पास इतना वक़्त नहीं था कि वो रणजी ट्रॉफ़ी के आख़री मैचों में खेल सकें। ये शर्मनाक था। मैंने बॉम्बे बनाम कर्नाटक मैच के दौरान गावस्कर को प्रसन्ना और चन्द्रशेखर के ख़िलाफ़ खेलते हुए देखा था। बॉम्बे बनाम कर्नाटक के ऐसे ही एक मैच में सचिन को श्रीनाथ और कुंबले के ख़िलाफ़ बैटिंग करते हुए देखने के लिए मैं कुछ भी कर सकता था। मुझे ऐसा लगता है कि ऐसा न हो पाना, सचिन के लिए भी पछतावे का सबब होगा।

IV

सचिन तेंदुलकर ने अपना अन्तर्राष्ट्रीय डेब्यू 1989 में किया था। टेस्ट क्रिकेट में उनके शुरुआती वर्षों के दौरान देश में भयंकर सामाजिक टकराव का माहौल था। मंडल कमीशन रिपोर्ट में पिछड़ी जातियों के पक्ष में कही गयी बातों के चलते जातिगत द्वेष फैला हुआ था। भारतीय अर्थव्यवस्था में उदारीकरण के कारण बेरोज़गारी और ग़ैर-बराबरी बढ़ने का डर लगातार सताये जा रहा था। कश्मीर में विद्रोही आवाज़ें बढ़ रही थीं और सीमा पर टकराव बढ़ रहे थे। दक्षिणपंथ में आई नयी गति के चलते देश की धर्मनिरपेक्षता को चोट पहुँच रही थी। 90 के दशक में हुए कई दंगों में हज़ारों लोगों ने अपनी जान गंवाई।

सामाजिक दूरियों के साथ राजनीतिक उठापटक भी चलती रही। 1989 से 1998 के बीच भारत ने सात अलग-अलग प्रधानमन्त्री देखे। देश में नफ़रत, शक़, डर और हिंसा के इस माहौल के बीच सचिन तेंदुलकर ने अपने करियर की पहली इंटरनेशनल सेंचुरी मारी। अपने कौशल और बल्लेबाज़ी के दम पर तेंदुलकर ने करोड़ों लोगों को रोज़मर्रा की असुरक्षा को भूलने का मौका दिया और कुछ पल के लिए ही सही, सभी साथ आकर अपने नये हीरो की जय-जयकार कर रहे थे।

तेंदुलकर के पहले भी अच्छे बल्लेबाज़ हुए थे। 40 के दशक में मर्चेंट और हज़ारे, 70 के दशक में गावस्कर और विश्वनाथ वर्ल्ड क्लास खिलाड़ी थे। उनका खेल तकनीक और कलात्मकता पर आधारित हुआ करता था जबकि तेंदुलकर ने ताक़त और रौबदारी का प्रदर्शन किया। वो एक शानदार आक्रामक बल्लेबाज़ थे जो गेंदबाज़ों पर हमला करते थे। हालांकि वो छोटे कद के खिलाड़ी थे लेकिन वो अपने वक़्त के सबसे तेज़ गेंदबाज़ों, साउथ अफ़्रीका के

एलेन डोनाल्ड, पाकिस्तान के वक़ार यूनिस, वेस्ट इंडीज़ के कर्टली एम्ब्रोस, ऑस्ट्रेलिया के ग्लेन मैक्ग्रा के सामने सर उठा के खड़े होते थे। वो पूरी निर्ममता के साथ उन्हें हुक, कट या ड्राइव करते थे। चूँकि वो छोटे कद के खिलाड़ी थे इसलिए इन ख़तरनाक विदेशी खिलाड़ियों पर विजय पाना भारतीयों को और अचरज में डालता था।

हालांकि तेंदुलकर मेरे दौर में भी एक महान खिलाड़ी ही होते लेकिन वो इस मामले में भी किस्मती थे कि उनका क्रिकेट करियर सेटेलाइट टीवी के उदय के साथ-साथ शुरू हुआ और उसी वक़्त वन-डे क्रिकेट भी पैर जमा रहा था। गावस्कर और विश्वनाथ को सिर्फ बड़े शहरों के लोग ही शाबाशी दे रहे थे। वहीं तेंदुलकर को कस्बों और गाँवों में पसन्द किया जा रहा था। इसके साथ ही उनकी बल्लेबाज़ी करने का तरीका सीमित ओवर के क्रिकेट के लिए एकदम मुफ़ीद था और क्रिकेट का ये रूप ही इंडिया में (और बाकी जगहों पर भी) टेस्ट क्रिकेट की जगह लेता हुआ दिख भी रहा था। अब इंटरनेशनल क्रिकेट ज़्यादा खेला भी जा रहा था। ये सभी वो कारक थे जिनकी वजह से तेंदुलकर बीते वक़्त के खिलाड़ियों के मुक़ाबले कहीं ज़्यादा जाने-माने क्रिकेट खिलाड़ी बने।

अपने करियर की शुरुआत में तेंदुलकर ने अपनी बल्लेबाज़ी के दम पर एक बँटे हुए देश को सुकून और शान्ति पहुँचाई। लोगों को बाकी जगहों पर बहुत कम प्रेरणास्रोत मिल रहे थे। राजनेता भ्रष्ट थे और जनता को गुमराह करने में मशगूल थे, फ़िल्म स्टार्स दिखावे में बहुत आगे निकल चुके थे और व्यवसायियों को ख़ुद के सिवा और कोई दिखता नहीं था। 90 के दशक के अन्त तक क्रिकेट में स्थापित किये नये कीर्तिमानों के दम पर सचिन बाकायदे ध्यान आकर्षित कर रहे थे। वो क्रिकेट के इतिहास में सबसे बड़ा बल्लेबाज़ बनने की राह पर चल पड़े थे। इस क्रम में वो टेस्ट क्रिकेट और वन-डे क्रिकेट में किसी भी और खिलाड़ी से ज़्यादा रन लगातार बना रहे थे। भारतीय किसी भी तरह के रिकॉर्ड्स पर ख़ुश हो जाते हैं। और इस मामले में तो ऐसा था कि हम बाकी खेलों में इतने बेकार हैं और ओलम्पिक्स में इतन बुरा प्रदर्शन करते हैं कि हमने तेंदुलकर पर और भी प्रेम उड़ेलना शुरू कर दिया।

अगर याद किया जाये तो सिर्फ़ विव रिचर्ड्स और ग्रीम पॉलक ही ऐसे खिलाड़ी दिखते हैं जिन्होंने इतनी आक्रामकता से गेंदबाज़ी को दबाया। जब ये दोनों बैटिंग कर रहे थे, रिचर्ड्स कैरिबियन में कुछ लाख लोगों के प्रति जवाबदेह थे, पॉलक साउथ अफ्रीका में कुछ लाख गोरे लोगों के प्रति। वहीं तेंदुलकर ने ख़ुद को ऐसी स्थिति में ला खड़ा कर दिया था जहाँ उनके ऊपर इंसानियत के

छठवें हिस्से की अपेक्षाओं का भार था। और कई बार ऐसा होता था कि सचिन वो भार अकेले ढो रहे होते थे। रिचड्र्स और पॉलक, दोनों ऐसी बैटिंग लाइन-अप का हिस्सा थे जिसमें काफ़ी गहराई थी जो लगातार अच्छा प्रदर्शन करती आ रही थी। एक टीम में गॉर्डन ग्रीनिज उनके पहले और क्लाइव लॉयड और एल्विन कालीचरण उनके बाद बैटिंग करने आते थे। और दूसरा अगर बिना रन बनाये आउट हो गया तो वो पवेलियन इस विश्वास के साथ पहुँचता था कि उसकी टीम को जो ज़रूरी रन चाहिएँ, वो बैरी रिचड्र्स और एडी बार्लो बना ले जायेंगे। एक तरफ़ जहाँ भारतीय बल्लेबाज़ घरेलू पिचों पर बढ़िया प्रदर्शन करते थे, वो विदेशी पिचों पर मुसीबतों से घिरे ही दिखते थे। उछाल भरी पिचों पर वो इतनी तेज़ी से गिरते थे कि उनके सामने गठबंधन की सरकार भी कहीं ज़्यादा स्थिर मालूम देती थी। अपने करियर के शुरुआती सात या आठ सालों में तेंदुलकर जब विदेश में किसी टेस्ट मैच में खेलते थे तो उन्हें मालूम होता था कि अगर वो आउट हो गये तो उनकी टीम भी ढेर हो जायेगी। (कुछ वक़्त में द्रविड़, सहवाग और लक्ष्मण ने आकर ये भार बाँटा।)

इन सालों में तेंदुलकर को ये नहीं मालूम था कि वो किस जगह आकर अपनी अगली पारी खेलेंगे। उन्हें नहीं मालूम था कि उनके साथी उनके साथ चन्द गेंदों से ज़्यादा टिकेंगे या नहीं। उन्हें मालूम था कि सिर्फ़ उनका बल्ला ही इस बात की क्षतिपूर्ति कर सकता था कि संयुक्त राष्ट्र ने उसके देश को विकसित देशों की लिस्ट में 146वें नम्बर पर बताया था। और इन सभी के बारे में वो बेहद कूल रहते थे जो उनकी सबसे बड़ी खासियत थी। सुधि पाठकों, आप खुद अपने भीतर झाँकिये और सोचिये कि आपका बच्चा आधी रात को रोने लगे, आप किताब ख़त्म करने वाले हों और कम्प्युटर क्रैश हो जाये, आपको अगली सुबह आठ बजे उठकर परीक्षा देने जाना हो, तो आपकी प्रतिक्रिया क्या होगी? हम ऐसे हालातों में, असुविधा के मौकों पर अपने गुस्से का इज़हार करते हैं। लेकिन ये शख़्स हर बार अपने देश के करोड़ों लोगों की अतिरंजित और बेमानी उम्मीदों के भार को निहायती सन्तुलित रवैये के साथ उठाता था।

उसके साथ चल रहे लोग इस भार के बारे में कोई जानकारी नहीं रखते थे। वो सिर्फ़ क्रिकेट की विद्वता को देख सकते थे और खड़े होकर उसे सम्मानित करते थे। सचिन के लिए खुद की तारीफों के सिलसिले में सबसे ज्यादा दिल छू लेने वाले शब्द वो थे, जो 1998 में शारजाह टूर्नामेंट ख़त्म होने पर, उनकी प्रतिद्वंदी टीम के खिलाड़ी ने कहे थे। यहाँ तेंदुलकर ने लगातार दो मैचो में ऑस्ट्रेलिया के खिलाफ शतक जड़े थे। पहले शतक की वजह से

इंडिया फ़ाइनल में पहुँचा और दूसरे ने उन्हें टूर्नामेंट जिता दिया। सब ख़त्म होने के बाद शेन वॉर्न भारतीय ड्रेसिंग रूम में पहुँचे और उसी बल्लेबाज़ से अपनी टीशर्ट पर साइन करवाया जिसने उनके आंकड़े बर्बाद किये थे।

यहाँ तक कि अंग्रेज़, जो अपने विरोधियों की प्रशंसा करने में बहुत आगे नहीं दिखते हैं, तेंदुलकर के मामले में ऐसा करते देखे गये। जुलाई 1998 के प्रिन्सेज़ डायना चैरिटी मैच के बाद माइक एथर्टन ने कहा था कि लॉर्ड्स के अधिकारियों को डब्ल्यूजी ग्रेस मेमोरियल गेट्स का नाम बदलकर सचिन तेंदुलकर के नाम पर रख देना चाहिए। जब 1990 में हेडिंग्ली टेस्ट में सचिन ने बैटिंग की थी, सर लियोनार्ड ह्यूटन ने फ्रेडी ट्रूमैन से कहा था कि उन्हें नहीं याद था कि आखिरी बार उन्होंने किसी को इतने तेज़ और आश्वस्त फ़ुटवर्क के साथ देखा था। ट्रूमैन ने अपनी यही बात बीबीसी पर भी कही और साथ ही तेंदुलकर की विद्वता की वक़ालत भी की। ये एकमात्र ऐसा मौका था जब यॉर्कशायर के इन दो लोगों में से किसी ने भी किसी भारतीय की तारीफ़ की होगी। अगले ही साल बॉम्बे का ये क्रिकेट खिलाड़ी यॉर्कशायर के साथ अनुबंध करने वाला पहला विदेशी खिलाड़ी बना। एक छोटा, उपमहाद्वीप का लड़का इस दुनिया के सबसे एकजुट और अपव्ययी समुदाय के दिल और जेब में जगह बना चुका था।

V

क्रिकेटीय शब्दों में कहें तो सचिन ने एक पूरे काल को परिभाषित किया। ये बात सच है कि सचिन तेंदुलकर अपने आप में समय थे। खेल के इतिहास में सिर्फ़ तीन खिलाड़ी और हैं जिनके कौशल और लोगों के जीवन पर पड़ने वाले असर को देखते हुए उनकी सचिन से तुलना की जा सकती है।

शुरुआत में दाढ़ी वाले डॉक्टर विलियम गिल्बर्ट ग्रेस का ही ज़िक्र होगा। ग्रेस वो पहले बल्लेबाज़ थे जो विकेट के चारों ओर खेलते थे। उनके दोस्त और समकालीन क्रिकेटर केएस रणजीतसिंहजी ने ये बात कही थी कि डब्ल्यूजी से से पहले बैटिंग एकतारा जैसी थी लेकिन उनके बाद वो कई तार वाली वीणा में तब्दील हो गयी। ग्रेस बैटिंग भी कर सकते थे और बॉलिंग भी। उन्होंने दो हज़ार से भी ज़्यादा फ़र्स्ट-क्लास विकेट्स लिए। वो फ़ील्डिंग में भी आगे थे। ज़्यादातर शॉर्ट पॉइंट पर खड़े होते थे जहाँ से वो बल्लेबाज़ को पूरी एकाग्रता के साथ घूरते थे। बड़े शरीर और व्यक्तित्व वाले ग्रेस मिलनसार, बड़बोले और

कई बार मग़रूर मालूम पड़ने वाले इंसान थे जो अपने समय के सबसे ज़्यादा पहचाने जाने वाले अंग्रेज़ थे।

एक बार, जब ग्रेस की काउंटी अपनी घरेलू पिच पर नहीं खेल रही थी, प्रबंधकों ने मैदान के बाहर एक बोर्ड लगाया—'एक शख़्स का टिकट छह पेंस। लेकिन अगर डॉक्टर खेलेगा तो एक शिलिंग।' कोई दूसरा खिलाड़ी जिसकी वजह से एंट्री फ़ीस डबल हो सकती थी, वो थे डॉनल्ड जॉर्ज ब्रैडमैन। बल्लेबाज़ी की कला में उन्होंने इस कदर दक्षता दिखाई कि वो इस दुनिया से परे की कोई शय मालूम देने लगी। नेविल कार्डस ने कहा था, 'क्रिकेट की भव्य अनिश्चितता को ब्रैडमैन से कोई ख़तरा नहीं है।' डॉन एकमात्र ऐसे खिलाड़ी हैं जिनके खिलाफ़ समूची रणनीति बनायी गयी थी। ये रणनीति थी बॉडीलाइन और मालूम पड़ता है कि ये काम कर गयी थी कि क्यूँकि इसकी वजह से उनका औसत 56 पर आ गिरा था।

ब्रैडमैन के इंग्लैंड दौरों पर एक ऑस्ट्रेलियाई अधिकारी की तैनाती सिर्फ़ इसलिए होती थी जिससे वो उनके लिए आये ख़तों का जवाब दे सके। डॉन ने इंडिया में कभी भी क्रिकेट नहीं खेला लेकिन इसके बावजूद उन्हें यहाँ अथाह प्यार किया जाता था। 1948 में उन्होंने संन्यास ले लिया और पाँच साल बाद उन्होंने इंग्लैंड का एक और दौरा किया। इस बार वो बतौर पत्रकार वहाँ गये। हुआ ये कि उनके हवाई जहाज़ को अनिर्धारित तरीके से कलकत्ता के दम दम हवाई अड्डे पर उतरना पड़ा। आस-पास बात फैली और मिनटों में ही टारमैक पर करीब पाँच हज़ार क्रिकेट प्रेमी उनका नाम चीखते हुए दिख रहे थे। ब्रैडमैन आनन-फानन में एक आर्मी जीप में घुसे और उन्होंने एक बैरिकेड से घिरी बिल्डिंग में शरण ली।

ग्रेस और ब्रैडमैन के बाद नम्बर आता है गारफ़ील्ड सोबर्स का। उन्होंने बायें हाथ के स्पिन गेंदबाज़ के तौर पर शुरुआत की और फिर बैटिंग करनी शुरू कर दी। इसके बाद उन्होंने स्विंग गेंदबाज़ी भी करनी चालू कर दी। चाहे स्लिप हो या शॉर्ट लेग, हर जगह वो शानदार फ़ील्डिंग करते थे। उनके वक़्त के ही एक बड़े पाकिस्तानी क्रिकेटर हनीफ़ मोहम्मद ने एक बार कहा था कि 'ऊपर वाले ने गैरी सोबर्स को धरती पर क्रिकेट खेलने के लिए ही भेजा है।' इस ख़ूबसूरत खेल पर इनायत करने वाले वो सबसे मुकम्मल और बहुमुखी प्रतिभा के धनी खिलाड़ी थे।

सोबर्स ने कई मैच बल्ले, गेंद और कई बार दोनों से जिताये। उन्होंने टोकरा भर रेकॉर्ड्स भी तोड़े। लेकिन खेल पर उनके असर को मात्र आंकड़ों

से नहीं मापा जा सकता। 1966 की गर्मियों में जब उन्होंने इंग्लैंड के ख़िलाफ़ एक ही सीरीज़ में 722 रन बनाये थे और 20 विकेट्स के साथ 10 कैच भी लिये थे तो उपन्यासकार जेबी प्रीस्टली ने लिखा था, 'मैंने उनकी तारीफ़ उनके बल्ले और गेंद से किये गये कारनामे की वजह से नहीं की बल्कि उनकी स्टाइल और तौर-तरीक़े की वजह से भी। वो जिस तरीक़े से रहते थे और सभी के सामने पेश आते थे।'

जहाँ ग्रेस और ब्रैडमैन सफ़लता का पीछा करते हुए दिखते थे, वहीं सोबर्स जीत के लिए खेलते हुए नहीं दिखते थे। हालांकि उनकी टीम जीतती ही थी। उनका क्रिकेट और व्यक्तित्व आकर्षक और चमक से भरा हुआ था। आप देख सकते थे कि वो खेल का आनन्द ले रहे होते थे और खेल भावना में कहीं कोई कमी नहीं थी। वो 1960 के दशक के अन्त के थे और इसलिए आनन्द और विद्वता के एक और समागम, द बीटल्स के समकक्ष थे।

सचिन तेंदुलकर, डॉन से मेल खाते थे। वो अपने काम को लेकर एकाग्रचित थे। जैसे लोग सोबर्स को अक्सर देख सकते थे, कोई भी सचिन को मैदान में गोल्फ़ के स्ट्रोक की नक़ल करते हुए नहीं देख सकता था। लेकिन हमें किसी भी हालत में किसी निष्कर्ष पर नहीं पहुँच जाना चाहिए। महानता कई लिबास ओढ़कर आती है और हमें उन सभी को सराहना चाहिए और बराबर सम्मान देना चाहिए। ब्रैडमैन के बाद से किसी के भी पास स्ट्रोक्स की इतनी लम्बी फेहरिस्त नहीं थी। और न ही कोई तेज़ या धीरे अटैक को, विकेट भुरभुरा हो या हरा, इतने कड़े हाथों से कुचलता था। इसके अलावा, सामाजिक दृष्टिकोण से भी तेंदुलकर जितना भार कोई और ढोने के बारे में सोच भी नहीं सकता था। ग्रेस से डेढ़ करोड़ अंग्रेज़ प्रेम करते थे। करोड़ों ऑस्ट्रेलियाई ब्रैडमैन जैसा हो जाना चाहते थे, सोबर्स को इतने ही वेस्ट इंडीज़ के लोग पूजते थे। लेकिन सचिन दसियों करोड़ लोगों के प्रति जवाबदेह थे जो अजीब अपेक्षाएँ रखते थे और जिन्हें बड़ी मुश्किल से सन्तुष्ट किया जा सकता था।

आने वाले क्रिकेट के इतिहासकार सचिन के काल के बारे में यूँ बात करेंगे जैसे हम ग्रेस और ब्रैडमैन और सोबर्स के समय के बारे में बात करते हैं। ख़ूबसूरती इस बात की है कि ये चारों खिलाड़ी चार अलग-अलग देशों, अलग-अलग महाद्वीपों का प्रतिनिधित्व करते हैं। लेकिन फिर भी, इन खिलाड़ियों की महानता का जश्न मनाने के लिए फ़र्क नहीं पड़ता था कि आपका पासपोर्ट किस रंग का है। और यही इन्हें बाकी सभी से अलग खड़ा करता है। जेबी प्रीस्टली वेस्ट इंडीज़ को हारते हुए देखना चाहते थे लेकिन सोबर्स को देखकर 'पक्षपात

की दीवार से सम्मान रिसने लगता था।' ऑस्ट्रेलियाई और साउथ अफ़्रीका और यहाँ तक कि पाकिस्तानी भी हमेशा सचिन के बारे में यही सोचते थे।

VI

यहाँ ख़ुद को ये भी याद दिलाना ठीक रहेगा कि क्रिकेट के मैदान पर सचिन तेंदुलकर के कीर्तिमान सिर्फ़ उनकी बल्लेबाज़ी तक ही सीमित नहीं रहे।

ये गौर करने वाली बात है कि कैसे इस खेल के महान बल्लेबाज़, गेंदबाज़ के तौर पर भी बेहद सफ़ल रहे। उदाहरण के तौर पर विव रिचर्ड्स और एलेन बॉर्डर को देखें, जो किसी की भी आधुनिक क्रिकेट के इतिहास में होने वाले सबसे अच्छे बल्लेबाज़ों की लिस्ट में ज़रूर होंगे। गेंदबाज़ी के मामले में उनकी कुशलता, बेहद कम थी। दोनों ही इस तरह से पेश आते थे जैसे वो फ़िंगर-स्पिनर हों लेकिन दोनों ही (एक ठीक विकेट पर) गेंद को एक इंच से ज़्यादा टर्न नहीं करा सकते थे। दोनों के पास न ही कोई फ़्लाइट थी, न ही गति में परिवर्तन आता था और न ही विकेट से मदद ले पाते थे। कुल मिलाकर दोनों के पास वो कुछ भी नहीं था जो उन्हें एक विकेट लेने वाला धीमी गति का गेंदबाज़ बना सके। लेकिन इन दोनों ने जितने विकेट लिये हैं (टेस्ट और वन-डे, दोनों में) वो चौंकाने वाला है। इसकी वजह यही समझ में आती है कि मसला विज्ञान का नहीं बल्कि मनोविज्ञान का है। जब वो गेंदबाज़ी करने आते थे, वो अपनी बल्लेबाज़ी, कप्तानी और क्रिकेटर होने की प्रतिष्ठा भी साथ में लेकर आते थे। एक नया टेस्ट क्रिकेटर किसी भी हाल में सामने गेंद लिये खड़े विव रिचर्ड्स या बॉर्डर को देखकर हिल जायेगा।

ऐसा ही कुछ सचिन को गेंदबाज़ी में मिली सफ़लता को परिभाषित कर सकता है। ये सच है कि वो लगभग सब कुछ फेंक सकते थे: इन-स्विंग, आउट-स्विंग, ऑफ़-ब्रेक, लेग-ब्रेक, गुगली। लेकिन वो ये सब इतना धीमे और बगैर नियन्त्रण के फेंकते थे कि एक ठीक-ठाक स्कूल का क्रिकेटर भी एक ओवर में चार रन बनाने के सपने देखने लगे। उन्हें इंटरनेशनल क्रिकेट में दो सौ विकेट मिले, इसकी व्याख्या यही हो सकती है कि इसके पीछे उनके बड़े नाम और ऊँचे कद का योगदान है।

1998 में सभी बड़े क्रिकेट खेलने वाले देश बांग्लादेश में 'मिनी वर्ल्ड कप' खेलने के लिए साथ आये। उस टूर्नामेंट में जब ब्रायन लारा सचिन के सामने बैटिंग करने आये, उन्होंने यदा-कदा गेंदबाज़ी करने वाले के सामने भी

बेहद सावधानी बरतते हुए बैटिंग की। उस दिन ये समझ में आ रहा था कि लारा अपने विरोधी की कुछ भी कर सकने वाली ऑफ़-ब्रेक से नहीं बल्कि अपनी ही गिर रही साख से डर रहे थे। कैसा लगेगा अगर बल्लेबाज़ लारा को गेंदबाज़ सचिन तेंदुलकर आउट कर दे तो?

और तो और, बैटिंग के उलट, सचिन की बढ़ती उम्र के साथ उनकी गेंदबाज़ी सुधरती चली गयी। जब वो शुरुआत में आये थे, वो नयी गेंद के साथ इधर-उधर भागती स्विंग गेंदबाज़ी करते थे और पुरानी गेंद के साथ ऑफ़-स्पिन। लेकिन, सदी बदलने के साथ वो कलाई से गेंदबाज़ी करने लगे। वो गेंद को काफ़ी टर्न करवाने लगे और शानदार गुगली फेंकने लगे। वन-डे मैचों में वो पैंतीसवें ओवर के आस-पास आते थे। ये वो समय होता था जब बल्लेबाज़ रन बनाने की गति बढ़ाने के बारे में सोचना शुरू करते थे। लेकिन वो राउंड-द-विकेट से फेंकी गयी स्टम्प्स के पीछे से टर्न होती हुई गेंदों पर रन बनाना मुश्किल पाते थे।

सचिन की कलाई की स्पिन का जादू दो टेस्ट मैचों की जीत में भी अहम् रोल निभा गया। 2001 में खेले गये उस शानदार कोलकाता टेस्ट में उन्हें तीन विकेट मिले। तीनों एलबीडब्ल्यू ही थे। बायें हाथ के बल्लेबाज़, ऐडम गिलक्रिस्ट और मैथ्यू हेडेन, दोनों को लेग-ब्रेक गेंदों ने बाहर किया। ये दोनों बड़े स्ट्रोक्स खेलने वाले खिलाड़ी थे और तेंदुलकर को इनके विकेट ने काफ़ी ख़ुशी दी होगी। लेकिन उन्हें शेन वॉर्न का विकेट और भी ज़्यादा ख़ुशी देता होगा क्यूँकि उनकी गुगली को वॉर्न पढ़ नहीं पाये थे। तीन साल बाद, जब एडिलेड में इंडिया जीती थी, सचिन ने डेमियन मार्टिन और स्टीव वॉ को आउट किया था। ये दोनों बड़े बल्लेबाज़ थे जिन्हें स्लिप में ऐसी गेंदों पर कैच किया गया जो इनकी अपेक्षा से ज़्यादा ही घूम गयीं।

अपनी जवानी के दिनों में, तेंदुलकर स्लिप में फ़ील्डिंग करते थे। वो जैसे-जैसे बड़े हुए, उन्हें मिड-ऑन पर लगाया जाने लगा जहाँ उनके कदम बहुत तेज़ तो नहीं चलते थे लेकिन उनके हाथ से गेंद भी मिस नहीं होती थी। ऐसा कौन-सा फ़ैन होगा जो उनका वो अनूठा कैच भूल जाये जिसके दम पर हमने मैच और सीरीज़ बचाई थी? उन्होंने लाहौर के गद्दाफ़ी स्टेडियम में लॉन्ग-ऑन पर दूधिया बल्बों की रोशनी में अपने सर के ऊपर उछलते हुए इंज़माम-उल-हक़ का कैच पकड़ा था।

तेन्दुलकर को उनके फ़ैन्स पूजते थे और उनके विरोधी भी उनका बेहद सम्मान करते थे। और इसके साथ ही उनके टीम के साथी भी उनसे प्रेमभाव

से रहते थे। भारतीय क्रिकेट में काफ़ी अरसे से खिलाड़ियों के बीच होड़ और जलन की भावना चली आ रही थी। अगर आज हमें ऐसा कुछ भी होता हुआ नहीं दिखता है तो इसके पीछे प्रतिभावान और स्वार्थ से दूरी बनाकर चलने वाले खिलाड़ियों की वजह से हुआ है। कुंबले, द्रविड़, लक्ष्मण गांगुली और तेंदुलकर इनमें से कुछ नाम थे। एक ऐसा पल है जो इसकी गवाही देता है। कुछ साल पहले पाकिस्तान में एक वन-डे सीरीज़ की जीत का जश्न मनाने के दौरान केक काटा जा रहा था। केक का पहला टुकड़ा मैन ऑफ़ द टूर्नामेंट पाने वाले युवराज सिंह को खिलाया जा रहा था। लेकिन उन्होंने तुरन्त ही प्लेट ली और सचिन की ओर बढ़ाते हुए बोले, 'पहले सचिन भाई को।'

VII

सीएलआर जेम्स की *बियॉन्ड अ बाउंड्री* का तेरहवाँ चैप्टर कुछ यूँ शुरू होता है:

> एक मशहूर लिबरल इतिहासकार (जीएम ट्रेविल्यान) उन्नीसवीं शताब्दी में इंग्लैंड का सामाजिक इतिहास लिख सकते हैं। दो मशहूर समाजवादी (रेमंड पोस्टगेट और जीडीएच कोल) वो लिख सकते हैं जिसे वो इंग्लैंड के आम लोगों का इतिहास कहते हैं। और इस सब के बीच कोई भी उस एक इंग्लिश शख़्स का ज़िक्र भी नहीं करता है जो उस वक़्त सबसे ज़्यादा जाना जाता था। मैं उन उसूलों को मानने से इंकार करता हूँ जिनके रहते डब्ल्यूजी ग्रेस को इन किताबों में जगह नहीं मिली।

इस किताब के और भी कितने ही शब्दों की तरह, मुझे ये शब्द बहुत अच्छे से मालूम हैं। इनकी याद मुझे तब आई जब 1996 के विश्व कप से कुछ ही वक़्त पहले मुझे दो मोटी-मोटी, बॉम्बे/मुम्बई के इतिहास पर हाल ही में छपी किताबें भेजी गयीं। दो वरिष्ठ समाजवादियों द्वारा सम्पादित और ऑक्सफ़ोर्ड यूनिवर्सिटी प्रेस में छपी इन किताबों में शहर और इलाक़े के नामी विद्वानों द्वारा लिखे कुछ तीस के आस-पास निबंध थे। ये निबंध यहाँ की राजनीति, अर्थव्यवस्था, सामाजिक और सांस्कृतिक जीवन, सामुदायिक और धार्मिक परिदृश्य और भी बहुत कुछ के बारे में थे। इनमें क्रिकेट को किसी भी तरह की कोई जगह नहीं मिली थी। और न ही इस खेल से जुड़े उस मशहूर क्रिकेट खिलाड़ी का कोई उल्लेख था जो हमारे वक़्त में देश का सबसे जाना-माना मुम्बईकर था। लेकिन सीएलआर जेम्स की तरह, मैं न ही आश्चर्य कर

रहा था और न ही नाराज़ था। मुझे मालूम था कि भारतीय शिक्षा क्रिकेट और क्रिकेटर्स के हमारे समाज और संस्कृति पर पड़ने वाले असर को नज़रन्दाज़ करती ही रहती है।

इस किताब के छपने के कुछ ही दिनों बाद मुम्बई में कुछ ऐसा हुआ जिसका बहुत बड़ा महत्त्व था। वानखेड़े स्टेडियम में फ्लडलाइट्स लग गयीं। वर्ल्ड कप के शुरुआती पड़ाव में इंडिया और ऑस्ट्रेलिया के बीच खेला गया मैच इस मैदान का पहला दिन-रात का मैच था। ऑस्ट्रेलिया ने पहले बैटिंग की और मार्क वॉ की संजीदा सेंचुरी की बदौलत 258 के तगड़े स्कोर (उस वक़्त के हिसाब से) पर पहुँची। सचिन यूँ तो पीछा करने की बजाय पहले बैटिंग करने में ज़्यादा सहज महसूस करते थे लेकिन कितने ही और मौकों की तरह एक बार फिर वो ऑस्ट्रेलिया के ख़िलाफ़ अपना सर्वश्रेष्ठ लेकर आये। पारी की शुरुआत करते हुए उन्होंने मैदान के हर कोने में रन बटोरने वाले शॉट्स जमाये। ये सब टीवी पर देखना इतना रोमांचक था कि जो किस्मत से स्टेडियम में उन्हें खेलते देख रहे होंगे, उनके लिए तो इससे अच्छा और कुछ होगा ही नहीं। जब वो चौरासी गेंदों में 90 रन तक पहुँच चुके थे, उन्होंने मार्क वॉ को मारने के लिए विकेट पर चहल कदमी की। ऑफ़-ब्रेक फेंक रहे वॉ ने उन्हें आगे बढ़ते देखा और गेंद बाहर की ओर फेंक दी। सचिन स्टम्प आउट हो गये।

इंडिया वो मैच 16 रनों से हार गया। वो नॉकआउट राउंड तक तो पहुँच गये जहाँ उन्होंने बैंगलोर में पहले तो पाकिस्तान को हराया लेकिन फिर श्री लंका के हाथों कोलकाता में बुरी हार का सामना करना पड़ा। पूरे टूर्नामेंट के दौरान, चीखती हुई भीड़ ने, चिल्लाती हुई अख़बारों की हेडिंग्स ने हमें बार-बार ये बताया हुआ था कि इस बार घर पर खेलते हुए सचिन ये कप घर ले आयेगा।

ये तेंदुलकर का दूसरा वर्ल्ड कप था। उन्होंने तीसरा, चौथा और फिर पाँचवाँ वर्ल्ड कप खेला और हर बार ढेर सारे रन बनाये। लेकिन ट्रॉफ़ी फिर भी उनके पास आने को राज़ी नहीं दिख रही थी। आख़िरकार, उनके छठे प्रयास में, 2011 में, इंडिया ने दूसरा विश्व कप जीता। हालांकि वो वानखेड़े में खेले गये फ़ाइनल में नहीं चले लेकिन सचिन ने कुछ मैचों में अच्छे रन बनाये थे। जब वो मैच और वर्ल्ड कप जीता जा चुका था, विराट कोहली और यूसुफ़ पठान ने उनके (हम सब के) हीरो को अपने कंधों पर उठाकर मैदान के चक्कर लगाये थे। (जैसा कि उन्होंने कहा भी था) सचिन उस पल से 21 साल पहले से भारतीय क्रिकेट को अपने कंधों पर ढो रहे थे।

मुझे भी यही लगता था कि सचिन को उसी वर्ल्ड कप की जीत के बाद संन्यास ले लेना चाहिए था। सचिन से पहले बॉम्बे की बल्लेबाज़ी के दो बड़े नाम उस वक़्त अलविदा कह गये जब वो अपने खेल के शिखर पर थे। विजय मर्चेंट ने टेस्ट सेंचुरी मारने के बाद और सुनील गावस्कर ने 1987 के शानदार वर्ल्ड कप के बाद मैदान को अलविदा कहा। क्रिकेट से अलग होने के बाद मर्चेंट अपने कपड़ों के बिज़नेस में लग गये और साथ ही विकलांगों के अधिकारों के लिए काम करने लगे। गावस्कर ने अपना बल्ला टाँगने के बाद मैदान से कमेंट्री बॉक्स का सफ़र तय किया। मुझे मालूम था कि तेंदुलकर के पास कोई पारिवारिक व्यवसाय नहीं था और न ही भाषा पर ऐसी कोई पकड़ थी जिससे वो लोगों के बीच आकर इस खेल पर अपने विचार रख सकें। लेकिन फिर भी मुझे ऐसा ही लगता था कि उनके लिए ऊँचाई पर रहते हुए ही खेल से विदा लेना बेहतर होता।

लेकिन वो खेलते गये और खेलते गये। वो अभी भी खेलते जा रहे थे और खेलते जा रहे थे। वो अभी भी यहाँ-वहाँ पचासे मार रहे थे लेकिन अब वो बल्लेबाज़ी नहीं दिख रही थी जिसके हम कितने मौकों पर साक्षी बने थे। सितम्बर 2012 में मैंने उन्हें बैंगलोर में न्यूज़ीलैंड के ख़िलाफ़ एक मैच में खेलते हुए देखा जहाँ वो पहली इनिंग्स में छोटे स्कोर पर आउट हो गये थे। जब वो आउट हुए, मैंने अपने पीछे से एक आदमी की आवाज़ सुनी: 'अब रिटायरमेंट के बारे में सोचना चाहिये।' ये एक निर्दयी भाव से की गयी टिप्पणी थी। बैंगलोर में तो ये और भी कड़वी मालूम दे रही थी क्यूँकि इसी मैदान पर देश के सबसे बड़े बल्लेबाज़ ने कुछ जादुई पारियाँ खेली थीं।

असल में, इससे भी बुरी चीज़ें सामने आनी बाक़ी थीं। दूसरी पारी में, जब सचिन बोल्ड होने से पहले एक घंटे तक अपने पैर जमाने की कोशिश कर रहे थे, भुनभुनाहट और भी तेज़ हो गयी थीं। पवेलियन में और भी लोग वो सोचने लगे थे जो उस वक़्त से एक साल पहले अकल्पनीय मालूम देता था। क्यूँकि उस वक़्त, इंडिया की विश्व कप जीत के बाद सचिन को तुरन्त ही देश का सर्वोच्च पुरस्कार, भारत रत्न देने की माँग की जा रही थी।

उसी साल, कुछ महीनों के बाद इंडिया और इंग्लैंड आमने सामने थे। मुम्बई टेस्ट में सचिन दोनों इनिंग्स में आठ रनों पर आउट हुए। दोनों ही बार उन्हें बायें हाथ के धीमी गति के गेंदबाज़ मॉन्टी पनेसर ने आउट किया। दो या तीन साल पहले आप सोच भी नहीं सकते थे कि मॉन्टी उन्हें ज़रा-सा भी परेशान करेंगे। जब वो दूसरी बार आउट हुए तो मैदान में बैठे दर्शकों ने उनपर

फब्तियाँ कसीं। और ये उन्हीं का मुम्बई था। अब तो वो रिटायर हो जायेंगे न? वो नहीं हुए। वो एक साल तक और खेलते रहे। उन्होंने अपना 200वाँ मैच खेला और वो (और उनके चाहने वाले) सोचते हैं कि ये रिकॉर्ड नहीं टूटेगा।

यहाँ ये ज़रूर कह दिया जाना चाहिए कि भारतीय, और ख़ासकर भारतीय पुरुष, बहुत अच्छे संन्यास लेने वालों में से नहीं हैं। शायद महाभारत के वृद्धपुरुष भीष्म पितामह इस बात के अच्छे उदाहरण हैं। भीष्म पितामह बहुत ज़्यादा उम्र में होने के बावजूद युद्धक्षेत्र में गये और इसीलिए सालों से वो योद्धाओं और राजाओं के बीच चलते रहने के एक उदाहरण के रूप में सामन आते रहे हैं। ज़रूरत से ज़्यादा टिके रहने के चक्कर में सचिन तेंदुलकर डेरी के पितामह वर्गीज़ कुरियन, कॉर्पोरेट के मुखिया रतन टाटा और प्रधानमन्त्री जवाहरलाल नेहरू और मनमोहन सिंह जैसे मशहूर और प्रभावशाली भारतीयों के साथ शामिल हो गये थे।

लेकिन अभी भी ऐसा लगता है कि तेंदुलकर को मर्चेंट और गावस्कर से कुछ सीखना चाहिए था। सिर्फ़ ऐसा ही नहीं था कि वो अपने शीर्ष के बाद भी खेलते गये, असल में वो अपने क्रिकेट के प्रेम के चक्कर में क्रिकेट देखने-जानने-समझने वाली जनता को हल्के में लेते चले गये।

मैंने उस शतक के बारे में बात की जो मैंने उन्हें बैंगलोर में मार्च 2011 में इंग्लैंड के ख़िलाफ़ बनाते हुए देखी थी। अन्तर्राष्ट्रीय क्रिकेट में ये उनका 98वाँ शतक था। उसी वर्ल्ड कप में उन्होंने साउथ अफ्रीका के ख़िलाफ़ नागपुर में अपना 99वाँ शतक मारा। अब वो और देश के करोड़ों लोग इस आशा के साथ जी रहे थे कि शतकों का शतक वर्ल्ड कप फ़ाइनल में बनेगा। ऐसा नहीं हुआ। हालांकि भारत वर्ल्ड कप जीत गया।

इसके बाद 2011 में इंडिया को वेस्ट इंडीज़ के टूर पर जाना था और फिर इंग्लैंड। तेंदुलकर ने पहले दौरे के लिए मना कर दिया। मुझे याद तो नहीं है कि आधिकारिक वजह क्या दी गयी थी लेकिन हम सभी को लग रहा था कि चूँकि वर्ल्ड कप फ़ाइनल में शतकों का सैकड़ा नहीं लग पाया था, इसलिए वो क्रिकेट के मक्का में शतक मारना चाहते थे। इंग्लैंड दौरे का पहला टेस्ट लॉर्ड्स में खेला जाना था। तेंदुलकर वहाँ नहीं चले और उस सीरीज़ के किसी भी और मैच में वो तीन अंकों का सफ़र नहीं तय कर पाये। इसके बाद वो ऑस्ट्रेलिया गये जहाँ 4 मैचों की सीरीज़ में उन्होंने दो बार पचास रनों का आंकड़ा पार किया लेकिन शतक एक भी नहीं आया।

अगर रिकॉर्ड्स को लेकर कोई शख़्स इतना पागल नहीं होता तो वो अब तक रिटायर हो गया होता। लेकिन सचिन नहीं हुए। आखिरकार मार्च 2012 में उन्होंने अपना सौवाँ शतक मारा। पिछले शतक के एक साल बाद। ये बांग्लादेश के ख़िलाफ़ एक मैच में आया। और वो इतनी धीमी पारी थी कि तेंदुलकर के शतक के बावजूद इंडिया वो मैच हार गया।

अब तो वो पक्का रिटायर हो जायेंगे न? नहीं। क्यूँकि अभी एक और रिकॉर्ड तोड़ना बचा था। दिसम्बर की शुरुआत में ही इंग्लैंड और न्यूज़ीलैंड की सीरीज़ ख़त्म हो चुकी थीं। तेंदुलकर ने 198 टेस्ट मैचों का छोटा-सा आंकड़ा छू लिया था। हमारा टेस्ट मैचों में अगला मुकाबला साउथ अफ्रीका से होना तय हो चुका था। लेकिन जिस शख़्स को हम भारत का महानतम बल्लेबाज़ कहा करते थे, वो डेल स्टेन और मोर्ने मोर्केल को उन्हीं के देश में, तेज़ और सीम करने वाले विकेट्स पर नहीं खेलना चाहता था। इसलिए आनन-फ़ानन में, कंगाली की हालत पर पहुँच चुके वेस्ट इंडीज़ के साथ एक डील की गयी और उन्हें दो टेस्ट मैचों का लालच देकर इंडिया बुलाया गया। दूसरा टेस्ट, ज़ाहिर तौर पर मुम्बई में हुआ जो तेंदुलकर का 200वाँ मैच होना था। ये सब कुछ शर्मनाक था और यहाँ भी, एक धीमे विकेट पर, एक बेहद औसत गेंदबाज़ी के सामने भी, अपने घर पर खेल रहा ये हीरो अपनी आखिरी अन्तर्राष्ट्रीय पारी में शतक नहीं मार सका।

VIII

कड़वे शब्दों के साथ चीज़ों का अन्त करना ठीक नहीं रहता। इसलिए, अन्त की ओर ले जाते हुए मैं उन दो सुझावों की बात करना चाहूँगा जिसमें सचिन तेंदुलकर शामिल थे। फ़रवरी 2005 में भारतीय हॉकी महासंघ ने पहले प्रीमियर हॉकी लीग चैम्पियनशिप का आयोजन करवाया। हैदराबाद के गचिबोव्ली स्टेडियम में खेले गये फ़ाइनल मैच में हैदराबाद सुल्तान्स ने शेर-ए-जालंधर को हराया। घरेलू टीम के सितारों में पाकिस्तान के दो खिलाड़ी, डिफ़ेंडर (और ड्रैग फ्लिक के एक्सपर्ट) सोहेल अब्बास और गोलकीपर अहमद आलम शामिल थे। मैच ख़त्म होते ही हैदराबाद के सभी खिलाड़ी सातवें आसमान पर थे और अहमद आलम गोलपोस्ट पर। क्यूँकि जैसे ही फ़ाइनल सीटी बजी, वो गोलपोस्ट पर चढ़ गये थे।

टूर्नामेंट के बाद मैंने द *टेलीग्राफ़* में ये पैराग्राफ़ लिखा था:

> मुझे लगता है कि प्रीमियर हॉकी लीग की ऐसी सफलता को देखते हुए और खेलों को भी इसका अनुकरण करना चाहिए। खासकर उस खेल को जिसमें दक्षिण एशिया आगे है, क्रिकेट। कुछ साल पहले उपन्यासकार मुकुल केशवन ने सुझाव दिया था कि देशों के बीच खेले जाने वाले टेस्ट और वन-डे मैच अन्तर्राष्ट्रीय क्रिकेट का दाना-पानी हैं। उन्हें शहरों की टीमों के बीच होने वाले क्रिकेट मैचों का साथ मिलना चाहिए। अब समय आ गया है कि हम उस सुझाव पर ध्यान दें। केशवन के दिमाग में वैश्विक स्तर का एक टूर्नामेंट था लेकिन हम दक्षिण एशिया में ही ऐसा कर सकते हैं। इसकी शुरुआत हम छोटे स्तर पर कर सकते हैं और इंडिया, पाकिस्तान, बांग्लादेश और श्री लंका में एक-एक करके एक हफ़्ते टी-ट्वेंटी मैच खेले जा सकते हैं। इन देशों के शहरों की टीमें आपस में मैच खेलें। हर टीम में, यूरोपियन फ़ुटबॉल की तर्ज़ पर, लोकल और बाहरी खिलाड़ियों का मिश्रण हो।
>
> सम्भावनाएँ आकर्षक मालूम दे रही हैं। सोचिये कि सचिन तेंदुलकर कराची के लिए (कॉन्ट्रैक्ट के तहत) खेल रहे हैं। वो शहर भी मुम्बई की तबीयत का ही है। या वीरेन्द्र सहवाग मुल्तान के लिए खेल रहे हों और उसी शहर का सबसे मशहूर बल्लेबाज़ इंज़माम-उल-हक़ दिल्ली की टीम से मैदान पर उतरे। सौरव गांगुली ढाका की कप्तानी करेंगे और मुथैय्या मुरलीधरन शायद जाफ़ना के लिए खेलें (और उसकी कप्तानी भी करें)।

मालूम नहीं कि सुभाष चन्द्रा या ललित मोदी (या दोनों ने) ने ये शब्द पढ़े थे। किसी भी हाल में, कुछ ही दिनों में चन्द्रा ने अपनी इंडियन क्रिकेट लीग शुरू कर दी, जिसके कुछ वक़्त बाद ही ललित मोदी की इंडियन प्रीमियर लीग शुरू हो गयी। बदकिस्मती से ये भारतीय शहरों की टीमों तक ही महदूद रहा। तेंदुलकर मुम्बई इंडियंस के लिए खेले न कि कराची केवेलियर्स के लिए, जैसा कि मैं सोच रहा था। पहले सीज़न में कुछ पाकिस्तानी खिलाड़ियों ने भी शिरकत की लेकिन फिर नवम्बर 2008 के मुम्बई हमले के बाद पाकिस्तानियों को इस टूर्नामेंट से हमेशा के लिए बैन कर दिया गया।

मुम्बई हमले के बाद भारत और पाकिस्तान के बीच द्विपक्षीय सीरीज़ रोक दी गयी थीं। हालांकि 2012-13 में दोनों टीमों ने इंडिया में तीन वन-डे

मैच खेले। ये मैच देखने बहुत सारे लोग आये थे और किसी भी तरह की कोई अप्रिय घटना भी नहीं हुई। इसके बाद पाकिस्तान क्रिकेट बोर्ड के अध्यक्ष ज़ाका अशरफ़ ने ये सुझाया था कि दोनों देशों को नियमित अन्तराल पर 'जिन्ना-गाँधी' ट्रॉफ़ी के लिए खेलना चाहिए।

इस सुझाव के बारे में मालूम चलने के बाद मैंने द *टेलीग्राफ़* में एक और आर्टिकल लिखा। मैंने लिखा कि अगर शान्ति बरकरार रहती है तो हमें दोनों टीमों के बीच नियमित दौरों के बारे में सोचना चाहिए। हालांकि, इसमें मैंने ये भी जोड़ा कि 'अगर दोनों देशों के राष्ट्रपिताओं पर इस ट्रॉफ़ी का नाम रखा जायेगा तो उसमें दो मुख्य असहमतियाँ पैदा होंगी। पहली क्रिकेट से जुड़ी है—न गाँधी और न ही जिन्ना, खेलों में रुचि दिखाते थे। दूसरी राजनीतिक थी—कि किसका नाम पहले लिया जायेगा?'

इसलिए मैंने कुछ और नाम सोचने शुरू किये जो इस ट्रॉफ़ी को दिये जा सकते थे। दोनों देशों की एक और पसन्द, फ़िल्म या उसके संगीत को ध्यान में रखते हुए मैंने लता मंगेशकर-नूरजहाँ ट्रॉफ़ी सोचा। या फिर दो महान लेखकों को सम्मानित करने के लिए इक़बाल-टैगोर ट्रॉफ़ी भी रख सकते थे।

काफ़ी सोचने के बाद मैं इस नतीजे पर पहुँचा कि क्रिकेट ट्रॉफ़ी का नाम किसी क्रिकेटर के नाम पर ही रखा जाना चाहिए। चूँकि ऑस्ट्रेलिया-इंडिया सीरीज़ के लिए पहले से बॉर्डर-गावस्कर ट्रॉफ़ी मौजूद थी और ऑस्ट्रेलिया श्री लंका के बीच वॉर्न-मुरलीधरन ट्रॉफ़ी थी, इसलिए इन दोनों देशों के दो शानदार ऑल-राउंडर्स के नाम पर इमरान खान—कपिल देव ट्रॉफ़ी नाम एकदम सटीक बैठता दिखता है। लेकिन चूँकि अब इमरान खान पाकिस्तान में विवादित शख़्स बन चुके हैं, मैंने इस ख़याल को भी दिमाग से निकाल दिया और सोचने लगा कि क्या हम सिर्फ़ एक शख़्स के नाम पर इस ट्रॉफ़ी का नामकरण कर सकते हैं। इससे पहले भी ऐसा हुआ है। जैसे ऑस्ट्रेलिया-वेस्टइंडीज़ के बीच फ्रैंक वॉरेल ट्रॉफ़ी थी और इंग्लैंड-साउथ अफ्रीका के लिए बेसिल डीओलिवियेरा ट्रॉफ़ी थी।

इस मॉडल को सोचते हुए, मैंने कहा कि भारत और पाकिस्तान के बीच टेस्ट सीरीज़ 'सचिन तेंदुलकर ट्रॉफ़ी' के लिए खेली जानी चाहिए। क्यूँकि किसी और शख़्स ने इंडो-पाक क्रिकेट को वैसी शक्ल नहीं दी थी जैसी उन्होंने दी। न ही किसी ने इतने दिनों तक ऐसा किया। उन्होंने पाकिस्तान के ख़िलाफ़ अपना पहला मैच 1989 में खेला था और आख़री मैच 2011 वर्ल्ड कप के सेमी-फ़ाइनल में। बीस साल तक, खेल के हर प्रारूप में और हर मैदान पर, मैच का रुख इस एक बात पर निर्भर करता था कि सचिन कब आउट हुए और

आउट होने से पहले उन्होंने कितने रन बनाये थे। उनकी कुछ सबसे शानदार पारियाँ पाकिस्तान के ख़िलाफ़ खेली गयी थीं। इसमें से कई हार में तब्दील हुईं। मसलन, मद्रास में मारा गया वो शतक जिसमें 13 रनों से जीतने के बाद पाकिस्तान टीम को शाबाशी देने के लिए पूरा चेपॉक स्टेडियम अपने पैरों पर खड़ा होकर तालियाँ बजा रहा था।

पाकिस्तान के फ़ैन्स, और उनसे भी ज़्यादा उनके क्रिकेटर्स सचिन को बेहद पसन्द करते थे। मुझे राज सिंह डूंगरपुर की एक बात याद है। उन्होंने बताया था कि कैसे 1999 वर्ल्ड कप के दौरान बकिंघम पैलेस में एक रिसेप्शन के दौरान पाकिस्तान के खिलाड़ी सचिन तेंदुलकर के आस-पास रहना चाहते थे। वो उनका ब्लेज़र छूना चाहते थे और उनके साथ तस्वीर में दिखना चाहते थे। इस ट्रॉफ़ी का नाम अगर सचिन के ऊपर रखा जाये तो ये पीढ़ियों का अन्तर और सरहदों को मिटाने का माद्दा रखने वाले एक महान खिलाड़ी का सही सम्मान होगा।

इस सुझाव के बाद मुझे एक बात ये भी मालूम है कि पाकिस्तान के कुछ कट्टरपंथी इस बात पर किलस पड़ेंगे कि ट्रॉफ़ी का नाम सिर्फ़ भारतीय खिलाड़ी के नाम पर ही क्यूँ? उनके लिए मेरे पास एक ही जवाब है—2008 के मुम्बई हमले के बाद, भारत का पाकिस्तान के साथ क्रिकेट के रिश्ते फिर से जोड़ना एक दूरदर्शी और साहसी कदम था। अगर आप वाकई क्रिकेट और राजनीति अलग रखना चाहते हैं और दोनों देशों के बीच नियमित खेल देखना चाहते हैं तो तेंदुलकर ट्रॉफ़ी ही सबसे ज़्यादा कारगर रास्ता दिखाई पड़ रहा है। इसके अलावा, सचिन एक महान खिलाड़ी हैं जिन्होंने ख़ुद को बेहद अदब और इज्ज़त से पेश किया है। ऐसा ही वॉरेल और डीओलिवियेरा ने भी किया था। अगर ऑस्ट्रेलिया और साउथ अफ़्रीका, अपने मसलों से ऊपर क्रिकेट को रख सकते हैं तो मैं आशा करूँगा कि पाकिस्तानी भी ऐसा कर सकेंगे।

खेल के दृष्टिकोण से देखें तो ये सुझाव बेहद अच्छा था। लेकिन चूँकि अब भारत में दक्षिणपंथी हिन्दुत्व की सरकार है और पाकिस्तान डाँवाडोल स्थिति में दिख रहा है, फ़िलहाल इन दोनों देशों के बीच क्रिकेट के रिश्तों में कोई सुधार होना सम्भव होता नहीं दिख रहा है। मैं इस बात की आशा करता हूँ कि मेरे जीवन में न सही, कम से कम सचिन के सामने तेंदुलकर ट्रॉफ़ी ज़रूर खेली जाये।

7.

एक हिन्दू के तमाम देवताओं का मन्दिर

I

एक ब्रिटिश बिशप के बेटे और भारत के बड़े मानव विज्ञानी, मरहूम वेरिएर एल्विन से एक दफ़ा पूछा गया कि वो हिन्दू धर्म और ईसाई धर्म के बीच क्या अन्तर देखते हैं। उन्होंने कहा कि ईसाई भगवान् में ज़्यादा विश्वास रखते हैं और हिन्दू ज़्यादा भगवानों में विश्वास रखते हैं।

धर्मशास्त्री इसपर बहस कर सकते हैं। लेकिन मुझे ऐसा हमेशा लगा कि एल्विन ने मज़ाक में जो भी कहा उसने भारतीय क्रिकेट प्रेमियों और विदेशी क्रिकेट प्रेमियों में पाये जाने वाले अन्तर को बखूबी समझाया था। जब मेरी उम्र के अंग्रेज़ ज़्यादातर इयान बॉथम, ऑस्ट्रेलियाई एलेन बॉर्डर और पाकिस्तानी इमरान खान को देख रहे होते थे, तब ये भारतीय गलत साबित होने की हद तक उदारवादी बनकर इन तीनों विदेशियों के साथ-साथ अपने सुनील गावस्कर और कपिल देव को पूजता था।

बड़े होते हुए मैंने FUCC, कर्नाटक और इंडिया को फ़ॉलो किया और हमेशा सपोर्ट किया। लेकिन एक अच्छे हिन्दू होने के नाते, मेरे मन्दिर में उनके लिए भी जगह थी जो मेरे क्लब, प्रदेश या देश के अलावा कहीं और खेलते थे। छुटपन में ही, जब मैंने कभी टेस्ट मैच नहीं देखा था, और जब लाइव टीवी भारतीय घरों का हिस्सा नहीं हुआ था, मैंने विदेशी खिलाड़ियों को पसन्द करना, या कहें कि उन्हें पूजना शुरू कर दिया था। क्यूँकि मैं उनके बारे में पढ़ता या सुनता रहता था।

मेरा पहला फ़िरंगी हीरो था ऑस्ट्रेलिया का कीथ मिलर। उनकी किताब क्रिकेट क्रॉसफ़ायर, जो मेरे पिता ने देहरादून की राजपुर रोड की एक दुकान से ख़रीदी थी, पहली ऐसी किताब थी जो मैंने पहले पन्ने से लेकर आख़री तक पढ़ी थी। उस किताब में मिलर का भारत और भारतीयों के प्रति प्रेम झलकता था। वो यहाँ पहली बार 1945 में ऑस्ट्रेलिया की सेना की टीम के साथ आये थे जिसमें वो खिलाड़ी थे जिन्होंने युद्ध में हिस्सा लिया था। इंग्लैंड में इस टीम ने खुशियाँ लुटाई थीं। लॉर्ड्स और बाकी जगहों पर इनके मैच का मतलब ये था कि मौत और नुकसान का दौर गुज़र चुका था। इंडिया में भी इनका गर्मजोशी से स्वागत किया गया। ब्रिटिश टॉमियों से उलट, ये लोग खुशनुमां थे और इनके पास तक पहुँचा जा सकता था।

टी.जी. वैद्यनाथन, जिन्होंने ऑस्ट्रेलियाई सर्विसमेन को मद्रास में खेलते हुए देखा था, हमेशा कहते थे कि कीथ मिलर से अच्छे नैन-नक्श वाला कोई क्रिकेटर हुआ ही नहीं। युद्ध से पहले, मिलर को ऑस्ट्रेलियाई क्रिकेट का उभरता हुआ सितारा घोषित किया जा चुका था। वो एक ऐसे बल्लेबाज़ थे जो बीस साल की उम्र तक पहुँचने से पहले ही क्लैरी ग्रिमेट जैसे बड़े लेग स्पिनर के ख़िलाफ़ शतक जड़ चुके थे। अपनी सर्विसेज़ की टीम में वो नयी गेंद के गेंदबाज़ भी बन गये। इस काम के लिए टीम में चुने गये ए.जी. चीतम को जब वापस घर जाना पड़ा तो उन्हें नयी गेंद थामनी ही पड़ी। लेकिन उन्होंने अच्छा किया जो भारतीय विकेटों पर वो बल्लेबाज़ी की ओर ही लौट गये। विक्टर ट्रम्पर की ही तरह वो भी हमेशा अपनी किट लेकर नहीं चलते थे और उन्हें इस बात के लिए जाना जाता था कि बल्लेबाज़ी के लिए जाते वक़्त उन्हें जो भी पहला बल्ला मिलता था, उसे उठाकर वो चल देते थे। कलकत्ता में बल्लेबाज़ी के लिए जाने से पहले उन्हें अपने साथी डिक व्हिटिंगटन का नया बल्ला दिखा और उन्होंने ये कहते हुए उसे उठा लिया कि 'मैं वादा करता हूँ, ध्यान से खेलूँगा।' उन्होंने जो पहली चार गेदें खेलीं, उनमें से तीन लॉन्ग-ऑन पर बने स्टैंड के बगल में ही मौजूद तालाब में जाकर गिरीं। ये ओवर रन देने में कंजूसी दिखाने वाले वीनू मांकड़ कर रहे थे और इसे ईडन गार्डन्स में फेंका गया सबसे लम्बा ओवर बताया जाता है। मिलर ने 82 रन बनाये और जब उनकी पारी का अन्त हुआ तो पीठ की ऐसी हालत हो चुकी थी कि पूरे टूर पर इसके बाद उन्होंने कभी तेज़ गेंदबाज़ी नहीं की।

मिलर ने बहुत बड़ा मुकाम हासिल किया लेकिन भारतीयों पर उनके क्रिकेट खेलने के तरीके ने असर डाला। वो रिकॉर्ड्स को लेकर लालायित नहीं

रहते थे और ये एक वजह थी कि उनकी डॉन ब्रैडमैन से बहुत पटती नहीं थी। 1948 में ऑस्ट्रेलियाई टीम इंग्लैंड के दौरे पर थी। एसेक्स वो पहली काउंटी टीम बनी थी जिसने ऑस्ट्रेलिया की किसी टीम के दसों विकेट आउट किये हों। उन्होंने ब्रैडमैन की टीम को 721 रनों पर आउट कर दिया था। ये सभी रन एक ही दिन में बने थे। कप्तान ने खुद 187 रन बनाये थे लेकिन मिलर ने जानबूझकर पहली गेंद ऐसे खेली कि वो बोल्ड हो गये। एक सपाट पिच पर दोयम दर्जे के खिलाड़ियों को पीटना उनके उसूलों की किताब में नहीं था।

क्रिकेट क्रॉसफ़ायर में मिलर ने मांकड़, मुश्ताक़ अली, सीएस नायडू और बाकी भारतीयों के बारे में प्रेम बरसाते हुए लिखा, जिनके ख़िलाफ़ उन्हें खेलने का मौका मिला था। उन्होंने उसके बारे में भी लिखा कि कैसे 1948 में इंग्लैंड के दौरे से वापस लौट रही ऑस्ट्रेलियाई टीम का जहाज बॉम्बे के बन्दरगाह पर आया और, विजय मर्चेंट ने डॉन ब्रैडमैन को अपने घर खाने पर आने का न्योता दिया। ऑस्ट्रेलिया के कप्तान ने ये निमन्त्रण ठुकरा दिया और मिलर को ये बेहद बुरा लगा। मिलर की किताब में ये शब्द लिखे थे जो मुझे याद हैं: 'इंडिया का वो शानदार बल्लेबाज़ अपने अभिमान को किनारे रखकर जहाज़ से उतरते ब्रैडमैन से मिलने आया था।'

मिलर इंडिया में 1956 में फिर से खेलने आये थे। इस बार वो आधिकारिक टेस्ट टीम का हिस्सा थे। एक चोट के कारण उन्हें मद्रास टेस्ट में बाहर बैठना पड़ा था। विजय मांजरेकर को रे लिंडवॉल को स्क्वायर कट मारकर एक के बाद एक दो चौके कमाते देख मिलर ने अपने बगल में बैठे पत्रकार से कहा था, 'ये दोनों खूबसूरत शॉट थे। काश मैं उन्हें बॉलिंग कर रहा होता।' उपमहाद्वीप के लोगों के प्रति और यहाँ के क्रिकेटर्स के प्रति अन्त तक उनके मन में अगाध प्रेम रहा। 1976 में मिलर ने मोहम्मद अली जिन्ना की जन्मशती के मौके पर पाकिस्तान में आयोजित मैचों की सीरीज़ खेलने का न्योता स्वीकार कर लिया। उनके दोस्त उन्हें ऐसा करने की वजह से मूर्ख समझ रहे थे क्यूँकि उन्हें खेल से संन्यास लिये हुए बीस साल हो चुके थे। इसपर मिलर के जवाब ने ये बता दिया था कि वो किस तरह के इंसान थे। उन्होंने कहा कि ऑस्ट्रेलिया के चार मौजूदा खिलाड़ी उस न्योते को ठुकरा चुके थे क्यूँकि उनकी तमाम माँगें पूरी नहीं हो रही थीं। ऐसे में उन्हें लगा कि उन्हें जाना ही चाहिए वरना वहाँ उनके देश का प्रतिनिधित्व करने वाला कोई भी नहीं रहेगा। वो पाकिस्तान गये और बगैर एक भी रुपया लिये उस सीरीज़ में भाग लिया। हाँ, उन्होंने बल्ला वहाँ भी किसी और से माँगा ही था।

मेरी याद्दाश्त में कैद पहली ऑस्ट्रेलियाई टीम है बिल लॉरी की 1969-70 की टीम। अपने पुरखों की तरह वो भी अपने साथ ख़ूब सारी बियर लेकर आये थे। लॉरी की टीम के लोग भारतीय पानी से इतनी दूरी बना के रखते थे कि वो अपने दांत माँजने के लिए भी शराब का इस्तेमाल करते थे। कलकत्ता के *स्टेट्समैन* में राजन बाला ने उनके कप्तान के बारे में बात करते हुए उन्हें 'सख़्त, अडिग और शान्त' बताया। (मैं भी उन्हें ऐसे ही जानता हूँ लेकिन मेरा बेटा उन्हें चैनल नाइन की उस आवाज़ के रूप में जानता है जो कहती थी 'He's got him' या 'it's out of here'।) ये ऐसे बल्लेबाज़ों की टीम थी जो बहुत मारते थे और ऐसे गेंदबाज़ों की टीम थी बहुत तेज़ गेंदें फेंकते थे। ऑस्ट्रेलियाई खिलाड़ियों से ऐसा ही करने की अपेक्षा भी की जाती थी।

मैंने पहली बार जिस ऑस्ट्रेलियाई टीम को खेलते हुए देखा, वो इसके दस साल बाद इंडिया आई थी। ये टीम कैरी पैकर के खज़ाने के चलते फीकी हो चुकी थी और ये सुनील गावस्कर के नेतृत्व वाली भारतीय टीम से 2-0 से सीरीज़ हारने वाली थी। मैंने बैंगलोर टेस्ट के कुछ हिस्से देखे। ये मैच बारिश की भेंट चढ़ गया। विश्वस्तरीय बल्लेबाज़ों में जो खिलाड़ी थे उनमें किम ह्यूज़ एक नाम था। इसका बल्ला चलाने का एक कमाल का अन्दाज़ था, ख़ासकर फ्रंट फ़ुट पर। साथ में फ़ास्ट बॉलर रॉडनी हॉग भी थे। हॉग को बैंगलोर में नो बॉल की काफ़ी समस्या हुई थी। उन्हें एक सेशन में पन्द्रह बार क्रीज़ से बाहर पैर रखकर गेंद फेंकने के लिए टोका गया था। ह्यूज़ ने उनके छोर से गेंदबाज़ी करनी शुरू कर दी। लेकिन दूसरे छोर वाले अम्पायर ने उन्हें एक ही ओवर में तीन बार नो बॉल दे दी। इसपर वो इतना झल्ला गये कि उन्होंने अपने पैरों से विकेट्स छितरा दिये और बगैर सर उठाये वो मैदान से बाहर चले गये क्यूँकि उन्हें लग रहा था कि उनकी इस हरकत के बाद उनसे ऐसा ही करने को कहा जाने वाला था।*

1979 की उस टीम में एलेन बॉर्डर भी थे। वो अपनी प्रतिभा को लेकर इतने निश्चित थे कि अपना पहला टेस्ट खेलने से पहले ही वो ख़ुद को ऑस्ट्रेलिया क्रिकेट बोर्ड के साथ बतौर 'प्रोफ़ेशनल' खिलाड़ी रजिस्टर करवा

---

* दूसरे छोर से गेंदबाज़ी करने को राज़ी होने की बजाय हॉग को वही करना चाहिए था जो उनके देश के अर्नी मैककॉर्मिक ने किया था। 1938 में ऑस्ट्रेलिया के इंग्लैंड दौरे के पहले मैच की पहली सुबह मैककॉर्मिक को अट्ठारह बार नो बॉल दी गयी थी। लंच के बाद उनके कप्तान डॉन ब्रैडमैन ने उनसे पूछा कि क्या वो अपना छोर बदलना चाहेंगे। उन्होंने कहा, 'नहीं। मैं उसी छोर से गेंदबाज़ी करूँगा, भले ही अम्पायर कुछ भी कहता रहे।'

चुके थे। बैंगलोर में बॉर्डर ने अच्छी लय में 40 के आस-पास रन बनाये। जब उन्होंने कपिल देव को कवर पॉइंट के बगल से चौके के लिए मारा, मैंने अपने पीछे से एक शख़्स को तमिल में बोलते हुए सुना, 'हार्वी माद्री अडचा' (उसने वैसे शॉट मारा जैसे एक बार नील हार्वी ने मारा था)। ये सच था कि उनके पास हार्वी जैसा फ़ुटवर्क था और वो उनके जैसे ही ऑफ़ साइड पर करारे शॉट्स, हाफ़-कट, हाफ़ ड्राइव, बैकवर्ड पॉइंट और एक्स्ट्रा कवर के बीच के इलाके से गेंद मारते थे। वो शायद उनसे बेहतर बल्लेबाज़ भी थे जो सब कुछ कर सकता था। हार्वी हमेशा रिची बेनॉड के सहायक बनकर बैटिंग करते रहे, जबकि बॉर्डर ने 93 टेस्ट मैचों में अपनी टीम की कप्तानी की। ये सच था कि उपमहाद्वीप में ही उनके कप्तान बनने की प्रक्रिया शुरू हो चुकी थी जहाँ 1987 में उन्होंने नये खिलाड़ियों की टीम को वर्ल्ड कप जितवाया और वहीं से ऑस्ट्रेलिया की विश्व क्रिकेट के शीर्ष पर पहुँचने की शुरुआत हुई। बीते साल ही मद्रास में पारी घोषित करने के उनके साहसी फैसले के कारण टेस्ट क्रिकेट के इतिहास में दूसरा टाई मैच देखने को मिला। चेपॉक के हीरो डीन जोन्स को आठ घंटे खेलने की प्रेरणा अपने कप्तान के साथ हुई उसी बातचीत से मिली थी जिसमें नीम्बू पानी पीते हुए ये फ़ैसला लिया गया था कि डीन जोन्स तीसरे नम्बर की महत्वपूर्ण बैटिंग पोज़ीशन पर खेलने जायेंगे।

90 के दशक में मैंने बहुत सारे ऑस्ट्रेलियाई खिलाड़ियों को लाइव और टीवी पर देखा। मुझे वॉ बंधुओं की बल्लेबाज़ी बेहद पसन्द थी। रिकी पोंटिंग की उनसे भी ज़्यादा। मैंने क्रीज़ पर किसी भी और इंसान को इस तरह किसी मकसद के साथ आते नहीं देखा। और साथ ही, किसी भी बल्लेबाज़ ने, यहाँ तक कि सचिन और लारा ने भी नहीं, क्रीज़ पर इतनी जल्दी अपनी मौजूदगी दर्ज करवाई है। वो बाउंड्री से शुरुआत करना पसन्द करते थे और कट या हुक से शुरू करते थे। गेंदबाज़ जितना तेज़ फेंकता था, गेंद उतनी ही तेज़ी से बाउंड्री तक पहुँचती थी। उनके पैर बैटिंग, विकेट्स के बीच में दौड़ लगाने और मैदान में फ़ील्डिंग करने के दौरान बेहद तेज़ चलते थे। वो स्लिप्स में बेहद कमाल का काम करते थे और कवर और मिड-विकेट पर एक दीवार बने रहते थे।

लेकिन, मिलर के अलावा, मेरे पसन्दीदा ऑस्ट्रेलियाई क्रिकेटर गुगली गेंदबाज़ ही होते। स्कूल और कॉलेज में मैं आर्थर मेईली, बिल ओ रायली और क्लेरी ग्रिमेट का लिखा और इनके बारे में लिखी गयी चीज़ें पढ़ता था। फिर थोड़ा बड़ा होने पर किस्मत से उनके वारिस को कई मौकों पर जादूगरी करते हुए देख सका। ये वो शख़्स था जिसके बारे में द *ऑक्सफ़ोर्ड कम्पैनियन* टू

ऑस्ट्रलियन क्रिकेट का दावा था कि 'वो ऑस्ट्रेलिया की जनता को मुग्ध कर चुके थे और ऑस्ट्रेलिया के क्रिकेट को बेहद प्रभावित कर चुके थे' और ये प्रभाव डॉन ब्रैडमैन के बाद सबसे ज़्यादा था। लेकिन ब्रैडमैन भी कभी केम्ब्रिज के दो वैज्ञानिकों की रीसर्च का विषय नहीं बन सके। लूफ़ लर्पा और हेंज़ बोहने नाम के ये दो शोधकर्ता इस नतीजे पर पहुँचे थे कि शेन वॉर्न सफ़ल इसलिए हुए थे क्यूँकि उनकी फेंकी हुई गेंद 'जिस गति से आगे की ओर बढ़ रही होती थी, उससे कहीं तेज़ी से अपनी ही धुरी पर पीछे की ओर घूम रही होती थी।' वॉर्न की गेंदों में 'स्पिन और आगे बढ़ने की गति का अनुपात' औसतन 56.86 होता था जो औसत से कहीं ज़्यादा है।*

मैं सोचता हूँ कि कलाई से स्पिन कराने वाले उस खिलाड़ी की कला के बारे में की गयी इस टिप्पणी पर बिल ओ रायली क्या कहते? वो कहते, भाड़ में गया विज्ञान, मूलभूत चीज़ों पर आओ। वॉर्न के बारे में आगे या पीछे की गति नहीं बल्कि फ़्लाइट में बनाया घुमाव, उनका कमाल का नियन्त्रण, तेज़ी से घूमने वाली लेग-ब्रेक, गोली की माफ़िक भागने वाली फ्लिपर और इस सबसे ऊपर, बड़े मैच में बढ़िया खेलने की प्रवृति ज़्यादा महत्वपूर्ण थी। ये वो लेग स्पिनर था जिसे उसका कप्तान मैच के आख़री ओवर में ला सकता था जब जीतने के लिए 2 विकेट चाहिए हों और 4 रन बचे हों।

वॉर्न का, सिवाय भारत के, सभी देशों के ख़िलाफ़ बेहतरीन रिकॉर्ड रहा। 1996 विश्व कप के लिए जब वो उपमहाद्वीप में आये तो उन्हें सभी को और ख़ुद को ये दिखाना था कि वो उस समय के क्रिकेट में, दुनिया की हर परिस्थिति में, सबसे बड़े गेंदबाज़ थे। उस वक़्त कई भारतीय थे जो उनकी गेंदबाज़ी पर हाथ आज़माना चाहते थे। जयपुर में एक सुबह, जब वॉर्न वेस्ट इंडीज़ के ख़िलाफ़ मैच से पहले वॉर्म-अप कर रहे थे, एक छोटे कद का, अधेड़ उम्र का शख़्स सवाई मान सिंह स्टेडियम के एक छोर से दूसरे तक पहुँचा और जाकर वॉर्न से हाथ मिलाने लगा और बोला, 'बेटा, तुम्हारे पास बहुत प्रतिभा है। मैं आशा करता हूँ कि आने वाले कई साल तुम गेंदबाज़ी करते रहो।' वॉर्न को कुछ समझ में नहीं आ रहा था। इतने में उनके पास इयान चैपल आये और उन्होंने कहा, 'शेन, तुम इरापल्ली प्रसन्ना से बात कर रहे हो। ये मेरी पीढ़ी के सबसे अच्छे स्लो बॉलर थे।'

मार्च 1998 में ऑस्ट्रेलिया तीन टेस्ट मैचों की सीरीज़ खेलने के लिए इंडिया आई हुई थी। अख़बारों में दो टीमों की नहीं बल्कि दो लोगों की बात

---

* 5 अप्रैल 1998 के *एशियन एज* के मुताबिक़

हो रही थी—तेंदुलकर बनाम वॉर्न। दौरे पर आई टीम ने पहला मैच मुम्बई के ख़िलाफ़ खेला। सचिन ने यहाँ दोहरा शतक जड़ा और वॉर्न ने 80 के आस-पास रन देकर कोई भी विकेट नहीं लिया। इसके बाद चेपॉक में पहला टेस्ट मैच खेला गया और पहली इनिंग्स में तेंदुलकर ने वॉर्न को एक चौका मारा लेकिन फिर अगली ही गेंद पर स्लिप में कैच आउट हो गये। क्या ये गेंदबाज़ वॉर्म-अप मैच में अपना कोई हथियार छिपा ले गया था? जब घरेलू टीम ने दोबारा बैटिंग शुरू की, वो 70 रन पीछे थी। तेंदुलकर ने इस बार वो पारी खेली जो शायद टेस्ट क्रिकेट में किसी भारतीय द्वारा खेली गयी सबसे आक्रामक पारी होगी। (मैं ऐसा उन बातों के आधार पर कह रहा हूँ जो मैंने पढ़ीं। क्यूँकि मैं हज़ारों मील दूर कैलिफ़ोर्निया की एक यूनिवर्सिटी में था।) उन्होंने साढ़े चार घंटे में 155 रन बनाये। इस दौरान उन्होंने बीस चौके और चार छक्के जड़े। इनमें से दो छक्के वॉर्न को मारे थे। पहला छक्का मिड-विकेट के ऊपर क्रॉस बल्ला चलाया गया था और दूसरा एक्स्ट्रा-कवर के ऊपर एक परम्परागत शॉट था। दूसरे टेस्ट में, जो ईडेन गार्डेन्स में खेला गया था, बॉम्बे के आक्रामक बल्लेबाज़ ने 86 गेंदों में 79 रन ठोंके और उसके साथी अज़हरुद्दीन (163) और नवजोत सिद्धू (97) ने भी ताबड़तोड़ बैटिंग करते हुए स्कोर को 633 रन पर पहुँचाया और पारी डिक्लेयर कर दी गयी। वॉर्न के आंकड़े कुछ यूँ थे : 47-4-147-0। एक लम्बे अन्तर से ये उनके सबसे ख़राब आंकड़े हैं।*

ये कहा जा सकता है कि उपमहाद्वीप के बल्लेबाज़ों ने शेन वॉर्न को निरस्त्र कर दिया था। यहाँ के बल्लेबाज़ उनका हाथ पढ़ सकते थे जबकि इंग्लैंड, वेस्ट इंडीज़, साउथ अफ्रीका और न्यूज़ीलैंड के खिलाड़ी ऐसा नहीं कर पा रहे थे। जहाँ फ़िरंगी बल्लेबाज़ शेन वॉर्न को बेहद दर्द भरी सावधानी के साथ क्रीज़ से ही खेल रहे थे, वहीं भारतीय बल्लेबाज़ विकेट्स पर आगे बढ़कर आ रहे थे और कवर या मिड-ऑन के बगल से उन्हें ड्राइव मार रहे थे। चूँकि वो कलाई से स्पिन करवाने वाले वॉर्न की कला को समझ चुके थे इसलिए ये बल्लेबाज़ पैड का भी अच्छा (लेकिन गेंदबाज़ के लिए बेहद परेशान करने वाला) इस्तेमाल कर रहे थे। अगर वॉर्न की एक गेंद ऑफ़ स्टम्प के कुछ बाहर ही फ़्लाइट हुई हो तो माइकल एथर्टन और डेरिल कलिनन उसे आगे आकर खेलते क्यूँकि उन्हें मालूम ही नहीं होता कि भला गेंद सीधी रहेगी या घूमने वाली होगी। वहीं इसी गेंद पर तेंदुलकर या लक्ष्मण पैर लगा देंगे क्यूँकि उन्हें मालूम होगा कि गेंद लेग-ब्रेक होगी। जहाँ पहली तरह के बल्लेबाज़ ऐसी

---

* लगभग इतने ही बुरे उनके पहले टेस्ट मैच के भी आंकड़े थे और वो मैच भी इंडिया के ही ख़िलाफ़ था: 45-7-150-1

गेंद पर बल्ले का किनारा लगाकर स्लिप को कैच दे देगा और चलते बनेंगे, वहीं दूसरी तरह के बल्लेबाज़ अगली गेंद खेलने की तैयारी कर रहे होंगे और शायद उसपर चौका भी मार देंगे।

वॉर्न भारत में और भारतीयों के ख़िलाफ़ विफ़ल रहे, लेकिन मेरे पास उनके लिए बहुत वक़्त था। वो एक शानदार गेंदबाज़ थे। ऑस्ट्रेलिया में एक और अच्छा कलाइयों से स्पिन कराने वाला बॉलर था—स्टुअर्ट मैकगिल। दु:ख इस बात का है कि जहाँ ओ रायली और ग्रिमेट साथ खेलते हुए टेस्ट मैच और टेस्ट सीरीज़ जितवा रहे थे, वहीं वॉर्न के वक़्त के सेलेक्टर्स मैकगिल को सिर्फ़ वहीं टीम में चुनते थे जहाँ गेंद घुमाने वाली पिचें होती थीं। मसलन, 2005 में मैकगिल ने इंग्लैंड का दौरा किया और उन्हें एक भी मैच खेलने को नहीं मिला। उस वक़्त इत्तेफ़ाक़ से आख़री मैच के दौरान मैं लंदन में था। ये मैच ओवल में खेला जाने वाला था। मैंने प्रेस पास या टिकट पाने की कोई कोशिश नहीं की। कोशिश करता भी, तो भी कुछ नहीं मिलता। लेकिन मैच से एक रात पहले मैंने ऑस्ट्रेलिया के बड़े क्रिकेट लेखक गिडियन हे के साथ डिनर किया। मैंने उनसे पूछा कि आख़िर क्यूँ मैकगिल को यूँ लगातार किनारे ही रखा जा रहा था। अब, जब उनकी टीम 2-1 से पीछे चल रही थी और ऐशेज़ दाँव पर लगी हुई थी, ऑस्ट्रेलिया उन्हें टीम में जगह देगा न? हे ने अपना सर न में हिला दिया। उन्होंने कहा कि ऑस्ट्रेलिया अपनी पुरानी तीन सीमर और एक स्पिनर की पद्धति पर ही कायम रहेगा।

मैंने कहा कि तीसरा सीमर इतना ज़रूरी क्यूँ है? और जब वॉर्न और ब्रेट ली निचले क्रम में इतनी अच्छी बैटिंग कर रहे हैं तो एक बल्लेबाज़ को बिठाया जा सकता है। तीन सीमर्स और दो स्पिनर खिलाना ठीक लग रहा था। ख़ासकर तब जब टेस्ट जीतना ही जीतना हो। हे ने एक बार फिर अपना सिर हिलाया और कहा कि ऑस्ट्रेलिया में विद्वान मैकगिल को तभी लेंगे जब वो या तो अपने घरेलू मैदान सिडनी में खेल रहा हो या फिर शेन वॉर्न चोटिल हों या उन्हें बैन कर दिया गया हो।

2005 की ऐशेज़ सीरीज़ के पाँच मैचों में एक भी मैच में स्टुअर्ट मैकगिल को मौका नहीं मिला। उस बेवकूफ़ी का सबूत साल 2005 में ही मिला। ऑस्ट्रेलिया और विश्व एकादश के बीच एक 'सुपर टेस्ट' खेला गया था।इस मैच में मैकगिल ने उस ऐशेज़ में इंग्लैंड के सबसे आक्रामक बल्लेबाज़ एंड्रू फ़्लिंटॉफ़ को दोनों पारियों में आउट किया। दोनों ही बार वो डीप में कैच आउट हुए और दोनों ही मौकों पर वो फ़्लाइट के चक्कर में चकमा खा गये थे। अंग्रेज़

बल्लेबाज़ इस बात के लिए जाने जाते हैं कि वो अच्छी क्वालिटी की लेग-ब्रेक के सामने बहुत ज़्यादा देर नहीं चल पाते। अगर मैकगिल को 2005 ऐशेज़ सीरीज़ में लय में नज़र नहीं आ रहे जेसन गिलेस्पी या बूढ़े हो रहे कैस्प्रोविच की जगह खेलने का मौका मिला होता तो वो कितने विकेट ले सकते थे?

शेन वॉर्न निपुण थे और स्टुअर्ट मैकगिल कलाकार। इस खेल के इतिहास में किसी भी दूसरे रिस्ट-स्पिनर को वॉर्न से ज़्यादा शान्त तबीयत का नहीं देखा गया है और न ही किसी के पास गेंद पर ऐसा नियन्त्रण देखा गया है। उनके पास कई तरह के बदलाव थे और वो बेहद महीन होते थे। मैकगिल को परम्परागत लेग-ब्रेक गेंदबाज़ी के नज़दीक पाया जाता था। वो कई विकेट ले सकने वाली गेंदें फेंकते थे लेकिन इसी बीच वो फ़ुल-टॉस और छोटी गेंदें फेंक देते थे। और उनके साथ एक समस्या भी थी, एक तरफ़ तो वो पूरी टीम को मुसीबत में भी डाल सकते थे वहीं अगर कोई बल्लेबाज़ कदमों का अच्छा इस्तेमाल करते हुए, सधे हाथों से उनके पीछे पड़ जाये तो वो बहुत जल्दी भटक भी सकते थे।

2005 के उस सुपर टेस्ट में एक वक़्त ऐसा आया था जब एक छोर से शेन वॉर्न और दूसरे से स्टुअर्ट मैकगिल गेंदबाज़ी कर रहे थे। ये एक ऐसा मौका था जिसके लिए सारे दूसरे काम किनारे रख दिये जाने चाहिए। मैं अपने सोफ़ा पर ही चिपका रहा लेकिन फिर मैंने माइकल होल्डिंग को टीवी पर कहते हुए सुना : 'देखिये कि जहाँ वॉर्न लेग स्टम्प की लाइन में गेंद डाल रहे हैं वहीं मैकगिल ऑफ़ स्टम्प या उससे बाहर गेंदें फेंक रहे हैं। ऐसा इसलिए है क्यूँकि वो गेंद को वॉर्न से कहीं कम घुमाते हैं।' होल्डिंग एक ऐसे कमेंटेटर हैं जिन्हें मैं आम-तौर पर बेहद पसन्द करता हूँ। लेकिन ये एक बड़ी चूक थी। ऐसा इसलिए हुआ था क्यूँकि वो ख़ुद एक फ़ास्ट बॉलर थे और ऐसी टीम में खेलते थे जिसमें बाकी गेंदबाज़ भी तेज़ ही फेंकते थे।

असल में, जब होल्डिंग ने अपना टेस्ट करियर शुरू किया था, बेजोड़ गेंदबाज़ लांस गिब्स वेस्ट इंडीज़ के लिए खेल रहे थे। लेकिन गिब्स उँगलियों से गेंद घुमाने वालों में से थे। शायद होल्डिंग के पास लेग-स्पिन खेलने का एकमात्र अनुभव तब मिला था जब उन्होंने पाकिस्तान के ख़िलाफ़ कुछ टेस्ट खेले थे और उस दौरान पाकिस्तान की टीम में मुश्ताक़ मोहम्मद और अब्दुल क़ादिर, दोनों ही थे। लेकिन जबसे वो रिटायर हुए और टीवी कमेंट्री की ओर चले, उन्होंने इसे काफी करीब से देखा था क्यूँकि उनके सामने वॉर्न, अनिल कुंबले, पॉल स्ट्रेंग, मुश्ताक़ मोहम्मद आदि गेंदबाज़ी कर रहे थे।

वॉर्न की बनिस्बत मैकगिल ऑफ़ साइड में गेंदें फेंक रहे थे और इसकी वजहें थीं। पहली ये कि वॉर्न अपने ऊँचे एक्शन के चलते अन्दर की ओर ज़्यादा ड्रिफ़्ट पाते थे जिससे वो गेंद को लेग स्टम्प की तरफ़ धकेलते और गेंद वहाँ टप्पा खाकर उल्टी दिशा में भागती। दूसरी वजह ये थी कि मैकगिल गेंद को फ़्लाइट ज़्यादा करते थे और बल्लेबाज़ को क्रीज़ से बाहर निकालकर उसे ड्राइव करने के लिए मजबूर करते थे और यहीं से बल्ले का किनारा लगकर स्लिप में कैच जाता था या टाइमिंग ख़राब होने के कारण गेंद कवर में जाती थी या बल्लेबाज़ गेंद ही मिस कर जाता था और स्टम्प आउट हो जाता था। तीसरी वजह थी मैकगिल की गुगली, जो वॉर्न के पास नहीं थी। इस गेंद की वजह से मैकगिल के लिए ऑफ़-स्टम्प की लाइन मुफ़ीद बन जाती थी। बल्लेबाज़ को कई लेग-ब्रेक फ़ेंकने के बाद गुगली पर उसके बोल्ड होने या एलबीडब्ल्यू आउट होने की सम्भावनाएँ काफ़ी बढ़ जाती थीं। और ये तभी सम्भव था जब वो ऑफ़ स्टम्प की लाइन में रहकर गेंद फेंके, न कि वॉर्न की तरह लेग स्टम्प की लाइन में।

जब मैंने होल्डिंग को ये कहते हुए सुना था तो मेरा मन कर रहा था कि उठूँ और सोफ़ा उठाकर टीवी पर दे मारूँ। फिर मैंने ख़ुद को रोका और सोचा कि अपने कान बन्द कर लेता हूँ और बस खेल देखता रहूँ। अगर मुझे ऐसा लगा था तो सोचिये कमेंट्री बॉक्स में उनके बगल में जो बैठा था उन्हें कैसा लगा होगा। ये थे रिची बेनॉड जो मिस्टर क्रिकेट थे। और अपने खेलने के दिनों में लेग-ब्रेक गेंदबाज़ी की अन्तर्राष्ट्रीय कहानी में एक अहम किरदार थे।

रिची बेनॉड ने अड़तालीस घंटों बाद इसका जवाब दिया, जब दूसरी पारी में वॉर्न और मैकगिल दोबारा एक साथ गेंदबाज़ी कर रहे थे। इस बार कमेंट्री बॉक्स में एक भारतीय आवाज़ सभी को दबाते हुए, बगैर शान्त हुए चली जा रही थी। जब उन्होंने बेनॉड को बोलने का छोटा-सा मौका दिया तो उन्होंने बस इतना ही कहा, 'मैकगिल गेंद के सबसे बड़े स्पिनर हैं।'

जब ये सुपर टेस्ट ख़त्म हुआ तो अनिल कुंबले ने इंटरव्यू में मैकगिल के ऐशेज़ सीरीज़ में बाहर बैठने की बात पर आश्चर्य जताते हुए कहा, 'वो बहुत ही अच्छे गेंदबाज़ हैं और वॉर्न से काफ़ी अलग हैं। अगर वो इंग्लैंड में टेस्ट मैच खेलते तो ट्रॉफ़ी ऑस्ट्रेलिया के पास ही होती।' ये कोई ट्रेड यूनियन के तहत समर्थन में झंडा उठाने वाली बात नहीं थी बल्कि एक साथी कलाकार की तारीफ़ में कही गयी बातें थीं।

II

इंडिया में पसन्द किये जाने वाले पहले वेस्ट इंडीज़ खिलाड़ी थे फ्रैंक वॉरेल। जबकि उन्होंने इंडिया में एक भी टेस्ट मैच नहीं खेला था। वो 1948-49 में इंडिया आने वाली टीम का भी हिस्सा नहीं थे क्यूँकि उनका अपने क्रिकेट बोर्ड से कुछ झगड़ा हो गया था (अधिकारी चाहते थे कि वो अपनी गर्मियाँ इंग्लैंड में लीग क्रिकेट खेलते हुए न गुज़ारें।) दस साल बाद, जब वेस्ट इंडीज़ की टीम दोबारा लौटी, वो उसका हिस्सा भी नहीं थे। इस बार मालूम पड़ा कि वॉरेल मैनचेस्टर यूनिवर्सिटी में अपनी कोई डिग्री ख़त्म कर रहे थे। लेकिन माना गया कि तब गैरी एलेग्ज़ेन्डर को कप्तान घोषित कर दिया गया था, इसलिए उन्होंने टीम से बाहर रहने का फैसला लिया। (ऐसा नहीं था कि वो गैरी को पसन्द नहीं करते थे लेकिन वो ये बताना चाह रहे थे कि टीम के सबसे अनुभवी और सबसे अच्छे खिलाड़ी को उसका नेतृत्व करना चाहिए और चमड़ी के रंग का इससे कोई लेना-देना नहीं होना चाहिए।)

जबकि वॉरेल कभी भी इंडिया में वेस्ट इंडीज़ का प्रतिनिधित्व नहीं कर पाये, वो 1949 से 1954 के बीच उपमहाद्वीप में आने वाली तीन कॉमनवेल्थ टीमों के सदस्य बनकर आये थे। यहाँ उन्होंने कैच लिये, विकेट्स लिये और रन बनाते गये, बनाते गये, बनाते गये। कानपुर में बगैर आउट हुए 223 रनों की पारी को उन्होंने अपने जीवन की सबसे शानदार पारी कहा था। ये 1949-50 की सीरीज़ का चौथा अनाधिकारिक टेस्ट मैच था। ये रन ऐसी पिच पर मारे गये थे जिसकी उन्हें आदत नहीं थी। ये मैच कॉयर मैटिंग पर हो रहा था और उनके सामने इस तरह की मैट पर खेलने वाले सबसे शातिर गेंदबाज़ हीरालाल गायकवाड और गुलाम अहमद थे। मद्रास में खेले गये अगले 'टेस्ट' मैच में उन्होंने 161 रन बनाये और एक बार फिर लोगों को बल्लेबाज़ी का उम्दा प्रदर्शन देखने को मिला। भारतीय कप्तान, विजय हज़ारे ने बाद में लिखा था कि 'वॉरेल को परफ़ॉर्म करते हुए देखना हमेशा मिली-जुली भावनाओं से भर देता था। एक तरफ़ तो वो हर बढ़ते मिनट के साथ फ़ील्डिंग कर रही टीम के लिए काँटा बनते जाते थे। लेकिन दूसरी तरफ़ आप उनकी की जा रही चोटों के बीच उनके खेल की तारीफ़ किये बिना नहीं रह सकते थे।' 1950-51 में वॉरेल ने फिर से कानपुर में सेंचुरी मारी। इस दौरे पर वो तीन 'टेस्ट' के लिए अपनी टीम के कप्तान भी थे क्यूँकि पैंतालीस साल के अंग्रेज़ लेस अमेन्स नहीं खेल रहे थे। उनकी टीम ने सीरीज़ जीती और वॉरेल ने ये दिखाया कि गोरे पुरुष भी एक अश्वेत के नेतृत्व में खेल सकते थे और उनके प्रदर्शन में कोई कमी नहीं

आती है। भारतीय ये बहुत पहले समझ चुके थे। लेकिन इस सन्देश को वेस्ट इंडीज़ पहुँचने में दस सालों का समय लग गया।

विजय हज़ारे ने फ्रैंक वॉरेल के बारे में लिखा था, 'और मैदान के बाहर, वो क्या इंसान था! प्रभाव छोड़ने वाला, शिष्ट और विनम्र वॉरेल के साथ समय बिताना हमेशा अच्छा रहता था। वो हमेशा किसी के साथ भी बातचीत और एक ड्रिंक के लिए तैयार रहते थे (हमारे जैसों के साथ भी जो चाय से ज़्यादा स्ट्रांग और कुछ भी नहीं पीते थे)। हालांकि वो कई मामलों पर बेहद कड़ा रुख रखते थे लेकिन वो बगैर किसी को अपमानित किये बात करते थे।'

कई ऐसे भारतीय हैं जिन्हें न ही वॉरेल के ख़िलाफ़ खेलने का न ही उनसे बात करने का मौका मिला, और वो वॉरेल को ऐसे ही उनके क्रिकेट और उनके व्यक्तित्व की वजह से पूजते हैं। मेरे मामा दुरई के बाद से मैं ऐसे बहुत से लोगों को जानता हूँ। और हाल ही में इस बात की पुष्टि तब हुई जब मैं मदुरई पहुँचा। वहाँ मेरे एक साथी गाँधीवादी ने, जो मेरी और भी दिलचस्पियों के बारे में जानकारी रखता था, मुझे एक किताब दी जो शायद गाँधीवादी संगठन द्वारा प्रमोट की गयी एकमात्र क्रिकेट की किताब है। ये आर. पेरुमाल की *क्रिकेटिंग रेमनिसंस* थी, जिसे 1992 में सर्वोदय इलाकिया पन्ने, मदुरई ने छापा था।

इस किताब के लेखक अपने समय में यूनिवर्सिटी क्रिकेटर थे। 1960 वाले दशक के बीच में, जब वो मदुरई कामराज यूनिवर्सिटी में एक रजिस्ट्रार थे, उन्होंने एक कालातीत क्रिकेटर की मेज़बानी की। ये क्रिकेटर वेस्ट इंडीज़ की यूनिवर्सिटी के डायरेक्टर के तौर पर आये थे और इनका नाम था फ्रैंक वॉरेल। वो वॉरेल से मदुरई के हवाई अड्डे पर मिले और उन्हें यूनिवर्सिटी का दौरा करवाया। वो याद करते हुए बता रहे थे, 'सर फ्रैंक बातचीत करने में बहुत आगे थे। उन्होंने काफ़ी किताबें पढ़ रखी थीं और यूनिवर्सिटी के प्रोफ़ेसरों के सामने अपनी बातें बेहद मज़बूती के साथ रखते थे। उन्होंने तमाम विषयों पर बात की और सभी को सहज करने की कला उन्हें बखूबी आती थी।'

इन मुलाक़ातों के बाद रजिस्ट्रार पेरुमाल डायरेक्टर वॉरेल को मशहूर मीनाक्षी मन्दिर ले गये। इसके बाद उन्होंने एक स्थानीय होटल में ही खाना खाया। आम-तौर पर मांसाहार करने वाले मेहमान ने वहाँ डोसा और साम्भर का स्वाद लिया। मदुरई के राजा (जो अब राजा नहीं थे) के टीवीएस परिवार द्वारा चलाये जा रहे भव्य गेस्ट हाउस में फ्रैंक के लिए एक कमरा बुक किया जा चुका था लेकिन उन्होंने अपना कुछ और ही प्लान बनाया हुआ था। वो अपने साथी क्रिकेट खिलाड़ी एन कन्नयीराम के साधारण से घर में रुकने वाले

थे। कन्नयीराम एक फ़ास्ट गेंदबाज़ थे जो भारतीय टीम के 1950 के दशक की शुरुआत में हुए दौरे में वेस्ट इंडीज़ गये थे। पेरूमाल ने लिखा था, 'मेरे लाख मनाने और लालच देने के बावजूद सर फ्रैंक नहीं माने और वो कन्नयीराम के घर जा रहे थे। ऐसे में मैं सहमति देने के सिवा और कुछ कह भी नहीं सकता था। ये सर फ्रैंक की पहचान थी। उनके लिए दोस्ती सब कुछ थी।'

वॉरेल के भीतर उपमहाद्वीप का अलग ही स्थान था। जब मार्च 1967 में बयालीस साल की उम्र में उनकी मौत हुई, उन्हें यूनिवर्सिटी ऑफ़ वेस्ट इंडीज़ के कैम्पस में दफ़नाया गया। उस जगह से एक तरफ़ क्रिकेट का मैदान दिखता है और दूसरी तरफ़ समुद्र। मैंने कहीं न कहीं उनकी कब्र की तस्वीर देखी है। उसपर लिखा है ये 'सर फ्रैंक मॉर्टिमर मैगलिन वॉरेल, वेस्ट इंडीज़ के क्रिकेटर' की कब्र है। जब आप ध्यान से देखेंगे तो मालूम पड़ेगा कि उनके नाम और व्यवसाय के बीच भी कुछ लिखा है। वहाँ लिखा है—बीए (मैनचेस्टर), एलएलडी (पंजाब)।' एक डिग्री उन्होंने पढ़ाई कर के कमाई थी। वहीं दूसरी खेल और मानवता के लिए उनके योगदान को ध्यान में रखते हुए उन्हें प्रदान की गयी थी। लेंकशायर, उत्तर भारत और कैरिबियन—आप किसी और क्रिकेटर के बारे में सोच सकते हैं जो संस्कृति और भूगोल के मामले में एक दूसरे से इतने अलग हों और इन सभी जगह उसे इतना पसन्द किया जाता हो।*

वेस्ट इंडीज़ क्रिकेट में महानतम खिलाड़ी थे सर गारफ़ील्ड सोबर्स। मैं इतनी उम्र का नहीं हूँ कि उनको खेलते हुए सामने से देख सकता था और ये मेरे जीवन का एक बड़ा दुःख है। 1966 में मैं आठ साल का था और इतना बड़ा नहीं हुआ था कि मुझे दिल्ली जाने को मिले जहाँ मैं उनकी टीम को खेलता देख सकता। मैं जहाँ रह रहा था, दिल्ली वहाँ से डेढ़ सौ मील दूर थी। लेकिन मैं उन्हें *स्पोर्ट एंड पास्टटाइम* में आये दिन देखा करता था। इसमें उनकी कट, स्वीप, हुक और ड्राइव मारते हुए तस्वीरें छपती थीं। एक तस्वीर में उनके बाएँ हाथ में बिरयानी का चम्मच था और तस्वीर पर कैप्शन था—*मैन, दिस इज ग्रेट*

---

* फ़रवरी 2019 में मैं कोलकाता में था जहाँ 'सर फ्रैंक वॉरेल ब्लड डोनेशन डे' के कई पोस्टर्स दिखे। मैंने आस-पास पूछा। 1962 में, वेस्ट इंडीज़ के टूर पर भारतीय टीम के कप्तान नारी कॉन्ट्रैक्टर का सर एक बाउंसर ने तोड़ दिया था। कैरिबियाई डॉक्टरों ने उनकी जान बचाई थी। उन्हें कई लोगों ने खून भी दिया था जिनमें फ्रैंक वॉरेल भी शामिल थे। मालूम पड़ा कि कई सालों से क्रिकेट असोसिएशन ऑफ़ बंगाल के स्थापना दिवस (फ़रवरी में पड़ता है) के दिन वॉरेल की याद में रक्तदान शिविर लगाये जाते हैं। कोलकाता की तरफ़ से सबसे पसन्दीदा विदेशी खिलाड़ी को ये एक भेंट थी।

स्टफ़! उनके बगल में अंजू महेन्द्रू खड़ी थीं जो बॉलीवुड की एक अदाकारा थीं और दोनों कुछ वक़्त तक साथ भी थे। कुछ तीस साल बाद मैंने उन दोनों को शारजाह के स्टैंड्स में फिर से एक साथ देखा। अंजू पहले तो सोबर्स से एक कतार पीछे पम्मी गावस्कर के साथ बैठी थीं। बाद में शायद मिसेज़ गावस्कर के कहने पर वो आगे चली गयीं। भारतीय कैमरामेन उनपर फ़ोकस कर रहे थे लेकिन उन्हें कोई बहुत अच्छे नतीजे नहीं मिल रहे थे। सर गारफ़ील्ड लगातार मैदान पर चल रहा खेल देखते रहे और उन्होंने एक पल के लिए भी अपने बगल में बैठी महिला की ओर नहीं देखा।

1958-59 में अपने पहले भारतीय दौरे पर सोबर्स ने एक-एक करके बॉम्बे, कलकत्ता और कानपुर में तीन शतक मारे। आठ साल बाद उन्होंने शतक तो एक भी नहीं मारा लेकिन पाँच पारियों में पाँच बार अर्धशतक मारे। बॉम्बे में मेहमान टीम 90 पर चार विकेट के स्कोर पर थी और उन्हें 191 रन बनाने थे। चारों विकेट भगवत चन्द्रशेखर के खाते में आये थे। लंच के बाद गैरी सोबर्स अपना पहला मैच खेल रहे क्लाइव लॉयड का साथ देने के लिए आये। अगर कोई भी एक आउट हो जाता तो बल्लेबाज़ी की पूँछ शुरू हो जाती। सोबर्स ने लॉयड से कहा कि वो चन्दशेखर को अटैक करें। उन्होंने कहा कि चन्द्रशेखर को गुगली बॉलर की तरह खेलते हुए ऑफ़ साइड में ड्राइव किया जाये। कप्तान राह दिखा रहे थे और इन दोनों ने सवा घंटे में सौ रन जोड़े और मैच जीत लिया। जब वो वापस जा रहे थे, लॉयड ने सोबर्स को सलाह के लिए धन्यवाद कहा। सोबर्स ने कहा कि 'ये मैंने अपने लिये किया, क्यूँकि मुझे महालक्ष्मी रेस कोर्स जाना है। मेरे पास चार बजे और साढ़े चार की रेस की कुछ अच्छी टिप्स हैं।'

दुःख की बात ये है कि सोबर्स की भारत में खेली गयी किसी भी पारी की वीडियो रिकॉर्डिंग मौजूद नहीं है। बल्लेबाज़ सोबर्स को जहाँ मैं ढंग से देख पाया, वो दो फ़िल्म हैं। ये ऑस्ट्रेलिया में बनी फ़िल्म्स दिल्ली स्थित ऑस्ट्रेलिया के हाई कमीशन भेजी गयीं और मैंने इन्हें 1974 से 1979 के बीच हर साल सेंट स्टीफ़ेंस के स्टूडेंट्स को दिखाया। पहली फ़िल्म, बहुत साफ़ नहीं है और ब्रिसबेन के टाई हुए टेस्ट मैच की है और उसमें सोबर्स के 132 रनों की पारी की झलकियाँ हैं। दूसरी फ़िल्म ख़ासी बेहतर क्वालिटी की थी और उसमें ऑस्ट्रेलिया बनाम रेस्ट ऑफ़ द वर्ल्ड के मैच में उनके 254 रन देखने को मिलते हैं। ये पारी मेलबर्न में 1972 के पहले महीने में खेली गई थी और इसे सर डॉन ब्रैडमैन ऑस्ट्रेलिया में खेली गयी सबसे बेहतरीन बल्लेबाज़ी मानते थे। सोबर्स पिछला टेस्ट चोट की वजह से नहीं खेल पाये थे और उसी दौरान डेनिस लिली

ने अपने पहले अन्तर्राष्ट्रीय सीज़न में 29 रन देकर आठ विकेट लिये थे। इस मैच में उन्हें पीटा जा रहा था। ज़्यादातर चोटें ऑफ़-साइड में की जा रही थीं लेकिन बीच-बीच में कुछ हुक शॉट्स भी देखे गये। एक ऐसा मौका भी आया था जब लिली डीप पॉइंट और डीप कवर लेकर सोबर्स को गेंदें फेंक रहे थे और सोबर्स बार-बार पैर की उँगलियों पर खड़े होकर इन दोनों के बीच ड्राइव मार रहे थे। जब केरी ओकीफ़ अपनी लेग-स्पिन फेंकने के लिए आये, सोबर्स ने उन्हें लगातार दो छक्के मारे। दोनों ही शॉट उन्होंने क्रीज़ में खड़े-खड़े मारे। पहला छक्का लॉन्ग-ऑन के ऊपर से तो दूसरा लॉन्ग-ऑफ़ के ऊपर से गया। दोनों ही बार बेहतरीन बैकलिफ़्ट और फ़ॉलोथ्रू देखा गया।

गैरी सोबर्स को मैंने टीवी पर आख़री बार एंटीगुआ के रीक्रियेशन ओवल मैदान में देखा था। ये विव रिचर्ड्स का होम ग्राउंड था। समय के हिसाब से और खेल के हिसाब से, विव रिचर्ड्स सोबर्स और ब्रायन लारा के बीच आते हैं। जिस मैच की मैं बात कर रहा हूँ, उसमें लारा ने 375 रन बनाये थे। उनके 366वें रन के बाद खेल में कुछ व्यवधान आया। पिछला रिकॉर्ड होल्डर मैदान में आया और लारा को शाबाशी थी। कंधे कुछ झुके हुए थे। घुटने पहले सेकुछ ज़्यादा कमज़ोर दिख रहे थे लेकिन उनके आस-पास जो भी था, उसे मालूम था कि वो एक ऐसी महान शख़्सियत के आस-पास थे जो अब दोबारा मैदान में नहीं उतरने वाली थी।

III

मुझपर जिस पहले अंग्रेज़ क्रिकेटर का प्रभाव पड़ा, वो थे केन बैरिंग्टन। जब वो 1961-62 में टेड डेक्सटर की टीम के साथ आये थे, बैरिंग्टन ने भारतीय दर्शकों पर गहरी छाप छोड़ी। उन्होंने जिन खिलाड़ियों को खेलते हुए देखा था, मसलन गैरी सोबर्स और चुइंगम चबाने वाले ऑस्ट्रेलियाई खिलाड़ी केन मैके, उनकी नक़ल उतारनी शुरू की और लोगों ने उसे ख़ूब पसन्द किया। जब किसी दर्शक ने उनकी तरफ़ एक चश्मा फेंक दिया, उन्होंने वो न केवल पहना बल्कि उसे लगाकर गेंदबाज़ी भी की।

बैरिंग्टन जिसकी तरफ़ लगते थे, वो थे विजय मांजरेकर। मांजरेकर की भी बैरिंग्टन की ही तरह कम उम्र में दिल के दौरे से मौत हुई। दोनों बल्लेबाज़ी करते थे और घंटों तक अपने स्ट्रोक्स रोक के रखते थे और फिर जब एक बार वो 60 या 70 पर पहुँचते, फिर उनके बल्ले से उठाकर मारी गयी ड्राइव्स या हुक देखने को मिलते। दोनों ख़ुद को धीमी गति का गेंदबाज़ मानते थे।

हालांकि दोनों के कप्तान कुछ और विचार रखते थे। इस सीरीज़ में दोनों ने एक जैसी ही बल्लेबाज़ी की। एक ने पाँच टेस्ट मैचों में 594 रन बनाये तो दूसरे ने 586। भारतीय ड्रेसिंग रूम में भी मांजरेकर को नक़ल करने वाला और मस्तीखोर माना जाता था।

लेकिन हमारे लिये तो मांजरेकर घर की मुर्गी दाल बराबर वाला मुकाम हासिल कर चुके थे और बैरिंग्टन एक महंगे विदेशी माने जाते थे। देश भर में, हर तरह के खिलाड़ी उनके आगे आकर खेलने, लेग ब्रेक फेंकने और स्लिप में खड़े होने की अदा की नक़ल उतारते। मैंने जिस पहली टीम को फ़ॉलो किया, बैंगलोर की फ्रेंड्स यूनियन क्रिकेट क्लब। उसमें भी एक अच्छा ऑल राउंडर था जो उछाल कर लेग ब्रेक्स फेंकता था, बहुत ध्यान लगाकर, सँभलकर बैटिंग करता था और बैरिंग्टन की ही तरह अपने बालों को पफ़ करता था। उसकी माँ ने उसका नाम राजन्ना रखा था लेकिन हम सभी उसे 'केन' ही बुलाते थे। (उस बात को पचास साल हुए और मैं अभी भी उसे इसी नाम से जानता हूँ।) जब मैं दिल्ली में कॉलेज क्रिकेट खेलता था, वहाँ एक लड़का था जो सलवान क्लब के लिए खेलता था। ये पंजाबियों की एक टीम थी। उस लड़के को हर कोई 'ब्रिंगटिन' कहता था। मुझे इस बात में कोई शक नहीं है कि कोलकाता में एक क्लब क्रिकेटर रहता है जिसकी उम्र 70 के पार हो चुकी है और अगर कोई 'बियरिंग-टोन' पुकारे तो वो उस आवाज़ पर बाकायदे जवाब देता है।

कई साल बाद, एक अंग्रेज़ पत्रकार ने बैरिंग्टन से इंडिया में उनकी सफ़लता का राज़ पूछा। केन ने जवाब दिया, 'अंडे और ब्रेड। मैं जब भी उधर गया, बस यही ऑर्डर किया।' मैंने ये कहानी अपने एक पुराने दोस्त के सामने दोहराई जो नेहरू मेमोरियल म्यूज़ियम एंड लाइब्रेरी में था। उसने कहा, 'बकवास, ईडेन गार्डन्स में एक मैच के दौरान मैंने ख़ुद उसकी तरफ एक संतरा उछाला और उसने कैच किया। मेरे सामने उसने वो सन्तरा छीला और पूरा का पूरा खा गया।'

दुःख इस बात का है कि मैंने कभी भी बैरिंग्टन को बैटिंग करते हुए (या खाते हुए) नहीं देखा था। पहला अंग्रेज़ क्रिकेटर जो मुझे मैदान पर अच्छा लगा था, वो थे एलेन नॉट। ये मैंने पहले चैप्टर में भी बताया था। 1972 के उस दिल्ली टेस्ट में ज्योफ़ अर्नाल्ड ने कुछ ढीली गेंदबाज़ी से शुरुआत की। गेंदें लेग और ऑफ़ स्टम्प के बाहर जा रही थीं। नॉट ने उन्हें ज़मीन से समानान्तर रहते हुए पकड़ा। ये पहला मौका था जब मैं किसी विकेटकीपर को डाइव मारते हुए देख रहा था। क्यूँकि स्कूल में विकेटकीपर्स को ये सिखाया जाता है कि उन्हें

अपने पैरों पर रहना है और इधर-उधर होना है। और वैसे भी इंडिया में धीमी गति के गेंदबाज़ों के लिए कीपिंग करनी होती थी।

चार साल बाद, 1976 के दिल्ली टेस्ट में नॉट ने बल्ले से प्रभावित किया। पहले घंटे में तो ख़ूब धमाल मचा। माइक ब्रियरली को बृजेश पटेल ने शॉर्ट कवर से एक बेहतरीन थ्रो से रन-आउट कर दिया। ग्राहम बारलो अपनी पहली टेस्ट इनिंग्स खेलने आये। बेदी की गेंद पर उन्होंने शॉर्ट लेग को बेहद आसान कैच थमा दिया। बॉब वूल्मर को चन्द्रशेखर ने एलबीडब्ल्यू किया और फिर कीथ फ्लेचर बोल्ड हुए। उनके ऑफ़ और मिडल स्टम्प चित्त पड़े हुए थे। लंच तक इंग्लैंड चार विकेट खोकर 70 रन बना पाया था। मैं वहाँ गया जहाँ मेरा दोस्त शिवी बैठा हुआ था। मैंने कहा, 'ये एक अच्छा सेशन था। मैं कहा था न कि ये कम से कम भारतीय विकेटों पर तो हमारे स्पिनर्स को नहीं खेल सकते हैं। अब हम मैच भी जीतेंगे और सीरीज़ भी।'

लंच के बाद डेनिस अमिस और इंग्लैंड के कप्तान ने 50 रन जोड़े लेकिन फिर ग्रेग को वेंकटराघवन ने एलबीडब्ल्यू आउट कर दिया। एलेन नॉट आये और फिर डेढ़ घंटे में पूरा मैच बदल के रख दिया। वेंकट को स्लिप के बगल से कट शॉट मारा, चन्द्रा को पुल किया और उठाकर मारा। ये विकेटकीपर हमेशा टर्न के ख़िलाफ़ मारने की कोशिश कर रहा था और सफ़ल भी हो रहा था। क्यूँकि उसका फ़ुटवर्क और गेंद पढ़ने की क्षमता बहुत अच्छी थी। इससे पहले कि कोई समझ पाता, नॉट 50 रन पर नाबाद खेल रहे थे। बेदी गेंदबाजी करने के लिए आये और उन्हें कुछ देर रोककर रखा लेकिन दूसरे गेंदबाज़ों पर रन बनते जा रहे थे। नॉट अन्त में बायें हाथ के गेंदबाज़ के एक क्लासिक तरीक़े से आउट हुए। वो आगे बढ़कर कवर के ऊपर से ड्राइव मारने जा रहे थे और चूक गये। उन्हें स्टम्प आउट किया गया। इतनी देर में वो 101 रनों की साझेदारी में से 75 रन बना चुके थे। उन्होंने अमिस और बाकी आने वाले बल्लेबाज़ों में जान फूँक दी थी। सलामी बल्लेबाज़ के कुल 179 रनों की बदौलत इंग्लैंड ने 381 रन बनाये। ये वो स्कोर था जिसके बाद वो हार नहीं सकते थे। हालांकि शतक अमिस ने बनाया था और जॉन लीवर ने दस विकेट लिये थे लेकिन मैच का रुख मोड़ने वाला काम नॉट ने किया था।

एलेन नॉट पहले महान अंग्रेज़ खिलाड़ी थे जिन्होंने इंग्लैंड के लिये इंडिया में खेला। 1950 और 60 के दशक में कई बड़े अंग्रेज़ खिलाड़ी उपमहाद्वीप के दौरों से अपना नाम वापस ले लेते थे। युद्ध के दिनों में डेनिस कॉम्पटन ने रणजी ट्रॉफ़ी का एक सीज़न खेला लेकिन वो भारत में कभी टेस्ट मैच नहीं खेले।

उनकी ही तरह लेन ह्यूटन, पीटर मेय, जिम लेकर या फ्रेडी ट्रूमैन ने भी नहीं। उन्हें यहाँ का खेल दोयम मालूम देता था और गर्मी, धूल और बीमारियों का ज़िक्र उन्हें मना करने पर मजबूर कर देता था। यहाँ तक कि ज्योफ़्री बॉयकॉट भी यहाँ सिर्फ़ इसलिए आये थे क्यूँकि उन्हें वर्ल्ड रिकॉर्ड तोड़ना था। जैसे उन्होंने ये किया, वो सीरीज़ बीच में ही छोड़कर रंगभेद से जूझ रहे साउथ अफ्रीका में विद्रोही दौरे पर चले गये।

इंडिया में खेलने वाला सबसे बड़ा अंग्रेज़ खिलाड़ी था इयान बॉथम। उनकी कोई तुलना नहीं की जा सकती है। बॉथम वैसे ही खेलते थे जैसे कीथ मिलर खेलते थे—कल की कोई फ़िक्र नहीं थी (न ही रिकॉर्ड बुक्स की थी)। वो मिलर की ही तरह उछाल पाती हुई गेंद को ड्राइव करते थे, मिलर की ही तरह स्लिप में फ़ील्डिंग करते थे जहाँ ज़्यादातर वक़्त उनके हाथ उनके कूल्हों पर होते थे, मिलर की ही तरह वो बुरी गेंदों पर विकेट भी पाते थे। वो भी दूसरे देश के खिलाड़ियों को बहुत जल्दी अपना दोस्त बना लेते थे। जब उनसे पूछा गया कि वो रंगभेद के दिनों में साउथ अफ्रीका के विद्रोही दौरे में शामिल क्यूँ नहीं हुए थे तो उन्होंने कहा, 'क्यूँकि फिर मैं विव रिचड्र्स से दोबारा नज़रें नहीं मिला पाता।'

बॉथम ने 1981-82 में भारत का दौरा किया। उस सीरीज़ में उन्होंने ठीक-ठाक प्रदर्शन किया था। पाँच टेस्ट मैचों में उन्होंने चार अर्धशतक (66 रन का टॉप स्कोर) और सोलह विकेट लिये थे। जिस तरह से वो सीरीज़ खेली गयी थी, उनके चमकने की अपेक्षा कोई कर भी नहीं रहा था। दोनों कप्तान, गावस्कर और फ्लेचर, ख़ुद को सुरक्षित रखने और समय बर्बाद करने में काफी व्यस्त थे। लेकिन फिर एक दिन इन्दौर में, एमसीसी की तरफ़ से सेन्ट्रल ज़ोन के ख़िलाफ़ खेलते हुए उन्होंने सभी को ये बताने की कोशिश की कि आख़िर वो चीज़ क्या थे। सीके नायडू के शहर में उन्होंने घंटे भर के समय में 118 रन बना डाले जिस दौरान उन्होंने नौ बार एक रन, दो बार दो रन बनाये और सोलह चौके और सात छक्के लगाये। वो उस वक़्त इतनी भयंकर फ़ॉर्म में थे कि स्टैंड्स से किसी ने उनपर सन्तरा फेंका और उन्होंने बल्ले से ड्राइव मारकर उस सन्तरे को वापस स्टैंड्स में पहुँचा दिया।*

इस मौके से दो सर्दियाँ पहले, बॉथम बॉम्बे में एक हफ़्ते के लिए रुके थे। ये जुबली टेस्ट का मौका था (भारतीय क्रिकेट बोर्ड के पचास साल पूरे

---

* इस इनिंग्स के बारे में साइल्ड बेरी की किताब *क्रिकेट वाला* में बेहद प्यार से लिखा गया है। वो भारत में क्रिकेट पर सबसे अच्छी किताबों में से एक है।

होने पर खेला गया था) और दोनों टीमों के कप्तान थे गुंडप्पा विश्वनाथ और माइक ब्रियरली। दोनों ही चमकीले क्रिकेट में विश्वास रखते थे और ब्रियरली को मालूम था कि टीम के सबसे अच्छे खिलाड़ी से कैसे अच्छा प्रदर्शन करवाना था। बॉथम ने जो प्रदर्शन किया उसे भारत में किया गया सबसे बेहतरीन प्रदर्शन माना जाना चाहिए। उन्होंने एक तेज़ शतक बनाया और साथ ही तेरह विकेट लिये और इंग्लैंड 10 विकेट से वो मैच जीत गया।

उन दिनों मेरे दिमाग में पढ़ाई-लिखाई ज़्यादा समाई हुई थी और खेल से जुड़ी बातें कम चलती थीं। इसलिए मैं बहुत ज़्यादा टीवी पर क्रिकेट नहीं देख पाता था। मैंने बॉथम की वो पारी पूरी तरह से मिस कर दी। लेकिन दूसरी इनिंग्स में उन्होंने जो सात विकेट्स लिये थे, उनमें से कुछ मैंने देखे। ये किसी भी गेंद को, बगैर वैसलीन रगड़े, लेट स्विंग करवा सकते थे और स्पीड भी काफ़ी तेज़ रखते थे। स्विंग गेंदबाज़ी का ये एक बेहतरीन प्रदर्शन था और ये आख़री मौका था जब उन्होंने गेंद से मैच जिताया। बीफ़ और बियर ने उनकी कमर पर कब्ज़ा करना शुरू कर दिया था और अगली बार जब वो इंडिया आये, तब तक वो एक शानदार बल्लेबाज़ से हटकर ठीक-ठाक गेंदबाज़ की श्रेणी में आ चुके थे। बढ़े हुए वज़न ने उनके सन्तुलन को बिगाड़ कर रख दिया था। अब गेंदबाज़ी करते टाइम उनकी देह आसानी से घूम नहीं पा रही थी और न ही गेंद छोड़ते वक़्त उनकी बाँह इतनी ऊपर जा रही थी। लेकिन हाँ, बतौर बल्लेबाज़ और स्लिप फ़ील्डर, वो अब भी वर्ल्ड-क्लास थे।

IV

जब मैं बड़ा हो रहा था, हम न्यूज़ीलैंड के खिलाड़ियों को बेहद निर्मलभाव से देखते थे। ये वो लोग थे जिनकी वजह से हम पहली बार टेस्ट क्रिकेट में कोई सीरीज़ जीत सके। उस वक़्त न्यूज़ीलैंड 1955-56 में इंडिया आई हुई थी। इन्हीं की वजह से हम पहली बार विदेश में कोई सीरीज़ जीत सके थे। उस वक़्त हम 1967-68 में उनके घर गये थे। हम उन्हें ऐसे ही प्रेम करते थे जैसे हमसे इंग्लैंड या ऑस्ट्रेलिया के लोग करते थे। हम उनके बारे में वैसे ही लिखते थे जैसे मेलबर्न ऐज या *विज़डन क्रिकेटर्स एलेमेनैक* के सम्पादक हमारे बारे में लिखते थे। 'इंग्लैंड ये मैच एक पारी के अन्तर से जीत गया लेकिन उसके पहले विजय हज़ारे ने इंडिया के लिए साहसी बैटिंग की।' 'ऑस्ट्रेलिया ने मैच जीत लिया और सीरीज़ चार-शून्य पर ख़त्म हुई। लेकिन धीमी गेंदबाज़ी के एक शानदार स्पेल में वीनू मांकड़ ने ये दिखाया कि अपने शीर्ष पर, मेहमान मेज़बानों

से इतने भी कम नहीं हैं।' इनमें हज़ारे और मांकड़ की जगह जॉन रीड या बर्ट सटक्लिफ़ रख दीजिये और आपको वो मिल जायेगा जो 50 या 60 के दशक में *टाइम्स ऑफ़ इंडिया* या *हिन्दू* न्यूज़ीलैंड के बारे में लिखते थे।

1973 में पहली बार मैंने न्यूज़ज़ीलैंड को क्रिकेट खेलने वाली एक विशुद्ध टीम समझा। ये वो मौका था जब मैं टेस्ट मैच स्पेशल सुन रहा था और बेवन कांगडॉन के नेतृत्व में इस छोटी टीम ने इंग्लैंड में टेस्ट मैच जीतने के लिए 450 रनों से ज़्यादा के लक्ष्य का लगभग पीछा कर लिया था। इस टीम में एक खिलाड़ी था रिचर्ड हेडली, जिसने न्यूज़ीलैंड को विश्व क्रिकेट में एक ताकतवर देश बनाने के क्रम में अद्वितीय योगदान दिया। हेडली एक टेस्ट खिलाड़ी के बेटे थे और एक और टेस्ट खिलाड़ी के छोटे भाई थे। हालांकि वो बल्ला भी घुमा लेते थे लेकिन वो गेंद से किये गये कारनामों के लिए ज़्यादा जाने जाते हैं। फ़रवरी 1976 में, वेलिंग्टन के बेसिन रिज़र्व, जो इस दुनिया के सबसे ठंडे और गैर-दोस्ताना मैदान है, में खेलते हुए उन्होंने बिशन सिंह बेदी की टीम को 23 रन पर 7 विकेट लेकर तबाह कर दिया। ये सात विकेट उन्होंने आठ ओवर में लिये थे। और तो और, इनमें से एक भी विकेट उन्हें अम्पायर की बदौलत नहीं मिला क्यूँकि तीन को उन्होंने बोल्ड किया और चार कैच आउट हुए। ठीक दो साल बाद, उसी मैदान पर उन्होंने 26 रन देकर 6 विकेट लिये और उनके देश ने पहली बार इंग्लैंड पर विजय पायी। अगले एक दशक से भी ज़्यादा वक़्त तक उन्होंने अपनी गति और स्विंग पर बेहतरीन नियन्त्रण से दुनिया भर की बैटिंग को तहस-नहस किया।

1988 में, सैंतीस साल के रिचर्ड हेडली इयान बॉथम के 373 विकेटों के रिकॉर्ड को तोड़ने की मंशा के साथ इंडिया आये। मैंने उन्हें सामने से और टीवी पर देखा। अच्छे लयबद्ध रन-अप के साथ उनका ऊँचा एक्शन और आख़री पल में इधर या उधर की ओर मचलती हुई गेंद, जो उनकी कलाइयों के एक हल्के-से इशारे पर होता था। ये तो साफ़ था कि भारतीय बल्लेबाज़ उन्हें 'पढ़' नहीं पा रहे थे। 12 नवम्बर 1988 को बैंगलोर में हेडली ने मेरे कॉलेज के साथी अरुण लाल को सेकण्ड स्लिप पर कैच करवाया और वो बॉथम के रिकॉर्ड के पार निकल गये। मैंने ये टीवी पर देखा था क्यूँकि मैं हाल ही में नौकरी के सिलसिले में दिल्ली आया हुआ था। अगर मुझे मालूम होता कि मुझे महीने भर बाद काम पर जाने को कहा जायेगा तो मैं ये मैदान में देख रहा होता।

हेडली का ख़ुद का 431 टेस्ट विकेट का रिकॉर्ड टूटा। और ये किया कपिल देव ने। जब कपिल उनसे आगे निकले तो न्यूज़ीलैंड के इस गेंदबाज़

ने एक इंटरव्यू में कहा कि भारतीय गेंदबाज़ ने उनसे कहीं ज़्यादा टेस्ट मैच खेले थे। देश में इसे बहुत अच्छे से नहीं लिया गया। लेकिन हेडली को ये नहीं कहना पड़ता अगर कपिल देव ख़ुद इस बारे में कुछ कहते। मसलन, जब सुनील गावस्कर ने अपना 30वाँ टेस्ट शतक बनाया तो उन्होंने वहाँ मौजूद रिपोर्टर्स से सबसे पहली चीज़ यही कही कि डॉन ब्रैडमैन ने अपने 29 टेस्ट शतक बेहद कम पारियों में बना दिये थे। मुझे ख़ुद हेडली की कही बात बुरी नहीं लगती है। तेज़ गेंदबाज़ी बेहद मुश्किल भरा काम है—क्या किसी को ये याद नहीं होगा कि उसने कितने विकेट्स लिये हैं और वो कितनी तेज़ी से आये हैं? कपिल देव जब रिटायर हुए, उसके बाद भी टीवी पर मुझे एक अच्छी बातचीत सुनने को मिली। ये बातचीत हो रही थी हेडली और इंग्लैंड के फ़ास्ट बॉलर बॉब विलिस के बीच। सामने अहमदाबाद में वर्ल्ड कप का मैच चल रहा था और टीवी पर लोगों को ये सुनाई दिया—

> हेडली : 'यही वो मैदान है जिसपर कपिल देव ने सबसे ज़्यादा टेस्ट विकेट्स लेने का विश्व रिकॉर्ड तोड़ा था।'
> विलिस : 'और वो किसका रिकॉर्ड था?'
> हेडली (शरारत भरे अन्दाज़ में) : 'इतना तो पक्का है कि वो तुम्हारा रिकॉर्ड नहीं था।'
> विलिस (हँसते हुए) : 'नहीं। 325 के बाद मेरे पैरों ने मेरा साथ छोड़ दिया था।'

अगर हेडली एक भारी अन्तर से न्यूज़ीलैंड के सबसे अच्छे बॉलर थे तो उस देश का सबसे अच्छा बल्लेबाज़ था मार्टिन क्रो। वो भी एक टेस्ट क्रिकेटर के भाई थे। सोमरसेट में विदेशी सदस्य के रूप में क्रो को विव रिचर्ड्स का उत्तराधिकारी चुना गया था और उन्होंने ये काम बखूबी निभाया भी। जब वो अपने चरम पर थे, वो दुनिया के सबसे बेहतरीन खिलाड़ियों में शुमार थे। ब्रैडमैन की ही तरह, वो भी शुरुआत में अपने पैरों के पास ही गेंद गिराते थे और आवाज़ देते थे, 'वन'। वो ऐसे खेलते थे जैसे लिमोज़ीन चला रहे हों। पहले गियर से टॉप गियर तक की यात्रा बेहद आराम से होती थी। ऑन-साइड पर वो ज़्यादा मेहरबान रहते थे लेकिन इसके साथ ही वो कट और ड्राइव भी बखूबी करते थे। वो लम्बे समय तक बैटिंग भी कर सकते थे।

मैंने मार्टिन क्रो को बैटिंग करते हुए दो मौकों पर देखा। और दोनों ही बार उन्हें अम्पायर ने आउट किया। 1987 में उन्होंने बैंगलोर में एक वर्ल्ड कप मैच खेला। इंडिया ने उस मैच में अपने 50 ओवरों में 250 रन बनाये और मैच का

नतीजा इस बात पर आकर अटक गया कि क्रो कितनी देर बैटिंग करेंगे। जैसी कि उनकी फ़ितरत थी, उन्होंने धीमी शुरुआत की लेकिन फिर कपिल देव को एक ड्राइव मारी और चार रन कमाये। कपिल ने जल्दी ही खुद को हटा लिया और स्पिनर लगा दिये। अब क्रो को आराम से खेलना था। पहली बार जब उन्होंने धीमी गति के लेफ़्ट-आर्म गेंदबाज़ मनिन्दर सिंह को आक्रामक अन्दाज़ में खेलने की कोशिश की, वो हवा में बीट हो गये। उन्होंने वापस क्रीज़ में आने की कोशिश की लेकिन उन्हें स्टम्प आउट दे दिया गया। टीवी रीप्ले में दिखा कि विकेटकीपर जब स्टम्प में गेंद मार रहा था, गेंद उसके हाथ से निकलकर ज़मीन पर गिर चुकी थी। अगर उस वक़्त थर्ड अम्पायर होते तो क्रो शायद वो मैच अपनी टीम को जितवा कर वापस आते।

1994 में मार्टिन क्रो एक बार फिर न्यूज़ीलैंड टीम के साथ इंडिया में मैच खेलने के लिए आये। पैर में लगी चोट के चलते बीते दो साल का ज़्यादातर वक़्त उन्होंने मैदान से बाहर ही गुज़ारा था। ये सीरीज़ उनके लिए कोई बहुत ख़ास नहीं रही और इसमें उनकी कोई गलती भी नहीं थी। मैंने उन्हें बैंगलोर टेस्ट में देखा जहाँ उन्हें अनिल कुंबले ने पहली इनिंग्स में स्लिप में कैच करवाया। अपनी दूसरी पारी में उन्होंने दो बेहतरीन ड्राइव्स के साथ शुरुआत की और वो अच्छी लय में दिखने लगे थे लेकिन फिर उन्हें कुंबले की गुगली ने चकमा दे दिया और वो एलबीडब्ल्यू आउट हो गये। गेंद ऊपर भी जा रही थी और लेग साइड से बाहर भी। ये अम्पायर एसके बंसल का फैसला था। क्रो पवेलियन की तरफ़ जा रहे थे और मैं उसी दिशा में बैठा हुआ था। उनके चेहरे पर कोई भाव नहीं थे लेकिन उन्होंने अपने बल्ले को एक गिटार की तरह से पकड़ा हुआ था और वो चलते चलते गिटार बजाने की नक़ल कर रहे थे। कुछ ही दिनों में उन्होंने खेल से संन्यास ले लिया।

V

1950 और 60 के भारतीय क्रिकेट फ़ैन्स न्यूज़ीलैंड के खिलाड़ियों को पसन्द करते थे। लेकिन वो श्री लंका के खिलाड़ियों पर कहीं ज़्यादा प्रेम उड़ेलते थे। उन्हें एक रणजी टीम जितनी मज़बूत टीम माना जाता था। यहाँ तक कि कई सालों तक स्वाधीन देश सीलोन और यहाँ का राज्य मद्रास आपस में गोपालन ट्रॉफ़ी के लिए हर साल आमने-सामने होते थे। लेकिन श्री लंका टस से मस नहीं हुआ और वो वर्ल्ड-क्लास खिलाड़ी पैदा करता चला गया।

इस किताब को पढ़ने वालों को मालूम चल गया होगा कि 70 के दशक के प्रति इसमें बेहद पक्षपातपूर्ण रवैया शामिल है। ये वो दशक था जब मैं बगैर रुके क्रिकेट खेलता था और बात करता रहता था। उसके बाद काम-धाम ने मुझे जकड़ लिया। नवम्बर 1975 में, क्लाइव लॉयड की वेस्ट इंडीज़ की टीम और टोनी ग्रेग की इंग्लिश टीम के दौरों के बीच श्री लंका की टीम तीन गैर-आधिकारिक टेस्ट मैच खेलने इंडिया आई। मेज़बान उन्हें कितने हल्के में ले रहे थे, इसका सबसे बड़ा सबूत यही था कि ये तीन मैच बॉम्बे, मद्रास और कोलकाता की बजाय (अगर मुझे ठीक से याद है तो) हैदराबाद, नागपुर और अहमदाबाद में हुए थे। दिल्ली को नॉर्थ ज़ोन के ख़िलाफ़ होने वाला मैच मिला था। उन दिनों, जब सैटेलाइट टीवी भारत में नहीं आया था, कॉलेज क्रिकेटर्स के लिए ऐसे मैच देख पाना नायाब होता था।

मैं इस मैच का एक ही दिन देखने जा पाया क्यूँकि सेंट स्टीफ़ेंस एकादश बाकी के दो दिन कहीं और व्यस्त थी। लेकिन मैं ख़ुद को किस्मती मानता हूँ कि मैं वो पारी देख पाया जिसे मैं, विव रिचर्ड्स के 192 रनों की पारी के बाद, अब तक की देखी हुई सबसे आतिशी पारी मानता हूँ। ये खेली थीं लुईस रोहन दिलीप मेंडिस ने। एक पिता ने चाहते हुए या अनजाने में दो शानदार बल्लेबाज़ों का नाम अपने बेटे को दे दिया था। उस लड़के ने कलाई से खेलने वाले दिलीप सिंह जी की बजाय ताबड़तोड़ खेलने वाले कन्हाई का दामन पकड़ना बेहतर समझा।

उस सर्द दिन, कोटला में हमारे ऊपर सूरज चमक रहा था। दिलीप मेंडिस ने 112 रन इतनी ही गेंदों में बना दिये। पहले उन्होंने मदन लाल को और मोहिन्दर अमरनाथ को मारा। ये दोनों हमारी टेस्ट टीम के ओपनिंग गेंदबाज़ थे। मदन को हुक और पुल मारा। मोहिन्दर को स्विंग के साथ मिड-विकेट के ऊपर से चौके के लिए और फिर छक्के के लिए मारा। बिशन सिंह बेदी राजिन्दर गोयल को लेकर आये। राजिन्दर गोयल एक अच्छे बायें हाथ के स्पिन गेंदबाज़ थे और देश के लिए कई और मैच खेल सकते थे लेकिन बदकिस्मती से वो लगभग उसी दौर में आये जब उनके कप्तान साहब खेल रहे थे। गोयल को कई बार ऑफ़-साइड में पीटा गया। एक गेंद पर मेंडिस स्क्वायर कट खेलने जा रहे थे लेकिन जब उनका बैट नीचे आ रहा था, उसी वक़्त उन्हें समझ में आया कि गेंद असल में घूमने वाली नहीं थी बल्कि कुछ तेज़ी से उनकी तरफ़ आ रही थी। किसी तरह से उन्होंने अपना वज़न आगे वाले पैर पर डाला और स्लिप के बगल से चार रन के लिए गेंद निकाल दी। अब बेदी कुछ हिचक

के साथ ख़ुद गेंदबाज़ी के लिए आगे आए। उन्हें एक लम्बा छक्का मारा गया। गेंद आसमान में बेहद ऊपर गयी और साइटस्क्रीन से ठीक पहले गिरी। एक आख़री शॉट जो हमेशा याद रहा, स्पिन के ख़िलाफ़ और विकेट्स के नज़दीक से चौके या शायद छक्के के लिए खेला गया था।

इस सब के दौरान मेंडिस ने नॉर्थ ज़ोन के एक गेंदबाज़ को बख्श दिया। ये था एक नया लेग-स्पिनर अश्विनी मिन्ना जो यूनिवर्सिटी क्रिकेट में झोला भर विकेट्स लेकर मशहूर हुआ था। हालांकि मिन्ना ने एक ओवर में जितनी ढीली गेंदें फेंकी थीं, राजिन्दर गोयल या बेदी ने पूरे दिन में उतनी ढीली गेंदें नहीं फेंकी थीं। लेकिन मेंडिस ने उसपर दया दिखाई। दोयम दर्जे का माल क्यूँ खाया जाये, जब सामने बड़े पकवान रखे हों? ऐसा लग रहा था जैसे मेंडिस ये सवाल अपना बल्ला चला-चला कर पूछ रहे हों और साथ ही ये बता भी रहे हों कि इंटरनेशनल क्रिकेट काउंसिल जैसा सोचती है, उनकी टीम की औकात उससे कहीं ज़्यादा है।

1982 में, जब श्री लंका की टीम मद्रास पहुँची जहाँ उसे इंडिया के ख़िलाफ़ अपना पहला आधिकारिक टेस्ट मैच खेलना था, दिलीप मेंडिस ने दोनों ही पारियों में शतक मारा। दो साल बाद उन्होंने यही कारनामा लॉर्ड्स में लगभग दोहरा दिया था। अंग्रेज़ अधिकारियों ने श्री लंका को एक टेस्ट मैच की 'इजाज़त' दे दी थी। क्रिकेट के घर में, श्री लंका के बल्लेबाज़ों ने अपने पूर्व शासकों को उस खेल के बारे में कुछ चीज़ें सिखायीं जिसे ईजाद करने का वो दम्भ भरते फिरते थे। पहले डेढ़ दिन सिदाथ वेट्टीमुनी की क्लासिकल बल्लेबाज़ी के नाम रहा। जब भी वो ब्रेक के समय में पवेलियन जा रहे थे, मैनचेस्टर में बैठे पाकिस्तानी बल्लेबाज़ मोहसिन खान उनसे फोन पर बात कर रहे थे। मोहसिन ने लॉर्ड्स में अपने पहले टेस्ट मैच में दोहरा शतक बनाया था। वेट्टीमुनी वहाँ पहुँचने से चूक गये। वो 187 रनों पर आउट हो गये। लेकिन उनका जाना मेंडिस को क्रीज़ पर लेकर आया उन्होंने बेहद आक्रामक शतक बनाया। इयान बॉथम को एक छक्का और एक चौका मारकर वो अपने शतक पर पहुँचे। अगली पारी में मेंडिस मात्र 94 रन बना सके और बाउंड्री पर उन्हें कैच कर लिया गया। गेंद कुछ गज दाहिने या बायें होती तो वो जॉर्ज हेडली के समकक्ष पाये जाते जिन्होंने लॉर्ड्स के एक टेस्ट मैच में दो शतक बनाये थे।

मेंडिस और वेट्टीमुनी जैसे खिलाड़ियों के बावजूद श्री लंका क्रिकेट के इतिहास की कोई भी शय ऐसी नहीं थी जो क्रिकेट की दुनिया को 1996 में घटे घटनाक्रम के लिए तैयार कर सकती थी। दुनिया भर के क्रिकेटर्स और

क्रिकेट देखने वाले उन्हें अभी भी भोले-भले लोग मानते थे, जो मज़े के साथ क्रिकेट खेलते थे, जिनमें से कोई यदा-कदा अच्छी पारी खेल देता था और फिर अच्छे पराजित लोगों की तरह सभी हाथ मिलाने की रस्म अदा करते थे। पार्ट-टाइम खिलाड़ियों की टीम, जिनसे कोई आशा नहीं थी, विश्व विजेता कैसे बन सकते थे?

मैं यहाँ पूरा जवाब या इसकी कोई व्याख्या नहीं दे रहा हूँ। मैं बस एक बार फिर वो नाम लेना चाहता हूँ जो हमेशा-हमेशा के लिए श्री लंका क्रिकेट के पर्यायवाची बन चुके हैं: जयसूर्या और कालूवितर्ना, तिलकरत्ने और महानामा, गुरुसिन्हा और विक्रमसिंघे, वास, धर्मसेना और मुरलीधरन। अब हम कुछ देर उनके साथ रुकेंगे जिनका नाम अभी तक हमने नहीं लिया और जो 1996 विश्व कप विजेता टीम के कप्तान और उप-कप्तान थे।

इरापल्ली प्रसन्ना को अगर छोड़ दें तो कोई भी दूसरा आदमी अर्जुन रणतुंगा की तरह टेस्ट क्रिकेटर न लगने वाला नहीं हुआ है। आप उनके थर्ड मैन की तरफ़ खेले जाने वाले एक शॉट के नतीजे की कल्पना कीजिये। वो विकेट पर सीधे नहीं बल्कि टेढ़े होकर दौड़ रहे थे, बल्ला दोनों हाथों में ज़मीन के समानान्तर था और मुझे उस मोटे बैंडमास्टर की याद आ रही थी जो देहरादून की भारतीय सैन्य अकादमी में पासिंग आउट परेड करवाता था। एक बार को लगता था कि इस शख़्स को बैंड मास्टर नहीं तो कहीं और होना चाहिए। शायद किसी कॉर्पोरेट बोर्डरूम में।

आलस के निशान आपको एक बार फिर तब मिलने शुरू हो जाते थे जब आप रणतुंगा की बल्लेबाज़ी करने का तरीका देखते थे। कोई भी दूसरा बल्लेबाज़ इतनी किफ़ायत के साथ प्रयास करता हुआ नहीं दिखता था। गेंद फेंकी जा चुकी है लेकिन गेंद के हवा में रहने के चार बटा पाँचवे हिस्से के दौरान हाथ या पैर हिलते दिखते ही नहीं थे। आप बोलेंगे कि बेहतरीन बल्लेबाज़ तो गेंद को लेट ही मारते हैं। ये सही भी है लेकिन जब वो गेंद को देर में खेलते हैं तो वो देर में खेलना बाकायदे दिखता है। इस मामले में बल्ला बेहद कम उठता है, पैर बहुत धीरे से हिलते हैं, कलाई और आंख काम करती हैं। उन्होंने अपनी अलग ही स्टाइल बना ली थी जो भयानक तरीके से असरदार थी। ये स्टाइल उस शॉट पर पूरी तरह से छायी थी जो उन्होंने 1996 वर्ल्ड कप की पहली गेंद पर खेला था। उन्होंने एकदम आख़री पल में बेहद चतुराई के साथ थर्ड मैन की ओर गेंद को दिशा दी और चार रन बनाये।

अरविन्द डिसिल्वा कद में रणतुंगा से छोटे थे। लेकिन कमर दोनों की बराबर ही थीं। इस आदमी को जब आप पहली बार देखेंगे तो कहेंगे कि इसे भी बैंगलोर की हेल्थ क्लिनिक में एक पखवाड़े के लिए रख देना चाहिए। लेकिन, रुकिए। उन्हें क्रीज़ पर आने दीजिये। उनका बैट ऊँचाई से नीचे आता है और पैर गेंद तक बेहद सधे हुए, दृढ़ तरीके से पहुँचते हैं। एक तेज़ आवाज़ के साथ बैट का बल्ले से मिलान होता है। वो शरीर को हरकतें देते हुए विकेट पर दौड़ते हैं। रणतुंगा अपने आप में एक घटना थे। लेकिन डिसिल्वा को दिलीप मेंडिस का एक बेहतरीन तकनीक से लैस आधुनिक संस्करण माना जा सकता है। दोनों में ताक़त एक जैसी ही थी, स्ट्रोक्स भी एक जैसे थे, बल्ले से हाहाकार मचाने का नियन्त्रण भी एक जैसा ही था। मानो वो कह रहे हों, 'हमें एक बैट दो और एक मैच दो, और हम श्री लंकाई दुनिया के बाकी खिलाड़ियों जैसे ही लड़ते दिखेंगे।'

मार्च 1996 में वो ऐसे ही दिखे भी। अरविन्द डिसिल्वा ने सेमी-फ़ाइनल और फ़ाइनल, दोनों मैचों में जिताऊ इनिंग्स खेली। इनमें से पहला मैच कलकत्ता में हुआ जहाँ इंडिया ने जयसूर्या और कालूवितर्ना के लिए तो पूरी प्लानिंग कर रखी थी लेकिन डिसिल्वा के बारे में वो सोचना भूल गये। मैच के शुरू होने के पाँच मिनट के भीतर ही वो बैटिंग करने आ गये। जब वो क्रीज़ की तरफ़ आ रहे थे तो उनके चेहरे पर दृढ़ निश्चय की एक चमक थी। उनकी टीम 1 रन पर दो विकेट खो चुकी थी। लेकिन उनके पहले तीनों शॉट करारे तरीके से मारी गयी बाउंड्री थीं: जवागल श्रीनाथ को मारी गयी कवर ड्राइव, कुंबले को मारा गया लेट कट और तेज़ बल्ले से मारी गयी ऑन-ड्राइव। वेंकटेश प्रसाद आये और उन्हें भी दो चौके मारे गए। दोनों ही पुल शॉट थे और दूसरे में तो गेंद बाउंड्री से बस तीन इंच अन्दर ही गिरी। प्रसाद के अगले ओवर में उन्होंने ऑफ़ साइड में दो चौके और मारे। इस बार दोनों ही शॉट उछलती हुई गेंद पर मारे गये थे। अज़हरुद्दीन ने मिड-विकेट हटाया और उसे कवर्स की दीवार और मज़बूत करने के लिए भेज दिया। अब डिसिल्वा ने अपना पहला विशुद्ध वन-डे शॉट खेला। जहाँ से अज़हर ने अभी-अभी एक खिलाड़ी निकाला था, उसी जगह के ऊपर से एक स्लॉग शॉट। ये उनका नौवाँ चौका था और वो टीम के 2 विकेट के नुकसान पर बने 48 रनों में से 43 रन बना चुके थे। उनका दसवाँ चौका श्रीनाथ की गेंद पर एक फ्लिक था। ग्यारहवाँ एक ऑफ़ ड्राइव। और बारहवाँ कवर और एक्स्ट्रा कवर के बीच से एक उठाकर मारा गया शॉट। दर्जन भर चौके लग चुके थे और बदले में एक आवाज़ भी नहीं आ रही थी। ज्योफ्री बॉयकॉट ने टीवी पर कहा, 'मुझे नहीं लगता है कि ये

भीड़ यहाँ क्रिकेट देखने आई है। ये लोग सिर्फ़ इंडिया को जीतते हुए देखना चाहते हैं।' जनता क्या चाहती थी, ये उसी वक़्त मालूम पड़ गया जब डिसिल्वा आउट हुए। कुंबले की एक लेग-ब्रेक को वो स्टम्प्स पर खींच लाये। उन्होंने सैतालीस गेंदों में 66 रन बना दिये थे और मैच का पलड़ा श्री लंका की तरफ़ ऐसे गया कि फिर कभी इधर झुका ही नहीं।

लाहौर में तीन दिन बाद जब डिसिल्वा फिर से बैटिंग करने के लिए आये, और इस बार सामने ऑस्ट्रेलिया थी, तो उनकी टीम दूसरी पारी में बैटिंग कर रही थी। एक वक़्त पर उनकी टीम दो विकेट के नुकसान पर 23 रन बना चुकी थी। ये 1 रन पर दो विकेट से काफ़ी बेहतर मालूम दे रहा था। उनके सामने 242 रनों का लक्ष्य था। इस स्थिति में आक्रामकता की ज़रूरत तो थी लेकिन नपे-तुले। कलकत्ता में मेंडिस जैसी नहीं। सीम गेंदबाज़ डेमियन फ़्लेमिंग को लेग साइड में एक ग्लांस मारा और फिर ऑन ड्राइव मारी। वो गेंद को बहुत जल्दी समझ ले रहे थे। शेन वॉर्न आये और उन्हें भी दो करारी कवर ड्राइव मारीं। डिसिल्वा ने अब कुछ देर के लिए मामला ठंडा ही रखा। फिर पॉल राइफ़ेल को एक ओवर में दो बाउंड्री मारीं जिसमें एक ऑफ़ ड्राइव थी और दूसरी पॉइंट के पास से मारा हुआ स्लैश शॉट। पन्द्रह ओवर ख़त्म हो चुके थे और फ़ील्डर्स 30 गज के घेरे के बाहर थे और यहाँ से खेल का नीरस हिस्सा शुरू हुआ जहाँ बल्लेबाज़ों ने एक और दो रन निकालने शुरू किये। असंका गुरुसिन्हा ने पचासे तक पहुँचने में अरविन्द को एक गेंद से पछाड़ा (वो अपनी पारी कुछ जल्दी शुरू भी कर चुके थे।) जब गुरुसिन्हा चलते बने, रणतुंगा आये और काम शुरू कर दिया। डिसिल्वा धीरे-धीरे ही पारी को आगे बढ़ा रहे थे और फिर आठ ओवर बचने के मौके से हाथ खोलने शुरू किये। जीत के लिए अभी भी 41 रन चाहिए थे और उन्होंने राइफ़ेल को ऑफ़ ड्राइव मारी। ये बीते लगभग चौदह ओवरों में उनकी पहली बाउंड्री थी। इसके बाद अगली ही गेंद मिड-विकेट बाउंड्री की ओर भेजी गयी। ग्लेन मैक्ग्रा वापस आये और उन्हें भी उसी दिशा में भेजा गया। डिसिल्वा का शतक उनकी बारहवीं बाउंड्री के साथ आया। इस बार फ़्लेमिंग को लेग ग्लांस किया गया था।

लाहौर में खेला गया फ़ाइनल एक बदले वाला मैच बताया जा रहा था जो श्रीलंका को उन्हें परेशान करने वाली ऑस्ट्रेलिया से लेना था। बीती सर्दियों में, जब श्रीलंका ऑस्ट्रेलिया में खेल रही थी, मुरलीधरन पर गेंद 'थ्रो' करने का नाजायज़ आरोप लगाया गया था और साथ ही इसी ऑस्ट्रेलिया ने नस्लीय दम्भ दिखाते हुए टूर्नामेंट के शुरुआती हिस्से में कोलम्बो जाने से ये कहते हुए

इंकार कर दिया था कि उन्हें वो शहर सुरक्षित नहीं लगता था। 'बदला' कोई बुरा शब्द नहीं था इसे बयान करने के लिए, लेकिन इस मैच में एक मज़ेदार बात थी जिसपर बेहद कम लोगों का ध्यान गया। 1991 या 1992 में डिसिल्वा लगभग अपना मन बना चुके थे कि वो ऑस्ट्रेलिया चले जायेंगे। उनके साथी रवि रत्नायके ऐसा पहले ही कर चुके थे क्यूँकि वो इंटरनेशनल क्रिकेट काउंसिल से परेशान हो चुके थे जो उनकी टीम को तीन साल में एक टेस्ट और साल भर में मात्र तीन वन-डे इंटरनेशनल मैच खेलने को दे रही थी। डिसिल्वा का क्रिकेट में भविष्य बहुत सुदृढ़ नहीं दिख रहा था और घर में जहाँ सिंहली और तमिल एक दूसरे से जूझ रहे थे, क्या उन्हें ऑस्ट्रेलिया जाकर बिज़नेस नहीं शुरू कर देना चाहिए था? इसके बाद श्रीलंका के बोर्ड के अध्यक्ष और सेक्रेटरी उनके घर गये और अपने साथ हज़ारों क्रिकेट फ़ैन्स की अपील को काग़ज़ पर छपवा कर ले गये। इसके बाद ही डिसिल्वा ने अपना मन बदला और वो रुक गये। जल्द ही टीम ज़्यादा टेस्ट मैच खेल रही थी और वन-डे मैचों की संख्या भी बढ़ गयी थी। एक ऑस्ट्रेलियाई श्रीलंका आया। उसकी जड़ें इसी देश में थीं। डेव व्हाटमोर ने रणतुंगा और दिलीप मेंडिस के साथ इस टीम को रंग-रूप देना शुरू किया जिसने आगे चलकर विश्व कप जीता। लेकिन अगर चीज़ें कुछ इतर हुई होतीं तो लाहौर और कलकत्ता में शानदार पारियाँ खेलने वाला ये शख़्स पर्थ में कालीन बेच रहा होता।

मुथैया मुरलीधरन के सिवा सभी बेहतरीन श्रीलंकाई क्रिकेटर्स बल्लेबाज़ ही हुए। उनके टेस्ट क्रिकेट खेलने वाला देश बनने से पहले उनके पास एफ़सी डि सरम और एम सतशिवम् थे जो आक्रामक बल्लेबाज़ी करते थे। उसके बाद आये मेंडिस, वेट्टीमुनि, रणतुंगा, डिसिल्वा और सनथ जयसूर्या। इनके बाद नम्बर आया जयवर्धने और कुमार संगक्कारा का। ये दोनों कमाल के बल्लेबाज़ थे—महेला की बल्लेबाज़ी सुन्दर और मखमली थी जहाँ वो कट और कवर ड्राइव करते रहते थे, वहीं संगक्कारा फुर्तीले और बेहद कुशल थे और गेंद को कभी पॉइंट के बगल से स्लैश करते तो कभी पैरों के सामने से मारते। इस सदी के पहले डेढ़ दशक, इन दोनों ने श्रीलंका की बल्लेबाज़ी को सधा हुआ रखा। महेला एक शानदार स्लिप फ़ील्डर थे और संगा कमाल के विकेटकीपर थे।

जयवर्धने को लोग हमेशा पसन्द ही करते हैं। उनका साथी भी बहुत अच्छा है लेकिन अपनी अक्लमन्दी के कारण ज़्यादा जाना जाता है। ऐसा मैं सिर्फ़ एक क्रिकेटर के लिहाज़ से ही नहीं कह रहा हूँ, मगर संगक्कारा बेहद सोचने वाले इंसान हैं और उन्होंने काफ़ी कुछ पढ़ा है और वो बेहद बुद्धिमान हैं। 2011 में

जब उन्होंने एमसीसी स्पिरिट ऑफ़ क्रिकेट का लेक्चर दिया तो ये बातें सभी के सामने आयीं। अपने भाषण के दौरान उन्होंने इतिहास, खेल और राजनीति पर बात की थी। लॉर्ड्स में दिये अपने इस लेक्चर के बीच में उन्होंने कोलम्बो में तमिल लोगों के खिलाफ़ हुए नरसंहार की बात की। उन्होंने ये बताया कि कैसे उनके गैर-साम्प्रदायिक परिवार ने जान बचाकर भाग रहे पैंतीस तमिल लोगों को शरण दी थी। अपने लेक्चर के अन्त में उन्होंने एक बार फिर तमाम धर्मों और समुदायों के बीच सद्भाव की बात की। संगा ने कहा कि जब वो श्रीलंका के लिए खेल रहे थे तो 'मेरे साथ मेरे सभी लोग थे। मैं तमिल हूँ, सिंहली हूँ, मुस्लिम और बरगर भी हूँ। मैं बौद्ध भी हूँ, हिन्दू हूँ, इस्लाम और ईसाई धर्म का अनुयायी भी हूँ।'

संगक्कारा ने लॉर्ड्स में ये लेक्चर 4 जुलाई 2011 को दिया था। इसी महीने के आखिरी दिन मैं कोलम्बो में था जहाँ नीलम तिरुचेवलम को याद करते हुए मुझे कुछ कहना था। नीलम एक बड़ी वकील और विद्वान थीं जो हमेशा नस्लीय और धार्मिक सद्भावना क़ायम रखने के लिए जीती रहीं (और इसी के लिए मरी भीं)। अपने भाषण के दौरान मैंने कुमार संगक्कारा के उस लेक्चर का भी ज़िक्र किया। मैंने कहा कि कोई भी भारतीय क्रिकेटर, ज़िन्दा या वो जो मर चुके हैं, ऐसी बुद्धिमानी और संवेदना के साथ नहीं बात कर सकता था। मैं यहाँ बेहद निश्छल भाव से अपनी बात रख रहा था लेकिन मुझे शायद ये भी जोड़ना चाहिए था कि कोई भी अंग्रेज़, ऑस्ट्रेलियाई, वेस्ट इंडीज़ का खिलाड़ी, पाकिस्तानी या साउथ अफ्रीकी भी वैसा भाषण नहीं दे सकता था।

अगले दिन मैं एक डिनर के लिए आया हुआ था जहाँ संगक्कारा भी मौजूद थे। हमने बहुत बातचीत तो नहीं की लेकिन जब सम्भव हुआ तो उन्होंने कहा कि भारत के दौरों पर बाकी चीज़ों के साथ एक चीज़ जो उन्हें बेहद पसन्द है वो थी ओल्ड मॉन्क रम। अब मैं उन्हें और भी पसन्द करने लगा था। एक शानदार बल्लेबाज़, कमाल का विकेटकीपर, चीज़ों में विश्वास रखने वाला और सच बोलने वाला इंसान और अच्छी, स्ट्रांग रम का प्रेमी। क्या क्रिकेटर है—क्या आदमी है।

VI

फ़रवरी 1995 में बर्लिन से कोपेनहेगेन की एक फ़्लाइट में मैंने इंटरनेशनल हेरल्ड ट्रिब्यून की एक प्रति उठायी। ज़ाहिर-सी बात है कि मैंने खेल वाला पन्ना खोला। यहाँ मुझे दो चौंकाने वाली खबरें मिलीं:

डेविस कप टेनिस, कोपेनहेगेन: पहले दिन का अन्त: डेनमार्क 2, स्वीडेन 0
टेस्ट मैच क्रिकेट, हरारे: दूसरे दिन का अन्त: ज़िम्बाब्वे 544/4 पारी घोषित; पाकिस्तान 79/3

कोपेनहेगेन हवाई अड्डे पर मैंने कैब ड्राइवर से पूछा कि टेनिस डबल्स में क्या हुआ था। उसने कंधे उचकाते हुए कहा कि वो जीत गये। मैं अगले दिन टेनिस देखने चला गया। वहाँ एक स्वीडिश महिला और उसके डैनिश पति के बीच में बैठा हुआ था। वहाँ स्टीफ़न एडबर्ग और जोनस ब्योर्कमैन को रिवर्स सिंगल्स जीतते हुए देखा और कुछ बेहतर महसूस किया। लेकिन वहाँ से कुछ दूर, हरारे में काग़ज़ पर कमज़ोर कही जा रही टीम दबने वाली नहीं थी। जैसा कि मुझे बाद में मालूम चला, ज़िम्बाब्वे एक पारी से मैच जीत चुकी थी। सामने वो टीम थी जो अपने आप को विश्व विजेता समझा करती थी। ये सच है कि ये ख़िताब खेल के छोटे संस्करण में बेहतरीन प्रदर्शन पर दिया जाता था लेकिन 1995 में पाकिस्तान एक वर्ल्ड-क्लास टेस्ट टीम भी थी। वहीं ज़िम्बाब्वे एक ऐसी टीम थी जिसके सदस्यों का व्यवसाय उस जीत के बाद (एक ब्रिटिश अख़बार के ज़रिये) मालूम पड़ा। इस टीम में मुर्गी पालक, पशु-पालक, कम्पनी में काम करने वाले लोग, वकील, यहाँ तक कि शिकारी भी थे। ग्यारह में से मात्र एक खिलाड़ी बतौर 'प्रोफ़ेशनल क्रिकेटर' रजिस्टर हुआ था।

पाकिस्तान के ख़िलाफ़ उस ऐतिहासिक मैच में ऐंडी फ़्लॉवर ने 156 रन बनाये और उसके छोटे भाई ने 201। इस दुनिया के क्रिकेट का इतिहास भाइयों की विजय गाथाओं से भरा हुआ है। आप बड़े नामों को सोचें तो आपको ऑस्ट्रेलिया के चैपल और वॉ बंधु नज़र आयेंगे, इंग्लैंड के ग्रेस भाई, साउथ अफ़्रीका के पॉलक, इंडिया के अमरनाथ, वेस्टइंडीज़ के ग्रांट, न्यूज़ीलैंड के क्रो और सबसे ज़्यादा पाकिस्तान के मोहम्मद बंधु याद आयेंगे।

अगर रॉबर्ट मुगाबे ने देश के क्रिकेट को बर्बाद करने के साथ-साथ अर्थव्यवस्था को भी बर्बाद नहीं किया होता तो फ़्लॉवर बंधुओं का नाम भी उसी सांस में लिया जाता जिसमें वॉ और चैपल का लिया जाता है। इससे पहले के चैप्टर में मैंने बताया था कि कैसे फ़्लॉवर भाइयों ने फ़िरोज़ शाह कोटला में 1993 में कुंबले और उनके साथियों के सामने एक दीवार खड़ी करने की कोशिश की थी। पाँच साल बाद मैं उन्हें टीवी पर देख रहा था और वो उसी मैदान पर ऑस्ट्रेलिया के ख़िलाफ़ मैच को लगभग निकाल ले गये थे। ज़िम्बाब्वे

के सामने 50 ओवर में 295 रनों का लक्ष्य था और सामने वो टीम थी जो पागलों की तरह गेंदबाज़ी और फ़ील्डिंग करती थी। 98 रनों पर दूसरा विकेट गिरने के बाद ऐंडी फ़्लॉवर अपने भाई का साथ देने के लिए आये और 121 रन जोड़े। इस दौरान उन्होंने 121 से भी कम गेंदें खेलीं। लक्ष्य एकदम करीब था लेकिन इतने में ही वॉर्न की एक फ्लिपर ज़मीन पर लुढ़कती हुई आई और छोटे भाई के स्टम्प में जाकर भिड़ गयी। अगले ओवर में कवर्स में मार्क वॉ ने शानदार फ़ील्डिंग की और ऐंडी रन आउट हो गये। हालांकि मामला बहुत साफ़ नहीं था लेकिन थर्ड अम्पायर ने उन्हें आउट क़रार दिया। इयान चैपल (जो ख़ुद ऑस्ट्रेलियाई हैं) के हिसाब से उन्हें 'सबूतों के अभाव' के चलते जाना पड़ा।

एक फ़्लॉवर दो साल का था और दूसरा अपनी माँ के पेट में, जब जॉन ट्राईकोस ने अपना पहला टेस्ट मैच खेला था। ये साउथ अफ़्रीका के लिए और ऑस्ट्रेलिया के ख़िलाफ़ 1969-70 की सर्दियों का वाक़या था। ट्राईकोस व्यवसाय से एक वकील थे और मिस्र में पैदा हुए थे। उनकी माँ ने उनके लिए एक ख़ूबसूरत मिडल नेम भी सोचा था—एथानासियोस। उन्होंने अपने बेटे के जन्म के लिए भी एक बेहतरीन नाम वाला शहर चुना—ज़गाज़िग। अपने दिनों में ट्राईकोस एक शानदार ऑफ़ स्पिनर थे। उनकी बाँह उनके पीठ के पीछे से आती थी और एक अच्छा चन्द्राकर बनाते हुए घूमती थी। इससे वो एक अच्छी फ़्लोटर फेंक सकते थे। लम्बी और पतली देह के होने के साथ उनका गेंद पर नियन्त्रण बहुत ही अच्छा था। अपनी गेंदबाज़ी पर वो कमाल की फ़ील्डिंग भी करते थे।

ट्राईकोस पहली बार 1987 के विश्व कप के दौरान इंडिया आये थे। मैं भी कभी-कभार ऑफ़ स्पिन करता था, लिहाज़ा मुझे उन्हें टीवी पर देखना बेहद पसन्द था। वो जो भी करते थे, उसमें कई बारीकियाँ होती थीं। वो हल्के से उँगली को अपनी ज़ुबान से गीला करते थे, गेंदें जल्दी-जल्दी फेंकते थे, बग़ैर किसी हड़बड़ी या हरकत के गेंद को वापस पकड़ते थे। मुझे उनके आंकड़े तो नहीं मालूम लेकिन वो यही कहते हैं कि छह मैचों में उन्हें कोई नहीं पकड़ पाया।*

---

* ये रहे उनके आंकड़े : न्यूज़ीलैंड के ख़िलाफ़ 10-2-28-1; ऑस्ट्रेलिया के ख़िलाफ़ 10-0-36-0; इंडिया के ख़िलाफ़ 8-0-27-2; न्यूज़ीलैंड के ख़िलाफ़ 10-0-43-1; इंडिया के ख़िलाफ़ 10-0-9-0; और अन्त में ऑस्ट्रेलिया के ख़िलाफ़ 10-0-45-2। उनकी रन देने की दर 4 रन प्रति ओवर से भी कम थी। ये एक ऐसा रिकॉर्ड है जिसपर वॉर्न या कुंबले इतरायेंगे।

जब तक ज़िम्बाब्वे को टेस्ट क्रिकेट खेलने वाले देश का दर्जा मिलता, ट्राईकोस तैंतालीस साल के हो चुके थे। वो गेंद पर नियन्त्रण तो अब भी रखते थे लेकिन विकट से मिलने वाली मदद बन्द हो चुकी थी। 1993 के दिल्ली टेस्ट में उन्होंने बेहद आराम से गेंदबाज़ी की। वो एक गेंदबाज़ के तौर पर विकेट लेने के लिए गेंदें फेंकते नहीं दिख रहे थे। हालांकि बतौर फ़ील्डर उन्होंने कवर्स में आगे डाइव मारते हुए एक बेहतरीन कैच लिया और सचिन तेंदुलकर को आउट किया। दो साल पहले, अपने देश के पहले टेस्ट मैच में उन्होंने अपनी गेंदबाज़ी से तेंदुलकर को वापस पवेलियन का रास्ता दिखाया था। मज़े की बात ये थी कि जब ट्राईकोस ने पहली बार टेस्ट क्रिकेट खेला था तो सचिन पैदा भी नहीं हुए थे। जैसा कि किसी ने उस वक़्त कहा भी था, एक ग्रीक से ये काम हो पाया।

VII

पाकिस्तान और इंग्लैंड के बीच ढाका में खेले जा रहे एक टेस्ट मैच को बचपन में रेडियो पर सुनना अभी भी याद है। घरेलू टीम बैटिंग कर रही थी और जब एक टेल-एंडर बल्लेबाज़ क्रीज़ पर आया तो दर्शकों ने इतना शोर मचाया कि किसी टॉप बल्लेबाज़ के आने पर भी उतना शोर नहीं उठा था। ऐसा इसलिए था क्यूँकि ये खिलाड़ी पूर्वी पाकिस्तान से था। यहाँ से आना वाला ये पहला टेस्ट खिलाड़ी था। पूर्वी पाकिस्तान जिन्ना के बनाये देश के दो हिस्सों में बड़ा हिस्सा था।

मेरी याद की मानें तो इस खिलाड़ी का नाम नज़ीर था और ये एक ऑफ़-स्पिनर था। लेकिन इन्टरनेट की मानें (और इस केस में तो ये ज़्यादा विश्वसनीय है)तो उसका नाम नियाज़ अहमद था और वो एक मीडियम पेस गेंदबाज़ था। 1969 में ये टेस्ट जहाँ खेला जा रहा था वो अभी ढाका हुआ नहीं था। नियाज़ ने अपने दूसरे और आख़री टेस्ट मैच में दसवें नम्बर पर बैटिंग की (उसका पहला मैच इंग्लैंड में 1967 में था) और उसने नाबाद 16 रन बनाये। उसके हर रन पर तालियों से स्टेडियम गूँज रहा था।

शहरयार खान पाकिस्तान पर अपनी किताब *क्रिकेट कोल्ड्रण* में लिखते हैं, 'ढाका का एक क्लब-लेवल का खिलाड़ी थाजिसका नाम था नियाज़ खान और वो बहुत वक़्त तक पाकिस्तान का 12वाँ खिलाड़ी था। पाकिस्तान क्रिकेट बोर्ड असल में ये बताना चाह रहा था कि पूर्वी पाकिस्तान को प्रतिनिधित्व करने का मौका बस मिलने ही वाला था। असलियत ये थी कि पाकिस्तान की

सरकार और क्रिकेट बोर्ड पूर्वी पाकिस्तान में क्रिकेट को बढ़ावा देने का प्रयास कर ही नहीं रहे थे।'

1969 में नियाज़ के लिए उठने वाले शोर में कुछ हाथ क्रिकेट का था मगर राजनीति का ज़्यादा था। पूर्वी पाकिस्तानियों को भारी पक्षपात का सामना करना पड़ता था। ये पक्षपात क्रिकेट के सन्दर्भ से कहीं ज़्यादा आर्थिक और राजनीतिक सन्दर्भों में होता था। 60 के दशक के अन्त तक एक स्वाधीन बांग्लादेश बनाये जाने के लिए आन्दोलन ज़ोर पकड़ रहा था। उसे सफ़लता मिली 1971 में।

बांग्लादेश को खेलों में एक मुकम्मल ओहदा पाने में काफ़ी वक़्त लगा। उन्होंने वर्ल्ड कप के लिए पहली बार 1999 में क्वालीफ़ाई किया। उस टूर्नामेंट में उन्होंने पाकिस्तान को हराया। उस मैच के नतीजे को प्रधानमन्त्री शेख हसीना ने 'आज़ादी के बाद देश का सबसे बड़ा दिन' कहकर बयान किया। कुछ साल बाद मैं टीवी पर उन्हें देख रहा था जब उन्होंने मुल्तान में पाकिस्तान को एक टेस्ट मैच में लगभग हरा ही दिया था। पाकिस्तान को जीतने के लिए आखिरी पारी में 261 रन चाहिए थे। एक छोर से जहाँ विकेट गिर रहे थे, अपने घर में खेल रहे इंज़माम-उल-हक़, दूसरे छोर पर चले जा रहे थे। जब आठवाँ विकेट गिरा, पाकिस्तान को 50 रन से ज़्यादा चाहिए थे और हर कोई बांग्लादेश को जीता हुआ घोषित कर चुका था। वो ऐसा नहीं कर पाये क्यूँकि एक तो इंज़माम ने बेहद ठण्डे दिमाग के साथ बैटिंग की, और दूसरा ये कि बांग्लादेश का कप्तान अपने सिवा किसी और पर भरोसा नहीं कर रहा था और उसने थके और बेअसर होने के बावजूद एक छोर से ख़ुद ही गेंदबाज़ी करना चालू रखा।

2005 में बांग्लादेश ने लॉर्ड्स में अपना पहला मैच खेला। मैं उन दिनों लंदन में ही था और मैंने पहले दिन का खेल मार्क्स की जीवनी लिखने वाले और क्रिकेट के दीवाने फ्रांसिस व्हीन के साथ देखा। बांग्लादेश ने पहले बैटिंग की और साफ़ दिख रहा था कि मैदान और अवसर के चलते वो बेहद दबाव में आ चुके थे। चायकाल से पहले ही टीम ढेर हो गयी। फ्रांसिस और मैं एक बल्लेबाज़ से ख़ासे प्रभावित थे—मुशफ़ीक़ुर रहीम। वो हाल ही में सत्रह बरस के हुए थे। एक नीची रहती गेंद पर एलबीडब्ल्यू होने से पहले उन्होंने डेढ़ घंटे बड़ी दृढ़ता के साथ बल्लेबाज़ी की थी।

मुशफ़ीक़ुर ने वो मैच बतौर बल्लेबाज़ खेला था लेकिन बहुत ही जल्द वो बांग्लादेश के लिए कीपिंग भी करने लगे थे। मैंने 2007 विश्व कप में भारत के ख़िलाफ़ उनकी मैच जिताऊ पारी की एक-एक गेंद और एक-एक रन देखा

था। अपनी इनिंग्स की शुरुआत में ही वो विकेट पर आगे निकलकर आए और हरभजन सिंह को उसके सर के ऊपर से छक्का मार दिया। ये वो समय था जब हरभजन दुनिया के सबसे अच्छे ऑफ़-स्पिनर थे। उन्होंने बगैर आउट हुए 56 रन बनाये थे। उस शॉट और उस पारी के चलते मुशफ़ीकुर ने इस हिन्दू के मन्दिर में जगह बनाई। मैं उनकी कीपिंग, फ़ुटवर्क और साफ़ स्ट्रोक्स और क्रिकेट के लिए मुफ़ीद दिमाग का बड़ा प्रशंसक हूँ अपनी टीम को बड़ी टीमों के ख़िलाफ़ टेस्ट और वन-डे मैच जीतने में मदद करने वाला मुशफ़ीकुर आज़ादी के बाद से अपने देश के कई बड़े दिनों का हीरो रहा है।

VIII

कुछ लोगों को ये अजीब लगे कि मैं उस देश के बारे में सबसे अन्त में बात कर रहा हूँ जो टेस्ट मैचों के मामले में सबसे पहली टीमों में से एक था। साउथ अफ़्रीका ने अपना पहला टेस्ट मैच 1889 में खेला था जबकि वेस्ट इंडीज़ ने 1928 में, इंडिया ने 1932 में और पाकिस्तान ने 1952 में अपना पहला टेस्ट मैच खेला। लेकिन ये सभी देश किसी के साथ भी खेल सकते थे वहीं साउथ अफ़्रीकी खिलाड़ी सिर्फ़ गोरे खिलाड़ियों के समकक्ष आ सकते थे। यानी वो इंग्लैंड, ऑस्ट्रेलिया और न्यूज़ीलैंड के साथ ही खेल सकते थे। वो अपनी टीम में किसी अश्वेत साउथ अफ़्रीकी खिलाड़ी को भी जगह नहीं देते थे, फिर वो चाहे कितना भी प्रतिभावान क्यूँ न हो।

मेरी पीढ़ी के भारतीयों के लिए 1969-70 के वक़्त की साउथ अफ़्रीकी टीम ही वो टीम थी जिसे हम बेस्ट टीम कहते थे। इस टीम ने उस ऑस्ट्रेलियाई टीम को धोया था जिसने कुछ ही समय पहले हमें धोया था। ये सच है कि इस टीम में सिर्फ़ गोरे ही थे लेकिन ये भी सच है कि ये सबसे बेहतरीन टीम थी। जब 1971 में अजीत वाडेकर ने दुख जताया था कि वेस्ट इंडीज़ और इंग्लैंड को हारने वाली टीम 'विश्व विजेता' के ख़िताब के लिए साउथ अफ़्रीका से नहीं खेल रही थी तो हमें मालूम था कि ये सिर्फ़ लफ़्फ़ाज़ी थी। ये चैलेन्ज बस इसलिए दिया गया था क्यूँकि हर कोई जानता था कि किसी भी हाल में स्वीकार नहीं किया जाने वाला था। क्यूँकि हमारे गेंदबाज़ बैरी रिचर्ड्स या एडी बार्लो या ग्रीम पॉलक के ख़िलाफ़ कैसे गेंदबाज़ी करते? या हमारे बल्लेबाज़ माइक प्रॉक्टर या पीटर पॉलक की तेज़ी और उछाल का सामना कैसे करते?

कई जवाब बीस साल बाद मिले, जब भारत ने आख़िरकार साउथ अफ़्रीका के साथ एक मैच खेला। अपार्थीड उखाड़े जाने के क्रम में था,

नेल्सन मंडेला जेल से निकल चुके थे और उनके देश को इंटरनेशनल क्रिकेट काउंसिल की सदस्यता फिर से मिल चुकी थी। साउथ अफ़्रीकी खिलाड़ी तीन वन-डे इंटरनेशनल मैच खेलने 1991 में यहाँ आये और अपनी फ़ील्डिंग से ज़बरदस्त प्रभाव छोड़ा। बॉम्बे में खेले गये पहले मैच में जोंटी रोड्स ने दो रन आउट किये और तीन कैच लपके। इसमें से एक कैच शरीर को ज़मीन से चार फ़ीट ऊपर पूरी तरह से, पूरी लम्बाई में हवा में उछाल कर लिया गया था। हमने कॉलिन ब्लैंड के बारे में पढ़ा था। वो एक साउथ अफ़्रीकी खिलाड़ी थे जिन्होंने एक बार एक अंग्रेज़ बल्लेबाज़ को उसके पैड्स के बीच से गेंद फेंक के रन-आउट किया था। लेकिन रोड्स हिन्दू पौराणिक कथाओं के उस चरित्र की तरह लगते थे जो किसी से युद्ध करने के लिए हवा में उड़ते हुए हज़ारों मील दूर पहुँच जाते थे। जहाँ तक टीम के दूसरे सदस्यों की बात थी, हमने देखा कि कुछ खिलाड़ी बल्लेबाज़ी कर सकते थे और कुछ बहुत तेज़ गेंदबाज़ी कर सकते थे।

अगली सर्दियों में भारतीय टीम एक पूरे दौरे के लिए साउथ अफ़्रीका गयी। अजीत वाडेकर इस टीम के मैनेजर थे और मैं सोचता हूँ कि क्या उन्हें उस चैलेंज की याद थी जो उन्होंने एक बार सामने रखा था। खेल के दोनों संस्करणों में भारत को बुरी हार मिली। लेकिन ये साउथ अफ़्रीकी टीम 1970 की टीम के मुक़ाबले कुछ भी नहीं थी। शायद तेज़ गेंदबाज़ एलेन डॉनल्ड 1992 में खेलने वाले एकमात्र ऐसे खिलाड़ी थे जो उस टीम में अपनी जगह बना पाने में सफ़ल रहते। डॉनल्ड को गेंदबाज़ी करते देखना, टीवी पर ही सही, बेहद रोमांचकारी होता था। कभी भी ऐसा नहीं लगता था कि उनका अपने शरीर और कारीगरी पर कोई नियन्त्रण नहीं होता था। वो काफ़ी दूर से दौड़कर गेंद फेंकने आते थे लेकिन फिर भी उनका एक भी कदम ज़रूरत से ज़्यादा नहीं मालूम देता था। डॉनल्ड को गेंद फेंकते हुए जब देखता था तो ये शब्द ज़हन में आते थे—सन्तुलन, काव्यात्मकता, ख़ूबसूरती और सुघड़ता। किसी और तेज़ गेंदबाज़ के बारे में आतंक, ताक़त और डर भी हो सकते थे। ऐसा कहते वक़्त ये कतई नहीं सोचना चाहिए कि डॉनल्ड क्रिकेट के मामले में या यूँ भी, 'ख़तरनाक' नहीं थे। लेकिन वो बाउंसर का कम ही इस्तेमाल करते थे और अपनी मूवमेंट से उतने ही विकेट निकालते थे जितने अपनी गति से। वो अपने कौशल से उतना ही काम लेते थे जितना अपनी ताक़त से।

एलेन डॉनल्ड बड़े आराम से साउथ अफ़्रीका की सर्वकालीन एकादश में शामिल हो सकते हैं। और उनकी ही तरह उनके बाद टीम में आये जैक्स

कालिस भी। अगर मेरा बेटा और मैं टीवी पर मैच देख रहे होते थे और जैक्स कालिस बैटिंग करने के लिए आते थे तो हम में से कोई एक ये ज़रूर कहता था, 'आ गया MVP।' बेसबॉल से उधार लिया गया ये शब्द गैरी सोबर्स के बाद अगर किसी क्रिकेटर पर फ़िट बैठता था तो वो जैक्स कालिस ही थे। कालिस अपनी पीढ़ी के तीन या चार श्रेष्ठ बल्लेबाज़ों में से एक थे। उन्होंने तेरह हज़ार से ज़्यादा टेस्ट रन बनाये और इस दौरान पैंतालीस शतक भी मारे। इसके साथ ही उन्होंने 292 टेस्ट विकेट भी लिये हैं और 200 कैच भी अपने नाम किये। इक्कीसवीं सदी के पहले दशक में, जैक्स हेनरी कालिस, बिना किसी शक़, दुनिया के सबसे कीमती खिलाड़ी (MVP) थे। जब कालिस ने अपना पहला अन्तर्राष्ट्रीय मैच खेला था, वो एक ऑफ़-साइड वाले खिलाड़ी थे। मुझे उनका एक शुरुआती वन-डे मैच याद है जहाँ वो चार या पाँच विकेट गिरने के बाद आये थे और साउथ अफ्रीका को जीतने के लिए आठ ओवर में 40 रन चाहिए थे। उन्होंने पॉइंट के बगल से कुछ शानदार बैक-फ़ुट ड्राइव्स निकाली थीं और अपनी टीम को जिताया था।

जब उन्होंने अपना करियर शुरू किया था, कालिस गेंद को अन्दर और बाहर बड़ी कुशलता से स्विंग करवा सकते थे। मुझे इंग्लैंड में खेली गयी एक सीरीज़ याद है जहाँ उन्हें नयी गेंद दी गयी थी और डॉनल्ड को पहले बदलाव के लिए रखा हुआ था। बाद में, वो जैसे-जैसे बूढ़े होते गये और उनका शरीर भरता चला गया, उनकी गति में कमी आने लगी और वो गेंद को लेट स्विंग करवाने में दिक्कत महसूस करने लगे। लेकिन फिर भी वो बेहद असरदार गेंदबाज़ रहे। वो बल्लेबाज़ों को बाँध के रखते थे और साझेदारियों को तोड़ने वाले गेंदबाज़ थे।

इस सब के साथ कालिस एक बढ़िया फ़ील्डर भी थे। वो ज़्यादातर दूसरी स्लिप पर खड़े होते थे जहाँ किसी भी हाल में गेंद बहुत ही तेज़ आती थी। लेकिन अगर गेंदबाज़ का नाम डॉनल्ड, एंटिनी या स्टेन हो तो और भी तेज़ आती थी। टीवी पर न जाने कितनी बार मैंने बल्ले का किनारा लेकर बेहद तेज़ी से गेंद को कालिस की तरफ़ उड़ते देखा और गेंद अपनी गति और दबाव से उन्हें पीछे धकेल देती थी। वहाँ से वो उठते थे, उनके हाथों में गेंद और चेहरे पर मुस्कान होती थी और उनकी सफ़ेद हैट अभी भी उनके सर पर मौजूद होती थी।

एक क्रिकेट फ़ैन के तौर पर एक बात का दुःख मुझे हमेशा रहेगा कि मैंने कभी भी साउथ अफ्रीका की टेस्ट टीम को खेलते हुए मैदान में लाइव नहीं देखा। मैंने लगभग सभी आधुनिककाल के महान खिलाड़ियों को सामने

से खेलते हुए देखा है—वसीम अकरम, इमरान, वक़ार, मिआंदाद, इंज़माम; लॉयड, कालीचरण, रिचर्ड्स, ग्रीनिज, रॉबर्ट्स, होल्डिंग, मार्शल, लारा, वॉल्श, एम्ब्रोस; बॉथम, नॉट, अंडरवुड, गूच, एंडरसनल पोंटिंग, वॉर्न, स्टीव वॉ, बॉर्डर, मैक्ग्रा, गिलक्रिस्ट; मार्टिन क्रो; एंडी फ़्लॉवर। लेकिन मैंने दो खिलाड़ियों को कभी भी गेंदबाज़ी या बल्लेबाज़ी करते नहीं देखा—एलेन डॉनल्ड और जैक्स कालिस। हालांकि कितने ही (गुमनाम) कैमरामेन की मेहरबानी से मैंने इन्हें बहुत बार टीवी पर देखा। लेकिन अगर इन्हें सामने से देखना और मज़ेदार होता।

IX

मिडल एज में मैं इंग्लैंड के तीन पूर्व खिलाड़ियों से मिला जो केम्ब्रिज यूनिवर्सिटी से पढ़े हुए थे। ये थे माइक ब्रियरली, माइक एथर्टन और एड स्मिथ। मैं इन सभी से अलग-अलग आधा दर्ज़न बार मिला होऊँगा और हमारी बातें ज़्यादातर क्रिकेट से शुरू होकर मैदान से बाहर निकल ही जाती थीं।

एक फ़िरंगी क्रिकेटर से हुई जिस मुलाक़ात ने मुझपर सबसे ज़्यादा प्रभाव डाला, वो तब हुई थी जब मैं कॉलेज में पढ़ता था। सेंट स्टीफ़ेंस में पढ़ने वाला एक दोस्त मॉरल री-आर्मामेंट (MRA) आन्दोलन से खासा प्रभावित था और वहाँ के एक परिचर उसे समर कैम्प में ले गये जहाँ उसकी मुलाक़ात कॉनरेड हंट से हुई। ये वेस्टइंडीज़ के महान बल्लेबाज़ थे जिन्होंने करियर ख़त्म होने के बाद MRA की राह पकड़ ली थी। इस तरह से हंट को कॉलेज के इनफ़ॉर्मल डिस्कशन ग्रुप (IDG) में बोलने के लिए बुलाया गया। चूँकि अपने दोस्तों में मैं क्रिकेट को लेकर सबसे ज़्यादा पागल हुआ करता था इसलिए मुझे इस सभा के संचालन के लिए कहा गया।

IDG की ये मीटिंग कॉलेज के स्टाफ़ रूम में रात के खाने के बाद हुई। हंट इसी बात कर रज़ामन्दी लेने के बाद आये थे कि वो नैतिक विषयों पर बात करेंगे न कि खेल से जुड़े सवालों का जवाब देंगे। किस्मत से, उन्होंने ये जाना कि वहाँ बैठी जनता क्या चाहती है, और उन्होंने अपना मन बदल लिया। और फिर अपनी माँ से प्यार से बात करने और अपनी पत्नी के प्रति वफ़ादार रहने सरीखा ज्ञान देने के बाद (उन्होंने ऐसा कुछ भी नहीं किया था, लेकिन फिर वो MRA से जुड़े और रूखेपन और व्यभिचार से मुँह मोड़ लिया) उन्होंने क्रिकेट की कहानियाँ बतानी शुरू कर दीं। एक कहानी ब्रिसबेन के टाई हुए मैच से जुड़ी थी। उसके आख़री ओवर को उन्होंने हमारे सामने पुनर्जीवित कर दिया। एक-एक गेंद पर क्या हुआ था, पूरे डीटेल में हमें मालूम पड़ा। लेकिन उन्होंने

जो कमाल का रन आउट किया, उसे बताने में उन्होंने बहुत ज़्यादा वक़्त नहीं खर्च किया।

दूसरी और इससे भी बेहतर कहानी थी उस शतक के बारे में जो हंट ने 1966-67 के बॉम्बे टेस्ट में मारा था। दौरे पर आई उस टीम को मालूम पड़ गया था कि भगवत चन्द्रशेखर उनके लिए सबसे बड़ा ख़तरा थे। इसलिए हंट, जो तकनीकी रूप से सबसे अच्छे बल्लेबाज़ थे, को कप्तान सोबर्स ने ये ज़िम्मेदारी दी कि वो चन्द्रशेखर को ज़्यादा से ज़्यादा खेलें। उन्होंने हमें बताया कि उस मैच में उन्होंने चन्द्रा को खेलते वक़्त अपना ऊपरी हाथ एकदम हल्का रखा जिससे लेग-ब्रेक गेंद बल्ले से लगकर स्लिप में न जाये और गुगली शॉर्ट लेग के पास न पहुँचे।

इस तरह से बैटिंग करते हुए हंट ने चन्द्रा को पूरे दिन शान्त रखा और दूसरे बल्लेबाज़ बाकी गेंदबाज़ों को खेलते हुए रन बटोर रहे थे। कन्हाई, लॉयड और सोबर्स उनके सामने वाले छोर से इंडिया को तहस-नहस कर रहे थे और वेस्ट इंडीज़ 400 से ज़्यादा रन बनाते हुए आसानी से मैच जीत गयी। जब वो ये कहानी सुनाते हुए अपनी तकनीक और टीम की प्लानिंग पर रौशनी डाल रहे थे, मुझसे रहा नहीं गया और मैंने बीच में शरारत भरे अन्दाज़ में कहा, 'मिस्टर हंट, शायद चन्द्रा ही अन्त में विजेता साबित हुए। क्यूँकि आपने छह घंटे में 101 रन बनाये।' वो जोर से हँसे और उन्होंने सहमति के अन्दाज़ में सर हिलाया।

सामने बैठी जनता उनसे सवाल पूछती जा रही थी। हर सवाल क्रिकेट से ही जुड़ा हुआ था और सभी को तसल्ली से जवाब भी दिये गये। सेंट स्टीफ़ेंस में हुई इस मीटिंग के बारे में दिल्ली की क्रिकेट की दुनिया को भी भनक लग गयी। कुछ दिनों बाद हंट को फ़िरोज़ शाह कोटला में एक बेनिफ़िट मैच के लिए आमन्त्रित किया गया (अगर मुझे ठीक से याद है तो ये मैच अब्बास अली बेग के लिए खेला गया था)। वो खेलने को तैयार हो गये और उन्होंने एक दशक बाद फिर से सफ़ेद किट पहनी।

उस रात मेरे कॉलेज ने कॉनरेड हंट को उस खेल तक वापस ले जाने में मदद की थी जिसके साथ वो बड़े हुए थे। नेल्सन मंडेला जब जेल से रिहा हुए, हंट साउथ अफ्रीका चले गये जहाँ जोहाँसबर्ग से दूर एक छोटे से कस्बे में उन्होंने अश्वेत बच्चों के लिए एक कोचिंग क्लिनिक की शुरुआत की। दिसम्बर 1971 में, मैंने अख़बार खोला और मालूम चला कि वेस्ट इंडीज़ का ये शख़्स मेरे शहर में क्रिकेट के सिलसिले में आ रहा था। महिलाओं का क्रिकेट वर्ल्ड कप चल रहा था और साउथ अफ्रीका बैंगलोर में खेल रही थी और ये पूर्व

ओपनिंग बल्लेबाज़ उनका कोच था। मैं चिन्नास्वामी स्टेडियम की ओर चल पड़ा और हंट को ढूँढ कर उन्हें बताया कि मैं उनसे पहली बार कब और कहाँ मिला था। हमारी बेहद लम्बी और ख़ुशनुमा बातचीत हुई। इस दौरान हमने उनके देश को 60 के दशक में ब्रिटिश राज से मिलने वाली आज़ादी के बारे में भी बात की। उस मौके पर बारबडोस और रेस्ट ऑफ़ द वर्ल्ड के बीच एक मैच भी रखा गया था। दो लाख लोगों के उस द्वीप को पूरी दुनिया से टक्कर लेनी थी। वीक्स, वॉरेल और वेलकॉट इसी द्वीप से आते थे और उस वक़्त हंट, सोबर्स, नर्स, हॉल और ग्रिफ़िथ मौजूद थे। मुझे लगा कि ये एक अच्छा तर्क था। लेकिन उन्होंने कहा, 'बस हमारे पास गुयाना के चार लोग और होते, रोहन [कन्हाई], क्लाइव [लॉयड], बेसिल [बुचर] और लांस [गिब्स], तो हमे उन्हें हरा भी देते!'*

* कन्हाई और गिब्स रेस्ट ऑफ़ द वर्ल्ड टीम से खेले जिसमें उनके साथ ऑस्ट्रेलिया से बिल लॉरी, इंडिया से चन्दू बोर्डे, इंग्लैंड से टॉम ग्रेवनी और पाकिस्तान से मुश्ताक मोहम्मद थे। रेस्ट ऑफ़ द वर्ल्ड 262 रनों से जीत गयी। ये मैच मार्च 1967 में खेला गया था। बारबडोस को बीते नवम्बर आज़ादी मिल चुकी थी।

8.

मेरे पसन्दीदा पाकिस्तानी

I

कहा जाता है कि पाकिस्तान की अर्थव्यवस्था को मात्र सोलह परिवार चलाते हैं जो एक शोषक कुलीनतन्त्र का बुनियादी उदाहरण है। लेकिन ये आपको समतावादी समाजवाद तब मालूम देने लगेगा, जैसे ही आप इसकी तुलना पाकिस्तान के क्रिकेट से करेंगे जो कई वर्षों तक महज़ दो घरानों के हाथों में था। इन में से एक घर व्यवसायियों का था और जिसका केन्द्र बन्दरगाहों के शहर कराची में था। दूसरा परिवार ज़मींदारों का था और उनका बसेरा राजाओं, सेनानियों और शायरों के शहर लाहौर में था। यहाँ तक कि अगर कोई सामाजिक गीतकार (क्या ऐसे लोग होते भी हैं?) चाहता तो वो इन दोनों परिवारों की कहानी के ज़रिये देश के सामाजिक इतिहास को पन्ने पर उतार सकता था। पंजाब बनाम सिंध, ज़मीन बनाम व्यापार, ख़ालिस पाकिस्तान बनाम मुहाजिर। इन दोनों परिवारों के पुरुषों की जड़ों में वर्ग और संस्कृति का अलगाव शामिल था। उनके कपड़ों में, उनके व्यवहार में, खेलने के तौर-तरीके में और दुश्मन को देखने के रवैये में भयानक अन्तर था।

पाकिस्तान क्रिकेट का पहला परिवार था कराची का मोहम्मद परिवार। लेकिन इससे पहले वो जूनागढ़ रियासत के थे। व्यापारी परिवार होने के नाते इस परिवार के पाँचों भाई एक दूसरे के बेहद करीब थे, जो साथ काम करते थे और साथ ही योजनाएँ बनाते थे। आर्थिक इतिहासकार हमें बताते हैं कि पैसे का बहाव हमेशा ज्येष्ठता के नियम को तवज्जो दे, ये ज़रूरी नहीं होता। इस मामले में तो बिलकुल भी नहीं जहाँ दोनों बड़े भाइयों और दोनों छोटे भाइयों ने बीच वाले को सर्वोपरि माना हो। वो निर्विवाद तरीक़े से मास्टर घोषित हो चुके थे।

हनीफ़ मोहम्मद 1935 में पैदा हुए और 12 साल की उम्र में उन्हें पाकिस्तान आना पड़ा। तब तक उनका खेल उनके इलाक़े जूनागढ़ में जाना जाने लगा था। इस बारे में कहानियाँ सुनाई जाती हैं कि कैसे हनीफ़ सूरज ढलने के बाद भी बैटिंग करता रहता था और गेंदबाज़ अनमने ढंग से उन तीन लैम्प-पोस्ट में से एक के नीचे आ जाते थे जिसे वहाँ के नवाब ने अपनी रियाया के लिए जलते रहने की अनुमति दे रखी थी। कराची आने के बाद उन्हें संरक्षण मिला नाऊमल जेऊमल का। नाऊमल एक मंझे हुए ऑल-राउंडर होते थे जिन्होंने एक दफ़ा डॉन ब्रैडमैन को गेंदबाज़ी की थी (जब वो इंडियन जिमखाना के लिए खेल रहे थे और उनके सामने 1930 की ऑस्ट्रेलिया की टीम खड़ी थी), और वो टेस्ट मैचों में खेलने वाली पहली भारतीय एकादश का भी हिस्सा थे जिसने लॉर्ड्स में 1932 में मैच खेला था। नाऊमल (जो हिन्दू थे और पाकिस्तान में ही रुक गये थे) को हनीफ़ में एक टेस्ट खिलाड़ी की झलक दिखी। उनका आत्मविश्वास बनाये रखने के लिए और टेस्ट मैचों के तीस घंटों की तैयारी करवाने के लिए उन्होंने कराची के सभी अम्पायरों से कह रखा था कि वो हनीफ़ को किसी भी हाल में एलबीडब्ल्यू आउट न दें (ज़्यादातर अम्पायर भी उनके ही चेले थे)।

हनीफ़ को शॉर्ट पैंट पहनना बन्द किये हुए अभी बहुत वक़्त नहीं हुआ था कि वो इंडिया वापस आ गये। अब्दुल कारदार की 1951-52 की टीम के साथ। इस टीम में उनके सबसे बड़े भाई वज़ीर भी थे जो एक अच्छे मिडल-ऑर्डर बल्लेबाज़ थे और जिन्होंने दो टेस्ट शतक बनाये थे। (उम्र में उनके बाद जो भाई था, वो था रईस और वो ज़रा से अन्तर से टीम में सेलेक्ट नहीं हो पाया था। लेकिन हनीफ़ से छोटे मुश्ताक़ और सादिक़ ने पाकिस्तान के लिए कई टेस्ट मैच खेले।) उस वक़्त से लेकर 1970 में संन्यास लेने तक एक ही चीज़ होती थी—'अगर आपने हनीफ़ को आउट कर दिया तो आप जीत सकते थे।' उनके बाद टीम में जो लोग आये, उनके खेल को देखते हुए उनपर भारी दबाव पड़ गया। सुनील गावस्कर की ही तरह उन्हें भी लम्बे वक़्त तक अपने स्ट्रोक्स छिपाकर रखने पड़े। वो इस दुनिया के सबसे बेहतरीन डिफ़ेंसिव बल्लेबाज़ बन गये थे और ऐसा करने के लिए वो मजबूर थे।

मेरी क्रिकेट की सबसे ज़्यादा पसन्दीदा कहानी हनीफ़ मोहम्मद से ही जुड़ी है। ये 1958 के जनवरी महीने के तीसरे हफ़्ते में ब्रिजटाउन में शुरू हुए एक टेस्ट मैच के बारे में है। वेस्ट इंडीज़ ने पहले बैटिंग करते हुए 579 रन बनाये। कॉनरेड हंट और एवरटनवीक्स ने सैकड़े जमाये। इसके बाद उन्होंने पाकिस्तान को 106 रनों पर आउट कर दिया जिसमें रॉय गिलक्रिस्ट ने 32 रन

पर चार विकेट लिए। लगभग 500 रन से पीछे रहते हुए पाकिस्तान की टीम फ़ॉलो-ऑन खेल रही थी। हनीफ़ को तीन दिन अपने साथियों को बचा के रखना था। बेहद प्रतिभाशाली विकेटकीपर बल्लेबाज़ इम्तियाज़ अहमद ने बड़ी मदद करते हुए 152 की सलामी साझेदारी में 91 रन बनाये। दो दिन अभी भी बचे थे। अलीमुद्दीन ने 37, सईद अहमद ने 65 और भाई वज़ीर ने 35 रन बनाते हुए हनीफ़ का घंटे-दो घंटे साथ दिया।

स्क्वायर लेग की दिशा में एक ताड़ का पेड़ था जिसपर कुछ बेजन लड़के (बारबडोस के लोगों के लिए इस्तेमाल किया जाने वाला शब्द) बैठे थे और चौथे दिन का मैच देख रहे थे। सूरज अपनी पूरी ताकत झोंकते हुए चमक रहा था और पेड़ पर बैठे एक लड़के की सहनशक्ति जवाब दे गयी। गर्मी और हनीफ़ की टुक-टुक और ताड़ी के असर की वजह से वो सर के बल पेड़ से कुछ चालीस फ़ीट नीचे गिरा। उसे अस्पताल ले जाया गया जहाँ उसे चौबीस घंटे बाद होश आया। कहते हैं कि होश में आते ही उसने सबसे पहले पूछा, 'हनीफ़ अभी भी खेल रहा है?' वो वाकई खेल रहे थे।

मैच बचाने वाली इस मैराथन पारी में हनीफ़ ने 970 मिनट बैटिंग की और 337 रन बनाये। ये आज भी फ़र्स्ट क्लास क्रिकेट की सबसे लम्बी पारी है और मेरी नज़र में सबसे साहसी भी। मैं आंकड़ों को लेकर बहुत पागल इंसान नहीं हूँ लेकिन इस मैच में हुई गेंदबाज़ी के कुछ आंकड़े देखे जाने चाहिएँ: गिलक्रिस्ट, 41-5-121-1; ई एटकिंसन, 49-5-136-2; स्मिथ, 61-30-93-1; वेलेंटाइन, 39-8-109-2, डी एटकिंसन, 62-35-61-1; सोबर्स, 57-25-94-1। वेस्ट इंडीज़ की हालत ये हो गयी थी कि उन्होंने क्लाइड वेलकॉट से दस ओवर फिंकवाये थे।

मैं बहुत देर में पैदा हुआ और हनीफ़ को खेलता नहीं देख पाया लेकिन एक बार चिन्नास्वामी स्टेडियम के डायमंड जुबली बॉक्स में मैं और वो एक ही कतार में बैठे थे। जब 2005 में पाकिस्तान और इंडिया का मैच हुआ, मुझे एक मेसेज मिला कि पाकिस्तान क्रिकेट बोर्ड के अध्यक्ष (उस वक़्त शहरयार खान) मुझसे मिलना चाहते थे। मैं मेम्बर्स स्टैंड से उठकर वहाँ गया जहाँ VVIP बैठते हैं। मिस्टर खान अपने चचेरे भाई टाइगर पटौदी की ही तरह विनम्र और शिष्ट थे। बस उनमें शो-शा कुछ ज़्यादा था। उन्होंने मेरी किताब *अ कॉर्नर ऑफ़ अ फॉरेन फ़ील्ड* पढ़ रखी थी और पाकिस्तान के क्रिकेट पर वैसा ही कुछ लिखना चाहते थे। जब हम ये बातें कर रहे थे, यूनिस खान और इंज़माम-उल-हक़ एक लम्बी पार्टनरशिप बना रहे थे। मेरे दाहिनी ओर, तीन सीट छोड़

के, बालों में हिना का रंग लिये एक छोटा सा, बूढ़ा शख़्स बैठा हुआ था और एक नीले पैकेट से मूँगफली के दाने खा रहा था। वो हनीफ़ थे। उन्हें साक्षात् देखकर मुझे 1960 के दशक की ऑस्ट्रेलिया टूर की एक कहानी याद आ गयी। जब पाकिस्तान एडिलेड में ऑस्ट्रेलिया से मैच खेलने वाली थी, डॉन ब्रैडमैन उनके ड्रेसिंग रूम में घुसे और बोले कि मुझे उस शख़्स से मिलना है जिसने मेरा 452 रनों का रिकॉर्ड तोड़ा है। हनीफ़ उठे और लगभग माफ़ी माँगते हुए बोले, 'सर, आप हमेशा सबसे महान रहेंगे।' डॉन ने उन्हें ऊपर से नीचे तक देखा और अपना सर हिलाते हुए, 'तो वो तुम हो। मुझे हमेशा लगता था कि जिस बैट्समैन ने मेरा रिकॉर्ड तोड़ा है वो छह फ़ीट दो इंच का होगा। लेकिन तुम तो मुझसे भी छोटे हो!'

हनीफ़ के ही समकालीन एक कवि और पुलिसवाले हुए थे—केकी एन दारूवाला। 1946 में केकी अपने पिता के साथ जूनागढ़ आ गये थे जहाँ उनके पिता को नवाब के बच्चों को पढ़ाने का काम मिला हुआ था। जब केकी क्रिकेट खेलने के लिए दोस्त ढूँढने निकला तो उसे मोहम्मद के परिवार के पास भेजा गया। वज़ीर और हनीफ़ को वो अपने लेवल का मालूम नहीं दिया तो उसे चार साल के टॉप-स्पिन करने वाले और गुगली फेंकने वाले मुश्ताक़ के साथ छोड़ दिया गया।

मुश्ताक़ मोहम्मद टेस्ट क्रिकेट खेलने वाले सबसे कम उम्र के खिलाड़ी थे और साथ ही टेस्ट क्रिकेट में शतक मारने वाले सबसे कम उम्र के खिलाड़ी भी। वो स्ट्रोक लगाने वाले खिलाड़ी थे और अगर बहुत तेज़ गेंदबाज़ी को किनारे कर दें तो उनका रिकॉर्ड अच्छा था। जब 1978 में भारत और पाकिस्तान के बीच सत्रह साल बाद क्रिकेट दोबारा शुरू हुआ था तो उस सीरीज़ में उन्होंने पाकिस्तान की कप्तानी की थी। ये सीरीज़ पाकिस्तान में खेली गयी थी और इंडिया में टीवी पर लाइव दिखाई जा रही थी। हालांकि मुश्ताक़ बतौर बैटिंग ऑल-राउंडर खेलते थे लेकिन मुझे उन मैचों से वो एक गेंदबाज के रूप में याद हैं जिसका बेहतरीन साइड-ऑन एक्शन था, जो गेंद को फ़्लाइट देते हुए अच्छी टर्न करवाता था। वो एक क्लासिक लेग स्पिनर थे जिसका अन्तर्राष्ट्रीय क्रिकेट में उतना इस्तेमाल नहीं किया गया जितना होना चाहिए था।

ये सीरीज़ अपनी गर्माहट और ज़मीनी दुश्मनी के चलते 'यारी-दुश्मनी सीरीज़' कहलाई जा सकती है और मुश्ताक़ ने पाकिस्तान को इसमें जीत दिलाई। ये सीरीज़ उन दो भाइयों के बीच हो रही थी जो जब आख़री बार क्रिकेट के मैदान पर मिले थे, तब से अब तक उनके बीच दो बार युद्ध लड़ा

जा चुका था। रन बनाने और विकेट्स लेने का काम और पाकिस्तानी खिलाड़ी कर रहे थे लेकिन मुश्ताक़ ने मैदान में चालाकी दिखाते हुए कप्तानी की और एक ऐसा शानदार कैच पकड़ा जिसने एक मैच का रुख ही बदल दिया। ये कराची में खेला जा रहा दूसरा टेस्ट मैच था जिसमें सैयद किरमानी और हमेशा कम आंके जाने वाले टेल-एंडर इरापल्ली प्रसन्ना इंडिया को सुरक्षित स्थिति में पहुँचाते दिख रहे थे। वो इमरान खान के स्पेल का आख़री ओवर होता। प्रसन्ना ने बाहर जाती गेंद पर बल्ला लगा दिया और गेंद सेकण्ड स्लिप के बायीं ओर नीचे गिर रही थी। गेंद काफ़ी तेज़ी से जा रही थी और मुश्ताक़ एक टब की तरह थे। वो एकदम आख़री मौके पर गेंद की तरफ़ लपके और गेंद पकड़ ली। इंडिया का काम तमाम हो चुका था।

50 के दशक में तीन मोहम्मद भाई पकिस्तान के लिए खेलते थे। इसके बाद 70 के दशक में तीन भाई फिर से पाकिस्तान की टीम में दिखे जब सादिक़ ने संन्यास ले चुके वज़ीर की जगह ले ली थी। सादिक़ को ज़बरदस्ती एक बाएँ हाथ का बल्लेबाज़ बनाया गया था और ये उनकी बल्लेबाज़ी में दिखता भी था। लेकिन वो एक ज़िद्दी बल्लेबाज़ थे जिसकी अपनी टीम के लिए सबसे अच्छी इनिंग्स एक हारे हुए मैच में आई और ऐसा उस वक़्त के उपमहाद्वीप के खिलाड़ियों के साथ अक्सर होता था। उनकी ये इनिंग्स 1971 में हेडिंग्ली में आई थी जब उन्होंने लगभग चार घंटों में 16 चौकों की मदद से 91 रन बनाये थे। वो अपनी टीम को जीत के बेहद पास ले गये थे और इंग्लैंड में पाकिस्तान की पहली सीरीज़ की जीत उनसे मात्र 25 रन दूर थी। नयी दिल्ली में अपने एक रिश्तेदार के घर पर एक बेहतरीन ग्रंडिग के रेडियो पर उस मैच की एक-एक गेंद का आंखों देखा हाल मैंने सुना था।

मुझे नहीं मालूम है कि मुश्ताक़ या सादिक़ के कोई बच्चे थे या नहीं। लेकिन हनीफ़ का बेटा शोएब अक्सर पाकिस्तान के लिए खेलता था और उसे और भी ज़्यादा खेलना चाहिए था। वो अपने पिता की ही तरह एक सॉलिड खिलाड़ी थे। वो एक ओपनिंग बल्लेबाज़ थे जो अच्छी ऑफ़-ब्रेक फेंक सकते थे। वो मोहम्मद परिवार के सबसे अच्छे फ़ील्डर भी थे। लेकिन समस्या ये हुई कि जब वो बड़े हो रहे थे और मुकम्मल क्रिकेट में कदम रख रहे थे, लाहौर की उनकी प्रतिद्वन्द्वी बिरादरी का लड़का पाकिस्तान का कप्तान बना हुआ था। कई बार शोएब को टूर पर नहीं ले जाया जाता था तो कई बार उन्हें आखिरी ग्यारह में जगह नहीं मिलती थी। ये सब कुछ उस पुरानी रंजिश के चलते हो रहा था जिसमें उसका कोई हाथ ही नहीं था। 1987 में इंग्लैंड के एक दौरे में

उसे पहले दो टेस्ट मैच के लिए नहीं खिलाया गया और तीसरे मैच में एकदम ऐन मौके पर उसका नाम टीम में डाला गया। उसने एक बहुत अच्छा अर्धशतक बनाया और मैदान में जैसे ही तालियाँ कम हुईं, बीबीसी पर ट्रेवर बेली ने कहा, 'और ये लड़का पिछले मैचों में नहीं खेल रहा था। पाकिस्तान में मोहम्मद परिवार इस बारे में ज़रूर कई सवालों के जवाब तलाश रहा होगा। ख़ासकर, बूढ़ी हो चलीं मिसेज़ मोहम्मद।' ये बात शोएब की दादी के बारे में कही गयी थी जिन्होंने अपने सभी बेटों को क्रिकेटर के रूप में ही बड़ा किया था।

II

कई साल तक *विज़्डन* की जन्म और मृत्यु की लिस्ट में जो एकमात्र महिला थीं, वो थीं मिसेज़ हेनरी ग्रेस। वो डब्ल्यूजी ग्रेस और दो और इंग्लैंड के खिलाड़ियों की माँ थीं। इसी तर्ज़ पर अगर पाकिस्तान की कोई सालाना मैगज़ीन या किताब है, तो उसे भी कराची मोहम्मद भाइयों की माँ अमीर बी को इसी तरह सम्मानित करना चाहिए। इसके साथ ही लाहौर की तीन महिलाओं को भी, जो आपस में बहनें थीं और इन तीनों ने एक-एक टेस्ट क्रिकेटर को जन्म दिया और ये सभी आगे चलकर पाकिस्तान के कप्तान बने।

जावेद बुर्की, इन बहनों में सबसे बड़ी वाली के बेटे थे और ऑक्सफ़ोर्ड में पढ़कर आये थे। उन्होंने दो टेस्ट शतक मारे और 1962 के असफ़ल इंग्लैंड के दौरे पर अपनी टीम की कप्तानी की थी। इसके बाद वो गायब हो गये। वो या तो राजनीति में जा घुसे या प्रशासनिक सेवा में लग गये या कोई व्यापार करने लगे। (मुझे याद नहीं है कि वो कहाँ चले गये, हालांकि कुछ लोग कहेंगे कि पाकिस्तान में ये सभी एक ही चीज़ तो होती हैं।) दूसरे भाई का लम्बा और बेहतर क्रिकेट करियर रहा। माजिद खान ने 1965 में सत्रह साल के फ़ास्ट बॉलर के रूप में अपना पहला मैच खेला। उस वक़्त उन्हें माजिद जहाँगीर बुलाया जाता था। जहाँगीर उनके पिता का नाम था जो केम्ब्रिज यूनिवर्सिटी और भारत (अविभाजित) के लिए नयी गेंद से गेंदबाज़ी कर चुके थे। उन्हें सबसे ज़्यादा इस बात के लिए जाना जाता है कि उन्होंने लॉर्ड्स में एक छोटी चिड़िया को मार दिया था। ये काम उन्होंने गेंद से किया था, न कि .303 राइफल से। बेटे ने बहुत ही जल्दी फैसला कर लिया था कि ये खेल बल्लेबाज़ों का है। हालांकि उसके गेंदबाज़ी न करने की वजह उसका गड़बड़ कन्धा बताया गया।

मैंने एक बार बिशन सिंह बेदी को माजिद खान के बारे में बात करते हुए सुना कि उनकी जान में माजिद ख़राब विकेट पर खेलने वाला सबसे अच्छे

बल्लेबाज़ था। बेदी का माजिद से कई बार सामना हुआ था। इंडिया बनाम पाकिस्तान 1978-79 की सीरीज में और उससे पहले भी, और इंग्लिश काउंटी में नॉर्थेम्पटनशेयर के साथ खेलते हुए ग्लेमोर्गन के ख़िलाफ़। वो बिना कवर किये रखे गये विकेट्स के दिन हुआ करते थे और हर काउंटी टीम के पास एक बायें हाथ का धीमी गति से स्पिन कराने वाला खिलाड़ी होता था जिसे बारिश से बदले विकेट के लिए रखा जाता था और जिसकी ज़रूरत हर दूसरे हफ़्ते पड़ती ही पड़ती थी। और जैसा कि हमें मालूम है, इस काम को बिशन सिंह बेदी बखूबी अंजाम दे सकते थे। एक दिन, स्वेनसी पर लगभग चार सौ लोगों को माजिद बनाम बेदी देखने का सौभाग्य प्राप्त हुआ। ये फ़ुटवर्क बनाम फ़्लाइट की लड़ाई थी जो बेहद मज़ेदार होने वाली थी और अब देखने को नहीं मिलती है। बेदी गेंद को लट्टू की तरह घुमा रहे थे और गेंद कई बार पड़ने के बाद ज़मीन का कुछ हिस्सा अपने साथ लेकर आगे बढ़ रही थी। माजिद आगे बढ़कर उसे ड्राइव करने के लिए खेल रहे थे। कई बार वो आगे बढ़ने की कोशिश दिखाते और फिर पीछे होकर उसे कट कर के पॉइंट के बगल से भेज देते। अन्त में उन्हें बेदी ने ही जकड़ा और स्टम्प आउट किया। लेकिन चूँकि वो उस वक़्त तक 70 रन बना चुके थे, लिहाज़ा मैं इस नतीजे को भी इंडिया-पाकिस्तान के 1965 के युद्ध की तरह ही मानता हूँ। ड्रॉ। या शायद, डेड।

माजिद एक बेहद शान्त शिकारी थे। वो कभी भी मैदान पर न ही अपने भाव प्रकट होने देते थे और न ही कभी विरोधियों से कोई बात करते थे। लेकिन मुझे 1 नवम्बर 1978 को लाहौर के गद्दाफ़ी स्टेडियम में उनका कारनामा बेहद अच्छे से याद है। पाकिस्तान को टेस्ट मैच जीतने के लिए 120 के आस-पास रन चाहिए थे। उनके पास मात्र डेढ़ घंटे का समय बचा हुआ था। माजिद को पहले बैटिंग पर भेज दिया गया और वो कपिल देव से परेशान हो चुके थे, क्यूँकि देव लगातार विकेट्स से बहुत बाहर गेंद फेंक रहे थे। कुछ देर देखने के बाद उन्होंने विकेट उखाड़ा और जाकर ऑफ़ साइड में कुछ फ़ीट पर लगा दिया। ये उनके आम-तौर के आचरण के एकदम ख़िलाफ़ था लेकिन ये मैदान उनका घर था और वो अपने पुराने दुश्मन के सामने बैटिंग कर रहे थे। होते-करते पाकिस्तान लक्ष्य तक पहुँच गया और जीत के रन माजिद के छोटे चचेरे भाई इमरान खान के हाथों आये।

जिन्होंने भी 1978 की वो प्रलयकारी (अगर आप भारतीय हैं तो) सीरीज देखी, वो लोग यही कहेंगे कि माजिद और इमरान के बीच जो प्रगाढ़ता है वो भाई होने की वजह से है। उस वक़्त ऐसा ही था। जब पाकिस्तान मैदान में होती

थी, हर दूसरे ओवर के बाद हम देखते थे कि बड़े खान स्लिप में खड़े हुए इन्तज़ार करते थे कि उनका छोटा भाई फ़ाइन-लेग से बॉलिंग करने के लिए आयेगा। माजिद उसकी टोपी लेते थे और अम्पायर को बता देते कि इस दौरान इमरान ही बतायेंगे कि उन्हें किस तरह अपनी गेंदबाज़ी में बदलाव करने होंगे। (कम से कम मुझे तो ऐसा ही लगता है। होने को तो ये भी हो सकता है कि वो सरगोधा में उनके किरायेदारों से वसूले जा रहे किराये की बात करते हों या चेल्सी रेस्टोरेंट के खाने की बात करते हों।) इमरान और माजिद उसके बाद से बेहद बुरी तरह से लड़े ही हैं। और इस वक़्त, मेरे ये लिखने तक, उन्होंने बीते 25 सालों में, आपस में कोई बातचीत नहीं की है। हमें मालूम है कि जब एक पठान भाई दूसरे से बात नहीं कर रहा होता है तो क्या होता है। इस लिहाज़ से उनका व्यवहार तारीफ़ के काबिल रहा है।

1978 में इमरान एक ऐसे तेज़ गेंदबाज़ होते थे जो बल्लेबाज़ को आउट करने की बजाय उसे डराने के लिए ज़्यादा लालायित दिखते थे। वहीं दूसरे छोर पर उनके साथी सरफ़राज़ नवाज़ परम्परागत फ़ुल-लेंथ पर गेंद रखते थे, लेकिन उनके पास वो गति नहीं थी जो इमरान के पास थी। सरफ़राज़ नवाज़ क्रिकेट गेंद के साथ सब कुछ कर सकते थे, सिवाय तेज़ फेंकने के। उनके विरोधी उनपर ये आरोप लगाते थे कि वो गेंद से छेड़छाड़ करने के मास्टर हैं और वो गेंद का आकार, उसका वज़न और बनावट और यहाँ तक कि रंग भी बदल सकते थे। लेकिन छेड़छाड़ के मास्टर स्विंग के मास्टर भी थे। सरफ़राज़ को कभी-कभी सूफ़ी भी कहाँ जाता था जो कि काफ़ी विरोधाभासी मालूम देता था क्यूँकि एक तरफ़ तो वो रूमानी अन्दाज़ में शान्त से बैठे दिखते थे और फिर गेंदबाज़ी करते हुए डरावने और आक्रामक अन्दाज़ में देखे जाते थे। कप्तानों, अम्पायरों, टीम के साथी खिलाड़ियों, मैनेजरों, गुरुओं और यहाँ तक कि अपने चेलों से लड़ना उनके मिजाज़ में शामिल था। एक वक़्त था जब सरफ़राज़ और इमरान काफ़ी करीब होते थे। वो इमरान को 'बच्चा' बुलाते और उन्हें जवाब में 'बड़े' सुनने को मिलता। बाद में उनकी भयंकर लड़ाई हुई और बड़े ने बच्चे को KGB का एजेंट, CIA का एजेंट, ड्रग्स के नशे करने वाला और साम्राज्यवाद और पूँजीवाद की वक़ालत करने वाला तक कह दिया।

जब 1982-83 में इंडिया ने पाकिस्तान का दौरा किया, इमरान टीम के कप्तान थे और मुख्य बॉलर भी थे। लेकिन बहुत ही जल्द ये समझ आ गया था कि सरफ़राज़ उन्हें स्विंग गेंदबाज़ी के सारे कानूनी गुर सिखा चुके थे। अब वो तेज़ और फ़ुल लेंथ पर गेंद फेंकते थे। उस साल उन्होंने अपने आख़री पलों में

अन्दर आने वाली गेंदों से किस तरह इंडिया को तहस-नहस किया, इसके बारे में काफ़ी कुछ लिखा जा चुका है। लेकिन उस विविधता को, वो बाउंसर जिसे वो कभी-कभार ही सही मगर बड़ी चालाकी से इस्तेमाल करते थे, स्विंग होकर बाहर निकलती गेंदें अन्दर आने वाली चार गेंदों के बाद फेंकते थे।

एक बॉलर के तौर पर इमरान का अपना ही एक एक्शन था जो नये लड़कों को नहीं सिखाया जा सकता था। लेकिन उनकी बल्लेबाज़ी एकदम कोचिंग मैनुअल से आती थी जिसमें उनकी बायीं कोहनी ऊपर उठी होती थी और बल्ला पैड्स से सटा रहता था। उनके कई अंग्रेज़ कोच थे और उनका क्रम कुछ यूँ था : आचिसन कॉलेज, लाहौर; रॉयल ग्रामर स्कूल, वॉरचेस्टर; वॉरचेस्टर कॉलेज, ऑक्सफ़ोर्ड। वो एक फ्रंट-फ़ुट पर खेलने वाले खिलाड़ी थे। वो आराम से पारी शुरू करने वालों में थे जो शुरुआती ड्राइव्स के साथ अपने हाथ खोलने में विश्वास रखते थे। वो इतने अच्छे बल्लेबाज़ तो थे ही कि किसी भी अन्तर्राष्ट्रीय टीम में बतौर बल्लेबाज़ अपनी जगह पक्की कर सकें। पाकिस्तान क्रिकेट के लिए बल्ले से उनका आख़री योगदान मेलबर्न में 1992 वर्ल्ड कप फ़ाइनल में खेली गयी वो पारी थी जिसमें उन्होंने समझ-बूझ के, बेहद धीरज के साथ 72 रन बनाये थे।

इमरान अब एक राजनेता हैं और जब मैं ये लिख रहा हूँ, वो पाकिस्तान के प्रधानमन्त्री हैं। वो तीन शादियाँ कर चुके हैं (पहली एक ब्रिटिश महिला से थी)। अपने राजनीति के करियर के दौरान भी वो एक केन्द्रीय किरदार हैं और करिश्माई और विवादास्पद शख़्सियत बने हुए हैं। हालांकि अलग-अलग काम करते हुए इमरान खान की मैंने जितनी भी तस्वीरें देखी हैं, उनमें जो तस्वीर मेरे दिमाग में घर कर चुकी है और जो मुझे सबसे पहले याद आती है, उसमें वो स्क्वायर कट खेल रहे हैं और सिली पॉइंट पर खड़े क्रिस श्रीकान्त ख़ुद को बचाने की कोशिश कर रहे हैं। इस तस्वीर में, इमरान ने हमेशा की तरह बेहद सलीक़े से कपड़े पहने हुए हैं, उनकी शर्ट की बाहें कलाइयों तक मुड़ी हुई हैं, पाकिस्तान के सितारे वाली हरी टोपी उनके सर पर जमी हुई थी।

III

पाकिस्तान के सबसे बड़े बल्लेबाज़ हनीफ़ मोहम्मद भी कराची से थे। हनीफ़ शिष्टता से भरे हुए शख़्स थे जो अपनी टीम के साथियों और विरोधियों, दोनों से एक ही प्रेम भरे भाव से बात करते थे। जावेद मिआंदाद गली के लड़ाके थे जो अपना हक़ तो लेते ही लेते थे, साथ ही दूसरों का हक़ भी ले लिया करते

थे। मैंने उन्हें पहली बार खेलते हुए टीवी पर देखा था। वो 1978 की इंडिया-पाकिस्तान की सीरीज़ थी और मुझे आज भी वो झटका याद है जो मुझे तब लगा था जब मैंने उन्हें मेरे शहर के चन्द्रशेखर की गेंद को मैदान से बाहर मारते हुए देखा था। चार साल बाद उन्होंने एक और धीमी गति के गेंदबाज़ दिलीप दोषी को बहुत नुकसान पहुँचाया। एक मैच में भारतीय टीम जिस होटल में रुकी हुई थी, वो स्टेडियम के बगल में ही था और उस तरफ़ से मैदान दिखता था। जब जावेद क्रीज़ पर आये तो वो बार-बार दिलीप दोषी से उनके कमरे का नम्बर पूछ रहे थे। दिलीप दोषी कोई जवाब नहीं दे रहे थे। लेकिन पास ही खड़े गावस्कर सब सुन रहे थे और उन्होंने जावेद से पूछा कि वो दिलीप के कमरे का नम्बर क्यूँ जानना चाहते थे। मिआंदाद ने जवाब दिया, 'फिर मैं इसके कमरे में छक्का मारूँगा।'

ये याद करने में बेहद मज़ा आता है कि इस पाकिस्तानी ने अंग्रेज़ स्पिनरों को भी ख़ूब तबाह किया था। डेविड गॉवर एक मज़ेदार कहानी बताते हैं। ये रे इलिंगवर्थ की जावेद के साथ शुरुआती मुलाक़ात की कहानी थी। यॉर्कशेयर के इली अपनी चालाकी के लिए जाने जाते थे। वो काउंटी के मैचों में गेंदबाज़ी के लिए लंच से पहले आख़री ओवर में आते थे। अंग्रेज़ बल्लेबाज़ों के सामने ये तय रहता था कि वो किसी भी हाल में 1-1-0-0 के आंकड़े के साथ पवेलियन वापस जाते। पहली बार जब एक बजने से ठीक पहले उन्होंने मिआंदाद के सामने गेंदबाज़ी की, जावेद ने उन्हें एक ओवर में तीन चौके मारे और एक गेंद पर दो रन लिए। इलिंगवर्थ जब पवेलियन जा रहे थे, उनके गेंदबाज़ी के आंकड़े कुछ यूँ थे : 1-0-14-0।

दिसम्बर 1979 में मैंने बैंगलोर में जावेद मिआंदाद को खेलते हुए देखा। छह टेस्ट मैचों की सीरीज़ के पहले मैच के पहले दिन मुदस्सर नज़र ने पकाऊ बल्लेबाज़ी करते हुए सुबह से शाम तक खूँटा गाड़े रखा। उन्होंने शतक भी बनाया। मेरे बगल में जो शख़्स बैठा हुआ था, उसने रेडियो से अपने कान चिपका रखे थे और वो ऑल इंडिया रेडियो सुन रहा था। वहाँ लाला अमरनाथ कमेंट्री कर रहे थे और वो बार-बार बल्लेबाज़ को नज़र मोहम्मद कह रहे थे। वो मुदस्सर के पिता थे जिनके ख़िलाफ़ लाला ने 1951-52 में खेला हुआ था। ये भ्रम लाज़मी मालूम पड़ रहा था क्यूँकि दोनों ही बेहद सावधानी बरतते हुए बल्लेबाज़ी करते हैं। मुदस्सर के पिता ने तो लखनऊ टेस्ट में 515 मिनटों में 124 रन बनाये थे। लेकिन सीनियर नज़र ने मैदान के बाहर रिस्क लिए। उन्होंने तीसरे माले की एक खिड़की से नीचे छलाँग मारी और कुछ दिनों बाद

खेल से संन्यास ले लिया। असल में वो एक कमरे में किसी महिला के साथ थे और फिर कमरे में उस महिला का पति आ गया था। आप नज़र मोहम्मद की टाइमिंग पर सवाल उठा सकते हैं, लेकिन उनकी पसन्द पर नहीं, यहाँ जिस महिला की बात हो रही है वो और कोई नहीं बल्कि खूबसूरत गायिका और अदाकारा नूर जहाँ थीं।

खैर, बैंगलोर में उस दिन जब मुदस्सिर नज़र ने एक छोर पकड़ के रखा हुआ था, दूसरे पर जोखिम उठाने वाले पाकिस्तानियों ने रन बटोरने शुरू किये। सबसे पहले आये ज़हीर अब्बास, जिन्होंने कपिल देव को कुछ शानदार लेग ग्लाइड्स मारीं जो इतनी सुघड़ थीं कि रणजीतसिंहजी का नाम ज़हन में उभर आया। जब दिलीप दोषी गेंदबाज़ी करने आये, उन्होंने उनकी स्पिन होती गेंदों को कवर और मिड-विकेट के बगल से निकाला और फिर 40 रन के स्कोर पर स्टम्प आउट हो गये। अब जावेद मिआंदाद आये और उन्होंने लंच से लेकर चायकाल तक स्पिनरों को मैदान भर में छितराया। उन्होंने दोषी को कट मारे, ऑफ़-स्पिनर शिवलाल यादव को विकेट पर कई गज आगे आकर ऑन-साइड पर ड्राइव किया। मिआंदाद 76 रन पर आउट हुए और उनके बाद ख़ूबसूरत आंखों और करारी ऑफ़ ड्राइव वाले वसीम रजा कुछ देर के लिए आये।

लगभग बीस साल बाद मैंने जावेद मिआंदाद को टीवी पर देखा। वो उस मैदान में ही अपनी आख़री पारी खेल रहे थे जहाँ उन्होंने इस खेल के गुर सीखे थे—कराची का नेशनल स्टेडियम। मौका था 1996 के एक वर्ल्ड कप मैच का जिसमें पाकिस्तान के सामने इंग्लैंड की टीम थी। और इसकी पृष्ठभूमि ये थी कि पाकिस्तानी क्रिकेट का ये हीरो 3 साल बाहर रहने के बाद वापसी कर रहा था। जब वो बैटिंग करने आये, स्टेडियम गूँज उठा। लोगों का शोर इतना ज़्यादा था और इतनी देर तक चला कि अमूमन भावुक न होने वाले जावेद मुस्कुराए और आश्चर्यचकित भाव में सर हिलाया। उस वक़्त दो अंग्रेज़ कमेंट्री कर रहे थे। एक थोड़ा रूखा था और उसने कहा कि ये शोर इसलिए उठ रहा है जिससे कोई भी अम्पायर जावेद को एल्बीडब्ल्यू देने की हिम्मत न करे। उनके साथ ज्योफ्री बॉयकॉट बैठे थे और उन्हें बाकायदे इस बात का इल्म था कि क्रिकेट के दायरे से मिलने वाली इज़्ज़त और शाबाशी का स्वाद कैसा होता है। बॉयकॉट ने तुरन्त अपने साथी का सच्चाई से वास्ता करवाया और कहा, 'ऐसा कुछ भी नहीं है चार्ल्स। ये एक महान खिलाड़ी को दिल से शाबाशी दिये जाने का शोर है।'

कई साल बाद, मेरे लिये एक पार्सल आया। वो एक किलो से भी भारी वज़न का था लेकिन जब मैंने रिटर्न अड्रेस देखा तो समझ गया कि इसमें बम नहीं बल्कि किताबें होंगी। ऑक्सफ़ोर्ड यूनिवर्सिटी प्रेस की कराची ब्रांच ने ये पैकेट भेजा था। मुझे मालूम था कि उन्होंने पाकिस्तान की राजनीति और इतिहास पर कुछ अच्छी किताबें छापी थीं। लेकिन ये कुछ अलग थी। ये सिंध, ससेक्स और ग्लेमोर्गन के क्रिकेटर जावेद मिआंदाद की आत्मकथा थी। जावेद, या जहाँ तक है प्रकाशकों ने इस किताब का नाम *कटिंग एज* रखा था। मैंने उन्हें टीवी पर और मैदान पर इतने साल खेलते हुए देखा लेकिन मुझे बल्ले के किनारे से लगकर जाती हुई गेंद नहीं दिखी। लेकिन कई कट शॉट ज़रूर देखे जो उन्होंने पॉइंट पर बहुत तेज़ मारे थे। इसके साथ ही उनके पास एक बेहद अच्छी ड्राइव भी थी। वो अपने पैरों पर आई गेंदें भी बहुत अच्छे से खेलते थे और पुल और हुक भी करते थे। वो देखने में बहुत ख़ूबसूरती के साथ या लय में बैटिंग तो नहीं करते थे लेकिन उनकी बल्लेबाज़ी बेहद असरदार होती थी।

मैंने उनकी स्पिन खेलने की ताक़त के बारे में लिखा है। लेकिन जावेद अपने देश के कई साथियों से उलट, तेज़ गेंदबाज़ी के भी अच्छे प्लेयर थे। वो बेहद सॉलिड तरीक़े से गेंद की लाइन में आते थे और उन्हें मालूम था कि उनका ऑफ़-स्टम्प कहाँ है। ऑस्ट्रेलिया और वेस्टइंडीज़ के ख़िलाफ़ उनका अच्छा रिकॉर्ड था और इन टीमों में दुनिया के सबसे अच्छे गेंदबाज़ होते थे। अच्छी तकनीक के साथ-साथ वो अपनी पारी को बढ़ाने का काम बखूबी जानते थे और विकेट्स के बीच बहुत अच्छे धावक थे।

उनकी बल्लेबाज़ी का ये मूल्यांकन मेरा है, जावेद का नहीं। उनकी आत्मकथा उनकी मुख्य उपलब्धियों को सभी के सामने रख सकती थी लेकिन उनका विश्लेषण नहीं कर सकती थी। लेकिन उनकी आत्मकथा एक काम ज़रूर करती है—इमरान खान के साथ उनके रिश्ते का अच्छा आंकलन। व्यक्तित्व और पृष्ठभूमि के हिसाब से ये दोनों दो ध्रुव थे। एक कुलीन घर का लड़का जो लाहौर के एक पब्लिक स्कूल में पढ़ने के बाद ऑक्सफ़ोर्ड गया तो दूसरा साधारण घर से आने वाला लड़का जिसे कराची की गलियों ने सब कुछ सिखाया। एक कलाकारों और लंदन के रईसों के बीच रहकर आया हुआ था तो दूसरा अपने आस-पास के समाज से कभी बाहर निकल ही नहीं सका। ये दोनों बेहद अलग-अलग शख़्सियतें थीं लेकिन ये दोनों समकालीन थे। और इसलिए पाकिस्तान के लिए ये खुशकिस्मती की बात थी कि उसका सबसे

अच्छा गेंदबाज़ क्रिकेटीय प्रौढ़ता तक उसी मौके पर पहुँचा जब इस देश का सबसे अच्छा बल्लेबाज़।

अपनी किताबी में जावेद मिआंदाद इमरान के बारे में खुले दिल से तारीफ़ करते हैं। एक गेदबाज़ के तौर पर वो 'लाजवाब' थे। 'गति, चालाकी और रिवर्स स्विंग ने इमरान खान को बेहद ख़तरनाक बनाया हुआ था'। और फिर 'तेज़ गेंदबाज़ी की रूह पकड़ लेने के बाद उन्होंने अपना ध्यान बैटिंग पर लगाया ...और इसमें अच्छी तकनीक अमल में लाये।' ये सच है कि 'इमरान की मेहनत करने की क्षमता औरों से कहीं ज़्यादा थी और ये हर उस शख़्स के लिए एक बड़ा उदाहरण था जो क्रिकेटर बनना चाहता था।'

मिआंदाद ने इमरान की कप्तानी को भी ख़ूब सराहा। जब ये पठान पाकिस्तान का कप्तान बना तो, 'उन्होंने आगे बढ़कर टीम का नेतृत्व किया और ऐसा माहौल बनाया जिसमें दोयम दर्ज़े के काम की जगह ही नहीं दिखती थी। और इससे सभी को अपना सर्वश्रेठ देने प्रेरणा मिली। उन्होंने अच्छे प्रदर्शन को टीम में जगह पाने का एकमात्र पैमाना बनाया। हर किसी को अपनी जगह ख़तरे में दिखती है और इससे वो ख़ुद को बेहतर करने की कोशिश करते दिखते थे।' इस बात से पाकिस्तानी क्रिकेट को बहुत मदद मिली कि बीते कुछ पाकिस्तानी कप्तानों से उलट ये कप्तान एकदम साफ़ था। जैसा मिआंदाद ने लिखा था, 'इमरान क्रिकेट की दुनिया में एक मशहूर नाम तो हैं, लेकिन इस नाम पर कोई दाग़ भी नहीं लग सका। न कोई स्कैंडल हुआ और न ही कोई उनपर इन्तेहाई ईमानदार होने के सिवा और किसी तरह की टीका-टिप्पणी की गयी।'

इसी समय पर, मिआंदाद उस इमरान की आलोचना करते थे जो वो बतौर पाकिस्तनी टीम के सदस्य होते थे। एक दशक के ज़्यादातर हिस्से में ये दोनों खिलाड़ी कप्तानी की कुर्सी पर अदल-बदल कर बैठा किये। 'जैसा कि मैंने पाकिस्तान के बाकी कप्तानों के साथ किया था, मैंने इमरान को कप्तानी के लिए शुभकामनाएँ दीं। लेकिन मुझे बुरा तब लगा जब इमरान ने बदले में मेरे साथ ऐसा नहीं किया।' उन्होंने श्रीलंका के साथ होने वाली एक सीरीज़ के बारे में बात की जिसमें 'इमरान ने मुझे पूरी तरह से सहयोग नहीं किया।' कई ऐसे मौके भी आये जब इमरान ने कप्तान न बनाये जाने पर टीम से अपना नाम ही वापस ले लिया। इसीलिए इमरान ने जावेद की कप्तानी में खेले गये चौंतीस टेस्ट मैचों में मात्र तेरह खेले। जबकि जावेद ने इमरान की कप्तानी में खेले गये अड़तालीस टेस्ट मैचों में छियालीस खेले। मिआंदाद बेहद परिपक्वता के साथ लिखते हैं, 'हम दोनों ने पाकिस्तान को एक बराबर मैच जिताये—चौदह। मैं

इमरान की कप्तानी में जीते गये सभी टेस्ट मैचों में टीम का हिस्सा था। जबकि मेरी कप्तानी में जीते टेस्ट मैचों में से सिर्फ़ 2 मैचों में इमरान मौजूद थे। उनकी सभी जीतें एक ताकतवर टीम के ज़रिए आयीं जबकि जब मैं कप्तान होता था, हम दूसरी कतार के गेंदबाज़ों के साथ खेल रहे होते थे और हमारा सबसे तगड़ा गेंदबाज़ बाहर बैठा होता था।'

कटिंग एज में मिआंदाद के करियर के दौरान एक और रंजिश के बारे में विस्तार से बात हुई है—भारत बनाम पाकिस्तान। उसमें दोनों देशों के बीच हुए टेस्ट मैचों और सीरीज़ का विश्लेषण था और शारजाह में आख़री गेंद पर मारे गये उस छक्के का भी ज़िक्र था मगर उसके बारे में बात करते हुए उन्होंने ख़ुद को बहुत ज़्यादा तवज्जो नहीं दी थी। मिआंदाद ने भारतीय क्रिकेट बोर्ड को ये सुझाव दिया था कि अगर भारत को इमरान, वक़ार और वसीम के जैसे गेंदबाज़ चाहिए थे तो भारत को तेज़ पिचें तैयार करवानी होंगी। इसके साथ ही उन्होंने खेल और देशप्रेम को एक कड़ी से जोड़ने पर भी अपने तार्किक विचार रखे। उन्होंने कहा, 'एक देश का आत्मसम्मान उसके खेल के नतीजे के भरोसे नहीं रखा जा सकता। आपको क्रिकेट के मैच को किसी अदृश्य युद्ध की तरह और क्रिकेट में मिली हार को राजनीतिक हार की तरह देखना बन्द करना होगा।'

उनकी किताब में लिखे शब्दों पर भले ही अन्यार्थ लेखक (साद शफ़क़त) ने सुनहरा वरक चढ़ाया हो लेकिन भाव मिआंदाद के ही थे। ऐसा इसलिए भी है क्यूँकि इस आत्मकथा में बात को सीधे तौर पर कहने की वो प्रवृत्ति है जो दक्षिण एशिया की आत्मकथाओं में गायब दिखती है। इस किताब में लोगों के बारे में कई महीन बातें लिखी हैं। मिआंदाद लिखते हैं कि गावस्कर, सचिन से कहीं बेहतर बल्लेबाज़ थे, अब्दुल क़ादिर शेन वॉर्न से बेहतर कलाई के स्पिनर थे और मुरलीधरन बिला-शक़ इस खेल के इतिहास के सर्वश्रेष्ठ ऑफ़-स्पिनर थे। इसमें आपको दर्शन के भी दर्शन होते हैं। इसे देखिये, और ये भारत पर भी उतना ही लागू होता है, जितना पाकिस्तान पर: 'हमारे कई बड़े खिलाड़ी, एक बार जब वो मैदान पर सफ़ल हो जाते हैं और जनता की नज़रों में पहचान बना लेते हैं, अपने मन में अपनी हवा बना लेते हैं। वो टीम का हिस्सा होना बन्द कर देते हैं और अपने लिये कुछ विशेष बर्ताव की अपेक्षा रखते हैं। ये अलग होने वाला रवैया टीम की एकता को चोट पहुँचाता है और हमें हमारी असली ताक़त के हिसाब से काम करने से रोकता है।'

इस साफ़गोई से आपको चकित नहीं होना चाहिए। मगर उनमें मौजूद दूसरों के प्रति हमदर्दी आपको ज़रूर चकित कर सकती है क्यूँकि मिआंदाद

इस खेल के इतिहास में पाये गये सबसे कड़े प्रतिद्वन्द्वियों में से एक थे। जब नाटकीय तरीके से पाकिस्तान ने न्यूज़ीलैंड को उन्हीं के घर में 1992 के विश्व-कप सेमी फ़ाइनल में हरा दिया था, मिआंदाद को पाँच साल पहले इसी टूर्नामेंट के सेमी-फ़ाइनल में अपनी टीम को मिली हार की याद आई। 'चूँकि पाकिस्तान की उस टीम का मैं हिस्सा था जिसे 1987 में ऑस्ट्रेलिया के हाथों सेमी फ़ाइनल में हार का सामना करना पड़ा था, मैं न्यूज़ीलैंड टीम की स्थिति समझ सकता था। मैं उनके लिए और उस देश की जनता के लिए बुरा महसूस कर रहा था।'

मिआंदाद ने 1992 विश्व कप फ़ाइनल के बाद जो हुआ, उसके बारे में जो बातें कहीं, वो और भी ध्यान देने लायक हैं। जब पाकिस्तान जीता, जावेद ने अपने कप्तान को देर तक गले लगाये रखा और फिर उनके गले में देश का झंडा लपेट दिया। बाद में जब इमरान खान बतौर विश्व विजेता कप्तान, भाषण दे रहे थे, उन्होंने अपने साथी खिलाड़ियों का ज़िक्र तक नहीं किया। इसकी बजाय वो उस कैंसर के अस्पताल की बात करते रहे जो वो अपनी माँ की याद में बनवा रहे थे। एक निष्पक्ष दर्शक के लिए भी जीत के बाद दिया गया ये भाषण अहंकार का शर्मनाक प्रदर्शन था। उस वक़्त पाकिस्तानी टीम को कैसा लग रहा होगा?

मिआंदाद को सुनिए। वो नाराज़ या दुखी नहीं मालूम देते हैं बल्कि इस मामले में इमरान से उन्हें 'सहानुभूति होती है। लोगों के सामने वो ठीक-ठाक बोल पाते थे और अब उन्हें अचानक एक ऐसा भाषण देना था जिसके ठीक पहले उन्होंने अपने क्रिकेट करियर में जीवन की सबसे बड़ी उपलब्धि हासिल की थी।' मिआंदाद का कहना है कि इमरान की मंशा बुरी नहीं थी। उन्होंने ढंग से बातें सामने नहीं रखीं, उसकी वजह ये थी कि वो उनके लिए भावुक पल था। उन्होंने कहा, 'मुझे मालूम होना चाहिए क्यूँकि मेरे लिये भी वो बेहद भावुक पल था। मेरा गला रूँधा हुआ था। लेकिन कम से कम मेरे पास ये ऑप्शन था कि मैं बोलने से ख़ुद को बचा सकता था।'

IV

1992 वर्ल्ड कप के बाद की गर्मियों में पाकिस्तान क्रिकेट टीम इंग्लैंड के दौरे पर गयी। मिआंदाद कप्तानी कर रहे थे और इमरान रिटायर हो चुके थे। पाकिस्तान ने टेस्ट सीरीज़ जीती लेकिन ब्रिटिश प्रेस के एक हिस्से ने वसीम अकरम और वक़ार यूनिस पर गेंद से छेड़छाड़ करने के आरोप लगाये। जब मैं अगस्त महीने के बीच में ब्रिटिश लाइब्रेरी में काम करने के लिए लंदन पहुँचा,

वन-डे मैच खेले जा रहे थे। मैं लॉर्ड्स मैच की शाम को पहुँचा था और अगली सुबह मुझे अख़बार ने ये बताया कि मैच अधूरा छोड़ दिया गया था। पाकिस्तान ने पचास ओवर में 204 रन बनाये थे और इंग्लैंड एक विकेट खोकर 15 रन बना चुकी थी और बारिश आ गयी थी। इस वजह से मैच अगले दिन तक पहुँच गया। मैच बैलेंस में था और इयान बॉथम 12 रन पर खेल रहे थे। उन्होंने वसीम अकरम को तीन ताबड़तोड़ चौके मारे थे।

मैं इंडियन YMCA में रह रहा था और मेरे साथ मेरे कॉलेज का पुराना दोस्त शिवी भी था जो अब कनेक्टिकट के न्यू हेवेन में रहता है और उस वक़्त पहली बार इंग्लैंड गया था। हम वो मैच देखने के लिए कुछ भी कर सकते थे लेकिन अख़बार ने ख़बर दे दी थी—सभी टिकट बिक चुके थे। मैंने शिवी से कहा, 'लॉर्ड्स की तरफ़ चलते हैं। मैं तुम्हें वहाँ की जगहें दिखाऊँगा और फिर बाद में चलके वहाँ काउंटी का मैच देखेंगे।'

हमने ये जो भी सोचा था, दिमाग में ब्लैक मार्केट को रखा ही नहीं था। सेंट जॉन्स वुड तक सबवे लेने के बाद हम ऊपर आये और मैदान की तरफ़ जाते लोगों की कतार दिखी। उन सभी लोगों के पास अपना सामान और टिकट थे। जब हम लॉर्ड्स तक पहुँचे, हमने लोगों को टिकट दिखाकर अन्दर जाते देखा। हम खड़े होकर कुछ देर ये मंज़र देखा किये और फिर वहाँ से चलने को तैयार हुए। जब हम जा रहे थे, शिवी को एक शख़्स दिखा और उसकी आंखें चमक उठीं। ख़ूब सारी हिन्दी फ़िल्म देखने वाले शिवी ने अपने फ़िल्मी अनुभव के आधार पर कहा, 'वो आदमी दलाल जैसा दिख रहा है।' वो वाकई दलाल ही था। हमने तीस पाउंड दिये और इसके बदले में हमें जो देखने को मिला वो बेशकीमती था।

कॉम्पटन स्टैंड के ऊपरी हिस्से में जैसे ही हम आकर बैठे, खेल शुरू हुआ। कई साल पहले, 70 के दशक में मैंने और शिवी ने हमारी भारतीय टीम को इंग्लैंड, वेस्ट इंडीज़ और पाकिस्तान के ख़िलाफ़ मैच हारते हुए देखे थे। फिर हम विवियन रिचर्ड्स और उनके साथियों के खेल का आनन्द नहीं ले पाते थे क्यूँकि हम दुखी ज़्यादा हो रहे होते थे। लेकिन लॉर्ड्स में इस मौके पर तो हम निष्पक्ष थे। लिहाज़ा हम खेल के हर पहलू का आनन्द उठा सकते थे।

तुरन्त ही रॉबिन स्मिथ आउट हो गये और यहाँ से एक ऐसी परम्परा की शुरुआत हुई कि जैसे ही लगता कि इंग्लैंड ने मैच अपने हाथ में ले लिया है, वो एक विकेट खो देते। बॉथम का साथ देने के लिए आये फ़ेयरब्रदर। वो एक अच्छे बायें हाथ के बल्लेबाज़ थे और उनका क्रिश्चियन नाम नील हार्वी था।

उनके रन बटोरने वाले पहले सभी छह शॉट ऑफ़ साइड में मारी गयीं बाउंड्री थीं। मैंने शिवी से कहा था कि फ़ेयरब्रदर बस आधे घंटे और खेल गये तो मैच ख़त्म हो जायेगा। मैंने ये इसी आशा के साथ कहा था कि वो आउट हो जायेंगे और अगले ही ओवर में आकिब जावेद ने उन्हें बोल्ड कर दिया।

इसके बाद खेलने के लिए आये एलेन लैम्ब जो इंग्लैंड के सबसे अच्छे वन-डे बल्लेबाज़ थे लेकिन उस वक़्त अड़तीस साल के हो चुके थे और इंडिया के अगले दौरे पर उनका आना सन्दिग्ध मालूम दे रहा था। लैम्ब ने जल्दी ही अपना काम शुरू कर दिया और गेंद को एक-दो रनों के लिए खेलने के अलावा पास के टप्पे वाली गेंदों को बाउंड्री तक भी पहुँचाया। इस दौरान बॉथम अपनी तरंग में दिख रहे थे। शिवी और मैं उनसे करीब सौ गज की दूरी पर थे लेकिन उनके सफ़ेद हेल्मेट के अन्दर से उनकी उलझनें हमें साफ़ तौर पर दिखाई दे रही थीं। लैम्ब की ही तरह वो भी टेस्ट सीरीज़ के बीच में ही ड्रॉप कर दिये गये और वो किसी भी हालत में भारत के दौरे पर जाना चाहते थे। जिस तरह से दूसरे छोर पर उनका साथी बल्लेबाज़ी कर रहा था, उन्हें बस एक-एक रन दौड़ने थे, स्ट्राइक बदलनी थी और उनकी टीम बड़े आराम से मैच अपने कब्ज़े में कर सकती थी।

उन्होंने कुछ देर ऐसा किया भी। लेकिन अपने प्रतिपक्षी कपिल देव की तरह टुक-टुक करने वाला खेल उनकी तबीयत का खेल नहीं था। सीम बॉलर्स और मुश्ताक़ अहमद ने उन्हें मारने के लिए गेंदें ही नहीं दीं। और फिर जब बायें हाथ के धीमे गेंदबाज़ आमिर सोहेल गेंदबाज़ी करने के लिए आये, बॉथम ने धैर्य खो दिया और आवेश उनपर हावी हो गया। उन्होंने विकेट पर नयी लकीरें खींचीं और सोहेल को बैक-फ़ुट पर चौका मारा। इसके बाद, सोहेल के अगले ओवर में वो बस दूसरे छोर से खड़े देखते ही रहे क्यूँकि लैम्ब ने पहली पाँच गेंदें खुद ही खेल डालीं। जितना हमें मालूम था, उतना ही सोहेल को भी मालूम था कि बॉथम उस आख़री गेंद के साथ क्या करना चाहते थे। उन्होंने बड़े करीने से वो गेंद फ़्लाइट के साथ ऑफ़ स्टम्प के बाहर फेंकी और बल्लेबाज़ चूँकि अपना मन बना चुके थे, आगे बढ़े और गेंद मिस कर गये। बॉथम स्टम्प आउट हो चुके थे।

बेहद भारी क़दमों के साथ बॉथम मैदान से बाहर जा रहे थे। ऐसा लग रहा था कि बतौर इंग्लैंड के खिलाड़ी, वो आख़री बार ऐसा कर रहे थे। अब बैटिंग करने के लिए आये ग्रीम हिक। उन्होंने भी सोहेल को शुरुआत में ही पीटने की कोशिश की और गेंद उनके बल्ले के अन्दरूनी किनारे को छूती हुई

विकेट्स से जा लगी। 139 रनों पर 5 विकेट के बाद मैच रोमांचक हो चुका था। लैम्ब का साथ देने के लिए आये यॉर्कशेयर के रिचर्ड ब्लेकी जो अपना पहला अन्तर्राष्ट्रीय मैच खेल रहे थे। लेकिन वो घबराये नहीं लग रहे थे और स्कोर बढ़ता जा रहा था। पाकिस्तान के हाथ से मैच निकलता जा रहा था। फिर, जब टीम को मात्र 30 रन चाहिए थे, लैम्ब ने मुश्ताक़ को स्वीप करना चाहा और 55 रनों के स्कोर पर वो कैच आउट हो गये। गेंद उनके बल्ले से लगकर पैड्स पर गयी और हवा में खड़ी हो गयी। अब रोमांच बढ़ रहा था। जैसे-जैसे विकेट्स गिर रहे थे, ज़रूरी रन-रेट बढ़ रहा था। बड़ी बात ये थी कि पाकिस्तान के पास वसीम अकरम और वक़ार यूनिस के तीन-तीन ओवर बचे हुए थे। जब इंग्लैंड को जीत के लिए 14 रन चाहिए थे, ब्लेकी को वक़ार यूनिस ने 25 रनों पर आउट कर दिया। दो रन बाद ही अकरम ने एक ही ओवर में क्रिस लुईस और फ़िलिप डिफ्रेटस को आउट किया।

अब, हमने सोचा कि पाकिस्तान बड़े आराम से मैच जीत जायेगा। लेकिन डेरमॉट रीव और रिचर्ड इलिंगवर्थ की आख़री जोड़ी ने कोई रिस्क नहीं लिया और एक-एक रन जोड़ते हुए लक्ष्य के करीब पहुँचे। आख़री ओवर में इंग्लैंड को जीत के लिए चार रन चाहिए थे और पाकिस्तान को एक विकेट। ये एक ऐसी पटकथा थी जो पहले वन-डे इंटरनेशनल के प्रमोटर को लिखनी चाहिए थी। ओवर की पहली गेंद पर रीव ने एक रन लिया और ईलिंगवर्थ स्ट्राइक पर आये। हर कोई वक़ार की अन्दर आती यॉर्कर के बारे में सोच रहा था। ये दुनिया की सबसे घातक गेंद होती थी जो आपको तभी अच्छी लगती थी जब आप दूसरे छोर पर खड़े हों। बल्लेबाज़ ने भी यही सोचा हुआ था और ऐसी ही गेंद की उम्मीद करते हुए वो पैड के साथ बल्ला सामने लेकर आया। लेकिन वक़ार ने बड़ी चालाकी के साथ वो किया जो किसी ने भी नहीं सोचा था। उन्होंने एक तेज़ आउट-स्विंगर फेंकी। ऑफ़ स्टम्प उड़ता हुआ पवेलियन की तरफ़ जा गिरा और पाकिस्तान 2 रनों से वो मैच जीत गया।

शिवी और मैं धीरे-धीरे बाहर निकल रहे थे। हमें मैदान में लगे स्पीकरों पर क्लाइव लॉयड की आवाज़ सुनाई दे रही थी जो उस मैच के निर्याणक थे। वो कह रहे थे कि ये मैच उनके देखे मैचों में सबसे बेहतरीन था। हम बहुत थके हुए थे। इतना कि बात तक करने की ताकत नहीं थी। हम सेंट जॉन्स वुड रोड पर चले और ट्यूब स्टेशन तक पहुँचे। दिन ख़त्म हो रहा था और हम 20 साल जवान हो चुके थे।

उस हफ़्ते के अन्त में इंग्लैंड की वो टीम घोषित हुई जिसे भारत के दौरे पर जाना था। इयान बॉथम और ऐलेन लैम्ब उस टीम का हिस्सा नहीं थे। अपना करियर ख़ात्मे पर पाने वाले लैम्ब ने प्रेस का रुख किया जहाँ उन्होंने कहानी सुनाई कि कैसे पाकिस्तानी गेंदबाज़ अपने देश में क्रिकेट की शुरुआत से ही क्रिकेट बॉल के साथ छेड़छाड़ करते आ रहे हैं। उन्होंने बताया कि उन्हें ये सब कुछ इसलिए मालूम था क्यूँकि उन्होंने सभी पाकिस्तानी तेज़ गेंदबाज़ों के 'सरगना' सरफ़राज़ नवाज़ के साथ एक ही काउंटी (नॉर्थेम्पटनशेयर) में खेला था। इन आरोपों को भयानक सहानुभूति भरी कवरेज मिली। मुझे याद है कि एक अख़बार में लैम्ब की इस कहानी के साथ उनकी तस्वीर भी छपी थी जिसमें वो अपनी पत्नी, बच्चों और अपने कुत्ते के साथ अपने घर के सामने खड़े थे। ये तस्वीर अपने आप में काफ़ी कुछ कह रही थी।

1992 के इस विवाद ने एक बार फिर पाकिस्तानियों की अंग्रेज़ों द्वारा बनायी हुई घटिया तस्वीर सभी के सामने रखने की कोशिश की। किसी शख़्स को उसके रंग (भूरे), धर्म (इस्लाम), भाषा (समझ से बाहर) की वजह से अलग माना जाता था। इससे भी बड़ी बात ये थी कि वो एक बड़े आप्रवास के ज़रिये ब्रिटिश सभ्यता के गढ़ तक आ पहुँचा था। उसी पतझड़ के मौसम में मैं ऑक्सफ़ोर्डशेयर में एक बस के ऊपरी हिस्से में आगे की सीट पर बैठा हुआ था और मुझपर कुछ लड़के पीछे से फ़ब्तियाँ कस रहे थे। उन्होंने अपनी भद्दी फब्तियों के साथ कुछ खाली बियर के कैन भी मुझपर फेंके। दुनिया के पश्चिमी हिस्से में कई साल रहने और ट्रैवेल करने के दौरान मेरे साथ हुई नस्लीय हिंसा का ये एकमात्र उदाहरण था। यहाँ ये भी बता दूँ कि वो कूढ़मगज मुझे 'ब्लडी फ...पाकी' कह रहे थे।

1992 की उन गर्मियों के बारे में ज्योफ्री बॉयकॉट की बात सर्वसम्मति से मानी जानी चाहिए। पाकिस्तानियों के ख़िलाफ़ गेंद से छेड़छाड़ के आरोपों पर जब उनसे कुछ कहने को कहा गया तो उन्होंने जवाब दिया, 'जैसी फ़ॉर्म में वो हैं, वसीम और वक़ार पूरी इंग्लैंड की टीम को सन्तरे से गेंदबाज़ी कर के भी आउट कर सकते हैं।'

V

लॉर्ड्स के उस रोमांचक मैच के चार साल बाद मैंने अपने घर बैंगलोर में इंडिया और पाकिस्तान का मैच देखा। मैं मैच शुरू होने से पहले ही अपनी सीट पर बैठ गया था। आख़िर ये क्रिकेट वर्ल्ड कप का क्वार्टर-फ़ाइनल था। जब मैं पहुँचा

तो इमरान खान और सुनील गावस्कर मैदान के चक्कर लगा रहे थे। पठान ने सलवार कमीज़ कहनी हुई थी और मराठी खिलाड़ी ने शर्ट-पैंट। इस जगह पर इससे पहले ये दोनों दस साल पहले खेले गये एक टेस्ट मैच के लिए मिले थे जिसमें सुनील गावस्कर ने 96 रन बनाये थे और इमरान ने अपनी टीम को 16 रनों से जीत दिलाई थी। मैदान के दूसरे छोर पर पाकिस्तान के कप्तान वसीम अकरम अपने विकेटकीपर को गेंद फेंक रहे थे। पास खड़े कोच इन्तिख़ाब आलम बेहद गौर से उन्हें देख रहे थे। वसीम के उस मैच में खेलने को लेकर काफ़ी संशय था क्यूँकि उनकी जाँघों की मांसपेशियों में खिंचाव हो गया था। पाँच या छह गेंद फेंकने के बाद वो पवेलियन की ओर चल पड़े। इस दौरान वो अपना सर हिला रहे थे।

जब ये ख़बर सामने आई कि वसीम को टीम में जगह नहीं मिलेगी तो पाकिस्तानी खेमे में ग़दर का माहौल हो गया। जावेद मिआंदाद को लगा कि उन्हें कप्तानी मिलनी चाहिए क्यूँकि वो खासे अनुभवी थे और भारतीय खेमे में उनको लेकर एक डर भी था। सलीम मलिक ने भी अपनी दावेदारी पेश की। इस सब में आधिकारिक वाइस-कैप्टन आमिर सोहेल को टॉस के लिए उतरते पाया गया। वो टॉस हारे और फिर जब टीम बाहर आई तो वो आगे-आगे आते दिखाई दिये। पहले ओवर में मिआंदाद को बगैर कप्तान की मंज़ूरी के फ़ील्ड में बदलाव करते देखा गया। ये करीब आधे घंटे तक चला और फिर आमिर सोहेल ने कड़ा रुख अपनाया। उन्होंने मिआंदाद को थर्ड मैन पर भेज दिया जहाँ से उन्हें कोई सुन नहीं सकता था।

भारतीय ओपनिंग बल्लेबाज़ों ने ध्यान से बैटिंग करनी शुरू की। सचिन तेंदुलकर के लिए ये मौका काफ़ी बड़ा था और दूसरे छोर पर नवजोत सिद्धू के बारे में यही माना जा रहा था कि वो खूँटा गाड़ ही देंगे। भारतीय पारी बेहद मद्धम गति से चल रही थी। ये एक मेल ट्रेन की तरह थी जो न ही इतनी धीमी थी कि पैसेंजर कहलाये और न ही इतनी तेज़ कि उसे एक्सप्रेस ट्रेन कहा जाये। सचिन ने बेहद साधारण 30 रन बनाये और उन्हें अता-उर-रहमान ने आउट किया। भारतीय कप्तान मोहम्मद अज़हरुद्दीन ने गेंद इधर-उधर धकेली लेकिन फिर विकेट्स के पीछे कीपर राशिद लतीफ़ ने अच्छा कैच पकड़ कर उन्हें चलता किया। विनोद काम्बली ने भी कुछ रन बनाये। मुझे याद नहीं है कि उन्होंने कितने और कैसे वो रन बनाये थे। इस पूरे दौरान सिद्धू मैदानी शॉट्स ही लगा रहे थे और जमे हुए थे। हमें आक्रामक सिद्धू की झलक बस तभी देखने को मिली जब उन्होंने मुश्ताक़ अहमद को मिड-विकेट के ऊपर एक करारा

शॉट मारा था। अन्त में जब वो 93 रन बनाकर आउट हुए, इंडिया का स्कोर पाँच विकेट के नुकसान पर 190 रन था और मात्र 10 ओवर और बचे हुए थे। हम यही सोच रहे थे कि हम किसी भी हाल में 240 तक पहुँच पायेंगे और ये एक जीतने वाला स्कोर नहीं होगा।

लेकिन अजय जडेजा ऐसा नहीं सोचते थे। उन्होंने वक़ार यूनिस को जो पहला आक्रामक शॉट मारा, वो हवा में ऊँचा उठा और पॉइंट के काफ़ी पीछे गया। न ही स्वीपर कवर उसके पास आ सकता था और थर्ड मैन से भी वो काफ़ी दूर था। उन्हें इस शॉट पर तीन रन मिले। लेकिन ये ऐसे शॉट होते हैं जो गेंदबाज़ को पागल कर देते हैं। मैंने एक गलत शॉट को इतने अच्छे से कभी ऐसी जगह गिरते नहीं देखा था जहाँ कोई फ़ील्डर ही न हो। अब जडेजा ने वक़ार की गेंदों को ऐसे पीटना शुरू किया जैसे इससे पहले किसी ने नहीं किया था। उन्होंने वक़ार के सर के ऊपर से ड्राइव कर के छक्का मारा और फिर उनकी धीमी फेंकी गयी गेंद को आड़े बल्ले से दर्शकों के बीच भेज दिया। इसी बीच अनिल कुंबले ने भी वकार को पुछल्ले बल्लेबाज़ वाला शॉट मारकर मिड-विकेट के ऊपर भेजा। इसकी अगली ही गेंद पर उन्होंने कवर में ड्राइव मारी और ये कतई ऑल-राउंडर वाला शॉट था। वक़ार यूनिस के आख़री दो ओवर में 40 रन आये और इंडिया 287 पर जाकर रुकी।

पाकिस्तान ने बढ़िया शुरुआत की। आमिर सोहेल और सईद अनवर ने 50 रन पहले पाँच ओवर में ही बना लिए। सारे शॉट परम्परागत शॉट थे। आमिर का स्क्वायर कट और अनवर की कवर ड्राइव दर्शनीय थी। लेकिन उनके शॉट्स पर जो सन्नाटा पसरा हुआ था वो बेस्वाद मालूम दे रहा था। कोई भी ताली नहीं बजा रहा था। (इस सन्नाटे के पीछे सिर्फ़ भारत की बात ही नहीं थी। असल में दोनों ओपनिंग गेंदबाज़ बैंगलोर के ही थे।) इसके बाद कुंबले को लाया गया और पहली ही गेंद पर अनवर ने उन्हें छक्का जड़ दिया। बल्लेबाज़ ने अपने हाथ बढ़िया से खोले थे और गेंद लॉन्ग-ऑन के काफ़ी ऊपर गयी थी। दूसरे छोर पर सोहेल ने वेंकटेश प्रसाद को खोल के रखा हुआ था। दोनों के बीच शब्दों का लेन-देन भी हुआ। सोहेल ने एक के बाद एक दो कमाल की स्क्वायर ड्राइव मारीं। इसके बाद वो बॉलर की तरफ़ बढ़े। अगली गेंद पर वो विकेट पर आगे निकले और गेंद मिस कर गये। मिडल और ऑफ़ स्टम्प बिखर गये। वेंकटेश प्रसाद ने उन्हें पवेलियन वापस जाने का रास्ता दिखाया। भीड़ पागल हो गयी। इसके बाद जवागल श्रीनाथ ने अनवर को एक ख़राब शॉट पर कैच करवाया। बैंगलोर के ही अनिल कुंबले ने पीछे दौड़ते हुए मिड-ऑन पर कैच पकड़ा।

15 ओवर के बाद पाकिस्तान दो विकेट पर 115 रन बना चुकी थी। ये ज़रूरी रन रेट से बहुत आगे था। मुझे पारी के बीच हुई चीज़ें, मसलन तीन और चार नम्बर पर आये इजाज़ अहमद और इंज़माम-उल-हक़ का आना और उनका आउट होना बहुत अच्छे से नहीं याद है। लेकिन मैं छह नम्बर पर मिआंदाद को उतरते हुए अभी भी देख सकता हूँ। क्रीज़ पर पहुँचने से पहले उन्हें सलीम मलिक को पार करना था। मलिक ने उनसे कुछ नहीं कहा, बस अपनी बायीं मुट्ठी आगे बढ़ा दी। जावेद ने उसमें अपनी मुट्ठी ज़ोर से भिड़ाई। उस वक़्त मिआंदाद का आत्मविश्वास ग़ज़ब का था।

मिआंदाद और मलिक, दोनों ही वन-डे मैचों के महारथी माने जाते थे। इंडिया के ख़िलाफ़ इन दोनों के रिकॉर्ड भी बेहतरीन हैं। चार या पाँच साल पहले इन मुट्ठियों का आपस में मिलना सामने वाली टीम के लिए मैच के अन्त होने की शुरुआत का सूचक होता। लेकिन यहाँ साफ़ दिखने लगा था कि जावेद मिआंदाद अब अपने सर्वश्रेष्ठ पर नहीं थे। शरीर पुराना हो चला था। पहले वो शुरुआती ओवरों में ही गेंद को गैप में धकेलते थे और तेज़ी से रन चुराते थे। लेकिन अब उन्हें ख़ुद को समय देने की ज़रूरत महसूस होने लगी थी। उनके पैरों और दिमाग के बीच तालमेल नहीं दिख रहा था। उनके पहले पन्द्रह रन एक-एक रन लेकर ही आये। ओवर निकलते गये और ज़रूरी रन-रेट सात तक पहुँच गया। मलिक को समझ में आ गया था कि उन्हें ही कुछ करना होगा। उन्होंने कुंबले को उठा के मारने की कोशिश की और गेंद बल्ले पर नहीं आई। उन्हें एलबीडब्ल्यू आउट दे दिया गया। वो विकेट पर एक या दो कदम आगे थे लेकिन अम्पायर हमारे देश का नहीं था, इसलिए वो आउट ही हुए होंगे।

इसके बाद राशिद लतीफ़ खेलने आये। उन्होंने हेल्मेट नहीं पहना हुआ था और ये काम विव रिचर्ड्स और सुनील गावस्कर के रिटायर होने के बाद किसी भी खिलाड़ी ने नहीं किया था। वो लगभग पौन घंटा क्रीज़ पर रहे और इस दौरान उन्होंने तीन बेहद ख़ूबसूरत शॉट लगाये। इसकी शुरुआत उन्होंने कुंबले को ऑन ड्राइव पर छक्का मारकर की। फिर श्रीनाथ अपने दूसरे स्पेल के लिए आये। एक अच्छी स्पीड वाले उस गेंदबाज़ को लतीफ़ ने विकेट पर आगे आकर साइटस्क्रीन के ऊपर से स्टैंड्स में भेजा। अगली गेंद छोटी थी और समझ में आ गया था कि उसका हश्र क्या होने वाला था। एक तेज़ स्क्वायर कट से गेंद हवा में थी जो ज़मीन के समानान्तर जाते हुए बाउंड्री के अन्दर गिरी। सब कुछ काफ़ी तेज़ी से हो रहा था और ये बहुत देर चलने वाला नहीं था। अज़हर ने चालाकी दिखाते हुए अपने सबसे धीमे गेंदबाज़ वेंकटपति राजू को

बुलाया। लतीफ़ एक लॉलीपॉप को मारने चले लेकिन वो हवा में ही बाहर की ओर निकल गयी और विकेट के पीछे मोंगिया को बेहद आसान स्टम्पिंग मिली।

जब लतीफ़ आउट हुए, मुझे समझ में आ गया था कि अब मैच में कुछ भी नहीं बचा था। मेरे मामा को ऐसा नहीं लग रहा था, जो मेरे बगल में बैठे हुए थे। न जाने कितने लोगों की तरह वो भी अभी तक लाहौर में आख़री गेंद पार मारे गये मिआंदाद के छक्के को नहीं भूले थे। उस छक्के ने पाकिस्तान को मैच जिता दिया था। 1986 में जब वो शॉट खेला गया था, मैं कनेक्टिकट में रहता था। मेरे आस-पास हर किसी ने वो शॉट टीवी पर देखा था या फिर रेडियो पर सुना था। मुझे उसके बारे में दो हफ़्ते बाद तब पता चला था जब भारतीय अख़बार मेरी यूनिवर्सिटी पहुँचे थे। और अब जब मैं उसी शख़्स को बूढ़ा होता देख रहा था, लोगों को अभी भी लग रहा था कि वो इस मैच की आख़री गेंद पर छक्का मार सकता है। ज़रूरी रन रेट 9 रन प्रति ओवर पहुँच चुका था और उसी वक़्त एक डायरेक्ट हिट ने मिआंदाद की पारी का अन्त कर दिया। जब वो आउट हुए, मैं खड़ा होकर उनके लिए तालियाँ बजा रहा था। मेरे पीछे बैठे शख़्स ने मुझसे पूछा, 'ताली क्यूँ बजा रहे हो?' मैंने रूखेपन से जवाब दिया, 'तुम्हें भी इसके लिए ताली बजानी चाहिए। ये आख़री बार है जब हम इसे बैटिंग करते देख रहे हैं।' उसने जवाब दिया, 'भगवान का शुक्र है कि इस कमीने को दोबारा बैटिंग करते नहीं देखना पड़ेगा।' मैंने जाने क्यों मान लिया था कि अनिश्चित अन्तर्राष्ट्रीयवाद और एकतरफ़ा राष्ट्रवाद समान होंगे?

VI

वक़ार और वसीम से पहले इमरान खान थे और फिर आये शोएब अख़्तर और मोहम्मद आमिर। ऐसे खिलाड़ियों के चलते ही पाकिस्तान को तेज़ गेंदबाज़ों की ज़मीन कहा गया। जबकि उन्होंने न जाने कितने अच्छे स्पिनर भी पैदा किये हैं। युवाकाल से मिडल-एज तक बतौर क्रिकेट फ़ैन, मेरा ख़ुद का जीवन बॉर्डर के उस ओर के चार गुगली गेंदबाज़ों को देखते गुज़रा है।

इस चौकड़ी में पहला नाम था अब्दुल क़ादिर का, जिन्होंने कलाई से गेंद घुमाने की कला को तब शोहरत पहुँचाई थी जब क्रिकेट की दुनिया ने शेन वॉर्न का नाम भी नहीं सुना था। क़ादिर का रन-अप और एक्शन, दोनों ही बेहद रोमांचक थे। वो हल्के से अपनी उँगलियाँ चाटते, अपने पैरों की उँगलियों पर हल्का-सा उचकते, टेढ़े होकर चार कदम दौड़ते और फिर एक अन्तिम छोटी छलाँग के साथ गेंद छोड़ते। उनके तरकश में सारे तीर थे—लेग-ब्रेक, गुगली,

टॉप-स्पिनर और फ़्लिपर भी। वॉर्न की ही तरह, वो भी वन-डे क्रिकेट में बहुत बढ़िया गेंदबाज़ी करते थे और पारी के अन्तिम ओवरों में गेंदबाज़ी करने वाले पहले स्पिनर बने। अगर उन्हें आज के डिसीज़न रिव्यू सिस्टम (डीआरएस) का फ़ायदा मिलता तो वो कितने ही और विकेट ले चुके होते। मुझे याद है कि 1982 के इंग्लैंड के टूर पर उन्होंने काफ़ी गेंदबाज़ी की थी और मैं वो रेडियो पर सुना करता था। उस दौरान बल्लेबाज़ उनके सामने अपना बायाँ पैर विकेट के आगे कर देते और बल्ले को पैड के पीछे छिपा देते थे। उन्हें मालूम रहता था कि परम्परागत तरीके से अम्पायरिंग करने वाले अम्पायर शक का फ़ायदा बल्लेबाज़ों को देते थे। आज के वक़्त में इंग्लैंड के अम्पायर तक उन सभी मौकों पर बल्लेबाज़ों को आउट क़रार देते।

इंग्लिश और वेस्ट इंडीज़ के खिलाड़ियों से उलट हम भारतीयों ने क़ादिर को बढ़िया से खेला। मुझे 1982-83 के हमारे दौरे का एक टेस्ट मैच याद है जब कपिल ने आकर क़ादिर को मैदान भर में मारा था : कवर के ऊपर इनसाइड-आउट शॉट, स्क्वायर लेग के पास से, मैदान में सीधे गेंदबाज़ के सर के ऊपर। लेकिन यहाँ भी अपवाद थे। इसी टेस्ट में अरुण लाल ने नयी गेंद अच्छे से खेली थी और अपने पचासे की ओर बढ़ रहे थे। फिर गेंद क़ादिर के हाथ में आ गयी। मुझे तुरन्त ही पिगी का अपने फ़र्स्ट-क्लास डेब्यू पर भगवत चन्द्रशेखर की दूसरी ही गेंद पर ज़ीरो पर आउट होना याद आ गया। मैंने साथ में बैठे अपने ममेरे भाई से कहा था कि मुझे अपने कॉलेज के कप्तान के लिए डर लग रहा था जो हमेशा अच्छी स्पिन गेंदबाज़ी के ख़िलाफ़ संघर्ष करते नज़र आते थे। क़ादिर ने उन्हें दो लेग ब्रेक्स फेंकीं जिन्हें हवा में काफ़ी वक़्त मिला। उन्होंने उन गेंदों को जाने दिया। अगली गेंद एक तेज़ गति से फेंकी गयी टॉप-स्पिनर थी जिसे पिगी ने खेलना चाहा और वो मिस कर गये। गेंद उनके पैड पर लगी जो मिडल स्टम्प के ठीक सामने था। उन्हें एलबीडब्ल्यू आउट दे दिया गया जो अम्पायर के जीवन का शायद सबसे आसान फ़ैसला रहा होगा।

मैं उस वक़्त चौबीस साल का था और मेरा ख़ुद का (जो असल में कभी था ही नहीं) क्रिकेट करियर बहुत पहले ही ख़त्म हो चुका था। लेकिन उस वक़्त एक 12 साल का पाकिस्तानी लड़का, मेरी ही तरह क़ादिर को देख रहा था और उसने उनकी नक़ल उतारनी शुरू कर दी। वह था मुश्ताक़ अहमद। हालांकि वो कद में छोटे थे और मोटे थे जबकि क़ादिर लम्बे और पतले थे, उसने अपना एक्शन अपने हीरो की ही तरह रखा। हाथों की उँगलियों को हल्के से चाटने से लेकर टेढ़े होकर दौड़ने तक। हालांकि उसके शरीर की वजह से

वो आख़री कूद मुकम्मल नहीं हो पाती थी। अपने गुरु की ही तरह मुशी ने टेस्ट और वन-डे, दोनों में अच्छी गेंदबाज़ी की। पाकिस्तान की 1992 की वर्ल्ड कप जीत में उन्होंने एक अहम किरदार निभाया। लेकिन मुझे उनका इंग्लैंड के तीन सबसे अच्छे बल्लेबाज़ ग्रीम हिक, रॉबिन स्मिथ और ऐलेन लैम्ब को आउट कर लॉर्ड्स टेस्ट जिताना सबसे अच्छे से याद है। ये तीनों बल्लेबाज़ साउथ अफ्रीका से थे। अगर मुझे ठीक से याद है तो एक लेग ब्रेक पर विकेट के पीछे कैच आउट हुआ था, दूसरा गुगली पर बोल्ड और तीसरा टॉप-स्पिनर पर एलबीडब्ल्यू आउट हुआ था।

मुश्ताक़ के बाद टीम में दानिश कनेरिया आये जो पाकिस्तान के लिए टेस्ट क्रिकेट खेलने वाले दूसरे (या शायद तीसरे) हिन्दू खिलाड़ी थे। उनका एक्शन और गेंद फेंकने का अन्दाज़ और तकनीक, सब कुछ परम्परागत था। वो गेंद को क़ादिर और मुश्ताक़ से ज़्यादा फ़्लाइट करते थे और गेंद इन सभी से ज़्यादा घुमाते भी थे। बस उनके पास गेंदबाज़ी में विविधता नहीं थी। नॉर्मल लेग-ब्रेक के सिवा उनके पास ले-देके बस गुगली मिलती थी। लेकिन इसके बावजूद वो बढ़िया गेंदबाज़ थे। मैं जब ये लिख रहा हूँ तो मुझे उनके दो शिकार याद आ रहे हैं जो मैंने टीवी पर देखे थे। ये दोनों विकेट अलग-अलग महाद्वीप में और अलग-अलग टीमों के ख़िलाफ़ लिये गये थे। एक विकेट सीधे हाथ के इंग्लैंड के बल्लेबाज़ एलेक स्टीवर्ट का था जिन्हें उन्होंने हवा में ही छका दिया था। वो विकेट पर चलकर आगे आये और गेंद बेहद तेज़ी से घूम गयी। उस लेग ब्रेक ने उन्हें स्टम्प आउट करवाया। दूसरा विकेट ऑस्ट्रेलिया के बायें हाथ के बल्लेबाज़ मिशेल जॉनसन का था। वो गेंद को बहुत लम्बा मारते थे और इस मौके पर भी ऐसा ही करने की सोच रहे थे। उन्होंने शॉट खेला और उसी वक़्त उन्हें मालूम पड़ा कि वो गेंद असल में लेग-ब्रेक नहीं बल्कि गुगली थी मगर तब तक उनकी गिल्लियाँ बिखर चुकी थीं।

पाकिस्तानी गुगली गेंदबाज़ी का सबसे हालिया उदाहरण मैंने यासिर शाह में देखा है। गेंद फेंकते वक़्त उनके छाती खुली होती है और पहले के गेंदबाज़ों में ये नहीं दिखता था। इसके बावजूद वो गेंद पर अद्‌भुत नियन्त्रण रखते हैं, गेंद घुमाते हैं और सबसे अच्छे बल्लेबाज़ों को चकमा देने का माद्‌दा रखते हैं। मैंने इंग्लैंड में खेली गयी 2016 की टेस्ट सीरीज़ का काफ़ी हिस्सा टीवी पर देखा था। ये एक मज़ेदार प्रतिस्पर्धा थी और अन्त में दोनों टीमों ने दो-दो मैच जीते। घरेलू टीम के लिए सबसे अच्छा गेंदबाज़ था जिमी एंडरसन, जो कमाल के सीम और स्विंग गेंदबाज़ हैं और जिन्हें देखना अपने आप में एक अनुभव

होता है। वहीं दौरे पर आई टीम के लिए यासिर शाह ने कमाल दिखाया। चूँकि इंग्लैंड में जब मैच शुरू होते थे, बैंगलोर में शाम हो चुकी होती थी, मैं महात्मा गाँधी मार्ग पर सारे काम निपटा लेता था और फिर एक बगैर किसी अपराधबोध के क्रिकेट की शरण में पहुँच जाता था। वो क्रिकेट देखते जाने की बेहद सुख भरी गर्मियाँ थीं। और मैंने इन मैचों का पूरा स्वाद उठाया क्यूँकि मैं तटस्थ देश का था। आशा करता हूँ ऐसी और गर्मियाँ मेरे नसीब में आयें।

VII

मुझे हमेशा ऐसा ही लगा है कि इंज़माम-उल-हक़ और सचिन तेंदुलकर के बीच वही रिश्ता रहा है जो वैली हैमंड का डॉन ब्रैडमैन के साथ रहा। 1928-29 में हैमंड ने अंग्रेज़ टीम के साथ ऑस्ट्रेलिया का दौरा किया और उस सीरीज़ में 905 रन बनाये। वो दुनिया के सबसे अच्छे बल्लेबाज़ थे, सबसे अच्छे फ़ील्डर थे और अच्छे मीडियम पेस गेंदबाज़ थे। वो आने वाले कई सालों तक दुनिया के सबसे अच्छे क्रिकेटर बने रहते लेकिन ऑस्ट्रेलिया की उन्हीं गर्मियों में एक डॉन ब्रैडमैन नाम के खिलाड़ी ने टेस्ट मैच खेलना शुरू किया। पहले टेस्ट मैच में वो नहीं चले और उन्हें ड्रॉप कर दिया गया। डेढ़ साल बाद वो वापस आये और इंग्लैंड के दौरे पर उन्होंने 974 रन बनाये और हैमंड का रिकॉर्ड तोड़ दिया। वो कवर्स में भी फ़ील्डिंग करे थे और स्लिप में भी। वो गेंदबाज़ी नहीं करते थे। उन्हें करने की ज़रूरत भी नहीं थी। चूँकि ब्रैडमैन इतनी शानदार बल्लेबाज़ी करते थे कि हैमंड को अपना बाकी का करियर ऑस्ट्रेलिया के इस बल्लेबाज़ की परछाईं में गुज़ारना पड़ा।

1990 का दशक आते-आते दर्शकों के पागलपन और गहरी दिलचस्पी के चलते इंग्लैंड और ऑस्ट्रेलिया की दुश्मनी को इंडिया-पाकिस्तान ने पीछे कर दिया था और अब ये विश्व क्रिकेट में सबसे बड़ी प्रतिस्पर्धा बन चुकी थी। जब 1992 का वर्ल्ड कप आया, तेंदुलकर को खेल में आये हुए 3 साल हो चुके थे। वो इग्लैंड और ऑस्ट्रेलिया में शतक मार चुके थे। इस मौके पर इंज़माम को बहुत ज़्यादा नहीं जाना जाता था। हालांकि वो उम्र में सचिन से बड़े थे लेकिन वो इंटरनेशनल क्रिकेट में सचिन के बाद आये थे। लेकिन इस वर्ल्ड कप में इंडिया टूर्नामेंट से जल्दी बाहर हो चुकी थी और इंज़माम ने टूर्नामेंट की सबसे शानदार पारी खेली थी। न्यूज़ीलैंड के ख़िलाफ़ सेमी-फ़ाइनल में उन्होंने बेहद तेज़ अर्धशतक मारा था। जब विश्व विजेता पाकिस्तान वापस अपने वतन

पहुँची थी तो उनके कप्तान ने अपने इस प्रतिभावान शागिर्द के बारे में बात की। इमरान ने कहा कि इंज़माम सचिन जितने ही बढ़िया या उससे भी बेहतर हैं।

लेकिन असलियत में ऐसा हो नहीं सका। सचिन तेंदुलकर अपनी उम्र के सबसे बड़े खिलाड़ी बने रहे। इंज़माम को अपने वक़्त का वॉल्टर हैमंड बने रहना पड़ा। उस अंग्रेज़ बल्लेबाज़ की ही तरह इंज़माम को भी इस बात का खामियाज़ा उठाना पड़ा कि वो एक ऐसे बल्लेबाज़ के समकालीन थे जो उस देश के लिए खेलता था जिसे वो सबसे ज़्यादा हराना चाहते थे। और इसपर भी ये कि इंग्लैंड-ऑस्ट्रेलिया की दुश्मनी क्रिकेट पर आधारित थी वहीं इंडिया-पाकिस्तान में तो राजनीति, धर्म और सेना, सब कुछ शामिल था।

इन्हीं वजहों से क्रिकेट के इतिहास ने इंज़माम-उल-हक़ पर दया दिखाने की पूरी कोशिश की। ये दुखी करने वाली बात थी क्यूँकि वो एक बेहतरीन बल्लेबाज़ थे। उनके खेल में एक निस्तेज सुन्दरता थी, वो विकेट के चारों तरफ़ खेलने में माहिर थे और उनके पास हर वक़्त ज़रूरत से ज़्यादा वक़्त रहता था। अपने महान प्रतिद्वन्द्वी की तरह वो भी क्रिकेट की किताब में मौजूद हर शॉट खेल सकते थे। और वो पुछल्ले बल्लेबाज़ों के साथ तेंदुलकर से बेहतर खेल सकते थे और टेस्ट मैच की चौथी इनिंग्स में ज़्यादा भरोसेमन्द थे।

इंज़माम की जो इनिंग्स मुझे सबसे अच्छे से याद है, वो बैंगलोर में 2005 में खेली गयी थी। पाकिस्तान ने टॉस जीता, बैटिंग करने का फैसला किया और जल्दी-जल्दी में दो विकेट खो दिये। अब नम्बर तीन और चार, उप-कप्तान और कप्तान ने टीम को वापस ट्रैक पर लाने का बीड़ा उठाया। यूनिस खान ने बेहद आराम से खेलना शुरू किया और इंज़ी ने आक्रमण करने का फ़ैसला किया। उन्होंने फ़ास्ट बॉलर्स को ऑफ़-साइड में ड्राइव करना शुरू किया और स्पिनरों को पुल और स्वीप करना। दोनों खिलाड़ियों ने शतक बनाये और टीम पहली पारी में 570 रनों तक पहुँची।

इंडिया ने जवाब देना शुरू किया और सहवाग ने डबल सेंचुरी मारी। लेकिन फिर भी घरेलू टीम 100 रनों से भी ज़्यादा पीछे रह गयी। लेकिन विकेट अच्छा खेल रहा था और ऐसा लग नहीं रहा था कि नतीजा निकल सकेगा। लेकिन इंज़माम कुछ और ही सोच रहे थे। उन्होंने और यूनिस ने तेज़ खेलना शुरू किया और 261 के स्कोर पर दूसरी पारी घोषित कर दी। एक दिन का खेल बचा हुआ था और इंडिया पूरे वक़्त नहीं खेल सकी। सामने वाली टीम के कप्तान ने गेंदबाज़ी में ऐसे बदलाव किये कि इंडिया को खेल समझ में ही नहीं आया।

मैंने ये मैच मैदान की सबसे अच्छी जगह से देखा जो कि चिन्नास्वामी स्टेडियम का ओपन प्रेस बॉक्स था। जब आख़री भारतीय विकेट गिरा, और पाकिस्तानी टीम वापस आ रही थी, मैंने देखा कि एक छोटा-सा बच्चा हमारे प्रेस बॉक्स के नीचे पवेलियन से निकलकर भागा। विजेता कप्तान ने उस बच्चे को गोदी में उठाया और अपने हाथों का झूला बनाकर उसे झुलाते हुए मैदान से निकल आये। उनके पीछे उनकी टीम और सामने प्रेस के लोग ज़ोर से उन दोनों के लिए तालियाँ बजा रहे थे। उस टेस्ट मैच के अन्त में इंज़माम को अपने बेटे के साथ यूँ देखना मेरे क्रिकेट देखने या मेरे जीवन की सबसे खुशनुमां यादों में से एक है।

ये आख़री मौका था जब मैंने पाकिस्तान के वॉल्टर हैमंड को देखा था। असल में ये वो आख़री मौका था जब मैंने उसके देश के किसी भी खिलाड़ी को मैदान पर खेलते देखा था। क्यूँकि तीन साल बाद पाकिस्तान से आये आतंकवादियों ने मुम्बई शहर और शहर के लोगों पर हमला किया। हालांकि पाकिस्तान ने 2011 विश्व कप में हिस्सा लिया था लेकिन बीते दस सालों से भी ज़्यादा वक़्त से किसी भी पाकिस्तानी टीम ने इंडिया में टेस्ट सीरीज़ नहीं खेली है। और इन देशों के बीच जिस तरह के हालात हैं, मुझे नहीं लगता है कि मैं उन्हें कभी भी बैंगलोर में खेलते हुए देख पाऊँगा।

VIII

अगर मैं ख़ुद को सिर्फ उन लोगों तक महदूद रखूँ जिन्हें मैंने सामने से खेलते हुए देखा है (और दुःख इस बात का है कि मुझे हनीफ़ मोहम्मद को छोड़ना पड़ेगा), तो मेरे सबसे पसन्दीदा ग्यारह पाकिस्तानी खिलाड़ियों की लिस्ट ये होगी:

1. सईद अनवर
2. यूनिस खान
3. ज़हीर अब्बास
4. जावेद मिआंदाद
5. इंज़माम-उल-हक़
6. इमरान खान
7. राशिद लतीफ़
8. वसीम अकरम
9. अब्दुल क़ादिर

10. मुश्ताक़ अहमद
11. वक़ार यूनिस

और अगर मैं मेरी आंखों से देखे गये ग्यारह भारतीय खिलाड़ियों की टीम बनाऊँ तो :

1. वीरेन्द्र सहवाग
2. सुनील गावस्कर
3. राहुल द्रविड़
4. सचिन तेंदुलकर
5. विराट कोहली
6. कपिल देव
7. सैयद किरमानी
8. अनिल कुंबले
9. इरापल्ली प्रसन्ना
10. ज़हीर खान
11. बिशन सिंह बेदी

ये ड्रीम टीम बनाने के बाद हम ये भी सोच सकते हैं कि इन दोनों टीमों के बीच होने वाला मैच कैसा होगा। उसे ज़रूर ही किसी तटस्थ मैदान पर होना चाहिए। लॉर्ड्स में, विकेट पर हरेपन और मैदान के एक छोर से दूसरे की ओर बहती हवा के साथ पाकिस्तान बड़ी टीम बन जायेगी जिसके पास बेहतरीन स्विंग गेंदबाज़ हैं। सिडनी में, जहाँ पिच पर धूल होती है, कुंबले, बिशन और प्रसन्ना, क़ादिर और मुशी पर भारी पड़ते। अम्पायर्स के मामले में मैं सारी ज़िम्मेदारी इंटरनेशनल क्रिकेट काउंसिल को दूँगा लेकिन मैं कमेंट्री करने वालों का नाम देना चाहूँगा—माइकल एथर्टन और शेन वॉर्न।

IX

मैं इस चैप्टर का अन्त एक पाकिस्तानी क्रिकेट फ़ैन से हुई मेरी मुलाक़ात के साथ करना चाहता हूँ। दुनिया की तमाम जगहों में से ये मुलाक़ात कोपेनहेगेन में हुई थी जहाँ अभी-अभी डेविस कप का स्वीडेन बनाम डेनमार्क का मैच हुआ था जिसके बारे में इस किताब में मैंने पहले बात की थी। जब टेनिस मैच ख़त्म हो चुका था, मैं सब-अर्बन स्टेशन पहुँचा जहाँ से मुझे वापस शहर के

लिए ट्रेन पकड़नी थी। जब मैं वहाँ पहुँचा, मुझे मेरे रंग का एक शख़्स मिला जो मुझसे उम्र में कुछ बड़ा था और उसने क्रिकेट का बल्ला पकड़ा हुआ था। मैं चुप-चाप उसके पास गया और उसके हाथ से वो बैट लिया, बल्ले की ग्रिप चेक की और फिर (जैसा कि मुझे याद है) हवा में एक कवर ड्राइव लगाई। जैसे ही मैंने उस अजनबी को उसका बल्ला वापस दिया, ट्रेन आ गयी और हम दोनों उसमें चढ़ गये।

जब ट्रेन कोपेनहेगन की ओर बढ़ने लगी, हम दोनों ने एक दूसरे को अपने बारे में बताना शुरू किया। उसका नाम अली था और वो लाहौर से था। मैं राम था और मैं बैंगलोर से था। मैं इस देश में किसी काम से कुछ वक़्त के लिए आया था और वो यहाँ बीस से ज़्यादा सालों से रह रहा था। अली ने एक दशक तक कपड़ा उद्योग में काम किया, डैनिश नागरिकता पायी, खुद को सोशल सिक्योरिटी के लिए योग्य बनाया, अपनी नौकरी छोड़ी और फिर ख़ुद को उस एक चीज़ में झोंक दिया जिसका उसे सबसे ज़्यादा जूनून था—क्रिकेट का खेल। हर हफ़्ते के अन्त में वो दूसरे पाकिस्तानी कर्मियों के साथ एक मैदान में क्रिकेट खेलता था। हफ़्ते के बाकी दिनों में वो अपने घर पर दुनिया भर से प्रसारित हो रहा क्रिकेट देखता था।

वो इतवार का दिन था और ट्रेन का डिब्बा लगभग खाली था। हमारे पास बात करने के लिए लगभग एक घंटा था और हमने ज्यादातर क्रिकेट के बारे में ही बात की और बीच-बीच में अपने परिवार के बारे में चीज़ें जोड़ते जा रहे थे। अली के चार बच्चे थे: दो लोकल मिलों में काम करते थे और दो, अपने पिता की तरह, सोशल सिक्योरिटी पर आश्रित थे। वो सभी क्रिकेट के प्रेमी थे।

ट्रेन जैसे शहर की ओर बढ़ी, अली ने मुझे अपने क्रिकेट की वीडियो कैसेट के कलेक्शन के बारे में बताया जो उसने इंग्लैंड, ऑस्ट्रेलिया और खाड़ी देशों से डाक के ज़रिये मंगवाई थीं। उसने बताया कि उसने 1976 में ओवल में खेली गयी विवियन रिचर्ड्स की दोहरे शतक वाली पारी देखी थी। उसने लॉर्ड्स में 1990 में अज़हरुद्दीन का शतक बार बार देखा था। लेकिन फिर एक बेहद दुखद घटना हुई। उसका परिवार पाकिस्तान गया हुआ था और उनके घर में चोरी हो गयी। उसके घर से बहुत कुछ चोरी हुआ और उसमें वो वीडियो भी चले गये जो उस परिवार ने इतने सालों में इकट्ठा किये थे (इसमें सिर्फ़ क्रिकेट के वीडियो ही नहीं थे)। हालांकि जब अली ने बीमा का क्लेम किया तो उसे उसकी भरपाई भी मिली। उसने मुझे हिन्दुस्तानी भाषा में ये कहा, 'यहाँ की सरकार हमारी जैसी नहीं है—पूरी ईमानदारी से काम करती है।' भले ही

उस चोरी ने पैसों के मामले में अली का बहुत ज़्यादा नुकसान नहीं किया था लेकिन उसने उसकी आत्मा को झकझोर दिया था। वो बेहद दुखी मन से मुझसे पूछता है, 'वो अजहर और विव का टेप अब कहाँ से लाऊँ?' मुझे लगता है कि उसकी पत्नी को भी इतना ही बुरा लगा होगा क्यूँकि उन्होंने 50 के दशक की बॉम्बे की फ़िल्म और 70 के दशक के लाहौर के ड्रामा खो दिये थे जो उन्हें कभी भी दोबारा नहीं देखने को मिलने वाले थे।

जब ट्रेन कोपेनहेगेन पहुँच गई, हम अपने-अपने रास्ते निकल गये। वो अपने घर गया, जिसका बाकायदे एक बीमा हो रखा था। और मैं अपने होटल आ गया। ये उन सबसे बेहतरीन बातचीतों में से एक था जो मैंने किसी क्रिकेट फ़ैन के साथ की थी। साथ ही ये सबसे अनजान इंसान के साथ मेरी सबसे अच्छी बातचीत भी थी। मेरे पास बहुत सारी वजहें थीं कि मैं स्कैंडिनेविया के वेलफ़ेयर स्टेट की तारीफ़ें करूँ। अब मेरे पास वो वजहें बेहद मज़बूत हो चुकी थीं क्यूँकि मेरे नये दोस्त को अपना समय और ऊर्जा उस दिशा में खर्च करने का मौका मिल रहा था जिससे वो सबसे ज़्यादा प्यार करता था।

मैं ये सब कुछ डेनमार्क के ब्रॉन्डबाय स्टेशन पर एक अनजान पाकिस्तानी का बल्ला उठाने के कुछ पच्चीस सालों बाद लिख रहा हूँ। उस मुलाक़ात की याद में, और अपने उस दोस्त की याद में मैं एक सर्वकालीन इंडो-पाक एकादश की लिस्ट बनाना चाहता हूँ। इस टीम में छह भारतीय हैं और इसकी भरपाई मैं यूँ कर रहा हूँ कि इस टीम का कप्तान एक पाकिस्तानी है।अली के लिए, राम की टीम ये रही:

1. सुनील गावस्कर
2. सईद अनवर
3. राहुल द्रविड़
4. सचिन तेंदुलकर
5. जावेद मिआंदाद
6. इमरान खान (कप्तान)
7. वीनू मांकड़
8. कपिल देव
9. सैयद किरमानी (विकेट कीपर)
10. वसीम अकरम
11. अनिल कुंबले

गावस्कर और द्रविड़ के पैर जमाने की कला सचिन और सईद अनवर के खेल का बखूबी साथ देगी। इसके साथ मिआंदाद या तो पारी को धकेलने का काम करेंगे या फिर उसे तेज़ी से बढ़ाने का। उनका काम परिस्थिति के ऊपर निर्भर करेगा। इमरान और वसीम की कातिलाना गति कुंबले और मांकड़ की गेंदबाज़ी के लिए एकदम मुफ़ीद होगी। और ऐसे में कपिल देव अपने स्विंग और कट पर अद्‌भुत नियन्त्रण के ज़रिये बल्लेबाज़ों को बाँध के रखेंगे। इस टीम में इस खेल के तीन सबसे बड़े ऑल राउंडर हैं। बल्लेबाज़ी में काफ़ी गहराई है। इतनी कि दसवें नम्बर पर खेलने वाले के नाम टेस्ट में दोहरा शतक है और ग्यारहवें नम्बर वाले के नाम शतक। मेरे शहर के सैयद किरमानी वसीम और कुंबले, इमरान और मांकड़ को विकेट के पीछे बखूबी सँभाल सकते हैं और सबसे अच्छी कीपिंग वो उसके लिए करेंगे जिसकी कप्तानी में उन्होंने 1983 का विश्व कप जीता था।

अगर वो ईडेन गार्डेन्स या गद्दाफ़ी स्टेडियम में खेल रहे होंगे तो मैं अली की जगह राम की टीम को तमाम पीढ़ियों वाली अंग्रेज़ और ऑस्ट्रेलियाई क्रिकेटरों की टीम से भिड़ते देखना चाहूँगा। हालांकि अगर गैरी सोबर्स की कप्तानी में वेस्ट-इंडीज़ की सर्वकालीन एकादश से मैच के बारे में सोचता हूँ तो कुछ असहज हो जाता हूँ। लेकिन फिर मुझे लगता है कि उपनिवेशीकरण के ख़िलाफ़ एकजुटता दिखाते हुए मैं इस टीम से हारने का बुरा मानूँगा, बस हम उस अंग्रेज़ और ऑस्ट्रेलियाई टीम को ज़रूर हरा ले जायें।

9.

इत्तेफ़ाक ने बनाया क्रिकेट प्रशासक

I

मेरी प्रवृत्ति और स्वभाव व्यवस्था विरोधी ही रहा है। 30 साल पहले मैंने अकेडमी छोड़ दी थी और तबसे किसी भी आधिकारिक संस्थान से मेरा कोई जुड़ाव नहीं रहा। मैं यूनिवर्सिटी में काम करना बर्दाश्त नहीं कर सका, और किसी अख़बार या कॉर्पोरेट के दफ़्तर में भी मेरा काम कर पाना असम्भव ही लगता है। मैं किसी भी राजनीतिक पार्टी का सदस्य भी नहीं रहा।

इस बारे में एकमात्र अपवाद है फ्रेंड्स यूनियन क्रिकेट क्लब लेकिन एकमात्र यही वो एक संस्थान है जिसके बारे में कुछ भी औपचारिक नहीं है। FUCC का कोई दफ़्तर नहीं है, कोई प्रॉपर्टी नहीं ख़रीदी गयी है और न ही यहाँ कोई कर्मचारी है जिसे बदले में तनख्वाह दी जाती हो। इसके अलावा, इस क्लब के रिश्ते के साथ-साथ मैं लगातार उन बड़े, ख़ासे सम्पन्न और बेहद लचीले नियमों वाले क्रिकेट के संगठनों की मुखालफ़त करता आया हूँ। मैंने पहले ही कर्नाटक क्रिकेट असोसिएशन के बारे में अपने मिले-जुले विचारों के बारे में बताया है। और इस बारे में तो कोई संशय होना ही नहीं चाहिए कि मैं इस देश के क्रिकेट की सबसे बड़ी संस्था बोर्ड ऑफ़ कंट्रोल ऑफ़ क्रिकेट इन इंडिया के बारे में क्या सोचता था। बीसीसीआई पर राजनेताओं और पूर्व महाराजाओं के नियन्त्रण का मैं घोर विरोधी रहा हूँ। उसका वित्तीय संचालन जिस तरीके से चल रहा था, बेहद अखरता था। और फिर इंडियन प्रीमियर लीग शुरू हुआ और बीसीसीआई का संचालन और भी ज़्यादा सन्देहास्पद हो गया।

2013 में मैच फ़िक्सिंग स्कैंडल और हितों के टकरावों के मुद्दे के सामने आने के बाद सुप्रीम कोर्ट में तमाम जनहित याचिकाएँ दायर की गयीं।

अदालत से ये कहा जा रहा था कि वो हस्तक्षेप करे और भारतीय क्रिकेट की सफ़ाई करे। अदालत ने एक सदस्यीय कमिटी गठित की। ये थी जस्टिस मुद्गल कमिटी। जस्टिस मुद्गल दिल्ली हाई कोर्ट के पूर्व जज थे और उन्हें इस बात के पुख़्ता सबूत मिले कि बीसीसीआई के पूर्व अध्यक्ष एन श्रीनिवासन के दामाद ग़लत कामों में संलिप्त थे और ये उस टीम के सन्दर्भ में था जिसके मालिक ख़ुद श्रीनिवासन ही थे।* इसके बाद सुप्रीम कोर्ट ने तीन लोगों की एक कमिटी बनायी जिसका नेतृत्व आरएम लोढ़ा के हाथ में था जो सुप्रीम कोर्ट के पूर्व चीफ़ जस्टिस रह चुके हैं। उन्हें भारतीय क्रिकेट के शासन प्रबंध में सुधार लाने के लिए सुझाव देने का दायित्व सौंपा गया।

लोढ़ा कमिटी देश भर में घूमी और खेल के बड़े किरदारों से मुलाक़ात की। क्रिकेट पर लिखने वाले के तौर पर मुझे भी कमिटी से मिलना था। मैं बैंगलोर में गार्डेनिया होटल के एक कमरे में उनसे मिला भी। ये होटल आईटीसी के अफ़सरों की कॉलोनी के अवशेषों पर बना था। इसी कॉलोनी में कभी मेरे पुराने क्लब के साथी और यॉर्कशेयर से आने वाले क्रिस हार्डिंग रहते थे। यहीं पर मैंने तीन जजों के सामने कई मसलों के साथ-साथ टीम सेलेक्शन में किये जा रहे पक्षपात और घरेलू क्रिकेट की अनदेखी पर अपने विचार रखे।

जनवरी 2016 में लोढ़ा कमिटी ने रिपोर्ट जमा की और उसमें बीसीसीआई और उसकी सदस्यता पा चुकी संस्थाओं के संचालन में कई सारे बदलावों की बात रखी। उन्होंने अधिकारियों के लिए पद पर रहने की समय सीमा निर्धारित करने, हितों के टकरावों को ख़त्म करने, वित्तीय मामलों में पारदर्शिता लाने, राज्य क्रिकेट बोर्ड्स को सदस्यता देने के लिए अर्हताओं में बदलाव लाने, और प्रबंधन को और पेशेवर तरीक़े चलाने के लिए कहा। सुप्रीम कोर्ट ने ये रिपोर्ट स्वीकार की और बीसीसीआई से ये सब प्रभाव में लाने को कहा।

बीसीसीआई को ये लग रहा था (जो कि सच भी था) कि प्रभावशाली नेता उनकी ही तरफ़ थे (और लोढ़ा के ख़िलाफ़), इसलिए उन्होंने कोई अमल नहीं किया और अपने तरीक़े से ही काम करते गये। इसके बाद सुप्रीम कोर्ट ने बीसीसीआई अध्यक्ष, भाजपा के सांसद अनुराग ठाकुर को हटा दिया क्यूँकि उन्होंने कुछ गलत बयान दिये थे और साथ ही उन्होंने अदालत के आदेश की अवमानना की थी। कोर्ट ने इस बात पर ज़ोर दिया कि 'क्रिकेट का मैदान किसी का निजी मैदान नहीं होता और न किसी की जागीर होती है'। इसके

* देखें: https://www.firstpost.com/sports/ipl-spot-fixing-full-text-of-the-mudgal-committee-report-1382627.html

बाद उन्होंने प्रशासकों की एक कमिटी (Committee of Administrators) बनायी जो लोढ़ा कमिटी की गाइडलाइन्स के अनुसार नये अधिकारी चुने जाने तक भारतीय क्रिकेट का संचालन करने वाली थी।

मैं इस मसले को फ़ॉलो कर रहा था लेकिन बहुत बारीकी से नहीं। क्यूँकि अब मैं क्रिकेट पर बहुत ज़्यादा लिख नहीं रहा था। 13 जनवरी 2017 को मैं बैंगलोर में राष्ट्रीय जीव विज्ञान केन्द्र की पच्चीसवीं सालगिरह के जश्न में शामिल हुआ। वहाँ कई जीव वैज्ञानिक, जिनमें दो नोबेल विजेता भी शामिल थे, अपनी बातें कह रहे थे और उसी बीच मेरे पास कई मिस्ड कॉल आईं और एक मेसेज भी आया। मेसेज में लिखा हुआ था कि गोपाल सुब्रमनियम मुझसे तत्काल बात करना चाहते थे। मैं सुब्रमनियम से कभी भी नहीं मिला था। लेकिन मुझे मालूम था कि वो बड़े वकील थे। मैंने कई बड़े वकीलों से सुन रखा था कि अगर वो भाजपा के पार्टी अध्यक्ष के ख़िलाफ़ अदालत में न खड़े हुए होते तो वो सुप्रीम कोर्ट में जज होते और भाजपा उनकी नियुक्ति न रोकती।

वहाँ जब चायकाल के लिए समय मिला तो मैंने वापस फ़ोन मिलाया और गोपाल सुब्रमनियम से बात की। उन्होंने बताया कि वो लोढ़ा केस में एमीकस क्यूरी चुने गये हैं और कोर्ट ने उन्हें कुछ ऐसे नाम सुझाने को कहा है जिन्हें 'प्रशासकों की कमिटी' (CoA)में शामिल किया जा सके। वो मेरा नाम जोड़ना चाहते थे। मैंने उनसे पूछा कि उनकी लिस्ट में और कौन लोग थे। उन्होंने कुछ नाम बताये : रिटायर हो चुके बिशन सिंह बेदी, एस वेंकटराघवन और डायना एडुल्जी, रिटायर हो चुके सिविल सेवक विनोद राय और बैंकर विक्रम लिमाये।

मैंने उनसे इस मामले पर सोचने के लिए चौबीस घंटे का वक़्त माँगा। अगले दिन मैंने गोपाल को लिखा कि मुझे ख़ुशी थी कि उन्होंने मेरा नाम आगे बढ़ाने के बारे में सोचा था। लेकिन मैंने उनसे कहा कि उन्हें शारदा उग्रा का नाम भी शामिल करना चाहिए जिन्हें मैंने 'क्रिकेट के सबसे बड़े मीडिया आउटलेट *क्रिकइन्फ़ो* की सबसे बड़ी लेखक', 'एक ईमानदार शख़्सियत और इस खेल के चलने (या न चलने) से जुड़ी पूरी ईमानदारी रखने वाली' बताया था। मैंने ये भी लिखा कि वो 'इस क्रिकेट बोर्ड और तमाम राज्यों के असोसिएशन के प्रतिदिन के काम-काज की कमिटी में होने वाले किसी खिलाड़ी से ज़्यादा गहरी समझ रखती हैं। इसके साथ ही नयी पीढ़ी की तबीयत के बारे में भी बखूबी जानकारी रखती हैं।'

इसी दौरान राज्यों के असोसिएशन और भारत सरकार ने कहा कि उन्हें भी CoA के लिए नाम सुझाने को मिलना चाहिए। सुप्रीम कोर्ट ने सभी सुझावों

को देखा और और अन्त में चार नाम चुने। सभी नाम गोपाल की लिस्ट से थे। ये नाम थे—विनोद राय (चेयरमैन), विक्रम लिमये, भारत की महिला टेस्ट टीम की पूर्व कप्तान डायना एडुल्जी और मैं। दो पूर्व भारतीय टेस्ट कप्तानों, बिशन सिंह बेदी और वेंकटराघवन को अदालत ने उम्र का तकाज़ा देते हुए नहीं चुना। जस्टिस लोढा ने कहा कि बीसीसीआई और उससे जुड़ी सभी असोसिएशन के सभी पदाधिकारी सत्तर पर रिटायर हो जायें और इसी आधार पर CoA को भी उम्र से जुड़े नियम का पालन करना था।

सुप्रीम कोर्ट ने इन नामों का ऐलान 30 जनवरी की दोपहर को किया। उस दिन मैं केरल के तिरूर में था जहाँ अगली सुबह मुझे थुन्चन उत्सव में बोलना था जो इसी नाम के मध्यकालीन कवि के नाम पर मनाया जाता है। मुझे लगातार दोस्तों, रिश्तेदारों, जाननेवालों के फ़ोन कॉल और मेसेज आ रहे थे। सबसे ज़्यादा याद करने वालों में पत्रकार थे। पहली केटेगरी में जो लोग थे उसमे बिशन सिंह बेदी का बेहद गर्मी से भरा बधाई सन्देश भी शामिल था। उन्होंने ये भी कहा कि चूँकि उनको और वेंकट को सत्तर पार कर लेने की वजह से कोर्ट ने नहीं चुना, ऐसे में किसी को एक भी ऐसा पुरुष क्रिकेटर नहीं मिला जो उम्र में कम हो और ईमानदारी दिखा सकता हो।

इस दौरान ट्विटर पर भूचाल मचा हुआ था। उस पूरे दिन और पूरी शाम, जब मैं तिरूर मैं बैठा कुचिपुड़ी का नृत्य देख रहा था, मेरी टाइमलाइन भारतीय प्रधानमन्त्री नरेन्द्र मोदी के समर्थकों, जिन्हें हम मोदी-भक्त के नाम से जानते हैं, की गालियों से भरी पड़ी थी। उन्हें इस बात का गुस्सा था कि सुप्रीम कोर्ट, जो एक सरकारी संस्था थी, ने मुझे ऐसा पद दे दिया था। मेरे ट्विटर बायो में मैंने अपने बारे में लिखा था—'असफ़ल क्रिकेटर' ('Failed Cricketer')। मैंने जब ये लिखा था, मैं अपना मज़ाक उड़ा रहा था। अब ये मेरे ही ख़िलाफ़ इस्तेमाल किया जा रहा था। दर्जनों भक्त ये जानना चाहते थे कि ख़ुद को एक असफ़ल क्रिकेटर बताने वाले शख़्स के बारे में ये कैसे मान लिया जाये कि वो भारतीय क्रिकेट के संचालन में कोई भूमिका अदा कर सकता था। कई क्रिकेट प्रेमी इस बात पर चिन्ता व्यक्त कर रहे थे कि मैं प्रशासकों की कमिटी में रहूँगा तो आईपीएल ख़तरे में रहेगा। टेस्ट क्रिकेट के प्रति मेरा पक्षपातपूर्ण रवैया हर किसी को मालूम था। साथ ही मैंने अख़बारों के कई लेखों में आईपीएल की आलोचना भी की थी।

इस ट्रोलिंग और गाली-गलौज के बीच कुछ अच्छा हँसी-मज़ाक भी था। ट्विटर की दुनिया में मेरी छवि एक वामपंथी विद्वान की बनायी गयी थी

जो जवाहरलाल नेहरू को पसन्द करता था। इसलिए किसी ने ट्वीट किया, 'अब, जब रामचन्द्र गुहा बीसीसीआई में आ गये हैं, नेहरा और भारतीय टीम की कप्तानी के बीच बस एक मात्रा की दूरी है।' ये अच्छा जोक था और मैंने इसे रीट्वीट भी किया। मैंने एक व्यंग्य का लिंक भी शेयर किया जो मेरी नियुक्ति के बाद ही लिखा गया था। कहीं-कहीं ये कुछ बनावटी लगा जिसका एक उदाहरण ये था :

> इस घटनाक्रम (मेरी CoA में नियुक्ति) के बाद, इंडियन टीम और उसके बाकी हिस्सों के राइट-हैंड बल्लेबाज़ और गेंदबाज़ टीम में अपनी जगह बरकरार रखने के लिए अब लेफ़्ट-हैंड से बैटिंग और बॉलिंग करना सीख रहे हैं। किसी ने उन्हें पहले से ही आगाह कर दिया था कि राइट-हैंड से काम करने वाले लोगों के अब दिन लदने वाले हैं।

इसमें एक अच्छा जोक भी था, जो यहाँ है :

> इसी बीच महेन्द्र सिंह धोनी, जो अपनी सक्रियता के लिए जाने जाते हैं, ने गुहा को फ़ोन किया और सलाह माँगी। 'सर, मुझे समझ में नहीं आ रहा है कि बल्लेबाज़ी में क्या ठीक रहेगा। रैना युवराज के पहले या रैना युवराज के बाद?'
>
> 'मिस्टर धोनी, आप मेरी किताबों के शीर्षकों का मज़ाक उड़ा रहे हैं? अगर आप एक पेशेवर ट्रोल की तरह बर्ताव करेंगे तो मैं आपको निकलवा सकता हूँ!', गुस्से में गुहा ने जवाब दिया।*

तिरूर में 31 जनवरी को अपने भाषण के बाद मैं सड़क के रास्ते कोयम्बटूर पहुँचा और वहाँ से मुझे दिल्ली के फ़्लाइट लेनी थी जहाँ 1 फ़रवरी की दोपहर को प्रशासकों की इस नयी कमिटी की एक मीटिंग बुलाई गयी थी। उत्तरी केरल की लम्बी (और ख़ूबसूरत) सड़क यात्रा के दौरान मेरे फ़ोन पर बधाई के सन्देश और कॉल आते रहे। वहीं सोशल मीडिया पर गालियों की मात्रा बढ़ती रही। मुझे इस बात का अहसास नहीं हुआ, या ये कहिये कि मैं भूल ही गया था कि भारत में लोगों को लिये क्रिकेट क्या मायने रखता है। बीते दो दशकों से लेखों, भाषणों, किताबों, टीवी शो, विवादों के ज़रिये मैं जनता के

---

* http://www.opindia.com/2017/01/why-ram-guha-deserves-place-in-bcci-and-the-changes-that-are-already-happening

सामने आ रहा था लेकिन अभी तक मैंने जो कुछ भी किया था (इस मामले में तो अभी कुछ किया भी नहीं था), उसने मुझपर लोगों का इतना ध्यान नहीं खींचा जितना मेरी इस नियुक्ति ने।

तिरूर में मैं अपना ईमेल नहीं खोल पा रहा था। जब मैं दिल्ली पहुँचा, मैंने इनबॉक्स चेक किया और वहाँ ई-मेल की बाढ़ आई हुई थी। बैंगलोर के एक व्यवसायी दोस्त ने कहा कि 'अच्छा है कि बीसीसीआई में अब कोई ऐसा आया है जो किसी का कहना नहीं मानेगा।' मेरे पुराने टीचर और क्रिकेट के साथी आरपी देवगन ने कहा कि 'देहरादून में दून स्कूल, FRI और IMA के क्रिकेट से दिल्ली में सेंट स्टीफ़ेंस और अब इंडिया में क्रिकेट को नियन्त्रित करने की ये यात्रा अद्भुत थी।' उन्होंने ये भी कहा कि 'पता नहीं दुरई को कैसा लग रहा होगा। वो कितने गर्व से भरे होंगे!'

राजनीतिक विचारक पार्थ चटर्जी, जिन्होंने मुझे मेरी सबसे पहली नौकरी दी, ने लिखा : 'प्रिय राम, मुझे आज से पहले किसी और नियुक्ति की इतनी ख़ुशी नहीं हुई। तुम हमारे नेता हो। "राम गुहा तुम आगे बढ़ो, हम तुम्हारे साथ हैं!"'* आधुनिक क्रिकेट लेखकों में सबसे बड़े नाम गिडियन हे ने तंज़ कसते हुए कहा, 'तुम बीसीसीआई चला रहे हो राम? क्या मैं किसी और दुनिया में पहुँच गया हूँ?' हे के और मेरे दोस्त, क्रिकइन्फ़ो के सम्पादक सम्बित बल ने ये ख़बर मेलबर्न हवाई अड्डे पर सुनी। वो अभी-अभी ऑस्ट्रेलियन ओपन के फ़ाइनल में रॉजर फ़ेडरर को नडाल को हराकर विजेता बनते देख चुके थे। मुम्बई उतरते ही उन्होंने मुझे फ़ोन किया और कहा कि पैंतीस की उम्र में फ़ेडरर को ग्रैंड स्लैम जीतते हुए देखना काफ़ी नहीं था क्या जो उन्हें रामचन्द्र गुहा को बीसीसीआई का संचालन करते हुए (ख़ासकर तब जब इसी संगठन की मैंने कितनी आलोचना की थी) देखने को मिल रहा था।

मुझे सेंट स्टीफ़ेंस में आख़री बार क्रिकेट खेले हुए चालीस साल हो चुके थे। लेकिन मुझे इस बात का आश्चर्य नहीं हुआ कि मुझे उन खिलाड़ियों के फ़ोन आये जिनके साथ या खिलाफ़ मैंने उस वक़्त खेला था। कई रिटायर हो चुके रणजी (और एक भारत के लिए खेलने वाले) खिलाड़ियों ने मुझसे कहा कि मैं अपने इस नये और रौबदार पद का इस्तेमाल करते हुए उन्हें बीसीसीआई के साथ कंसल्टेंसी या कोचिंग के कॉन्ट्रैक्ट दिलवा दूँ। लेकिन एक पुराने खिलाड़ी ने खेल को ख़ुद से ऊपर रखते हुए मुझसे बातें कहीं। ये थे बिशन सिंह बेदी।

---

* भारत में राजनीतिक नेताओं द्वारा अपने अनुयायियों को सम्बोधित करने का प्रिय सम्बोधन...

उन्होंने अपने फ़ोन कॉल के बाद मुझे मेसेज किया: 'क्या मैं तुम्हें कुछ सुझाव भेज सकता हूँ? ये तुम्हें नये पद पर अच्छे से काम करने में मदद करेंगे। ... तुम पूरी ईमानदारी से क्रिकेट की सेवा करो और इसके लिए तुम्हें ढेर सारी ताक़त मिले। राम, अपना और भारतीय क्रिकेट का ख़याल रखना।' मैंने बिशन से कहा कि वो अपने सुझाव मुझे ईमेल कर दें। उन्होंने इसके जवाब में लिखा, 'ज़रूर राम। ज़रूर। ... और तुम अपना आपा मत खोना, ठीक है?' (ये एक ऐसी चीज़ थी जो उनके लिए भी मुश्किल थी और उन्हें मालूम था कि मेरे लिये भी उतना ही मुश्किल था)।

एक दिन बाद बिशन सिंह बेदी ने मुझे अपने सुझाव भेजे जिन्हें यहाँ वैसे का वैसे रखना ज़रूरी है। ये उनकी क्रिकेट की जानकारी की गहराई दिखाते हैं और ये बताते हैं कि वो जितने निष्कपट हैं उतना भारतीय क्रिकेट की दुनिया में और कोई भी नहीं मिलेगा :

> मैंने कई बार खुद को तुम्हारी जगह रखकर देखा और मुझे ये अहसास हुआ कि भारत के सुप्रीम कोर्ट द्वारा दी गयी प्रबंधक की कुर्सी कितनी बेआराम होती है ... लेकिन ये बात भी है कि सभी भारी ज़िम्मेदारियाँ आरामदायक और आपके अनुरूप नहीं होतीं ... इसलिए होना ये चाहिए कि हम ये काम करने की चाहत रखें न कि हमें उसे करना पड़े। भगवान तुम्हें वो धैर्य और शान्ति दे कि तुम आठ दशकों की गड़बड़ियों को कुछ ही महीनों में साफ़ कर सको ... ये बहुत कठिन है दोस्त!
>
> बिन्दुवार। हम लोढा पैनल की कही बातें मानें और उसे लागू कर के छोड़ दें ... कॉमन सेन्स का इस्तेमाल भी मदद करेगा!! जैसा कि मैं अपने खेल के दिनों से कहता आ रहा हूँ कि BCCI में 'कंट्रोल' बेहद ग़ैर-ज़रूरी और अनचाहा है ... शब्दों के इस चयन ने कई कूढ़मगजों को ज़रूरत से ज़्यादा अधिकार दे दिये हैं ... हमें 'क्रिकेट इंडिया' पर या 'इंडियन क्रिकेट बोर्ड' पर काम करना चाहिए ... इसके बाद राज्यों के असोसिएशन को अनिवार्य रूप से यूनिफ़ॉर्म कोड फ़ॉलो करना चाहिये ... अब और 'लिमिटेड कम्पनीज़' नहीं प्लीज़ ... ये कुछ विशुद्ध कानूनी कदम हैं और मुझे आशा है कि तुम्हारी कार्यसीमा में होंगे!

जैसा कि हमें मालूम है कि पैसा ही हर बुरी शय की जड़ में है ... या तो उसकी कमी या उसका ज़्यादा होना ... भारतीय क्रिकेट के मामले में उसका ज़्यादा होना है! मुझे लगता है कि 'फ़ंड' को राज्यों को यूँ बाँटना तुरन्त ही बन्द कर दिया जाना चाहिए ... और उसे तभी दिया जाना चाहिए जब उसकी ज़रूरत हो ... लगभग हर राज्य इस बुरी व्यवस्था का अनुयायी बना हुआ है और जो भी सबसे ऊपर होता है उसके मुताबिक़ चलता है ... बस अकाउंट के हालिया डीटेल माँगो और तुमको सब कुछ समझ में आ जायेगा ... मैं बीसीसीआई टीवी को लेकर भी आशंकित हूँ ... ये भी भ्रष्टाचार का एक अड्डा है जहाँ भारतीय क्रिकेट के बड़े नाम सभी को और किसी को भी मेरिट के सर्टिफ़िकेट देते हैं!! दुनिया के किसी भी दूसरे क्रिकेट सेट-अप की अपनी ख़ुद की टीवी कम्पनी नहीं है...!!

मैं कुछ सुझाव दे रहा हूँ जो मुझे DDCA को ध्यान में रखते हुए मिले हैं! ये 'लिमिटेड कम्पनी' का मामला DDCA का पूरे उत्तरी ज़ोन को दिया तोहफ़ा है .... पंजाब, हिमाचल, हरियाणा बतौर कम्पनी रजिस्टर्ड हैं न कि बतौर सोसायटी, जो कि बीसीसीआई है!! अब, मैं ये सोचता हूँ कि हमें ऊपरवालों को पकड़ना चाहिए जिससे हम इस पूरे कल्चर को ठीक करें या फिर निचली सतह में जायें और जड़ों को ढूँढें?! तुम्हारी चौकड़ी को शायद एक साथ दोनों जगह तलाशी लेनी होगी...! जब हम खेलते थे तो एक स्कूल टूर्नामेंट होता था जिसका नाम था 'कूच बिहार' और इसमें किसी भी प्रमाणिक स्कूल का बच्चा भाग ले सकता था; लेकिन अब हमारे पास अंडर-एज टूर्नामेंट हैं जिसमें उम्र को ख़ूब घटाया-बढ़ाया जाता है और राज्यों की मिलीभगत और सिस्टम के प्रयासों के बावजूद 'ओवर-एज' का ये भूत पीछा ही नहीं छोड़ता!

हमें 'रोहिंटन बरिया यूनिवर्सिटी' के टूर्नामेंट को पुनर्जीवित करना होगा जिससे क्रिकेट में उच्च शिक्षा का महत्त्व बरकरार रखा जा सके...!! एक बच्चा जो स्कूल में दो साल और यूनिवर्सिटी में चार साल क्रिकेट खेलता है, ऐसा माना जा सकता है कि उसे क्रिकेट की बुनियादी समझ तो होगी ही ... आज हम कितने नये बच्चों को 'मैनेजर/एजेंट' पर पूरी तरह आश्रित और उन्हें भारी पैसे देते हुए

देखते हैं ... या फिर वो 'सपोर्ट स्टाफ़' के मन्त्र को तोते की तरह दोहरा रहे होते हैं!!

अब जब महिलाओं का क्रिकेट भी क्रिकेट बोर्ड के ही आधिपत्य में है, इसे भी उचित खाद-पानी और देखरेख की ज़रूरत है ... मैं आशा करता हूँ कि डायना इस मामले में हर ज़रूरी चीज़ करेगी ...!! कुछ और सुझाव जल्द ही, राम ... मुझे बर्दाश्त करो और भगवान तुम्हें अच्छा रखें, दोस्त...

प्रेम के साथ... बिशन

II

जिस दिन मैंने COA की पहली मीटिंग में हिस्सा लिया, उससे एक दिन पहले मैंने अपने साथियों को एक ईमेल लिखा और कहा कि हमें अपनी प्रशासकों की इस कमिटी में या तो बतौर पूर्ण सदस्य या बतौर गेस्ट, एक ऐसे वरिष्ठ भारतीय पुरुष खिलाड़ी को शामिल करना चाहिए जो डायना जैसी ही प्रतिष्ठा रखता हो। इससे न केवल हमारी साख बढ़ेगी बल्कि हम और बेहतर फ़ैसले ले सकेंगे।

मैंने कहा कि 'एक प्रतिष्ठित पुरुष खिलाड़ी की CoA में ग़ैर-मौजूदगी की वजह से,'

> हमें काफ़ी आलोचना का सामना करना पड़ा है और इसका एक बड़ा हिस्सा भारतीय क्रिकेट के बड़े नामों से ही आया है। हमें इसपर ध्यान देना चाहिए और इसका निस्तारण करना चाहिए। एमिकस क्यूरी ने मुझे दो बेहद अहम् नाम सुझाये थे—बेदी और वेंकट। दोनों को इसलिए किनारे कर दिया गया क्यूँकि ये दोनों सत्तर साल से ऊपर के हैं। लेकिन कुछ ऐसे क्रिकेटर अभी भी हैं जो उम्र के खाँचे में भी फ़िट बैठते हैं और अनुभवी भी हैं। इस विषय पर मेरी जानकारी के आधार पर मैं जवागल श्रीनाथ का नाम आगे रखता हूँ जो एक अच्छे उम्मीदवार होंगे। वो एक वर्ल्ड-क्लास क्रिकेटर हैं और बेहद सफ़ल और स्कैंडल से मुक्त कर्नाटक स्टेट क्रिकेट असोसिएशन के सेक्रेटरी रहे थे। अभी वो आईसीसी के मैच रेफ़री हैं और इसके साथ ही वो तकनीकी पढ़ाई की पृष्ठभूमि से आते हैं। मैं चेयरमैन और बाकी सदस्यों से दरख्वास्त करता हूँ कि इस बाबत वो श्रीनाथ से बात करें। वो डायना का अच्छा साथ देंगे इन

> दो बड़े और प्रतिष्ठित नामों की जोड़ी हमारी कार्यकुशलता और साख, दोनों को बढ़ायेगी।
>
> जबकि मेरे हिसाब से इस काम के लिए श्रीनाथ सबसे मुफ़ीद नाम हैं, उनके अलावा और भी नाम हैं। आशा करता हूँ कि हम अपनी मीटिंग के दौरान कुछ समय निकालकर इस मुद्दे पर भी चर्चा कर सकेंगे।

मैंने अपने ईमेल के अन्त में ये भी लिखा: 'ये कहने की तो ज़रूरत नहीं है कि मैंने श्रीनाथ या किसी और के साथ इस मुद्दे पर कोई विमर्श नहीं किया है।'

जब मीटिंग के दौरान मैंने ये बात उठायी तो कमिटी के बाकी लोग साफ़-तौर पर उत्साहित नहीं दिखे। मुझे बताया गया कि सुप्रीम कोर्ट ने सिर्फ़ हमें ही नियुक्त किया था और इसलिए हम श्रीनाथ या उनके कद का कोई और शख़्स नहीं जोड़ सकते। मैंने कहा कि ऐसी कोई चीज़ है नहीं जो हमें एक प्रतिष्ठित पुरुष क्रिकेटर को बतौर आमन्त्रित सदस्य साथ लेने से रोक सकेगी। लेकिन मेरे इस विचार को भी साथ नहीं मिला। फिर मैंने सुझाव दिया कि कम से कम हम श्रीनाथ से कहकर उनसे एक प्रेज़ेंटेशन करवा लेते हैं। चेयरमैन विनोद राय ने इसपर भी रूखा जवाब ही दिया।

इस सब के बीच प्रेस जिस तरह से प्रशासकों की इस कमिटी को कवर कर रही थी वो बेहद बड़े लेवल पर थी और काफ़ी ज़ोर-शोर से हो रही थी। भारत में क्रिकेट का कद क्या है, हम सभी जानते हैं। और रातों-रात एक रिटायर हो चुका सिविल सर्विसेज़ का अधिकारी, एक रिटायर हो चुकी महिला क्रिकेटर, एक बैंकर और एक इतिहासकार राष्ट्रीय चेहरे बन चुके थे। हमारी तस्वीर अख़बार के पहले पन्ने पर थी और टीवी ऐंकर 'एक्सक्लूज़िव' इंटरव्यू के लिए हमारी जान के पीछे पड़े हुए थे। मुझे ऐसा लग रहा था कि मेरे साथी इस पब्लिसिटी से कुछ विचलित हो रहे थे और वो इस एक्सक्लूजिव क्लब को किसी और सदस्य (फिर वो कितना भी योग्य क्यूँ न हो) के लिए नहीं खोलना चाहते थे।

CoA की इस मीटिंग में दो प्रेज़ेंटेशन थीं। बीसीसीआई के मुख्य फ़ाइनेंशियल ऑफ़िसर ने अकाउंट्स और टैक्स स्टेटस की बात की जबकि बीसीसीआई के आईपीएल के मैनेजर इन-चार्ज ने बोर्ड के इस प्रतीकात्मक टूर्नामेंट और पैसा दुहने वाली गाय पर एक लम्बी प्रेज़ेन्टेशन दी। ये एक उत्पाद को बेचने का मौका था जहाँ इस टूर्नामेंट के क्रिकेट और समाज को दिये जा

रहे योगदान के बारे में दावे किये जा रहे थे। लालच और सहभागिता के प्रतीक बन चुके कॉर्पोरेट बॉक्स को सरेआम क्रिकेट देखने के अनुभव को बड़ा करने वाला बताया जा रहा था। इससे पहले दिखाई गयी एक स्लाइड में ऐपल के सीईओ टिम कुक दिख रहे थे और एक गोरा टीवी ऐंकर एक आईपीएल मैच के दौरान उनका इंटरव्यू ले रहा था। वहाँ वो कह रहे थे: 'ये कमाल का है ... मैंने कभी भी ऐसा कुछ भी अनुभव नहीं किया है, यहाँ भीड़ का जोश कमाल का है ... ये बताता है कि क्रिकेट कितना महत्वपूर्ण है।' भारतीय मिडल क्लास पश्चिम से प्रमाण पाने को लालायित रहता है। लेकिन यहाँ साफ़ मालूम चल रहा था कि टिम कुक मेज़बानों को ख़ुश करने की कोशिश कर रहे थे। ये अरबों लोगों के देश में आईफ़ोन और ऐपल मैक का बाज़ार तलाशने की तैयारी थी।

अपनी इस प्रेज़ेन्टेशन के दौरान बोर्ड अधिकारी मेरी तरफ़ ज़्यादा ही देख रहा था क्यूँकि मेरी छवि आईपीएल को नापसन्द करने वाले की बनी हुई थी। ये छवि यूँ ही बनी भी नहीं थी। 2013 में *हिन्दू* के लिए एक लेख में मैंने लिखा था :

> इंडियन प्रीमियर लीग रचनात्मक पक्ष में नहीं बल्कि एक दूसरे की मदद से पैसे बनाने के पक्ष में दिखता है। टीमों की शुरुआती नीलामी दबे-छिपे तरीक़े से की गयी थी—आवंटन करते वक़्त पारदर्शिता नहीं दिखाई गयी थी। खिलाड़ियों की क़ीमतें उनके खेल के साथ न्याय करती नहीं दिखती हैं। इसलिए विदेशी खिलाड़ियों को अपने जितने ही योग्य भारतीय खिलाड़ियों के मुकाबले बेहद कम रक़म मिलती है। सहचर पूँजीवाद का सबसे बड़ा उदाहरण तो वहीं दिखता है जहाँ आईपीएल टीम का मालिकाना हक़ बीसीसीआई के वर्तमान अध्यक्ष (और पूर्व सेक्रेटरी) के पास दिखता है। ये वैसा ही है जैसे एलेक्स फ़र्ग्युसन मैनचेस्टर यूनाइटेड के मैनेजर भी हों और इंग्लिश फ़ुटबॉल असोसिएशन के अध्यक्ष भी हों। दुख भरी बात ये है कि सहचर पूँजीवाद कहीं रुकता नहीं दिखता है। बोर्ड प्रेसिडेंट जिस टीमके मालिक हैं, उसके ब्रांड एम्बेसडर वर्तमान सेलेक्टर्स के चेयरमैन हैं। टीवी पर भारतीय क्रिकेट को कवर करने वाले कमेंटेटर आईपीएल के दौरान कंसल्टेंट बन गये हैं। बाकी कमेन्टेटर भी आईपीएल टीमों से किसी न किसी काम के चलते जुड़ गये थे। साफ़ शब्दों में कहूँ तो उनकी इस मामले पर(और भी कई मामलों पर) चुप्पी ख़रीद ली गयी है।

आईपीएल का 2017 का सीज़न नज़दीक आ रहा था। बीसीसीआई के अध्यक्ष और सेक्रेटरी को हटाया जा चुका था। लिहाज़ा फ्रेंचाइज़ी मालिकों, खिलाड़ियों, सपोर्ट स्टाफ़ और फ़ैन्स के बीच चिन्ता का माहौल बन गया था। बोर्ड की कमाई का 60 प्रतिशत हिस्सा आईपीएल से आता था और इसे हज़ारों-लाखों भारतीय देखते थे। इसलिए CoA को इसके सुचारु रूप से संचालन का इन्तज़ाम करना था और ये हुआ भी। कमिटी में पेशेवर लेखक/सम्पादक होने के लिहाज़ से हमारी पहली मीटिंग के बाद जारी किये जाने वाली प्रेस विज्ञप्ति ये थी :

> *नयी दिल्ली : 1 फ़रवरी 2017*
>
> *प्रशासकों की कमिटी (CoA) ने बीसीसीआई के अधिकारियों से आईपीएल 2017 के संचालन को ध्यान में रखते हुए उससे सम्बन्धित ज़रूरी मुद्दों पर आज बात की।*
>
> CoA *ने ये आदेश जारी किया है कि आईपीएल के लिए वेंडर्स की नियुक्ति और उनकी सेवाएँ लेने सम्बन्धित सभी प्रक्रियाएँ इस सीज़न में भी बनी रहेंगी।*
>
> CoA *सभी फ्रेंचाइज़ी और हितधारकों को आश्वस्त करता है कि आईपीएल की तैयारियाँ* COA *की देखरेख में और दिशानिर्देशों को ध्यान में रखते हुए बीसीसीआई/आईपीएल मैनेजमेंट टीम द्वारा करवाई जायेंगी।*
>
> *आईपीएल के 2017 सीज़न से जुड़ी टाइमलाइन बहुत ही जल्द बीसीसीआई/आईपीएल मैनेजमेंट टीम बतायेगी।*
>
> *आईपीएल का 2017 सीज़न तयशुदा तारीख 5 अप्रैल 2017 से शुरू होगा।*

विडम्बना यही थी कि बीसीसीआई में अधिकारी बनने के बाद जो मैंने सबसे पहला काम किया वो था आईपीएल को हरी झण्डी दिखाना। वही टूर्नामेंट जिसका मैं मुखर विरोधी था। लेकिन मेरे दिमाग में अभी भी सवाल बरक़रार थे और मैं ये सोच रहा था कि किस्मत का साथ मिला और मैं यूँ ही डटा रहा तो 2018 के सीज़न से पहले मैं उन्हें सभी के सामने रख पाऊँगा। ये सवाल थे :

बीसीसीआई के इन दावों के बावजूद, कि क्रिकेट के लिए एक ज़रूरी शय थी, आईपीएल असल में एक तमाशा था और इसका क्रिकेट से कोई सरोकार नहीं था। (असल में, रणजी ट्रॉफ़ी को अभी भी बड़ा किरदार निभाना

चाहिए।) मैचों के फ़िक्स होने के बारे में शुबह अभी भी बरकारर था। या फिर उन्हें इस तरह से खेला जा रहा था कि हमें रोमांचक अन्त देखने को मिल रहे थे। ये भी अब छुपा नहीं था कि टूर्नामेंट असल में पैसे बनाने की एक तरकीब थी लेकिन क्या उसके तरीक़े पर बात नहीं हो सकती थी? बोर्ड की हमें दी गयी प्रेज़ेन्टेशन में इस बात पर ज़ोर दिया गया था कि फ्रेन्चाइज़ी और नाना प्रकार के स्पॉन्सर्स को ख़ुश रखना बेहद ज़रूरी था। माल्या और अम्बानी के बारे में हमें जो कुछ भी मालूम था, उसे ध्यान में रखते हुए मैं पूछता हूँ कि इन्हें ख़ुश रखना बीसीसीआई के लिए इतना ज़रूरी क्यूँ था?

दूसरा, सामाजिक और भौगोलिक दृष्टिकोण से देखें तो ये टूर्नामेंट गैर-समतावादी था। आख़िर ऐसा क्यूँ था कि क्रिकेट के पीछे पागल और जनसंख्या के मामले में सबसे आगे प्रदेश उत्तर प्रदेश, बिहार और मध्य प्रदेश को एक भी टीम नसीब नहीं हुई? जबकि महाराष्ट्र को दो-दो टीमें मिल गयीं और उसके पड़ोसी कर्नाटक और तमिलनाडु को एक-एक टीम मिली? सिर्फ़ इसलिए कि पहले वाले प्रदेश ग़रीब हैं और दूसरे अमीर। क्यूँ नहीं बीसीसीआई ने यूपी, बिहार जैसे प्रदेशों में भी फ्रेन्चाइज़ी बनायी या कम से कम देश के दूरस्थ इलाकों के छोटे शहरों में कुछ मैच रखवाये?

तीसरा, ऐसा क्यूँ नहीं किया जाता कि आईपीएल से मिलने वाले मुनाफ़े का एक हिस्सा लेकर रणजी ट्रॉफ़ी की फ़ीस और पुरस्कार राशि में बढ़ोत्तरी की जाये? महिला क्रिकेट को भी फ़ंड किया जा सकता है और उसे बढ़ावा भी दिया जा सकता है। कई ऐसे खिलाड़ी हैं जो अपना जीवनयापन रणजी ट्रॉफ़ी की बदौलत करते हैं न कि आईपीएल से। इसके अलावा, एक मज़बूत टेस्ट टीम के लिए (ख़ासकर बाहर खेले जाने वाले मैचों में) हमें एक मज़बूत अन्तर्राज्यीय टूर्नामेंट की ज़रूरत होगी और इसके लिए हमें घरेलू खिलाड़ियों को बेहतर मुआवज़ा देना होगा। और फिर भी, जैसा कि बीसीसीआई में शुरुआती वक़्त बिताने पर मालूम पड़ा कि रणजी ट्रॉफ़ी की फ़ीस बेहद कम थी (एक खेल के दिन के मात्र 30 हज़ार रुपये)। और साथ ही ये शिकायतें लगातार आ रही थीं कि मैच फ़ीस की जो चेक राज्यों को दिए जा रहे थे, वो खिलाड़ियों तक नहीं पहुँच रहे थे।

CoA के हरी झंडी दिखाने के बाद आईपीएल को अख़बारों के पहले पन्ने पर देखा गया। इसकी वजह से आंध्र क्रिकेट के लेखक सी. वेंकटेश ने मुझे एक ख़त लिखा :

प्रिय श्री गुहा,

टाइम्स ऑफ़ इंडिया की हेडलाइन देखते ही अचानक मेरे चेहरे पर मुस्कान आ गयी। ये CoA के आईपीएल 2017 को हाँ कहने से जुड़ी थी और आपको मालूम है ऐसा क्यूँ हुआ। इस न्यूज़ आइटम में आपकी इस खेल के सबसे छोटे प्रारूप को लेकर नापसन्दगी का भी ज़िक्र था। जबसे मुझे CoA में आपकी मौजूदगी के बारे में मालूम पड़ा, मेरे दिमाग में दो चीज़ें चल रही थीं। पहली बात असल में मेरी एक चिन्ता है! आपके अन्दर का प्रेमी शायद कहीं खो जाये क्यूँकि, थोड़े वक़्त के लिए ही सही, अब आप खेल को चला रहे हैं और उसके बेहद क़रीब हैं। मुझे लगता है कि वो शायद मुकेश केसवान थे जिन्होंने कहा था कि दूरी एक नया दृष्टिकोण पैदा करती है। ये कितना सच है! मैंने देखा है कि लगभग सभी खेल पत्रकार हर दिन खेल को कवर करते-करते बेहद रूखे हो चले हैं। लेकिन चूँकि आप अभी भी बाहरी ही थे, लिहाज़ा आपमें खेल का स्वाद जीवित था। जब आप लिखते हैं कि 'वो पहली बार था जब मैंने किसी टेस्ट क्रिकेटर से हाथ मिलाया था,' पाठक को तुरन्त आपसे जोड़ देता है। अब मेरी चिन्ता ये है कि आप जब क्रिकेट संचालन की उस दुनिया में घुसेंगे और पायेंगे कि हर किरदार पापों का भागीदार है, आपके भीतर का वो मोह ख़त्म हो जायेगा। नजदीकियाँ अवमाननाओं को जन्म देती हैं। इसलिए प्लीज़ चीज़ों को दिल से मत लगाइयेगा और इस वक़्त को अपनी लेखनी को प्रभावित मत करने दीजियेगा।

मेरी दूसरी बात एक सवाल के रूप में है ... एक पेशेवर के तौर पर आप वही लिखते हैं जो आपको पसन्द होता है, लेकिन मुझे लगता है कि इस नयी पारी में आपको वो काम भी करने होंगे जो आप पसन्द नहीं करते हैं। लेकिन आईपीएल, अपनी सभी कमियों के बावजूद एक ऐसी चीज़ है जो कितने ही ख़ुद को अलग पाने वाले खिलाड़ियों के लिए एक बहुत बड़ा प्लेटफ़ॉर्म है और प्रतिभाओं के इस समन्दर के लिए एक बहुत बड़ा किरदार है। इसलिए प्लीज़ पाप के भागीदारों को माफ़ कर दें। उन्हें नहीं मालूम है कि वो क्या कर रहे हैं।

आईपीएल 2017 वापस अपनी राह पकड़ चुका था लेकिन टूर्नामेंट को बढ़ावा देने वाले लोग सोच रहे थे कि मैं CoA में रहूँगा तो आने वाले संस्करणों को प्रभावित करने की कोशिश करूँगा। पत्रकार आनन्द वासु ने *इकॉनमिक टाइम्स* में लिखते हुए मेरी 'अन्तर्राष्ट्रीय क्रिकेट के कैलेण्डर में बेसब्री से इन्तज़ार करवाने वाले आईपीएल के लिए मनोविकारी नफ़रत' के बारे में बात की। उन्होंने ये भी लिखा कि मैं हर हाल में ये टूर्नामेंट बन्द करवाने की कोशिश करूँगा। इन बेहद तीखे तेवरों ने उनके भीतर बसे असुरक्षा के भाव की मुखबिरी कर दी थी। बीते आठ सालों में मैंने आईपीएल पर मात्र दो कॉलम लिखे थे। वो भी तब, जब मेरा एक साप्ताहिक कॉलम कई भाषाओं में लगातार अनुवादित हो रहा था। मेरी आईपीएल और उसको दी जाने वाली ज़रूरत से ज़्यादा अहमियत की ओर नापसन्दगी, उसके सहचर पूँजीवाद और भ्रष्टाचार, ये सभी बातें ज़ाहिराना तौर पर सामने थीं लेकिन वो मनोविकार तो कतई नहीं था। लेकिन मुझे ये तो मालूम पड़ गया था कि यदा-कदा प्रकट किये गये मेरे विचारों ने बाउंड्री के बाहर खड़े ताली बजाने वालों में भी डर पैदा कर दिया था।

इसके बाद वासु ने आईपीएल के चलने के तरीक़े के बारे में इस तरह माफ़ीनुमा लेख लिखा :

> भारत में युद्धक्षेत्र के नियम एक ऐसी चीज़ है जिसे हम लेकर पैदा होते हैं और उनके साथ बड़े होते हैं। वो उसूल जिनके सहारे हम अपना जीवन गुज़ारते हैं, हमारे खून में होते हैं। हम किसी काम को काले या सफ़ेद में नहीं करते। अगर अपने जीवन के हर मामले में, हम भारतीयता दिखा रहे हैं, तो हमें ऐसा क्यूँ लगता है कि क्रिकेट और क्रिकेट को चलाये जाने के तरीक़े अलग होंगे?

ये ऐसा कहना था कि हम तो ऐसे ही हैं। आईपीएल को बेहद अफ़सोसजनक और भ्रष्ट तरीक़े से चलाया जा रहा था। ये बचाव करने की प्रवृत्ति बेहद अश्लील उपनिवेशवाद विरोधी राष्ट्रवाद की उपज थी और अब उसके हाथों में हाथ डाल चल रही थी। अंग्रेज़ और ऑस्ट्रेलियाई पत्रकारों ने भारतीय खिलाड़ियों को दया का पात्र बनाकर रखा हुआ था। अब, आईपीएल के बाद जब देश में विदेशी खिलाड़ियों का जमघट लगना शुरू हुआ, इधर का पलड़ा भारी हो गया। इंडिया अब विश्व क्रिकेट का केन्द्र था और आईसीसी में बीसीसीआई के बढ़ते रौब के मद्देनज़र अब कोई भी विदेशी सम्वादकर्मी अपने भारतीय समकक्ष से अकड़ के बात नहीं कर सकता था।

इससे ये भी मालूम चलता है कि क्यूँ वरिष्ठ सम्पादक भी आईपीएल के लिए चियरलीडिंग करते दिखते हैं। वो इसे भारत में पैदा किये गये एक बड़े वैश्विक ब्रांड के रूप में पेश करते और जश्न मनाते। शेखर गुप्ता ने 2011 में *इंडियन एक्सप्रेस* में लिखा था कि आईपीएल ने 'एक साल में जितनी युवा प्रतिभाओं को सामने रखा है, डोमेस्टिक क्रिकेट उतना पाँच साल में भी नहीं कर पाता... आईपीएल क्रिकेट के खेल में यूँ पैसा लेकर आया है कि ऐसे किसी और आइडिया ने नहीं किया था। बीते तीन दशकों में छोटे संस्करणों ने आकर भी ऐसा नहीं किया।और भी अच्छी बात ये है कि क्रिकेट खिलाड़ियों से इतर, ये मीडिया, स्पॉन्सर्स, इवेंट मैनेजर, हॉस्पिटैलिटी इंडस्ट्री आदि-आदि को भी अमीर बना रहा है। एक ऐसा खेल जो दर्शकों की उदासीनता के चलते धीमी मौत मर रहा है, ये अच्छे हासिल देने वाला अच्छा कारक है।

ठूँस-ठूँस कर भरी गई अतिश्योक्ति लाज़मी थी (क्यूँकि अभी भी रणजी ट्रॉफ़ी ही सबसे अच्छी प्रतिभाओं को जन्म दे रही थी, फिर वो चाहे भारतीय टीम के लिए हो या आईपीएल के लिए), ये तो कहा ही नहीं गया था कि आईपीएल के दो सबसे बड़े नाम, विजय माल्या और ललित मोदी जेल जाने से बचने के लिए देश छोड़कर भाग चुके थे। भ्रष्टाचार, सहचर पूँजीवाद, मैच-फ़िक्सिंग, हितों का टकराव—ये भी आईपीएल का हिस्सा थे लेकिन इसकी बड़ाई करने वाले इसके बारे में बात भी नहीं करते थे।

बीसीसीआई में मेरी मौजूदगी से सिर्फ़ पत्रकार और सम्पादक ही परेशान नहीं थे। पूर्व अधिकारी भी थे। इसमें वित्त मन्त्री अरुण जेटली का नाम भी शामिल था जो डेल्ही एंड डिस्ट्रिक्ट क्रिकेट असोसिएशन के पूर्व अध्यक्ष भी थे। जेटली के कार्यकाल में डीडीसीए इस देश के सबसे ख़राब तरीके से संचालित क्रिकेट असोसिएशन में से एक था। और ये वो क्षेत्र था जिसमें पहले से ही बुरे मानक तैयार किये जा चुके थे।* जेटली बीसीसीआई के पूर्व उपाध्यक्ष भी रह चुके थे और ये ऐसे समय में था जब आईपीएल में भाई-भतीजावाद, सहचर पूँजीवाद और भ्रष्टाचार ने डीडीसीए के कारनामों को पीछे छोड़ रखा था। जेटली को मालूम था कि एन श्रीनिवासन एक आईपीएल टीम के मालिक होते हुए बीसीसीआई के अध्यक्ष थे। वो ये भी जानते थे कि एक और फ्रेन्चाइज़ी को

* देखें : https://caravanmagazine.in/vantage/jaitley-corruption-ddca-president
https://scroll.in/field/776817/the-corruption-in-ddca-was-because-of-jaitleys-connivance-alleges-bishan-singh-bedi
https://www.deccanherald.com/national/arun-jaitley-cricket-manager-who-fielded-controversies-756609.html

विजय माल्या चला रहे थे और उन्होंने पब्लिक सेक्टर बैंकों में कई धाँधलियाँ की थीं और अपने कर्मचारियों को पगार नहीं दी थी।

2009 में, जब भाजपा आम चुनावों के बाद पूरी तरह से पराजित दिख रही थी, ऐसा माना जा रहा था कि जेटली का एकमात्र उद्देश्य बीसीसीआई का अध्यक्ष बनना था। 2012 में बीसीसीआई के संविधान में बदलाव किये गये थे जिससे जेटली को उनके अपने उत्तरी ज़ोन से नहीं बल्कि पूर्वी ज़ोन से उम्मीदवार बनाया जा सके। इसके कुछ वक़्त बाद ही नरेन्द्र मोदी ने अपने प्रधानमन्त्री बनने की ख्वाहिश को सभी के सामने रखना शुरू किया। जेटली लम्बे अरसे से मोदी के मित्र और उनके सलाहकार रहे थे। लिहाज़ा उन्होंने क्रिकेट से अपना ध्यान हटा लिया और वापस राजनीति पर आ गये। एक तरफ़ जहाँ वो बीसीसीआई के अध्यक्ष बनने के सपने देख रहे थे, वो आगे चलकर देश के वित्त मन्त्री बने।

लेकिन उन्होंने फिर भी एक आंख और एक कान अपनी इस पुरानी रुचि पर जमाये रखी। ऐसा मुझे सरकार के बीच काम कर रहे एक मित्र ने बताया कि CoA के गठन के कुछ ही दिन बाद जेटली ने अपदस्थ बीसीसीआई अध्यक्ष अनुराग ठाकुर (उन्हीं की तरह भाजपा सांसद) और राजीव शुक्ला, जो यूँ तो कांग्रेस सांसद थे लेकिन इन मामलों में बीसीसीआई के साथ थे और लोढा कमिटी के विरोधी थे, के साथ लंच किया। इस लंच पर तंज़ कसते हुए इस बारे में बातें हुईं कि अब बीसीसीआई को इतिहासकार चलायेंगे। मुझे अपने बारे में भला-बुरा सुनना अजीब नहीं लगता है लेकिन जिस चीज़ ने मुझे हिला के रख दिया वो ये थी कि ज़ब अर्थव्यवस्था अधर में लटकी हो, कुछ ही हफ़्तों में बजट पेश करना हो, देश का वित्त मन्त्री क्रिकेट के संचालन को लेकर गॉसिप कर रहा था और बातें बना रहा था।

III

अन्तर्राष्ट्रीय मोर्चे पर हमारे सामने सबसे बड़ा मसला ये था कि भारतीय क्रिकेट बोर्ड की धौंस जमाने की आदत के चलते दूसरे देश हमें खदेड़ने की चाह रखे हुए थे। कुछ साल पहले, बीसीसीआई ने इंग्लैंड और ऑस्ट्रेलिया के साथ मिलकर इंटरनेशनल क्रिकेट काउंसिल पर कब्ज़ा करने की कोशिश की थी। इन तीन देशों ने बेढंगे तरीक़े से खेल के मुनाफ़े के एक बड़े हिस्से को अपनी ओर मोड़ने की कोशिश की थी (जिसमें इंडिया को सबसे ज़्यादा पैसे मिलने वाले थे)। इसके साथ ही इन्होंने अन्तर्राष्ट्रीय क्रिकेट कैलेण्डर को भी ऐसे तय

करना शुरू किया कि ये आपस में ज़्यादा मैच खेलने वाले थे और बाकी देश अकेले पड़ रहे थे।

ये कथित 'बिग थ्री' मॉडल एन श्रीनिवासन के दिमाग़ की उपज थी जिन्होंने बीसीसीआई और आईसीसी का नेतृत्व कर रखा था। श्रीनिवासन एक घोर अधिकारवादी व्यक्तित्व के आदर्श उदाहरण थे। उन्हें चीज़ों को अपनी मर्ज़ी से करने की आदत थी और उन्होंने न जाने कितने क्रिकेट से जुड़े प्रशासकों को और यहाँ तक कि भारतीय प्रेस को अपनी मुट्ठी में भींच कर रखा हुआ था। लेकिन फिर उनके परिवार का नाम मैच-फिक्सिंग स्कैंडल में शामिल हो गया और फिर उनके ख़ुद के हितों के टकरावों की ओर उँगलियाँ उठायी जाने लगीं।

नवम्बर 2015 में श्रीनिवासन को हटाकर शशांक मनोहर को आईसीसी का चेयरमैन बना दिया गया। नागपुर से आने वाले और विदर्भ क्रिकेट असोसिएशन के लम्बे समय तक अध्यक्ष रहने वाले शशांक मनोहर अपने पूर्वाधिकारी से कुछ कम अधिकारवादी थे। वो दूसरों के दृष्टिकोण को सुनने की ज़हमत उठा लिया करते थे। शीर्ष पर उन्हें पाकर छोटे और आर्थिक रूप से असम्पन्न सदस्यों ने बिग थ्री मॉडल को वापस लेने की माँग उठानी शुरू कर दी। अब यहाँ पैसों के बँटवारे का एक नया खाका तैयार किया गया जिसमें भारत का शेयर 570 मिलियन डॉलर (57 करोड़) से घटाकर 290 मिलियन डॉलर (29 करोड़ डॉलर) हो गया। बाकी पैसा दुनिया के बाकी, कम सम्पन्न जगहों में खेल के विकास के लिए इस्तेमाल किया जाने वाला था।

पिछले मॉडल की जगह ये वाला मॉडल कहीं ज़्यादा न्याय करता हुआ लग रहा था। लेकिन समय के साथ-साथ अंधराष्ट्रवादी होती जा रही भारतीय प्रेस ने हल्ला काटना शुरू कर दिया। लिखने वाले, कमेंट्री करने वाले, रिटायर हो चुके क्रिकेटर्स और वो क्रिकेट प्रशासक जिनके पास काम नहीं था, ये पूछने लगे कि आख़िर भारत को विश्व क्रिकेट पर अपना प्रभुत्व क्यूँ नहीं क़ायम करना चाहिए। शशांक मनोहर को रातों-रात गद्दार क़रार दे दिया गया और उन्हें पश्चिमी साम्राज्यवाद का हितैषी बताया जाने लगा। यहाँ तक कि उन्हें बंगाली सेनापति मीर जाफ़र के समकक्ष खड़ा कर दिया गया, जिसने 18वीं सदी में ईस्ट इंडिया कम्पनी को भारतीय उपमहाद्वीप में पहला पैर जमाने में मदद की थी।

फ़रवरी 2017 में दुबई में आईसीसी की एक मीटिंग के दौरान इस नये मॉडल पर चर्चा हो रही थी। हमारी कमिटी में विक्रम लिमये आर्थिक विशेषज्ञ थे और इसी हक़ से वो दुबई में हो रही इस मीटिंग में बीसीसीआई का प्रतिनिधित्व कर रहे थे। वो जब वापस आये तो बता रहे थे कि भारत की हिस्सेदारी में

कम कटौती के लिए प्रयास कर सकते थे लेकिन इस बात में कोई शक नहीं था कि 'बीसीसीआई और आईसीसी के बीच रिश्ते बेहद ख़राब हैं—बिल्कुल भी विश्वास नहीं है'।

एक लम्बे ईमेल के ज़रिये मैंने अपने CoA के साथियों को इस विश्वास की कमी के पीछे की ऐतिहासिक पृष्ठभूमि समझाने की कोशिश की। टेस्ट क्रिकेट 1877 में शुरू हुआ था। उसके बाद की पूरी शताब्दी भर एमसीसी और इंग्लैंड ने अन्तर्राष्ट्रीय क्रिकेट पर अपना दबदबा बनाये रखा। क्रिकेट कैसे खेला जायेगा और सब कुछ कैसे चलेगा, सब उनकी मर्ज़ी से होता रहा। क्रिकेट का शेड्यूल, खेल के नियम और बाकी सभी मसले वो अपने हिसाब से हल करते। 1977 में, जब वर्ल्ड सीरीज़ क्रिकेट की शुरुआत हो रही थी, ऑस्ट्रेलिया के पास ताक़त बढ़ने लगी और 1992 का वर्ल्ड कप आते-आते वो अन्तर्राष्ट्रीय क्रिकेट का केन्द्र बन चुका था। उनकी गर्मियाँ (हमारे और इंग्लैंड के लिए सर्दियाँ) सर्वेसर्वा हो गयीं। ऑस्ट्रेलियाई टीम अपने घर में रहती और बाकी देशों को उसी के मुताबिक़ अपना शेड्यूल बनाना पड़ता और वहाँ जाना ही पड़ता (और अमूमन बुरी तरह हारना पड़ता और वहाँ की घरेलू मीडिया का शिकार भी बनना पड़ता)। चैनल 9 की ताक़त और 90 के दशक की ऑस्ट्रेलियाई टीम का बहुत बड़े अन्तर से दुनिया की सर्वश्रेष्ठ टीम होना इस हनक को बनाये रखने में सहायक थे।

ब्रिटिश और ऑस्ट्रेलियाई प्रभुत्व से आजिज़ आकर एशियाई देशों ने विश्व क्रिकेट में सामान अधिकारों की माँग करनी शुरू की। ये ज़रूरी भी था और बहुप्रतीक्षित भी। इस आन्दोलन का नेता भारत था और पाकिस्तान श्रीलंका और कुछ वक़्त बाद बांग्लादेश उसके साथी बने हुए थे। लेकिन आईपीएल के बाद और उसकी भयंकर सफ़लता के बाद बीसीसीआई इस सफ़लता के मद में आ चुकी थी और खासकर श्रीनिवासन के अधीन बाकी एशियाई देशों को किनारे कर दिया गया और इंडिया अपने पैसों और बल के दम पर विश्व क्रिकेट का सिरमौर बनने की राह पर चल पड़ा। दुख की बात ये है कि इस पूरी प्रक्रिया को भारतीय मीडिया का भी भरपूर साथ मिला। इसकी एक वजह बदले की भावना भी थी क्यूँकि बहुत वक़्त हम पश्चिमी मीडिया के लिए दया का पात्र थे और अब ये मीडिया उसी का स्वाद लेना चाहती थी।

मैंने बीसीसीआई में अपने साथियों को बताया कि अंग्रेज़ और ऑस्ट्रेलियाई संगत ने ज़्यादातर मौकों पर विश्व क्रिकेट के हक़ के उलट ही काम किया था। और मैंने कहा कि भारतीय बोर्ड की हनक भी ऐसा ही कुछ करवायेगी।

मैंने दलील दी कि भारत को अन्तर्राष्ट्रीय क्रिकेट में वो नहीं बनना चाहिये जो अन्तर्राष्ट्रीय राजनीति में यूनाइटेड स्टेट्स बना हुआ है जहाँ वो ख़ुद नियम बनाता है और ख़ुद को ठीक न लगने पर अन्तर्राष्ट्रीय संधियों की अवमानना करने से नहीं चूकता। बीसीसीआई की ज़िद पर अड़ने का एक उदाहरण था डिसीज़न रिव्यू सिस्टम को न अपनाना। ये हमारे छोटे कद के खिलाड़ियों (जैसे सचिन तेंदुलकर और एमएस धोनी) के दबाव के कारण हो रहा था क्यूँकि ये उन्हें एलबीडब्ल्यू के लिए और भी योग्य बना रहा था। इसके पीछे और कोई तार्किक वजह नहीं थी। एक और उदाहरण था लक्ष्मण शिवरामाकृष्णन का आईसीसी के सामने अन्तर्राष्ट्रीय खिलाड़ियों के प्रतिनिधि के रूप में नियुक्त होना। ये उनके क्रिकेट के रिकॉर्ड या क्रिकेट की जानकारी के दम पर नहीं हुआ था बल्कि इसलिए हुआ था क्यूँकि वो बहुत लम्बे समय से श्रीनिवासन के वफ़ादार बने हुए थे। बिग थ्री मॉडल एक और मौका था जब भारतीय हठधर्मिता का एक और उदाहरण देखने को मिला था और विश्व क्रिकेट के हक़ को ताक पर रख दिया गया था।

मेरे साथी मेरे साथ लगभग हर बात पर सहमत थे लेकिन जैसे-जैसे देश भर में राष्ट्रवादी उन्माद बढ़ता रहा और उसकी आवाज़ ऊँची होती गयी, वो समानाधिकार की इन बातों को सार्वजानिक तरीके से सामने रखने में सकुचाने लगे। इस बीच, इस पूरे मसले की शह पाकर एन श्रीनिवासन बीसीसीआई में वापसी की तैयारियों में लगे हुए थे। हालांकि वो साफ़-तौर पर लोढा गाइडलाइन्स के आधार पर सत्तर पार होने और नौ साल से ज़्यादा पद पर रहने के कारण योग्य नहीं थे, उन्होंने बीसीसीआई के सदस्य राज्यों की मीटिंगों में हिस्सा लेना शुरू कर दिया और वहाँ रौब झाड़ रहे थे। मैंने चेयरमैन विनोद राय से दरख्वास्त की कि एक सार्वजानिक बयान में वो इसे ग़ैर-कानूनी क़रार दें लेकिन वो ऐसा करने में बेहद नर्वस महसूस कर रहे थे। उनकी चुप्पी ने पुरानी टोली को और भी हिम्मत दे दी। उन्होंने उसी जून में खेली जाने वाली चैम्पियंस ट्रॉफ़ी के पूर्ण बहिष्कार की बात उठानी शुरू कर दी।

वो छटे हुए बदमाश, जो अब राष्ट्रवाद का चोला पहन चुके थे, उन्हें अति राष्ट्रवादी प्रेस का साथ मिला। मोदी-भक्तों की मैगज़ीन स्वराज्य के एडिटर ने ये माँग की कि प्रशासकों की इस कमिटी को बर्खास्त कर दिया जाना चाहिए। उनका कहना था कि जैसे (कथित तौर पर) जवाहरलाल नेहरू ने सुरक्षा परिषद् की एक सीट गंवा दी थी, वैसे ही हम नेहरूवादी 'ख़ुशी-ख़ुशी, बगैर सोचे-समझे (विश्व क्रिकेट पर) अपने आधिपत्य को गंवा रहे थे और हमें कोई अफ़सोस

नहीं था।' उन्होंने दावा किया कि 'भारत इतना ताक़तवर है कि अगर वो चाहे तो, वो आईसीसी को भाड़ में जाने को कह सकता है और अपना वर्ल्ड क्रिकेट काउंसिल शुरू कर सकता है।' इस लिखने वाले के दिमाग में मैं ही था लेकिन इसने कहीं भी मेरा ज़िक्र नहीं किया था। इसी आर्टिकल के नीचे एक पाठक ने ये कमेन्ट किया था:

> एक लम्बे वक़्त के बाद एक अश्वेत देश सामने आया है और हमारे पास बेवक़ूफ़ सुप्रीम कोर्ट है जो उस पूरे ढाँचे को गिराने पर तुला हुआ है। ये इंडिया में ही हो सकता है कि हम अपनी ताकत किसी और को सौंप दें। मुझे यकीन है कि सुप्रीम कोर्ट का यूँ हस्तक्षेप करते हुए बीसीसीआई को ठीक करना बाहरी शक्तियों का एक प्रोजेक्ट है। आख़िर एक पक्षपातपूर्ण इतिहासकार CoA में कर क्या रहा है? ये कोई मज़ाक है क्या? बीसीसीआई यहाँ पक्के तौर पर फंसी हुई है। अगर बीसीसीआई के पास थोड़ा भी आत्मसम्मान बचा है तो उसे दृढ़ रहना चाहिए।

उन्मादियों को पूर्व ओपनिंग बल्लेबाज़ सुनील गावस्कर से और भी बल मिला। 'क्रिकेट की दुनिया भारत के ख़िलाफ़ है' नाम के बौखलाहट से भरे शीर्षक वाले एक लेख में उन्होंने लिखा बीसीसीआई को ये माँग करनी चाहिए कि बिग थ्री मॉडल वैसा का वैसा ही बना रहे। गावस्कर ने आगे कहा, 'इंडिया में हम अपनी ही नाक और शरीर के अंग कटवाने में माहिर हैं क्यूँकि हम ऐसे किसी दूसरे भारतीय को नीचा दिखाना चाहते हैं जिसे हम पसन्द नहीं करते हैं। लगभग नौ सालों तक कई ऐसे लोग हैं जिन्होंने इंडियन प्रीमियर लीग को ख़त्म करने की कोशिश सिर्फ़ इसलिए की है क्यूँकि वो या तो इसका हिस्सा नहीं हैं या फिर इससे उनका कोई फ़ायदा नहीं हो रहा है।'

गावस्कर के इन कठोर शब्दों ने मेरे ज़हन में एक सवाल उठाया: अगर आईपीएल पर हमला करने वाले, ऐसा इसलिए कर रहे हैं कि वो इससे फायदा नहीं उठा पा रहे, तो हर मौके पर इसकी वकालत करने और यहाँ तक कि ललित मोदी और विजय माल्या जैसे तिकड़मबाजों और भगोड़ों को प्रोत्साहन देने वाले लोग यकीनन ऐसा किसी फायदे के लिए ही कर रहे होंगे? और एक बात ये भी है कि अपने तमाम कीर्तिमानों के बावजूद, उस शख़्स से देशप्रेम का पाठ पढ़ना बेमानी मालूम देता है जो अपने देश से इतना प्रेम करता था कि देश को टैक्स देने से बचता रहा।

गावस्कर ने अपने इस लेख के बाद एक टीवी इंटरव्यू किया और वहाँ कहा कि अगर बिग थ्री मॉडल से छेड़छाड़ की जाती है तो इंडिया को चैम्पियंस ट्रॉफ़ी में टीम नहीं भेजनी चाहिए। बीसीसीआई में जो बाकी पदाधिकारी थे, वो भी इस ऐसा ही मत रखते थे। टूर्नामेंट के लिए भारतीय टीम का अनाउन्समेंट हुआ ही नहीं था। और चूँकि टीमों की घोषणा की अन्तिम तिथि काफ़ी पहले निकल चुकी थी और बाकी सभी देशों ने अपनी टीम घोषित कर दी थी, इसी वजह से आईसीसी को बदहवासी में एक ईमेल भेजना पड़ा।

अब अप्रैल भी अपनी ढलान की ओर चल पड़ा था। एक महीने से कुछ ज़्यादा ही समय में चैम्पियंस ट्रॉफ़ी शुरू होने वाली थी। हमारी टीम अभी भी नहीं चुनी गयी थी। हम खेलेंगे या नहीं, कुछ भी तय नहीं था। बीसीसीआई के पुराने लोग और प्रेस में बैठे उनके अनुचर आईसीसी को ब्लैकमेल कर रहे थे। मुझे ये सब बेहद भयावह लग रहा था। मैंने हमारे चेयरमैन विनोद राय से कहा कि वो चयनकर्ताओं को टीम चुनने के लिए बुलायें। उन्होंने ऐसा कुछ नहीं किया। अब मैंने अपने साथियों से कहा कि मैं निजी तौर पर इस मामले से जुड़े कुछ ट्वीट करूँगा जिसमें मैं ये कहूँगा की भारत को चैम्पियंस ट्रॉफ़ी का बहिष्कार नहीं करना चाहिए।

30 अप्रैल को मैंने ये दो ट्वीट किये:

> बतौर क्रिकेट फ़ैन, ये मेरी निजी राय है कि भारतीय टीम को किसी भी हाल में चैम्पियंस ट्रॉफ़ी में हिस्सा लेना ही लेना चाहिए।
>
> किसी प्रतिष्ठित अन्तर्राष्ट्रीय टूर्नामेंट का बहिष्कार करना या उसके बहिष्कार की धमकी देना आपको क्रिकेट खेलने वाला महान देश नहीं बना सकता।

इसी बीच, जब कुछ अख़बार इस अराजकता का साथ निभाते हुए चल रहे थे, *इंडियन एक्सप्रेस* ने एक बेहद अच्छा सम्पादकीय छापा और बीसीसीआई से कहा कि वो न्यायपूर्ण और सभ्य रवैया अपनाये। इसके बाद मैंने तीसरा ट्वीट किया :

> बीसीसीआई के सामने ये विकल्प हैं: 'वो एक बढ़ रहे खेल के जनप्रिय राजा हो सकते हैं या मरते हुए खेल की बेगैरत औलाद।' http://indianexpress.com/article/opinion/editorials/bccis-choice-4632391/

बीसीसीआई के सदस्य राज्यों ने 7 मई को बीसीसीआई स्पेशल जनरल मीटिंग आयोजित की थी। मेरी चिन्ता ये थी कि एन श्रीनिवासन और उनके चमचे यहाँ भी चैम्पियंस ट्रॉफ़ी के बहिष्कार के लिए दबाव डालेंगे। वरिष्ठ पत्रकार उनके पाले में थे और वो मेरे ट्वीट्स के चलते मुझे लगातार गद्दार बुला रहे थे। लेकिन अचानक ही इस नदी का बहाव पूरी तरह से पलट गया। 4 मई को दर्ज़न भर पूर्व क्रिकेटरों ने एक बयान जारी किया जिसमें उन्होंने कहा कि भारत को किसी भी हाल में चैम्पियंस ट्रॉफ़ी के लिए टीम भेजनी चाहिए। इन खिलाड़ियों में राहुल द्रविड़, गुंडप्पा विश्वनाथ और सचिन तेंदुलकर का नाम शामिल था। इस बयान को संजय मांजरेकर ने तैयार किया था जो क्रिकेट खेलने के बाद कमेंट्री करने लगे थे और जो सही चीज़ करना चाहते थे। मांजरेकर ने ख़ुद हस्ताक्षर नहीं किये थे लेकिन उनका हस्तक्षेप ही मामले को यहाँ तक लेकर आया था। द्रविड़, विशी और तेंदुलकर भारतीय क्रिकेट इतिहास में सबसे बड़े नाम थे। उनकी विश्वसनीय और ठोस आवाज़ ने गावस्कर और उनके सहचरों को सन्नाटे में ला खड़ा कर दिया। अब चयनकर्ताओं की एक मीटिंग बुलाई गयी और इंडिया ने चैम्पियंस ट्रॉफ़ी में अपनी टीम भेजी।

IV

हमारी प्रशासकों की कमिटी हर महीने दो या तीन बार मिलती थी। ज़्यादातर मुम्बई में। इनके बीच हमें न जाने कितने ईमेल के जवाब देने होते थे और कितने ही दस्तावेज़ पढ़ने होते थे। कई राज्य असोसिएशन ने सुप्रीम कोर्ट के सामने शिकायतें दायर की थीं, जिनके जवाब हमें तैयार करने होते थे।

दिल्ली में, फ़रवरी महीने के बीच हुई हमारी एक शुरुआती मीटिंग में डिलॉइट नाम की एक ऑडिट करने वाली कम्पनी ने प्रेज़ेंटेशन दी। जब शशांक मनोहर बीसीसीआई के अध्यक्ष थे, उन्होंने सदस्य राज्यों के वित्तीय मामले से जुड़ी कई रिपोर्टें देखी थीं। लेकिन जो मालूम चला था वो इतना भयावह था कि उन्हें दबा दिया गया था। गोपनीयता की बात कहते हुए डिलॉइट ने भी हमारे साथ उन रिपोर्ट्र्स को साझा करने से इंकार कर दिया। लेकिन वो इस बात पर राज़ी हो गये कि वो हमें उसका सार बतायेंगे।

डिलॉइट की टीम बोल रही थी और मैं सब कुछ लिख रहा था। उन्होंने राज्यों के साथ हर तरह की अनियमितताएँ पायी थीं। क्रिकेट के इन्फ्रास्ट्रक्चर के नाम पर एक असोसिएशन ने अठारह कारें ख़रीदी हुई थीं। कुछ असोसिएशन ने हाथ से लिखे अकाउंट बनाये हुए थे। आना-जाना, बिल्डिंग और कंसल्टेंसी के

कॉन्ट्रैक्ट रिश्तेदारों और ग़ैर-मौजूद लोगों को मिल रहे थे। क्लबों को सालाना मिलने वाला अनुदान दिया ही नहीं गया था। कई जगहों पर रिटायर हो चुके रणजी और टेस्ट खिलाड़ियों को उनकी रकम नहीं भेजी गयी थी। यहाँ तक कि डिलॉइट को कई ऐसे चेक मिले, जो पाँच साल से भी पुराने थे और जिसे मिलने चाहिए थे, उस तक पहुँचे ही नहीं। कई असोसिएशन अपने फ़ण्ड निजी अकाउंट में रख रहे थे। और कुछ ऐसे बैंकों में जहाँ उसके अधिकारियों का हिस्सा था। बीसीसीआई के पैसों से अधिकारीयों ने अपने लिये फ़्लैट ख़रीद रखे थे। कई ऐसी फ़्लाइट के लिए पैसों का भुगतान किया गया था जिनका रूट ही वजूद में नहीं है।

कई असोसिएशन ज़मीन ख़रीद चुके थे और वहाँ कुछ भी बना नहीं था। एक प्रैक्टिस पिच भी नहीं। ज़मीन के ऐसे टुकड़ों की कुल कीमत 220 करोड़ थी। ऐसे एक मामले में तो ख़रीदी जा चुकी ज़मीन पर फसल खड़ी हुई थी। कागज़ों पर वहाँ एक क्रिकेट स्टेडियम बनने वाला था। एक दूसरे मामले में एक ज़मीन के कागज़ खो चुके थे। लगभग 100 करोड़ से ज़्यादा की रकम तो ज़मीन ख़रीदने के लिए एडवांस में दी जा चुकी थी लेकिन वो अभी असोसिएशन के पास नहीं आई थी। स्टेडियम बनाये जाने के लिए सैकड़ों करोड़ रुपये दिये जा चुके थे।

भारतीय क्रिकेट दशकों से बेहद बुरी तरह से चलाया जा रहा है और आईपीएल शुरू होने के बाद से इसकी और भी दुर्गति होने लगी है। ज़्यादा पैसे का मतलब था कि सहचर पूँजीवाद और भ्रष्टाचार को बढ़ावा। इस घटिया संचालन का ख़ामियाज़ा सक्रिय और पूर्व खिलाड़ियों को और साथ ही खेलप्रेमियों को भुगतना पड़ रहा था। मेरे CoA का सदस्य बनने के बाद भारतीय क्रिकेट में ख़ुद को भागीदार समझने वाले लोगों ने मुझे ईमेल करने शुरू किये। इन ईमेल के ज़रिये मुझे बताया जा रहा था कि कैसे देश के तमाम हिस्सों में इस खेल का प्रबंधन हाशिये पर चल रहा है। *टाइम्स ऑ फ़ इंडिया* के नागपुर संस्करण के स्थानीय सम्पादक ने मुझे लिखते हुए बताया कि शशांक मनोहर द्वारा चलाये जा रहे विदर्भ क्रिकेट असोसिएशन ने उनके अख़बार के सभी पत्रकारों को स्टेडियम में इसलिए बैन कर रखा था क्यूँकि अख़बार ने उनकी आलोचना करते हुए कुछ ख़बरें छापी थीं। (मनोहर अपने बाकी साथियों की तरह इतने दुष्ट तो नहीं थे लकिन वो बड़े प्रतिरोधी ज़रूर थे।) गोवा के, त्रिपुरा, उत्तर प्रदेश, मध्य प्रदेश और जम्मू कश्मीर के पूर्व रणजी और टेस्ट खिलाड़ियों ने लिखकर बताया कि कैसे उनके असोसिएशन पर भ्रष्ट लोगों का कब्जा

था जिन्होंने अपने साथियों को मुनाफे वाले कॉन्ट्रैक्ट दिलवाये हुए थे और जो अपने परिवार के लोगों या दोस्तों को टीम में लाने के लिए टीम सेलेक्शन तक को प्रभावित करते थे।

आम क्रिकेटप्रेमी भी लिख रहे थे। एक ने कहा कि CoA को टीवी चैनल्स से कहना चहिये कि ओवर के बीच में वो कम विज्ञापन दिखाये क्यूँकि इससे क्रिकेट देखने की लय टूटती है और ये परेशान कर देता है। एक और ने मूड्बिदरी के मन्दिरों वाले शहर से लिखते हुए पूछा: 'क्या हमें वाकई सीमित ओवरों के खेल में नाचने वालों और आतिशबाज़ियों की ज़रूरत है? ये खेल का स्वाद ख़राब करता है और बाक़ी दूसरी ग़लत चीज़ों को तो बढ़ावा देता ही देता है। सिर्फ़ इसलिए कि और देशों में भी ऐसा हो रहा है, क्या हमें उनके जैसी हर चीज़ करनी ज़रूरी है?'

एक तीसरे ने कर्नाटक स्टेट क्रिकेट असोसिएशन के चिन्नास्वामी स्टेडियम में मैच देखने के बाद लिखा :

वही कहानी:

1. लीक होते टॉयलेट।
2. कोई हिफ़ाज़त नहीं—इलेक्ट्रिकल पॉइंट—MCB स्विच नहीं—डायरेक्ट वायरिंग
3. गन्दा खाना बिकता है—कटे हुए फल और शिवाजीनगर के समोसे
4. आग से लड़ने वाला कोई भी यन्त्र स्टेडियम में मौजूद नहीं है, मुसीबत में निकास का तय रास्ता नहीं है

इसके लिए कौन ज़िम्मेदार है।

पैसे देकर मैच देखने वाले दर्शकों के साथ घटिया तरीके से क्यूँ पेश आया जाता है?

मैं आपको वो ईमेल भी भेजूँगा जो मैंने KSCA को शिकायत के रूप में भेजे थे, जहाँ मैंने हालिया विश्व कप मैचों में इन्हीं असुविधाओं के बारे में बात की थी।

अब वक़्त आ गया है कि कुछ कड़े कदम उठाये जायें।

V

हमारी मीटिंग्स में, कानूनी, प्रशासकीय और वित्तीय मामलों को क्रिकेट और क्रिकेटर्स पर तरजीह मिलती थी। लेकिन इसमें भी कुछ अपवाद थे। मसलन, फ़रवरी के आख़री हफ़्ते में हुई एक मीटिंग, जो सालाना होने वाले सीके नायडू लाइफ़टाइम अचीवमेंट पुरस्कारों के बारे में बात करने से शुरू हुई। पुरस्कार तय करने वाली ज्यूरी में अमूमन बीसीसीआई अध्यक्ष और सेक्रेटरी और एक प्रतिष्ठित पत्रकार शामिल होते थे। लेकिन इस वर्ष, चूँकि कोई अध्यक्ष या सेक्रेटरी नहीं था, डायना एडुल्जी और मैंने उनकी जगह भरी। बीसीसीआई के बाबुओं ने पहले से ही फ़ाइल में एक नाम भर रखा था। ये नाम था रवि शास्त्री का। मालूम पड़ा कि बर्खास्त किये जा चुके अध्यक्ष और सेक्रेटरी चाहते थे कि शास्त्री को सीके नायडू अवॉर्ड मिले। मैंने खुले शब्दों में इसका विरोध किया क्यूँकि शास्त्री का ख़ुद का रिकॉर्ड शानदार नहीं बल्कि साधारण ही था। गावस्कर, बेदी, विश्वनाथ, किरमानी, कपिल देव और बाकी अवॉर्ड पाने वालों से तो कहीं कमतर था ही। ऐसे शख़्स को ऐसा अवॉर्ड देना जिसके वो लायक ही नहीं है, उसकी बीसीसीआई की पुरानी टोली की जी-हुज़ूरी और उसके प्रचारवादी रवैये को सम्मानित करना होगा। शास्त्री ने एक मौके पर ललित मोदी की तुलना उस मोज़ेज़ से की थी जो भारतीय क्रिकेट को उसका प्रॉमिस्ड लैंड दिखाने आये थे। इसके साथ ही वो एन श्रीनिवासन के बेहद करीबी भी थे।

मेरा सुझाव ये था कि शास्त्री की बजाय ये अवॉर्ड राजिन्दर गोयल और पद्माकर शिवलकर को दिया जाना चाहिए। वो दोनों महान क्रिकेट खिलाड़ी थे जिन्होंने बदकिस्मती के चलते इंडिया के लिए कभी भी क्रिकेट नहीं खेला। ऐसा इसलिए भी हुआ था क्यूँकि उनके करियर के दौरान उनके साथी लेफ़्ट-आर्म स्पिनर बिशन सिंह बेदी खेला करते थे। उन्हें सम्मानित करने से हम अपने सबसे बड़े घरेलू टूर्नामेंट रणजी ट्रॉफ़ी को भी सम्मानित कर रहे होंगे, जो बीते अस्सी सालों से लगातार चलता आ रहा था। डायना एडुल्जी ने मेरे सुझाव पर सहमती जताई और ज्यूरी में हमारे साथ जो पत्रकार थे, वो भी साथ हो लिए। हमने महिला क्रिकेटर के लिए एक सालाना लाइफ़ टाइम अवॉर्ड की पेशकश की और शान्ता रंगास्वामी को इसका पहला हक़दार पाया।

बीसीसीआई का ये सालाना समारोह 8 मार्च 2017 को मेरे शहर बैंगलोर में हुआ था। लाइफ़टाइम अवॉर्ड के अलावा तमाम आयु-वर्गों में सर्वश्रेष्ठ बल्लेबाज़ और गेंदबाज़ के लिए अवॉर्ड भी दिये जाने थे। फ़ारुख इंजीनियर ने सालाना पटौदी लेक्चर दिया। इस सब के बीच रवि शास्त्री संचालक की

भूमिका में थे। उन्हें किसी न किसी जगह तो होना ही था। अवॉर्ड लेने के बाद अपने भाषण में शिवलकर और गोयल ने बिशन सिंह बेदी की दिल खोलकर तारीफ़ की। सामने भारतीय क्रिकेट टीम बैठी हुई थी जो अभी-अभी चिन्नास्वामी स्टेडियम में ही ऑस्ट्रेलिया को हराकर आई हुई थी। हालांकि KSCA ने (जिसे श्रीनिवासन के चाटुकार चला रहे थे) इस समारोह के बहिष्कार की बात कही थी लेकिन कई कर्नाटक और इंडिया के पूर्व क्रिकेटर वहाँ मौजूद थे। जब कमरे में गुंडप्पा विश्वनाथ घुसे तो एक पल के लिए सन्नाटा छा गया। हर आंख, नयी और पुरानी, सबसे छोटे और सबसे प्यारे भारतीय क्रिकेटर का पीछा कर रही थी और वो सबसे पहली पंक्ति में अपनी सीट की ओर जा रहे थे। बीच-बीच में वो फ़ैन्स और अपने साथियों का अभिवादन स्वीकार करने के लिए रुक रहे थे।

इस शाम मैंने वो किया जो मैं अमूमन कभी भी नहीं करता हूँ। मैंने एक सेल्फ़ी ली। बिशन सिंह बेदी और उस वक़्त के भारतीय टीम के कोच अनिल कुंबले के साथ। *क्रिकइन्फ़ो* का एक शख़्स वहाँ मौजूद था और उसने इस मौके पर लिखी अपनी रिपोर्ट की शुरुआत ऐसे की :

> बिशन सिंह बेदी को स्टेज पर बुलाया जा रहा है और रामचन्द्र गुहा पूरी ताक़त से तालियाँ पीट रहे हैं। कई और लोग हैं जो तालियाँ बजा रहे हैं लेकिन गुहा की तालियों में अलग खनक है। गुहा एक लेखक, इतिहासकार हैं और अब, कुछ समय के लिए ही सही, भारतीय सुप्रीम कोर्ट के दिशानिर्देशों पर क्रिकेट प्रशासक हैं। लेकिन गुरुवार की शाम, पाँचवें मंसूर अली खान पटौदी मेमोरियल लेक्चर और वार्षिक बीसीसीआई अवॉर्ड्स के मौके पर वो उस युवा फ़ैन की तरह लग रहे हैं जिसकी 1974 में अभी-अभी व्हिस्की पी रहे बेदी से मुलाक़ात हुई है।

वो एक अच्छा कार्यक्रम था और कई मामलों में मेरे इत्तेफ़ाकन क्रिकेट प्रशासक होने के चन्द महीनों का मुख्य आकर्षण भी था। लेकिन इस दौरान दो बातें हुईं जो मुझे अखर गयीं। पहली ये कि उस शाम कई पूर्व क्रिकेटर्स ने मुझसे बीसीसीआई में नौकरी के लिए बात की (आईपीएल कंसल्टेंट, एनसीए कोच, टैलेंट स्काउट वगैरह-वगैरह)। दूसरी ये कि ज़्यादातर राज्यों ने इस कार्यक्रम का बहिष्कार किया। ये श्रीनिवासन का आदेश था। इन राज्यों में एक राज्य मेरा भी था। मैं इससे आहत हुआ था और मैंने *टाइम्स ऑफ़ इंडिया* के लोकल एडिशन में लिखकर इस दुख को सार्वजनिक भी किया था :

एक क्रिकेट प्रशासक के तौर पर मुझे जो काम सौंपा गया है वो कुछ वक़्त के लिए है लेकिन मैं कर्नाटक और भारतीय क्रिकेट का फ़ैन हमेशा-हमेशा के लिए रहूँगा। हाल ही में हुए बैंगलोर टेस्ट मैच का बाकी खेलप्रेमियों के साथ एन स्टैंड में बैठकर मैंने भरपूर आनन्द उठाया। और भी चीज़ों के साथ केएल राहुल के दो शानदार अर्धशतक बेहद मनोरम थे।

मैं काफ़ी समय से कर्नाटक क्रिकेट का प्रेमी रहा हूँ और लम्बे समय से असोसिएशन का सदस्य भी। लेकिन मैं केएससीए के बीसीसीआई अवॉर्ड फ़ंक्शन का बहिष्कार करने से दुखी हुआ। काश केएससीए के पदाधिकारियों ने निमन्त्रण स्वीकार किया होता और बीसीसीआई के फ़ंक्शन में शिरकत की होती। वहाँ क्रिकेट और क्रिकेटर्स को सही मायनों में सम्मानित किया जा रहा था। बिशन सिंह बेदी और फ़ारुख इंजीनियर जैसे महान व्यक्तित्व विराट कोहली और आर अश्विन के साथ खड़े दिख रहे थे। कर्नाटक के कितने ही प्रतिष्ठित खिलाड़ी जैसे गुंडप्पा विश्वनाथ, इरापल्ली प्रसन्ना, अनिल कुंबले, जवागल श्रीनाथ, वेंकटेश प्रसाद, सदानन्द विश्वनाथ और सुनील जोशी वहाँ बैठे हुए थे। कर्नाटक की ही शान्ता रंगास्वामी महिला क्रिकेट के लिए अपने योगदान की वजह से लाइफ़टाइम अवॉर्ड पाने वाली पहली खिलाड़ी बनीं।

2017 में हुए इस बीसीसीआई अवॉर्ड फ़ंक्शन की सबसे अच्छी बात ये थी कि इस समारोह के इतिहास में पहली बार अवॉर्ड देने वाले लोग पूर्व खिलाड़ी ही थे न कि प्रशासक। असल में ये ऐसे ही होना चाहिए। क्रिकेटर्स को तरजीह मिलनी ही चाहिए (और फिर फ़ैन्स न नम्बर आता है)। भारतीय क्रिकेट के इस शानदार सीज़न में ये बीसीसीआई अवॉर्ड एक अच्छा मुक़ाम था और ये भूत, वर्तमान और भविष्य के खिलाड़ियों का उचित सम्मान था। इसीलिए मैं ये मानता हूँ कि मेरे ख़ुद के असोसिएशन, केएससीए को इस समारोह का बहिष्कार नहीं करना चाहिए था।

VI

मैं इस बात से बेहद ख़ुश था कि राजिन्दर गोयल और पद्माकर शिवलकर को बीसीसीआई से सम्मानित करवाने में मैं काम आ सका था। दुख इस बात

का था कि मैं बायें हाथ के एक और शानदार स्पिनर को सम्मानित नहीं करवा सका। ये थे वीनू मांकड़, जिन्हें कपिल देव, सचिन तेंदुलकर और विराट कोहली के अस्तित्व में होने के बावजूद भारत से आने वाला सबसे बेहतरीन क्रिकेटर कहा जायेगा। मांकड़ 12 अप्रैल 1917 को जामनगर में पैदा हुए थे। फ़रवरी 2017 के तीसरे हफ़्ते में क्रिकेट लेखक और कोच मकरन्द वेंगंकर ने मुझे ये एसएमएस भेजा: '2016-17 सबसे बेहतरीन ऑल-राउंडर्स में से एक वीनू मांकड़ की जन्मशती है। बीसीसीआई ने इसपर कोई ध्यान नहीं दिया। CoA ज़रूर कुछ कर सकती है।'

मैंने वेंगंकर को ये जवाब भेजा: 'मैं पूरी तरह सहमत हूँ। वो और हज़ारे हमारे सबसे पहले महान टेस्ट खिलाड़ी थे और उन्हें कभी भी भुलाया नहीं जाना चाहिए।'

23 फ़रवरी को मैंने बीसीसीआई के सीईओ राहुल जौहरी को ये लिखा और CoA के बाकी सदस्यों के संज्ञानार्थ भी इसे भेजा :

प्रिय राहुल

12 अप्रैल 1917 को महान खिलाड़ी वीनू मांकड़ की जन्मशती है। मांकड़ न केवल हमारे महान खिलाड़ियों में से एक थे बल्कि वो पहले खिलाड़ी थे जो खिलाड़ियों के अधिकारों के लिए खड़े हुए थे। वो अपनी पीढ़ी के सबसे बेहतरीन ऑल-राउंडर थे जिन्होंने भारत के पहले टेस्ट और पहली सीरीज़ की जीत में एक अहम् भूमिका निभायी थी। यहाँ तक कि भारत की शुरुआती सफ़लताओं में मांकड़ इतने निर्याणक थे कि जब इंडिया ने टेस्ट जीता और वो टीम में थे, उनका बल्लेबाज़ी का औसत सौ के ऊपर था और उन्होंने प्रति टेस्ट मैच आठ विकेट लिये और इस दौरान औसतन प्रति विकेट 13 रन दिये। और, जैसा कि मैंने देखा, वो पहले शख़्स थे जिन्होंने ये दलील दी थी कि एक खिलाड़ी को पेशेवर होने का पूरा हक़ है और उसे इस खेल से कमाई करनी चाहिए, जिससे बोर्ड कतराता रहा था।

इत्तेफ़ाक से, जब ऑस्ट्रेलिया यहाँ आई हुई है, 1947 में ऑस्ट्रेलिया के हमारे पहले टूर पर मांकड़ ने दो शानदार शतक मारे थे और उनके सामने लिंडवॉल और मिलर जैसे भयानक गेंदबाज़ थे। इंग्लैंड में भी उनका शानदार रिकॉर्ड था (1952 के लॉर्ड्स टेस्ट में उनका प्रदर्शन इतिहास और दंतकथाओं, दोनों का हिस्सा बन चुका

है), और वो वेस्टइंडीज़ और पाकिस्तान में भी अच्छा खेलने वालों में से थे। वो पहले खिलाड़ी थे जिन्होंने दुनिया को ये दिखाया था कि भारतीय क्रिकेट दुनिया में कहीं भी मज़बूती से पैर जमा सकता था।

मांकड़ के बिना, गावस्कर या कपिल देव नहीं होते, कोहली या अश्विन भी नहीं होते। उन्होंने ही इन्हें रास्ता दिखाया है। मैं इस बात का पुरज़ोर समर्थन करता हूँ कि बीसीसीआई को उचित तरीके से उनकी जन्मशती को यादगार बनाना चाहिए। ...

आपका

राम

इसका मुझे कोई जवाब नहीं मिला। मैंने ये मामला अगली CoA मीटिंग में भी आगे रखा और ये सुझाव दिया कि किसी एक आईपीएल मैच में हमें ये सालगिरह मनानी चाहिए। मांकड़ एक शानदार आक्रामक बल्लेबाज़ थे, कमाल के रन रोकने वाले गेंदबाज़ थे और किसी भी जगह बेहतरीन फ़ील्डिंग करने वालों में थे। ये मैं इसलिए कह रहा था क्यूँकि मैं बताना चाहता था कि अगर उस दौर में आईपीएल होता तो मांकड़ को नीलामी में सबसे ज़्यादा कीमत में ख़रीदा जाता। लेकिन कोई भी इस सुझाव को हवा देने के मूड में नहीं था। मेरे CoA के साथी क्रिकेट के इतिहास को लेकर उत्साहित नहीं रहते थे, और बीसीसीआई के अधिकारी आईपीएल के स्पॉन्सर्स को ये कहने में संकोच प्रकट कर रहे थे कि एक मैच के दौरान एक नाम ऐसा होगा जो उन तमाम ब्रांड्स जितना ही चमकने वाला था।

10.

व्यवस्था को विदा कहा

I

फ़रवरी 2017 में, प्रशासकों की कमिटी में शामिल होने के बस लगभग एक ही हफ़्ते बाद मुझे क्रिकेट के पत्रकार का फ़ोन आया। वो आरोप लगा रहे थे कि इंडिया अंडर-19 की टीम के कुछ सदस्यों को इंग्लैंड के ख़िलाफ़ चालू सीरीज़ से निकालकर आईपीएल की डेल्ही डेयरडेविल्स के लिए ले जाया जा रहा था। राहुल द्रविड़ उस वक़्त इंडिया की अंडर-19 और ए टीमों के प्रभारी थे और साथ ही डेल्ही डेयरडेविल्स में बतौर मेंटॉर भी कार्यरत थे और आईपीएल से घृणा करने वाले मेरे दिमाग में इस बात की ओर कभी ध्यान ही नहीं गया था। आप एक प्राइवेट फ्रेन्चाइज़ी और नेशनल टीम को साथ-साथ कोच कर रहे हैं और दोनों के लिए आपको पैसे भी मिल रहे हैं, ये लोढा गाइडलाइंस का साफ़ उल्लंघन था। मैंने तुरन्त ही अपने CoA साथियों को ईमेल लिखा जिसका सब्जेक्ट था 'इंडिया बनाम आईपीएल?'। वो ईमेल कुछ इस तरह से था:

> विकीपीडिया से मुझे मालूम चला कि भारतीय अंडर-19 टीम के मौजूदा कोच डेल्ही डेयरडेविल्स के लिए बतौर मेंटॉर काम कर रहे हैं। अगर ये सच है तो ये हितों के टकराव के अन्तर्गत आता है और हम इसकी इजाज़त नहीं दे सकते। बीते दशक में अंडर-19 टीम ने कई शानदार अन्तर्राष्ट्रीय खिलाड़ी दिये हैं जिसमें विराट कोहली का नाम भी शामिल है। ये क्रम तभी आगे बढ़ सकता है जब ये नये खिलाड़ी विकसित हों और उन्हें सही तरीके की तैयारी मिले न कि उन्हें उस आईपीएल में झोंक दिया जाये जिसका उद्देश्य सिर्फ़ और सिर्फ़ पैसे कमाना होता है। अभी भी सीख रहे इन युवा खिलाड़ियों

को शुरुआती दिनों में ही इन चोचलों में फंसाना और उन्हें देश से पहले आईपीएल को रखने के लिए प्रेरित करना किसी भी सूरत में ठीक नहीं है।

चूँकि मैं राहुल द्रविड को निजी तौर पर जानता था, मैंने उन्हें भी लिखा और हितों के टकराव की ये स्थिति उन्हें समझाई। मैंने उनसे कहा कि वो अपनी आईपीएल की नौकरी या इंडिया अंडर-19 और ए टीम की कोच की पोज़ीशन में से एक छोड़ दें। मैंने लिखा, 'आपको ये दोनों काम नहीं करने चाहिएँ।' द्रविड ने जवाब में लिखा कि वो बीसीसीआई के साथ इंडियन टीम के लिए 10 महीने के क़रारनामा पर थे और बाकी के 2 महीने वो आईपीएल टीम के साथ बिताते हैं। उन्होंने साथ ही बीसीसीआई के दिशानिर्देश भी दिखाये जो उनके पास थे और इन्हीं की वजह से वो ऐसा कर सकते थे। द्रविड़ ने कहा कि अगर दिशानिर्देशों में कोई बदलाव हुआ है और उसकी वजह से उन्हें आईपीएल और राष्ट्रीय टीम में से कोई एक चुननी पड़ी तो वो ऐसा ज़रूर करेंगे।

मैंने द्रविड़ को वापस जवाब दिया और कहा, 'जिस बीसीसीआई के नियम की आप बात कर रहे हैं, वो लोढा कमिटी की रिपोर्ट के पहले बने थे। मुझे ऐसा लगता है कि ये हितों के टकराव का मामला है लेकिन मैं अवश्य ही ये बात प्रशासकों की कमिटी के सामने रखूँगा जिससे हम इस विषय पर एक स्टैण्डर्ड पॉलिसी लेकर आ सकें जो हर प्रशासक और सक्रिय अथवा रिटायर हो चुके खिलाड़ी पर लागू होगी।'

17 फ़रवरी को हुई अगली CoA मीटिंग में मैंने इस मुद्दे को उठाया। इसी बीच मुझे कुछ ऐसे राष्ट्रीय लेवल के कोचों के बारे में मालूम पड़ा जिन्हें आईपीएल कॉन्ट्रैक्ट देने से मना कर दिया गया था। यहाँ कोई एकछत्र नियमवाली नहीं चल रही थी। प्रशासक अपनी मर्ज़ी से लोगों पर कृपा दृष्टि रख रहे थे। बीसीसीआई के सीईओ राहुल जौहरी इस लचीलेपन के पक्षधर थे। उनका कहना था कि इस तरह से अच्छे पूर्व खिलाड़ियों को वो ख़ुश रख सकते हैं। ये हर कोई जान रहा था कि बीसीसीआई का मैनेजमेंट और उसमें पदासीन लोग इस ताकत का आनन्द लेते थे जिसके दम पर वो कोच, सपोर्ट स्टाफ़, कमेंटेटरों और यहाँ तक कि पत्रकारों को आईपीएल कॉन्ट्रैक्ट दिलवा सकें। बाकी चीज़ों के अलावा ये उनकी ख़ुद की ताक़त को और भी पुख़्ता करता था। क्यूँकि इस तरह के अहसान आपको लोगों की वफ़ादारी और उनकी दासता दिलवाते हैं। हालांकि, जब लोढा के दिशानिर्देशों को देखा गया तो ये

साफ़ हो गया कि राष्ट्रीय टीम और आईपीएल टीम के लिए एक ही व्यक्ति अगर काम करता है तो ये हितों के टकराव के अन्तर्गत आयेगा।

मार्च के दूसरे हफ़्ते में, मुझे बताया गया कि इंडिया अंडर-19 का एक कैम्प बैंगलोर की नेशनल क्रिकेट एकेडमी में चालू था और उसके कोच और फिज़ियो एंड्रू लीपस, वहाँ मौजूद नहीं थे क्यूँकि वो आईपीएल में व्यस्त थे। मैंने 11 मार्च को अपने साथियों को ये लिखा :

> ये एक ऐसा मामला है जिसे मैं पहले भी कई बार उठा चुका हूँ। कोई भी ऐसा शख़्स, जो इंडिया की किसी टीम या एनसीए के साथ अनुबंधित हो, उसे आईपीएल टीम के साथ भी काम करने की अनुमति नहीं मिलनी चाहिए।
>
> बीसीसीआई ने अपनी लापरवाही के चलते (या किसी और कारण से) कोचिंग या सपोर्ट स्टाफ़ के कॉन्ट्रैक्ट इस तरह से बनाये होंगे कि वो दो-दो जगह काम करने की अनुमति दे सके लेकिन मौजूदा नियमों की वजह से इसे हाशिये पर खड़े होकर कानूनी कहा जा सकता है लेकिन ये अनैतिक है और खेल भावना के बिल्कुल विपरीत भी है जो कोचिंग स्टाफ़ के बीच जलन की भावना को प्रेरित कर रहा है।
>
> मैं चाहता हूँ कि बीसीसीआई मैनेजमेंट ये सुनिश्चित करे कि जल्द से जल्द कोचिंग या सपोर्ट स्टाफ़ के कॉन्ट्रैक्ट में से ये कमियाँ जल्द से जल्द हटाई जायें।

बदकिस्मती ये थी कि ऐसा कोई भी ठोस कदम नहीं उठाया जाने वाला था। इसी दौरान मुझे ये भी बताया गया कि सुनील गावस्कर जिस कम्पनी को चलाते थे, प्रोफ़ेशनल मैनेजमेंट ग्रुप, वो कुछ सक्रीय भारतीय खिलाड़ियों का प्रतिनिधित्व करती थी। 19 मार्च को मैंने अपने साथियों को लिखते हुए कहा कि 'ये हितों के टकराव का साफ़ मामला है। या तो उन्हें (गावस्कर को) PMG का ये पद छोड़ देना चाहिए या फिर बीसीसीआई के लिए कमेंट्री करनी बन्द कर देनी चाहिए।' मैंने ये भी जोड़ा :

> मुझे लगता है कि इस मामले में त्वरित कार्रवाई न्यायप्रद और ज़रूरी है। CoA की विश्वसनीयता और उसके प्रभाव का साक्ष्य दिखना इस बात पर निर्भर करता है कि हम ऐसे मामलों में कितने ठोस और

सही कदम उठा पाते हैं। बीसीसीआई में पसरे 'सुपरस्टार' कल्चर के चलते खिलाड़ी जितना बड़ा होता है (सक्रिय या पुराना), उसे नियमों से इतर भटकने की उतनी ही ज़्यादा छूट मिलती है। (धोनी भारतीय टीम के कप्तान थे और उसी वक़्त वो एक ऐसी कम्पनी में हिस्सेदार थे जो कई सक्रीय भारतीय खिलाड़ियों का प्रतिनिधित्व करती थी।) ये किसी भी हालत में रुकना चाहिए और इसे हम ही रोक सकते हैं। बीसीसीआई के सीईओ अपने दम पर ऐसा कुछ करने में बेहद असहज और असुरक्षित महसूस करेंगे।

असल में, सुनील गावस्कर कई मामलों में हितों के टकराव में संलिप्त थे। इसके बारे में पत्रकारों ने पहले भी लिखा था। 2014 में *मिंट* के आर्टिकल में ये लिखा था:

गावस्कर प्रशासक हैं, कमेंटेटर हैं, और शायद टीवी पर बीसीसीआई के छिपे हुए प्रतिनिधि भी हैं और साथ ही भारतीय क्रिकेटर्स के एजेंट भी हैं। अगर ये हितों के टकराव का मामला नहीं है तो और क्या है? साथ ही, वो संयुक्त अरब अमीरात में रह रहे एनआरआई भी हैं जहाँ, इत्तेफ़ाकन, आईपीएल 7 का पहला चरण भी खेला जाने वाला है। यूएई को टूर्नामेंट का वेन्यू बनाने का फ़ैसला कुछ विवादास्पद ज़रूर लग रहा है क्यूँकि इंडिया कई सालों से इस जगह को नज़रन्दाज़ करती आई है क्यूँकि ये इलाक़ा ग़ैर-क़ानूनी सट्टेबाज़ी का गढ़ रहा है और आईपीएल का छठा संस्करण एक बड़े स्कैंडल की चपेट में आया था जिसके बाद सुप्रीम कोर्ट को बीच में कूदना पड़ा था।

बीसीसीआई की पुरानी टोली ने इन अनियमितताओं से नज़र फेर ली क्यूँकि उनके अपने तोड़े गये नियम तो और भी बड़ी कहानियाँ लिख रहे थे। इसी वक़्त *मिंट* के आर्टिकल में लिखा हुआ था:

बतौर बीसीसीआई अध्यक्ष रहते हुए, एन श्रीनिवासन के हितों के टकराव वाले मसले को हर कोई जानता है। वो प्रशासनिक निकाय के मुखिया हैं, उनकी कम्पनी इंडिया सीमेंट्स आईपीएल की चेन्नई सुपर किंग्स की मालिक है, इस टीम के कप्तान एमएस धोनी इंडिया के कप्तान हैं, इन्हें इंडिया सीमेंट्स में वाइस-प्रेसिडेंट की कुर्सी मिली हुई है, और जब तक कृष्णास्वामी श्रीकान्त भारतीय टीम सेलेक्शन कमिटी के चेयरमैन थे, उन्हें चेन्नई टीम में मेंटॉर का पद मिला हुआ

था जिसके उन्हें पैसे मिलते थे। ये वाकई आश्चर्य से भर देने वाला है। श्रीनिवासन ने बीसीसीआई के संविधान को बदल दिया, सत्ता में बने रहने के लिए राज्य क्रिकेट असोसिएशनों को ख़रीदा या उन्हें तोड़-मरोड़ के रखा।*

बतौर बोर्ड अध्यक्ष, श्रीनिवासन कभी भी गावस्कर को उनके उल्लघंनों के लिए जवाबदेह नहीं ठहराते। कमेंटेटर और कॉलमिस्ट के तौर पर, गावस्कर कभी श्रीनिवासन को उनके उल्लंघनों के लिए जवाबदेह नहीं ठहराते। जिस वक़्त भारतीय शायद 'हितों के टकराव' के मामले को समझ ही नहीं रहे थे, बाकी देश इसके बारे में ख़ूब जानते थे। इसीलिए माइकल एथर्टन कभी भी किसी खिलाड़ी के एजेंट बनने का सपना नहीं देखेंगे। ऐसा इसलिए भी था क्यूँकि वो किसी और ओपनिंग बल्लेबाज़ से कमेंटेटर बन चुके शख़्स से कहीं ज़्यादा नैतिक होंगे या शायद स्काई स्पोर्ट्स वो सब कुछ अमान्य करार दे दे जिसकी छूट बीसीसीआई दिया करता था।

मैंने सोचा था कि बीसीसीआई की शह के चलते हम भारतीय क्रिकेटर के प्रशासकों को दुनिया भर की सबसे अच्छी कार्यप्रणाली सिखा सकें। लेकिन ऐसा नहीं हो सका। जहाँ एक ओर डायना एडुल्जी मेरी बातों से सहमत दिख रही थीं, CoA के बाक़ी सदस्य ऐसे कदम उठाने से हिचक रहे थे। ऐसा शायद इसलिए था क्यूँकि द्रविड़ और गावस्कर भारतीय खेल इतिहास के दो सबसे बड़े नाम थे।

मुझे ये समझ में आ रहा था कि आख़िर क्यूँ बीसीसीआई के अधिकारी पूर्व और सक्रिय खिलाड़ियों के इर्द-गिर्द रहकर उनके आभामंडल से मोहित हो जाते थे। लेकिन हमारे चेयरमैन, जो कि एक जाने-माने जनसेवक रह चुके थे, का इस तरह से रौब रखने वाले खिलाड़ियों पर मोहित हो जाना मुझे कुछ समझ में नहीं आया। मार्च में, बीसीसीआई ने हमें उन खिलाड़ियों की सूची दी जिनके नाम वो सेन्ट्रल कॉन्ट्रैक्ट के लिए सोच रही थी। मुझे तब झटका लगा जब मैंने महेन्द्र सिंह धोनी का नाम 'ए' कॉन्ट्रैक्ट की लिस्ट में देखा जबकि वो टेस्ट क्रिकेट को अलविदा कह चुके थे। ये नये खिलाड़ियों को ग़लत सन्देश पहुँचा रहा था। टेस्ट से रिटायर होने के बाद, धोनी नेशनल टीम में साल भर में बहुत से बहुत तीन महीने बिताते थे। इसके अलावा उन्हें पैसों की भी इतनी ज़रूरत नहीं थी। मैंने बीसीसीआई मैनेजमेंट को बताया कि राष्ट्रीय चयनकर्ता यहाँ

---

* देखें: http://www.livemint.com/Opinion/1BOv0r0U3wRkCtut8Dq1fK/Interests-conflicts-and-Sunil-Gavaskar.html

'सुपरस्टार कल्चर को बढ़ावा दे रहे थे और वो या तो धोनी को नाराज़ करने से डर रहे थे या फिर ख़ुद के औसत अन्तर्राष्ट्रीय रिकॉर्ड के चलते असुरक्षित महसूस कर रहे थे।' लेकिन, CoA के चेयरमैन विनोद राय का साथ न मिलने के चलते मैं यहाँ भी इस पक्षपात को होते हुए नहीं रोक सका।

मई के दूसरे हिस्से में, सुपरस्टार कल्चर ने ख़ुद को और भी गाढ़ा किया। भारतीय टीम ने अभी-अभी एक अच्छा घरेलू सीज़न ख़त्म किया था। न्यूज़ीलैंड, इंग्लैंड और ऑस्ट्रेलिया के ख़िलाफ़ टेस्ट सीरीज़ जीती थी और इन टीमों के ख़िलाफ़ एकदिवसीय मैचों में भी बाज़ी इंडिया के ही हाथ लगी थी। इसका बहुत सारा श्रेय कप्तान विराट कोहली को दिया जा रहा था। इसके साथ ही टीम के कोच अनिल कुंबले को भी वाहवाही मिल रही थी। कुंबले की क्रिकेट में चलने वाली बुद्धि और अपने पेशे को लेकर उनका अनुशासन सर्वविदित था। बुद्धिमानी का एक बड़ा उदाहरण वहाँ मिला था जब कोहली की राय के ख़िलाफ़ जाते हुए उन्होंने ऑस्ट्रेलिया के ख़िलाफ़ अहम फ़ाइनल टेस्ट मैच में बाएँ हाथ के स्पिनर कुलदीप यादव को चुना और अपना पहला मैच खेल रहे कुलदीप ने पहले ही दिन चार विकेट लेकर मैच और सीरीज़ को इंडिया के पक्ष में मोड़ दिया।

कुंबले को 'क्रिकेट सलाहकार समिति' ने जून 2016 में नियुक्त किया था। इस समिति में सौरव गांगुली, वीवीएस लक्ष्मण और सचिन तेंदुलकर थे। उस वक़्त के बोर्ड अध्यक्ष अनुराग ठाकुर ने कुंबले के साथ एक साल का क़रार किया था और कहा था कि समय के साथ ये तीन साल तक बढ़ा दिया जायेगा। कुंबले के नेतृत्व वाले बारह महीनों में टीम का रिकॉर्ड काफ़ी अच्छा रहा था। फिर भी, जब उनके एक साल का वक़्त ख़त्म होने को आया, उनके कॉन्ट्रैक्ट को आगे बढ़ाने के बारे में कोई बात ही नहीं हुई।

21 मई को हैदराबाद में आईपीएल का फ़ाइनल खेला गया। उसके शुरू होने से पहले CoA ने अनिल कुंबले के साथ एक मीटिंग तय कर रखी थी। मुझे उसी दिन सुबह एक किताब के लॉन्च के मौके पर बेंगलुरु में होना था इसलिए मैं कुंबले के साथ उस मीटिंग में शामिल नहीं हो सका। मुझे कुंबले के साथ मीटिंग मिस करना काफ़ी खला लेकिन आईपीएल मैच मिस करना कतई नहीं।

मेरे साथियों के साथ मीटिंग में कुंबले ने भारतीय क्रिकेट के भविष्य को ध्यान में रखते हुए एक प्रेज़ेंटेशन दी। और हेड कोच के पद के लिए अपने कॉन्ट्रैक्ट बढ़ाने के बारे में भी बात की। भारतीय टीम चैम्पियंस ट्रॉफ़ी के लिए रवाना होने वाली थी। कुंबले मामले के हवा में लटके होने की वजह से चिन्तित

थे (जो स्वाभाविक था) और वो सोच रहे थे कि उनके नेतृत्व में टीम ने अच्छा किया था, लिहाज़ा उन्हें आगे भी काम मिलना चाहिए (ये सोचना भी स्वाभाविक था)। लेकिन उन्हें CoA के मेरे साथियों ने बताया कि कॉन्ट्रैक्ट यूँ ही आगे नहीं बढ़ सकता है, और भी लोगों को दावेदारी पेश करने के लिए कहा जायेगा।

जब मुझे मालूम चला कि कुंबले के कॉन्ट्रैक्ट बढ़ाया नहीं जा रहा था, मैंने विनोद राय को फ़ोन किया। मुझे मालूम पड़ा कि भारतीय कप्तान, विराट कोहली ने भी ये दावा किया था कि टीम सिर्फ़ और सिर्फ़ खिलाड़ियों की वजह से जीत रही थी और इसमें कोच का कोई हाथ नहीं था। कप्तान को कोई दूसरा कोच चाहिए था। इसी दौरान रवि शास्त्री कोच के पद के लिए हत्थे से ज़ोर लगा रहे थे और बीसीसीआई अधिकारियों के सम्पर्क में थे।

मैंने राय से कहा कि ये भयावह था। उन्होंने 'कार्यप्रणाली' और 'उचित प्रक्रिया' जैसे शब्द बुदबुदाये। मैंने पूछा कि अगर ऐसा था तो कॉन्ट्रैक्ट बढ़ाये जाने के बारे में अप्रैल और मई में बात क्यूँ नहीं की, जब आईपीएल चालू था। अगर कप्तान और मुख्य कोच आपस में तालमेल नहीं बिठा पा रहे थे तो ये हमारी जानकारी में पहले क्यूँ नहीं लाया गया? एक बड़ा अन्तर्राष्ट्रीय टूर्नामेंट दरवाज़े पर था और ऐसे में गहमागहमी की स्थिति कोच, कप्तान और टीम को अपने लक्ष्य पर ध्यान केन्द्रित करने में अड़चन पैदा करने वाली थी। इस सब से ऊपर, मैंने राय से कहा कि भारतीय कप्तान को कोच से भी ज़्यादा ताक़त दे देना सुपरस्टार कल्चर की सभी हदों को पार कर देने का एक बड़ा उदाहरण था।

राय ने मेरी बात सुनी लेकिन फिर वही किया जो कोहली और बीसीसीआई की पुरानी टोली चाहती थी। उन्होंने कहा कि मुख्य कोच के पद के लिए नये सिरे से अर्ज़ियाँ मंगवाई जायें। कुंबले ने तिरस्कृत महसूस किया और पद के लिए आवेदन नहीं दिया। कई बेहतरीन नामों ने दावेदारी पेश की (इसमें प्रतिष्ठित ऑस्ट्रेलियाई टॉम मूडी भी शामिल थे), लेकिन कोहली ने ज़ोर दिया कि उन्हें शास्त्री ही चाहिये थे और उन्हें इंडियन टीम का मुख्य कोच बना दिया गया।

II

मार्च 2017 में बीसीसीआई ने एक संविधान का प्रारूप तैयार किया। मुझे आश्चर्य तब हुआ जब मालूम चला कि बीसीसीआई भारतीय टीम के सभी मैच ख़ुद प्रोड्यूस करेगी और उसका प्रसारण भी कंट्रोल करेगी। मैंने अपने साथियों को बताया कि दुनिया की सबसे शानदार खेल समितियाँ (जैसे ग्रेट ब्रिटेन का

फ़ुटबाल असोसिएशन) टीवी पर आने वाला कॉन्टेंट न ख़ुद प्रोड्यूस करती हैं और न ही उनपर उनका मालिकाना हक़ होता है। बल्कि वो इसके लिए पेशेवर टीवी या मीडिया कम्पनी से अनुबंध करते थे और ये अनुबंध उनके हितों की रक्षा करते हैं। मसलन ज़्यादा या हानिकारक विज्ञापन नहीं होंगे, निन्दा करने वाले या विवादास्पद कमेंट नहीं होंगे, नस्ल अथवा लिंग के आधार पर भेदभाव वगैरह नहीं होंगे।

यहाँ तक कि आईपीएल के आने तक बीसीसीआई भी यही करती थी। आईपीएल आने के बाद बीसीसीआई को ऐसा लगा कि वो क्रिकेट के प्रसारण को एक रथ बनायेंगे जिसकी मदद से वो अपनी यशगाथा चहुँओर फैलायेंगे। कमेंटेटर बोर्ड के लिए प्रोपोगेन्डा फैलाने वाले बन गये। कुछ ने ये काम ख़ुद से करना शुरू किया तो बाक़ी जन मिलने वाली मोटी रक़म के चलते हुए करने लगे (आईपीएल काउंसिल के तनख्वाह पर रखे गये सदस्य होने के नाते वो साल में करोड़ों रुपये कमा रहे थे)। मैच-फ़िक्सिंग, हितों का टकराव (एक सीनियर बीसीसीआई पदाधिकारी आईपीएल की टीम का मालिक था, आदि) और बहुत सारी चीज़ें फलीं-फूलीं। बीसीसीआई के टीवी कमेंटेटर ये सभी चीज़ें बखूबी जानते थे लेकिन उन्होंने इसपर न ही कभी कोई टिप्पणी की और न ही इन्हें उजागर किया। इसकी वजहें समझना बेहद आसान है।

पब्लिक के दबाव के चलते कमेंटेटरों की ये खुली घूसखोरी बन्द हुई। अब उन्हें आईपीएल काउंसिल में तनख्वाह के साथ सदस्यता नहीं मिलती थी। लेकिन, चूँकि बीसीसीआई ने उन्हें सीधे तौर पर नौकरी दे रखी थी, भारतीय क्रिकेट कमेंटेटर अभी भी ईमानदार नहीं थे। उन्हें ये डर बना रहता था कि उनके कॉन्ट्रैक्ट ख़तरे में पड़ जायेंगे अगर उन्होंने, उदाहरण के तौर पर, ये कहा कि मैदान में आये दर्शकों की संख्या अपेक्षा से कुछ कम थी या भारतीय खिलाड़ी या (ख़ासकर) भारतीय कप्तान की किसी रणनीति की वो हल्की-सी भी आलोचना कर दें। चाटुकारिता अपने चरम पर थी। आपको बस ये देखना था कि बीसीसीआई टीवी के कैमरे आईपीएल कमिश्नर, बीसीसीआई अध्यक्ष और सेक्रेटरी की तरफ़ कैसे और कब-कब मुड़ते रहे और किस चमचागिरी के साथ उनका इंटरव्यू लिया जाता था।

मैंने अपने साथियों को लिखा और कहा कि बीसीसीआई के टीवी कमेंट्री पर एकाधिकार का अन्त होना चाहिए। मैंने कहा, 'आधुनिक विश्व का इतिहास (इसमें भारत का इतिहास भी शामिल है) ऐसे उदाहरणों से पटा हुआ है जिसमें मालूम चलता है कि कैसे वायुतरंगों पर एकछत्र राज निष्पक्षता, सच और

पारदर्शिता को हानि पहुँचाता है। बीसीसीआई ने इस मामले में तानाशाहों से सीख ली है जिसमें मौजूदा ज़िल्ल-ए-इलाही को हर हाल में बढ़ावा देना है और बेशर्मी की हद तक जाकर उसकी छवि को झाड़-पोंछ कर पेश करना है, जबकि इसी दौरान वो भ्रष्टाचार और भाई-भतीजावाद में संलिप्त होता है। क्या हम वाकई ये चाहते हैं कि ऐसे चिन्ताजनक हालातों को यूँ ही बढ़ने दें जहाँ बीसीसीआई अपने संविधान में टीवी का हिस्सा ख़ुद ही कंट्रोल करे?

मैंने अपने साथियों से कहा, 'खेल के प्रेमी सच चाहते हैं और सच की माँग भी करते हैं। और बीसीसीआई टीवी उन्हें सिर्फ़ और सिर्फ़ तोड़ा-मरोड़ा गया और झूठा सच ही दिखायेगा (अनुभव तो ऐसा ही कहता है), और कई बार तो वो सफ़ेद झूठ भी बोलेंगे। बीसीसीआई को फ़ीड प्रोड्यूस करने देना दुनिया भर के खेलों की बेहतर कार्यप्रणालियों के विपरीत है। इसे अनुमति नहीं दी जा सकती है।'

मेरे ख़तों को जवाब में ख़ामोशी मिली। एक बार फिर बड़े पदों के फ़ैसले सर्वोपरि साबित हुए।

III

बीसीसीआई में रहते हुए मेरा काम बेहद गहन था लेकिन इसके साथ ही मुझे बहुत कुछ सीखने को भी मिल रहा था। लेकिन जैसे-जैसे महीने आगे निकलते गये, और मेरी सलाहों को किनारे रखा जा रहा था, मैं विरक्त होता जा रहा था। मेरे CoA के सभी साथी बेहद प्रतिष्ठित पेशेवर लोग थे और मैं उनकी क्षमताओं और ट्रैक-रिकॉर्ड का पूरा सम्मान करता था। लेकिन मुझे लगा कि बदलाव लाने के क्रम में राय और लिमये फूँक फूँक कर कदम रख रहे थे और राय और एडुल्जी प्रेस से बात करने को लालायित रहते थे। मेरे साथी इस काम के साथ मिलने वाली पब्लिसिटी से भी अछूते नहीं थे। आईपीएल मैचों में वो वीआईपी सुविधायें उठाते थे। विनोद राय ने तो तेंदुलकर पर एक किताब भी रिलीज़ की और वो सितारा उनके बगल में ही बैठा हुआ था। ये वो सुविधाएँ थीं जो उन्हें सिर्फ़ इसलिए मिल रही थीं क्यूँकि सुप्रीम कोर्ट ने हमारी नियुक्ति की थी और इन सुविधाओं का लाभ उठाने से हमें साफ़ इनकार कर देना चाहिए था। लेकिन चूँकि राय और बाकी लोगों ने ऐसा नहीं किया, बीसीसीआई के मैनेजमेंट ने उन्हें और भी फ़ोटो-ऑप दिये जो हमारी कमिटी को और कमज़ोर ही कर रहे थे।

राज्य संगठनों ने सुप्रीम कोर्ट और लोढा कमिटी का विरोध करने के क्रम में बीसीसीआई के कथित प्रोफ़ेशनल मैनेजमेंट में अपने लिये कुछ गर्माहट पायी। बीसीसीआई में शीर्ष तीन नाम अपनी जगहों पर पूर्व बीसीसीआई अध्यक्षों की बदौलत बैठे हुए थे। एक शरद पवार की वजह से, एक अनुराग ठाकुर की वजह से और तीसरा एन श्रीनिवासन की वजह से। इसलिए, CoA उनकी वफ़ादारी की गारंटी नहीं ले सकती थी। कौन जाकर किसे क्या बता रहा था, इसका हम सिर्फ़ आंकलन ही कर सकते थे। सत्ताधारी पार्टी भारतीय जनता पार्टी के अध्यक्ष अमित शाह गुजरात क्रिकेट असोसिएशन के अध्यक्ष थे। ताक़तवर नेताओं को अपने पक्ष में देखकर बीसीसीआई की पुरानी टोली इस आशा में थी कि सरकार एक स्पोर्ट्स बिल लेकर आयेगी जो लोढा की सलाहों को धता बताते हुए उनके हाथ में बीसीसीआई का कंट्रोल सौंप देगा।

चूँकि उन्हें ऐसा लगता था कि वो जल्द ही वापस आयेंगे, बाहर किये जाने के बावजूद एन श्रीनिवासन और उनके साथी बीसीसीआई के साथी संगठनों की स्पेशल जनरल मीटिंग में न केवल भाग लेते बल्कि दिशानिर्देश भी देते। मैंने अपने चेयरमैन विनोद राय से मिन्नतें कीं कि वो साफ़ शब्दों में इसे ग़ैर-क़ानूनी ठहरायें लेकिन उन्होंने ऐसा नहीं किया।इसी बीच, जस्टिस टीएस ठाकुर के नेतृत्व में जो सुप्रीम कोर्ट कभी बीसीसीआई की सफ़ाई का मज़बूत पक्षधर था, जस्टिस ठाकुर के रिटायरमेंट के बाद ढीला पड़ता दिख रहा था। वो सुनवाई करने में और ऑर्डर देने में वक़्त लगा रहा था और इधर उद्दंड राज्य संगठन लोढा कमिटी द्वारा सुझाये गये बदलावों को लागू करने में टालमटोल कर रहे थे।

5 अप्रैल 2017 को, CoA बनाये जाने के दो महीने से कुछ ज़्यादा वक़्त बाद, मैंने गोपाल सुब्रमनियम को लिखा और कहा कि मैं उस कमिटी से इस्तीफ़ा देना चाहता था जिसके लिए उन्होंने मेरा नाम आगे बढ़ाया था। मैंने उन्हें दो वजहें गिनाईं। पहली तो ये कि CoA बीसीसीआई की पुरानी टोली को रोक नहीं पा रही थी। दूसरी वजह ये थी कि सुप्रीम कोर्ट खुद, 'जस्टिस ठाकुर की मौजूदगी में, लोढा कमीशन के पक्ष में पैर जमाने के बाद अब पीछे हटता दिख रहा था।' गोपाल ने मुझे जवाब देते हुए लिखा कि वो 'पूरी तरह से' मेरी स्थिति को समझ रहे थे लेकिन मुझे अभी इस्तीफ़ा नहीं देना चाहिए।

अप्रैल और मई भर मैं टिका रहा। मीटिंग्स में शामिल हुआ, मेल लिखे, दस्तावेज़ों को पढ़ता रहा और उनपर टिप्पणी करता रहा। अब मैं ख़ुद को और भी ज़्यादा हाशिये पर पा रहा था। मैंने जो बातें उठायी थीं, उन्हें पूरी तरह से नज़रन्दाज़ किया जा रहा था। मई के आख़री हफ़्ते में, आईपीएल बीत चुका

था और नया साल शुरू हो रहा था, मैंने अपने साथियों को एक बार फिर हितों के टकराव वाले मसले पर लिखा। जैसा मैं कहता आ रहा था, मैंने यहाँ भी यही कहा कि 'राष्ट्रीय टीम के कोच और सपोर्ट स्टाफ़ को आईपीएल के काम नहीं लेने चाहिए। लेकिन बीसीसीआई उन्हें सैलरी बढ़ाकर दे सकती है/देना चाहिए।' मैंने जोड़ा कि 'बीसीसीआई द्वारा अनुबंधित कमेंटेटर खिलाड़ियों के एजेंट हैं... इसे भी तुरन्त ही बन्द किया जाना चाहिए।'

डायना एडुल्जी ने मेरे मेल पर जवाब दिया, 'मैं सहमत हूँ।' लेकिन हमारे दोनों साथी सन्नाटे में थे। वो कुछ भी नहीं कह रहे थे और उधर बीसीसीआई के सीईओ राहुल जौहरी, जिन्हें मेल में रखा गया था, ने जवाब दिया, 'अगली CoA और पदाधिकारियों की मीटिंग में इसे एजेंडा बनाया जा सकता है और इसपर विमर्श हो सकता है। तब तक, जो जैसा है, वैसा रहने दीजिये (let there be status quo)।'

मैंने जैसे ही अंग्रेज़ी का ये वाक्यांश देखा 'let there be status quo', मुझे एहसास हो गया कि अब यहाँ मेरे रहने का कोई फ़ायदा नहीं है। अगले ही दिन मैंने अपने वकील-दोस्त से बात की और फिर गोपाल सुब्रमनियम को लिखकर बताया कि मैं प्रशासकों की कमिटी से इस्तीफ़ा दे रहा था। मैंने उन्हें बताया कि मेरे फ़ैसले के पीछे के कारणों में, 'एक हिस्सा अदालत के रवैये में आये बदलाव का है और बड़ा हिस्सा ये है कि कमिटी के बाकी सदस्य और मैं एक ही धरातल पर नहीं हैं। चार महीनों तक मैंने खुद को अधिकतर मामलों में अकेला पाया है और ये सभी मामले देश में क्रिकेट के संचालन के लिए मुझे बेहद ज़रूरी मालूम पड़ते हैं। अपना या किसी और का वक़्त बर्बाद करने से बेहतर है कि मैं इस्तीफ़ा दे दूँ और उन्हें कोई उनकी सोच वाला ही साथी मिल जाये।' गोपाल ने बेहद शालीनता के साथ जवाब में लिखा, 'मैं इन परिस्थितियों में आपके फ़ैसले का सम्मान करता हूँ और आगे, किसी भी तरीक़े से आपके साथ जुड़ने के प्रति आशावान रहूँगा।'

1 जून को मैंने सुप्रीम कोर्ट से दरख्वास्त की कि वो मुझे इस कमिटी की सदस्यता से मुक्त करें। मैंने विनोद राय को भी एक औपचारिक ख़त लिखा जिसमें अपने इस्तीफ़े की जानकारी दी। इसमें मैंने CoA के हितों के टकराव वाले मसले को सँभालने में, घरेलू और रणजी ट्रॉफ़ी खेलने वाले खिलाड़ियों को न्यायसंगत डील दिलवाने में, सुपरस्टार कल्चर को रोकने या उसे पलटने में और बाहर की जा चुकी पुरानी टोली को बीसीसीआई की मीटिंग में घुसने से रोकने में असफ़ल होने की बात सामने रखी। मैंने इन असफ़लताओं की मुख्य

वजहों में 'एक वरिष्ठ और प्रतिष्ठित पुरुष क्रिकेटर के कमिटी में न होने' को गिनाया। मैंने 1 फ़रवरी के अपने ख़त का एक हिस्सा वहाँ रखा जिसमें मैंने ये सुझाव दिया था कि एक ऐसा खिलाड़ी कमिटी का हिस्सा होना चाहिए। मैंने CoA की एक मीटिंग में इस मुद्दे पर हुई बातचीत भी याद दिलाई। मैंने इस बात की निन्दा भी की कि हमने इस मामले पर कोई काम नहीं किया। मैंने लिखा,

> हमें अदालत जाना चाहिए था जो ज़रूरी कदम उठाती। या फिर हम एक वरिष्ठ, सम्माननीय, पुरुष क्रिकेटर को बतौर स्पेशल मेहमान, अपने साथ ले सकते थे। ऐसे एक व्यक्ति के साथ CoA के अनुभव, ज्ञान, समझ और बेहद ज़रूरी विश्वसनीयता में बढ़ोत्तरी होती। अगर वाकई हमारे पास ऐसा कोई शख़्स होता तो बीसीसीआई मैनेजमेंट और पदाधिकारी लोढा कमिटी की सिफ़ारिशों को लागू करने में अबसे कहीं ज़्यादा तत्परता दिखाते। CoA में एकमात्र क्रिकेट खिलाड़ी होने के नाते डायना का योगदान अतुलनीय है। संचालन और खिलाड़ियों के अधिकारों के मसलों पर कई बार उन्होंने जो सलाह दी है वो निजी अनुभवों के आधार पर दी हैं और हम में से किसी के भी पास वो अनुभव नहीं हैं। एक पुरुष साथी इनका पूरक होता इनके योगदान को और भी निखारता। शायद अभी भी इन बदलावों के लिए बहुत देर नहीं हुई है।*

मेरे त्यागपत्र के पहले ड्राफ़्ट में एक पैराग्राफ़ ऐसा था जो मैंने विनोद राय को भेजे ख़त से हटा दिया था। वो पैराग्राफ़ मैं यहाँ रख रहा हूँ:

> जैसा कि मैं देख सकता हूँ, क्रिकेट खिलाड़ी (अन्तर्राष्ट्रीय सितारों से लेकर दिन का मेहनताना पाने वाले घरेलू खिलाड़ियों तक) पहले आने चाहिए और फिर खेलप्रेमियों का नम्बर आना चाहिए। प्रशासकों का काम पहली तरह के खिलाड़ियों के करियर को बढ़ावा देना और दूसरे हिस्से को दिखाई देने भर का है। फिर भी, हम जानते हैं कि बीते समय में भारतीय क्रिकेट प्रशासकों ने काफ़ी ताक़त जमा कर ली है और बड़ा रुतबा बना लिया है। उन्होंने इसका इस्तेमाल बहुत अच्छे ढंग से नहीं किया है। मेरे दिमाग में फ़िलहाल डेलॉइट की रिपोर्ट में दर्ज वित्तीय अनियमितताएँ नहीं हैं (हालांकि उन्हें भी

---

* मेरा पूरा ख़त आपको यहाँ मिलेगा: https://indianexpress.com/article/sports/cricket/full-text-ramachandra-guhas-resignation-letter-to-bcci-vinod-rai-4685575/

देखा जाना बेहद ज़रूरी है), लेकिन मैं उन क्रिकेट प्रशासकों के बारे में सोच रहा हूँ जो पब्लिसिटी के भूखे हैं और क्रिकेट या क्रिकेटरों के यश में हिस्सेदारी लेना चाहते हैं। बदकिस्मती से, CoA ने इस मसले को ठीक करने या ख़त्म करने की दिशा में ठोस कदम नहीं उठाये हैं। बीसीसीआई अवॉर्ड फ़ंक्शन में जो बेहतरीन शुरुआत की गयी थी, जिसमें क्रिकेट प्रशासकों की जगह महान पूर्व क्रिकेटर अवॉर्ड बाँटते थे, उसे बन्द कर दिया गया। मुझे लगता है कि CoA के सभी सदस्यों को आईपीएल मैचों के दौरान वीआईपी सुविधाएँ लेने से और चकाचौंध भरे क्रिकेट की किताबों के इवेंट से बचना चाहिए था। ये वो तरीके थे जिससे हम उदाहरण स्थापित कर सकते थे। चूँकि ऐसा नहीं हुआ, पदाधिकारियों ने इसे इशारा समझा और ख़ुद को प्रमोट करना शुरू कर दिया। इसके साथ ही उन्होंने एक बार फिर खिलाड़ियों और टीम की राजनीति में हाथ डालना शुरू कर दिया। हाल ही में इसे तब देखा गया जब मुख्य कोच को दोबारा चुना गया क्यूँकि वो एक ऐसे व्यक्ति का साथ चाहते थे जो उनके मुताबिक़ काम करने वाला था।

IV

पारदर्शिता बरकरार रखने के लिहाज़ से, और इसलिए भी कि मैं क्रिकेट की दुनिया का ऋणी था, मैंने अपना त्यागपत्र प्रेस तक पहुँचा दिया। लेकिन मैंने विनोद राय को आश्वस्त किया कि मैं न ही इस बारे में कोई ट्वीट करूँगा और न ही प्रेस से या टीवी पर बात करूँगा। मैंने इस ख़त को एक अख़बार और एक वेबसाइट को भेजा और किसी भी अनजान नम्बर से आने वाले मेसेज या कॉल का जवाब ही नहीं दिया। इसके बाद मैं एक हफ़्ते के लिए नीलगिरी के पहाड़ों पर चला गया।*

मेरे इस्तीफ़े के बाद टीवी और प्रेस में बवाल मच गया। मुझे जो एक लेख अच्छा लगा, उसे *हिन्दुस्तान टाइम्स* के लिए खेल के समाजशास्त्र की ज्ञाता

* एकमात्र अपवाद था एक अनजान नम्बर जिससे दो कॉल आये थे। इसके बाद उसी नम्बर से मेसेज आया, 'मैं कपिल देव हूँ।' मैंने वापस फ़ोन मिलाया और 1983 के विश्व कप जीतने वाले भारतीय कप्तान से बात की। उन्होंने मुझसे कहा कि (अ) मैंने जो कहा और किया, वो उससे सहमति रखते हैं। और (ब) इससे कुछ नहीं होने वाला था क्यूँकि बीसीसीआई ख़ुद को सुधारने वाली थी नहीं।

ने लिखा था। उन्हें लगा था कि क्रिकेट के खेल को नीचे घसीटने के सबसे बड़े ज़िम्मेदार इसके बड़े खिलाड़ी ही थे। उन्होंने लिखा, 'जिन समस्याओं से निपटने के काम को कबसे किनारे किया जा रहा था, उसे उघाड़ने का काम एक इतिहासकार और शिक्षाविद को करना पड़ा।' उन्होंने आगे लिखा:

> लेकिन जो एक बात मुझे सबसे ज़्यादा परेशान करती है, वो ये है कि उन्हें हमारे किसी हीरो का कोई समर्थन नहीं मिला। ये सभी इतने चुप क्यूँ बैठे हैं?
>
> क्यूँ हमारे इतने बड़बोले क्रिकेटर, जिन्हें ट्विटर पर एक महिला को ट्रोल करना ठीक लगता है (ऐसा एक मशहूर पूर्व क्रिकेटर ने किया था) या जो कहते हैं कि सेना का विरोध करने वाले कश्मीरियों को मार देना चाहिए (ये एक और मशहूर क्रिकेट खिलाड़ी ने कहा था), अपनी जेब भारी होते ही आवाज़ क्यूँ खो देते हैं? किसी ने कुछ क्यूँ नहीं कहा? क्या उन्हें ये बात नहीं मालूम थी कि जो खिलाड़ियों का प्रतिनिधित्व करने के पैसे ले रहे थे, वही उनके खेल पर कमेंट्री भी कर रहे थे और उन्हें टीमों के लिए चुन भी रहे थे।
>
> इस बात में तो कोई शक ही नहीं होना चाहिए कि इन बड़े सितारों की चुप्पी का अर्थ ये है कि सभी तरह के 'हितों के टकराव' को पूरा समर्थन मिलता रहेगा। भले ही उन्होंने मैच फ़िक्स नहीं किया है और सट्टेबाज़ों को अपने पायजामे में तौलिया फंसाकर इशारे नहीं किये हैं, वो अपराधी हैं। अपनी चुप्पी से भ्रष्टाचार को संरक्षण देने के अपराधी।*

इसी बीच क्रिकइन्फ़ो में एक लेख में लिखा हुआ था, 'हितों के टकराव को सामने लाने में किसी भी तरह का पक्षपात न दिखाते हुए, नाम लेने में, और साफ़गोई से नाम लेने के मामले में ये एक निर्भीक और बेमिसाल ख़त है। ये बहुत कुछ कहता है और ऐसा आंकलन कोई ऐसा ही शख़्स कर सकता था

---

* देखें: https://www.hindustantimes.com/cricket/opinion-ramachandra-guha-s-resignation-letter-proves-our-cricketing-heroes-have-betrayed-us/story-fnTuB0NIUTAGu7yGKwCO6M.html

जो बाहरी हो और जिसके दिमाग में भारतीय क्रिकेट से कुछ भी कमाने की मंशा न बसी हो।'*

एक और लेख में लिखा हुआ था कि मेरे इस्तीफ़े ने इसलिए भुनभुनाहट पैदा की थी क्यूँकि 'मुख्यत: उन्होंने क्रिकेट की संस्था में हितों के टकराव के मसले को फिर से ज़िन्दा करने की कोशिश की जिसके बारे में बहुत से लोग जानते थे लेकिन कम लोग ही बात करना चाहते थे।' लेखक ने इस बाबत लिखा था कि कैसे पार्टी की राजनीति से ऊपर उठकर तमाम नेताओं ने पूरी कोशिश की हुई थी कि बीसीसीआई को सार्वजानिक जाँचों से पूरी तरह दूर रखा जाये। रिटायर हो चुके खिलाड़ी 'आज्ञाकारी बने रहें क्यूँकि क्रिकेट के सत्ताधारियों के पाले में खड़े रहकर उन्हें आर्थिक फ़ायदे हो रहे थे। उन्हें मालूम था कि उनकी तरफ़ से लगे एक भी ग़लत सुर के कारण धनाढ्य बीसीसीआई उन्हें आर्थिक रूप से मज़बूती देना बन्द कर देगी।' इस लेख में सुनील गावस्कर और रवि शास्त्री का नाम ख़ासतौर से लिखा गया था। इन दोनों को 'बीसीसीआई से 3.6 करोड़ का सालाना कॉन्ट्रैक्ट मिला था जो कहने को तो कमेंटेटर के तौर पर था लेकिन असल में इससे उनकी आवाज़ ख़रीद ली गयी थी।'**

जस्टिस लोढा ने भी मेरे इस्तीफ़े के बाद प्रेस से बात की। जैसा कि उन्होंने देखा, 'शायद CoA अन्दरूनी तौर पर उतनी सहजता से काम नहीं कर रही है। कम से कम गुहा के ख़त से तो ऐसा ही लगता है। अगर बदलावों को अमल में लाया जाता जिसमें हितों के टकराव का मामला भी था, तो ये सब नहीं हुआ होता।' फिर, जब उनसे भारतीय कप्तान को दी गयी वीटो पॉवर के बारे में पूछा गया तो उन्होंने कहा, 'विराट (कोहली) एक अच्छे खिलाड़ी हैं। इसमें कोई शक़ ही नहीं है। लेकिन किसी भी शख़्स को निरंकुशता के साथ ताक़त नहीं दी जा सकती। चाहे वो कोच हो, CoA हो या फिर कोई एक खिलाड़ी हो, कोई भी खेल से बड़ा नहीं हो सकता और सभी हितधारकों को कायदे से ये बात समझ लेनी चाहिए।'***

---

* देखें: http://www.espncricinfo.com/india/content/story/1100724.html

** देखें: https://www.firstpost.com/sports/ramachandra-guhas-resignation-must-make-sc-harden-stance-against-conflict-of-interest-in-cricket-3520205.html

*** देखें: http://www.cricbuzz.com/cricket-news/95018/no-person-should-be-given-absolute-powers-justice-rm-lodha

मेरी ख़ुशी का ठिकाना तब नहीं रहा जब मैंने खुद को जाने-माने दूध उत्पादन के सहकारी संघ, अमूल के पोस्टर पर देखा। ये बेहद शरारत और चालाकी भरे अन्दाज़ में शब्दों की हेराफेरी करते हुए सम-सामयिक घटनाओं पर टिप्पणी करते हैं।* मेरे बीसीसीआई की प्रशासकों की कमिटी छोड़ने के कुछ दिन बाद ही अमूल के एक कार्टून में मुझे जगह मिली हुई थी। मेरे हाथ में एक कलम थी और मैं अपना इस्तीफ़ा लिख रहा था। पृष्ठभूमि में कुछ क्रिकेट खिलाड़ी थे जिन्होंने हाथ में बल्ला यूँ पकड़ा हुआ था जैसे कोई हथियार हो। मशहूर हिन्दी गाने 'ये क्या हुआ? कैसे हुआ?' के बोलों को बेहद महीन बदलाव के साथ ऊपर लिखा गया था—'ये क्या गुहा? कैसे गुहा?' वहीं, नीचे विनोद राय की व्याकुलता को सम्बोधित करते हुए लिखा गया था: 'राय हो या फ्राय हो!'

मेरे इस्तीफ़े के बाद जनभावना ज़्यादातर सहानुभूति वाली ही थी। मुझे जो प्राइवेट मेल आये, उनमें मिली-जुली प्रतिक्रिया थी। कई क्रिकेट फ़ैन्स ने मेरी निर्भीकता पर और भ्रष्टाचार को सभी के सामने लाने पर मुझे बधाई दी। बाकियों को ऐसा लगा कि मुझे CoA में बने रहना चाहिए था और लड़ते रहना चाहिए था। कुछ ख़तों में तो शाबाशी और निन्दा एक साथ मिलीं। उदाहरण के तौर पर:

> प्रिय मिस्टर गुहा,
>
> CoA को भेजे आपके स्पष्ट, खुले, गहरे, सच्चे और हिम्मत से भरे ख़त के लिए मैं आपकी प्रशंसा करता हूँ और आपको बधाई देना चाहता हूँ। ...

---

* अमूल पोस्टर की शुरुआत मूल रूप से 1960 के दशक में, बॉम्बे के मशहूर एडवरटाइजिंग व्यक्तित्व, सिल्वेस्टर दा कुन्हा ने की थी, और अब ये उनके बेटे, राहुल दा कुन्हा के निरिक्षण में है।

भारतीय क्रिकेट की सफ़ाई के लिए और क़ानून, नियम, विनिमय और ज़िम्मेदारी तय करने के लिए एक सच्चे क्रिकेट प्रेमी की आशाएँ दिखती हैं (असल में, आख़री आशा की किरण)।

अगर भ्रष्टाचार और स्वार्थ को हटा दिया जाये और चरित्रवान और ईमानदार लोगों को भारतीय क्रिकेट चलाने के लिए बुलाया जाये तो भारतीय क्रिकेट नौकरियाँ तैयार कर सकता है, एक देश को प्रेरित कर सकता है और ऐसी प्रतिभाओं को आगे ला सकता है जो अरबों लोगों को खुशियाँ देंगी।

लेकिन, मैं इस बात से बेहद दुखी हूँ कि आप वहाँ डटे रहने और भारतीय क्रिकेट की सफ़ाई सुनिश्चित करने की बजाय जंग के मैदान से भाग खड़े हुए। आपके पास एक बड़ा मौका था लेकिन आप भाग निकले। ये सच है कि आपने विनोद राय को जो भी लिखा है, उसका एक-एक शब्द सुनहरा है और आपने उसे बेहतरीन तरीक़े से लिखा है। लेकिन याद रखिये, आलोचना करना आसान है, परफ़ेक्ट काम करना (या परफ़ेक्ट के नज़दीक, क्यूँकि जीवन में कुछ भी परफ़ेक्ट नहीं होता) बेहद तिकड़म भरा होता है।

... खैर, मैं आपकी बतायी बातों और विनोद राय को लिखे ख़त के लिए आपका आभारी हूँ। मैं बस ये सोचता हूँ कि काश आप रुकते और अपना काम ख़त्म करते।

मैं विनोद राय और उनकी टीम के लिए प्रार्थना कर रहा हूँ कि वो भारतीय क्रिकेट को साफ़ करें—आशा है कि वो थोड़ा तेज़ी से,साफ़ दिमाग़ के साथ और एक सोच के साथ आगे बढ़ेंगे। ...

इसी बीच कुछ बुरे शब्दों वाले ख़त भी आये। उदाहरण के लिए, ये:

तुमने जो किया वो एक कायर इंसान की निशानी है। आपने कमिटी छोड़ी और फिर एक बेहद महत्वपूर्ण टूर्नामेंट के ठीक पहले भारतीय कप्तान और विकेटकीपर को दोष देने लगे, जबकि उनकी तो कोई ग़लती ही नहीं है। आपको शर्म आनी चाहिए!!!

> और हाँ, भारतीय कप्तान भारतीय क्रिकेट में सबसे बड़ा पद होता है। उसके पास वीटो पॉवर होती है कि वो कोच चुन सके। इसलिए मिस्टर गुहा, अपना मुँह बन्द रखो।

ईई बीच मुझे एक ज्योतिषी का मज़ेदार मेल आया जिसमें उसने मुझे एक लिंक दिया था जो ये बता रहा था कि मैंने जो किया, वो क्यूँ किया। मेरे उस दोस्त ने मेरी जन्मतिथि के अनुसार मेरी कुंडली बनायी थी जिसकी 'सबसे बड़ी विशेषता थी सूर्य और बुद्ध पर शनि का भारी होना'। ज्योतिषी ने समझाया कि

> सूर्य और बुद्ध के गठजोड़ में पैदा होने वालों के साथ ये आम है कि वो परम्परागत चीज़ों पर सवाल उठाते हैं। ऐसे लोग व्यक्तिवादी होते हैं। ये लोग हर स्थापित चीज़ के ख़िलाफ़ विद्रोही सुर में होते हैं। उन्हें लगातार नियम तोड़ने का फ़र्क नहीं पड़ता है, लेकिन ये कुछ नियमों पर सवाल ज़रूर उठाते हैं। ख़ासकर उनपर, जो इन्हें समझ में नहीं आते। शनि के भारी होने से सत्ताधारियों से टकराव बढ़ता है।

चूँकि मैं अभी-अभी 59 का हुआ था, मेरा शनि दोबारा लौट रहा था।

> ये वो समय है जब आप अपने रास्ते में पड़ने वाली रुकावटों को लेकर बेहद संवेदनशील हैं और ये आपके जीवन में झुंझलाहट और तनाव लेकर आता है। प्रोटोकॉल, लाल फ़ीताशाही, पारम्परिक तरीक़ों, वरिष्ठजनों और लोगों को दबाते हुए दिख रहे नियम आपको विचलित करेंगे।

एक शख़्स, जिसे मैंने कभी भी नहीं मिला था, उसने मेरी कुंडली बना दी थी और पूरे दावे के साथ वो सब कुछ बताया जो मैं पहले से जानता था: कि मैं व्यक्तिवादी शख़्स था जो सत्ता पर सवाल खड़े करता है, जो आंख मूँद के नियम नहीं फ़ॉलो करता है, या फिर बगैर सवाल किये वरिष्ठों का कहा नहीं मानता। ये सभी बातें मुझमें जन्म से ही थीं लेकिन मेरे शनि के लौटने के बाद से ये तेज़ हो गयी हैं और इत्तेफ़ाकन मेरे क्रिकेट प्रशासक बनने के साथ-साथ ही ये हुआ। अगर विनोद राय ने मेरी कुंडली बनवा ली होती तो वो शायद मुझे कभी भी इस कमिटी में लेने पर रज़ामन्दी नहीं देते।

V

जिस रोज़ मेरा इस्तीफ़ा प्रेस में आया, सुनील गावस्कर ने मुझपर पलटवार किया। उन्होंने एक टीवी चैनल को बताया कि वो बेहद दुखी थे कि किसी ने उनकी ईमानदारी पर सवाल खड़े किये थे। मेरे इस आरोप पर, कि इंडिया में सुपरस्टार कल्चर अपने चरम पर था, गावस्कर ने कहा: 'अगर सुपरस्टार कल्चर है, तो जलन का कल्चर भी है।उन लोगों से जलन जिन्होंने भारतीय क्रिकेट के लिए कुछ किया है, जो भारतीय क्रिकेट के लिए कुछ कर रहे हैं और उन्हें आगे कुछ नहीं करने दिया जाना चाहिए। वहीं, वो लोग, जिन्होंने भारतीय क्रिकेट के लिए कुछ भी नहीं किया है, जिनका भारतीय क्रिकेट से दूर का रिश्ता है, उन्हें कुछ करने दिया जाना चाहिए।'

ये ऊपर लिखी बातें एक वेब रिपोर्ट* से हैं लेकिन अगले दिन *टाइम्स ऑफ़ इंडिया* ने भी इस इंटरव्यू को रिपोर्ट किया जिसका टाइटल था 'SUNNY HITS BACK AT GUHA', और उसका शुरुआती पैराग्राफ़ शानदार था: 'नयी दिल्ली: सुनील गावस्कर ने रामचन्द्र गुहा के "हितों के टकराव" के आरोपों से पूरी तरह इनकार किया और कहा कि ये "उनकी समझ से बाहर था" कि उनकी ही ईमानदारी पर सवाल उठाये जा रहे थे जबकि असल में "उनके पास वो है ही नहीं।"

यहाँ जो सच लिख दिया गया था, असल में वो अनजाने में हुआ था। ये किसी लापरवाह या अबोध सब-एडिटर का काम था (गावस्कर कहना चाहते थे कि हितों के टकराव का कोई मामला नहीं है, न कि ईमानदारी नहीं है)। मेरी तरह के दोस्त, जो रिटायर हो चुके गावस्कर की बजाय क्रिकट खेलने वाले गावस्कर को बेहद पसन्द करता था, ने उन्हें इस पैराग्राफ़ का स्क्रीनशॉट भेजा और इसके सब्जेक्ट में लिखा: "मैं ख़ुद इसे इससे बेहतर नहीं लिख सकता था ...'

राहुल द्रविड़ वो दूसरे बड़े क्रिकेटर थे जिनपर मैंने हितों के टकराव के आरोप लगाये थे। उन्होंने भी मुझे जवाब दिया। उनकी भाषा कुछ सौम्य थी। बीसीसीआई के ज़रिये उन्होंने ये कहलवा भेजा कि वो जो भी कर रहे थे, नियमों के अन्तर्गत कर रहे थे। इसलिए, 'ये सब जिस तरह से सार्वजनिक हुआ, उससे वो बेहद दुखी थे।' द्रविड़ ने अपना बयान मेल करते हुए मुझे भी उसमें रखा और इसी वजह से हमने एक दूसरे को कुछ मेल लिखे। इसी दौरान मैं उन्हें

* http://www.freepressjournal.in/cricket/baffled-sunil-gavaskar-hits-back-at-ramachandra-guha/1079735

ये बताने पर मजबूर हुआ कि उन्होंने बीसीसीआई के साथ जो कॉन्ट्रैक्ट साइन किया था, उसकी 'कोई भी अच्छा पेशेवर राष्ट्रीय खेल संघ इजाज़त नहीं देगा'। इसके बाद मैंने आगे कहा:

> और जहाँ तक एक 'स्टैण्डर्ड कॉन्ट्रैक्ट' की बात है, मुझे दूसरे राष्ट्रीय कोचों ने बताया था कि उन्हें आईपीएल में काम दिये जाने से साफ़ मना कर दिया गया था। ऐसा लगता है जैसे कुछ को इजाज़त मिली और बाक़ी लोगों को नहीं। एक मुद्दा इस बात का भी था कि आप एनसीए कैम्प के लिए मौजूद नहीं थे क्यूँकि उस वक़्त आईपीएल चल रहा था। बतौर CoA सदस्य, मेरे सामने ऐसे सवाल भी आये थे जिनके अनुसार इंडिया अंडर-19 खिलाड़ियों को डेल्ही-डेयरडेविल्स के ट्रायल्स के लिए बुलाया जा रहा था।
>
> भारतीय क्रिकेट को लेकर आपकी वचनबद्धता और ईमानदारी भले ही सौ प्रतिशत हो लेकिन इन बातों से, कि आप दो जगह वफ़ादारी दिखा रहे थे, ऐसे सवालों का जन्म होता है। इसके साथ ही, अगर आपके आईपीएल कोच रहते हुए आपसे राष्ट्रीय कर्तव्य के लिए बात की गयी थी, तो अगले टर्म के लिए आपको दोनों में से एक चुनने को कहा जा सकता था।
>
> सुनील गावस्कर मेरे शुरुआती हीरो थे (क्रिकट पर मेरी किताबें इस बात की गवाह हैं कि मैं उन्हें किस कदर पूजता था)। मुझे इस बात का गर्व है कि मैं निजी तौर पर आपको जानता हूँ। लेकिन वो जो कर रहे हैं, और आपने जो किया है, ये ऐसी चीज़ें नहीं हैं जिन्हें बीसीसीआई को इजाज़त देनी चाहिए थी और न ही लोढा गाइडलाइंस इसकी इजाज़त देती हैं। अगर मैंने ये सभी के सामने नहीं रखा होता तो मैं खुद सुपरस्टार कल्चर के तले दब जाने का दोषी होता।

इस बातचीत के कुछ हफ़्तों बाद, राहुल द्रविड़ ने बीसीसीआई के साथ उनकी अंडर-19 और ए टीम के कोच के लिए अनुबंध पर हस्ताक्षर किये। ये चौबीस महीनों, अर्थात, दो साल का कॉन्ट्रैक्ट था। यानी, वो आईपीएल का हिस्सा नहीं बनने वाले थे। इसका मतलब ये था कि द्रविड़ ने जल्दी और ज़िम्मेदारी भरे रवैये से कदम उठाये जबकि सनी गावस्कर ने अपना वक़्त लिया। 12 सितम्बर 2017 को, उनके मुझपर जलन खाने के आरोप लगाने के कुछ चार महीने बाद, बैंगलोर मिरर ने एक स्टोरी की जिसकी हेडिंग थी 'Sunny

Days Are Over'। इसमें लिखा था कि गावस्कर की प्रोफ़ेशनल मैनेजमेंट ग्रुप ने अपना खिलाड़ियों के मैनेजमेंट वाला प्रोग्राम बन्द कर दिया था जिससे पूर्व भारतीय कप्तान बीसीसीआई कमेंटेटर के पद पर जमे रह सकें। जिन भारतीय खिलाड़ियों का ये ग्रुप प्रतिनिधित्व कर रहा था, उन्हें कह दिया गया था कि वो अपने लिये नये एजेंट ढूँढने का काम शुरू कर सकते थे। मिरर ने मेरे इस्तीफ़े से ही कुछ लाइनें उठाकर इसमें लिखी थीं। *इंडियन एक्सप्रेस* ने भी ऐसा ही किया था। उन्होंने लिखा था कि 'गुहा के इस्तीफ़े के चलते बीसीसीआई ने इस मामले पर सख़्ती दिखाई-राहुल द्रविड़ को डेल्ही डेयरडेविल्स के कोच का पद छोड़ना पड़ा जिससे वो भारतीय जूनियर टीमों के कोच बने रह सकें,' और अब गावस्कर, जून में कितना कुछ कहने के बाद, भी ये मान रहे हैं कि वो हितों के टकराव के दोषी थे। और कुछ नहीं तो इन दो चीज़ों की वजह से मुझे लगा कि मेरे इस्तीफ़े से कुछ बदलाव ज़रूर दिखे।

मैं राहुल द्रविड़ को बड़े अच्छे से जानता था और सोचता था कि कंट्रोवर्सी के बाद हमारी दोस्ती का क्या होगा। आम क्रिकेटरों के मुकाबले द्रविड़ पब्लिसिटी से दूर रहने वाले शख़्स हैं। मेरे इस्तीफ़े के बाद उठे बवाल और उनपर उठने वाली उँगलियों के चलते वो दुखी थे। कुछ वक़्त तक हमारे रिश्ते ठंडे पड़ गये। मैंने उन्हें एक किताब के इवेंट और किसी डिनर पर बुलाया और उन्होंने मेरे मेल का जवाब देना भी मुनासिब नहीं समझा। इसके बाद जब इंडिया ए टीम इंग्लैंड के दौरे पर थी, वो एक ऐसे शख़्स से मिले जो हम दोनों के दोस्त थे। ये थे इंग्लैंड के पूर्व कप्तान माइक ब्रियरली। उन्होंने द्रविड़ को सलाह दी कि इंसानी रिश्तों में कभी अहं को आड़े नहीं आने देना चाहिए। अब द्रविड़ ने मुझे मेल लिखा और कहा कि हालांकि वो मेरी कई बातों से इत्तेफ़ाक नहीं रखते हैं लेकिन 'मुझे आपके मंसूबों या न्यायपूर्ण व्यवहार की चाहत पर कोई शक नहीं है।' उन्होंने ये भी कहा कि 'जो आपको चीज़ें वैसी की वैसी ही बता दें, या जो आपको केन्द्र में रखते हुए सिक्के का दूसरा पहलू दिखा सकें, ऐसे लोगों का होना आपकी काफ़ी मदद करता है।' ज़ाहिर-सी बात है कि मैं इस मेल से बेहद ख़ुश हुआ। मैंने उन्हें वापस लिखा कि हमें जल्द ही मिलना चाहिए और उन सभी चीज़ों पर बात करनी चाहिए जिन्हें हम दोनों पसन्द करते हैं: जैसे कर्नाटक, बाप बनना, और सबसे ऊपर फ्रेंड्स यूनियन क्लब वर्सेज़ बैंगलोर यूनाइटेड क्रिकेट क्लब।

2019 के बसन्त में, राहुल द्रविड़ के क्लब ने सौ साल पूरे किये। मुझे इस बात का बेहद आश्चर्य हुआ कि उन्होंने मुझे इस यादगार फ़ंक्शन में बोलने

के लिए बुलाया जहाँ इस क्लब के सक्रीय और पूर्व खिलाड़ियों को सम्मानित किया जा रहा था। मैं वहाँ गया और कहा कि मैं इस बात से तो कतई इनकार नहीं कर सकता कि BUCC हमसे पहले स्थापित हुआ था लेकिन मेरे क्लब की दो ख़ासियत थीं जिसका तोड़ इस क्लब के पास नहीं था। एक तो ये कि FUCC से ही कर्नाटक का पहला टेस्ट क्रिकेटर, ऑफ़ स्पिनर वीएम मुद्दैया निकले। और दूसरी बात, BUCC ने अपनी जन्मशती मनाने के लिए एक टाई बनवाई थी, वहीं हमारे क्लब ने पचास साल पूरे होने पर ही एक टाई बनवा ली थी। उसपर लाल और भूरी पट्टियाँ थीं और FUCC का निशान था। मैं उस शाम को भी वही टाई पहने हुआ था।

हालांकि मैं वहाँ डींगें हाँकने नहीं बल्कि सम्मान देने गया था। बेंगलुरु के एक छोटे और कमतर क्रिकेट क्लब की ओर से एक पुराने और बड़े क्लब को। जहाँ ये फ़ंक्शन हो रहा था, वहाँ घुसते वक़्त एक बोर्ड लगा हुआ था जिसपर BUCC के उन खिलाड़ियों के नाम लिखे थे जो देश का प्रतिनिधित्व कर चुके थे। मैं जब वहाँ बोल रहा था तो मैंने ये भी कहा कि उस क्लब के दो खिलाड़ी 1983 में भारत की पहला विश्व कप जीतने वाली टीम में थी। ये खिलाड़ी थे सैयद किरमानी और रॉजर बिन्नी। मैंने साथ ही ये भी जोड़ा कि उसमें भले ही मुम्बई के तीन खिलाड़ी थे, लेकिन वो अपने शहर के अलग-अलग क्लब से खेलते थे। मैंने कहा कि BUCC का इससे भी बड़ा एक कीर्तिमान था। इस क्लब के दो खिलाड़ी सर्वकालीन भारतीय टेस्ट एकादश में थे। ये थे राहुल द्रविड़ और सैयद किरमानी। मैंने कहा कि ये बात कहने के बाद मैं अगले कुछ दिनों तक राँची में (महेन्द्र सिंह धोनी का शहर) अपना मुँह नहीं दिखाऊँगा।

लेकिन BUCC के इस शो के स्टार थे गुंडप्पा विश्वनाथ, जो राहुल द्रविड़ के और मेरे बचपन के हीरो थे। वो एक शर्मीले शख़्स थे जो लोगों के बीच बोलने से बचते थे। लेकिन उन्होंने इस बात पर हामी भर दी थी कि वो स्टेज पर कुछ सवालों के जवाब दे देंगे। उन्होंने अपनी बातों की शुरुआत लिटल मास्टर की तारीफ़ के साथ की। उनकी शालीनता के लिए, कभी किसी विरोधी को स्लेज न करने के लिए और कभी अम्पायर पर सवाल न उठाने के लिए। विशी ने कहा कि उन्होंने शालीन होना बेहद मुश्किल से गुज़रने के दौरान सीखा। क्लब क्रिकेट के शुरुआती वर्षों में, वो उन फ़ास्ट बॉलर्स के ख़िलाफ़ खेल रहे थे जो उनके आस-पास ही रहते थे। जब सभी बच्चे थे तो वो साथ में ही टेनिस बॉल क्रिकेट खेलते थे। अब वो सभी KSCA की फ़र्स्ट डिवीज़न के प्रतिस्पर्धी क्लबों के लिए खेल रहे थे। विशी ऐसे समय में बैटिंग करने आये जब उनकी

टीम दस रनों पर 2 विकेट खो चुकी थी। पहली ही गेंद उनके पैड पर लगी। उसका साथी, जो अब सामने वाली टीम में था, एलबीडब्ल्यू की अपील के लिए चीखा लेकिन वो अपील ठुकरा दी गयी। वो गेंदबाज़ विकेट पर चलकर आया और विशी के पैड पर वो जगह दिखाई जहाँ गेंद लगी थी। विशी ने कहा कि वो अपना गुस्सा अम्पायर को दिखाये। इसके बाद, जब अगली गेंद उन्होंने कवर के बगल से निकालते हुए चौके के लिए पहुँचाई तो वो विकेट पर चलकर बॉलर तक पहुँचे और उन्हें बल्ले से उसे वो जगह दिखाई जहाँ गेंद गयी थी।

विशी ने हमें ये नहीं बताया कि उन्होंने उस दिन कितने रन बनाये थे। लेकिन उन्होंने ये ज़रूर बताया कि मैच ख़त्म होने के बाद जब सभी लोग आपस में हाथ मिला रहे थे, उनके बचपन के उस दोस्त ने उनसे हाथ नहीं मिलाया। कई दिनों तक, जब भी वो सड़क पर एक-दूसरे के आमने-सामने पड़ते तो वो इन्हें नज़रन्दाज़ कर देता। कई महीनों तक इनके बीच बातचीत बन्द रही। विशी को समझ में आ गया कि स्लेजिंग महंगी पड़ सकती है। उन्हें समझ में आ गया था कि महज़ गेंद और बल्ले के मामले में आपका किसी के प्रति रूखा और आक्रामक होना ठीक नहीं था, ज़िन्दगी बेहद छोटी और दोस्ती बेहद कीमती होती हैं।

VI

मैं सुनील गावस्कर को थोड़ा-बहुत जानता था और ये भी जानता था कि वो अपने दोहरेपन के सार्वजनिक खुलासे की वजह से बेहद गुस्से में होंगे। ऐसा ही था भी। दिसम्बर 2017 में, मेरे बीसीसीआई छोड़ने के छह महीने बाद, वो बॉम्बे जिमखाना क्लब में हो रहे एक इवेंट में बोलने वाले थे। ये इवेंट पहले भारतीय टेस्ट कप्तान सीके नायडू की याद में था। जब वो आये और उन्हें मालूम चला कि मैं भी उन वक्ताओं में से एक था जिन्हें वहाँ बुलाया गया था, वो तमतमाते हुए निकल गये।

जून 2018 में अफ़ग़ानिस्तान ने अपना पहला टेस्ट मैच खेला। ये मैच बेंगलुरु में चिन्नास्वामी स्टेडियम में हुआ था। मैंने मेम्बर्स स्टैंड से पहले दिन का खेल देखा। यहाँ मैं कुछ देर अकेला बैठा हुआ था लेकिन फिर कुछ देर में मेरे दोस्त सुरेश मेनन वहाँ आ गये। उन्हें मालूम चल गया था कि मैं कहाँ बैठा हुआ था। हमने पहले सत्र का खेल देखा और फिर उन्होंने सुझाव दिया कि हमें लंच के लिए प्रेस बॉक्स चलना चाहिए। जब हम लिफ़्ट में घुसे और तीसरे फ़्लोर के लिए जा रहे थे, मैंने मजाक में सुरेश से कहा, ‘आशा करता

हूँ कि लिफ़्ट से निकलते ही हम रवि शास्त्री (भारतीय टीम के कोच) से नहीं टकरायेंगे।'

वो मशीन हमें धीमी गति से वहाँ ले गयी जहाँ हमें जाना था। जैसे ही दरवाज़े खुले और हम बाहर निकलने को हुए, एक पूर्व क्रिकेटर से हमारा सामना हुआ जिसकी मैंने आलोचना की थी। हालांकि ये रवि शास्त्री नहीं बल्कि सुनील गावस्कर थे। मैंने उन्हें हेलो कहा लेकिन उन्होंने बस मेरी ओर देखा और वो नीचे चलते बने। उस शाम मेरे एक दोस्त ने मुझे फ़ोन कर के बताया कि गावस्कर ने प्रेस बॉक्स में ये शिकायत की थी कि गुहा नाम का ये शख़्स अब जब बीसीसीआई से बाहर हो चुका है तो प्रेस बॉक्स में क्या कर रहा था।

मैंने सोचा कि ये पूर्ण विराम की स्थिति थी। मुझे लगा कि अब मेरा और गावस्कर का सामना नहीं होना चाहिए। फिर, 11 फ़रवरी 2019 को, मुझे पूर्व कर्नाटक क्रिकेटर बी रघुनाथ का फ़ोन आया। रघु गुंडप्पा विश्वनाथ के ख़ास दोस्त थे और वो उन्हीं के बारे में फ़ोन कर रहे थे। उन्होंने बताया कि अगले ही दिन विशी सत्तर साल के हो रहे थे और सुनील अपने साथी लिटिल मास्टर के लिए (जो उनकी बहन के पति भी थे) एक सरप्राइज़ पार्टी दे रहे थे। कर्नाटक के सभी क्रिकेटर वहाँ होने वाले थे। लेकिन, रघु ने कहा, सुनील ने साफ़ कहा है कि सुरेश मेनन और मुझे वहाँ होना ही चाहिए।

गावस्कर को क्रिकेट की दुनिया में सनी कहा जाता है। उनसे छोटे लोग उन्हें सनी भाई कहते हैं। सिर्फ़ उनकी ही पीढ़ी के खिलाड़ी उन्हें सुनील कहते थे। मैं समझ गया था कि रघु किनके बारे में बात कर रहे थे लेकिन मुझे समझ में नहीं आ रहा था कि क्या मैंने जो सुना वो सही था। सुनील ने कहा कि मुझे बुलाया जाये? मैंने शक़ भरी आवाज़ में पूछा। रघु ने कहा, 'हाँ हाँ। उन्होंने कहा कि मैं ये पक्का करूँ कि सुरेश और तुम विशु की पार्टी में ज़रूर आओ।'

मेरी किताब *स्पिन एंड अदर टर्न्स* में सुनील गावस्कर पर एक चैप्टर था जिसका नाम था 'द टू गावस्कर्स'। वहीं एक चैप्टर विशी पर भी था—'द बेस्ट लव्ड क्रिकेटर'। पहला चैप्टर पूरी तरह से क्रिकेट की तकनीक पर था और दूसरा व्यक्तित्व और बल्लेबाज़ी पर। मैं ये यकीन के साथ कह सकता हूँ कि विशी ने इनमें से कोई भी चैप्टर नहीं पढ़ा था और इस बात का भी पूरा यकीन था कि गावस्कर ने दोनों चैप्टर पढ़े थे। इसीलिए उन्हें मालूम था कि मैं उनके दोस्त और उनकी बहन के पति का कितना बड़ा प्रशंसक था। इसीलिए, विशी की ख़ातिर, उन्होंने ये सोचा होगा कि मुझे वहाँ रहना चाहिए।

ये पार्टी कर्नाटक गोल्फ़ असोसिएशन के सामने एक रेस्टोरेंट की छत पर हुई थी। रिटायरमेंट के बाद गुंडप्पा विश्वनाथ अक्सर यहाँ पाये जाते थे। कभी गोल्फ़ कोर्स पर तो कभी बार पर। उन्हें कोई जानकारी नहीं थी कि वहाँ क्या होने वाला था। सुनील ने अपनी बहन, विशी की पत्नी कविता से सब कुछ सीक्रेट रखने को कहा था। विशी को बस इतना मालूम था कि उन्हें जन्मदिन मनाने के लिए कुछ दोस्तों से 8 बजे के आस-पास गोल्फ़ कोर्स के पास मिलना था।

रघु और सुनील ने सभी मेहमानों से एक घंटा पहले आने को कहा था। मैं सवा सात बजे तक पहुँच गया था। मैं लिफ़्ट से जैसे ही निकला, सबसे पहले मुझे सुनील गावस्कर ही दिखे। इस मौके पर वो मुस्कुरा रहे थे। पार्टी में मुझे शामिल करने के लिए मैंने उनका शुक्रिया अदा किया। हमने एक दूसरे को कर्नाटक बनाम बॉम्बे के उन मैचों की कहानियाँ सुनायीं जिसमें वो खेल रहे थे और मैं और सुरेश जिसमें दर्शक की भूमिका अदा कर चुके थे। फिर, मुझे लगा कि मुझे उनपर एकाधिकार नहीं जमाना चाहिए, लिहाज़ा मैं इधर-उधर इसे लोगों की खोज में भटकने लगा जिनसे मैं बात कर सकता था। ऐसे लोग वहाँ बहुतायत में थे। मैंने दुरई के पुराने शागिर्द सुधाकर राव, शंकर के कॉलेज के साथी रॉजर बिन्नी, और अपने दोस्त वेंकटेश प्रसाद और अनिल कुंबले से बातें कीं।

आठ बजने में जब पाँच मिनट बाकी थे, सुनील हमारे पास आये और हम सभी को लिफ़्ट के पास जमा होने को कहा। हम सभी उसका इन्तज़ार कर रहे थे जिसका जन्मदिन था। सुनील ने ख़ुद को लिफ़्ट के सबसे पास रखा जिससे वो उन्हें सबसे पहले बधाई दे सकें। इसके बाद जो भी हुआ, उसका वीडियो सोशल मीडिया पर ख़ूब फैला। विशी लिफ़्ट से निकले। उनकी आंखें सब कुछ दर्ज कर रही थीं, वो अपने टीम के साथी और रिश्तेदार को उनका इन्तज़ार करते हुए देख रहे थे। इसके बाद वो वीडियो कर्नाटक के क्रिकेटर्स की तरफ़ चला जाता है जो उनसे मिलने का इन्तज़ार कर रहे थे। इसी बीच मैं भी पेश होता हूँ। अपने बचपन के हीरो को जन्मदिन की बधाई देते हुए मैं कहता हूँ, 'मैंने पहली बार आपसे हाथ तब मिलाया था जब मैं 1970 में अपने मामा दुरई के साथ नृपथुंगा रोड पर आपसे मिला था'।

VII

बीसीसीआई में अपने चार महीनों के बाद मैं इस निष्कर्ष पर पहुँचा: अगर इस खेल को भारत में ठीक तरह से चलाया जा रहा होता तो भारतीय टीम एक

भी क्रिकेट मैच नहीं हारती। हमारी जनसंख्या बाकी टेस्ट खेलने वाले देशों की मिली-जुली जनसंख्या की दोगुनी थी। हमारे पास कुछ तीस फ़र्स्ट-क्लास टीमें थीं जो कि इंग्लैंड की लगभग दोगुनी हैं और ऑस्ट्रेलिया की लगभग चार गुनी। इन देशों में क्रिकेट दूसरा या तीसरा सबसे मशहूर खेल था जबकि इंडिया में ये हमेशा पहले नम्बर पर रहा।

भारत में क्रिकेट मानव इतिहास का सबसे बड़ा, सबसे गहन और सबसे लोकप्रिय जूनून है। इसका फ़ैन बेस बेहद मज़बूत और विशाल है जिसमें कई करोड़ लोग हैं। ब्राज़ील में फ़ुटबॉल को लेकर जितने लोग पागल हैं, भारत में उससे कई गुना लोग क्रिकेट को लेकर पागल हैं। बीसीसीआई के पास कैश का बड़ा भण्डार है। इतने बड़े जनसांख्यिकीय और वित्तीय आधार के साथ भारत के पास हमेशा ही क्रिकेट के हर प्रारूप की सबसे तगड़ी टीम होना चाहिए था। अगर हम इस सब के बावजूद मैच और सीरीज़ हार रहे हैं तो ज़ाहिराना तौर पर समस्या खेल के (कु)प्रशासन के साथ है।

मुझे ये तो पहले से ही मालूम था कि भारतीय क्रिकेट के प्रशासक भ्रष्ट थे। लेकिन जब मुझे शीर्ष पर बैठे खिलाड़ियों के अनैतिक होने के बारे में मालूम चला तो बहुत बड़ा झटका लगा। कई साल पहले, जब मैंने इस खेल पर पहली किताब 'विकेट्स इन द ईस्ट' लिखी थी, सुरेश मेनन ने (समीक्षा में) कहा था कि मैं खिलाड़ियों के बारे में इतने स्नेह के साथ इसलिए लिखता हूँ क्यूँकि मैं उन्हें टूर पर या प्रेस बॉक्स से फ़ॉलो नहीं करता हूँ। हाल ही में, जब मैं CoA का हिस्सा बना था, मेरे दोस्त-सी वेंकटेश को ये चिन्ता थी कि मेरे अन्दर का रोमांटिक शख़्स खो जायेगा और क्रिकेटर्स के नज़दीक रहने से मैं उनकी उपेक्षा करने लगूँगा। और ऐसा हुआ भी।

CoA से इस्तीफ़ा देने के बाद, मैंने अपने एक दोस्त को लिखा कि भारत में चार प्रकार के क्रिकेट सुपरस्टार हैं:

1. वो दुष्ट जो बड़े ग़ैर-क्रिकेटीय दुष्टों के साथ मिले होते हैं और उनकी दलाली करते हैं।
2. वो जो हितों के टकराव वाले काम करते रहना चाहते हैं।
3. वो, जो कानून के पक्ष में ही रहने की कोशिश करते हैं लेकिन 1 और 2 की केटेगरी में आने वालों पर चुप्पी साधे रहते हैं।
4. वो जो ख़ुद पाक-साफ़ हैं और 1 और 2 केटेगरी में आने वालों पर सवाल भी उठाते हैं।

मैंने कुछ उदाहरण भी बताये जो मेरे हिसाब से केटेगरी 1, 2 और 3 में आते थे। जहाँ तक चौथी केटेगरी की बात थी, मैंने कहा कि इंडिया में महज़ एक ही ऐसा खिलाड़ी है जो इस केटेगरी में शामिल हो सकता है। बिशन सिंह बेदी।

VIII

जिस दिन प्रशासकों की कमिटी का गठन हुआ था, विनोद राय ने प्रेस को एक इंटरव्यू दिया था। उन्होंने ख़ुद को 'नाइटवॉचमैन' बताया था और कहा था कि CoA एक 'छोटा और अन्तरिम समूह' था जिसका काम था 'पूरे ढाँचे और सिस्टम को दुरुस्त करना जिससे बीसीसीआई को पारदर्शिता और जवाबदेही से साथ चलाया जा सके'।* हमारी पहली मीटिंग में राय ने कहा कि लोढा कमिटी के बदलावों को अमल में लाने में कम से कम छह महीने लगने वाले थे। एक बार ये काम हो जायेगा तो CoA को भंग कर दिया जायेगा और हम सभी अपने-अपने काम पर वापस चले जायेंगे।

CoA का गठन जनवरी 2017 में हुआ था। मैंने जून की शुरुआत में इस्तीफ़ा दिया था। इसके कुछ ही वक़्त बाद एक और सदस्य विक्रम लिमये ने भी इस्तीफ़ा दे दिया। और फिर इस पूरी कवायद की आत्मा ने भी साथ छोड़ दिया। एमिकस क्यूरी गोपाल सुब्रमनियम ने भी इस्तीफ़ा दे दिया और उन्होंने कोई वजह भी नहीं बतायी। उन्होंने शायद इसलिए ये पद छोड़ा क्यूँकि ख़ुद सुप्रीम कोर्ट भी बीसीसीआई को साफ़ करने में कोई ख़ास दिलचस्पी नहीं दिखा रहा था।

हालांकि, नाइटवॉचमैन रुके रहे। अक्टूबर 2019 में CoA को आख़िरकार भंग किया गया। इसकी जगह बीसीसीआई की पुरानी टोली फिर से आ बैठी। इस बार वो बेटों और बेटियों के ज़रिये आई थी। कई उदाहरणों में से एक—एन श्रीनिवासन की बेटी तमिलनाडु क्रिकेट असोसिएशन की अध्यक्ष बन गयी, निरंजन शाह का बेटा सौराष्ट्र क्रिकेट असोसिएशन का अध्यक्ष बन गया, जगमोहन डालमिया का बेटा क्रिकेट असोसिएशन का अध्यक्ष बन गया। इस सब पर विनोद राय ने कोई टिप्पणी नहीं की लेकिन बिशन सिंह बेदी ने ज़रूर अपनी बात राखी। उन्होंने आउटलुक मैगज़ीन से कहा: 'ये (विस्तृत परिवार का नियम) कैसे ठीक है? ये विश्व क्रिकेट के लिए घातक है। ये खेल की हत्या है। मैं इतना निराश हूँ कि आपको बता नहीं सकता। हमारे क्रिकेट के ज़्यादातर

---

* https://www.espncricinfo.com/story/_/id/18585324/role-a-nightwatchman-vinod-rai

अधिकारी उस बोगनबेलिया की तरह हैं जिस ऊपर चढ़ने के लिए दीवार की तो ज़रूरत होती है लेकिन उसके काँटे चुभते रहते हैं।'*

बीसीसीआई में सब कुछ पहले ही की तरह स्थापित होने के पीछे इस देश के दूसरे सबसे बड़े नेता का हाथ था। ये थे अमित शाह, जो एक वक़्त पर गुजरात क्रिकेट असोसिएशन के अध्यक्ष हुआ करते थे और अब सत्ताधारी पार्टी बीजेपी के अध्यक्ष होने के बाद देश के गृह मन्त्री बन चुके थे। गृह मन्त्री ने एन श्रीनिवासन समेत कई पूर्व बीसीसीआई अधिकारियों से मुलाक़ात की। वो बेहद महत्वाकांक्षी पूर्व कप्तान सौरव गांगुली से भी मिले।** जब राज्यों में परिवारों का वजूद स्थापित हो गया था, बदनाम हो चुके नामों को एक बार फिर बीसीसीआई में स्थापित किया जाना बाक़ी था। इस क्रम में जो उपाय निकाला गया, उसके अनुसार गांगुली को बीसीसीआई का अध्यक्ष बनाया जाना था, अमित शाह के बेटे को सेक्रेटरी और अनुराग ठाकुर के भाई को ट्रेज़रार।

लोढा कमिटी ने साफ़ तौर पर खुले और प्रतिस्पर्धी चुनावों की बात कही थी। लेकिन जो चुनाव हुए वो निर्विरोध हुए और उनके उम्मीदवार पर्दे के पीछे चुने गये थे। मालूम पड़ता है कि श्रीनिवासन बृजेश पटेल को अध्यक्ष चुनना चाहते थे लेकिन अमित शाह (शायद आने वाले बंगाल के विधान सभा चुनावों के चलते) ने सौरव गांगुली के नाम पर दबाव डाला। बृजेश पटेल को आईपीएल की गवर्निंग काउंसिल का अध्यक्ष बनाकर श्रीनिवासन को मनाने की कोशिश भी की गयी। बेहद सारगर्भित तरीके से एक रिपोर्टर ने लिखा भी था, 'सभी तकरार से भरे गुटों के बीच सिर्फ़ एक नाम पर आम सहमति बन सकी थी। ये था अगले बीसीसीआई सेक्रेटरी के पद के लिए अमित शाह के 31 साल के बेटे जय शाह का नाम।'***

बीसीसीआई के बाकी अधिकारियों से उलट, क्रिकेट की दुनिया में सौरव गांगुली के नाम से विश्वसनीयता जुड़ी हुई थी। वो भारतीय टीम के शानदार कप्तान थे। उन्होंने खेल के मैदान में जो कुछ भी कमाया था, वो अतुलनीय था।

---

* https://www.outlookindia.com/magazine/story/sports-news-the-amazing-story-of-the-board-controlled-by-cricket-families-in-india/302222

** https://mumbaimirror.indiatimes.com/cricket/sourav-ganguly-emerges-boss-of-bcci-board-of-control-for-cricket-in-india-thanks-to-anurag-thakur-and-bjp/articleshow/71575312.cms

*** https://www.outlookindia.com/website/story/sports-news-how-fractured-bcci-disagreed-to-agree-over-sourav-ganguly-as-president/341536

लेकिन एक प्रशासक के तौर पर उनकी उपलब्धियाँ मिली जुली थीं। क्रिकेट असोसिएशन ऑफ़ बंगाल के अध्यक्ष के तौर पर, गांगुली आईपीएल की टीमों के मेंटॉर बने हुए थे, टीवी कमेंट्री कर रहे थे और एक क्रिकेट फ़ैंटसी साइट के विज्ञापन कर रहे थे—सभी के उन्हें पैसे मिल रहे थे। उन्हें इसमें हितों का टकराव नहीं दिखता था। यहाँ तक कि जब उन्हें बीसीसीआई का अध्यक्ष चुना गया तो उन्होंने सबसे पहले ये बात कही कि पूर्व क्रिकेटर जितनी चीज़ें करना चाहें, उन्हें इजाज़त मिलनी चाहिए। प्रतिष्ठित वेबसाइट क्रिकइन्फ़ो ने रिपोर्ट किया कि गांगुली और उनके सेक्रेटरी, जय शाह, लोढा कमीशन द्वारा सुझाये गये 'कूलिंग ऑफ़' पीरियड को दरकिनार करने की पूरी कोशिश में लगे हुए थे जिससे वो अपने पदों पर बगैर किसी रुकावट बने रहें।*

नाइटवॉचमैन आकर चला भी गया था। वो बल्लेबाज़, जो उससे ठीक पहले आउट हुआ था, उसके बाद फिर से आकर बल्लेबाज़ी करने लगा था। खेलों के इतिहासकार रोनोजॉय सेन की इन बातों से ना-इत्तेफ़ाकी रख पाना मुश्किल था: 'गांगुली के कार्यकाल के बाद, या शायद उसके दौरान ही, पुरानी टोली और उसके चट्टे-बट्टे भारतीय क्रिकेट पर यूँ ही मंडराते रहेंगे। ऐसा लग रहा है कि बीसीसीआई में फिर सब कुछ पहले जैसा ही हो गया है।'**

---

* https://www.espncricinfo.com/story/_/id/28047867/bcci-plans-sweeping-changes-lodha-reforms-threat

** https://timesofindia.indiatimes.com/blogs/ronojay-sens-blog/notwithstanding-lodha-reforms-and-sourav-ganguly-heading-bcci-its-business-as-usual-in-indian-cricket/

सेन के आर्टिकल में एक बड़ी कमाल की तस्वीर भी थी जो बीसीसीआई के 'चुनावों' के ठीक बाद ली गयी थी। फ्रेम में तीनों तरह के फ़िक्सर थे जिन्हें लोढा कमिटी ने दूर हटाने का बीड़ा उठाया था—एन श्रीनिवासन, निरंजन शाह और राजीव शुक्ला- साथ में नये चुने गये अध्यक्ष और ट्रेज़रार थे। ये सभी एक कुर्सी के इर्द गिर्द खड़े हैं और उस कुर्सी पर जय शाह बैठे हैं। वो इस फ्रेम में उम्र के हिसाब से सबसे छोटे शख़्स थे। लेकिन 'वो किसके बेटे थे?', इस सवाल के जवाब की वजह से वो ही कुर्सी पर बैठे थे।

11.

क्रिकेट में उग्र राष्ट्रवाद

I

70 के दशक में जब मैं सेंट स्टीफ़ेंस के लिए क्रिकेट खेलता था, बैटिंग ऑर्डर में मेरा नाम काफ़ी नीचे आता था। कभी नम्बर दस और ज़्यादातर मौकों पर नम्बर ग्यारह। लेकिन फिर भी, हर साल मैं इस बात के सपने संजोता था कि मुझे सीज़न के सबसे बड़े मैच, हिन्दू कॉलेज के ख़िलाफ़ इंटर कॉलेज फ़ाइनल में बतौर नाइटवॉचमैन भेजा जायेगा। ये वो मैच था जिसे बीस हज़ार लोग देखने आते थे और राजधानी के दर्ज़नों अख़बारों में इसके बारे में विस्तार से लिखा जाता था। मेरे सपनों में, अगले दिन के अख़बार में हिन्दू कॉलेज के 240 पर ऑल आउट होने की ख़बर होती थी जिसके जवाब में सेंट स्टीफ़ेंस दो विकेट के नुकसान पर 30 रन बना चुका होता था और स्कोरकार्ड में दिन की आख़री एंट्री कुछ यूँ होती थी—आर गुहा 4 नॉट आउट। ख़्वाबों में ही सही, सैकड़ों दिल्लीवाले इसे देखकर बस स्टैंड की तरफ़ चल पड़ते थे।

दुख इस बात का है कि ये स्थिति कभी आई ही नहीं। मैं कभी भी दस नम्बर के ऊपर बैटिंग कर ही नहीं सका और किसी भी मैच में (फ्रेंडली मैच शामिल नहीं) मेरा सर्वाधिक स्कोर 4 रन (आउट) रहा। लेकिन कॉलेज छोड़ने के लगभग एक दशक बाद तक मुझे मेरी बल्लेबाज़ी को लेकर सपने आते थे। मैं खिलाड़ियों के टेंट में बैठा दिखता था, और जैसे ही कप्तान मुझे पैड पहनने का आदेश देता, मैं फुर्ती में आ जाता। अपनी किट की ओर भागता, सबसे पहले अब्डॉमिन गार्ड पहनता और फिर अपने पैड पहनने शुरू करता। एक-एक करके पट्टों को टाइट करता और फिर एक कुर्सी पर बैठ जाता। मेरा बैट मेरे दोनों पैरों के बीच होता और मैं खेल देख रहा होता था। जब तक विकेट नहीं

गिरता, मैं अपने नाखून कुतरता रहता। फिर मैं अपने दस्ताने उठाता (उस वक़्त हेलमेट नहीं होते थे) और विकेट्स तक चलकर जाने लगता। वहाँ पहुँचने से पहले ही मेरी नींद टूट जाती। एक बार फिर अख़बार में नाम आने से रह जाता।

इस सपने का विश्लेषण करना बेहद आसान है। ये एकदम वैसा ही है जैसे कोई स्पॉट बॉय फ़िल्म का मुख्य किरदार निभाना चाहता हो। क्यूँकि बल्लेबाज़ इस खेल का अभिजात वर्ग होता है और गेंदबाज़ पसीना बहाने वाले मेहनती लेकिन कम पहचान पाने वाले लोग होते हैं। दस में नौ मौकों पर टीम का कप्तान एक बल्लेबाज़ होता है। बल्लेबाज़ों को 90 प्रतिशत सुर्खियाँ मिलती हैं, 90 प्रतिशत मैन ऑफ़ द मैच अवॉर्ड मिलते हैं और 90 प्रतिशत (बल्कि 95 प्रतिशत) स्पॉन्सरशिप मिलती हैं।

अपनी उम्र के दूसरे दशक में (तीसरे में भी) मुझे क्रिकेट से ही जुड़ा एक और सपना आता था। इसमें किताबें शामिल होती थीं। असल में, एक ख़ास किताब होती थी। इस सपने में मैं देश में एक लम्बी यात्रा पर निकला हुआ था जिसमें मुझे रेलवे स्टेशन पर ट्रेनें बदलनी थीं। मैं इन जगहों पर कभी नहीं गया था। मैं समय पर पहुँचा और मालूम पड़ा कि मुझे जो दूसरी ट्रेन लेनी थी, वो तीन (या शायद चार) घंटे देरी से चल रही थी। मैंने स्टेशन के एएच व्हीलर न्यूज़ स्टैंड से शहर की सबसे अच्छी किताबों की दुकान के बारे में पूछा(ये गूगल के जन्म से पहले की बात है)। उसने एक काग़ज़ पर दुकान का पता लिखकर दिया। मैं वहाँ जाने के लिए स्टेशन से बाहर आकर ऑटोरिक्शा ढूँढने लगा। मैं दुकान पर पहुँचा और मालूम चला कि वहाँ नयी और पुरानी, सभी किताबें मिलती हैं। मैं सीधे पुरानी किताबों की तरफ़ बढ़ा जहाँ सबसे ऊपर के हिस्से में, मेरी पहुँच से दूर चमड़े की जिल्द में एक किताब दिखी। ये यकीनन इस शहर के किसी शौक़ीन के खजाने से यहाँ पहुँची होगी। मैंने दुकान के मालिक से एक स्टूल की माँग की जो वो कुछ अनमने ढंग से लेकर आये। मैं स्टूल पर चढ़ा, किताब तक पहुँचा और नीचे आया। कवर खोलते ही मैंने पढ़ा 'An Autobiography'. By Neville Cardus. First Edition. Rupert-Hart Davis. London. 1949.

मेरा दिल ज़ोर से धड़क रहा था। लेकिन (सपने में) मैं अभी भी एक कॉलेज का छात्र ही था। लिहाज़ा जेब भी हल्की थी। ये तो तय था कि मेरे पास इतनी अनोखी और अनमोल किताब के पैसे नहीं होने वाले थे। तो (सपने में) मैंने दुकानवाले से बेहद अफ़सोसजनक आवाज़ में किताब की कीमत पूछी। उसने कहा, दस रुपये। मैंने बेहद ख़ुशी के साथ अपना बटुआ खोला, पैसे निकाल के उसे दिये और यहीं मेरी आंख खुल गयी।

सामान्य बातों का इस सपने से लेना-देना कुछ कम था और इसके केन्द्र में लेखक की अपनी जीवनी ज़्यादा थी। जब, अपने पिता की मदद से मैं देहरादून और दिल्ली में अपनी क्रिकेट की लाइब्रेरी बनाने की कोशिश कर रहा था, मैं इस खेल पर लिखने वाले कई शानदार लेखकों की किताबों तक पहुँच सका। इनमें जैक फ़िंगलटन, रॉय रॉबिनसन, ए.ए. थॉमसन, जॉन आर्लट, आरसी रॉबर्टसन-ग्लास्गो, सुजीत मुखर्जी शामिल थे। मेरे पास क्रिकेट से जुड़ी आत्मकथाओं का ढेर था। इसमें कीथ मिलर, सैयद मुश्ताक़ अली, डेनिस कॉम्पटन और गारफ़ील्ड सोबर्स के नाम मुख्य थे। यहाँ तक कि मेरे पास उस वक़्त इंडिया में नहीं मिलने वाली सीएलआर जेम्स की *बियॉन्ड अ बाउंड्री* की भी एक प्रति थी (जो मैंने 1978 में विश्व पुस्तक मेला में खरीदी थी)। मेरे पास ये सभी कुछ था लेकिन सबसे ज़्यादा पढ़े जाने वाले क्रिकेट लेखक नेविल कार्डस का कुछ भी नहीं था।

हालांकि मैंने कई बार कार्डस की किताब देखी थी। असल में ये उनकी ऑटोबायोग्राफ़ी ही थी। वो किताब मेरे एक भाई के पास थी जो ऑक्सफ़ोर्ड जा चुका था। बचपन में मैंने नयी दिल्ली में अपने भाई के घर में उस किताब पर कई बार नज़र फेरी लेकिन मुझे कुछ वक़्त के लिए माँगने में बेहद संकोच होता था। इसीलिए अपने सपने में मैंने देश के केन्द्र में किसी अनजान शहर की दुकान में वो किताब देखी। और इससे पहले कि उस किताब के दाम मैं चुका पाता, मेरा सपना टूट चुका था। अख़बार में उस ख़बर की तरह, जिसमें मैं चार नम्बर पर बैटिंग कर रहा था, नेविल कार्डस की ऑटोबायोग्राफ़ी भी मेरी पहुँच से बाहर ही रही।*

II

क्रिकेट में रूढ़िवाद की दो मुख्य धाराएँ हैं: राष्ट्र की और पीढ़ी की। लगभग हर क्रिकेट फ़ैन इन्हें लेकर ही पैदा होता है और ज़्यादातर इससे पीछा नहीं छुड़ा पाते हैं।

'12 साल की उम्र की आंखों से देखे जा रहे क्रिकेटर से बेहतर कोई नहीं होता।' ये लिखने वाले थे इयान पीबल्स, जो क्रिकेटर से लेखक बनने वालों में जैक फ़िन्गल्टन के बाद दूसरे नम्बर पर आते हैं। मैं बारह साल का था जब मैंने पहली बार किसी टेस्ट क्रिकेटर (गुंडप्पा विश्वनाथ) से हाथ मिलाया था,

* मैं कार्डस की ऑटोबायोग्राफ़ी कई दफ़ा पढ़ चुका हूँ और उसकी कई प्रतियाँ भी मेरे पास हैं। लेकिन पहला संस्करण मेरे हाथ कभी नहीं लगा।

बारह का था जब मैंने पहली बार किसी सक्रिय टेस्ट क्रिकेटर को मैच खेलते हुए देखता था (इरापल्ली प्रसन्ना, अपने क्लब सिटी क्रिकेटर्स के लिए खेल रहे थे)। कई दशकों तक ये लोग मेरे पसन्दीदा बने रहे और पहले दो नाम तो मेरी बनायी गयी सर्वकालीन भारत एकादश का हिस्सा भी बने।

और यहाँ आता है पीढ़ी का रूढ़िवाद। जहाँ तक अति राष्ट्रवाद की बात है, मुझे मेरे मामा दुरई की बात याद आती है: 'अगर सुनील गावस्कर इंग्लैंड में पैदा हुए होते तो वो अभी तक अर्ल (Earl) बना दिये गये होते।' यहाँ इशारा किया जा रहा था क्रिकेट के साहित्य में उन शतकों को मिली जगह की ओर जो ग्राहम गूच और डेविड गावर ने 80 और 90 के दशक में भयंकर वेस्ट इंडीज गेंदबाज़ों के ख़िलाफ़ मारे थे। गावस्कर ने वेस्ट इंडीज़ के ख़िलाफ़ तेरह शतक मारे थे जिसमें कैरिबियाई धरती पर सात थे। अगर ये एक अंग्रेज़ का कारनामा होता तो इसपर कितनी किताबें लिखी गयी होतीं?

जब मैं छोटा था तो मैं पूरी शिद्दत से इंडिया की जीत की कामना करता था। हर मैच में। हर टीम के साथ। ये जीत बेहद अनिश्चित हुआ करती थीं। ख़ासकर विदेशी धरती पर। और इसीलिए 1971 मेरे लिये शुभ अंक हैं। मैं जैसे-जैसे बड़ा हुआ, भारतीय क्रिकेट टीम विदेश में मज़बूती दिखाने लगी और घरेलू पिचों पर तो लगभग अजेय बन चुकी थी। मैं अब भी इंडिया को ही जीतते हुए देखना चाहता था लेकिन एक अच्छे क्रिकेट मैच की चाहत सबसे बड़ी हो चुकी थी। अब मैं क्रिकेट में पैर पसार चुके अति राष्ट्रवाद से चिढ़ने लगा हूँ। मसलन चिन्नास्वामी में मेरे साथ मैच देख रहे उस शख़्स का मिआंदाद के लिए ताली बजाने से इंकार करना जब वो आख़री बार बतौर अन्तर्राष्ट्रीय खिलाड़ी मैदान से बाहर जा रहे थे। मैं उन मैचों का ज़्यादा आनन्द ले रहा था जिसमें इंडिया नहीं खेल रही थी। ऐसा इसलिए भी था कि मैं खेल को भावनाओं के साथ नहीं बल्कि खेल के लिए प्रेम के साथ देख रहा था। और ऐसा इसलिए भी था कि भारतीय कमेंटेटर बेहद शोरगुल करते हैं और पक्षपाती होते हैं और खेल से सारा मज़ा चूस लेते हैं।

क्रिकेट में अन्तर्राष्ट्रीयवाद बेहद धीमी गति से शामिल हुआ और ऐसा होने में बहुत वक़्त भी लगा। पीढ़ियों के रूढ़िवाद के हल्के होने की तारीख मुझे बखूबी याद है। ये एक झटके में हुआ था। 27 मार्च 2016 की शाम। इंडिया और ऑस्ट्रेलिया वर्ल्ड टी20 चैम्पियनशिप के क्वार्टर-फ़ाइनल में आमने-सामने थे। विराट कोहली के आस-पास विकेट्स गिर रहे थे और वो अपनी टीम को मैच में बनाये रखने के लिए एक आजीवन याद रहने वाली पारी खेल रहे थे।

मुझे कोहली पर सबसे पहले भरोसा तब हुआ था जब मैंने उसे अपनी आंखों के सामने बेंगलुरु में सचिन को परेशान कर रही एक बेहतरीन न्यूज़ीलैंड टीम के ख़िलाफ़ दमदार शतक मारा था। मैंने टीवी पर भी कोहली को कई शानदार वन-डे पारियाँ खेलते हुए देखा था। ये तो स्थापित हो चुका था कि कम से कम पीछा करते हुए वो सचिन तेंदुलकर से बेहतर प्रदर्शन करते हैं। और अब मैं यहाँ उन्हें खेल के सबसे छोटे प्रारूप में एक कमाल की पारी को अंजाम देते देख रहा था।

ऑस्ट्रेलियाई खिलाड़ियों की एक ख़ासियत है कि वो आख़री ओवरों में बेहद कमाल का खेल दिखाते हैं। इस मैच में ऐसा ही कुछ करने का भार आया बायें हाथ के मीडियम पेस गेंदबाज़ जेम्स फ़ॉकनर। वो रन देने में बेहद कंजूसी दिखाते थे और जब उन्होंने ओवर शुरू किया तो इंडिया को 18 गेंदों में 39 रन बनाने थे। कोहली ने पहली दो गेंदों को चौके के लिए भेजा। उन्होंने गेंद को दो खिलाड़ियों के बीचों-बीच निकाला। दोनों ही शॉट दर्शनीय थे। दूसरे शॉट के बाद मैंने ट्वीट किया: 'और इस तरह से मेरी सर्वकालीन भारतीय एकादश से गुंडप्पा विश्वनाथ की निकासी होती है। अब ये कुछ इस तरह शुरू होगी: सहवाग, गावस्कर, द्रविड़, तेंदुलकर, कोहली...' जैसे ही मैंने ट्वीट पर क्लिक किया, विशी को अपदस्थ करने वाले ने फ़ॉकनर को मिड-ऑफ़ के ऊपर छक्का मारा। इंडिया आसानी से मैच जीत गया।

मैं जब ये लिख रहा हूँ, कुछ तीन साल बाद, आर. अश्विन बहुत ही जल्द मेरी सर्वकालीन एकादश में इरापल्ली प्रसन्ना की जगह लेते हुए दिख रहे हैं। किसी भी हालत में, टेस्ट क्रिकेट में सैयद किरमानी एमएस धोनी की तुलना में अपनी जगह पर जमे दिखते हैं लेकिन मैं शायद इतना ज़रूर जी जाऊँ कि कीरी की जगह किसी और को लेते हुए भी देख सकूँ।

III

अब मुझे उतना ज़्यादा फ़र्क नहीं पड़ता है कि इंडिया कोई टेस्ट मैच जीत रही है या हार रही है। मैं इस बात के लिए दिमागी तौर पर तैयार हो चुका हूँ कि वो खिलाड़ी, जिन्हें मैं कभी पूजता था, कलात्मकता और कीर्तिमानों में नये खिलाड़ी उनसे आगे निकल गये हैं। बाकी प्राथमिकताएँ और जुड़ाव अभी भी वहीं का वहीं है। इनमें सबसे पहले नाम आता है फ्रेंड्स युनियन क्रिकेट क्लब का। 70 के दशक में, जब मुझमें इस क्लब में फ़र्स्ट डिवीज़न में खेल भर सकने की काबिलियत थी, मैं इसकी जगह दिल्ली में सेंट स्टीफ़ेंस में खेल रहा था। 80

के दशक में, मैं बैंगलोर में था और यहाँ रहते हुए मैंने सेकण्ड डिवीज़न में हमारी बी टीम के लिए दो मैच खेले। अगर कभी मेरे क्लब का इतिहास लिखा गया तो उसमें मेरा ही नाम नहीं होगा। मेरी उपलब्धियाँ मैदान से बाहर हैं। मैं क्लब का सबसे युवा सदस्य था और इसके साथ ही सबसे ज़्यादा लम्बे समय के लिए इससे जुड़ा रहने वाला भी (मेरे मामा दुरई एकमात्र अपवाद हैं)। मैं पचास साल से ऊपर इस क्लब के साथ भावनात्मक रूप से जुड़ा रहा हूँ और बीते कुछ समय से आर्थिक रूप से इसकी सहायता भी कर रहा हूँ।

मेरी क्रिकेटीय वफ़ादारी का एक नमूना और भी है—मेरे पास जो एकमात्र टाई है, वो फ्रेंड्स यूनियन क्रिकेट क्लब की है। मैंने इस FUCC की टाई को नयी दिल्ली में नेशनल डिफ़ेंस कॉलेज, केम्ब्रिज में किंग्स कॉलेज, न्यू हेवेन में एल यूनिवर्सिटी, प्रिटोरिया में भारतीय हाई कमीशन के घर पर, और सबसे मज़ेदार, लॉर्ड्स क्रिकेट ग्राउंड की पवेलियन में पहना है।

मैंने एक बार अपने क्लब की टाई ऑल सोल्स कॉलेज, ऑक्सफ़ोर्ड में आयोजित एक डिनर के दौरान भी पहनी थी। मेरे ठीक सामने एक इज़राइली विद्वान बैठे हुए थे जो हाल ही में यूनिवर्सिटी बुलाये गये थे और जो ये बताने के लिए बेताब थे कि वो कितने प्रभावशाली थे। उन्होंने कई वरिष्ठ डॉन के नाम लिये और बताया कि वो बॉडली (बॉडलियन लाइब्रेरी) की पांडुलिपियों के संकलन से कितनी अच्छी तरह परिचित थे। मैं करीने से सर हिलाता रहा और इसी दौरान अपने बायें बैठे शख़्स के धड़ाधड़ आते सवालों के जवाब भी देता रहा। ये ऑल सोल्स के वॉर्डन थे। उनके सवाल क्रिकेट से जुड़े हुए थे लेकिन इज़राइली साहब को सुनाई नहीं दे रहे थे। उन्हें बस ये दिख रहा था कि वॉर्डन को अपने दायें बैठे एक भारतीय में ज़्यादा दिलचस्पी थी और दूसरी तरफ़ बैठे नये-नये प्रोफ़ेसर में कम।

जैसे-जैसे खाना आगे बढ़ा, इज़राइली विद्वान चुप होते गये और मेरी टाई पर ज़्यादा गौर करने लगे। पोर्ट (एक प्रकार की वाइन) और डिनर ख़त्म होने के बाद वो अपनी जिज्ञासा को और नहीं दबा सके। उन्होंने मेरी टाई अपने हाथों में ली, एक अन्तिम बार उसे देखा और पूछा, 'क्या ये मॉडलिन की है?' मैंने सर हिलाया और वहाँ से निकल आया। मैं इब्राहीमी के प्रोफ़ेसर को ये कैसे समझाता कि वो दक्षिण भारत के एक अनजान क्रिकेट क्लब की सदस्यता की टाई थी न कि ऑक्सफ़ोर्ड के प्रतिष्ठित कॉलेज की?

अब, जब मैं बड़ा हो गया हूँ, मेरे क्लब ने मुझे खुशियाँ और अकेलापन, दोनों दिया है। सितम्बर 2017 के पहले हफ़्ते में बेंगलुरु में पत्रकार गौरी लंकेश

की हत्या कर दी गयी थी। मैं उस वक़्त देश से बाहर था। लेकिन चूँकि मैं उन्हें कई वर्षों से जानता था इसलिए मैंने एक इंटरव्यू दिया और इस बारे में एक कॉलम भी लिखा कि कैसे नफ़रत और असहिष्णुता ने हमें घेर रखा था। मैंने जीवन में इससे पहले भी कई दफ़ा धमकियाँ झेली थीं, लेकिन दक्षिणपंथ के इस उग्रवाद की आलोचना के बाद भारतीय जनता पार्टी की राज्य ईकाई ने कहा कि वो मुझे मानहानि के मामले में अदालत ले जायेंगे। अख़बारों ने इस बात को जगह दी और उन्होंने इस मुद्दे को भी सामने रखा कि गौरी की हत्या के बाद कई लेखकों को सुरक्षा मुहैया करवाई गयी थी लेकिन उस लिस्ट में मेरा नाम नहीं था क्यूँकि कर्नाटक में कांग्रेस की सरकार थी और मैं उनकी भी भाजपा जितनी ही आलोचना करता रहता था।

मैं बेंगलुरु में सितम्बर के आख़री हिस्से में आया। मेरे बाहर रहने के दौरान वहाँ जो कुछ भी हुआ था, उसने मुझे हिला कर रख दिया था। मैं घर पर अकेला था और मेरी पत्नी और बच्चे विदेश में ही थे। मेरे आने के कुछ दिनों बाद मेरे मामा दुरई ने मुझे फ़ोन किया। बातचीत के दौरान राजनीति को कोई जगह नहीं मिली लेकिन क्रिकेट को ज़रूर मिली। हमारे क्लब की दूसरी टीम उस सप्ताहाँत को चौथे डिवीज़न के फ़ाइनल में खेल रही थी। मैं आरएसआई मैदान पर था जो मेरे घर के ठीक सामने, सड़क पार करते ही था। क्या मैं किसी भी वक़्त वहाँ कुछ देर के लिए आ सकता हूँ? अगर मैं आया तो लड़के ख़ुश होंगे।

23 सितम्बर 2017 की दोपहर को, जेट लैग को पीछे छोड़ते हुए, मैंने एमजी रोड पार की, कब्बन रोड पर बाएँ मुड़ा और राजेन्द्र सिंहजी इंस्टिट्यूट में किनारे के एक गेट से अन्दर घुसा। ये अब भी बेंगलुरु का सबसे प्यारा मैदान था जिसके चारों ओर अब भी वही पेड़ खड़े हुए थे जो सीके नायडू और फ्रैंक वॉरेल के वहाँ खेलने के वक़्त खड़े थे। ये मेरे पैदा होने से भी पहले की बात थी। लेकिन वो पेड़ बीस साल पहले भी थे जब मैंने बी रामप्रसाद की गेंदबाज़ी से केरल को कर्नाटक पर लगभग जीतते हुए देखा था।

इस दिन, आरएसआई पर एक प्यारा-सा चौथी डिवीज़न का मैच होने वाला था। मैं आगे चला और मैंने देखा कि एक बाएँ हाथ का स्पिनर गेंदबाज़ी कर रहा था। मैं तुरन्त ही उसका एक्शन पहचान गया। ये कर्नाटक के पूर्व क्रिकेटर आनन्द कट्टी था। वो कभी भी मेरे क्लब के लिए नहीं खेला था। इसका मतलब था कि FUCC बैटिंग कर रहा था।

मैं दुरई के पास गया जो हमेशा की तरह उस कथित पवेलियन के बाहर एक प्लास्टिक की कुर्सी में बैठे हुए थे। टीम के लड़के और किट बैग्स नीचे

ज़मीन पर फैले हुए थे। मेरे मामा के बगल में एक शख़्स और बैठा हुआ था जिसने मुझे देखते ही गर्मजोशी और 'हेलो, सर!' के साथ मेरा स्वागत किया। अब इसकी उम्र तैंतीस थी लेकिन इसने जब क्लब में कदम रखा था तो ये स्कूल में पढ़ता था। इस सदी के शुरुआती दिनों की बात है जब दुरई ने मुझे एक ए मैच में इस लड़के की गेंदबाज़ी देखने के लिए बुलाया था। उसका एक अच्छा ऊँचा एक्शन था और वो गेंद को बाहर की ओर और देर में स्विंग कराता था। वो मिडल ऑर्डर में ठीक बल्लेबाज़ी भी कर लेता था। उसने अपने राज्य की अंडर-14 और अंडर-16 में कप्तानी भी की थी लेकिन फिर उसके घरवालों ने कहा कि उसे अच्छी शिक्षा मिलनी चाहिए। दुरई ने सहमति जताई और वो इंजीनियरिंग कॉलेज चला गया और पेशेवर तरीके से क्रिकेट खेलना छोड़ दिया (तब तक के लिए)।

2009 में मैं उत्तर प्रदेश की राजधानी में था जहाँ मुझे लेक्चर देना था। वहाँ लेक्चर के बाद मैं उस वक़्त आश्चर्य (और ख़ुशी) से भर गया जब मुझे FUCC के क्लब के साथी ने आकर हेलो कहा। ये एस. कार्तिक था जो अपनी इंजीनियरिंग की डिग्री पाने के बाद भारतीय प्रबंधन संस्थान (IIM), लखनऊ में था। अब, आठ साल बाद मैं उससे आरएसआई के मैदान पर मिल रहा था। हफ़्ते के काम करने वाले दिनों में कार्तिक अमेज़न के साथ प्रोडक्ट मैनेजर के तौर पर काम करता था और हफ़्ते के ख़त्म होने पर वो दुरई के कहने पर सफ़ेद कपड़ों में FUCC की बी टीम के लिए खेलने आया करता था जिससे वो तीसरे डिवीज़न में आ जायें।

मैं और कार्तिक बातचीत में मशगूल थे और उधर मेरे मामा का फ़ोन बजा। उन्होंने फ़ोन उठाया और बाक़ी चीज़ों में एक बात मैंने ये सुनी—'तुम ब्रिस्टल में हो, वो ग्लॉस्टरशेयर में है न?'; 'हाँ, हम फ़ाइनल में पहुँच गये हैं। तो हम चाहे जीतें या हारें, तीसरी डिवीज़न में पहुँच जायेंगे।'; 'कॉल करने के लिए थैंक यू।' और फिर उन्होंने फ़ोन रखने से ठीक पहले कहा, 'पढ़ाई के लिए ऑल द बेस्ट।'

मैंने दुरई से पूछा कि फ़ोन पर कौन था। उन्होंने कहा कि बी टीम के लिए खेलने वाला एक लड़का था जो हाल ही में इंजीनियरिंग करने इंग्लैंड गया था। उन्होंने पहले कार्तिक की तरफ़ और फिर मेरी तरफ़ देखते हुए कहा, 'टेस्ट क्रिकेटर बनने की सम्भावना 0.000001 प्रतिशत होती है। इसलिए मैं अपने लड़कों से यही कहता हूँ कि वो अच्छे से पढ़ाई ज़रूर करें जिससे उनका भविष्य मज़बूत बन सके।' इसीलिए ये लड़का ब्रिस्टल में था और वो इतनी

दूर, अपने पुराने क्लब से और अपने गुरु से अभी भी जुड़ा हुआ था जो उसके लिए उतना ही मायने रखते हैं जितना उसके माँ-बाप।

मेरे मामा दुरई और मैं कभी भी राजनीति पर बात नहीं करते। और ये इस वजह से नहीं था कि हमारे पास बात करने के लिए क्रिकेट ही होता था। बीते कुछ सालों में वो दक्षिणपंथ की ओर झुके हैं और यहाँ तक कि तानाशाह नेता नरेन्द्र मोदी को देश का तारणहार समझने लगे हैं। इस मामले में वो सिर्फ़ मुझसे ही नहीं, मेरी माँ, अपनी प्यारी बहन से भी अलग सोचते हैं। महात्मा गाँधी की अनेकवादी और समावेशी विचारधारा में पली-बढ़ी मेरी माँ मोदी की विभाजन को बढ़ाने वाली बातों और उनकी पार्टी के नेताओं द्वारा मुसलमानों को बदनाम करने की कोशिशों को बेहद तिरस्कार भरी नज़रों से देखती हैं।

दुरई अपनी इस इकलौती बहन से हर सुबह बात करते हैं और जब वो बेंगलुरु में हमारे साथ होती हैं तो वो हफ़्ते में दो बार उनसे मिलने भी आते हैं। मेरी माँ कभी कभार दुरई से राजनीति पर बहस भी कर लेती थीं। लेकिन मैं, क्रिकेट से प्रेम के आधार पर बने हमारे रिश्ते को बचाये रखने की ख़ातिर, कभी भी उस राह पर नहीं चला। हालांकि एक दिन, दिसम्बर 2019 में, जब मैं अपनी माँ के कमरे में गया जहाँ मेरे मामा भी बैठे हुए थे और वो प्रधानमन्त्री मोदी की तारीफ़ कर रहे थे, मैंने तपाक से कह दिया, 'शायद आपके मन में इस सरकार के प्रति बनी ये धारणा उस रोज़ बदलेगी जब वो आपके भाँजे को गिरफ़्तार करने आयेगी।'

अगली सुबह मेरी माँ मणिपाल के लिए निकल गयीं जहाँ वो मेरी बहन के साथ कुछ समय गुज़ारना चाहती थीं। कुछ हफ़्तों बाद ही मुझे पुलिस ने हिरासत में ले लिया। मैं मोदी सरकार के उस नये क़ानून का विरोध कर रहा था जिसके बारे में भारतीय लोकतन्त्र के कितने ही विद्धानों का (इस किताब के लेखक समेत) ये मानना था कि वो इस देश की बड़ी और असुरक्षित मुसलमान जनसंख्या के प्रति भेदभावपूर्ण था। दिन में, जब मैं हिरासत में था, मेरे मामा शहर के बाहरी हिस्से में एक मैदान में थे जहाँ उनका, या ये कहें कि हमारा क्लब एक मैच खेल रहा था। मेरे हिरासत में लिये जाने की ख़बर उन्हें परेशान ज़रूर कर रही थी लेकिन उनका दायित्व यही था कि वो अपनी जगह नहीं छोड़ सकते थे। मैं शाम को पाँच बजे के आस-पास छोड़ दिया गया। दो घंटे बाद मेरे तिरासी साल के मामा मेरे घर आये। वो अभी भी सफ़ेद किट में ही थे और बेंगलुरु के क्रूर ट्रैफ़िक से जूझते हुए वो अपने इकसठ साल के भाँजे के पास आये थे। वो काफ़ी परेशान दिख रहे थे। अच्छी बात ये हुई कि मेरे

पास इतनी सद्बुद्धि थी कि मैंने उन्हें अपनी भविष्यवाणी के बारे में याद नहीं दिलाया, बल्कि ये पूछा कि उनका दिन कैसा गया।

IV

एक दिन, जब मेरा बेटा केशव आठ या नौ साल का था, मैं सुबह के नाश्ते के लिए आया और उसे अख़बार के पिछले पन्ने पढ़ते देखा। उसने मुझे देखते ही कहा, 'अप्पा, हमें तमिलनाडु के खिलाफ़ पहली पारी में लीड मिल गयी है।' बीस साल बाद, तमाम चीज़ों पर ना-इत्तेफ़ाकियों के बावजूद इस पड़ाव पर मैं और मेरा बेटा एक ही ओर होते हैं। जब वो शहर में होता है और कर्नाटक खेल रही होती है, हम चिन्नास्वामी स्टेडियम जाते हैं और मैच देखते हैं। कई बार मेम्बर्स स्टैंड के ऊपरी हिस्से में बस हम दोनों ही होते हैं।

एक और पूर्वाग्रह, जो हम दोनों में है, वो है टेस्ट क्रिकेट को सर्वोपरि मानना। मोटे तौर पर वो ख़ुद को ट्विटर पर '(test) cricket tragic' लिखता है। इस मामले में मेरे विचार *टेलीग्राफ़* में छपे मेरे इस आर्टिकल में विस्तार से देखे जा सकते हैं जो 2008 में इंडियन प्रीमियर लीग के शुरू होने के एक हफ़्ते पहले ही छपा था। मैंने लिखा था :

> मेरे ख़याल से, टेस्ट क्रिकेट को दुनिया की सबसे बेहतरीन स्कॉच माना जा सकता है, पचास ओवर के मैच को भारत में बनने वाली विदेशी शराब और 20-20 को देसी पौव्वा। जिस नशेड़ी को पहले दो नहीं मिलेंगे, वो तीसरे से काम चलायेगा। सबसे छोटे संस्करण का आनन्द बेहद तीव्र तो होता है लेकिन वो उतना ही क्षणभंगुर भी होता है। इतनी तेज़ी में और उतावलेपन में जो खुशियाँ मिलती हैं, उन्हें संजोने का भी वक़्त नहीं मिल पाता। मध्यम रूप में ये खेल आपको कुछ आराम से शराब पीने का समय देता है। यहाँ एक बल्लेबाज़ कुछ समय लेकर अपनी बारी बना सकता है जिसमें वो मिड विकेट या मिड-ऑन पर बल्ला हौंकने के अलावा भी कुछ शॉट्स मार सकता है। हालांकि एक गेंदबाज़ महज़ दस ओवरों तक ही सीमित होता है लेकिन साथ गेंदें जिस तरह से स्पेल डालने का मौका देती हैं, 4-4 ओवर वैसा नहीं कर पाते। कम से कम आप एक विकेट को उस तरह से प्लान और फिर वास्तविकता में नहीं ढाल पाते। 20-20 ओवर के मैच के मुकाबले, 50-50 ओवर के मैच

में खेल के अलग-अलग तरीकों और महीन चीज़ों के सामने आने की सहूलियत मिल पाती है। एक पूरे दिन क्रिकेट के बीच गुज़ारने के बाद, कोई शख़्स पूरे दिन में ली गयी कुछ चुनिन्दा चुस्कियों को याद रख पाता है। वहीं 20-20 मैच में आपको बस इतना पता चलता है कि आप टल्ली हुए थे और किसी की टीम जीती या हारी।

लेकिन असल क्रिकेट टेस्ट क्रिकेट ही हो सकता है। पाँच दिन में फैला हुआ। खेल यूँ सामने बढ़ता है जैसे कोई बड़ा नाटक खेला जा रहा हो। किसी पर भी कोई बन्दिश नहीं। गेदबाज़ चाहे तो लगातार चालीस ओवर फेंक ले। बल्लेबाज़ तब तक खेल सकता है जब तक आउट न हो। यहाँ तक कि फ़ील्डर को भी अपना कौशल दिखाने के लिए और भी ज़्यादा वक़्त मिलता है। वो (सीमित ओवरों के खेल में) कवर पॉइंट पर अपने बाएँ कूद कर बाउंड्री रोक सकता है। वो अपने दाहिनी ओर कूदकर शॉर्ट लेग पर एक नीचा कैच भी ले सकता है (सीमित ओवरों में ऐसा नहीं होता)। इस लम्बे, आराम से खेले जाने वाले, खेल के शिष्ट संस्करण में एक विलेन को प्रायश्चित करने का मौका मिलता है, हीरो को अपनी कमज़ोरी दिखाने का मौका मिलता है, एक टीम को वो स्वरूप दिखाने का मौका मिलता है जिसकी उससे कभी अपेक्षा नहीं की गयी थी। जैसा कि सबसे अच्छी स्कॉच के साथ होता है, आप हर घूँट का आनन्द लेते हैं जबकि अच्छी स्कॉच के साथ एक बात ये भी होती है कि वो हिस्सों में नहीं बल्कि एक साथ और भी मुफ़ीद होती है।

टी20 के खिलाफ़ मेरी ये भड़ास नागपुर के नदीम खान नाम के विद्वान तक पहुँची। उन्होंने मुझे प्रोत्साहन स्वरूप ये ख़त लिखा जिसके कुछ चुनिन्दा हिस्से मैं यहाँ लिख रहा हूँ:

> मैं खेल के इस रूप को बेहद नापसन्द करता हूँ। मुझे लगता है कि ये मुझे पुरानी सोच वाला बना देता है। मुझे ऐसा लगता है कि पहले के वक़्त में जो लोग डंडों और टाट की गेंदों से खेलते होंगे वो दस्ताने और पैड पहन कर खेलने वालों को ऐसे ही नापसन्द करते होंगे जैसे दस्ताने और पैड वाले हेलमेट और चेस्ट गार्ड वालों को करते हैं। जीवन आगे बढ़ता है और क्रिकेट भी आगे बढ़ रहा है। साठ के दशक के क्रिकेट की कांय-कांय सुनने वाले बस हम

> चुनिन्दा लोग ही बचे हैं और हम सभी अपने छठे ही दशक में है। वो समाज जिसमें वो क्रिकेट पैदा हुआ था और वो सामाजिक मूल्य, सब जा चुके हैं।
>
> हम (और आप) उस जमात के हैं जो उन सभी के ख़िलाफ़ खड़े होंगे जो ख़ुद को नाइट राइडर्स और वॉरियर्स और सुपर किंग्स और रॉयल्स और डेयर डेविल कहलाना चाहते हैं। ये नाम ख़ुद बता रहे हैं कि हमें जो भी मिलेगा, कृत्रिम ही मिलेगा। नकली रोमांच, नकली कौशल, नकली वफ़ादारी, नकली उत्कर्ष और नकली अपकर्ष। बस नकली वो भाव नहीं होंगे जब कोई करोड़ों जीतेगा या हार जायेगा। लेकिन फिर मुझे लगता है कि ये पैसा भी नकली होगा जो नकली इंसानों के हाथ में होगा।
>
> नकली नारंगी बाल, उत्तेजित भीड़, शुतुरमुर्ग से नितम्बों वाली चियरगर्ल्स, जेब से झाँकती नैपकिन, खिलाड़ियों की अश्लील लगने वाली मर्दाना हरकतें, ये सब कुछ शायद सॉकर के साथ जंचता होगा। क्रिकेट का खेल मेरे लिये अहमियत इसलिए नहीं रखता है कि मेरा सारा जेबखर्च यहीं जाता था मेरे लिये ये इसलिए भी अहमियत रखता है क्यूँकि ये इतना ताकतवर है कि ये उस समाज को आकार दे सकता है जिसमें मेरे बच्चे बड़े होंगे और अपने सपनों का पीछा करेंगे।

टी20 की बखिया उधेड़ने वाला मेरा आर्टिकल मिशिगाब यूनिवर्सिटी के स्टेफ़न ज़ायमान्सकी नाम के एक खेल अर्थशास्त्री ने भी पढ़ा। उन्होंने लिखा कि वो जल्द ही बेंगलुरु आने वाले थे और मिलना चाहेंगे। वो बेहद प्यारे इंसान निकले जो भारत में इंडियन प्रीमियर लीग की शेड्यूलिंग में मदद करने के लिए आये हुए थे। वो ख़ुद बिज़नेस स्कूलों में पढ़ाते थे और सोचते थे कि क्या एक इतिहासकार होने के नाते मैं नयी चीज़ों को हिक़ारत भरी नज़रों से देखता हूँ। शायद अगर मैं कुछ आईपीएल मैचों में गया तो मेरी राय बदल सकती है? लंच ख़त्म होने के बाद (जो मेरी ट्रीट थी क्यूँकि ये मेरा शहर था) उन्होंने अपने बैग से सिंगल मॉल्ट स्कॉच व्हिस्की निकाली और मुझे दी। मुझमें इतनी हिम्मत नहीं थी कि मैं प्रोफ़ेसर ज़ायमान्सकी को ये बता सकता कि मैं पीता नहीं था और मेरा दिया हुआ बिम्ब मेरी जानकारी की उपज थी न कि मेरे अनुभव की।

कर्नाटक क्रिकेट असोसिएशन के सदस्य होने के नाते मेरे पास चिन्नास्वामी में होने वाले हर मैच के टिकट आते हैं। लेकिन मैं एक भी आईपीएल मैच के लिए वहाँ नहीं गया। मैं तब भी नहीं गया जब FUCC का मेरा साथी बी. अखिल रॉयल चैलेंजर्स बैंगलोर के लिए खेल रहा था और तब भी नहीं जब मेरे कॉलेज के पुराने साथी और अब शराब की वैश्विक मल्टी इंडस्ट्री कम्पनी डिएजिओ के सीईओ ने अपने प्राइवेट बॉक्स में उस आईपीएल फ़ाइनल के लिए मुझे बुलाया था जिसमें आरसीबी (जिसकी मालिक डिएजिओ ही थी) खेल रही थी। इंडियन प्रीमियर लीग के 21 सालों में सिर्फ़ एक दफ़ा ऐसा हुआ था जब मुझे लगा कि मुझे KSCA सदस्य होने के नाते मिलने वाले पास का लाभ उठाना चाहिए। ये तब हुआ जब जैक्स कालिस रॉयल चैलेंजर्स के लिए एक या दो सीज़न खेल रहे थे। इस पूरे मामले में आईपीएल को लेकर मेरी घृणा कालिस के लिए मेरे प्रेम से बड़ी निकली और मैं कभी गया ही नहीं।

मैं अन्तर्राष्ट्रीय टी20 मैच टीवी पर देखता हूँ। ख़ासकर तब जब कोई टेस्ट मैच नहीं आ रहा होता है। और कई बार मैं कुछ ऐसा देखता हूँ जो मुझे ख़ुश कर देता है। 2014 में, जब वर्ल्ड टी20 चैम्पियनशिप बांग्लादेश में खेली जा रही थी, मैंने शुरुआती मैचों पर कोई ध्यान नहीं दिया। लेकिन फिर मुझे मालूम चला कि श्रीलंका के दो महारथियों के लिए, जिन्हें मैं खासा पसन्द करता था, ये आईसीसी ट्रॉफ़ी जीतने का आख़री मौका था। ये दो महारथी थे महेला जयवर्धने और कुमार संगक्कारा। महेला और कुमार 1996 में श्रीलंका की उस वर्ल्ड कप की जीत की कहानियों के बीच बड़े हुए थे। पन्द्रह साल बाद, वो एक ऐसी टीम का हिस्सा थे जिसने मुम्बई में वर्ल्ड कप फ़ाइनल खेला और वो हार गये।

मैं महेला और कुमार को न केवल क्रिकेटर के रूप में बल्कि इंसान के तौर पर भी बेहद पसन्द करता था। मुझे ये भी मालूम था कि मैदान के बाहर भी ये दोनों एक दूसरे के काफ़ी नज़दीक हैं। जैसा इंडिया में कहते हैं, ये दोनों 'फ़ास्ट फ्रेंड्स' थे। उनकी निजी और खेल के मामले में दोस्ती ऑस्ट्रेलिया के मिलर और लिंडवॉल, वेस्ट इंडीज़ के वॉल्श और एम्ब्रोस, इंडिया के गावस्कर और विश्वनाथ की याद दिलाती है। इसलिए जब श्रीलंका 2014 के वर्ल्ड टी20 चैम्पियनशिप के फ़ाइनल में पहुँचा, मैं टीवी के सामने मैच देखने बैठ गया। इंडिया ने पहले बैटिंग की और एक साधारण स्कोर खड़ा किया। दो शुरुआती विकेट्स ने उन्हें कुछ उबाल तो दिया लेकिन फिर इन दो बूढ़ों ने मोर्चा सँभाला। महेला ने अपना विकेट एक बेहद ग़ैर-ज़रूरी और लापरवाही भरे शॉट के चक्कर में गंवा दिया। वो मिड-विकेट पर धरे गये। वो वापस जा

रहे थे और ख़ुद से कुछ बुदबुदा रहे थे। इसके बाद वो मुड़े और उन्होंने अपना बल्ला संगक्कारा की तरफ़ उठाया। इसमें माफ़ी और पश्चाताप भरा हुआ था। जब उनके दोस्त ने श्रीलंका को जीत दिलाई, महेला वो पहले शख़्स थे जो दौड़ कर मैदान में आये और उन्हें बधाई दी।

एक नशेड़ी को उसकी ख़ुराक चाहिए ही होती है। अगर क्रिकेट की सिंगल मॉल्ट स्कॉच और IMFL स्टॉक में नहीं होगी तो देसी पौव्वा तो लेना ही पड़ेगा।

V

मेरी सबसे पसन्दीदा क्रिकेट की कहानी आती है 1956 के ऑस्ट्रेलिया के इंग्लैंड दौरे से। इंग्लैंड के पूर्व ओपनिंग बल्लेबाज़ लेन ह्यूटन प्रेस बॉक्स में थे। पूर्व ऑस्ट्रेलियाई गुगली गेंदबाज़ आर्थर मेइली भी वहीं थे। एक मैच के दौरान, ख़बर आई कि ह्यूटन को महारानी ने नाइटहुड से नवाज़ा था। मेइली उनके पास गये, उनसे हाथ मिलाया और इतनी ज़ोर से फुसफुसाये कि सभी को सुनाई दे गया। उन्होंने कहा, 'बधाई हो सर लियोनार्ड। लेकिन मैं आशा करता हूँ कि अगली बार एक गेंदबाज़ हो। आख़री बार जब किसी गेंदबाज़ को नाइटहुड मिली थी तो वो थे सर फ्रांसिस ड्रेक।'

इस टिप्पणी ने गेंदबाज़ों के खिलाफ़ पूरे समाज के उस पूर्वाग्रह को सभी के सामने ला खड़ा किया था। इस पूर्वाग्रह की जड़ें इस कदर गहरी धंसी हुई थीं कि ब्रिटिश राजशाही भी इससे अछूती नहीं थी। ह्यूटन से पहले बल्लेबाज़ जैक हॉब्स और डॉन ब्रैडमैन को ये सम्मान मिला था। बैटिंग ऑल-राउंडर फ्रैंक वॉरेल और गैरी सोबर्स का नम्बर उनके बाद आने वाला था। कई सालों बाद, अन्ततोगत्वा, 1990 में सर रिचर्ड हेडली सर फ्रांसिस ड्रेक के साथ उस मुकाम पर पहुँचे।

क्रिकेट एक ऐसा खेल है जिससे जुड़ी कहानियों और यहाँ तक कि मिथकों ने भी बल्लेबाज़ों का ही साथ दिया है। बल्लेबाज़ ही सुर्खियों में आते हैं, बल्लेबाज़ कप्तान बनते हैं, बल्लेबाज़ों को ही दर्शक देखने आते हैं। बल्लेबाज़ों का आधिपत्य क्रिकेट का नियम बन चुका है। उन्नीसवीं शताब्दी के उत्तरार्ध में डब्ल्यू जी ग्रेस से बड़ा कोई अंग्रेज़ खिलाड़ी नहीं था। बीसवीं शताब्दी के दौरान, डॉन ब्रैडमैन सबसे बड़े ऑस्ट्रेलियाई थे। और भारतीय खेलों का पहला सुपरस्टार था सुनील गावस्कर। ये सभी, ज़ाहिर-सी बात है, बल्लेबाज़ थे।

खेल के ढाँचे में जो भी मूलभूत बदलाव हुए हैं, वो बल्लेबाज़ों की स्थिति और भी मज़बूत करते जा रहे हैं। विकेटों का कवर किया जाना उनके लिए बेहद मददगार रहा है। अब धूल या बारिश से मुश्किल होने वाली पिचों का सामना उन्हें नहीं करना पड़ता है। बल्ले अब बेहतर और मज़बूत होते जा रहे हैं। यहाँ तक कि गलत शॉट भी छक्के के लिए पहुँच रहे हैं। एकदिवसीय क्रिकेट ने बल्लेबाज़ों के पक्ष में बहुत कुछ मोड़ दिया है। एक बल्लेबाज़ 50 ओवर खेल सकता है लेकिन गेंदबाज़ सिर्फ़ 60 गेंदें ही फेंक सकता है।

अगर मैं भी कभी बल्ला पकड़ने के बारे में सोचता था तो ये भी बल्लेबाज़ों और बल्लेबाज़ी को सर पे चढ़ाने का नतीजा ही था। क्रीज़ पर पहुँचने से पहले ही अगर मेरा सपना टूट रहा था तो ये भी एक इशारा था—कि मुझे बल्लेबाज़ी करने का वो सुनहरा पल नसीब नहीं हुआ। (हालांकि ये ठीक भी था। मेरे कप्तान ने मुझे यूँ ही नहीं नम्बर दस या ग्यारह के लिए रखा हुआ था।) ये सोचने वाली बात है कि मेरे बचपन के दिनों में मुझे गेंदबाज़ी, फ़ील्डिंग या विकेटकीपिंग से जुड़ा एक भी सपना नहीं आया।

मैंने 24-25 साल के बाद क्रिकेट खेलना पूरी तरह से बन्द कर दिया था। जब मैं पैंतीस के आस-पास पहुँचा तो मैंने इस खेल के बारे में सपने देखने भी बन्द कर दिये थे। अगले लगभग एक दशक तक मेरे सपने लाइब्रेरी और आर्काइव से जुड़े होते थे। और फिर एक रात ये खेल दोबारा मेरे पास आया। अब मैं अपने चौथे दशक को पार चुका था और नयी दिल्ली में एक लेक्चर देने वाला था। ये एक नयी रीसर्च पर था और मैंने इससे पहले इसपर कभी कहीं कुछ नहीं बोला था। मेरे लेक्चर से ठीक एक रात पहले मुझे क्रिकेट से जुड़ा सपना आया। इसमें इंडिया-इंग्लैंड का मैच दिख रहा था और एक मौके पर अनिल कुंबले एलेक स्टीवर्ट को गेंदबाज़ी कर रहे थे। बल्लेबाज़ ने गुगली के लिए शॉट खेला, जो कुंबले की स्टॉक गेंद होती थी, लेकिन गेंद अपनी लाइन पर ही रही और बल्ले का बाहरी किनारा लेती हुई स्लिप में गयी जहाँ अपनी दाहिनी ओर गिरकर राहुल द्रविड़ ने कैच पकड़ा। जैसे ही कैच सुरक्षित हुआ, मैं उठ गया।

जब मैं अपने काम की वजह से उलझन में था तो नींद में भी बल्लेबाज़ी की ओर नहीं गया। बल्कि, मुझे गेंदबाज़ को देखकर राहत मिली। वो भी मेरे ही प्रदेश का (यहाँ तक कि स्लिप में खड़ा फ़ील्डर भी इसी राज्य का था)। इस पूरे क्रम में मेरा लेक्चर बेहद आराम से पूरा हुआ और इसमें कोई शक नहीं है कि इस सपने ने एक अहम् किरदार अदा किया।

ये कुंबले और द्रविड़ का सपना मुझे 2002 में आया था। तबसे मेरे सपने में एक भी बार ये खेल नहीं आया। अब मेरे सपने में देहरादून में अपने शुरुआती दिनों में देखे पेड़ और मैदान आते हैं (वो पेड़ और मैदान अब घरों और दफ़्तरों में तब्दील हो चुके हैं)।

हालांकि जिन दिनों मुझे आसानी से नींद नहीं आती है, और ऐसे दिन साठ साल की उम्र में जाते ही अक्सर आने लगते हैं, मैं दो महान और बेहद प्रतिभाशाली गेंदबाज़ों के बारे में सोचते हुए ख़ुद को आराम देता हूँ।

ये गेंदबाज़ हैं शेन वॉर्न और वसीम अकरम। अगर मैं रात को जागा हुआ हूँ तो मैं वॉर्न के बारे में सोचता हूँ। उसका छोटा, धीमा रन-अप, कलाइयों का एक झटके में मुड़ना और मज़बूत कंधों का गेंद को आगे की ओर धकेलना सोचता हूँ। गेंद डिप होती है और दाहिनी ओर मुड़ती है तो बल्ले का किनारा चूमती है या फिर सीधी रहती है और बल्लेबाज़ एलबीडब्ल्यू होता है। या फिर मैं वसीम अकरम के बारे में सोचता हूँ जो नयी गेंद के साथ तेज़ी से दौड़ते हुए लेफ़्ट आर्म ओवर आते हैं। अन्दर की ओर आती हुई गेंद मिडल स्टम्प ले जाती है। अगर वो पुरानी गेंद के साथ लेफ़्ट आर्म राउंड आते हैं तो गेंद लेग-साइड से रिवर्स स्विंग होती हुई बल्लेबाज़ को स्लिप में कैच करवाती है।

अगर मुझे ये समझाना पड़े कि मैं क्यूँ वॉर्न और अकरम को इतना पसन्द करता हूँ तो मुझे आर्थर मेइली की एक और कहानी सुनानी पड़ेगी। 1930 के ऑस्ट्रेलिया के इंग्लैंड दौरे पर घरेलू टीम ने युवा और नये स्पिनर इयान पीबल्स को टीम में जगह दी। टेस्ट मैचों के बीच इस नये खिलाड़ी ने मेइली से गुगली को छिपाने के लिए सलाह माँगी। इसके जवाब में उन्होंने उसे वो तरकीब बतायी भी। इस घटना की वजह से मेइली पर राष्ट्रप्रेमी न होने का आरोप लगे। मेइली ने अपने जवाब में कहा, 'स्पिन गेंदबाज़ी एक कला है। और कला अन्तर्राष्ट्रीय होती है।'

स्विंग गेंदबाज़ी भी एक कला ही है। और वसीम अकरम सर्वसम्मति के साथ इस कला के आधुनिक युग के मास्टर हैं। कुछ साल पहले, मैं मैदान में इंडिया-पाकिस्तान का मैच देख रहा था और पवेलियन में बैठा हुआ था। अकरम कमेंट्री बॉक्स से जैसे ही नीचे आये, ज़हीर खान (जो उस मैच में चोट के चलते बाहर बैठे हुए थे) उठकर तुरन्त उनके पास गये। अकरम अपने दोस्तों और फ़ैन्स से बात कर रहे थे और उसी दौरान ज़हीर चुपचाप पास में ही खड़े रहे और अपने हीरो को प्रेम भरी शर्माती नज़रों से देख रहे थे। उस मौके पर इन दोनों के बीच कोई बातचीत नहीं हुई लेकिन हमें मालूम है कि कई मुलाक़ातों में

अकरम ने ज़हीर को गति के बदलाव, रिवर्स स्विंग, ओवर द विकेट से राउंड द विकेट कब आना है, और स्विंग गेंदबाज़ी से जुड़े और भी गुर सिखाये। इसके लिए उन्हें भी पाकिस्तानी कट्टरपंथियों ने परेशान किया था (जैसे मेइली को ऑस्ट्रेलियाइयों ने किया था)। लेकिन अकरम ने भारतीयों को सिखाना जारी रखा (न्यूज़ीलैंड, ऑस्ट्रेलिया, श्रीलंका, बांग्लादेशी खिलाड़ियों को भी)।

जब मैं बच्चा था, मैं बल्लेबाज़ बनने की बेवकूफ़ी भरी फंतासियाँ रचा करता था। अब, मैं क्रिकेट के इतिहास और उसकी सोच में गेंदबाज़ों को उनकी जगह वापस दिलाने के ख़याल रखता हूँ। तीस साल तक मैं अपने देश को जीतते हुए देखना चाहता था। अब मैं एक अच्छा मैच देखना चाहता हूँ। इसीलिए, अब जब मैं ख़ुद को सुलाना चाहता हूँ तो शेन वॉर्न की लेग ब्रेक और वसीम अकरम की लेट इनस्विंग की ख़ूबसूरती के बारे में सोचता हूँ। इन दोनों में कोई भी भारतीय नहीं है, इनमें से एक पाकिस्तानी है, इन दोनों की उम्र मुझसे काफ़ी कम है, ये कतई इत्तेफ़ाकन नहीं हुआ।

पीढ़ी और राष्ट्रवाद के अंधे शोर को मैं पीछे छोड़ आया हूँ। गेंदबाज़ी और टेस्ट क्रिकेट को लेकर मेरा पक्षपातपूर्ण रवैया मेरे अन्तिम दिन तक मेरे साथ मौजूद रहेगा। और जब FUCC का BUCC से KSCA के फ़र्स्ट डिवीज़न में मैच होगा, या फिर जब कर्नाटक और मुम्बई रणजी ट्रॉफ़ी में आमने-सामने होंगे, मुझे इस बात में कोई शक़ नहीं है कि मैं किस टीम की जीत की कामना कर रहा होऊँगा।

लेखक परिचय

रामचंद्र गुहा हिमालय की तलहटी में पैदा हुए और वहीं बड़े हुए। उन्होंने दिल्ली और कोलकाता में पढ़ाई की और कई वर्षों से बेंगलुरु में रह रहे हैं। उनकी कई किताबों में से एक 'द अनक्वॉयट वुड्स', पर्यावरण से जुड़े इतिहास पर केन्द्रित है, 'इंडिया आफ़्टर गांधी' भारतीय गणतंत्र के इतिहास पर आधारित है और दो खंडों में महात्मा गांधी की जीवनी है, जिसके दोनों खण्डों को *न्यू यॉर्क टाइम्स* ने साल की उल्लेखनीय किताबों में जगह दी। येल, स्टैनफ़ोर्ड और भारतीय विज्ञान संस्थान में पढ़ाने के बाद गुहा अभी क्रेआ यूनिवर्सिटी में बतौर प्रोफ़ेसर हैं।

गुहा बीते लगभग तीन दशकों से इतिहासकार रहे हैं। उसके भी तीन दशक पहले से वो क्रिकेट को लेकर दीवाने रहे हैं। उनका कहना है कि जीवनयापन के लिए वो इतिहास पर लिखते हैं और जीने के लिए क्रिकेट पर। उन्हें मिलने वाले अवॉर्ड्स में अमेरिकन सोसायटी ऑफ़ एनवायरमेंटल हिस्ट्री का लियोपोल्ड-हिडी प्राइज़, क्रिकेट सोसायटी बुक ऑफ़ द इयर अवॉर्ड (*अ कॉर्नर ऑफ़ अ फॉरेन फ़ील्ड* के लिए), आरके नारायण प्राइज़ और फ़ुकुओका प्राइज़ शामिल है। उन्हें येल यूनिवर्सिटी से मानविकी में डॉक्टरेट की सम्मानित उपाधि मिली।

अनुवादक परिचय

केतन मिश्रा पत्रकार हैं, जो मुख्य रूप से फिल्मों और क्रिकेट पर लिखते हैं। आप लम्बे अरसे तक लल्लनटॉप के साथ जुड़े रहे और अब ऑल्ट न्यूज़ में कार्यरत हैं। इस किताब से पूर्व आप राजदीप सरदेसाई की किताब *टीम लोकतंत्र* का भी अनुवाद कर चुके हैं।